J. G. Vogt

Das Kriegswesen zu Lande und zur See

J. G. Vogt

Das Kriegswesen zu Lande und zur See

ISBN/EAN: 9783954273461
Erscheinungsjahr: 2013
Erscheinungsort: Bremen, Deutschland

© maritimepress in Europäischer Hochschulverlag GmbH & Co. KG, Fahrenheitstr. 1, 28359 Bremen. Alle Rechte beim Verlag und bei den jeweiligen Lizenzgebern.

www.maritimepress.de | office@maritimepress.de

Bei diesem Titel handelt es sich um den Nachdruck eines historischen, lange vergriffenen Buches. Da elektronische Druckvorlagen für diese Titel nicht existieren, musste auf alte Vorlagen zurückgegriffen werden. Hieraus zwangsläufig resultierende Qualitätsverluste bitten wir zu entschuldigen.

Das Kriegswesen
zu Lande und zur See

Populäres Handbuch für alle militärischen Angelegenheiten,

eine authentische Zusammenstellung

aller Waffengattungen des Deutschen Heeres und der Deutschen Marine

unter Mitwirkung von Fachleuten

herausgegeben von

J. G. Vogt

Mit zahlreichen Abbildungen und Tafeln

Zweite vermehrte Auflage

Separat-Ausgabe des siebenten Bandes von J. G. Vogt, „Die Illustrierte Welt der Erfindungen"

Leipzig
Ernst Wiest Nachf., Verlagsbuchhandlung
Gesellschaft mit beschränkter Haftung
1908

Das Kriegswesen

zu Lande und zur See

Vorwort zur zweiten Auflage

Seit der Gründung des Deutschen Reiches haben die politischen Beziehungen aller zivilisierten und halbzivilisierten Völker des Erdballes noch nie eine solche Wichtigkeit erlangt, hat keine so tiefgreifende Umwälzung der Machtverhältnisse stattgefunden, wie in dem letzten Jahrzehnt. Alle führenden Völker sind in der jüngsten Zeit zu der Überzeugung gelangt, daß sie der allgemeinen Weltlage gegenüber eine ganz andere, eine viel straffere Stellung einzunehmen haben und daß vor allem durch die gewaltige Verschiebung der Interessensphären, durch die Entwickelung der überseeischen Kolonialbesitze ganz neue Aufgaben an sie gestellt werden. Auch die gewaltigsten Landheere reichen nicht mehr aus, eine Großmachtstellung gegen alle Eventualitäten zu sichern. Sie sind durch eine entsprechende Seemacht zu ergänzen; nur eine Flotte, die die Meere zu beherrschen vermag, gibt einem Staate die maßgebende Stimme im allgemeinen Völkerkonzert.

„Unsere Zukunft liegt auf dem Wasser!" Dieser bekannte Ausspruch unseres Kaisers atmet den politischen Geist der neuesten Zeit und nicht energisch genug können wir uns aufraffen, um dem uns mit Notwendigkeit zustrebenden Ziele nachzukommen, unsere Marine auf den Höhepunkt zu bringen, den unsere allgemeine Machtstellung unbedingt fordert. Zu diesem Zwecke muß aber in erster Linie das allgemeine Interesse für unsere Marine in höherem Maße geweckt werden, als dies bisher der Fall gewesen ist. Wir glauben daher eine patriotische Tat zu vollbringen, wenn wir neben der Beschreibung unseres Landheeres unserem Volke in Wort und Bild insbesondere unsere bisherigen Errungenschaften im Seewesen vor Augen führten, um ihm zu zeigen, wie Großes wir bereits geschaffen haben und um es an Allem zu erwärmen für das Größere, das wir noch schaffen, denn in der modernen Welt gibt es kein Ruhen. Der Fortschritt vollzieht sich heute in ganz anderem Maßstabe als früher. Wir sehen vor unseren Augen Völker groß werden und Völker niedergehen; was in früheren

Zeiten Jahrhunderte in Anspruch genommen hat, vollzieht sich heute in ebenso vielen Jahrzehnten. Die Entwickelung ist heute eine unendlich raschere geworden und das Volk, das nicht mit dem vollen Maße seiner Kräfte strebt, mit an der Spitze zu bleiben, wird unversehens ins Hintertreffen kommen.

Wir haben in der kurzen Spanne Zeit verhältnismäßig Großes geleistet. Wenn wir erwägen, daß die Gründung unserer Flotte erst in das Jahr 1848 fällt, so werden wir schon auf den heutigen Bestand unserer Schiffe stolz sein können. Wir dürfen aber nicht vergessen, daß die übrigen maßgebenden Nationen fortwährend ihre Flotte vermehren und daß es uns die größten Anstrengungen kostet, mit der Vermehrung unserer Flotte gleichen Schritt zu halten, wobei wir noch nicht einmal daran denken können, den führenden Mächten auch nur im entferntesten gleich zu kommen. Unsere ganze Kraft haben wir einzusetzen, um, wie zu Lande, auch zur See mächtig zu werden.

Wir sehen also, daß die ganze Entwickelung unseres Vaterlandes jetzt mehr als je darauf abzielen muß, Heer und Marine auf diejenige Höhe zu bringen, welche die Machtstellung Deutschlands heute unbedingt erfordert. Mit fieberhafter Tätigkeit wird neuerdings an der Entfaltung unserer Marine gearbeitet, zur höchsten Befriedigung eines jeden deutschen Patrioten, gleichzeitig aber auch zum Staunen des Auslandes, das wohl fühlt, daß Deutschland seine errungene Machtstellung auch für die Zukunft zu behaupten bestrebt ist. Die politischen Verwickelungen in den letzten Jahren, sowie die Vorgänge in Ostasien und Südwestafrika, haben das Interesse unseres Volkes für das Heer und die Marine in hohem Maße herausgefordert und es dürfte wohl kein Zeitpunkt für die Veröffentlichung der zweiten Auflage dieses volkstümlichen Werkes geeigneter sein, als der jetzige.

Die vorliegende Auflage unterscheidet sich von der ersten dadurch, daß das Werk um zahlreiche wertvolle Tafeln sowie Erläuterungen und andere Neuerungen bereichert worden ist. Schneller als wir selbst zu hoffen gewagt haben, hat sich die zweite Auflage nötig gemacht. Auch an dieser Stelle sprechen wir allen Gönnern, besonders Militärbehörden und den Vorständen der Kriegervereine unsern herzlichsten Dank für die Unterstützung aus, die sie unseren Unternehmungen in so reichem Maße zuteil werden ließen. Mögen sie das alte Wohlwollen auch auf die zweite Auflage dieses Buches übertragen.

Von Anfang an war der Verlag bestrebt, ein wahres Volksbuch zu schaffen. „Das Kriegswesen zu Lande und zur See" soll den Jüngling einführen in das große Gebäude unseres Heeres und unserer Flotte und ihm die Grundlagen von Deutschlands Macht und Größe vor Augen halten. Bewunderung soll den angehenden Soldaten ergreifen, wenn er liest von der gewaltigen Maschine, als welche sich unsere militärische, maritime und koloniale Macht hinstellt. Sein Verständnis für Alles, was er bei der Truppe sieht und hört, wächst dadurch; es wird ihm den Dienst in mancher Hinsicht erleichtern, mit dem Verständnis nimmt die Liebe zu dem Soldatenleben, seinem hohen Berufe, zu. Unwillkürlich denkt er im Manöver und bei den großen Übungen an das, was er gelesen; er kann sich das Vorgehen der Reiterei, die Entwickelung des Fußvolkes, das Auffahren der Batterien und die Tätigkeit der technischen Truppen erklären, er weiß, daß Alles in guten Händen und auf das Beste in die Wege geleitet ist.

Als fertiger Mann kommt der Soldat in die Heimat zurück, reich an Erfahrungen mit erweitertem Gesichtskreis. Mit ganz anderem Verständnis nimmt er „Das Kriegswesen zu Lande und zur See" in die Hand. Vieles aus seiner Dienstzeit wird ihm jetzt noch mehr verständlich, das Buch wird ihm eine liebe Lektüre, ein treuer Schatz sein.

Die alten Krieger sitzen zusammen und tauschen ihre Erlebnisse aus. Oft läßt die Erinnerung nach vielen Jahren im Stich, manche Vorgänge sind verblaßt, die Art und Weise, wie der Dienst bei den verschiedenen Truppenteilen gehandhabt wurde, scheint nicht dieselbe zu sein, Meinungsverschiedenheiten entstehen. Da klärt „Das Kriegswesen zu Lande und zur See" auf und schafft über alle strittigen Punkte Klarheit.

Im Reichstag tobt der Kampf um den Etat des Reichsheeres, es wird geredet über neue Gewehre und Geschütze, über Funkentelegraphie und Unterseeboote, Dinge, von denen der Nichtfachmann nur wenig gehört haben kann. Auch soll hier das Buch Aufklärung schaffen und das Verständnis für alle Fragen auf militärischem, maritimem und kolonialem Gebiete erwecken und heben.

„Das Kriegswesen zu Lande und zur See soll ein Volksbuch werden!" So schrieb uns im ersten Briefe einer unserer neuesten Mitarbeiter, der sein ganzes Wissen und seine gewaltige Arbeitskraft in den Dienst unseres Unternehmens gestellt hat. Möge sich dieser Wunsch erfüllen, möge das vorliegende Werk, das textlich und illustrativ von dem Besten bietet, was bis jetzt auf diesem Felde geschaffen ist, in die weitesten Kreise dringen und dazu beitragen, die Begeisterung für die Größe unseres Vaterlandes immer mehr zu erwecken.

So hoffen wir, daß auch die gegenwärtige Auflage die gleiche günstige Aufnahme bei allen Patrioten finden wird, wie dieses zu unserer Genugtuung und Freude bei der ersten Auflage der Fall gewesen ist, und daß das Buch stets neue Freunde erwerben, es immer mehr das werden soll, was uns in dem reichhaltigen Werke vorschwebt:

„Ein Buch des deutschen Volkes".

Leipzig, im Mai 1908.

Herausgeber und Verlagsbuchhandlung

Inhalts-Verzeichnis

Einleitung ... 5
I. Das Kriegswesen zu Lande ... 13
  A. Geschichtliches ... 13
  B. Die Organisation des Kriegswesens zu Lande ... 31
    1. Das Heer. a. Die Entwickelung der deutschen Uniformen 31. — b. Das moderne Heer 68. — c. Die Organisation des Heerwesens 92.
    2. Die Waffen. Geschichtliches 132. — a. Geschütze 158. — b. Handfeuerwaffen 191. — c. Blanke Waffen und Schutzwaffen 208.
    3. Taktik 213. — 4. Kriegssanitätswesen 218. — 5. Festungswesen 247.
II. Das Kriegswesen zu Wasser. Einleitung ... 285
  A. Die Organisation des Kriegswesens zu Wasser ... 286
    1. Die Kriegsschiffe. a. Einteilung der Kriegsschiffe 286. — b. Schiffsbau 310. — c. Schiffswerften 322.
    2. Die Organisation der Marine. a. Uniformen und Abzeichen 326. — b. Die Organisation des Marinewesens 331.
    3. Die Waffen 352. — a. Die Handwaffen 353. — b. Der Sporn 353. — c. Die Geschütze 354. — d. Die Torpedos und Torpedofahrzeuge 362.
    4. Taktik des Seekrieges 386.
III. Statistisches über die deutsche Land- und Seemacht
  A. Landmacht ... 408
  B. Seemacht ... 409
  C. Die Kaiserlichen Schutztruppen ... 410
IV. Merktafel über wichtige Veränderungen von 1900 bis 1908 im Heer und bei der Marine ... 411 u. 412

Verzeichnis der Kunstbeilagen

Porträt S. M. Kaiser Wilhelm II. (Titelbild)
Übersicht der Organisation des Landheeres 88
König Friedrich August III. von Sachsen 104
Luitpold, Prinzregent von Bayern 120
Gefechtsübung mit Haubitzen 168
Das Maxim-Maschinengewehr, mit Textbeilage . . . 184
Das deutsche Gewehr 98, mit Textbeilage 200
Funkentelegraphie beim Militär, mit Textbeilage 208
    Funkenwagen in Betrieb
    Kraftkarren ohne Schutzkasten (Type 1905)
    Apparatekarren ohne Schutzkasten mit herausziehbarem Tisch (Type 1905)
Straßenlokomotiven im Heeresbetrieb, mit Textbeilage 248
    Militär-Straßenlokomotive (Type Malta) mit Zug von 2 Lastwagen
    Militär-Straßenlokomotive (Type Malta)
S. M. Linienschiff „Braunschweig". . . . 296
S. M. Linienschiff „Zähringen" 312
S. M. Großer Kreuzer „Scharnhorst" 328
S. M. Kleiner Kreuzer „Hamburg" 344
S. M. Torpedoboot „S 131". 377
S. M. Schulschiff „Stein" (unter vollen Segeln) 392

Einleitung.

Kampf ist der Menschen Los, so lange die Welt steht, denn der menschliche Charakter ist bei dem starken Einfluß des Milieus nicht zum ewigen rückhaltlosen Frieden organisiert; der rastlose Kampf ums Dasein bewegt die Völker, bewegt, erhält und — vernichtet sie. So lange die Menschheit im Drange der Lebensfürsorge nach irdischen Gütern jagt, so lange sie strebt, für sich und ihre Kinder und Kindeskinder Erde zur Entfaltung, zum glücklichen Genießen der Güter, die diese beut, zu sichern, so lange sie, von genialen Geistern geweckt und geführt, die Realisierung politischer und kulturhistorischer Ideale erstrebt, so lange ist Kampf der Völker Geschick, so lange muß das Blut unserer Söhne fließen, so lange wird das entsittlichende Hinmorden Tausender und Abertausender von blühenden Menschenleben dauern und mit seinen unheilvollen Klauen unser Glück zerstören.

Krieg ist der Zustand eines gewaltsamen Kampfes zwischen Staaten, Völkern oder Parteien eines Staates, um streitige Rechte oder Ansprüche zu behaupten, um politische Streitigkeiten mehrerer Staaten zu einer gewaltsamen Lösung zu bringen. Krieg ist die Bestimmung der Soldaten, für ihn wird das Militär ausgebildet auf ihn ist jede militärische Thätigkeit gerichtet.

Wohl für die meisten Menschen sind Krieg und Schlachtfeld die Inbegriffe alles Fürchterlichen und Grauenhaften. Ein Schlachtfeld — Pulverdampf, das Knattern des Gewehrfeuers, das Rollen und Donnern der Kanonen, vermischt mit dem Stöhnen und Wimmern der Verwundeten, mit dem Röcheln und den Todesschreien der Sterbenden, dazwischen das Kampfgeschrei der noch stehenden Krieger, die über Tote und Verwundete hinweg weiter stürmen ohne Mitleid, vorwärts heißt die Losung, auf, auf den Feind! — wahrlich ein grausiges Bild! Und dann? Wie sieht das Schlachtfeld aus, wenn das Toben des Kampfes vorbei ist? Überall, teils in Blutlachen, verwundete, verstümmelte, zertretene und tote Soldaten, einzelne Gliedmaßen, tote und verendende Pferde, Geschütz, Waffen, alles liegt durcheinander, alles kündet Schmerz, Trauer, unwiederbringlichen Verlust.

Ja, des Schrecklichen und Furchtbaren umschließt ein Krieg genug, Unheil bringt er mit sich und Unglück führt er im Gefolge! Er stellt hohe Anforderungen an den einzelnen, Gut und Blut müssen für das Vaterland geopfert werden! Und ist damit schon der Sieg errungen? Was nützt alles Blutvergießen, was nützen alle Aufopferung und alle Heldenthaten? Eine Partei muß ja unterliegen, denn nur eine Partei kann Sieger sein!

Aber der Krieg ist auch für die Entwickelung der ganzen Menschheit von hoher Bedeutung und zeigt oft verbessernde Wirkungen; er lenkt das Geschick der Völker in neue Bahnen und hebt das Nationalbewußtsein, er rüttelt sonst vielleicht unbeachtet gebliebene Kräfte auf und bringt sie zur höchsten Entfaltung.

Im Völkerverkehr ist der Krieg, wie die Weltgeschichte lehrt, unumgänglich, seine Notwendigkeit liegt in der Natur der menschlichen Gesellschaft. Demnach müssen alle Versuche, ihn zu beseitigen, so sehr es auch im Sinne der Humanität zu wünschen wäre, ohne Erfolg bleiben; überdies müßten wir bei den heutigen Anschauungen jedes Volk, das dauernd von dem Kriege absähe und das kriegerische Gefühl in sich ersterben ließe, als moralisch tot erklären. Für jeden Staat ist die Wehrhaftigkeit eine Lebensbedingung; im Volke liegt die Wehrkraft, sie muß für den Krieg durch eine wohlorganisierte Wehrverfassung gerüstet werden.

Die Eröffnung des Krieges erfolgt durch die Kriegserklärung, d. i. die förmliche Bekanntgebung, daß der Friedenszustand zwischen verschiedenen Staaten aufgehoben worden ist. Ihr gehen Unterhandlungen voraus, die, wenn sie ohne Erfolg bleiben, samt dem diplomatischen Verkehr abgebrochen werden. Darauf folgt meistens der Erlaß eines Manifestes, um die eigenen Unterthanen, den Feind und hauptsächlich die neutralen Mächte über den Kriegsgrund zu unterrichten. Außer diesem mehr nebensächlichen Zweck hat dasselbe jedoch vor allem die Bestimmung zu erfüllen, den Anfang des Kriegszustandes genau festzusetzen, weil alles übrige gewöhnlich schon vorher zufolge der modernen Presse= und Verkehrsverhältnisse allgemein bekannt ist. Zuweilen wird die Kriegserklärung von gewissen Bedingungen, bezüglichen Forderungen abhängig gemacht, in solchem Falle ist sie erst dann giltig, wenn auch diesen Bedingungen von der feindlichen Seite nicht Genüge geleistet wird.

Im Kriegszustande befinden sich zwei oder mehrere Staaten, wenn sie das bis dahin bestandene gegenseitige, friedliche Verhältnis untereinander auflösen. Der Beginn des Kriegszustandes erfolgt entweder, wie bereits erwähnt, durch eine Kriegserklärung oder auch durch thatsächliche Gewaltmaßregeln. Er hebt jedoch nicht alle rechtlichen Beziehungen zwischen den feindlichen Parteien auf, sondern jetzt treten

alle diejenigen Bestimmungen in Kraft, die durch besondere Vereinbarungen oder
durch das Völkerrecht speziell für den Kriegsfall, hinsichtlich des Schutzes gewisser
Anstalten, der Neutralität einzelner Distrikte u. s. w., festgesetzt worden sind. Die
schon in Ausführung begriffenen Verträge bleiben, soweit sie sich schon zu vollendeten
rechtlichen Thatsachen entwickelt haben, in Wirksamkeit. Eine Umgestaltung der
gegenseitigen Verhältnisse erfolgt nur insofern, als dies die Natur der Kriegführung
erfordert. Wohnen Angehörige des Gegenstaates im feindlichen Lande, so können sie
ihre Wohnsitze beibehalten und auch ruhig ihrer Thätigkeit weiter nachgehen, so lange
sie sich nicht gegen ihren nunmehrigen Feind, in dessen Lande sie sich aufhalten,
feindselig zeigen. Handel und Verkehr bleiben, wie zur Zeit des Friedens, unbeein-
trächtigt, soweit dies in Beziehung auf die Kriegführung angängig ist, allerdings
müssen sich dieselben einer Überwachung unterziehen lassen. Der Thätigkeit der
Konsuln und Gesandten dagegen wird durch den Anfang des Kriegszustandes ein
Ende bereitet.

Der allgemeine Kriegszweck verfolgt stets den Grundsatz, den Feind so zu
vernichten, daß er keinen Widerstand mehr leisten kann. Daher müssen alle
militärischen Aktionen im Kriege auf die Niederwerfung des Gegners gerichtet sein,
was durch Besiegung der feindlichen Streitkräfte, durch Einnahme der feindlichen
Gebiete und durch Beschlagnahme der feindlichen Hilfsquellen erreicht wird. Gewöhnlich erfolgt der Friedensschluß aber schon dann, wenn sich die Niederlage
eines Heeres endgiltig entschieden hat, und der Sieger einen Teil des Landes
besetzt hält.

In dem Friedensvertrag oder Friedensschluß erklären zwei oder mehrere
Staaten in feierlicher Weise den Krieg unter sich für beendet und setzen weiteren
Gewaltthaten ein Ziel, ohne daß einer dem anderen gegenüber seine Selbständigkeit
aufgiebt. Letzteres ist der Hauptunterschied zwischen Friedensschluß und Eroberung.
Von einer Eroberung im eigentlichen Sinne kann erst dann die Rede sein, wenn
sich der eine in die vollständige Abhängigkeit des anderen begiebt, wenn der Sieger
das ganze Gebiet des Gegners in Besitz genommen hat und dessen dauernde Fest-
haltung und Einverleibung in Frage steht. Der Frieden soll dem Kampf und
Streit endgiltig ein Ende machen, wäre dies nicht der Fall, so würde er nur ein
Waffenstillstand sein. Vor dem Friedensschluß finden Friedensverhandlungen statt, die, offen oder geheim, entweder von den feindlichen Parteien selbst
eingeleitet oder von dritter Seite aus veranlaßt werden, indem eine oder mehrere
neutrale Mächte die Vermittelung übernehmen. Stehen diese dritten Mächte selbst
in irgend einer Beziehung zu dem Kriege, sodaß der Frieden in ihrem eigenen
Interesse liegt, so spricht man von bewaffneter Mediation. Je nach den Verhältnissen werden die Friedensverhandlungen nur zwischen den Gesandten der feindlichen Mächte oder unter der Beteiligung dritter, verbündeter, vermittelnder oder in

sonstiger Weise mit dem Streit in Zusammenhang stehender Mächte betrieben; nur in ganz vereinzelten Fällen werden sie direkt von den beiderseitigen Souveränen gepflogen. Nach der Anzahl der die Friedensverhandlungen führenden Mächte wird das Resultat der Unterhandlungen in einem oder mehreren Friedensinstrumenten niedergelegt. Der Inhalt des Friedensinstrumentes umfaßt: das feierliche Gelöbnis, daß fortan zwischen den betreffenden Staaten Friede walten soll, die Gründe zum Friedensvertrag, die Namen und die Vollmachten der Gesandten. Ferner enthält das Friedensinstrument in besonderen Artikeln, den Friedensartikeln, die Bestimmungen, nach denen die streitenden Mächte Frieden schließen wollen, also namentlich die Feststellung der zukünftigen Grenzen und der übrigen Rechtszustände der betreffenden Staaten, außerdem Bedingungen, den Austausch der Gefangenen betreffend, mehrere andere Einzelheiten Datum und Unterschriften.

Schließlich umfaßt das Friedensinstrument zuweilen noch besondere, geheime Artikel, die nicht sofort oder auch überhaupt garnicht öffentlich bekannt werden sollen. Auch kommt es vor, daß eine neutrale Macht als Friedensgarant, d. h. als Bürge des Friedens, auftritt; sie giebt das Versprechen, der einen Partei zu ihrem Rechte zu verhelfen, wenn die andere Partei den festgesetzten Friedensbedingungen nicht nachkommt.

Außer dem allgemeinen oder Hauptinstrument werden vielfach noch besondere Neben- oder Zusatzverträge errichtet, die sich entweder auf rein spezielle Interessen oder auf die nur einige Mächte betreffenden Einzelheiten beziehen, oder es werden auch Accessionsurkunden der mitbeteiligten Mächte hinzugefügt.

Macht eine von verschiedenen alliierten, am Kriege teilnehmenden Mächten für sich allein mit dem Gegner Frieden, so ist dies ein Separatfrieden. Vor dem Abschließen des Definitivfriedens wird in der Regel ein Präliminarfrieden geschlossen, in dem die Grundbedingungen zur Beendigung des Krieges festgesetzt werden oder die Hauptmomente des Kampfes einen Ausgleich erfahren. Die nähere Bestimmung der Präliminarien und deren Vervollständigung fallen dem endgiltigen Friedenswerk zu. Will eine Partei nur dann in Unterhandlungen treten, wenn ihr schon vorher gewisse Zugeständnisse gemacht werden, so wird zuweilen auch, in Beziehung auf die letzteren, vor Anfang der eigentlichen Friedensverhandlungen eine Präliminarkonvention, ein vorläufiger Vertrag, geschlossen.

Sind die Friedensverträge von den Unterhändlern vollkommen übereinstimmend mit der ihnen zugestandenen Vollmacht abgeschlossen worden, so bedürfen sie noch der Ratifikation oder Genehmigung der Regenten, um nach völkerrechtlichem Prinzip ihre völlige Giltigkeit zu erlangen. Zur Bekräftigung dieses Friedensschlusses zwischen den Regenten werden, einer traditionellen Sitte gemäß, die Ratifikationsurkunden gewechselt.

Für konstitutionelle Staaten ist der Punkt von Wichtigkeit, bis zu welchem

Grade bei einem giltigen Friedensschluß die Anteilnahme der Volksvertretung notwendig ist. In Beziehung auf diese Frage geht aus der größten Menge der Verfassungsurkunden hervor, daß es ein Vorrecht der Krone ist, Frieden zu schließen. Die Volksvertretung hat dem Friedensvertrag dann ihre Zustimmung zu geben, wenn durch denselben dem Lande Lasten erwachsen, die Verfassung eine Änderung erfährt und Gebietsteile abgetrennt werden. Die Verfassung des Deutschen Reiches bestimmt das Abschließen eines Friedensvertrages als ein kaiserliches Vorrecht. Bezöge sich jedoch ein solcher Vertrag auf Gegenstände, die unter der Beaufsichtigung und Gesetzgebung der gesetzgebenden Reichsfaktoren stehen, so müssen auch diese unbedingt ihre Einwilligung erteilen.

Fig. 1. Ägyptisches Fußvolk.

Für die Kriegführung zwischen Staaten sind durch das Völkerrecht allgemein besondere Grundsätze angenommen, die auch für den Krieg zwischen Parteien eines Staates, für den Bürgerkrieg, Giltigkeit haben. Man unterscheidet die früher nicht seltenen Kabinettskriege und Volkskriege, je nachdem der Krieg im eigenen Interesse eines Fürsten oder im Interesse eines ganzen Volkes geführt wird; zur Jetztzeit jedoch sind Kabinettskriege fast undenkbar. Je nach den Motiven nennt man die Kriege Unabhängigkeitskriege, Religionskriege, Erbfolgekriege, Eroberungskriege u. s. w. Nach der Art und Weise, wie der Krieg geführt wird, unterscheidet man Angriffskriege und Verteidigungskriege. Bei dem Angriff, der Offensive, wird der Gegner aufgesucht, um ihn zu bekämpfen; bei der Verteidigung, der Defensive, wird der Feind erwartet, um ihm Widerstand entgegenzustellen. Gleichwohl kann sich in den Schlachten die Sache dahin ändern, daß der Angreifer zur Verteidigung schreiten muß, wenn der ursprünglich Angegriffene selbst den Angriff aufnimmt; ebenso kann es auch vorkommen, daß beide Parteien zugleich zum Angriff vorgehen.

Handelt es sich um die Behauptung von starken Stellungen, um eine Entscheidung möglichst hinauszuschieben, anstatt sie durch einen Kampf herbeizuführen, so spricht man von einem Stellungs- oder Positionskrieg. Ferner unterscheidet man in der Kriegführung einen großen Krieg und einen kleinen Krieg. Unter großem Krieg versteht man alle diejenigen großen Unternehmungen, die sich auf die Kriegsentscheidung richten, wie das Verwenden der Hauptstreitkräfte zur direkten Erzielung des Kriegszwecks. Mit kleinem Krieg, auch Parteigängerkrieg, Partisanenkrieg und Detachementskrieg bezeichnet man alle die kleinen Unternehmungen, die nur eine Schädigung des Gegners zum Zweck haben, wie die Fortnahme von Transporten, das Zerstören von Eisenbahnen, Überfälle, Hinterhalte und dergl. Diese Thaten werden von kleineren Truppenabteilungen, fliegenden Korps u. s. w. ausgeführt, auch zu der Zeit, wenn in der großen kriegerischen Thätigkeit eine Pause eingetreten ist. Zu dem kleinen Krieg zählt man auch den Guerillakrieg, der von einem Volk nach spanischem Vorbilde geführt wird.

Der Krieg ist je nach den Objekten, um deren Besitz er geführt wird, und je nach dem Kriegstheater oder Kriegsschauplatz, d. h. dem Kriegführungsort, ein Seekrieg, Küstenkrieg, Landkrieg, Gebirgskrieg, offener Feldkrieg oder ein Festungskrieg. Die Art der Kriegführung wird von dem Kriegsplan festgesetzt; sie ist von der beiderseitigen Macht, von der politischen Lage, der Jahreszeit, dem Zustande des Kriegführungsortes u. s. w. abhängig. Den Kriegsplan entwirft entweder der designierte Feldherr selbst oder der Kriegsherr unter Beirat der ersten Militär- und Staatsbehörden. Der Plan bestimmt über die staatlichen Kriegsmittel, also über die organisierte Kriegsmacht, d. h. über das Kriegsheer und über die Kriegsmarine samt ihren Streitmitteln, ferner auch über die übrigen staatlichen Hilfsquellen an Verkehrsmitteln, Geld, Arbeitskräften, Produkten und Pferden, soweit sie für den Krieg Verwendung finden können.

Die Kriegführung selbst liegt in der Hand des Feldherrn, der gleichzeitig auch Staatsmann sein muß, weil diplomatische und kriegerische Thätigkeit ineinandergreifen; die diplomatische Thätigkeit muß sich an die Errungenschaften der kriegerischen anschließen oder wiederum auf sie einwirken. Daher werden die weitgehendsten Resultate stets da erzielt, wo der oberste Feldherr zugleich oberster Staatsmann ist. Für die einzelnen, dem Feldherrn entfernter stehenden Heeresglieder nimmt die Aufgabe der Kriegführung einen immer mehr handwerksmäßigen Charakter an, sie wird zum Kriegshandwerk.

Für den Feldherrn selbst und die oberen Führer dagegen ist die Kriegführung eine Kunst, die Kriegskunst oder Feldherrnkunst. Sie umfaßt im großen die Führung der Heere und im kleinen die Führung der Truppen; sie richtet ihr Bestreben darauf, durch die geeignetste Verwendung der zur Verfügung stehenden Kriegsmittel den Zweck des Krieges auf die beste Art zu erreichen. Feste Grundregeln für die einzelnen Kriegsfälle lassen sich nicht festsetzen, weil die Aufgaben, die ein Krieg stellt, zu verschiedenartig sind, die sich darbietenden Mittel nach Ort und Zeit eine zu große Mannigfaltigkeit, die Beschaffenheit der Kriegführungsorte und die jeweiligen besonderen Verhältnisse der feindlichen Teile eine zu große Vielseitigkeit aufweisen. Daher erfordert die Führung eines jeden Krieges andere Regeln; dennoch bestehen für die Kriegführung aller Völker und Zeiten gewisse unumstößliche Grundsätze, die von den Kriegswissenschaften systematisch dargestellt werden. Die Kriegswissenschaften oder Militärwissenschaften umfassen alles, was mit der Wissenschaft, der Kunst und der Geschichte des Krieges im Zusammenhang steht. Die systematische Entwickelung der Kriegskunstgesetze begreift die Lehre von den Zwecken des Krieges, also die Kriegspolitik, die Lehre von den Mitteln des Krieges, also die Verwaltung, die Organisation, die Truppenausrüstung und -bewaffnung, die Festungen u. s. w., und endlich, auf dieses gegründet, die Lehre von dem Gebrauch der Kriegsmittel zur Führung eines Krieges.

Im Verhältnis zu diesen eigentlichen Kriegswissenschaften sind die anderen, wie z. B. die Militärgeographie, die Waffenlehre und die Fortifikation nur Hilfswissenschaften.

Die Kriegslehre zerfällt in Strategie und Taktik.

Die Strategie ist die Kriegführung, die Kriegsleitung im großen; sie umfaßt die Lehre von der Heeresleitung oder Truppenführung auf dem Kriegstheater bis zu dem Schlachtfeld. Im allgemeinen setzt sie Anordnungen fest, zu welcher Zeit, nach welcher Richtung und auf welchen Wegen sich die Märsche der Truppen zu bewegen haben, wann sie schlagen sollen u. s. w. Diese Bestimmungen richten sich hauptsächlich nach den Mitteilungen, die man über den Feind erhält. Ferner hat der Feldherr nicht nur die eigenen und feindlichen Kräfte und den Zustand des Kriegsschauplatzes in Betracht zu ziehen, sondern er muß auch die Charaktere der Führer, die Stimmung und Verfassung der Heere und selbst die Stimmung und den Zustand der Einwohner des Landes berücksichtigen.

Die hauptsächlichsten strategischen Grundregeln sind: größte Ausnutzung der Zeit, Märsche getrennt vorzunehmen und sich zur Schlacht rechtzeitig zu vereinigen, möglichste Ausbeutung der Erfolge und auch mitten im Siegen die Sicherung eines etwaigen Rückzuges vorzusehen. Strategisch wichtige Linien sind Flußläufe,

Gebirgslinien u. s. w., strategisch wichtige Punkte Festungen, Landeshauptstädte und dergl.

Die Taktik ist die Gefechtsführung; sie begreift die Lehre von der Führung und dem Verhalten der Truppen auf dem Schlachtfelde. Während die Strategie Bestimmungen erläßt, ist die Anordnung zur Ausführung der Märsche, die Sicherung und Unterbringung der Truppen während der Ruhe und vor allem die Führung des Gefechts Sache der Taktik. Man unterscheidet eine höhere und eine niedere Taktik. Die höhere Taktik lehrt den Gebrauch größerer Truppenverbände; die niedere Taktik oder Elementartaktik befaßt sich mit der Thätigkeit der taktischen Einheiten (Kompanie, Eskadron und Batterie). Das Wirken der formellen oder reinen Taktik bezieht sich auf die Reglements (Vorschriften) für die Aufstellung, die Bewegung und das Gefecht der Truppenkörper, ohne dabei auf den Feind, das Gelände und die Kriegslage Rücksicht zu nehmen. Die Anwendung dieser Formen dem Feind gegenüber und im Gelände ist das Gebiet der angewandten Taktik. Die Taktik des Festungskrieges begreift nur ganz allgemeine Prinzipien, die dem Gelände vor der anzugreifenden Festung und den Verteidigungsmaßregeln, die von dieser selbst getroffen worden sind, angepaßt werden müssen. Ein Hauptteil der Taktik ist die Fechtart oder die Fechtweise, d. i. die einer Truppengattung, einem Heere oder einem Volke eigene Art, den Kampf hinsichtlich des Waffengebrauchs, der Heeresgliederung in sich und der Zusammenordnung der einzelnen Kämpfer zu führen. Taktisch wichtige Linien sind Wasser- und Höhenlinien und dergl., taktisch wichtige Punkte Engwege, Höhen u. s. w.

Die Grundlage für die Lehren der Strategie und der Taktik ist die Kriegsgeschichte, d. h. die Geschichte der Kriege eines Zeitabschnittes oder eines Volkes, oder auch die Geschichte eines bestimmten Krieges, selbst eines einzelnen Feldzuges. Also ist unter dem Worte „Kriegsgeschichte" durchaus nicht die „Geschichte des Kriegswesens" zu verstehen, die die Entwickelung der Kriegskunst behandelt, wie wir sie w. u. in dem „Geschichtlichen" ausführen, sondern sie hat über die kriegerischen Begebenheiten zu berichten und auch die politischen Verhältnisse darzulegen, die die Ursache eines Krieges bildeten und auf seinen Verlauf einwirkten. Sie muß sowohl den Zustand der feindlichen Heere, als auch den Kriegsschauplatz veranschaulichen, insbesondere soweit diese den Verlauf des Krieges beeinflußten. Ferner muß die Kriegsgeschichte danach trachten, die bei der Kriegsleitung maßgebenden Gedanken zu erforschen und die Umstände zu ergründen, die als Motive des Gelingens oder Fehlschlagens der Operationen gelten. Endlich hat sie den Krieg vom kritischen Standpunkte aus zu beurteilen und bildet durch diese Kritik die Grundlage der Erfahrung für die Kriegswissenschaft.

I. Das Kriegswesen zu Lande.

A. Geschichtliches.

Die ersten Kriege sind in Orient, dem Stammsitz des menschlichen Geschlechtes, geführt worden, und zwar waren es dort zwei Völker, welche zuerst ein geordnetes Kriegswesen besaßen, die Ägypter und die Inder. In welchem Zustande das Kriegswesen in Vorderasien war, geht aus der Geschichte zu und nach der Zeit des Cyrus hervor. Allerdings verfügten die Griechen damals schon in Sparta und Athen über eine geregelte Wehrverfassung, und auch der kriegerische Staat Rom bestand schon über zwei Jahrhunderte.

Weltgeschichtliche Bedeutung erlangten die Griechen jedoch erst durch ihre Kriege gegen die Perser, während die Römer noch viel später, eigentlich erst durch die punischen Kriege, eine historisch hervorragende Stellung errangen. Durch jene Kämpfe wuchs das griechische Kriegswesen über das zerrüttete orientalische empor und bildete die Grundlage zu einer Kriegskunst, die später die Macedonier fortführten und zur höchsten Blüte entfalteten. Die Form der Kriegskunst bestand in den macedonischen Staaten bis zur Zeit der punischen Kriege, erfuhr aber keine weiteren Vervollkommnungen, sondern blieb auf der einmal erreichten Entwickelungsstufe bestehen. Nun rang sich das römische Kriegswesen mächtig empor und machte dem griechisch-macedonischen ein Ende. Den Höhepunkt der Vollendung erreichte die Kriegskunst des Altertums in der letzten Zeit des römischen Freistaates.

Ägypter und Inder hatten besondere Kriegerkasten; bei den ersteren zerfiel die Kaste in zwei Klassen, in Kalasyrier (von Kalasyris, dem linnenen Kleide des gewöhnlichen Volkes) und in Hermotybier (diese waren wahrscheinlich Bessergerüstete). In den Reichen Vorderasiens zogen ganze bewaffnete Völkerschaften zufolge eines Aufgebotes der Fürsten in den Krieg; die Hebräer verpflichteten alle wehrhaften Männer zum Krieg und brachten sie zur Kriegszeit durch Aushebung zusammen. Die Herrscher hielten sich stehende Leibwachen; im Reiche der Perser gab es selbst ganze stehende Heerhaufen, die Truppen des Königs, die im Reichskriege den Mittelpunkt des ganzen Heeres bildeten. Außer diesen Arten der Heeresbildung bestanden auch schon die Söldnerscharen, einzelne Haufen, die den Krieg um der Beute und des Lohnes willen handwerksmäßig betrieben. Eine allgemeine Wehrpflicht der freien Bürger, die gleichzeitig ein Ehrenrecht war, gab es in den griechischen Staaten; die Heere wurden durch freiwilliges Eintreten und durch Aushebung zusammengebracht. Ebenso war es bei den Römern zur Zeit ihrer höchsten Entwickelung; vordem bestanden ihre Heere aus Mietstruppen und vielem fremden Volk.

Die ersten Kämpfer treten als Fußvolk auf. In den Heerhaufen, die sich später gebildet hatten, findet man schwerbewaffnetes Fußvolk und neben diesem leichte Streiter, die Speerwerfer, Bogenschützen und Schleuderer. Auch das Pferd, im Orient das Kameel und selbst der Elephant wurden dem Kriege nutzbar gemacht, es bildeten sich berittene Heerscharen, und schließlich kamen auch Streitwagen in Gebrauch. Die einzelnen Hauptteile, aus denen sich das Heer zusammensetzte, trennten sich wiederum in verschiedene Unterabteilungen. Von der orientalischen Heeresgliederung ist nur wenig bekannt. Ein griechischer Schlachthaufe hieß allgemein Phalanx; je nach der Zeit und den Stämmen gliederte sich auch dieser wieder in verschiedene Abteilungen. Eine Phalanx bestand im wesentlichen aus schwergerüstetem Fußvolk, den Hopliten, zu deren Unterstützung Leichtbewaffnete und auch Reiterei herangezogen wurden. Die höchste Vollendung der griechischen Phalanx war die macedonische, in Taxen gegliederte Phalanx. Für den Kampf war namentlich die Legionarstellung, die Grundlage der römischen Schlachtordnung, sehr günstig. Die drei Kriegerklassen der Römer, welche gleichzeitig die Treffen*) des schwerbewaffneten Fußvolkes bildeten, teilten sich in Hastaten, Principes und Triarier. Vor den Hastaten kämpften bei der Eröffnung des Gefechts die Veliten, das leichtbewaffnete Fußvolk; auf den Flügeln der Legion stand die Reiterei. Mit dem Verfall des römischen Reiches verfiel auch seine Kriegskunst mehr und mehr.

Die Krieger hatten für ihren Lebensunterhalt und ihre Bewaffnung selbst zu sorgen, namentlich da, wo die Kriegsleistungen, wie in Athen und Rom, dem Vermögen entsprechen mußten. Doch bald wurde in diesen Staaten der Sold eingeführt und auch für Verpflegung und Ausrüstung von Staatswegen gesorgt. Für die großen Züge der orientalischen Heere hatten ganze Ländergebiete bestimmte

---

*) Treffen, im allgemeinen Kampf zwischen größeren Heeresabteilungen, ferner aber auch die einzelnen Gefechts- oder Schlachtlinien, in denen die Truppen nacheinander mit dem Feinde zusammentreffen.

Lieferungen zu entrichten. Eine vorzüglich organisierte Verwaltung, der die Sorge für die Krieger oblag, besaßen die Römer und behaupteten dieselbe selbst noch zur Zeit des kriegerischen Verfalls.

Die älteste Art, einen Kampf zu führen, ist der Einzelkampf, ein zerstreutes, regelloses Gefecht. Als wesentlicher Fortschritt kann erst die Einführung der Kampfordnung, hauptsächlich die der geschlossenen, gelten. Die Entstehung derselben fällt in die Zeit, da sich die einzelnen Heerhaufen einer gemeinsamen Leitung unterstellten und nun als eine vereinigte Menge in den Kampf zogen. Geregelte Kampfordnungen sind wohl bei denjenigen Völkern zuerst zu finden, bei denen sich die Thätigkeit einer besonderen Kaste nur auf den Krieg bezog. Schon vor dem trojanischen Krieg sollen die Griechen geordnete Schlachthaufen besessen haben, neben denen die Leichtbewaffneten mit Fernwaffen stritten; ebenso verhielt

Fig. 2. Hoplit.

es sich auch, wie wir bereits gesehen haben, bei den Römern. Die orientalischen Heere bedingten schon durch ihre gewaltige Stärke mehrere Treffen hintereinander, die Phalanx dagegen verfügte über kein zweites Treffen. In der römischen Legion bildeten die Triarier, die das dritte und letzte Treffen vorstellten, gleichzeitig den Rückhalt.

Bei den Orientalen waren Sichelwagen und Kriegselephanten im Gebrauch. Wichtiger als diese aber war die orientalische Reiterei, das Vorbild der griechischen; von letzterer ist jedoch nur die thessalische als selbständig zu betrachten. Die Reiterei stritt ungeschlossen in schnellem Anlauf; zuweilen, vor allem bei den Römern in älterer Zeit, kämpfte sie auch abgesessen.

In den Wogen der Völkerwanderung verlor sich das römische Kriegswesen, das zuletzt das einzige des Altertums gewesen war; mit ihm fand das gesamte abendländische Kriegswesen seinen Untergang.

Die Völkerwanderung begann, als die tatarischen Stämme anfingen, die germanischen zu verdrängen. Letztere verließen zum Teil ihre Heimat und schlugen ihre Wohnsitze im weströmischen Lande auf, wo sie sich eigene Staaten gründeten. Von diesen gewann der fränkische Staat, nachdem die Byzantiner die Ostgoten vernichtet hatten, die Oberhand; er machte sich selbst noch die Stammverwandten unterthänig, die in ihrem heimischen Gebiet geblieben waren. An der unteren Donau hatten sich die Tataren niedergelassen; bis zur Elbe waren slavische Stämme den Wandervölkern nachgezogen; durch Kämpfe mit den Tataren, Neupersern und Arabern behauptet sich das byzantinische Reich. Die Verbindung zwischen dem Morgen- und Abendland war nur von geringer Bedeutung, denn übereinstimmende Verfassungen im Kriegswesen des letzteren treten nur bei den germanisch-romanischen Völkern auf. Hier erlangt das deutsche Kaisertum nach dem Ende des Frankenreiches, und nachdem sich Deutschland und Italien verbunden hatten, die Oberherrschaft. Die Araber bringen vom Orient her in Spanien ein und bringen das Kriegswesen dort nach Eroberung des Landes zu hoher Blüte. Durch die Kreuzzüge geraten Abendland und Orient in Kämpfe; die Kreuzzüge geben gleichzeitig ein Bild von der Entwickelungsstufe der Kriegsart und Kriegsverfassung des Mittelalters. Nun treten andere Völker, wie die Osmanen, hervor; durch ihr Kriegswesen verschaffen sich die Magyaren, die Slaven und die slavischen Reiche an der unteren Donau und an der Weichsel Geltung; auch Rußland nimmt eine kriegerisch hervorragende Stellung ein, nachdem es sich von der Herrschaft der Mongolen befreit hat. In den nördlichen Ländern gewinnen drei Staaten hohes Ansehen, als erster derselben Dänemark. In Frankreich und England, denen nur das römisch-deutsche Reich an Macht überlegen war, bildet sich ein geregeltes Kriegswesen aus; die in Spanien wieder aufgeblühten christlichen Staaten schmelzen auf wenige zusammen; Portugal wird Seemacht, und Spanien erhält nach dem Fall von Granada eine starke Wehrverfassung.

Von wesentlichem Einfluß für die Entwickelung des Kriegswesens waren auch die Volkserhebungen, wie die der Schweizer gegen Österreich und Burgund und die der böhmischen Hussiten.

Auch im Mittelalter bildeten sich die Heere auf verschiedene Weise. Bei den Germanen erfolgte das Aufgebot der Krieger durch den Heerbann; die Tataren ziehen auf Befehl ihrer Chane (Fürsten) in den Krieg. In den Reichen des Abendlandes besteht noch der alte Heerbann, neben diesem breitet sich aber das Lehnssystem mächtig aus und bildet eine neue Grundlage für die Bildung der Heere; dem Lehnsherrn dienen Vasallen- oder Lehnsscharen. Dann machen sich die Einflüsse des Rittertums geltend; in den Kreuzzügen besteht die Heeresfolge; auch die Söldner treten überall auf. Dazwischen erfolgen noch immer Volksaufgebote. Englands und Frankreichs Könige versuchen die Überreste des Heerbannes wieder aufzufrischen; ersteren gelingt dies einigermaßen durch Aushebung der Freisassen, letztere erzielen aber durch Einführung der Gemeindemiliz nur schlechte Erfolge. In den Städten Deutschlands und der Lombardei, auch in den Niederlanden trifft man streitbares Bürgertum. Die Anfänge zu stehenden Heeren sind die Ordonnanzkompanien und Freischützen Karls VII. von Frankreich. Allgemein werden die Heere durch Werbung; sie sind also Söldnerheere und behalten diesen Charakter während des Verfalls des Lehnswesens bei bis in die

Fig. 3. Römische Soldaten. Fig. 4.
Nach einer zeitgenössischen Darstellung.

neue Zeit hinein. Das byzantinische Kaisertum im Morgenlande setzte seine Heere fast nur aus fremdem Volk zusammen und stellte auch Söldner ein. Schon im 14. Jahrhundert jedoch wurde von den Osmanen durch die Janitscharen das erste stehende Heer gegründet.

Auch in der Zusammensetzung sind die Heere des Mittelalters verschieden. Die Heere der germanischen Wandervölker bildeten sich fast ausschließlich aus Fußvolk; die Tataren dagegen ziehen in zahlreichen Reiterschwärmen heran.

Im Laufe der Zeit tritt dann durch das Lehnssystem die Reiterei in den Vordergrund, weil der Lehnsträger den Kriegsdienst zu Pferde ausführen mußte und auch fast alle seine Mannen beritten waren. So wurde die Reiterei der Hauptstützpunkt der abendländischen Heere, während das gänzlich ungeübte und schlecht gerüstete Fußvolk mehr und mehr von seiner Bedeutung einbüßte, obgleich es der Reiterei der Zahl nach weit überlegen sein mußte. Seit dem 13. Jahrhundert aber erringt sich das Fußvolk wiederum eine bedeutendere Stellung und gelangt endlich mit der Einführung der Feuerwaffen wieder zu hohem Ansehen. Schon vor dieser Zeit gab es eine Truppengattung, die in Beziehung auf die künstlichen Kriegsmaschinen den Namen Artillerie führte, d. h. sie führte nur den Namen, für eine besondere Truppenart konnte sie während des Mittelalters auch nach Einführung der Feuergeschütze noch nicht gelten. Die Büchsenmeister, welche freie Meister ihrer Kunst waren, dienten je nach Übereinkunft und wurden von Handlangern unterstützt. Zu den übrigen Leistungen zog man Mannschaften des Fußvolks heran. Im 16. Jahrhundert treten unter Hauptleuten und Bannern die Schanzenbauer auf.

Die Erhaltung der Krieger zur Zeit des Mittelalters fiel anfänglich jedem Kriegspflichtigen selbst zu, sodaß jeder für sich selbst zu sorgen hatte. Bei größeren Heereszügen jedoch wurde von Staatswegen für den Unterhalt Sorge getragen, freilich nur sehr unzureichend. Um einen wohlorganisierten Kriegshaushalt bemühte sich namentlich Kaiser Friedrich I.; in späteren Zeiten wurde dieser Punkt von den Städten in ihrem Gemeinwesen besonders berücksichtigt. Die Könige von Frankreich legten zu diesem Zweck Steuern auf, in Deutschland erfolgte die Einführung derselben durch eine allgemeine Reichsmatrikel zuerst in den Hussitenkriegen. Die Söldnerführer erhielten zur Versorgung ihrer Truppen bestimmte Summen ausbezahlt, trotzdem aber lebten die Söldner auf Kosten des Landes.

Die mittelalterliche Kampfweise war in der ersten Zeit der rohe Massenkampf, bei dem Wagenburgen den Hauptstützpunkt vorstellten. Nachdem die Germanen neue Staaten gebildet hatten, mischten sich römische Kriegsformen mit ein, doch trat der persönliche Kampf immer mehr in den Vordergrund, vor allem da, wo die Hauptmacht in Reiterei bestand. Ein einheitliches Zusammenwirken konnte nicht aufkommen, weil die Ritter zu sehr auf die Ausführung eigener Heldenthaten bedacht waren. Es stellten sich wohl größere Haufen auf und gingen zusammen zum Angriff vor, dann aber, im Gefecht, ging alles wieder zu Einzelkämpfen auseinander. Das mit Fernwaffen gerüstete Fußvolk kämpfte in einzelnen Schwärmen, während das übrige Fußvolk, wie immer, in großen Massen stritt. Die Kampfart der gewandten und schnellen Reiterei der orientalischen Heere war wild und regellos. Zur Förderung der gewohnten Kampfweise trugen wesentlich die abendländischen Turniere und die sarazenischen und maurischen Waffenspiele bei. Nach der Zeit der Kreuzzüge treten verschiedene Veränderungen ein. Nunmehr war der Vorgang eines Kampfes derartig, daß die englischen Bogenschützen das Gefecht selbständig mit ihrer eigenartigen Taktik begannen, während die Entscheidung durch die später hervorbrechende Reiterei herbeigeführt wurde. Konnten die Berittenen zu Pferde nichts mehr ausrichten, so saßen sie ab und kämpften zu Fuß weiter; schwergepanzerte Reiter mußten selbst noch in den italienischen Kriegen abgesessen zum Sturm vorgehen. Durch eine bessere Verwendung des Fußvolks führten die Hussiten und nach diesen die Schweizer eine geregelte Taktik ein, sodaß nun die Spießträger in Geviertordnung standen und um diese herum, namentlich auf den Flügeln und Ecken, die mit Feuergewehren versehenen Schützen Aufstellung nahmen. Auch die Artillerie ist schon bei den Kämpfen anzutreffen; sie leitet die Schlachten ein, doch kann sie sich nur im Anfang eines Gefechtes bethätigen, da ein Standortswechsel bei ihrer großen Schwerfälligkeit zu viele Schwierigkeiten verursacht. Endlich rüstet sich auch die Reiterei noch mit dem Feuergewehr aus und benutzt es in geschlossener Ordnung vor der blanken Waffe oder streitet damit zerstreut.

Gegen Ende des Mittelalters treten große Umwälzungen im Kriegswesen ein. Durch die Einführung der Feuerwaffen, begünstigt von dem Verfall des Rittertums, des Lehnsystems und überhaupt von den zerrütteten mittelalterlichen Zuständen, zieht eine neue Zeit für das Kriegswesen herauf.

In den Heeren sind fast keine lehnspflichtigen Ritter mehr zu finden, da sich dieselben losgekauft haben. Dessen ungeachtet ist der Adel aber noch zahlreich vertreten; er dient um Sold in der Reiterei und im Fußvolk, selbst unter den gewöhnlichen Landsknechten. Die Söldnerei in geregelten, von Land zu Land ziehenden Heerhaufen tritt mehr und mehr in den Hintergrund; nunmehr werden die Heere von den Eingeborenen teils durch freiwillige Werbung, teils durch Pflichtleistung gebildet; angeworbene Scharen von fremdem Volk dienen nur zur Ergänzung. Nach dem Friedensschluß erfolgt immer noch die Entlassung der Heere, doch kommen schon die ersten Anfänge zu stehenden Truppen vor. Neben den alten Waffen sind überall die neuen in Gebrauch; sie haben eine Veränderung der Heeresgliederung bewirkt und dem Fußvolk wieder zu seiner ursprünglichen ersten Stellung verholfen. Die bis dahin willkürlich eingereihten leichten Truppen werden jetzt nach bestimmten Regeln eingestellt; das Geschütz hat sich hohes Ansehen errungen und ist ein wichtiges Hilfsmittel geworden.

Kriegsartikel und Kriegsverordnungen stellen für die Stärke, die Verpflegung und den Sold besondere Bestimmungen fest. Dadurch wird der Grund gelegt zu einer Disziplin, welche das Mittelalter bisher gänzlich hatte entbehren müssen; überhaupt weist die ganze Organisation eine durchgreifende Verbesserung auf.

Durch die wiederauflebenden Wissenschaften und durch Berichte über die Kriegskunst im Altertum wird die Kriegführung nach und nach wieder zur Kunst;

die Hauptveranlassung dazu gab jedoch die neue Artillerie. Diese griff in die bis dahin übliche rohe Massenführung der Stoßtaktik ein; durch sie wurden die Heere darauf hingewiesen, das Terrain auszunutzen, zu manövrieren und auf geschicktere Weise ihren Vorteil ausfindig zu machen. Dies alles ließ die Feldherrnkunst wieder erstehen; am meisten machte sich die Einwirkung der neuen Artillerie aber in der Taktik geltend.

Für den Kampf der geschlossenen, mit dem Spieß gerüsteten Haufen behauptete das Fußvolk noch seine tiefe Stellung, daneben jedoch stritten in geöffneter Fechtweise die Büchsenschützen. Zum Kampf stellten sich die Schweizer in der Regel in drei tiefere Haufen, der erste vorgeschobene wird rechts vom zweiten überragt, der dritte steht weiter hinten außer Schußweite. Der Angriff erfolgte festgeschlossen mit den Hellebarden, und wurden auf diese Weise selbst Reiterangriffe abgewiesen. Im Kampf mit dem Schwert dagegen hatten die Schweizer wenig Übung; im Handgemenge konnten sie nur sehr schwer Vorteile erringen, da sie keine Schutzwaffen besaßen. Für das Fußvolk kamen letztere im Lauf der Zeit wieder auf, für die Spießträger volle Rüstungen.

Auf dem Marsch und bei dem Vorgehen stellten sich die Landsknechte nach Schweizerart, aber in gevierter Ordnung, fast quadratisch, auf. In der Mitte standen sämtliche Fahnen, im ersten und letzten Gliede die Hauptleute. Hakenschützen nahmen entweder um den „hellen Haufen" herum Aufstellung oder bildeten die Flügel. Da sie nicht so schwer bewaffnet waren als die Spießer, wurde aus jeder Rotte derselben je ein Mann erwählt, die zusammen den leichten Dienst als Läufer versahen. Diese zogen auch im Kampf als „verlorener Hauf" oder „Blutfahne" vor dem hellen Haufen her. Die Schlachtaufstellung war wieder die gevierte Ordnung. Die Schützen begannen den Kampf und wichen, wenn der Speerangriff erfolgte, in die Mitte des Haufens zurück, um in einem geeigneten Augenblick wieder hervorzubrechen. Stießen die mit Schwert und Speer bewaffneten Gewalthaufen zusammen, so entspann sich ein schrecklicher Kampf, der meist mit der vollständigen Niederlage einer Partei endete. Reiterangriffe wurden durch die Igelsordnung abgewehrt, einer Aufstellung mit gefällten Speeren und Front nach allen Seiten. Vielfach finden auch noch Zweikämpfe der Führer statt. Das Fußvolk kämpft jetzt nicht allein die Schlachten durch, sondern führt schon zuweilen die Entscheidung herbei.

Die schwere französische Reiterei hält noch ihren gliederweisen Anrann mit großen Zwischenräumen aufrecht; die Reiterei der anderen Heere nimmt nach und nach tiefere Geschwader an. Die leichte Reiterei benutzt in Prellangriffen und Scharmützeln die Feuerrohre. Als sich die Feuerwaffen mehr und mehr bei den Berittenen einbürgerten, machte sich in der Reitertaktik ein Rückgang geltend, der teils auch auf die tiefe Gefechtsstellung zurückzuführen war.

Im Feldkriege erringt sich die Artillerie hohe Bedeutung, sie wird beweglicher, ihre Technik weist Verbesserungen auf und vervollkommnet sich immer mehr. Im Festungskriege ist sie mehr für den Angriff als für die Verteidigung geeignet, weil jetzt, so lange es noch keine Wallgänge gab, um Geschütze zur Verteidigung aufzu-

Fig. 5. **Musketier aus der Zeit des Dreißigjährigen Krieges.**

stellen, und so lange man nicht die Mauern mit Erde hinterfüllte, in bedeutend kürzerer Zeit Bresche geschlagen werden konnte, als es mit den alten Maschinen möglich war. Auch findet sich schon die Anwendung von Leuchtkugeln, Thorsprengungen durch Pulversäcke und Steinkugeln werden versucht, Handgranaten in Vorschlag gebracht und Minen und Kontreminen gelegt. Die Verteidiger machen

Ausfälle, vernageln dabei die Kanonen des Feindes und schützen sich im übrigen durch tapferen Widerstand.

Die Schlachtordnung der Heere besteht noch in großen Haufen von Fußvolk, die oft mehr als 20 Fahnen stark sind; den Mittelpunkt oder die Flügel bildet die Reiterei. In einigen Fällen tritt letztere auch in Geschwadern mit dem Fußvolk abwechselnd auf. Die Gliederung in Vorhut, Haupttreffen und Rückhalt behauptet sich allerdings noch immer, doch wurden die Treffen nicht jedesmal so zusammengesetzt. Zur Schlacht ging die Vorhut oft auf einen Flügel des Haupttreffens, auch der Rückhalt mußte sich hieran anschließen. Von einer Schlachtenlenkung ist fast nichts zu bemerken, die verschiedenen Truppenarten und Haufen stritten für sich; zuweilen nur, in kleineren Kämpfen, unterstützten sich die Arkebusiere (Büchsen-Scharfschützen) und die Reiterschützen.

Die einzelnen Kriege im Mittelalter, von der frühesten Zeit, der Völkerwanderung, an, sie alle geben ein Bild von der allmählichen, aber sicheren Entwickelung des Kriegswesens, sie zeigen, wie sich die Kriege im Laufe der Zeit umgestalten und schließlich einen gänzlich veränderten Charakter annehmen. Teilweise gründen sich diese Vorgänge auf die Eigenart der einzelnen Völker und ihrer Heere, teilweise auf die fortschreitende Kulturentwickelung; im wesentlichen sind sie auch auf die persönliche Eigenart der Befehlshaber zurückzuführen.

Eine neue Epoche macht sich bemerkbar. Unter Karl V. kommt Spanien zur Übermacht in Europa, die vorzügliche Verfassung seines Heerwesens ist ein Vorbild für alle Nationen, und sein Heer erringt sich durch glückliche Kriege die erste Stelle. Dann gewinnt das niederländische Kriegswesen mit der Erhebung der Niederlande, als diese von den oranischen Fürsten militärisch organisiert wurden, hohe Bedeutung, es wird zum Muster, hauptsächlich für die nördlichen Staaten; die südlichen Staaten dagegen, auch diejenigen Deutschlands, richten sich nach dem spanischen Vorbilde. So verhielt es sich auch noch in den ersten Jahren des Dreißigjährigen Krieges. Erst die Schweden, die an diesem Kriege teilnahmen, brachten unter Gustav Adolf ein selbständiges schwedisches Kriegswesen mit, das sich durch lange Jahre erhielt. Allerdings erfuhr es durch die siegreichen Kämpfe des Großen Kurfürsten von Brandenburg manche Erschütterungen, doch waren dieselben nur vorübergehend, bis Schweden zu Anfang des 18. Jahrhunderts seine Stellung im Norden Rußland überlassen mußte. Schon vordem aber war Frankreich durch die neue Organisation Ludwigs XIV. und durch seine Eroberungskriege, die sich darauf richteten, in Europa den Vorrang zu gewinnen, zum ersten Militärstaat geworden; nun galten die französischen Kriegseinrichtungen als Muster. In der Mitte des 18. Jahrhunderts erhebt sich Preußen durch Friedrich Wilhelm I. und Friedrich II. zur ersten militärischen Macht; seine Organisation und Taktik werden die Leitsterne für fast alle anderen Staaten.

Die Heeresbildung ist nicht in allen Ländern die gleiche. Den spanischen angeworbenen Heeren steht in den Niederlanden eine Landesbewaffnung gegenüber, doch waren überall noch die Söldnerdienste unentbehrlich. Letzteres zeigt sich auch in den französischen Religionskriegen, in denen vornehmlich deutsche Söldner dienten. Im Dreißigjährigen Krieg treten neben den Heeren, die sich aus allerlei angeworbenem Volk zusammensetzen, auch Nationaltruppen auf. In mehreren deutschen Ländern und in Schweden werden zur Verteidigung des Landes Milizen (Landwehrmänner, Bürgersoldaten) eingerichtet. Nach Beendigung des Krieges folgt die Entlassung der ganzen Scharen. Nun aber werden neue Truppen gebildet; Frankreich errichtet durch teils ausgehobene, teils angeworbene Mannschaften ein stehendes Heer, auch in anderen Ländern werden dieselben nach dem französischen Beispiel eingeführt. Bis zur französischen Revolution blieb diese Heeresbildung bestehen, doch wurde die allgemeine Wehrkraft der Länder, allerdings noch mit vielen Ausnahmen, mehr und mehr durch erweiterte Aushebung herangezogen; in demselben Maße erfuhr die Werbung nach und nach eine immer größere Einschränkung.

In den früheren Söldnerheeren war es üblich, daß nur diejenigen aufgenommen wurden, welche über eine gewisse Fertigkeit im Gebrauch der Waffen verfügten. Als das Feuergewehr eingeführt wurde, begann das Schießen nach Zielen; die umgestaltete Heeresbildung erforderte nun regelmäßige Übungen, das Exerzieren, welches seitdem von sämtlichen Heeren betrieben wurde, und zwar setzte man dafür besondere Reglements (Vorschriften) fest. Auch für die Ausbildung der Führer wurde Sorge getragen; überall entstanden Kriegs- und Artillerieschulen, Kadettenhäuser und Ritterakademien; im Frieden veranstaltete man zur Heranbildung der Feldherrn große Truppenübungen.

Seit dem 16. Jahrhundert wird die Benennung Regiment für die Infanterie bestimmter. Im 17. Jahrhundert bestand ein Regiment schon aus einer festen Anzahl von Kompanien (in der Regel 10) und teilte sich in zwei Eskadronen; im 18. Jahrhundert trat an Stelle dieser Bezeichnung der Ausdruck Bataillon, der bisher für jeden Schlachthaufen üblich war. Die Kavallerie ließ den Ausdruck Eskadron bestehen und teilte sich auch noch in Kompanien. Die Gliederung der einzelnen Heere war verschieden. Mit der Organisation der Artillerie nimmt auch diese die Einteilung in Regimenter, Bataillone und Kompanien an. Zwei Regimenter Infanterie oder Kavallerie bildeten im Felde eine Brigade und zwei oder auch mehrere derselben eine Division.

Auch Offizierkorps bestanden schon. Eine Kompanie oder Fahne befehligten ein Hauptmann, ein Lieutenant, später zwei, und ein Fähnrich; ein Regiment stand unter einem Obersten, einem Oberst-Lieutenant und einem Major oder Oberst-Wachtmeister. In Frankreich gab es noch viele andere Chargen. Der Anführer der Reiterei wurde früher Marschall oder Feldmarschall genannt, dann jedoch ging dieser Titel auf die Oberfeldherrn über. Auch die Bezeichnung Feldzeugmeister blieb nicht einzig und allein dem Artillerie-Befehlshaber, sondern sie bekam in Österreich die gleiche Bedeutung mit General der Infanterie, wie Feldmarschall-Lieutenant mit General-Lieutenant. Artillerie und Marine werden organisiert und erhalten gleichfalls Offizierkorps; Unteroffiziersgrade bilden und vermehren sich. In allen Heeren werden Kriegsgesetze gegeben; trotzdem erfahren Disziplin und Subordination noch viele Störungen und befestigen sich erst im 18. Jahrhundert.

Für den Sold waren in allen Staaten bestimmte Höhen festgesetzt, außerdem erhielten die Geworbenen ein oft sehr bedeutendes Handgeld. Den stehenden Truppen mußten Unterkommen verschafft werden, es entstanden Kasernen. Seit dem 17. Jahrhundert hatten die Garnisonstädte besondere Leistungen zu entrichten, auch für die Versorgung in Marschquartieren wurden Bestimmungen erlassen. Im 18. Jahrhundert erfolgte die Verpflegung der Truppen allgemein aus Magazinen auf staatliche Kosten. Früher hatte auch jeder Einzelne für seine Bekleidung selbst Sorge zu tragen, nunmehr wurde dies aber Sache der Administration, die danach den Sold bemaß. Uniformen werden seit dem 17. Jahrhundert allgemein getragen. Wenn es möglich war, brachte man das Kriegsmaterial im Lande auf; der Kriegshaushalt wurde mit größter Sparsamkeit verwaltet.

Auch die Taktik erfuhr mancherlei Veränderungen. Die anfänglich noch in tiefen Massen bestehende Stellung der Infanterie teilte Moritz von Oranien in 10, Gustav Adolf in 6, Frankreich in 4 und Preußen endlich in 3 Glieder. Durch die Zug- oder Marschordnung bildeten sich Kolonnen; derartige Abteilungen fanden aber bei den Kämpfen im 18. Jahrhundert keine Anwendung. So lange es noch Pikeniere gab, nahmen diese in der Mitte Aufstellung, während die Musketiere auf den Flügeln standen. Nachdem aber die Auflösung der Pikeniere erfolgt war, hatte es den Anschein, als wäre die Einteilung undeutlich geworden; sie wurde jedoch im 18. Jahrhundert bei den deutschen Heeren durch Reglements bestimmt, sodaß nun das Bataillon in Divisionen und Pelotons zerfiel. Jetzt kommen erst Evolutionen*) vor, die gegen Ende des Jahrhunderts mehr und mehr zur Kunst übergehen. Von nun an wird der Kampf als Feuergefecht in geschlossener Linie geführt; Angriffe mit blanker Waffe, dem Bajonett, kommen nur noch ganz vereinzelt vor.

Die in tiefen Haufen stehende Kavallerie geht nach und nach auf 8—4 Glieder zurück, durch Gustav Adolf wird sie auf 3 und durch die Preußen im Siebenjährigen Kriege auf 2 Glieder gebracht. Die im 16. Jahrhundert entstandenen, eine Mittel-

---

*) Unter Evolution versteht man die Bewegung geschlossener Truppenkörper zum Zweck einer Orts- oder Formationsveränderung; dem Einüben solcher Evolutionen dient das Exerzieren.

gattung bildenden Dragoner nahmen am Kampf oft zu Fuß teil; seit der Mitte des 18. Jahrhunderts aber treten sie nur als Kavallerie auf.

Eine Taktik der Artillerie bringt erst das 17. Jahrhundert hervor. Den Regimentern werden leichte Stücke zugeteilt, vor der Front sind keine schweren mehr aufgestellt, sondern diese werden in Batterien an wichtigen Punkten zusammen-

Fig. 6. Riesengarde Friedrich Wilhelms I.

gezogen. Sehr ungünstig und hinderlich ist aber immer noch ihre übergroße Schwerfälligkeit. Später kam auch reitende Artillerie auf.

Noch im Dreißigjährigen Kriege hatte die spanische Schule als Schlachtordnung Regimentshaufen von Pikenieren in zwei Treffen, die durch Schützenflügel verstärkt wurden, außerdem einen Rückhalt und auf den Flügeln Reiterei. Dieser Formation standen die leicht gegliederten Brigaden Gustav Adolfs gegenüber, ebenfalls in zwei Treffen, und zwar hatte jedes derselben eine Reiterreserve und einen Rückhalt; andere Heere nahmen diese Aufstellung aber nicht an. Im 18. Jahrhundert war die Linienstellung in zwei parallelen Treffen allgemein üblich, in der Mitte Infanterie, auf den Flügeln Kavallerie. Durch Friedrich II., zuweilen geändert, erlangte diese Lineartaktik ihre höchste Vollendung und behauptete sich bis zur Zeit der französischen Revolution. Die Streitkräfte kamen fast gleichzeitig ins Gefecht; doch konnten der gebräuchlichen Parallelangriffe wegen, auch weil es an Reserve mangelte, die Siege nur in ganz vereinzelten Fällen eine Kriegsentscheidung herbeiführen. Benutzung des Terrains war nur bei Verteidigungsstellungen bekannt; im Angriff ließ sich eine Vereinigung derselben mit der Lineartaktik nur sehr schwer erzielen. Die Feldbefestigung jedoch bildete sich zur taktischen Benutzung mit festen Linien und Redouten (auf allen Seiten geschlossenen Schanzen) aus.

Im niederländischen Kriege gab es nur wenig Feldschlachten. Die Art der niederländischen Befestigung mit ihrem Erdbau und den vielen Außenwerken war für die Verteidigung äußerst günstig. Daher nahm der Belagerungskrieg andere Formen an; früher ging man schnell zum Angriff der Mauern vor, nun aber mußte die förmliche Belagerung eintreten. Im Dreißigjährigen Kriege hat es den Anschein, als mache sich in der Offensive ein Rückgang geltend, weil sich mangelhaft befestigte, kleine Orte sehr lange Zeit erhalten. Erst Vauban, der Gründer der französischen Befestigung, brachte für die Belagerung ein regelmäßiges Angriffssystem zu stande, das im allgemeinen noch bis 1870 seine Giltigkeit bewahrt hat. Der mit der Lineartaktik im Zusammenhang stehende Positionskrieg gab den Festungen einen noch höheren Wert. Nach Rimplers Angaben für Hohlbau entstand im 18. Jahrhundert eine deutsche Befestigung, das Tenaillensystem. Vaubans Bestimmungen wurden von Cormontaigne verbessert; nach dem Siebenjährigen Kriege brachte Montalembert ein neues System in Vorschlag.

Das Verdienst, den Krieg wieder nach richtigen Grundsätzen geführt zu haben, gebührt den Oraniern Wilhelm I. und Moritz; sie haben die Kriegskunst nach langem Verfall wieder ans Licht und zu neuer Entwickelung gebracht. Ein würdiger Gegner stand ihnen in Alexander von Parma gegenüber. Tilly und Wallenstein werden hinsichtlich ihrer Strategie durch Gustav Adolfs Kriegsführung noch überragt. Dann verschafft sich Turenne durch seine meisterhaften, systematischen Operationen Geltung, neben ihm tritt Condé auf. Trotz einiger guter Feldherrn zeigt die französische Kriegskunst nach diesen keine recht fortschreitende Entwickelung; die im Entstehen begriffene Lineartaktik sucht nach Positionen und giebt der Kriegsführung dadurch einen langsameren Charakter. Auf der anderen Seite aber bildet sich die Kriegskunst durch den Prinzen Eugen und Marlborough immer weiter aus, bis sie sich schließlich durch das Feldherrntalent Friedrichs des Großen zur höchsten Blüte entfaltet. Daun, der den großen König zweimal besiegte, war ebenfalls ein hervorragender Feldherr; er wählte seine Positionen wahrhaft meisterlich.

Die großen Veränderungen des Kriegswesens gegen Ende des 18. Jahrhunderts, durch die Macht der Verhältnisse bedingt, gingen ursprünglich von Frankreich aus und fanden bei den anderen europäischen Mächten nach und nach Eingang.

Auf allgemeine Wehrpflicht begründet, erfolgt die Ergänzung der Heere nicht mehr durch Werbung, sondern durch Aushebung im eigenen Lande. Die Ausbildung übernimmt der Krieg selbst nach neuen taktischen Formen; jenseits der Grenze tritt an Stelle der Magazinverpflegung die Requisition. In der Infanterie-Taktik zeigt sich das zerstreute Gefecht in erneuter Gestalt, und erst jetzt bilden sich dadurch eine wirklich leichte Infanterie und die geöffnete Kampfordnung, die mit der geschlossenen verbunden wird. Schließlich tritt in die geschlossene Kampfordnung neben der Linie die Kolonne ein, welche, auch bei überwiegender Feuertaktik, die Offensive mit blanker Waffe wieder zu neuem Ansehen bringt. Die Hauptbedingung ist überall die Beweglichkeit. Die Kavallerietaktik kann ihrer Waffen wegen nicht geändert werden, wohl aber wird sie jetzt anders wie sonst verwendet; in der Artillerie sind reitende Batterien eingeführt, was namentlich für den Angriff sehr von Vorteil ist. Bis dahin bestanden die Divisionen nur aus einer Truppenart; von nun an aber setzen sie sich aus allen Waffen zusammen und werden dadurch zu selbständigen taktischen Körpern, ferner stehen eine Reserve-Kavallerie und eine Reserve-Artillerie zur Verfügung. Die Armeen gliedern sich in Korps; im Kampf zerfällt jeder selbständige Truppenteil in Vortruppen oder Avantgarde, Gros und Reserve. Jetzt geht man von dem Prinzip aus, die Streitkräfte dem Verlauf des Gefechts gemäß, das infolge des Terrains in Teilgefechten besteht, nacheinander zu gebrauchen. Der Troß ist auf dem Marsch verringert; statt des Zeltlagers ist jetzt vor dem Feind das Freilager oder Biwak üblich. Die Märsche werden durch ein geordnetes Etappenwesen erleichtert, dieses sichert auch die Nachfuhr und den Ersatz. Die ganze Kriegführung hat jetzt ein anderes Gepräge; Feldzugspläne, wie 1796, 1805 und 1812 werden in großartigem Maßstabe aufgestellt, die Winterquartiere nehmen ein Ende, die Operationen werden rascher und ungebundener, die Festungen im älteren Stil verlieren den Wert, die Schlachtenanlagen bezwecken eine Vernichtung, Reserven werden aufgestellt und zur Anteilnahme herangezogen, auch die Siege versteht man besser auszunutzen als früher.

Diese Verhältnisse wirkten natürlicherweise beeinflussend auf das Kriegswesen der Zeit. Die Nationalheere bringen eine wesentliche Erleichterung im Aufbringen und Ersatz mit sich; geworbene Heere bestehen nur noch in England. Überhaupt weisen die Heere eine bedeutende Vergrößerung auf, allerdings werden ihre Unterhaltung und Führung dadurch schwieriger. Somit war ein anderes Verpflegungs=

system erforderlich; es entstanden die Rayon-Verpflegung und die Requisitions-Verpflegung. Erstere wurde, wo angängig, durch Militärbeamte, sonst durch Lieferung und Ausschreibung bewerkstelligt, während die letztere die Truppen selbst auftrieben. Um die Heere besser führen zu können, war eine veränderte Formation in selbständig gegliederte Teile, Armee-Korps und Divisionen, notwendig. Das Nationalbewußtsein der Heere und ihre moralische Kraft wurden durch die allgemeine Wehrpflicht gehoben; in noch höherem Maße bewirkten dies die Nationalkriege. Um keine allzu eingreifenden Störungen in die bürgerlichen Verhältnisse zu bringen, mußten eine kürzere Dienstzeit eingeführt und eine jüngere Altersklasse herangezogen werden. Daher kann für die Ausbildung nicht mehr soviel Zeit wie sonst in Anspruch genommen werden, den wesentlichsten Teil derselben übernahm der Krieg selbst.

Die Taktik der Infanterie wird auf andere Gefechtsfelder wie die bisherigen geleitet. Jetzt sucht man statt des offenen und reinen Terrains oft das bedeckte und unterbrochene, überall wird es benutzt, wie es sich gerade darbietet. In der Taktik machten sich die Einwirkungen des Terrains immer mehr geltend und bestimmten die Verwendung der Waffen. Die Kavallerie war nicht unbedingt zur Flankendeckung erforderlich, unentbehrlich aber, wenn es sich um die Vervollständigung und Sicherung der Siege handelte. Da sie vom Terrain abhing, mußte ihr Gebrauch anders geordnet werden; den Divisionen wurde zur Benutzung ihrer Erfolge einige leichte Reiterei zugeteilt, während die Hauptmasse als Schlachten-Kavallerie in Reserve verblieb. Die Artillerie war ebenfalls vom Terrain abhängig, doch in anderer Weise als die Kavallerie. Für die immer häufiger werdenden Ortsgefechte war die Verwendung der Artillerie unumgänglich notwendig, daher mußte ihr Material zur weniger schwierigen Überwindung der Hindernisse möglichst erleichtert werden. Auch von dieser gab man nur einen Teil, gewöhnlich leichte Artillerie, den anderen Truppen bei; die aus allen Kalibern gebildete Masse stand in Reserve. Nunmehr beschränkte sich ihre Thätigkeit nicht auf die Eröffnung des Kampfes und zeitweise Beteiligung im Verlauf desselben, sondern sie wirkte auch auf dessen Entscheidung mit ein.

Die bedeutungsvollste Veränderung, welche unter dem Einfluß des Terrains entstand, ist jedoch die ständige Verbindung aller Waffen in Truppenkörpern, die zu ganzen Divisionen geworden waren, da sich die Notwendigkeit, große Heeresmassen in starke, möglichst selbständige Abteilungen zu gliedern, immer mehr fühlbar gemacht hatte. Durch diese Zusammensetzung änderten sich auch die Marsch- und die Schlachtordnung, ferner bewirkte sie eine größere Ungebundenheit hinsichtlich des Terrains, da jede Waffe in dem ihr nicht günstigen von der anderen gedeckt werden und eine in die Thätigkeit der anderen eingreifen konnte. In früherer Zeit geschah letzteres nur bei besonderen Gelegenheiten, und zwar meistens auf Befehl. Auch gestattete diese Zusammenstellung das Führen selbständiger Partialgefechte, in welche große Schlachten nach und nach zerfielen; überhaupt bedeutete sie für die ganze Truppenhandhabung eine wesentliche Erleichterung, denn nun standen für alle Verhältnisse stets geeignete Körper zur Verfügung, vereinigte Angriffe konnten vorgenommen und Gefechte abgebrochen werden; für den Feldherrn war eine Reserve zur Entscheidung des Sieges und zu dessen Ausnutzung in Bereitschaft.

Fig. 7. **Kürassier aus der Zeit des Dreißigjährigen Krieges.**
(Text s. S. 31.)

Die ausgedehnteren politischen Beziehungen und die stärkeren Armeen erforderten für den großen Krieg einen größeren Kriegsschauplatz und demzufolge genau berechnete Operationspläne, daneben allerdings Teilung der Streitkräfte, aber nicht Zersplitterung derselben, sondern richtig kombinierte Märsche und zum Entscheidungsschlag schnelle Zusammenziehung auf den strategisch wichtigen Punkt. Auf längeren Linien gestattet die veränderte Lagerung raschere Operationen; die Bedeutung fester, großer Plätze an starken, zur Verteidigung günstigen Linien oder an strategischen Punkten, die nicht nur rein defensiven Charakters sind, sondern sich auch durch Aufnahme größerer Truppenmassen zu einer etwaigen Offensive eignen, tritt mehr in den Vordergrund. Die stärkeren Heere machen die Hauptschläge des Krieges entscheidender und kürzen seine Dauer ab.

Auf den kleinen Krieg aber übten diese raschen Operationen einen beschränkenden Einfluß aus; er kam daher nur dann zur Bedeutung, wenn der große Krieg längere Zeit auf ein und demselben Schauplatze spielte.

Durch die Benutzung der neuen Verhältnisse wurde nun das Kriegsprinzip verwirklicht, das die großen Feldherrn bisher wohl erkannt, der ungenügenden Mittel wegen aber nicht hatten durchführen können: die Vernichtung, zum mindesten endgiltig entscheidende Überwindung des Gegners. In diesem Sinne haben sich auch die Dispositionen zur Schlacht und die Ausnutzung der Siege umgestaltet; man gründete sie nicht mehr auf die augenblicklichen Erfolge der Waffen, sondern das Bestreben nach der Erringung des höchsten Kriegszwecks wirkte bestimmend auf sie ein.

Seit 1815 richten sich die Bemühungen aller europäischen Staaten mit der notwendigen Berücksichtigung ihres Haushaltes darauf, die Organisation ihrer Heere zu verbessern. Teils durch bedrohliche Zeitverhältnisse, teils durch Kriege sahen sie sich veranlaßt, zu einer Erhöhung ihrer Wehrkraft zu schreiten. Über die allgemeine Wehrpflicht und die Ergänzung sind Gesetze erlassen worden; das Material und vor allem die Bewaffnung erfuhren wesentliche Vervollkommnungen. Bekleidung, Ausrüstung und Gepäck aller Waffengattungen wurden bedeutend verbessert, die leichten Truppen, auch bei der Kavallerie, vermehrt und der Artillerie neue Geschosse und Geschütze hinzugefügt. Sämtliches Material befindet sich in leichterem und vollkommnerem Zustande, auch das Pontonwesen ist verbessert, und das Kriegsfuhrwesen zweckentsprechender geordnet; dem Sanitätswesen wird eine größere Aufmerksamkeit zugewendet. Den Armeekorps wurden technische Eisenbahnabteilungen zugefügt und Feldtelegraphen eingeführt. Die neuere Kriegführung stellte höhere Ansprüche an die Ausbildung der Mannschaften und der Führer, sodaß auch diesem Gebiete erhöhte Fürsorge zugewandt werden mußte. Für die Mannschaften errichtete man Schieß- und Reitschulen, Turnanstalten u. s. w.; für die Führer der Truppen wurden die Kadetten-Korps, Militärschulen, Kriegs- und Generalstabs-Akademien teilweise verbessert und teilweise vermehrt. Auch der Träger der militärischen Intelligenz, der Generalstab, ist wesentlich gefördert worden. Im Frieden wird den höheren Führern durch Manöver und größere Truppenübungen Gelegenheit zur Leitung starker Streitkräfte geboten; die Truppen werden dadurch im Felddienst ausgebildet.

B. Die Organisation des Kriegswesens zu Lande.

1. Das Heer.

Unter Heer versteht man die gesamte Kriegsmacht eines Landes nebst allem Personal und Material, die zu ihrer Führung und Ausrüstung nötig sind. Ein wichtiges Bestandteil der Ausrüstung bildet die Bekleidung der Soldaten, die für die einzelnen Waffengattungen in Stoff, Farbe und Schnitt übereinstimmend gewählt wird und infolgedessen dazu dient, die verschiedenen Waffengattungen von einander zu unterscheiden. Die einzelnen Truppenteile, sowie der Rang deren Mitglieder werden durch besondere Abzeichen kenntlich gemacht. Die Bezeichnung „Uniform" wird der Bekleidung der Militärpersonen eben wegen ihrer Gleichförmigkeit zugelegt.

a. Die Entwickelung der deutschen Uniformen.

Die ersten Spuren der Uniformierung finden sich bereits im Mittelalter vor; schon damals sahen Fürsten und Ritter ihr Gefolge gern die eigenen Wappenfarben zur Schau tragen, und die Stadtknechte waren zuweilen in die Stadtfarben gekleidet.

Wenn man von Ereignissen liest, die zur Zeit des Dreißigjährigen Krieges vorgefallen sind, so darf man sich unter einem blauen Regimente nicht etwa Soldaten in blauer Kleidung vorstellen; derartige Bezeichnungen sind vielmehr auf die Farbe der Fahnen zurückzuführen. Bezüglich der Bewaffnung war allerdings eine gewisse Übereinstimmung zu bemerken; hinsichtlich der Bekleidung trieb jedoch die Willkür ihr freies Spiel. Selbst das Lederwams, das unter der Reiterei sehr verbreitet war, wurde nicht wegen der Gleichförmigkeit, sondern Dank seiner Zweckmäßigkeit so auffällig bevorzugt. Auch kannte man damals zur Unterscheidung der Ranggrade keine Abzeichen von der gegenwärtig gebräuchlichen Art. Vornehmere Kleidung berechtigte zu der Annahme, im Träger derselben eine höhergestellte Militärperson vor sich zu haben. Dragoner- und Fußvolksoffiziere waren mit Partisanen ausgerüstet.

Die Kürassiere, Fig. 7, und die Lanzierer waren in der Anfangsperiode des Dreißigjährigen Krieges an Brust, Rücken, Hüften und Oberschenkeln vom Harnisch bedeckt; die Unterschenkel waren durch die Stiefelschäfte, der Kopf und das Gesicht durch einen Visierhelm geschützt. Während der späteren Perioden gab es keine Lanzierer mehr; bei den Kürassieren wurden die Harnischteile vermindert und die Kopfbedeckung wurde häufig gegen einen Helm ohne Visier vertauscht. Ein glockenförmiger Helm mit Nackenschirm, Ohrenklappen und verstellbarem Nasenschutz erwarb sich große Beliebtheit.

Die Musketiere, Fig. 5, führten eine tragbare Gabel mit sich, um ihre schwere Waffe beim Gebrauch damit unterstützen zu können; sie trugen zuweilen Sturmhauben, öfter jedoch einen Hut mit breiter Krempe. Die Pikeniere und Rondartschiere waren mit Brust- und Rückenharnisch, Vorderschurz, Halsberge und Sturmhaube ausgerüstet.

Durch ein besonderes Abzeichen thaten sich die reitenden Trompeter hervor; sie trugen die „Flügel", d. h. offene Überärmel, die noch am Anfang unseres Jahrhunderts anzutreffen waren.

Die Uniformierung ganzer Heeresteile wurde etwa zur Zeit Ludwigs des XIV. eingeführt, der seine Hofgarden in eine „Livree" kleidete. Sein Beispiel wurde von anderen Fürsten befolgt, wie ja gerade zu jener Zeit französische Gebräuche gern nachgeahmt wurden, und bald traten überall uniformierte Truppen auf. Anfangs beschränkte sich die Gleichförmigkeit fast immer auf den Rock, während der übrigen Kleidung wenig Beachtung geschenkt wurde. Bei einem Teil der schweren Reiterei fielen Brust- und Rückenharnische weg, und die Pikeniere verschwanden vollständig vom Schauplatz. Als Kopfbedeckung bürgerte sich der große Schlapphut ein, der sich schließlich in den Dreispitz verwandelte.

Am Ausgang des 17. Jahrhunderts bewiesen in den verschiedenen Ländern die Regimenter derselben Waffengattung ihre Zusammengehörigkeit noch keineswegs durch übereinstimmende Grundfarbe der Röcke. Erst nach dem Jahre 1700 brach sich diese Einrichtung Bahn. Als Regimentsabzeichen diente dann die Farbe des Futterstoffes, die auf den umgeschlagenen Schößen, den Brustklappen (Rabatten, Revers) und Ärmelaufschlägen zur Geltung kam. Die Röcke der Offiziere und Unteroffiziere waren zu jener Zeit vielfach anders gefärbt, als die ihrer Untergebenen.

Die Offiziere trugen das Haar häufig der herrschenden Mode entsprechend, die Gemeinen dagegen schlicht herabwallend. Später verschafften sich der Haarbeutel und der Zopf Eingang, letzterer bei den preußischen Truppen unter Friedrich Wilhelm I. Unter demselben Fürsten wurde große Knappheit in der militärischen Bekleidung, die sich vorher in Beziehung auf den Schnitt nach der weiten Tracht der Zivilpersonen gerichtet hatte, eingeführt. Bald darauf machte man auch in anderen Ländern den Rock des Soldaten von der Mode unabhängig, besonders nach dem Siebenjährigen Krieg. Die langen Strümpfe mußten den sogenannten Stiefeletten, d. h. Gamaschen, Platz machen. Dazu wurden kurze Beinkleider und unter dem Knie Kniegürtel getragen. Der Rückenharnisch kam nach und nach außer Gebrauch, und später verschwand auch der Brustharnisch immer mehr; doch erlangten beide zur Zeit Napoleons I. noch einmal größere Beliebtheit.

In Preußen waren schon im Jahre 1721 als leichte Reiterei Husaren anzutreffen, deren Uniform an die der ungarischen Vorbilder erinnerte. Im Verlaufe des genannten Jahrhunderts wurden auch anderwärts derartige Regimenter errichtet. Die Lanzenreiter (in Preußen gab es 1745 ein Bosniaken-Korps, in anderen

Ländern später Ulanenkorps) wurden allmählich überall mehr oder weniger nach dem Muster der österreichischen Ulanen bekleidet.

Am Ende des 18. und am Anfang des 19. Jahrhunderts mußte der Hut anderen Kopfbedeckungen weichen. Für manche Regimenter wurde das Kaskett erwählt, andere erhielten einen Raupenhelm zugewiesen. Aus der Heiduckenmütze

Fig. 8. **Preußischer Husar aus dem Jahre 1756.**

wurde durch Weglassen der „Flügel" und Anbringung eines Augenschirmes der Tschako gebildet, der sich schließlich große Verbreitung erwarb; in den süddeutschen Ländern machte ihm jedoch der Raupenhelm den Rang streitig.

Die Schöße, Ärmelklappen u. s. w. ließen nicht mehr das Futter zu Tage treten; an dessen Stelle wurde einfach Stoff von abstechender Farbe den Umschlägen aufgesteppt. In den ersten Jahrzehnten unseres Jahrhunderts wurde der Rock vielfach durch den Spenzer oder Frack, eine kurzschößige Jacke, ersetzt, und die Beinkleider wurden in Pantalons umgewandelt.

Sowohl Tschako, als Spenzer erwiesen sich jedoch bald als unpraktisch, und so erschienen endlich der Waffenrock und der Helm (Pickelhaube), dem jedoch zuweilen ein leichter Tschako oder ein Käppi vorgezogen wurde. In Preußen wurden die Truppen im Jahre 1843 mit diesen beiden Kleidungsstücken ausgestattet, und nach wenig Jahren fand man letztere in vielen deutschen Staaten als Militärtracht vor. Seit dieser Zeit hat sich der Typus im großen und ganzen wenig verändert.

Nachdem wir dem Leser in vorstehenden Zeilen einen allgemeinen Überblick über die Entwickelung der Uniform gegeben haben, wollen wir versuchen, auch von der Bekleidung der einzelnen Truppengattungen in verschiedenen Zeitabschnitten ein Bild zu entwerfen.

Infanterie (Jäger, Schützen).

Preußen. Bei den kurbrandenburgischen Regimentern erlangte die Uniform im Jahre 1670 größere Verbreitung, und zwar waren die Infanteristen rot oder grau, mit besonderer Vorliebe jedoch blau gekleidet. Die Offiziere trugen eine schwarz-silberne oder schwarz-weiße Schärpe und ausnahmsweise wohl auch einen Brustpanzer. Degenkoppel und Schärpe wurden nicht immer in normaler Taillenhöhe angelegt, sondern zu Zeiten viel weiter unten, z. B. vom Ende des 17. bis zum Ausgang des 18. Jahrhunderts. Nach 1670 bestand die Bekleidung in weiten Röcken, langen Kamisölern, hohen Strümpfen, Schnallenschuhen, Halstüchern und Filzhüten, die Bewaffnung für die ersten Glieder in kurzen Spießen, sogenannten „Schweinsfedern", sonst in Degen und Gewehr. König Friedrich I. führte verschiedene Neuerungen ein, die aber nicht von großer Bedeutung waren. So wurden auf den Kragen der Offiziere die Wappen ihrer Regimentschefs angebracht, und die Kopfbedeckung der Grenadiere verwandelte sich in eine spitze Mütze.

Der eingehenden Änderungen, die unter Friedrich Wilhelm I. vorgenommen wurden, ist vorher schon gedacht worden. Zu seiner Regierungszeit war die Grundfarbe der Infanteristenröcke blau, die der Hosen und Westen weiß, gelb oder rot, die der Gamaschen weiß. Ein besonderes Merkmal dieser Periode waren die umgeschlagenen, roten Schöße. Knopflöcher, auf verschiedene Weise hergestellt, erlaubten, einzelne Regimenter von einander zu unterscheiden; andere waren durch Brustklappen kenntlich gemacht. Sämtliche Offiziere und die Mannschaften der Musketierregimenter trugen den dreifach aufgestülpten Hut, die Grenadiere spitze Mützen, die durch die Verschiedenartigkeit ihrer Farben Regimentsabzeichen bildeten. Was die Bewaffnung zu jener Zeit betrifft, so trug der gemeine Soldat Seitengewehr und Säbel, der Unteroffizier Seitengewehr und Kurzgewehr; der Offizier war durch Degen und Sponton, Schärpe, Portepee und Ringkragen ausgezeichnet.

Einige Regimenter, denen unter jenem Fürsten Füsiliermützen, die den Grenadiermützen ähnelten, aber am abstehenden Kopfteil eine Glocke mit Flamme aufwiesen, zugeteilt worden waren, wurden von Friedrich dem Großen zu Musketieren umgewandelt, da sich dieser die Füsiliermützen und mit ihnen die Bezeichnung „Füsilierregimenter" für die von ihm selbst gegründeten Regimenter vorbehielt, die alle, einschließlich der Offiziere, schwarze Halsbinden bekamen, während die älteren Regimenter Mannschaften mit roten und Offiziere mit weißen Halsbinden zeigten. Bei den Unterkleidern (Hosen und Westen) kam die rote Farbe in Wegfall. Die Beschläge der Grenadiermützen wurden nicht mehr durchbrochen hergestellt, und die Ausstattung der Soldaten wurde durch schwarze Gamaschen für den Winter vervollständigt.

Unter Friedrich Wilhelm II. fielen auch die gelben und gelblichen Unterkleider weg, sodaß nunmehr nur noch weiße Hosen und Westen anzutreffen waren. Die grünen Beinkleider, die eine Zeitlang von der neubegründeten, leichten Infanterie getragen wurden, verschwanden bald wieder. Die genannte Truppe unterschied sich durch grüne Röcke und Adler aus Metall an den Kopfbedeckungen von den übrigen Regimentern; die Mannschaft führte den Namen „Füsiliere", der von dieser Zeit an also nicht mehr eine bloße Hindeutung auf die Kopfbedeutung war. Während der Regierungszeit des oben erwähnten Herrschers verschaffte sich das Kaskett, ein Hut, der vorn und hinten aufgestülpt war, Eingang, und die Röcke wurden sämtlich mit Rabatten versehen. Nicht nur die Hüte, sondern auch die Grenadiermützen mußten der neuen Kopfbedeckung das Feld räumen, doch erhielt letztere bei den Grenadieren vorn eine Granate als Abzeichen.

Unter dem nächsten Fürsten konnten sich die Grenadiere wieder einer besonderen Kopfbedeckung rühmen, nämlich einer sonderbaren Mütze, die an der Hinterseite das Regimentsabzeichen trug. Auch bei den anderen Regimentern wurden die Kasketts wieder abgeschafft; die nunmehr gebräuchlichen Hüte lehnten sich ein wenig an die herrschende Mode an. Der Zopf, der unter Friedrich dem Großen die Taillenknöpfe erreicht hatte, überragte jetzt kaum noch den Kragen, der zum Stehkragen geworden war. Für die Mannschaft wurden leinene Überhosen eingeführt. Der Rock wurde verschiedenen Änderungen unterworfen und erschien endlich 1806 in kollettähnlicher Form (Kollett = Reitjacke). Zu derselben Zeit wurden die Offiziersschärpen über statt unter dem Rock angelegt. Die Offiziere der Grenadierregimenter trugen Schaftstiefeln und auf der Kopfbedeckung einen weißen Federbusch mit schwarzem Unterteil.

In den folgenden Jahren wurden verschiedene, eingreifende Neuerungen bemerkbar: die Hosen nahmen graue Farbe an; die Brustklappen verschwanden, um zwei Reihen Knöpfe auf den Röcken zum Vorschein kommen zu lassen; als Kopfbedeckung wurden Tschakos, die in der Regel von Überzügen aus Wachsleinwand bedeckt waren, allgemein, und die Tornister wurden mittels zweier Lederriemen über die Schultern gehangen. Auch wurden keine Zöpfe mehr getragen. Die verschiedenartigsten Uniformierungen konnte man zur Zeit der Freiheitskriege beobachten, woran zum Teil der Umstand schuld war, daß für die Reserveregimenter oft die Bekleidung aus England bezogen wurde; die Mützen der Offiziere fand man häufig im wachsleinenen Überzug. 1814 kamen vorn geschlossene Kragen auf; die Tschakos wurden mit umfangreicheren Deckeln versehen, und die Regimentsabzeichen wurden neu geregelt. Im Jahre 1817 erhielten Kragen und Aufschläge die noch jetzt gebräuchliche rote Farbe. Von diesem Zeitpunkt an wurden Ärmelpatten und Achselklappen verwendet, um die verschiedenen Regimenter kenntlich zu machen. 1835 wurden auch die Ärmelpatten der Linienregimenter rot, zeigten jedoch bei einigen Armeekorps weißen Vorstoß. Im Jahre 1843 verschafften sich dann Waffenröcke und Helme Eingang. Die Kopfbedeckung wurde im Laufe unseres Jahrhunderts häufigen Veränderungen unterzogen, die erst die Verzierungen des Tschakos, dann die Höhe, das Gewicht und die einzelnen Teile des Helmes betrafen. Das Gepäck wurde 1848 nach Virchow'scher Art eingerichtet. Der Gebrauch, bei feldmäßiger Bekleidung die Beinkleider in den Stiefelschaft zu stecken, hat sich während der letzten Kriege eingebürgert. Für die Röcke ist seit dem Ausgang des 17. Jahrhunderts die blaue Grundfarbe charakteristisch geblieben.

Friedrich der Große bildete als Ergänzung der Linieninfanterie ein Jägerkorps, das mit zeisiggrünen Westen und Röcken, gelblebernen Hosen und schwarzen Halsbinden ausgestattet wurde; Kragen und Aufschläge waren rot. Die Unterkleider nahmen später weiße Farbe an. Nach 1806 trugen die Jäger dunkelgrünen Frack, graue Hosen und Tschakos mit schwarzen Federbüschen und grünen Behängen. 1843 erhielten sie Waffenröcke und Helme, die zur Parade mit Haarbüschen verziert waren, 1854 Tschakos, die an ein Käppi erinnerten.

Die Schützen, die vom Jahre 1808 an das Heer vervollständigten, trugen zuerst dunkelgrüne Fracks mit schwarzen Kragen, Aufschlägen und Achselklappen und Tschakos. 1814 und 15 entstanden zwei weitere Schützenbataillone, die andersgeartete Abzeichen erhielten. Jetzt giebt es nur noch ein Garde-Schützenbataillon, das grüne Röcke mit grünen, gelbe Litzen aufweisenden Ärmelpatten und schwarzen, rot vorgestoßenen Kragen und Aufschlägen trägt; aus den anderen Schützen wurden in den vierziger Jahren Jäger gebildet.

Sachsen. Die Röcke des Leibregiments bestanden 1683 aus rotem, die der anderen Regimenter aus grauem Tuch; sie waren mit Fries gefüttert, der in der Farbe mit den Strümpfen übereinstimmte, und mit Knöpfen aus Messing oder Zinn versehen. Die Hosen wurden damals aus Bockleder hergestellt. Die Bewaffnung wurde ungefähr zu derselben Zeit von Musketen und Schweinsfedern gebildet. Wenige Jahre später wurden bei Gelegenheit der Errichtung neuer Grenabier-Kompanien diese Truppen durch Grenabiermützen von blauem Tuch ausgezeichnet. Noch vor Ablauf des 17. Jahrhunderts wurde die rote Rockgrundfarbe allgemein. Später wurden an der Offiziersuniform wappengeschmückte Ringkragen angebracht.

Etwa 1730 wurden Brustklappen und bortierte Hüte eingeführt. Die In-

Fig. 9. **Bayrischer Infanterist aus dem Jahre 1701.**

fanterie erschien in weißen Strümpfen und lederfarbenen Beinkleidern, mit Westen und Umschlägen, die in der Farbe vom Rocke abstachen. Die Grenadiere hatten Beschläge auf den Patronentaschen und Kopfbedeckungen, die vorn ein rotes, mit Metall beschlagenes Schild und hinten einen Beutel aufwiesen. Vier Jahre später wurde die rote Rockgrundfarbe durch die weiße verdrängt, jedoch nicht bei der

Leibgrenadier-Garde, die bis 1848, zu welcher Zeit sie überhaupt aufhörte zu bestehen, den roten Röcken treu blieb. Nach weiteren sechs Jahren nahm das Beinkleid die Farbe von Westen und Umschlägen an.

Im Jahre 1765 wurde die ganze Armee neugestaltet und anders uniformiert. Für die Röcke wurde die weiße Farbe beibehalten, die sich auch auf die Schoßumschläge erstreckte. Westen, Kragen, Brustklappen und Aufschläge waren je nach dem Regimente verschieden gefärbt; die knapp geschnittenen Beinkleider richteten sich jedoch nicht mehr nach der Abzeichenfarbe, sondern waren durchgängig weiß und mit ebensolchen ungarischen Knoten versehen. Dazu wurden rote Halsbinden, Gamaschen nach Art der ungarischen Stiefeln, und zwar von schwarzer Farbe, und weißbortierte, büschelgeschmückte Hüte, für die Grenadiere Pelzmützen mit Schildern aus Metall gewählt. Zur Bekleidung der Offiziere gehörten weiße Halsbinden, Hüte, die mit weißer Kokarde und silbernen oder goldenen Tressen verziert waren, und rot-silberne Schärpen; die Ringkragen zeigten auf samtnem Untergrund den Namenszug des Kurfürsten. Die Grenadiere wurden mit Säbeln, die anderen Regimenter mit Bajonett ausgerüstet. So blieb die Uniformierung bis 1810, nur wurden von 1771 an die Gamaschen wieder auf die alte Weise angefertigt, und Beinkleider, Röcke, Hüte u. s. w. folgten in Beziehung auf den Schnitt der herrschenden Mode.

In dem oben erwähnten Jahre wurden dann wieder Änderungen von einschneidender Bedeutung vorgenommen. So wurde an Stelle des Rockes der Frack eingeführt; bei dem die Brustklappen senkrechte Richtung annahmen; er behielt, wie auch die Beinkleider, die von den Offizieren in Kniestiefeln getragen wurden, die weiße Farbe, ebenso die Schoßumschläge, die gleich den Achselklappen mit Vorstoß in der Abzeichenfarbe versehen waren. Auch bei Gamaschen und Halsbinden blieb es betreffs der Farbe beim alten. Zu gleicher Zeit mit dem Frack erschien der Tschako, und zwar reich dekoriert mit Pompon, weißer Kokarde und weißen Behängen, gelbem Schild und Schuppenketten. 1815 wurde die Kokarde mit grünem Ring versehen, und die Behänge verschwanden. Außerdem nahmen die Beinkleider die Gestalt von Pantalons und graue Farbe an; der Frack verlor die Brustklappen und erhielt gelbe Knöpfe in zwei Reihen geordnet. Die Abzeichen wurden sämtlich grün, und die Füllung des flachen, grünen Pompons zeigte an ihrer Statt das Regiment an. Dazu kam die Einführung der mit Schirm versehenen Feldmützen aus grünem Tuch.

Dann brachte das Jahr 1832 wieder verschiedene Neuerungen, z. B. dem Tschako an der Vorderseite einen sternförmigen Beschlag und an der Hinterseite einen Schirm. Besonders gingen aber in Beziehung auf die Farbe Veränderungen vor. Der Frack wurde grün und Beinkleider und Feldmützen hellblau. Letztere Farbe fand man auch auf Aufschlägen und Kragen. Die Pompons wurden stutzartig und 1842 oval. 1849 wurden der Waffenrock und das sogenannte Virchow'sche

Gepäck eingeführt. 1851 wurden auf den Achſelklappen die Nummern der Bataillone befeſtigt; 1862 erhielt der Rock hellblaue Grundfarbe und roten Vorſtoß; 1866 vertauſchten die Offiziere ihre Epauletten gegen einen an der Vorderſeite des Kragens ſtehenden Stern, und 1867 wurde eine Neuuniformierung, zum Teil nach preußiſchem Muſter vorgenommen. Die Truppen erhielten Helme, die das ſächſiſche Wappen zeigten, graue, mit roten Bieſen verſehene Beinkleider, gelbe Regimentsnummern auf den Achſelklappen und vor allem dunkelblaue Waffenröcke mit roten Kragen, Vorſtößen und Aufſchlägen.

Zur Uniform der leichten Infanterie und der Jäger gehörten 1809 dunkelgrüne Röcke und Tſchakos mit grünem Stutz und bei erſtgenannter Truppe grüner Behang und gelber Schild, bei der anderen weißer Behang und Jägerhorn. Die Knöpfe waren gelb, die Abzeichen ſchwarz. In Beziehung auf neuen Schnitt und Einführung des Waffenrockes und anderer Kopfbedeckungen gilt ziemlich dasſelbe, was bei der Linieninfanterie geſagt worden iſt. Gegenwärtig ſind niedrige Käppis mit ſchwarzem Roßhaarbuſch in Gebrauch und die Achſelklappen mit Jägerhorn und Nummer geſchmückt.

Bayern. Im Jahre 1684 trug die Infanterie lange Weſten und lange, blaue Röcke mit großen Taſchen und ſehr weit geſchnittenen Ärmeln und rote Kniehoſen; Weſte und Aufſchläge zeigten die Regimentsfarben. Die Offiziere waren an betreßten Weſten und blauen, mit Silberfranſen beſetzten Schärpen zu erkennen. Im Anfang des 18. Jahrhunderts wurden die Grenadiere mit ſpitzen, ſchildloſen Bärenmützen verſehen, an denen ſpäter Beutel angebracht wurden. Die Bekleidung der Landfahnen beſtand unter anderem in blauen Röcken und Weſten, roten Halstüchern und verbrämten Hüten; die Offiziere trugen zu hellgrauen Röcken blauweiße Schärpen. In der Mitte des genannten Jahrhunderts wurden Halsbinden von rotem Leder eingeführt. 1770 wurden Weſten und Beinkleider, einige Jahre ſpäter auch die Röcke innen weiß, und wieder nach einigen Jahren vertauſchten die Offiziere die Schärpen gegen einen Ringkragen. 1782 kam eine hellere und nach weiteren drei Jahren weiße Rockgrundfarbe auf.

Das Jahr 1789 brachte eine ganze Reihe Neuerungen: knapperen Rockſchnitt, Kasketts anſtatt der Hüte, knappe, graue Hoſen, die mit Gamaſchen verbunden waren und Epauletten aus ſchwarzem Leder mit Meſſingbeſchlag. Bruſtklappen, Schoßumſchläge, Aufſchläge und Kragen trugen die Abzeichenfarbe, die bei je zwei Regimentern übereinſtimmte. Letztere machten ſich dann durch weiße oder gelbe Knöpfe kenntlich. Der Ringkragen verſchwand wieder. Verſchiedenartig eingefaßte Knopflöcher bildeten die Rangabzeichen.

1799 wurde der Frack eingeführt, und zwar in hellblauer Grundfarbe. Die Mannſchaften erhielten Raupenhelme, die nach einigen Jahren durch Stutze vervollſtändigt wurden. Die Offiziere trugen 1805 raupenbeſetzte Kasketts; 1800 hatten sie neue Schärpen erhalten, die schon 1812 wieder wegfielen und durch Ringkragen ersetzt wurden. 1814 wurden Brustklappen, Aufschläge und Kragen durchgängig rot und darum die Knöpfe mit Regimentsnummern versehen. Bald darauf erschienen als Beinbekleidung hellblaue Pantalons. In den Jahren 1825 und 1826 verlor der Frack die Brustklappen und wurde mit einer Reihe Knöpfe ausgestattet. Die Aufschläge nahmen wieder verschiedene Farben an.

1848 mußte der Frack dem Waffenrock weichen, und der Raupenhelm gewann an Verbreitung. 1860 erhielten auch die bayrischen Infanteristen das Virchow'sche Gepäck, die sogenannte Gürtelrüstung. 1872 erhielt der Rock Ähnlichkeit mit dem preußischen, und sowohl die Kragen als die Aufschläge, die mit gelben Nummern versehenen Achselklappen und die Ärmelpatten, die beim 1. Korps weiß vorgestoßen waren, zeigten rote Farbe. Der Ringkragen der Offiziere verschwand und hat die silberne, blau durchwirkte Schärpe, die den Offizieren zugeteilt wurde, seitdem nicht wieder verdrängt. 1886 kamen Pickelhauben mit eckigem Augenschirm in Gebrauch, an deren Vorderseite das aus weißem oder gelbem Metall hergestellte bayrische Wappen angebracht ist.

Die Jäger erschienen 1809 in grünen Fracks, ebensolchen Beinkleidern und dreieckigen Hüten; Kragen, Epauletten, Vorstoß, Aufschläge und Knöpfe waren von gelber Farbe. Die leichte Infanterie, die nur bis 1815 bestand, trug dunkelgrüne Spenzer und graue Hosen; erstere waren mit roten Vorstößen und Schoßumschlägen schwarzen Aufschlägen und Brustklappen versehen. Später erhielten die Jäger dieselben Röcke wie die Linieninfanterie, jedoch mit durchweg grünen Abzeichen und als Kopfbedeckung Kasketts, in den zwanziger Jahren hellblaue Hosen und Tschakos, 1845 Jägerhelme. Jetzt tragen sie hellblaue Röcke mit grünen Abzeichen und Infanteriehelme.

Württemberg. Am Anfang des 18. Jahrhunderts hatte die Uniform noch Ähnlichkeit mit der Ziviltracht und im allgemeinen eine helle Grundfarbe. Später kamen Brustklappen auf; in der Mitte desselben Jahrhunderts scheint man sich in der Uniformierung sehr nach der preußischen Militärtracht gerichtet zu haben. Dunkelblaue Rockgrundfarbe und Grenadiermützen, die ein C. C. unter Stern und Krone aufweisen, wurden eingeführt.

Im Jahre 1799 fanden bedeutende Änderungen statt. So wurden die Röcke reitjackenartig geschnitten und mit halben Brustklappen, unter denen noch für zwei Knöpfe Platz war, ausgestattet. Zu den weißen Beinkleidern wurden schwarze Gamaschen eingeführt. Gleichzeitig erschien ein Kaskett, das aus Leder gefertigt und mit einem schwarzen Roßhaarschweif geschmückt war. Nach 1806 wurden die Brustklappen blau wie die Röcke, aber rot vorgestoßen; die Kopfbedeckung erhielt an Stelle des Roßhaarschweifs eine Raupe, wurde jedoch nach wenigen Jahren vom Tschako in den Hintergrund gedrängt, um 1813/14 ganz zu verschwinden.

Schon im Jahre 1817 bot die Infanterie wieder ein neues Bild. Auf langen, königsblauen Röcken mit Haftenverschluß sah man gelbe oder rote Aufschläge, gelb oder rot vorgestoßene Paßgürtel und zuweilen auch Kragen in diesen Farben. Die Beinkleider waren ebenfalls königsblau. Der Tschako war nur noch mit der Kokarde geschmückt, und so trat überall die größte Einfachheit zu Tage.

Fig. 10. **Bayrische leichte Infanterie aus dem Jahre 1812.**

1821 wurde der Frack eingeführt, die Grundfarbe beibehalten und auch auf die Aufschläge ausgedehnt. Die Vorstöße an letzteren und an den Beinkleidern, sowie die Kragen wurden rot, der Tschako mit einem Pompon und einem die Regimentsnummer zeigenden Schild versehen. 1846 erhielt die Kopfbedeckung neue Gestalt und neue Dekoration.

Der Waffenrock, der 1849 in Aufnahme kam, zeigte immer noch königsblaue Grundfarbe; dazu wurden Beinkleider von derselben Farbe getragen. Die Biesen auf den letzteren, sowie Aufschläge, Achselklappen, Kragen und Vorstöße waren rot. 10 Jahre später wurden die Truppen mit Virchow'schem Gepäck ausgerüstet. 1864 wurde der Rock dunkelblau und erhielt eine zweite Reihe weißer Knöpfe. Die Hosen nahmen graue Farbe an. Die Kragenpatten waren je nach dem Regiment verschieden gefärbt. 1870 wurden die preußischen Offiziersachselstücke eingeführt. 1871 erfuhr die Uniform neue Veränderungen. Der Waffenrock erhielt rote Aufschläge, rote Achselklappen mit gelben Nummern, rote Ärmelpatten mit hellblauem Rand und gelbe Knöpfe. Als Kopfbedeckung kam die Pickelhaube, mit Kokarde und Wappen verziert, in Aufnahme. 1892 kam die zweite Knopfreihe wieder in Wegfall. Im allgemeinen tritt überall eine Anlehnung an das preußische Muster zu Tage.

Im Jahre 1800 trugen die Jäger grüne Spenzer mit schwarzen, weißen Vorstoß aufweisenden Abzeichen und gelben Knöpfen, grüne Hosen und korsische Hüte, die im nächsten Jahr gegen den Tschako vertauscht wurden. 1815 wurde das Regiment eingezogen. Die leichte Infanterie war 1805 mit grünem Rock, weißen Beinkleidern und Kasketts bekleidet. Die Abzeichen waren hellblau. Auch diese Truppe bestand nicht lange. Später errichtete man wieder eine Jägertruppe; in den sechziger Jahren wurden die Jäger ähnlich wie die Infanteristen uniformiert; sie unterschieden sich aber durch hellgrüne Käppis mit blauem Rand und durch grüne Abzeichen. Nach einiger Zeit ging die Truppe wieder ein.

Baden. Im 18. Jahrhundert wurden helle Westen und Beinkleider und dunkelblaue Röcke getragen. Im letzten Jahrzehnt desselben Jahrhunderts fand man das Leibregiment mit einer Montur, die sehr an die des preußischen Garderegiments erinnerte. Der Rock war reich mit weißen Litzen geschmückt und zeigte schwedische Aufschläge, Brustklappen, Futter und Kragen waren von roter Farbe. Die Grenadiermützen hatten an der Vorderseite gelben Blechbeschlag. Die Unterkleider waren, wie auch beim Füsilierbataillon Erbprinz, dessen blaue Röcke gelbe Kragen u. s. w. aufwiesen, von weißer Farbe. Aber auch in anderen Zeitabschnitten und bei den anderen Regimentern hat der Uniformierung das preußische Muster zu Grunde gelegen.

1806 kam der Frack in Aufnahme, und zwar mit ziemlich langen Schößen; seine Farbe war dunkelblau; bald wurde auch der Raupenhelm eingeführt, dem schon 1813 der Tschako folgte. 1833 bestanden die Regimentsabzeichen in verschiedenfarbigen Ärmelpatten, Achselklappen und Knöpfen. 1849 erschienen Pickelhauben und Waffenröcke mit farbigen Kragenpatten und Achselklappen. Letztere wurden anfangs von einer Kugel, aber schon nach kurzer Zeit von einer Spitze abgeschlossen. Seit 1866 stimmt die Uniform ziemlich mit der preußischen überein.

Die Jäger trugen 1813 grüne Röcke, ebensolche Hosen, schwarze Gamaschen und auf der Kopfbedeckung Raupe und Stutz; die Abzeichen waren schwarz, die Vorstöße weiß. Das leichte Bataillon trug in den dreißiger Jahren grüne Röcke mit gelben Knöpfen und blauen Abzeichen, graue Hosen und Tschakos. Im Jahre 1856 erhielten die Jäger Waffenröcke von dunkelgrüner Farbe; Vorstöße und Achselklappen waren rot, Aufschläge und Kragen schwarz. Dazu wurden anfangs Pickelhauben getragen; nach einiger Zeit kamen jedoch Jägerhüte nach österreichischem Muster auf.

Hessen-Darmstadt. Ungefähr 1717 trug das Kreis-Regiment blaue Röcke mit weißen Aufschlägen; das Schrautenbach'sche und die Landmiliz scheinen ebenfalls blaue Röcke getragen zu haben; das Düring'sche Bataillon hatte gelbe, das Lehrbach'sche blaue, das Dallwig'sche rote und das Geismar'sche grüne Aufschläge auf weißen Röcken. Im weiteren Verlaufe des 18. Jahrhunderts, besonders in der letzten Hälfte, war die Uniform der preußischen sehr ähnlich; 1806 sah man sich genötigt, die Offiziershüte mit rot-schwarzen Federbüschen auszustatten, um Verwechselungen mit den preußischen Offizieren zu vermeiden. 1809 wurden der Tschako eingeführt und verschiedene, der französischen Uniform entstammende Neuerungen an der Bekleidung des Regiments Erbprinz angebracht. Im Jahre 1817 kamen lackierte Blechtschakos und 1820 dunkelblaue Spenzer auf. Das Jahr 1849 brachte den Waffenrock, der samt den Aufschlägen von dunkelblauer Farbe und mit rotem Vorstoß versehen war. Hierzu wurden graue, rot vorgestoßene Hosen, Helme und Birchow'sches Gepäck getragen. Seit 1872 ist die preußische Uniform durchaus maßgebend.

Mecklenburg-Schwerin. Zu blauen Röcken und grauen Beinkleidern, die nach preußischer Form angefertigt waren, trugen Voltigeure und Grenadiere während der Rheinbundzeit Abzeichen, die denen der französischen Truppen nachgebildet waren, nämlich grünen, bezüglich roten Behang am Tschako und ebensolche mit Fransen besetzte Epauletten. Der Frack verschaffte sich nach den Freiheitskämpfen, der Waffenrock 1848 Eingang. Letzterer war von dunkelblauer Farbe und mit weißen Knöpfen, roten Aufschlägen, Kragen, Vorstoß und roten Nummern auf weißen Achselklappen ausgestattet. Dazu kamen graue Beinkleider und Pickelhauben; letztere waren zur Parade mit weißen Haarbüschen geschmückt. 1866 war eine nach russischem Vorbild gefertigte Mütze in Gebrauch, die aber bald wieder verschwand. Jetzt werden Pickelhauben getragen, die zur Parade schwarze Haarbüsche zeigen.

Mecklenburg-Strelitz zeigt im großen und ganzen betreffs der Uniformierung gegenwärtig wie auch schon zur Rheinbundzeit denselben Typus wie der vorher angeführte Staat.

Oldenburg. Zur Zeit des Rheinbunds trug die Infanterie dunkelblaue, rot vorgestoßene Röcke in Frackform mit roten Abzeichen, graue Hosen, schwarze Gamaschen und als Kopfbedeckung links aufgestülpte Filzhüte mit weißem oder grünem Stutz. Die Grenadiere waren durch Bärenmützen ausgezeichnet. Nach den Befreiungskriegen waren für den Winter dunkelblaue, für den Sommer weiße Beinkleider und Tschakos in Gebrauch. Die Offiziere legten in den zwanziger Jahren den Ringkragen ab und schmückten sich mit einer golden-rot-blauen Schärpe. Nachdem 1838 die Gürtelrüstung in Aufnahme gekommen war, erschienen 1843 der blaue, rot vorgestoßene Waffenrock und die Pickelhaube, denen sich 1858 graue, rot vorgestoßene Beinkleider zugesellten. 1864 erhielten die Truppen blaue, rot vorgestoßene Mützen nach russischer Form. Jetzt sind sie ganz nach preußischem Vorbild uniformiert.

Anhalt. Die Infanteristen, die mit dem Reichsheer gegen die Türken zogen, trugen blaue Röcke mit roten Abzeichen, rote Hosen, rote Kamisöler, weiße Strümpfe und Hüte. Die Dessauer Jäger, deren Korps zu Ausgang des 18. Jahrhunderts gebildet wurde, erhielten dunkelgrüne Röcke, weiße Hosen und Westen und Hüte mit grünem Busch. Der Rock war mit rotem Kragen, dunkelgrünen Aufschlägen, weißen Epauletten und Schößen versehen. Im Jahre 1818 mußten Anhalt-Dessau, Anhalt-Bernburg und Anhalt-Köthen dem Bundesheer Truppen stellen. Das Kontingent des erstgenannten Landes war mit dunkelgrünem Spenzer, der weiße Knöpfe und rosa Abzeichen aufwies, pompongeschmücktem Tschako und Beinkleidern von der Farbe des Rockes bekleidet; letztere zeigten später auf grauer Grundfarbe rosa Streifen. Die Anhalt-Bernburger trugen dunkelgrüne Spenzer, graue, rot vorgestoßene Beinkleider und Tschakos. Die Grenadiere hatten rote, die Jäger hellgrüne, rot vorgestoßene Kragen und Aufschläge. Die Anhalt-Köthener trugen dunkelgrüne Spenzer mit gelben Kragen und Aufschlägen und rotem Vorstoß, graue Beinkleider mit roten Streifen und Tschakos. 1846 kamen Waffenrock und Pickelhaube in Gebrauch. 1863 wurde aus den Truppen der anhaltischen Länder ein gemeinsames Regiment gebildet, dessen Waffenröcke unter Beibehaltung der Grundfarbe preußische Form annahmen und rosenfarbene Abzeichen erhielten. Ebensolche Biesen hoben sich von den grauen Hosen ab. Die Pickelhauben zeigten weißen Beschlag. Gegenwärtig gehört das Regiment Anhalt zum preußischen Heeresverband.

Waldeck. Die Infanterie trug 1812 weiße Spenzer, die gelbe Knöpfe, dunkelblaue Brustklappen, Kragen und Aufschläge hatten, und Tschakos mit Behang, später dunkelgrüne Spenzer mit roten Abzeichen, graue Beinkleider und schwarze Gamaschen. Der Waffenrock, der im 5. Jahrzehnt in Gemeinschaft mit dem Helm in Gebrauch kam, war grün und hatte rote Achselklappen, Kragenpatten, Aufschläge und Vorstöße. Jetzt gehört die waldecksche Truppe dem 83. Regiment an.

Lippe-Detmold. Zu Anfang unseres Jahrhunderts war die Infanterie mit weißem Rock, grauen Hosen und flachen Hüten bekleidet; Kragen und Aufschläge waren grün. 1812 wurden die Hosen weiß, die Röcke unter Beibehaltung der Grundfarbe frackartig; die Vorstöße waren grün wie Kragen und Aufschläge;

Ärmelpatten, Brust= und Achselklappen zeigten die Grundfarbe. Dazu wurden Tschakos getragen. Später kamen dunkelgrüne Röcke mit roten Abzeichen und graue Hosen auf, weiterhin Waffenröcke und Helme. 1861 wurde die Infanterie mit Käppis nach preußischem Muster versehen und sechs Jahre später ins preußische Heer eingereiht.

Fig. 11. **Sächsische leichte Infanterie aus dem Jahre 1859.**

Schaumburg=Lippe. Das Kontingent, das zum Rheinbund gestellt werden mußte, trug weiße Röcke mit grünen Aufschlägen und Kragen, graue Beinkleider und aufgestülpte, niedrige Hüte. Nach den Befreiungskämpfen wurde die Truppe teilweise, später ganz zu Jägern ausgebildet und erhielt dunkelgrüne Röcke, graue, rot vorgestoßene Beinkleider und Tschakos mit schwarzen Federbüschen; Kragen und Aufschläge waren schwarz, die Vorstöße rot und die Knöpfe gelb. Diese Farben wurden auf die Waffenröcke übertragen, die später in Gemeinschaft mit dem Raupenhelm in Gebrauch kamen. Die schaumburgische Truppe gehört jetzt zum 7. westfälischen Jägerbataillon.

Sachsen-Weimar. Die Jäger erschienen 1790 in grünen Spenzern, weißen Hosen, schwarzen Gamaschen, roten Halsbinden und Hüten mit grünen Stutzen und roten Schnüren; Schoßumschläge, Kragenpatten und Knöpfe waren von gelber Farbe. Nach einigen Jahren wurden grüne Hosen, 1806 Kopfbedeckungen, die den Grenabiermützen ähnlich waren, im nächsten Jahre eigentümliche Hüte und 1812 Tschakos eingeführt. Die Beinbekleidung bestand 1809 in grauen Pantalons, die 1812 gelb vorgestoßen wurden. Die Truppe wurde zu jener Zeit Scharfschützenbataillon genannt. Als die Waffenröcke in Aufnahme kamen, wurden für diese, wie für die Beinkleider, die alten Farben beibehalten und Kragen und Aufschläge gelb vorgestoßen. Der Tschako wurde gegen die Pickelhaube vertauscht, und die Offiziere erhielten gelbe Schärpen als Auszeichnung. Seit 1867 werden die militärpflichtigen Weimaraner in das 93. Infanterie-Regiment eingestellt. (Es giebt jedoch auch eine kleine Husarentruppe.)

Koburg-Gotha. Die Koburger Infanterie trug 1809 dunkelgrünen Frack, schwarze Gamaschen, Tschako mit Jägerhorn und entweder leinene Pantalons oder ungarische Hosen, die auf hellblauer Grundfarbe gelbe Beschnürung zeigten. Die Ärmelpatten mit weißem Litzenbesatz waren von grüner, die Schoßumschläge von roter und Aufschläge und Kragen von gelber Farbe. Die Grenadiere trugen Pelzmützen. 1835 waren Aufschläge, Achselklappen und Kragen schwarz mit rotem Vorstoß, der Kragen außerdem mit gelben Litzen versehen, die Hosen grün. Später waren letztere grau, die Achselklappen rot und gelb vorgestoßen. In der Mitte unseres Jahrhunderts wurden die Waffenröcke von dunkelgrüner Farbe mit roten Vorstößen, gelben Knöpfen, schwarzen Kragen und Aufschlägen, roten Ärmelpatten und Achselklappen, dazu graue Beinkleider mit roten Biesen und eigenartige Helme getragen. Seit der Militärkonvention von 1867 bilden die Militärpflichtigen dieses, wie des folgenden Staates das Regiment Nr. 95.

Sachsen-Meiningen-Hildburghausen. Nach 1807 erhielten die Meininger Truppen Röcke, die auf blauer Grundfarbe rote Abzeichen sehen ließen, weiße Beinkleider, schwarze Gamaschen und dreieckige Hüte. Die hildburghausener Infanterie war wie die weimarische bekleidet. Als Meiningen und Hildburghausen vereinigt waren, kamen dunkelgrüne Spenzer mit schwarzen Abzeichen und Tschakos auf; die Hosen hatten anfangs die Farbe des Rockes, später waren sie von grauer Farbe. 1846 wurden Waffenröcke und Helme eingeführt, 1864 erstere mit schwarzen Brustschnüren, ebensolchen Abzeichen und rotem Vorstoß ausgestattet.

Sachsen-Altenburg (früher Sachsen-Gotha). Im Jahre 1807 trug die gothaische Truppe fast dieselbe Uniform wie die meiningische. Später wurden zuweilen lange, dunkelblaue, mit roten Streifen versehene Hosen angelegt. 1813 wurden dunkelblaue Spenzer mit helleren Aufschlägen und roten Kragen, hellgraue Mäntel und Hosen und Tschakos getragen. 1835 bestand die Uniform in grünen Spenzern mit schwarzen, litzenbesetzten und rot vorgestoßenen Aufschlägen und Kragen, grauen, beziehentlich weißen Hosen und anders dekorierten Tschakos. 1845 wurden Waffenröcke, Helme und Achselklappen mit Nummern eingeführt. Jetzt ist die altenburgische Infanterie in das Regiment Nr. 96 eingereiht.

Schwarzburg. Im Jahre 1792 trugen die Infanteristen weiße Beinkleider und Westen, blaue Röcke, die rote Abfütterung, ebensolche Aufschläge und Kragen, aber Brustklappen von der Grundfarbe aufwiesen, und Hüte oder Tuchmützen. 1808 bestand die Bekleidung in Tschakos und dunkelgrünen Hosen und Spenzern; erstere hatten Streifen, letztere Aufschläge und Kragen von roter Farbe. Daneben scheinen aber auch graue, durch schwarze Gamaschen vervollständigte Hosen getragen worden zu sein. 1835 hoben sich die roten Aufschläge und Kragen von russischgrünen Spenzern ab, die durch eine Reihe gelber Knöpfe geschlossen waren. Die Beinkleider waren im Sommer weiß und im Winter grau mit roten Biesen. Auch kamen Mützen mit rotem Vorstoß zu grüner Grundfarbe in Aufnahme. In den vierziger Jahren verschafften sich Waffenrock und Raupenhelm Eingang; ersterer war einreihig mit Knöpfen und mit rotem Kragen und Vorstoß versehen, letzterer mußte nach einiger Zeit der Pickelhaube, auf die er seine in einem Doppeladler bestehende Dekoration übertrug, Platz machen. 1856 war das Virchow'sche Gepäck in Gebrauch. Seit 1867 treten die Militärpflichtigen dieses und auch des folgenden Staates in das Regiment Nr. 96.

Reuß. Während des spanischen Erbfolgekrieges trug die Infanterie weiße Uniform mit roten Aufschlägen. Später wurde die Grundfarbe blau. 1780 wurden Kasketts und für die Grenadiere Bärenmützen eingeführt. Zum Rheinbund wurde ein Kontingent gestellt, das weiße Spenzer, schwarze Halsbinden mit weißem Vorstoß, Tschakos, schwarze Gamaschen und ungarische Hosen trug. Letztere waren hellblau, wie Kragen und Aufschläge, aber mit Schnürenbesatz versehen. 1822 waren die langen Beinkleider grau, bezüglich weiß. Bei Einführung des Waffenrockes erhielten dieser und die Beinkleider schwarze Grundfarbe; Patten, Vorstoß und Hosenbiese behielten die hellblaue Farbe. Zu derselben Zeit wurde die Truppe mit Pickelhauben und später mit dem Virchow'schen Gepäck ausgerüstet.

Braunschweig. Im Jahre 1809 wurde das schwarze Korps errichtet, dessen Fußvolk schwarze Röcke, schwarze Hosen und schwarzes Lederzeug trug. Die Röcke waren mit langen Schößen, schwarzen Schnüren und hellblauen Kragen versehen. Der Tschako war mit einem schwarzen Haarbusch geschmückt und außerdem mit einem Totenkopf und Knochen aus weißem Metall dekoriert. 1815 trug die Infanterie kurze Jacken, sonst war sie ziemlich auf die oben angegebene Art bekleidet.

Die einzelnen Bataillone waren an der Farbe von Achselklappen und Kragen zu erkennen; auch war der Tschako auf verschiedene Art ausgestattet. Später kamen dunkelblaue Spenzer mit roten Kragen u. s. w., und weiße, bezüglich graue Hosen mit roten Biesen auf. 1866 trug die Infanterie schwarze, beschnürte Waffenröcke mit hellblauen Kragen und Aufschlägen, schwarze Hosen und schwarze Haarbüsche auf den Tschakos. In den achtziger Jahren wurde diese Uniform durch eine nach preußischem Muster hergestellte verdrängt.

Hannover. In den ersten Jahrzehnten unseres Jahrhunderts war die englische Uniform maßgebend. Die Infanterie trug roten Frack mit blauen Abzeichen und Litzenbesatz, graue Hosen und schwarze Gamaschen, dazu Kasketts nach englischer Form. Später wurden an den Röcken kleine Änderungen angebracht, und Tschakos, für die Grenadiere Pelzmützen, eingeführt. Seit 1837 tritt eine Anlehnung an die preußische Uniform zu Tage. Die Röcke nahmen dunkelblaue, die Abzeichen rote Farbe an. Die Farbe der Achselklappen richtete sich nach dem Regiment. Später kamen Waffenröcke und Pickelhauben, dann Käppis, Gürtelrüstung und lederne Wadenstücke in Gebrauch.

Die leichte Infanterie unterschied sich von der Linieninfanterie durch dunkelgrüne Grundfarbe und schwarze Abzeichen. Im Jahre 1866 wurde das Heer eingezogen.

Westfalen. Das Königreich dieses Namens wies in der kurzen Zeit seines Bestehens ein ansehnliches Heer auf. 1808 trug die Infanterie weiße Röcke. Die einzelnen Regimenter wurden durch die Farbe der Abzeichen kenntlich gemacht. Später wurden die letzteren durchgängig dunkelblau. Die leichte Infanterie war mit kornblumfarbigen, später grünen Spenzern mit orange, bezüglich hellblauen Abzeichen ausgestattet.

Hessen-Kassel. Im Jahre 1813 gehörten zur Uniform zweireihige, dunkelblaue Spenzer, weiße Beinkleider und schwarze Gamaschen. Die Schoßumschläge waren rot. Die Landwehr-Infanterie trug 1813 Bekleidung nach preußischem Muster, die Schweizer Leibgarde 1821 dunkelblauen Frack mit roten Abzeichen und Pelzmützen. Im allgemeinen erinnerte die Uniform sehr an die preußische, was auch im Verlaufe der nächsten Jahrzehnte noch der Fall war. In den vierziger Jahren kamen Waffenrock und Pickelhaube, später Virchow'sches Gepäck in Aufnahme.

Die Jäger trugen dunkelgrüne Spenzer und 1813 karmesinrote, die freiwilligen Jäger 1814 hellblaue, die Gardejäger in den zwanziger Jahren rote Abzeichen. Die Schützen erhielten 1821 grüne Spenzer mit hellblauen Abzeichen, roten Achselklappen und Vorstößen und Tschakos, 1846 zugleich mit den Gardejägern Helme und grüne Waffenröcke; die Schützen zeichneten sich durch Litzen aus; von 1851—56 trugen sie blaue Füsilieruniform, dann Helme und grüne Waffenröcke mit roten Achselpatten und schwarzen Abzeichen.

Naſſau. Die Uniform beſtand 1808 in grünen Spenzern, weißen Weſten, hellgrauen Hoſen, ſchwarzen Gamaſchen und Tſchakos; Aufſchläge und Kragen waren von ſchwarzer Farbe und mit orangefarbenen Borten, die Beinkleider mit ſchwarzen Schnüren beſetzt. In den dreißiger Jahren waren auch die Beinkleider grün. 1849 kamen mit Waffenrock und Pickelhaube graue, mit roten Bieſen beſetzte Beinkleider auf. 1862 wurden öſterreichiſche Käppis eingeführt.

Fig. 12. Heſſen-Kaſſel'ſcher Infanteriſt aus dem Jahre 1860.

Die Uniform der Jäger, deren Bataillon 1857 gebildet wurde, beſtand in dunkelgrünem Rock mit ſchwarzen Aufſchlägen und Kragen, grauen Beinkleidern und Käppis, die an der linken Seite mit einem Roßhaarbuſch geſchmückt waren; Vorſtoß, Achſelklappen, Knöpfe und Hoſenbieſen waren von weißer Farbe. In den ſechziger Jahren erhielt die Truppe ſchnurbeſetzten Waffenrock, gleich den Beinkleidern von ſchwarzer Farbe.

Schleswig-Holstein. Im Jahre 1848 bestand die Uniform in blauen Röcken mit roten Kragen und Aufschlägen, weißen Knöpfen, ebensolchen, mit roter Nummer versehenen Achselklappen, hellblauen, rot vorgestoßenen Hosen und Pickelhauben. Die Jäger trugen grüne Waffenröcke, Käppis und graue Hosen, deren Vorstöße rot waren, ebenso die Achselklappen und Abzeichen.

Hohenzollern. Die Röcke hatten in den dreißiger Jahren, gleich den Beinkleidern, dunkelblaue Farbe; Kragen, Aufschläge und Schoßumschläge waren rot, wurden später aber hellgrün und behielten diese Farbe auch bei den dunkelblauen, zweireihigen Waffenröcken, die 1845 eingeführt wurden.

Frankfurt am Main. Im Jahre 1807 trugen die Füsiliere weiße Röcke und Beinkleider, rote Abzeichen und Gamaschen von schwarzer Farbe, die Jäger grüne Beinkleider, ebensolche Surtouts mit rotem Vorstoß, gelbe Westen und Tschakos. Später bestand die Uniform in dunkelblauen Röcken nach französischem Schnitt, mit französischen Abzeichen, blauen Hosen und 1835 in dunkelblauen Spenzern mit roten Abzeichen und Vorstößen nebst dunkelblauen Hosen; die Schützen hatten grüne Abzeichen. Später wurden Waffenröcke und Helme eingeführt.

Würzburg. Die Röcke zeigten 1807 weiße Grundfarbe, österreichischen Schnitt und rote Abzeichen; dazu wurden weiße Beinkleider, schwarze Gamaschen und österreichische Helme getragen. 1812 kamen französischer Schnitt und Tschakos in Aufnahme; die weißen Ärmelpatten wurden rot, die roten Abzeichen weiß vorgestoßen.

Hansastädte. Zu Anfang unseres Jahrhunderts erhielt die Hamburger Bürgergarde dunkelblaue, knopflose, aber sehr lange Röcke, und mit hellerem Besatz verzierte Hosen. Röcke und Mützen der Jäger waren grün, die Hosen grau mit hellgrünen Streifen; die Röcke waren vorn mit schwarzen Schnüren verziert; die Mützen zeigten helleren Rand und Stutz, sowie ein Jägerhorn. 1813 trugen die Infanteristen der hanseatischen Bürgergarde graue englische Mäntel mit hellblauen Kragen, dunkelblaue Hosen mit hellblauen Streifen und Kasketts nach englischer Form, die Scharfschützen ebensolche Beinkleider, aber grüne Mäntel und Hüte, die Jäger eine Uniform, die sehr an die Bekleidung der Hamburger Bürgergarde erinnerte, aber ohne den erwähnten Besatz. In der Folgezeit trug das Hamburger Bürgermilitär dieselben Farben. Die Uniform der hanseatischen freiwilligen Legion bestand vor 1814 in grünen Röcken, Beinkleidern und Mützen mit hellblauem Besatz. Dann kamen Spenzer und Tschako in Aufnahme. Später waren die Abzeichen der Infanterie rot; nach und nach wurde die Truppe mit Waffenrock, Pickelhaube, Gürtelrüstung und Käppi ausgestattet.

Kavallerie.

Preußen. Die Reiterei trug zur Zeit des großen Kurfürsten immer noch den Lederkoller; später erhielten die Kürassiere lederne Kolletts, zu denen ebensolche

Beinkleider, hohe Stiefel und Stulphandschuhe angelegt wurden. 1735 fing man an, die Kolletts aus Tuch herzustellen. 1762 war der Rückenharnisch verschwunden; über dem Kollett wurde jedoch außer dem Pallaschgehänge und der Leibbinde ein Brustpanzer getragen. 1806 gab es auch keinen Brustpanzer mehr. 1808 trugen die Kürassiere zu weißen Kolletts, deren Kragen, Vorstöße und Aufschläge die Abzeichenfarbe aufwiesen, Überknöpfhosen von grauer Farbe, und Lederhelme mit hohem Bügel; als kleine Uniform eine Litewka von dunkelblauer Grundfarbe. Ungefähr 1815 wurden französische Pallasche eingeführt; Brust- und Rückenharnisch kamen wieder auf. 1843 verschafften sich Stahlhelme und sogenannte Koller Eingang. 1868 wurden die grauen Reithosen gegen weiße vertauscht, und sämtliche Kürassiere erhielten schlappe Stulpstiefel, die bis über das Knie reichten, später etwas kürzere, steife Stiefel. Gegenwärtig führen die Kürassiere Lanzen wie die übrige Reiterei. Bei besonderen Gelegenheiten erscheinen die Gardes du Korps in den ihnen vom russischen Kaiser geschenkten Harnischen, die bei schwarzer Grundfarbe einen roten Rand zeigen; überhaupt werden die Harnische nur noch zu Paradezwecken getragen.

Die Dragoner hatten anfangs gleichfalls Lederkoller, und zwar vorherrschend mit blauen Aufschlägen. Die später aufgekommenen Röcke hatten weiße Grundfarbe und blaue oder rote Abzeichen; dazu wurden rote Halsbinden und gelbe Unterkleider angelegt. Die hellblaue Rockgrundfarbe, die schwarzen Halsbinden und der schwedische Schnitt für die Aufschläge kamen nach dem zweiten schlesischen Krieg in Gebrauch. Bei der Einführung der Kolletts wurden die gelben Westen abgeschafft. Im Jahre 1808 erschienen die Dragoner in zweireihigen Kolletts von hellblauer Farbe, grauen Überhosen mit seitlichem Knopfbesatz, der 1814 wieder in Wegfall kam, und Tschakos, die zur Parade mit weißen Haarbüschen geschmückt waren. Kurze Zeit darauf wurden die Pallasche gegen Säbel vertauscht. Als kleine Uniform wurden hellblaue Litewken benutzt. 1826 schaffte man den Tschako-Haarbusch ab. 1842 fanden Waffenröcke und Helme, die mit dem Dragoneradler, ausnahmsweise mit schwarzem Haarbusch, verziert waren, Eingang; 1870 wurden die Dragoner mit hohen Stiefeln und graublaumelierten Hosen ausgestattet. Die Bewaffnung besteht wie bei der folgenden Truppengattung in Lanze und Pallasch.

Die Husaren trugen anfänglich, d. h. seit 1721, weiße Röcke mit gelben Schnüren und schwarze Flügelmützen, nach etwa 10 Jahren roten Dolman mit weißen Schnüren und blauen Aufschlägen, lederne Beinkleider und Säbeltaschen, von denen sich der Namenszug des Herrschers abhob. Auch anliegende Hosen aus rotem Tuch und blaue Scharawaden (Überhosen zum Schutz gegen Kälte und Schmutz) sollen als Beinbekleidung gebräuchlich gewesen sein. Unter Friedrich dem Großen gab es eine ganze Reihe Husarenregimenter, die sich durch die Farbe der Dolmans u. s. w. von einander unterschieden. So hatte z. B. das 5. Regiment schwarze Uniform mit weißem Schnürenbesatz und schwarze Schabracken mit rotem Rand; Kragen und Aufschläge nahmen später ebenfalls rote Farbe an. Die Kopfbedeckung bestand in Filzmützen, auf die je ein Totenkopf gestickt war. Dieses Umstandes wegen wurden die betreffenden Husaren „Totenköpfe" genannt. Die Bezeichnung „der ganze Tod" wurde dem 8. Regiment beigelegt, weil die schwarz

Fig. 13. **Preußischer Dragoner aus dem Jahre 1713.**

bekleideten Husaren Mützen trugen, deren Dekoration außer der Umschrift „Vincere aut mori" ein Skelett mit Sanduhr zeigte.

Im Laufe der Zeit wurden die Schöße des Dolmans verkürzt; die Scharawaden mußten Überknöpfhosen Platz machen, und die Pelzmützen verschwanden. Für letztere kamen Tschakos in Gebrauch, und zwar ging beim 5. Regiment der

Totenkopf auf die neue Kopfbedeckung über. 1808 war der Husarentschako mit
Behängen, schwarz-weißer Kokarde, wollener Rose und Federbusch dekoriert. Gewöhnlich
wurde ein Überzug darüber angelegt. 1815 kam eine neue Kragenform
auf; der Tschako erhielt einen umfangreicheren Deckel, die Seitenknöpfe kamen

Fig. 14. Preußischer Husar aus dem Jahre 1846.

an den Hosen in Wegfall. Auch die Haarbüsche verschwanden mehr und mehr.
Der Dolman mußte sich auch weiterhin in Beziehung auf Schnitt und Beschnürung
einige Änderungen gefallen lassen. 1843 wurden für einige Regimenter Pelzmützen,
für andere Flügelmützen eingeführt. Zehn Jahre später verwandelte sich der Dolman

in die Attila oder Husarka, und die Verschnürung wurde vereinfacht. Der Pelz verschwand, kam jedoch später für einige Regimenter wieder in Aufnahme. 1867 wurden zur Beinbekleidung sogenannte Husarenstiefel und dunkelblaumelierte, mit Borten besetzte Beinkleider gewählt.

Zu den Ulanen gehörten die „Bosniaken", deren Bekleidung 1775 in langen, weiten Beinkleidern, gleich dem Wams von roter Farbe, schwarzem Überkleid und rotem Turban bestand. In der Folgezeit mußten sie den „Towarczys" weichen, welche Husarenbeinkleider, dunkelblaue, mit ponceauroten Abzeichen versehene Röcke und rote, weiß vorgestoßene Paßgürtel trugen. 1808 wurden die Towarczys in Ulanen umgewandelt und mit zweireihigen Kolletts von dunkelblauer Grundfarbe mit rotem Kragen, Vorstoß u. f. w., grauen Überknöpfhosen, blauen Paßgürteln mit rotem Vorstoß und reich dekorierten Tschakos ausgestattet. Die Achselklappen waren je nach dem Regiment verschieden; mit ihnen stimmte der obere Teil der Lanzenflagge, deren unterer Teil blau war, überein. Die Garde-Ulanen-Eskadron trug 1810 ähnliche Uniform. Als kleine Uniform war bei sämtlichen Ulanen eine Litewka von dunkelblauer Farbe mit rotem Kragen in Gebrauch. Der Tschako wurde im Überzug getragen. Die Schabracken bestanden aus schwarzem Lammfell und waren rot vorgestoßen. Die Garde-Kosaken zeigten 1813 blaue Uniform, rote Mützenbeutel und flaggenlose Lanzen. 1815 wurde auch für die Linienregimenter als Kopfbedeckung die Tschapka eingeführt, die bei der Garde schon längere Zeit in Gebrauch war. Zu gleicher Zeit kamen statt der ehemaligen Schabracken rot geränderte Überdecken aus dunkelblauem Tuch in Aufnahme. Ausstattung und Form von Kopfbedeckung und Kollett wurden im Laufe der Zeit verschiedentlich abgeändert. In den fünfziger Jahren verschaffte sich ein eigenartiger Waffenrock, die Ulanka, Eingang; 1867 eine ganz aus schwarzem Leder bestehende, neue Kopfbedeckung, die zur Parade mit einer Rabatte von der Farbe der Epaulettefelder geschmückt wird. Die Ulanen sind gegenwärtig mit Pallasch und Lanze, deren Flagge weiß-schwarz ist, ausgerüstet.

Sachsen. Zu Anfang des 18. Jahrhunderts wurden rote Röcke und Mäntel, gelblederne Hosen, hohe Stiefel und Hüte getragen. 1734 gab es weiße, 1740 paillefarbene (strohfarbene) Uniformen. 1756 wurde für die Kolletts der Reiterei gelbliche Grundfarbe gewählt; die einzelnen Regimenter waren an der Abzeichenfarbe oder dem Bortenbesatz zu erkennen. 1810 erschienen die Gardes du Korps in gelben, die Linienkürassiere in weißen Kolletts, beide in weißen Beinkleidern und gelbmetallenen Bügelhelmen. Der Halbküraß war schwarz. 1821 bestanden drei Reiterregimenter, die weiße, zweireihige Kolletts mit hellblauen Abzeichen, hellblaue Hosen mit weißen Biesen und Lederhelme mit Bügel und Raupe trugen. 1832 nahmen die Kolletts hellblaue Farbe an; sie wurden mit weißem Vorstoß und anfangs mit verschiedenfarbigen, 1840 mit weißen Abzeichen ausgestattet; vom genannten Jahre an konnte man die Regimenter an der Farbe der Ärmelpatten erkennen. 1849 wurden Waffenröcke und abgerundete Schabracken eingeführt. Die Raupe auf dem Helm verschwand bis 1867. 1852 erhielten die Röcke schwedische Aufschläge, zehn Jahre später Haftenverschluß anstatt der Knopfreihe. Jetzt giebt es nur noch zwei Reiterregimenter, die hellblaue Hosen, ebensolche Röcke mit weißen, bezüglich schwarzen Abzeichen, hohe Stiefel, weiß=grüne Lanzenflaggen und Kürassierhelme nach preußischem Muster tragen.

Im Jahre 1754 mußten die Chevaulegers ihre grünen Röcke gegen rote vertauschen und erhielten grüne und blaue Abzeichen. Das Regiment Rutowsky zeigte schwarze Abzeichen auf roten Röcken wie die Sacken=Dragoner; doch hatte es nicht weiße Knöpfe, wie diese, sondern gelbe. 1767 mußte auch bei den Kurland=Chevaulegers die grüne Rockgrundfarbe der roten weichen; an den neuen Röcken waren papageigrüne Aufschläge angebracht. 1810 wurden die Hüte durch Tschakos ersetzt.

Schon im 18. Jahrhundert waren unter den sächsischen Truppen Ulanen zu finden, die gelbe, rote oder blaßblaue Abzeichen auf langen, weißen Röcken trugen. 1813 erschienen die Ulanen in blauen, rot vorgestoßenen Kolletts mit schwarzen Abzeichen, blauen Beinkleidern und Tschapka, nach weiteren zwei Jahren in roten Kolletts mit blauen Abzeichen. 1867 entstanden zwei neue Ulanenregimenter, deren Uniform bis heute dieselbe geblieben ist und in hellblauer Ulanka, ebensolchen Beinkleidern (die allerdings jetzt kürzer sind als früher und in Kniestiefeln getragen werden) und Tschapka besteht; Aufschläge, Kragen und Hosenstreifen sind karmesinrot. An weißen, bezüglich gelben Gardelitzen sind die Regimenter zu unterscheiden; auch sind die weißen Mützen beim 1. Regiment mit hellblauen, beim 2. mit karmesinroten Streifen besetzt.

Die Husaren trugen ursprünglich (1791) weiße Unterkleider und Dolmans mit hellblauen Abzeichen, rote Schärpen, schwarze Flügelmützen und hellblaue, schwarz vorgestoßene und weiß beschnürte Pelze. In der Folgezeit erhielten die Dolmans hellblaue Grundfarbe, schwarze Abzeichen und weiße Beschnürung. 1810 kam der Tschako auf, und in den zwanziger Jahren wurde die Truppe als Reiterregiment ausgerüstet. Gegenwärtig tragen die Husaren=Regimenter, die erst 1875 neu errichtet worden sind, hellblaue Attila, ebensolche Beinkleider und Säbeltaschen, sowie Pelzmützen. Das erste Regiment ist an gelben Schnüren und rotem Mützenbentel, das zweite an weißen Schnüren und karmesinrotem Beutel zu erkennen.

Bayern. Im Anfang des 18. Jahrhunderts trugen die Kürassiere lichtgraue Uniform, später weiße Röcken, unter denen sich bis 1785 ein Brustharnisch befand, und gelbe Unterkleider. 1789 wurden weiße Westen und Kniestiefel getragen. Das Kaskett verdrängte den Hut, um 1800 dann bem Raupenhelm Platz zu machen. Bald darauf wurde das Regiment aufgelöst. Die

Garbes du Korps trugen 1814 hellblaue Kolletts, weiße Hosen, gelbe Raupenhelme und Harnische; die Abzeichen waren rot. Die Küraſſiere, von denen es 1815 wieder zwei Regimenter gab, hatten zum Unterſchied Helme und Harniſche von weißem Metall. Jetzt giebt es zwei ſchwere Reiterregimenter mit Waffenröcken, von

Fig. 15. Preußiſcher Ulan aus dem Jahre 1810.

deren hellblauer Grundfarbe ſich rote Abzeichen abheben; ſchwarz-blaumeliert Hoſen, Helme und hohe Stiefel vervollſtändigen die Bekleidung.

Die Dragoner vertauſchten 1785 die roten oder blauen Röcke gegen weiße mit verſchiedenfarbigen Abzeichen, erhielten ſpäter Kasketts mit weißen Roßhaarschweifen und 1800 Raupenhelme. Im Jahre 1811 verwandelten sie sich in Chevaulegers. Diese Truppengattung bestand schon seit 1790 und trug grüne Röcke und Westen nebst grauen Hosen; die Abzeichen waren verschiedenfarbig. 1800 erhielt diese Truppe Raupenhelme und Kolletts; letztere sind seit 1809 dunkelgrün. Inzwischen waren auch weiße Beinkleider eingeführt, die später wiederum durch grüne mit abstechenden Seitenstreifen ersetzt wurden. In den vierziger Jahren

Fig. 16. Preußischer Kürassier aus dem Jahre 1816.

kamen der Waffenrock, der im Felde durch einen Spenzer ersetzt wurde, und eine Art Jägerhelm, neuerdings die Pickelhaube, in Aufnahme.

Die Husaren waren 1688 blau bekleidet, und auch im 18. Jahrhundert war die Grundfarbe blau. 1815 trugen die Husaren blaue Hosen, ebensolche Dolmans und blauweiße Schärpen; die Beschnürung war weiß, der Tschako bei einem Regiment schwarz, beim anderen rot, die Pelze blau, bezüglich weiß.

Die Ulanen, welche schon 1822 wieder eingezogen wurden, erschienen 1813 in grüner Uniform mit hellblauen, dann roten Abzeichen. Seit 1863 giebt es zwei neu errichtete Ulanenregimenter, die sich bei grüner Bekleidung und roten Abzeichen, sowie roter Tschapka durch gelbe oder weiße Knöpfe kenntlich machen.

Württemberg. Die Leibgarde zu Pferd hatte im Ausgang des 17. Jahrhunderts Uniformen von gelber Grundfarbe, blanke Harnische und Hüte. 1776 trug eine Kompanie Husarenuniform von dunkelroter, eine zweite Kürassieruniform von gelber und die dritte Röcke von grüner Grundfarbe. 1798 wurden gelbe Kolletts, Kasketts mit schwarzem Schweif, in der Folgezeit Helme mit Bügel und Raupe eingeführt. 1809 wurde die Uniform wieder umgeändert, und nach einigen Jahren ging die Truppe ein. Das Feldjägerkorps hatte 1759 grüne Uniform mit roten Abzeichen; 1798 kamen Kasketts und anderer Schnitt, sowie dunklere Grundfarbe, später Raupenhelme, 1817 königsblaue Röcke mit langen Schößen und Pelzmützen in Aufnahme.

Die Pfull'schen Kürassiere trugen 1758 gelbe Röcke und rote Westen und Aufschläge, die reitenden Grenadiere von Pfull 1775 rote Röcke, weiße Hosen und Westen, Pelzmützen, Harnische und schwarze Umschläge. 1732 gab es Dragoner mit weißer Uniform und hellblauen Abzeichen; später trugen dieselben blaue Röcke, gelbliche Unterkleider und schwarze Abzeichen. 1761 erhielten die oben genannten Kürassiere Dragoner-Uniform von weißer Farbe mit roten Abzeichen. Am Ausgang desselben Jahrhunderts wurde eine Chevaulegers-Truppe errichtet, die mit blauen Röcken, weißen Hosen, hohen Stiefeln und Kasketts ausgerüstet war. Etwa zu derselben Zeit gab es auch grünbekleidete Jäger zu Pferd.

Im Jahre 1817 wurden aus allen Kavallerie-Regimentern Reiter-Regimenter gebildet, die langschößige Röcke von königsblauer Grundfarbe mit Haftenverschluß, sowie königsblaue Beinkleider erhielten; die Abzeichen waren rot. 1821 trat ein Kollett, 1849 der Waffenrock an Stelle des Rockes, später kamen graue Hosen mit roten Streifen und Pickelhauben in Aufnahme.

Seit 1871 sind wieder Dragoner-Regimenter vorhanden, und zwar tragen dieselben hellblaue Röcke, Beinkleider nach preußischem Muster und Pickelhauben; die beiden Regimenter sind an weißen Abzeichen und gelben Knöpfen, bezüglich gelben Abzeichen und weißen Knöpfen zu erkennen. Von 1735 bis 1798 gab es Husaren mit grünen Dolmans und Pelzen, roten Hosen, schwarzen Abzeichen und gelber Beschnürung. Seit 1871 giebt es zwei Ulanen-Regimenter, die nach preußischem Muster bekleidet sind.

Baden. Im Jahre 1790 erschienen die Gardes du Korps in gelben Röcken mit roten Abzeichen, hohen Stiefeln und ledernen Beinkleidern, die Dragoner in blauen Röcken mit schwarzen Abzeichen und weißen Hosen, die Kürassiere in weißen, rot abgezeichneten Röcken und schwarzem Küraß. 1796 trugen die Gardes du Korps zu gelben Unterkleidern weiße Röcke mit roten Abzeichen, 1801 hellblaue Röcke, 1804 weiße Kolletts und ebensolche Beinkleider; später waren sie fast wie die preußischen gleichnamigen Truppen bekleidet. Zu Ausgang des vorigen Jahrhunderts gab es Husaren in grünen Dolmans und Pelzen mit roten Abzeichen und gelber Beschnürung, 1803 leichte Dragoner, die mit weißen Hosen, hellblauen Kolletts und roten Abzeichen ausgestattet waren. In den dreißiger Jahren hatten Garde-Dragoner die Gardes du Korps verdrängt; sie trugen anfangs hellblaue Uniform mit verschiedenfarbigen Abzeichen; später waren letztere durchgängig weiß, und die drei Regimenter an den Achselklappen zu unterscheiden. 1850 kamen außer Waffenrock und Pickelhaube graue, rot vorgestoßene Hosen in Aufnahme, die Abzeichen nahmen wieder verschiedene Farben an.

Hessen-Darmstadt. Von 1661 bis 1678 bestand eine Leibgarde zu Pferd, die dunkelblaue Uniform mit roten Abzeichen trug. Von 1716 bis 1731 gab es blau mit rot bekleidete Grenadiere zu Pferd. Als diese in das Regiment Garde de Dragons umgewandelt wurden, behielten sie die alten Farben bei, erhielten jedoch 1739 weiße Rockgrundfarbe. 1768 ging auch die letztgenannte Truppe ein; es waren jedoch Gardes du Korps in paille Röcken mit roten Abzeichen vorhanden. Die Husaren waren 1763 grün, fünf Jahre später hellblau oder rot gekleidet. Am Ausgang des 18. Jahrhunderts gab es Chevaulegers, von deren grünen Röcken sich rote Kragen und schwarze Aufschläge abhoben. Die Hosen waren damals gelblich, wurden 1809 grün, 1850 grau und beide Male mit rotem Vorstoß versehen. 1809 wurde der Rock zum Kollett, 1850 zum Waffenrock. Jetzt bestehen zwei Regimenter, die bei dunkelgrüner Grundfarbe an roten oder weißen Abzeichen zu erkennen sind. Bei Rockschnitt und Beinbekleidung hat die Uniform der preußischen Dragoner zu Grunde gelegen.

Mecklenburg-Schwerin. Die Chevaulegers trugen 1819 hellblaue Kolletts und graue Beinkleider mit roten Abzeichen und Vorstößen. 1837 erhielten sie den Namen Dragoner und wurden 1847 mit Waffenröcken ausgestattet. Die Kopfbedeckung wurde anfangs durch einen Helm, dann durch einen Tschako, später durch die Pickelhaube gebildet. Seit 1867 giebt es zwei Regimenter, und zwar war das zweite anfangs an schwedischen, rot vorgestoßenen Aufschlägen, später an schwarzen Abzeichen vom ersten zu unterscheiden.

Mecklenburg-Strelitz. 1813 wurde ein Husarenregiment errichtet, das mit schwarzen Pelzen und Dolmans, ungarischen, hellblauen Beinkleidern, gelber Beschnürung und Tschakos ausgestattet war; die Jäger trugen grüne Pelze und Dolmans mit schwarzen Abzeichen. Diese Truppe bestand nur bis 1815.

Oldenburg. Die Reiterei erschien ursprünglich, 1849, in schwarzen Röcken mit hellblauen Abzeichen, im nächsten Jahr in hellblauen Röcken mit schwarzen Kragen und Vorstößen; die grauen Beinkleider waren erst mit hellblauem Vorstoß, dann mit roten Biesen versehen. 1864 kamen russische Mützen, 1867 Helme von der Form der preußischen Dragonerhelme in Aufnahme.

Schaumburg-Lippe. Im Jahre 1753 entstand ein Karabinierkorps, das sich durch eigentümliche Uniform auszeichnete. Letztere bestand nämlich aus ledernem Kollett, Brust- und Rückenharnisch von schwarzer Farbe, gelbledernen Hosen und einem eisernen Helm, der die Inschrift „Pulchrum mori succurrit in extremis" trug und Pelzverbrämung zeigte.

Sachsen-Weimar. Die Husaren erschienen im 18. Jahrhundert in roten Dolmans mit ebensolchen Kragen, blauen Pelzen, blauen Abzeichen und weißer Beschnürung. Die Pelzmützen, die sie damals trugen, wurden von anderen Kopfbedeckungen verdrängt; gegenwärtig sind jedoch wieder Pelzmützen in Gebrauch.

Braunschweig. Die Husaren trugen 1809 schwarze Dolmans mit hellblauen Abzeichen; im übrigen war die Uniform der der Infanterie ähnlich. Die Bekleidung der Ulanen war grün mit rot. 1815 erhielten die Husaren schwarze Aufschläge, die Ulanen schwarze Uniform mit hellblauen Abzeichen. 1835 war die Grundfarbe der Husarenröcke blau, in der Folgezeit schwarz. Gegenwärtig unterscheiden sich die braunschweigischen Husaren durch Totenkopf an der Kopfbedeckung, weiß-hellblaue Schärpen und verschiedene andere Kleinigkeiten von den gleichnamigen preußischen Truppen.

Hannover. Im Ausgang des 17. Jahrhunderts herrschte weiße Rockgrundfarbe vor, von 1761 an wurde letztere dunkelblau, nur die Leibgarde hatte bis 1799 rote Röcke. Die Dragoner der englisch-deutschen Legion trugen 1808 rote Uniform mit teils dunkelblauen, teils schwarzen Abzeichen, 1814 dunkelblaue Kolletts mit roten Abzeichen. Die zu derselben Legion gehörigen Husaren erschienen in dunkelblauen Pelzen und Dolmans mit gelber oder weißer Beschnürung und je nach dem Regiment mit roten, weißen oder gelben Abzeichen. 1813 gab es noch drei andere Husarenregimenter, die dunkelblaue, bezüglich grüne Dolmans zu roten Pelzen und Abzeichen, oder grüne Dolmans zu grünen Pelzen und roten Abzeichen trugen. 1816 hatten die Garde-Kürassiere gelbe Kürasse und weiße Uniform mit roten Abzeichen, die Leibkürassiere schwarze Kürasse und weiße Uniform mit blauen Abzeichen, die Husaren Pelze und Dolmans von dunkelblauer Farbe; das Garde-Husaren-Regiment war durch rote Abzeichen und gelbe Schnüre, das zweite Regiment durch weiße Abzeichen und gelbe Schnüre, das dritte durch gelbe Abzeichen und weiße Schnüre, das vierte durch rote Abzeichen und weiße Schnüre kenntlich gemacht. Die beiden Ulanenregimenter trugen grüne Uniform mit roten Abzeichen und rote, bezüglich schwarze Tschapkas. 1833 erschien die ganze Reiterei in dunkelblauen Röcken und hellblauen Hosen. Nach weiteren fünf Jahren war die Uniform der Gardes du Korps weiß mit rot, der Garde-Kürassiere weiß mit kornblumenblau, der Husaren blau, der Dragoner blau mit verschiedenen Abzeichen.

1849 kamen Helme und Waffenröcke auf; letztere behielten größtenteils die alten Farben. 1840 wurde die Königs-Gensdarmerie errichtet und mit roten Dolmans und blauen Pelzen ausgestattet. Alle Reiterregimenter haben graue Beinkleider.

Hessen-Kassel. Im vorigen Jahrhundert war die preußische Uniform fast

Fig. 17. Hannover'scher schwerer Dragoner aus dem Jahre 1805.

immer maßgebend, für die Gardes du Korps auch noch in späterer Zeit. Die Husaren erhielten 1821 dunkelblaue oder dunkelbraune Pelze und Dolmans mit roten oder hellblauen Abzeichen; nach etwa zehn Jahren wurden sie zu Dragonern umgestaltet und blau mit rot uniformiert. In den vierziger Jahren gab es wieder zwei Husaren-Regimenter, die hellblaue und dunkelblaue Röcke trugen.

Schleswig-Holstein. Die Dragoner trugen in den vierziger Jahren hellblaue Röcke und Hosen mit rosa Abzeichen und weißmetallene Helme.

Würzburg. 1807 gab es Dragoner in grünen Kolletts und weißen Unterkleidern; die Abzeichen waren von roter Farbe.

Hansastädte. Die Kavallerie der Hamburger Bürgergarde war im Anfang unseres Jahrhunderts ähnlich uniformiert wie die Infanterie. Bei der hanseatischen Bürgergarde, die seit 1813 bestand, und später beim Hamburger Bürgermilitär war die Montur dunkelblau mit hellblau. Die Ulanen der hanseatischen Legion erhielten 1814 karmesinrote, die Kosaken rote Abzeichen auf grünen Kolletts. In den dreißiger Jahren trugen die hanseatischen Dragoner grüne Röcke, graue Hosen und karmesinrote Abzeichen. Schließlich wurde eine den preußischen Kürassierhelmen ähnliche Kopfbedeckung eingeführt.

Artillerie, Pioniere, Train.

Preußen. Im Jahre 1709 sollen die Kanoniere zu ledernen Beinkleidern blaue Röcke getragen haben. Letztere zeigten später stets dieselbe Form wie die Infanteristenröcke und zunächst wohl rote, umgeschlagene Schöße, aber sonst keine abstechenden Abzeichen. 1760 unterschieden sich Feld- und Garnison-Artillerie durch rote und schwarze Halsbinden. Die reitende Artillerie erhielt dieselbe Uniform, aber Reiterhosen, und 1802 Kolletts in der bei den Dragonern gebräuchlichen Form. 1798 nahmen die Abzeichen schwarze Farbe an, und 1802 kam roter Vorstoß dazu. 1808 wurden Tschakos mit dreiflammiger Granate aus gelbem Metall getragen. Die Achselklappen waren verschiedenfarbig, 1816 rot und mit gelben Nummern, 1874 bei der Fußartillerie weiß mit roten Nummern. Mit der Einführung von Waffenrock, Helm, Gürtelrüstung u. s. w. verhält es sich wie bei der Infanterie. Die Mineure erschienen 1780 in blauen Röcken mit roten Schoßumschlägen, später mit orangefarbenen Kragen und Aufschlägen und dunkelblauen Brustklappen. Die Pontoniere trugen vor 1806 Artillerieröcke. Das Ingenieurkorps war zur Zeit Friedrichs des Großen mit blauen Röcken, die rote Abzeichen hatten, bekleidet; die Offiziere zeichneten sich durch silberne Litzen aus. In der Folgezeit wurde die Grundfarbe dunkelblau, die Abzeichen bei diesem wie bei dem Mineurkorps schwarz. 1808 unterschieden sich die Pioniere von der Fußartillerie durch Aufschläge von schwedischer Form und weiße Knöpfe. 1830 erhielten sie ponceaurote, mit gelben Nummern versehene Achselklappen. Die Garde war an weißen Litzen und schwarzen Haarbüschen zu erkennen. Die Eisenbahntruppe zeigt auf der Achselklappe ein E und eine Nummer, die Luftschiffertruppe ein L. Der Train erscheint in Röcken mit hellblauen Abzeichen, die Gardeabteilung außerdem mit weißen Litzen.

Sachsen. Die Bekleidung der Artillerie entwickelte sich auf dieselbe

Weise wie die Infanterieuniform. Ausgang des 17. Jahrhunderts waren die Röcke von grauer Farbe, später nahmen sie die noch heute gebräuchliche grüne Grundfarbe an. Die Abzeichen waren stets rot, mit Ausnahme des Zeitraums von 1728—1730. Die reitende Artillerie wurde mit grünen, rot abgezeichneten Röcken, die in der Form mit denen der Chevaulegers übereinstimmten, ausgestattet. Die Knöpfe waren gelb, bei den Pionieren, die sonst fast dieselbe Uniform trugen, stets weiß. Der Train erscheint in hellblauen Röcken mit rotem Vorstoß und schwarzen Abzeichen; er hat dieselben Uniformfarben während dieses ganzen Jahrhunderts getragen.

Bayern. Bezüglich des Schnittes der Uniform der Artillerie zu Fuß und zu Pferd gilt alles, was bei Sachsen erwähnt worden ist, ebenso in Beziehung auf den Unterschied zwischen Artillerie- und Pionierbekleidung. Die Farben waren anfangs hochtgrau mit blau; seit dem Ende des vorigen Jahrhunderts ist die Grundfarbe dunkelblau; die Abzeichen wurden schwarz und später rot vorgestoßen. Die Beinkleider sind gleichfalls dunkelblau und mit rotem Vorstoß versehen. Seit 1822 giebt es Pontoniere, Mineure und Sappeure, die Röcke von dunkelblauer Farbe mit Abzeichen von schwarzem Tuch tragen; die ersteren zeigten Anker, die zweiten gekreuzte Spitzhacken, die dritten Schanzkörbe auf den Rockschößen. Für die Mannschaften des Fuhrwesens waren ehemals hellgraue Röcke mit blauen Abzeichen in Gebrauch. 1822 kamen dunkelblaue Röcke mit rotem Vorstoß und Abzeichen von der Grundfarbe auf.

Württemberg. Die Grundfarbe der Röcke war 1735 rot, 1752 blau, von 1774 an rot, von 1817 an königsblau und von 1864 an dunkelblau. Die Abzeichen waren schwarz und wurden von 1871 an nach preußischem Muster angefertigt. Die reitende Artillerie erschien 1784 in grauen Röcken mit grünen Abzeichen, 1788 in grünen Röcken mit roten Abzeichen, dann in denselben Röcken wie die Fußartillerie. Die Pioniere waren stets an gelben Knöpfen zu erkennen und tragen jetzt eine Uniform, die sich nur durch Kleinigkeiten von der preußischen unterscheidet. Der Train ist mit hellblauen Abzeichen ausgestattet.

Baden. Die Uniform der Artillerie hielt in der Entwickelung gleichen Schritt mit der der Infanterie. Die Abzeichen sind schwarz mit roten Vorstößen, die Knöpfe gelb, bei den Pionieren jedoch weiß.

Hessen-Darmstadt. 1790 war die Artillerie-Uniform dunkelblau mit schwarzen Abzeichen, die später roten Vorstoß erhielten; 1850 zeigte sie blaue, rot vorgestoßene polnische Aufschläge. Seit 1872 ist sowohl die Artillerie, als der Train fast ganz nach preußischem Muster bekleidet.

Mecklenburg-Strelitz. Die Artillerie-Uniform zeigte und zeigt nur geringe Abweichungen von der preußischen.

Oldenburg. Das dunkelblaue Kollett mit schwarzem Kragen und Aufschlägen, roten Schößen und Vorstößen, das die Artillerie trug, mußte in den vierziger Jahren dem Waffenrock weichen.

Braunschweig. 1809 wurde von der Artillerie schwarzes Kollett mit ebensolchen Schnüren und hellblauen Abzeichen, später schwarzes Kollett mit gelben Vorstößen, 1835 eine der Infanteristen-Bekleidung ähnliche und schließlich preußische Uniform getragen.

Hannover. Vor 1803 hatten die Röcke der Artillerie hellblaue, später

Fig. 18. Preußischer Artillerist aus dem Jahre 1760.

dunkelblaue Grundfarbe. Die Abzeichen waren nach den Befreiungskriegen rot, 1838 wurden sie schwarz und erhielten roten Vorstoß. Der Waffenrock übernahm die alten Farben.

Hessen-Kassel. 1813 hatte die Artillerie-Uniform blaue Grund- und karmesinrote Abzeichenfarbe; 1821 wurde sie dunkelgrün mit schwarz; 1832 wurden die Abzeichen rot vorgestoßen, und 1846 wurden dunkelblaue Waffenröcke eingeführt. Die Pioniere waren 1832 ähnlich wie die Artillerie und 1846 ähnlich wie die preußischen Pioniere bekleidet. Der Train erhielt 1854 dunkelblaue Röcke mit Abzeichen von karmesinroter Farbe.

Nassau. Die Artillerie unterschied sich seit 1833 von der Infanterie nur dadurch, daß sie an sämtlichen Uniformteilen, die bei dieser rot gefärbt waren, karmesinrote Farbe zeigte.

Schleswig-Holstein. Von 1848—50 erschien die Artillerie in dunkel-

Fig. 19. Kürassier aus dem Jahre 1845.

blauen Röcken mit karmesinroten Abzeichen. Die Aufschläge der Pioniere wiesen die dunkelblaue Grundfarbe auf; dabei hatten letztere schwarze Kragen und Achselklappen; der Vorstoß war an letzteren weiß, sonst rot.

Landwehr.

Preußen. Die Infanterie wurde im Jahre ihres Entstehens, 1813, mit dunkelblauen, zweireihigen Litewken und gleichfarbigen, einen großen Deckel aufweisenden Mützen ausgestattet. Kragen und Mützenbesatz trugen die Provinzfarbe zur Schau; die einzelnen Bataillone waren an den Achselklappen zu erkennen. Vorn zeigte die Mütze ein Landwehrkreuz, das später auf die anderen Kopfbedeckungen überging. 1817 wurden die Abzeichen wie bei der Linien-Infanterie geregelt; der Landwehrkragen erhielt blauen Vorstoß. In den vierziger Jahren wurden Waffenrock, Helm und Gürtelrüstung eingeführt. Der Kavallerie wurden 1813 Litewken mit der oben angegebenen Ausstattung und Tschakos zugeteilt; die Beinkleider glichen denjenigen der Dragonerhosen. 1815 trat in der Bekleidung eine Anlehnung an die der Ulanen zu Tage. Die Kopfbedeckung bestand in Dragoner-, erst von 1822 an in Ulanentschakos und war mit dem Landwehrkreuz geschmückt. Die Lanzen waren in der ersten Zeit flaggenlos; dann wurden sie mit Flaggen versehen, die in der Farbe mit dem Kragen übereinstimmen sollten, was aber keineswegs immer der Fall war; 1815 waren die Flaggen schwarz und weiß. Die Waffenröcke erhielten bei ihrer Einführung dunkelblaue Kragen, Aufschläge und Paßgürtel, verschiedenfarbige Vorstöße, Kragenpatten und Achselklappen. Von 1857 an trug die Landwehr-Kavallerie fast dieselbe Uniform wie die Linien-Kavallerie. In Hessen-Kassel gab es 1813/1814 Landwehr-Infanterie, deren Bekleidung im allgemeinen keinen großen Unterschied von der Uniform der preußischen Landwehr-Infanterie zeigte.

Generalität und Rangabzeichen.

Preußen. Gegen Ende des 18. Jahrhunderts erhielten die Generale eine Felduniform, nämlich dunkelblaue Röcke, die außer roten Kragen und Aufschlägen goldenen Besatz aufwiesen. 1806 wurde der Generalshut mit einem Federbusch geschmückt. Der Rock nahm nach und nach die Form des Fracks an und behielt diese bis 1856. Seit diesem Jahre tragen die Generale Waffenröcke mit Goldstickerei. Der Hut wurde schon 1843 von einem Helm verdrängt, der den Garde-Adler zeigt und während der Parade durch einen weißen Federbusch mit schwarzer Füllung vervollständigt wird. Dem Generalstab und dem Kriegsministerium sind dunkelblaue Röcke mit karmesinroten Abzeichen zugeteilt worden, und zwar für ersteren mit Silber-, für letzteres mit Goldstickerei.

Rangabzeichen im heutigen Sinne kennt man erst seit 1808. Von dieser Zeit an wurde der Rang zunächst durch silberne, schwarz durchwirkte Tressen angedeutet. 1812 kamen Epauletten in Gebrauch; 1814 wurden diese mit goldenen oder silbernen Monden versehen und von den meisten Offizieren getragen. Gegenwärtig erkennt man den Grad der Offiziere an den auf den Epaulettenfeldern befindlichen Rangsternen und den Fransen.

Während des Feldzuges im Jahre 1866 wurden Achselstücke getragen, zu deren Herstellung silberne, schwarzdurchwirkte Tresse verwendet wurde. Dieselben waren gleichfalls mit Rangsternen versehen.

Was die Abzeichen der Unteroffiziere betrifft, so bestanden dieselben in früheren Zeiten in einer Menge von Einzelheiten, die wir hier nicht alle anführen können. 1808 wurden sie sämtlich durch goldene oder silberne Litzen ausgezeichnet, die die Aufschläge und zunächst den unteren, von 1814 an den oberen Kragenrand umgaben. Auch um den oberen Tschakorand lief Gold- oder Silberborte.

Sachsen. Die Generale trugen 1735 Röcke von weißer Farbe; die Abfütterung war rot wie die Unterkleider. 1766 wurde blaue Rockgrundfarbe eingeführt. Je höher der Rang war, umso reicher war die Uniform mit Gold oder Silber bestickt. Der Generalshut mußte 1867 dem Helme weichen. Von 1832 an wurden Epauletten mit Metallsternen, 1866/67 vorn am Kragen angebrachte Sterne, weiterhin Abzeichen nach preußischem Vorbild benutzt, um den Ranggrad kenntlich zu machen.

Bayern. Im Jahre 1790 erschienen die Generale in Röcken, die sich nur durch auf die Brustklappen gestickte Knopflöcher von den sonst gebräuchlichen Röcken unterschieden. 1799 gehörte zur Generalsuniform ein blauer Frack mit roten Abzeichen (Generalstab violette Abzeichen) und Silberstickerei. 1826 hatte der hellblaue Frack eine Reihe weißer Knöpfe; Flügel- und Generaladjutanten hatten gelbe Knöpfe und statt der Silber- Goldstickerei. Diese Ausstattung wurde später bei Einführung des Waffenrockes beibehalten, der Uniform jedoch einige Ähnlichkeit mit der preußischen (dem Generalstab karmesinrote Abzeichen) gegeben. Als Kopfbedeckung tragen die Generale auch gegenwärtig einen Hut, der mit einem Federbusch geschmückt ist.

Die Rangstufen wurden von 1802 an durch ganz besondere Abzeichen angedeutet, auf den Kragen waren nämlich eine oder mehrere Gold- oder Silberlitzen angebracht, wozu bei den Stabsoffizieren gleichfarbige Einfassung kam; die unteren Chargen waren an wollenen Litzen von gelber oder weißer Farbe zu erkennen. Seit 1872 gleichen die Gradabzeichen den preußischen.

Württemberg. Nachdem eine Zeitlang rote, goldbesetzte und dann blaue Röcke gebräuchlich gewesen waren, trugen die Generale 1782 solche von hellblauer Farbe, und zwar mit schwarzen Abzeichen und silbernen Schleifen, 1798 solche von dunkelblauer Farbe mit roten Abzeichen und Goldbesatz. Später kamen Brustklappen von der Grundfarbe auf, die rot vorgestoßen und reich gestickt waren. Der Frack wurde 1849 vom Waffenrock verdrängt. In den sechziger Jahren erschienen die Generale in Röcken, die bei schwarzer Grundfarbe rote Abzeichen und Goldbesatz aufwiesen. 1871 hat die Generalsuniform den Charakter der preußischen angenommen.

Baden. Die Generale waren und sind gleich der ganzen Armee ziemlich nach preußischem Vorbild uniformiert.

In Hessen-Darmstadt war die Generalität durch blaue Röcke mit roten

Abzeichen und Silberbesatz, in Mecklenburg-Schwerin durch dunkelblaue Röcke mit Abzeichen in karmesin und Silber ausgezeichnet.

Bei der Mannigfaltigkeit der Farbenzusammenstellungen, die sich zu manchen Zeiten in ganz besonderem Maße bemerkbar machte, hielt es zuweilen schwer, Freund und Feind von einander zu unterscheiden. Darum wurden häufig besondere Erkennungszeichen angelegt. Vor der Warschauer Schlacht im Jahre 1656 schmückten beispielsweise die Brandenburger ihre Hüte mit Eichenzweigen. Vor Stralsund erschienen das zweite und dritte Bataillon des preußischen Königsregiments mit Kopfbedeckungen, an denen je zwei rote Herzen befestigt waren. Da die Uniformen der preußischen und württembergischen Grenadiere zur Zeit des Siebenjährigen Krieges in vieler Beziehung übereinstimmten, überzogen letztere ihre Mützen mit weißem Stoff. Im Jahre 1762 wurden in Preußen die Kopfbedeckungen der Kavallerie mit weißen Federbüschen geziert, um Verwechselungen mit feindlichen Reiterscharen zu verhüten.

Auch Binden standen als unterscheidende Abzeichen bis in die neuere Zeit in großem Ansehen. So trugen 1813 die verbündeten Truppen, 1864 die Preußen und Österreicher, 1866 die preußische Mainarmee nebst den Truppen, die ihr zugeteilt waren, weiße Binden. Eine weiße Binde mit rotem Kreuz wird gegenwärtig überall als internationales Neutralitätszeichen betrachtet. Übrigens galten schon während des Dreißigjährigen Krieges Feldbinden, die jedoch aller Wahrscheinlichkeit nach nur von Offizieren getragen wurden, als Erkennungszeichen. Die Kokarden, rosettenförmige Bandschleifen in den Nationalfarben, werden zu demselben Zwecke angelegt.

b. Das moderne Heer.

Wie die Soldaten der verschiedenen Länder durch ihre Kleidung von einander abweichen, so ist auch die Uniformierung der einzelnen Waffengattungen nach Farbe, Schnitt und Stoffart verschieden; besondere Abzeichen lassen die einzelnen Regimenter, sowie den Offiziersrang erkennen.

Für die Uniformierung des gesamten deutschen Heeres sind Grundfarbe und Schnitt der preußischen Uniformen maßgebend.

Die Infanterie trägt dunkelblaue, in Bayern hellblaue Waffenröcke mit Metallknöpfen und Stehkragen. Letztere sind nach den neuesten Verordnungen etwas niedriger als früher und von roter Farbe; die preußische Garde, zwei sächsische, zwei württembergische, ein badisches und das hessische Leibgarderegiment haben weiße Litzen am Kragen. Auch die Ärmelaufschläge sind rot, zeigen aber verschiedene Abzeichen. Die Farbe der Schulterklappen wechselt bei den einzelnen Armeekorps. An den Schulterklappen der Spielleute sind sogenannte „Schwalbennester" angebracht, die beim Regiments- und Bataillonstambour mit goldenen Troddeln versehen sind. Die beiden letztgenannten haben lange Stöcke mit großen, goldenen Knöpfen.

Der Helm ist von Leder und mit Aluminiumbeschlägen versehen. An seiner Vorderseite ist das Wappen des betreffenden Bundesstaates angebracht; die preußische Garde trägt einen fliegenden Adler mit Gardestern, die Linienregimenter tragen einen

Fig. 20. **Mantel der Infanterie-Offiziere.**

heraldischen Adler. Ein metallisches Band ist quer herübergelegt, auf dem die Inschrift „Mit Gott für König (Fürst) und Vaterland" zu lesen ist. Die Helme sind mit ledernen Sturmriemen versehen, nur die preußische Garde hat im Frieden statt derselben Schuppenketten. Zur Parade tragen die preußischen Garderegimenter Haarbüsche, die bei den Grenadierbataillonen von weißer, bei den Grenadierregimentern der Linie und den Füsilierbataillonen von schwarzer und bei den Spielleuten aller dieser Regimenter von roter Farbe sind. Ein weißes Kreuz mit der Inschrift „Mit Gott für König und Vaterland" ziert den Helm der Reservetruppen. Beim Landsturm ist dieses Kreuz aus gelbem Metall.

Als Haus- und Turnanzug dient eine leinene Jacke. Die Unteroffiziere tragen statt derselben einen leinenen Rock. Zum kleinen Dienst, sowie zum Felddienst in kleineren Abteilungen wird die Litewka angelegt, ein blusenartig geschnittener Rock aus Tuch in der Grundfarbe des Waffenrockes. Die Fußbekleidung der Infanterie besteht in Lederstiefeln mit benagelten Sohlen und Absätzen mit versenkten Eisen.

Was die Ausrüstung anbetrifft, so sind in erster Linie die Zelte zu erwähnen. Sie bestehen aus viereckigen Tüchern von brauner Baumwolle, drei Stöcken und sechs Pflöcken. Es können auch durch Zusammenknöpfen mehrerer Zelttücher größere Zelte errichtet werden. Die Bestandteile der letzteren trägt die Mannschaft im Zeltzubehörbeutel.

Der Tornister ist das Hauptgepäckstück des Fußsoldaten. Er ist viereckig und besteht aus einem Holzgestell, meist aus Pappelkernholz gefertigt, das mit einem wasserdichten Überzug von lohgarem, naturfarbenem Leder oder präpariertem Segeltuch versehen ist. An den schmalen Seiten sind zwei Patronenbehälter, sowie eine Reihe Schnallriemen und Schnallen zur Befestigung des Mantels, und des Kochgeschirres angebracht. Man trägt den Tornister an zwei über die Schulter geschnallten Riemen auf dem Rücken.

Der Zeltzubehörbeutel enthält 1 Zeltleine, 1 dreiteiligen Stock und 3 Pflöcke zum Einschlagen, sogenannte „Häringe." Ein Tornister mitsamt dem Zeltzubehörbeutel wiegt 1570 Gramm. In dem Tornister befinden sich 1 Paar Schuhe, im Winter eine Unterhose, der Wäschebeutel, die Mütze, 3 eiserne (d. h. bestimmt festgesetzte) Portionen, aus Fleisch, Gemüse, Kaffee, Zwieback, Salz und Reis bestehend, 1 Fleischbüchse, 1 Gemüsekonservenrolle, Reis- und Salzbeutel, 3 Kaffeebüchsen, 1 Löffel, das Sold- und Gesangbuch, Putzeug, Nähzeug, Fett- und Auftragbürsten. Der Patronenbehälter am Tornister enthält 30 Patronen, ebenso viele werden noch im Tornister selbst verwahrt.

Die fernere Ausrüstung besteht aus dem Leibriemen von schwarzem Leder, der mit einem Schloß versehen ist. Rechts und links von dem letzteren sind zwei lederne Patronentaschen am Leibriemen befestigt, die 90 Patronen enthalten. Ein Brotbeutel aus baumwollenem Segeltuch wird gleichfalls am Leibriemen getragen, ebenso eine Feldflasche aus Aluminium mit Filzbekleidung. An der Tornisterklappe ist das Kochgeschirr aus geschwärztem Aluminium befestigt, am Seitengewehr hängt die Säbeltroddel. Mantel und Zeltbahn werden mit drei Riemen um den Tornister geschnallt. Bei schlechtem Wetter ziehen die Soldaten das wasserdichte Zelttuch mantelartig über Körper und Gepäck und befestigen es mit Bändern und Knöpfen, was jedoch die freie Bewegung in keiner Weise behindert. Die Tragriemen des Tornisters sind in den Leibriemen eingehakt, sodaß sie die Patronentaschen tragen helfen. Jeder Soldat führt eine Erkennungsmarke. Die gesamte Belastung eines Mannes, einschließlich seiner Kleidung, beträgt 23941 Gramm.

Als Feuerwaffe der Infanterie ist in unserem deutschen Heere das Gewehr 88 eingeführt, ein Repetiergewehr nach dem Kasten- oder Kapselsystem. Es ist mit fünf Patronen zu laden, die je 82,5 Millimeter lang und 27,3 Gramm schwer sind. Wenn die Patronen verschossen sind, so fällt der entleerte Rahmen unten heraus. Die Ladung mit fünf Patronen ist fast überall eingeführt, weil sie schnell ausführbar ist, während das Laden mit einer größeren Anzahl Patronen verhältnismäßig viel Zeit erfordert. Das Gewehr 88 ist 1,245 Meter lang und wiegt 3,8 Kilogramm. Wie wir gesehen haben, führt jeder Infanterist 150 Patronen bei sich, die Munitionskarren der Kompanien enthalten noch weitere 30 Patronen für jeden Mann. Indessen sind diese letzteren nur als Reserven der Taschenmunition zu betrachten; als Hauptreserven gelten die Munitionskolonnen der Infanterie.

Außer der Feuerwaffe tragen die Infanteristen kurze Degen, die sogenannten Seitengewehre, an denen Vorrichtungen zum Aufpflanzen auf die Gewehre angebracht sind. Letzteres geschieht beim Sturm auf besonderen Befehl.

Die Offiziere und Portepee-Unteroffiziere haben statt des Seitengewehres den Infanterie-Offiziersdegen, der mit Korbgefäß und Stahlscheide versehen ist. Als Feuerwaffe führen sie einen Revolver, mit dem auch die Regiments- und Bataillonstambours, sowie die Fahnenträger ausgerüstet sind.

Außer ihren Waffen und den genannten Gepäckstücken führen die Infanterietruppen noch Schanzzeug mit, und zwar zerfällt dasselbe in tragbares und großes Schanzzeug. Ersteres wird von der Mannschaft getragen, letzteres ist auf Fahrzeugen untergebracht. An tragbarem Schanzzeug hat jedes Bataillon 400 kleine Spaten, 40 Beilpiken und 20 Beile, an großem Schanzzeug 20 große Spaten, 10 Kreuzhacken, 8 Äxte, 14 Beile und 4 Schrotsägen. Das tragbare Schanzzeug soll übrigens vermindert werden.

Die Kavallerie zerfällt in leichte und schwere. Zu der ersteren rechnet man die Husaren, Chevaulegers und Dragoner, zu der letzteren die Kürassiere und Ulanen. In früherer Zeit war der Unterschied zwischen leichter und schwerer Kavallerie ein viel größerer als jetzt. Heutzutage ist die Ausbildung der gesamten Reiterei eine gleichmäßige, auch ihre Aufgaben sind dieselben, nur besteht noch immer eine gewisse Gliederung nach leichten und schweren Pferden.

Äußerst mannigfaltig ist die Uniformierung der Kavallerietruppen. Die Kürassiere tragen weiße Waffenröcke, sogenannte Koller. Kragen und Aufschläge sind verschiedenfarbig und stets mit weißer, bei den Offizieren mit goldener oder silberner Borte geschmückt. Eine gleiche Borte, sowie zwei Streifen in der Farbe des Kragens laufen vorn am Koller herunter. Die Beinkleider sind weiß oder grau, bis an die Knie herauf reichen die hohen Reitstiefel; die bayrischen schweren Reiter haben hellblaue Waffenröcke mit roten Kragen, Aufschlägen und Achselklappen. Auch sie tragen die hohen Reitstiefel; ihre Beinkleider sind von dunkelblauer Farbe. Bei den sächsischen schweren Reitern ist der Koller hellblau. Weiße Kragen und Aufschläge kennzeichnen die Garde-Reiter, schwarze die Karabiniers. Von hellblauer Farbe mit weißem Vorstoß sind die Beinkleider, die bis ans Knie in hohen Stiefeln stecken. Die Dragoner haben hellblaue Waffenröcke, in Hessen dunkelgrüne. Kragen, Aufschläge und Achselklappen sind verschiedenfarbig, auf letzteren ist die Regimentsnummer zu lesen. Ein graublaues Beinkleid und hohe Reitstiefel vervollständigen die Uniform. Die Ulanen tragen die sogenannte Ulanka, einen kurzschößigen Rock mit zwei Reihen Knöpfen und polnischen Ärmelaufschlägen. In Preußen und Württemberg ist die Ulanka von dunkelblauer, in Sachsen von hellblauer, in Bayern von dunkelgrüner Farbe. Auch die Ulanen haben hohe Reitstiefel bis ans Knie; ihre Beinkleider sind blau, in Bayern grün. Die Farbe der Kragen und Aufschläge wechselt. Die bayrischen Chevaulegers haben einen der Ulanka ähnlichen Waffenrock von grüner Farbe, dazu grüne Beinkleider und hohe Reitstiefel. Der schnurbesetzte Rock der Husaren heißt der Attila. Er ist von verschiedener Farbe. Das blaue Beinkleid liegt eng an und ist mit Borten in der Farbe der Attilaschnüre besetzt. Bis zur halben Wade herauf reichen die Stiefel, die am oberen Rande gleichfalls besetzt sind. Die Mäntel der gesamten Kavallerie zeigen graue Farbe.

Kürassiere und Gardereiter haben Stahl-, die Dragoner Lederhelme. Als Kopfbedeckung der Husaren dient eine Pelzmütze von Seehundsfell mit einem Tuchbeutel darüber, dem sogenannten „Kolpak". Bei der Parade ist dieselbe mit einem weißen Haarbusch und weißer Fangschnur verziert, das Braunschweiger Husaren-Regiment trägt blauweiße Büsche und gelbe Fangschnüre. Die Pelzmütze der Offiziere ist aus Otterfell gemacht und hat einen aufrechtstehenden Federstutz, der bei einigen Regimentern durch einen Reiherbusch ersetzt wird. Die Ulanen tragen Tschapkas von schwarzem Leder. Unter Tschapka versteht man eine mit einem viereckigen Deckel versehene Mütze. Weiße Haarbüsche und Tuchrabatten in der Farbe der Epaulettenfelder, sowie Dekorationen an der Vorderseite zieren die Tschapkas bei der Parade. Ein Paradestück der Kürassiere ist der Küraß, ein Brustharnisch, der ehemals zum Schutz gegen die Waffen der Feinde diente. Die Ulanen knöpfen zur Parade über die Ulanka Rabatten von gleicher Farbe wie die Kragen.

Zur Ausrüstung des Reiters gehören: Säbelkoppel (Leibriemen), Sporen, Kartuschbandelier,*) Karabinerriemen, Lanzenflagge und Lanzenriemen; bei den Husaren

---

*) Kartuschbandeliers sind breite, über die linke Schulter nach der rechten Hüfte getragene Lederriemen, an denen die Patronentasche hängt.

kommt noch die Säbeltasche hinzu. Das Gepäck des Kavalleristen besteht außer dem Reitzeug und der Woylach (Decke) aus einem Paar Packtaschen, dem Mantel, dem Karabinerfutteral, der Drillichjacke, der Fouragierleine, dem Futtersack, einigem Kochgeschirr, der eisernen Portion, 15 Patronen Munition, einem Paar Schnürschuhen,

Fig. 21. **Parade-Anzug der Husaren-Offiziere.**

der Feldmütze, dem Putzzeug für Mann und Pferd, einem Eimer, einem Tränkeimer und dem Eisenbahnzerstörungszeug. Ferner ist jede Eskadron mit zwölf Feldbeilen und acht Spaten ausgerüstet.

Als gemeinsame Waffe führen sämtliche Reitertruppen eine Stahlrohrlanze von 2,2 Meter Länge, an deren Spitze ein Fähnchen in den Landesfarben angebracht ist. Die Dragoner, Husaren und Ulanen haben den Kavalleriedegen mit gerader Klinge; der etwas längere Degen der Kürassiere wird Pallasch genannt. Den Kavallerie-Offizierssäbel führen sämtliche Offiziere der Dragoner, Husaren und Ulanen. Die Feuerwaffe der Gemeinen ist in sämtlichen Kavallerie-Regimentern ein Karabiner, der etwas kürzer ist als das Infanteriegewehr. Offiziere und Unteroffiziere führen Revolver.

Die Feldartillerie trägt blaue Waffenröcke mit schwarzen Kragen und Aufschlägen, die mit rotem Vorstoß versehen sind. Eine Ausnahme davon macht die sächsische Artillerie, die dunkelgrüne Waffenröcke mit roten Aufschlägen trägt. Die Beinkleider sind genau so wie die der Infanterie, nur in Bayern haben sie breite, rote Streifen. Die preußische Garde hat gelbe Litzen am Kragen und trägt bei der Parade schwarze Helmbüsche. Im übrigen unterscheiden sich die Helme von denen der Infanterie nur dadurch, daß sie statt der Spitzen Kugeln haben. In Bayern fällt auch dieser Unterschied weg.

Die Ausrüstung der Artillerie ist mit der der Infanterie übereinstimmend. Ihre Bewaffnung dagegen ist eine wesentlich andere als bei den übrigen Waffengattungen. Während in der Infanterie und Kavallerie jeder einzelne Soldat seine Waffen trägt, ist das Hauptkampfmittel der Artillerie ein Geschütz, zu dessen Fortbewegung Pferdekraft zu Hilfe genommen werden muß.

Die Feldartillerie zerfällt in fahrende und in reitende; bei beiden unterscheidet man Fahrer und Bedienungsmannschaften. Sämtliche Artilleristen, mit Ausnahme der Fahrer, sind mit Revolvern bewaffnet. Offiziere, Unteroffiziere, sowie die berittenen Bedienungsmannschaften tragen Schleppsäbel, dagegen hat die Bedienungsmannschaft der fahrenden Artillerie nur ein Seitengewehr, das etwas länger ist als das der Infanterie und am Leibgurt getragen wird. An Schanzzeug besitzt jede Batterie, ob fahrende oder reitende, 38 große Spaten, 31 Kreuzhacken, 23 Beile und 11 Äxte.

Zu einem Geschütz der reitenden Batterie gehören sechs Artilleristen zu Pferde, zu einem Geschütz der fahrenden Batterie sind fünf Leute nötig, zwei sitzen auf den Achssitzen des Geschützes, drei auf der Protze auf. Letztere ist der Vorderwagen des Geschützes. Auf zwei Rädern laufend, trägt er an seiner Achse den sogenannten Protzhaken oder Protznagel, an dem der Hinterwagen oder die Lafette befestigt, „aufgeprotzt" wird. Über der Achse der Protze befindet sich ein Kasten für Munition. Der nicht zur Bedienung der Geschosse verwendete Teil der Mannschaft wird auf die Munitionswagen verteilt.

Eine besondere Art der Artillerie, die bisher noch unerwähnt geblieben, ist die Gebirgsartillerie. Sie benutzt nur leichte, zerlegbare Geschütze, die keine Bespannung erfordern. Mit Rohr, Lafette und Munitionskasten belastet man

Saumtiere, und so kann diese Art der Artillerie selbst noch im Hochgebirge den übrigen Truppen folgen.

Die Fußartillerie, auch Festungsartillerie genannt, trägt blaue Waffenröcke mit schwarzen Kragen und Aufschlägen und weißen Schulterklappen, dazu graue Beinkleider. Davon abweichend sind die bayrischen und sächsischen Uniformen. Erstere bestehen aus hellblauen Waffenröcken und Beinkleidern von gleicher Farbe, letztere haben grüne Waffenröcke. Am Helme ist statt der Spitze eine Kugel angebracht.

Die Ausrüstung besteht in Tornister, Leib- und Mantelriemen, sowie zwei Patronentaschen. Schanzzeug und Zelte fallen bei der Fußartillerie weg.

Jeder Fußartillerist trägt ein 95 Zentimeter langes Gewehr, sowie ein Seitengewehr, das von dem der Infanterie nur wenig verschieden ist. Offiziere, Unteroffiziere u. s. w. haben den Offiziers-Artilleriesäbel.

Die Geschütze der Fußartillerie zerfallen in Belagerungs- und Festungsgeschütze.

Außer den genannten Geschützen hat die Fußartillerie 8-Zentimeter-Stahlkanonen, kurze 15-Zentimeter-Bronzekanonen, zwei verschiedene 9-Zentimeter-Stahlgeschütze, eines mit Kolben-, das andere mit Keilverschluß, einen glatten 15-Zentimeter-Mörser und einen glatten 23-Zentimeter-Mörser. Die beiden letzteren werden für gedeckte Ziele verwendet.

Wenn auch von den Geschützen der Fußartillerie eine gleiche Manövrierfähigkeit, wie sie für die Feldgeschütze unbedingt notwendig ist, nicht verlangt wird, so darf doch eine gewisse Fahrbarkeit auch bei ihnen nicht fehlen. Dies gilt namentlich für die Belagerungsgeschütze. Sie müssen oft ziemliche Strecken weit transportiert werden, zuweilen unter recht schwierigen Verhältnissen. Bei ihrer Lafettierung*) muß stets auf die Beweglichkeit des Geschützes Rücksicht genommen werden. An ihren Protzen fehlt der Kasten für Munition, sie haben sogenannte Sattelprotzen; nur die 15-Zentimeter-Haubitze ist mit Kastenprotze versehen, wie letztere überhaupt ihrer ganzen Konstruktion nach mehr einem schweren Feldgeschütz gleicht. Für die Lafetten der Festungsgeschütze ist möglichste Raumeinschränkung von größter Wichtigkeit.

Die bei der Fußartillerie in Anwendung kommenden Geschosse sind die Langgranate, die Sprenggranate, letztere zum Unterschied von der ersteren mit Pikrinsäure gefüllt, das Schrapnell und die Kartätsche.

Die Jäger und Schützen sind Truppengattungen, die entstanden, als das Gewehr unserer Soldaten an Treffsicherheit noch manches zu wünschen übrig ließ. Sie setzten sich ursprünglich nur aus solchen Leuten zusammen, die dem Forstdienst

---

*) Die Lafette ist das Gerüst, in dem das Rohr des Geschützes ruht.

angehörten und sich in ihrem Berufe im Gebrauch der Feuerwaffe, sowie in der Ausnutzung des Geländes eine besondere Gewandtheit angeeignet hatten. Man verwendete sie für kleinen Krieg und zerstreutes Gefecht und stattete sie im Gegensatz zu der mit glatten Gewehren bewaffneten Infanterie mit gezogenen Büchsen aus. Mit der Verbesserung der Feuerwaffe und der Einführung der aufgelösten Fechtart ist die Bedeutung der Jäger als besondere Waffe zurückgegangen. Man betrachtet sie heutzutage als eine Art „leichte Infanterie"; ihre Gewehre sind dieselben wie die der übrigen Infanteristen.

Gleichwohl findet man noch heute in den Jägerbataillonen eine erhöhte Leistungsfähigkeit. Wenn die ihnen angehörenden Mannschaften auch nicht mehr ausschließlich aus angehenden Forstbeamten bestehen, da mit der allgemeinen Verstärkung des Heeres auch die Jägertruppe erheblich vergrößert worden ist, so hat sich der sogenannte „Jägertick" doch noch bis heute in ihren Reihen erhalten. Zwar kämpfen die Jäger jetzt im allgemeinen Schulter an Schulter mit der Infanterie, aber man verwendet sie doch stets da, wo besondere Gewandtheit und guter Einzelschuß am meisten erforderlich sind. Auf ihre Ausbildung im Schießen wird besonderes Gewicht gelegt. Sie werden mehr als andere zur Umsicht im Kleinkriege, zur richtigen Ausnutzung des Geländes, sowie zum rechten Verständnis der kriegerischen Verhältnisse überhaupt erzogen.

In unserem deutschen Heere ist jedem Armeekorps durchschnittlich ein Jägerbataillon zugeteilt worden. Im ganzen giebt es 19 Jägerbataillone, einschließlich zweier Schützenbataillone. Das Gardekorps hat sowohl Gardejäger, als auch Gardeschützen. Den Namen Schützen führt außer dem letztgenannten Bataillon noch das sächsische Regiment Nr. 108. Im Gardejägerbataillon werden nur gelernte Jäger eingestellt, die mit vorschriftsmäßigen Lehrbriefen versehen sein müssen. Für die Anstellung im Forstdienst gilt der Dienst bei den Jägern als Vorbedingung. In Preußen giebt es ein reitendes Feldjägerkorps, das aus jungen Leuten besteht, die sich dem höheren Forstfache widmen wollen. Sie müssen ihre Studien beim Eintritt in das Korps beendet haben und werden nach vollendeter Dienstzeit als Oberförster angestellt. Einzelne Feldjäger gehen im Gefolge des Kaisers mit auf Reisen, vermitteln als Kuriere den Verkehr mit den Ministerien in Berlin und halten sich vorübergehend bei den ausländischen Gesandtschaften auf.

Die Uniform der Jäger besteht aus grünen Waffenröcken und grauen Beinkleidern. Kragen und Aufschläge sind rot, bei den Schützen schwarz und bei den Gardejägern und Gardeschützen mit gelben Litzen versehen. In Bayern tragen die Jäger hellblaue Waffenröcke mit grünen Aufschlägen, dazu Beinkleider von gleicher Farbe mit hellgrünen Streifen besetzt. Auf den Achselklappen ist die Bataillonsnummer zu lesen, über der in Sachsen ein Waldhorn steht. Die Mäntel der Jäger sind hellgrau, ihre Mützen zeigen dieselbe Farbe wie der Rock. Sämtliche

Jäger tragen Tschakos mit schwarzen Haarbüschen, bei den Spielleuten der preußischen Bataillone sind letztere rot. Als Tschako-Dekoration trägt die Garde den großen silbernen Stern des schwarzen Adlerordens nebst einem Streifen mit der Inschrift „Mit Gott für König und Vaterland 1860", die sächsischen Bataillone haben statt dessen einen silbernen Stern mit goldenem Wappenschild.

Die Pioniere haben die technischen Arbeiten im Heere zu verrichten, die sowohl beim Angriff und der Verteidigung von Festungen, als auch auf offenem Felde nötig werden. Dem operierenden Heere folgend, sollen sie das Vorwärtsdringen desselben erleichtern, indem sie Bewegungshindernisse hinwegräumen, neue Verkehrsmittel schaffen, das Schlachtfeld mit Deckungen versehen und dem Feinde durch Zerstörung seiner Verbindungswege den Rückzug abschneiden. Zum allgemeinen Pionierdienst gehören die rasche Befestigung von Ortschaften, die Verschanzungsarbeiten, die Einrichtung von Lagern, das Anfertigen von Strauchmaterialien, Anlegung und Beseitigung von Bewegungshindernissen auf Straßen, der Bau von Feldbrücken, Sperrungen von Defilees*), fernerhin die Sprengungsarbeiten in Festungswerken, Gebäuden, Brücken und auf dem Eise. Nach den drei Hauptrichtungen ihrer Thätigkeit teilte man die Pioniere früher in Pontoniere, Sappeure und Mineure ein. Erstere waren mit der Aufstellung von Kriegsbrücken, sowie der Konstruktion von fliegenden Brücken und Fähren betraut. Die Sappeure legten Laufgräben oder sonstige Annäherungswege zur feindlichen Festung an; die Mineure gruben unterirdische Gänge, um Sprengminen legen zu können. Heutzutage besteht eine solche Gliederung der Pioniertruppen nicht mehr, man hat jetzt nur noch Einheitspioniere.

Ist ihnen keine Spezialaufgabe übertragen, so kämpfen die Pioniere als Infanteristen. Bei ihrer Ausbildung als solche wird besonders darauf Gewicht gelegt, daß sie die von ihnen aufgeworfenen Werke selbst zu schützen verstehen. Was ihre technischen Arbeiten anbetrifft, so werden sie bei denselben sehr oft von Mannschaften der Infanterie und Kavallerie unterstützt, welche im Frieden dazu vorgebildet sind.

Die Leitung aller militär-technischen Arbeiten liegt in den Händen des Ingenieurkorps. Die Ingenieuroffiziere, welche die vereinigte Artillerie- und Ingenieurschule besucht haben, bleiben nicht ununterbrochen im praktischen Dienste der Truppe, sondern werden auch außerhalb derselben in Festungen, bei Behörden oder Militärschulen beschäftigt. Zu den hauptsächlichsten Arbeiten, die den Ingenieuroffizieren zufallen, gehören Neu- und Umbau von Festungen, den neuesten Erfahrungen entsprechend, Instandhaltung der Festungswerke, Ausführung kriegstechnischer Versuche, endlich Studien über die Angriffe feindlicher und über die

---

*) Unter Defilee versteht man jede enge, nur in schmaler Reihe zu passierende Terrainstelle, etwa einen Hohlweg, einen Engpaß, eine Brücke u. s. w.

Verteidigung vaterländischer Festungen. Während ihrer Zugehörigkeit zur Truppe nennt man die Ingenieuroffiziere **Pionieroffiziere**.

In unserem deutschen Heere giebt es 23 Pionierbataillone, jedes Armeekorps enthält etwa 1—2.

Die Pioniere tragen blaue, in Sachsen grüne Waffenröcke mit schwarzen Kragen und Aufschlägen. Die Achselklappen sind rot und mit Nummern versehen, die Knöpfe weiß. Der Helm hat weiße Beschläge, sonst ist das Lederzeug schwarz. An den Kragen der Offiziere sind silberne gerippte Litzen angebracht; das sächsische Pionier-Bataillon trägt bei der Parade schwarze Helmbüsche. Im übrigen stimmt Kleidung und Ausrüstung mit der der Infanterie überein, nur im Schanzzeug besteht ein gewisser Unterschied. Eine Kompanie Pioniere führt an tragbarem Schanzzeug 88 große Spaten, 45 Äxte, 44 Kreuzhacken, 18 Beile; die Schanz- und Werkzeugwagen enthalten 60 große Spaten, 3) Kreuzhacken, 20 Äxte, 12 Sägen.

Die **Eisenbahntruppen** sind aus der immer größer werdenden Notwendigkeit der Benutzung von Eisenbahnen im Kriege hervorgegangen. Sie wurden erst nach dem Kriege von 1870—71 aufgestellt; ob ihre Organisation sich bewährt, kann sich also erst im nächsten Kriege ausweisen. Die technische Ausbildung der Mannschaften ist zunächst auf den Feldbahnenbau gerichtet, sie umfaßt aber auch die Herstellungs- und Zerstörungsweise aller sonstigen Oberbauten, z. B. Brücken, Tunnel, Telegraphenanlagen u. s. w. Außerdem wird die Mannschaft über die Einrichtung des Eisenbahnverkehrs unterrichtet und lernt den Betrieb desselben auf Voll- und Feldbahnen genau kennen. Für den Feldbahnenbau, sowie die Herstellungs- und Zerstörungsarbeiten sind Übungsplätze bei Berlin eingerichtet. Eine 45 Kilometer lange Militäreisenbahn, deren gesamtes Betriebspersonal aus Offizieren, Unteroffizieren und Mannschaften der Eisenbahnbrigade besteht, führt von Berlin nach dem Schießplatz bei Kummersdorf. Auf dieser empfangen die Leute ihre Unterweisung im Betriebsdienst. Machen sich auf Staats- oder Privatbahnen Gleis-, Neu- oder Umbauten nötig, so werden sehr häufig Mannschaften der Eisenbahnbrigade dorthin kommandiert. Das gleiche geschieht bei etwaigen Zerstörungen von Brücken u. s. w. durch Naturereignisse; hier sollen sie durch Errichtung provisorischer Bauten für Aufrechterhaltung des Verkehrs sorgen oder größere Unglücksfälle verhüten.

Beim Neubau größerer Eisenbahnstrecken im Felde müssen den Eisenbahntruppen Hilfsarbeiter gestellt werden, die entweder aus der Infanterie oder aus der Bevölkerung zu entnehmen sind. Der Oberbau der Bahnstrecken, die Herstellung der Brücken, sowie die gesamten Betriebseinrichtungen, zu denen die Kohlen- und Wasserstationen, die Weichen, die Rampen u. s. w. gehören, werden von den Eisenbahnmannschaften selbst ausgeführt, die Hilfsarbeiter übernehmen nur den Unterbau, insofern er in Erdaufschüttungen und Ausschachtungen besteht. Durchschnittlich sind

4 Eisenbahn-Baukompanien im stande, bei vollendetem Unterbau 3 Kilometer Oberbau in einem Tage fertig zu stellen.

Die Eisenbahn-Brigade setzt sich aus 3 Regimentern zusammen, die wiederum jedes in 2 Bataillone mit 4 Kompanien zerfallen. Bayern besitzt ein Eisenbahn-Bataillon, das aus 3 Kompanien besteht. Zwecks Ermöglichung des gegenseitigen Waffenverständnisses wird alljährlich aus jedem Eisenbahnregiment ein Offizier zur Infanterie kommandiert, diese entsendet wiederum nach jedem Eisenbahnregiment je einen ihrer eigenen Offiziere.

Uniformierung, Ausrüstung und Bewaffnung der Eisenbahntruppen sind wie bei den Pionieren. Das einzige äußere Kennzeichen ist ein E auf den Schulterklappen, unter dem in römischen Zahlen die Regimentsnummer steht.

Der Eisenbahn-Brigade als selbständiger Truppenteil unmittelbar unterstellt ist die seit 1887 in die Armee aufgenommene Luftschifferabteilung, deren Offiziere mit denen des 1. Eisenbahnregimentes ein einheitliches Offizierkorps bilden. Sie dient zur Aufstellung von Luftschiffer-Formationen im Kriege, bildet im Frieden Luftschiffer aus und stellt aerostatische*) Versuche an. Seit 1890 hat außer Preußen auch Bayern eine Luftschifferabteilung aufgestellt, die in München stationiert ist; die preußische Abteilung steht in Berlin. Die Uniformierung der Luftschiffertruppen ist dieselbe wie die der Eisenbahntruppen, nur haben die Mannschaften statt des E ein L auf den Achselklappen und tragen einen Tschako mit silbernen Beschlägen als Kopfbedeckung.

Der Train umfaßt das gesamte Fuhrwesen der Heere, welches den Truppen sämtliche Kriegsbedarfsartikel nachzufahren hat. Man unterscheidet Verpflegungs-, Sanitäts-, Administrations-,**) Feldbrücken-, Kriegsbrücken-, Ponton- und Belagerungstrains.

In früheren Zeiten bestand das Fuhrwesen des deutschen Heeres aus einem ungeheuren Troß von Fahrzeugen, die von nicht militärischen Knechten geführt und von allerlei Gesindel begleitet wurden. Der große Kurfürst stellte wenigstens einigermaßen Ordnung in ihren Reihen her, eine eigentliche administrative, d. h. einer militärischen Verwaltung untergestellte Gliederung aber erhielt das Fuhrwesen erst unter Friedrich dem Großen, der auch die Bezeichnung „Train" einführte. Indessen wurde auch unter ihm das gesamte Fuhrwesen erst bei Ausbruch des Krieges zusammengestellt, die Bildung von Friedenstrainstämmen erfolgte erst unter Friedrich Wilhelm IV. Seitdem ist die militärische Organisation des Trains immer mehr vervollkommnet worden, seine Offiziere sind denen der übrigen Offizierkorps völlig gleichgestellt. Während das Fuhrwesen früher als ein höchst lästiges An-

---

*) aerostatisch — die Luftschiffahrt betreffend.

**) Zu den Administrationstrains gehören die Intendanturen, die Korpskriegskasse, die Feldproviantämter, das Feldpostamt, die Feldpostexpeditionen, sowie eine Anzahl Feldlazarette.

hängsel des Heereszuges betrachtet wurde, stellt sich der Train jetzt als eine eigene Waffengattung dar, deren kriegerischer Wert in vollem Maße anerkannt und gewürdigt wird.

Freilich bis zu einem gewissen Grade hinderlich für die freie Bewegung des Heeres ist der Train auch heute noch. Dennoch läßt er sich nicht entbehren. Der Soldat bedarf der Speise, sein Gewehr der Munition. Eine Verringerung hat das Fuhrwesen in der Neuzeit durch die Einführung der Eisenbahnen erfahren, auch werden jetzt zur Verpflegung der Mannschaften mehr und mehr die Kräfte des occupierten Landes herangezogen, während der gesamte Lebensunterhalt der Soldaten früher den Magazinen entnommen wurde.

Dagegen hat die ungeheure Masse unseres modernen Heeres eine Vermehrung derjenigen Wagen nötig gemacht, die den Truppen unmittelbar folgen müssen. Dieselben werden nicht als zum eigentlichen Train gehörig betrachtet, sondern bilden die sogenannte große und kleine Bagage. Auf diese ist der Einfluß der Eisenbahn nur sehr gering gewesen. Im Bewegungskriege ist das Heer oft sehr weit von den Endstationen des gesicherten Bahnverkehres entfernt, und so muß ein gewisser Teil von Proviant, Munitionsreserve, sowie eigenem Gepäckfuhrwerk, aus dem Handwerkszeug, den Offizierskoffern, kleinen Bekleidungsreserven und etlichen Bureaugegenständen bestehend, jederzeit beim Heere bleiben.

Um ein ungefähres Bild von der Gliederung unseres modernen Heerfuhrwesens zu entwerfen, wollen wir unseren Lesern ein Armeekorps vor Augen führen, das auf seinem Marsche gemeinsam eine Straße benutzt. Die Marschtiefe, d. h. die Länge der Strecke, die die Truppen eines Armeekorps einnehmen, beträgt 20 Kilometer. Dazwischen befinden sich nur solche Fahrzeuge, die das für das Gefecht unentbehrlich Notwendige enthalten, nämlich die Patronen-, Munitions- und Medizinwagen, sowie die Schanzzeugwagen der Pioniere, außerdem noch die Handpferde.*) Hinter der Marschkolonne folgt dann in einem kleinen Abstand die große Bagage. Sie setzt sich aus solchen Wagen zusammen, die bei der Schlacht möglichst rasch zur Hand sein müssen und, wenn es irgend angeht, jeden Abend zu den Truppen gelangen sollen. Es gehören dazu die Lebensmittel-, Marketender-, Futter- und Vorratswagen, sowie die Feldschmieden der Batterien. Die Gesamtzahl aller von der großen und kleinen Bagage mitgeführten Wagen beträgt gegen 600 Stück.

Der eigentliche Train zerfällt in zwei Staffeln. Die erste folgt der großen Bagage etwa in einem Abstand von dreiviertel Meile. Sie umfaßt den großen Feldbrückentrain des Armeekorps, zwei Proviantkolonnen und eine Fuhrparkskolonne, d. h. eine Kolonne, die etwa soviel Verpflegungsreserve enthält, um den Bedarf von $1\frac{1}{2}$ Kavallerie-Divisionen für einen Tag decken zu können. Fernerhin werden

---

*) Handpferde sind überzählige Pferde, die als Ersatz von den Truppen mitgeführt werden.

ihr wahrscheinlich zwei Infanterie- und drei Artillerie-Munitionskolonnen, sowie vier Feldlazarette eingereiht werden. Im ganzen wird die erste Staffel ungefähr 200 Wagen führen, die fast sämtlich sechsspännig sind. Etwa einen Tagesmarsch weiter zurück schließt sich an die erste die zweite Staffel an, die wiederum etwa 200 Fahrzeuge umfaßt. Somit führt also jedes Armeekorps 1300 Fahrzeuge mit, zu denen 6500 Pferde nötig sind.

Bei Märschen in der Nähe des Feindes befindet sich nur die kleine Bagage bei den Truppen, die große sammelt sich in größeren Verbänden und ist einer besonderen Leitung übertragen. Den Trains und Munitionskolonnen wird ihr Gang durch höhere Befehle vorgeschrieben.

Daß es äußerst schwierig ist, in all' dem bunten Getriebe der an die Trains und ihre Führer herantretenden Anforderungen jederzeit die rechte Ordnung aufrecht zu erhalten, läßt sich leicht denken. Die in den kämpfenden Truppen stehenden Soldaten malen sich „das Leben hinter der Armee" wohl zuweilen als ein Dasein beschaulicher Ruhe und Behaglichkeit aus. Dies ist es aber keineswegs. Die Trainsoldaten haben genau so unter den Strapazen des Krieges zu leiden, wie die übrigen Truppen; die Kolonnenführer sind fast Tag und Nacht in Anspruch genommen. Von den meist noch im Inland gelegenen großen Sammelmagazinen werden die Vorräte mittels Eisenbahnen nach den Hauptetappenorten, den Endpunkten des gesicherten Bahnverkehres, befördert. Von hier aus holen sie die Proviant- und Fuhrparkkolonnen ein. Die Rückfahrt der letzteren zu den Magazinen erfolgt meist des Nachts. Ausgefahrene Wege erschweren das Vorwärtskommen, die Pferde sind bis zum äußersten angestrengt und wollen nicht weiter, dazu kommt noch, daß in jeder Kolonne meist nur ein Stamm von Militärfahrzeugen vorhanden ist und die übrigen durch Lohnfuhrwerke ersetzt werden, deren Kutscher nur widerwillig dem Dienste folgen. Auf den Hauptetappenorten herrscht ein noch bunteres Treiben. Bald fehlt es an Bedienungsmannschaften, bald an Betriebsmaterial. Vor dem Bahnhofe stehen lange Wagenzüge der Kolonnen und harren der Abfertigung, die Gleise sperren beladene Waggons, indessen fehlt es an Zeit, sie abzuladen. Und doch darf keine Stockung des Getriebes eintreten, sonst muß die Armee draußen Not und Mangel leiden. Durch angestrengte Thätigkeit sind vielleicht alle Schwierigkeiten glücklich überwunden, man glaubt den Verkehr im besten Gange, da trifft plötzlich die Meldung ein, daß auf einen Zug geschossen wurde, oder der Schienenweg durch Feinde unterbrochen sei. Nur wer selbst einmal auf solch' einem Hauptetappenort gewesen ist, kann sich ein Bild von dem aufreibenden Leben und Treiben daselbst machen. Ruhe und Geistesgegenwart, dazu die unbedingte Aufrechterhaltung der Ordnung und Disziplin vermögen allein, den regelmäßigen Gang der Dinge aufrecht zu erhalten.

Auch der Friedensdienst im Train ist durchaus kein leichter. Er wird namentlich dadurch erschwert, daß die eigentlichen Trainsoldaten nur ein halbes Jahr lang im Dienste bleiben. Man sucht die Trainsoldaten vor allem zu Fahrern, sowie als Aufsichtspersonal der Kolonnen heranzubilden. Nach Verlauf eines Vierteljahres müssen sie es verstehen, „ein Zugpferd mit Sicherheit und Lebendigkeit im Schritt und Trab nach jeder Richtung zu bewegen", in den folgenden drei Monaten lernen sie dann vier- und sechsspännig vom Bock und vom Sattel aus zu fahren. Übungsmärsche und Fahrten in schwierigem Gelände werden unternommen, sodann Übungen im Beziehen von Biwaks, sowie im Verladen auf Eisenbahnwagen angestellt, fernerhin empfangen die Trainsoldaten theoretische Unterweisung in der Kenntnis der verschiedenen Fuhrwerke und Geschirre, an denen sie auch Herstellungsarbeiten verrichten müssen. Für das Fußexerzieren und die Säbelübungen bestehen dieselben Vorschriften wie bei der Kavallerie, auf das Scheibenschießen wird kein besonderes Gewicht gelegt, doch müssen die Mannschaften ihren Karabiner immerhin zu gebrauchen verstehen. Die kleinen Stämme des Trains werden im Kriege fast um das Zehnfache vermehrt. Im Frieden besitzt unser deutsches Heer 21 Trainbataillone, aus je 3 Kompanien bestehend. Zu jedem Armeekorps gehört ein Trainbataillon, nur dem XI. Armeekorps sind zwei zugeteilt, die zusammen 5 Kompanien haben. Bei den beiden bayrischen Bataillonen ist die 3. Kompanie eine Sanitätskompanie, die das Sanitäts-Unterpersonal stellt.

Zu jedem Train-Bataillon gehört ein Traindepot, in dem die Wagen und Geschirre, sowie alles sonstige Feldgerät des Trains aufbewahrt und in kriegsbereitem Zustande erhalten werden. Der Bataillonskommandeur ist der Vorstand dieses Depots, ihm sind 2—3 Depotoffiziere, sowie das erforderliche Unterpersonal beigegeben.

Bei der Mobilmachung hat jedes Bataillon 5 Proviantkolonnen, 1 Feldbäckereikolonne,*) 3 Sanitätsdetachements und 6 Fuhrwerkkolonnen zu stellen.

Der Train trägt dunkelblaue, in Sachsen hellblaue Waffenröcke mit hellblauen, bez. schwarzen Kragen und Aufschlägen. Das Garde-Train-Bataillon hat weiße Litzen. Auf den auch in Sachsen hellblauen Schulterklappen ist die Bataillonsnummer zu lesen, bei der Garde fehlt letztere. Als Kopfbedeckung dient ein Tschako mit schwarzem, bei der Garde mit weißem Busch, die Offiziere des Trains haben den Infanteriehelm mit schwarzem Busch, der in Bayern auch von der Mannschaft getragen wird. Zur Ausrüstung gehören fernerhin Leibriemen, Mantelriemen und Bandelier.

Die Bewaffnung der Mannschaften besteht in Karabiner und Schleppsäbel, die Offiziere und Unteroffiziere haben Revolver und Kavallerie-Offiziersäbel.

---

*) Eine Feldbäckereikolonne führt durchschnittlich 25 Backöfen und ist im stande, etwa zwei Drittel des Tagesbedarfes eines Armeekorps an Brot und Zwieback in 24 Stunden herzustellen.

Das Sanitätskorps setzt sich zusammen aus Sanitätsoffizieren, Lazarettgehilfen, Krankenwärtern und Krankenträgern; zum gesamten Militärsanitätspersonal gehören außerdem noch die Militärapotheker, die Hilfskrankenträger und das Verwaltungspersonal der Lazarette; im Kriege kommt noch das Personal der freiwilligen Krankenpflege hinzu.

Die im Offiziersrang stehenden Militärärzte bilden das Sanitätsoffizierkorps, das nach Rang, Pflichten und Dienstverhältnissen dem Offizierkorps der übrigen Truppen völlig gleichgestellt ist. An seiner Spitze steht der Generalstabsarzt der Armee, der Chef der Medizinalabteilung im Kriegsministerium. Die oberste Leitung des Sanitätsdienstes eines Armeekorps ist einem Generalarzt übertragen; bei einigen Armeekorps ist ihm noch ein Stabsarzt als Vorstand der mikroskopischen Abteilung der hygieinisch-chemischen Untersuchungsstation beigegeben, dem die mikroskopisch-bakteriologischen Untersuchungen obliegen. Jedes Regiment, überhaupt jede Truppenabteilung besitzt sodann eine bestimmte Anzahl von Oberstabsärzten, Stabsärzten und Assistenzärzten. Die Divisionsärzte sind nur im Kriege in den Etat aufgenommen, im Frieden steht der älteste Regimentsarzt im Divisionsquartier dem Divisionskommandeur in allen den Sanitätsdienst betreffenden Angelegenheiten zur Seite. Zu Divisions- und Regimentsärzten werden nur Oberstabsärzte ernannt, innerhalb der Bataillone und sonstigen Abteilungen wird der Sanitätsdienst von Stabsärzten geleitet.

Die Rangstufen im Sanitätsoffizierkorps sind folgende:

Generalstabsarzt = Generalmajor (gegenwärtig Generallieutenant),
Generalarzt I. Klasse = Oberst,
„ II. „ = Oberstlieutenant,
Oberstabsarzt I. „ = Major,
„ II. „ = Hauptmann,
Stabsarzt =
Assistenzarzt I. „ = Premierlieutenant,
„ II. „ = Sekondelieutenant.

Einjährig-Freiwillige Ärzte und Unterärzte haben den Rang eines Portepeeunteroffiziers.

Die Sanitätsoffiziere sind die Vorgesetzten der Unteroffiziere und Soldaten, sodaß ihnen von einzelnen Soldaten und Posten dieselben Ehrenbezeugungen erwiesen werden wie den übrigen Offizieren. Im Kriege sind die Militärärzte zum größten Teil beritten.

Das Sanitätsoffizierkorps ergänzt sich: 1. aus solchen Medizinern, die ihre Ausbildung auf der Kaiser Wilhelms-Akademie für das militärärztliche Bildungswesen empfangen haben; 2. aus solchen, die auf Universitäten ausgebildet wurden und zur Weiterbeförderung eintreten; 3. aus solchen, die in der Erfüllung ihrer allgemeinen Dienstpflicht begriffen sind. Letztere dienen ½ Jahr mit der Waffe, ½ Jahr als Unterarzt. Unterärzte des Beurlaubtenstandes werden nur dann zu Assistenzärzten befördert, wenn sie sechs Wochen freiwillig als Unterarzt in Dienst getreten sind; zu Stabsärzten können sie erst nach Einberufung zu einem vierwöchentlichen militärärztlichen Kursus vorgeschlagen werden; die Beförderung zum Oberstabsarzt ist von dem Bestehen der militärärztlichen oder der Physikatsprüfung abhängig.

Die vorwiegende Anzahl der im aktiven Dienststande verbleibenden Militärärzte geht aus der Kaiser Wilhelms-Akademie für das militärärztliche Bildungswesen hervor. Dieselbe zerfiel früher in zwei Anstalten: das medizinisch-chirurgische Friedrich Wilhelms-Institut und die medizinisch-chirurgische Akademie. Beide verdanken ihre Entstehung dem hochverdienten Generalstabsarzt Dr. Goercke, der das Militärsanitätswesen zur Zeit der Freiheitskriege wesentlich verbesserte. Im Jahre 1895 wurden beide Anstalten vereinigt. Die jungen Mediziner werden dort gemeinsam mit den Studierenden der Berliner Universität in allen Zweigen der Heilkunde und deren Hilfswissenschaften unterrichtet und empfangen außerdem noch eine besondere Ausbildung für den Militär-Sanitätsdienst. Sämtliche Kosten der Vorlesungen, sowie des klinischen Unterrichts, trägt der Staat; letzterer zahlt den Studierenden auch eine Beihilfe zur Beschaffung von Studienhilfsmitteln, doch müssen sich die Zöglinge zu einer bestimmten aktiven Dienstzeit im stehenden Heere verpflichten. Der Generalstabsarzt der Armee steht der Kaiser Wilhelms-Akademie als Direktor vor. Im ersten Sommerhalbjahr ihres neun Semester umfassenden Studiums müssen die jungen Mediziner ½ Jahr mit der Waffe dienen. Nach Beendigung ihrer Studien treten sie als Unterärzte in die Armee ein, verbleiben aber vorläufig noch in der Anstalt. Bis zur Ablegung ihres Staatsexamens empfangen sie eine weitere Ausbildung in dem Krankenhause der Charité, erst dann werden sie den einzelnen Truppenteilen zugeteilt.

Damit auch die älteren Ärzte der Armee jederzeit über die Fortschritte der Wissenschaft unterrichtet bleiben, finden in Berlin jährlich zwei dreiwöchentliche Operationskurse statt, die, von Professoren der Universität geleitet, von je 30 Ärzten als Zuhörer besucht werden. Auch zum Friedrich Wilhelms-Institut sind jederzeit eine Anzahl älterer Ärzte kommandiert, sogenannte Repetenten, die sowohl lehren, als auch selbst wieder lernen sollen.

Bei den chirurgischen Verrichtungen gehen den Ärzten die Lazarettgehilfen zur Hand. Dieselben ergänzen sich aus Personen des Soldatenstandes, die sich meist freiwillig zum Lazarettdienst melden. Haben sie sich während ihrer einjährigen Dienstzeit mit der Waffe gut geführt, so werden sie nach Ablauf derselben auf ihre Schulbildung hin geprüft und kommen bei günstigem Resultat auf eine Lazarettgehilfenschule. Nach erfolgreichem Besuche derselben erhalten die Schüler Anstellung als Unterlazarettgehilfen bei einem Truppenteil, doch müssen sie noch immer an den regelmäßigen Unterrichtsstunden teilnehmen. Je nach ihren Fähigkeiten und ihrer Führung werden sie sodann früher oder später zu Lazarettgehilfen mit Unteroffiziersrang ernannt. Die Beförderung zum Oberlazarettgehilfen erfolgt gewöhnlich nach siebenjähriger Dienstzeit. Hat ein Lazarettgehilfe sich fünf Jahre im Dienste als tüchtig bewiesen, so kann ihm auf seinen Wunsch von seinen ärztlichen Vorgesetzten ein Zeugnis ausgestellt werden, das ihn ohne besondere Prüfung zur Niederlassung als geprüfter Zivilheildiener berechtigt.

Um ein in der Krankenpflege erfahrenes und erprobtes Personal zu gewinnen, werden jährlich für jedes Armeekorps 26 Krankenwärter in den größeren Lazaretten ausgebildet, wozu man meist Mannschaften aus der Ersatzreserve wählt.

Als zum eigentlichen Sanitätskorps gehörig zu betrachten sind endlich die Krankenträger. Ihre Aufgabe besteht darin, die Verwundeten möglichst rasch und sicher vom Schlachtfeld nach den Hauptverbandsplätzen zu transportieren. In jedem Winterhalbjahr findet bei allen Truppenteilen ein auf 20 Stunden verteilter Unterricht im Krankenträgerdienst statt, an dem neben einigen Unteroffizieren besonders dazu auserwählte, kräftige, zuverlässige Leute des zweiten Dienstjahres, sowie die Hilfshoboisten teilnehmen. Die Ausbildung der Krankenträger ist namentlich auf das Praktische gerichtet. Sie werden in den ersten Hilfeleistungen belehrt, ferner in der rechten Lagerung und Transportierung der Verwundeten, in der Herrichtung von Nottragen u. s. w. Den Unterricht erteilt ein Assistenzarzt unter Leitung eines Oberstabsarztes. Um das Gelernte noch einmal zu erproben, findet im Sommerhalbjahr eine zehntägige Übung im Garnisonort des Trainbataillons statt, bei der eine möglichst kriegsgerechte Situation herzustellen versucht wird.

Das Trainbataillon bespannt die Wagen eines Sanitätsdetachements, außerdem nimmt irgend ein Infanterieregiment an der Übung teil. Letztere findet vielleicht im Anschluß an eine Felddienstübung statt. Es wird ein Gefecht fingiert, und jeder der „auf Befehl Verwundeten" trägt ein Täfelchen, auf dem die Art der Verletzung verzeichnet steht. Der Kampf währt nicht lange. Die Mannschaften stürzen schon nach kurzer Zeit zu Boden, hinter Gräben, Hügeln, in Baumgruppen, überall liegen Verwundete, fast nur die Offiziere und Unteroffiziere bleiben verschont. Jetzt ist es für die Krankenträger Zeit, einzuschreiten. Binden und Bandagen im Brotbeutel führend, nähern sie sich den Kranken*) und untersuchen die Wunden. Sie befreien sie von der Last der schweren Waffen und des Gepäcks, geben ihnen einen labenden Trunk aus der Feldflasche (die bei den Übungen offiziell leer ist), lösen ihnen die beengenden Kleider und betten sie nach Anlegung des ersten provisorischen Verbandes sanft und vorsichtig auf die bequemen Tragen. Das erste

---

*) Man nennt die Verwundeten offiziell auch Kranke.

Ziel ist der Truppenverbandsplatz. Hier überzeugen sich die anwesenden Ärzte, ob die Krankenträger überall das rechte Verfahren eingeschlagen, dann werden die Verwundeten in die Wagen des Sanitätsdetachements verladen. Da im Kriegsfalle die Militärkrankenwagen sehr oft nicht zureichen, so stehen auch bei den Übungen verschiedene Bauernwagen zur Hand. Zwar scheinen die federlosen Fuhrwerke für Krankentransporte nicht sehr geeignet, allein die Krankenwärter verstehen es, sie für ihre Zwecke wenigstens einigermaßen tauglich zu machen. Sie verbinden die Rungen und Leitern fest durch Bindestricke und bringen an den oberen Leiterholmen vier Schleuderbunde an. Sind die Kranken in den Wagen vorsichtig untergebracht, so werden sie nach dem weiter zurückliegenden Verbandsplatze gefahren, wo im Kriegsfalle die eigentliche Behandlung beginnt. Bis hierher erstreckt sich die Krankenträgerübung. Nach nochmaliger Belehrung und Anweisung seitens der Ärzte an den Körpern der Kranken stehen die „auf Befehl Verwundeten" auf, stellen sich wieder in Reih und Glied, und frisch und munter geht es in die Garnison zurück.

Die Krankenträger werden im Kriegsfalle von ihren Truppenteilen abgegeben und den Sanitätsdetachements zugeteilt. Wie alle Mitglieder des Sanitätskorps tragen auch sie die Armbinde mit dem roten Kreuz auf weißem Felde, stehen somit unter dem Schutze der Genfer Konvention. Eine geringe Anzahl ausgebildeter Krankenträger verbleibt indessen auch im Kriege bei den Truppen. Diese sogenannten Hilfskrankenträger treten erst im Gefecht aus der Front aus, um beim Transport der Verwundeten mitzuhelfen. Sie tragen keine weißen, sondern rote Binden um den linken Oberarm, sind also nicht unverletzlich.

Was die Uniformierung des Sanitätskorps betrifft, so tragen die Offiziere dunkelblaue Röcke mit Kragen und Aufschlägen von gleicher Farbe, die mit rotem Vorstoß versehen sind; letztere zieren außerdem noch goldene Litzen. In den Epaulettenfeldern, die gleichfalls dunkelblau, in Sachsen golden sind, befindet sich ein vergoldeter Äskulapstab. Beinkleider und Helme sind wie bei der Infanterie. Die Lazarettgehilfen haben gleichfalls dunkelblaue Waffenröcke; auf den Achselklappen ist die Nummer des betreffenden Armeekorps zu lesen. Krankenträger tragen die Uniform ihres Truppenteiles, nur haben sie karmesinrote Aufschläge und Kragen.

Bei den Apothekern ist der Waffenrock dunkelblau mit karmesinrotem Vorstoß und gelben, in Bayern weißen Knöpfen. Die Tierärzte haben dunkelblaue Waffenröcke mit schwarzen Kragen und Aufschlägen.

Die Schutz- und Kolonialtruppen dienen zur Aufrechterhaltung der öffentlichen Ordnung und Sicherheit in den Kolonien. Fast alle Kolonialmächte haben neben besonders organisierten weißen Truppen aus Eingeborenen zusammengesetzte, farbige Truppen in ihren Kolonien aufgestellt. So bildeten die Engländer in Ostindien die Seapoys, die Franzosen in Afrika die Turkos. Deutschland ist in anderer Weise verfahren; es ließ die angeworbenen farbigen Soldaten von deutschen Offizieren und Unteroffizieren befehligen; nur in Südwestafrika ist eine aus Freiwilligen bestehende deutsche Truppe aufgestellt.

In dem Gesetz vom 22. März 1891 sind sämtliche Bestimmungen für die Organisation der Schutztruppe in Ostafrika niedergelegt. Sie wird aus Offizieren, Sanitätsoffizieren, Unteroffizieren, Beamten u. s. w. des Reichsheeres und der Marine, die sich freiwillig melden, sowie aus angeworbenen Eingeborenen gebildet. Der oberste Kriegsherr ist auch für diese Truppe der deutsche Kaiser. Bei militärischen Unternehmungen, sowie zu Zwecken der Zivilverwaltung steht sie unter dem Befehle des Gouverneurs von Ost-Afrika, in höherer Instanz unter dem des Reichskanzlers.

Die ostafrikanische Schutztruppe ist folgendermaßen gegliedert:

Der Stab.*)

Der Kommandeur,
1 Oberführer,
1 Lieutenant als Adjutant,
1 Offizier zur Hilfeleistung bei Bearbeitung der Schutztruppen-Angelegenheit in Berlin,
1 Chefarzt,
1 Zahlmeister,
1 Zahlmeisteraspirant,
1 Oberfeuerwerker,
3 Büchsenmacher,
4 Schreiber, davon 2 Oberlazarettgehilfen.

12 Kompanien.

Deutsche: 12 Kompanieführer (Hauptleute),
28 Lieutenants,
12 Zahlmeisteraspiranten,
12 Feldwebel,
46 Sergeanten und Unteroffiziere,
22 Oberlazarett- und Lazarettgehilfen,
17 Ärzte,
12 Dolmetscher.

Farbige: 12 Offiziere,
120 Unteroffiziere,
2100 Gemeine.

Von Deutschen werden besetzt: Die Offiziers- und Unteroffiziersstellen des Stabes, alle Offiziersstellen bis zum Kompanieführer herab; in jeder Kompanie

---

*) Unter Stab versteht man die zum Kommando eines Truppenteiles gehörigen Personen.

mindestens eine Lieutenants- und vier Unteroffiziersstellen; endlich die Stellen sämtlicher Ärzte und Militärbeamten. Von Farbigen können besetzt werden: in jeder Kompanie eine Lieutenantsstelle, sowie der Rest der Unteroffiziersstellen. Die Deutschen gehen den Farbigen gleicher Rangstufe stets voraus. Zwischen den deutschen Deckoffizieren, Unteroffizieren und Beamten einerseits und den farbigen Offizieren andererseits besteht kein Vorgesetztenverhältnis.

Man unterscheidet in Ostafrika eine Schutz- und eine Polizeitruppe. Erstere dient zum Feldgebrauch, letztere zur Aufrechterhaltung der Ordnung, namentlich an den Küsten. Sie ist etwa 240 Mann stark und fast nur in den Küstenorten stationiert.

Auch die Geschäfte örtlicher Behörden werden Offizieren übertragen; dieselben sind als Bezirkshauptleute dem Gouverneur, als Offiziere dem Kommandeur unterstellt. Der Gouverneur giebt die Verteilung der Schutztruppe auf den Stationen im allgemeinen an; über die Einzelheiten hat der Kommandeur zu bestimmen.

Die Kassengeschäfte, zu denen die Natural- und Geldverpflegung, die Unterbringung, Bekleidung, Ausrüstung und Bewaffnung der Truppe gehören, werden von einer Intendantur verwaltet. Auf jeder Station ist ein Rechnungsführer angestellt. Außer der Hauptkasse des Gouvernements sind noch Bezirkskassen vorhanden.

Meldungen von deutschen Militärpersonen zu den Schutztruppen werden an den Truppenteil, den Generalarzt oder die Intendantur gerichtet und gehen durch das Ministerium an den Reichskanzler. Betreffs der Offiziere, Sanitätsoffiziere und der oberen Beamten hat der Kaiser die Entscheidung zu treffen, bei den Unteroffizieren und unteren Beamten erfolgt die Bewilligung durch den Reichskanzler. Zu den Schutztruppen übertretende Offiziere u. s. w. scheiden nicht nur aus dem Etat, sondern überhaupt völlig aus dem Heere aus, indessen steht ihnen der Rücktritt frei; sie gelten als zeitweise Abkommandierte des Heeres oder der Marine.

Den Kommandeur und Oberführer hat nur der Kaiser einzusetzen, die übrigen Stellen besetzt der Kommandeur und aus den ihm durch Kommandierung zur Verfügung gestellten Leuten; bei Stellen im Bezirkskommando hat auch der Gouverneur seine Zustimmung zu geben.

Die Farbigen der Truppe ergänzen sich durch Werbungen in Ostafrika. Die angeworbenen Mannschaften gehen mit dem Stabe sogenannte „Werbekontrakte" ein, in denen die gegenseitigen, dienstlichen Verpflichtungen niedergelegt sind; die Grundsätze dieser Kontrakte müssen vom Gouverneur bestätigt sein. Bei der Regelung der Disziplin wird auf die Gewohnheiten der Farbigen Rücksicht genommen. Ihre Beförderung zum Korporal oder Offizier erfolgt durch den Kommandeur.

Jeder deutsche Soldat, der zur Schutztruppe übergetreten ist, erhält nach zweijährigem Aufenthalte in Ostafrika einen viermonatlichen Urlaub zur Rückreise nach Europa, und zwar unter Belassung sämtlicher Gebührnisse. Handelt es sich

Übersicht der Organisation des Landheeres

Im Frieden ist das deutsche Heer unter Befehl Sr. Majestät des Kaisers, als obersten Bundesfeldherrn und Kriegsherrn, zunächst in 5 Armeeinspektionen eingeteilt, zu denen nach ihrer örtlichen Lage bestimmte Gruppen von Armee-Korps gehören. Im ganzen gibt es 23 Armee-Korps und zwar: 1) preußische: 1 Garde-Korps und die Armee-Korps I—XI, XV—XVIII; 2) sächsische: XII und XIX; 3) württembergisches: XIII; 4) badisches: XIV; Bayern hat 3 Armeekorps: I, II, III.

Die normale Friedenseinteilung eines Armeekorps ist folgende:

—tes Armee-Korps.

2. Division		1. Division		
4. Inf.-Brigade	3. Inf.-Brigade	73. Inf.-Brigade	2. Inf.-Brigade	1. Inf.-Brigade
Inf.-Rgmt. Nr. 7	Inf.-Rgmt. Nr. 5	Inf.-Rgmt. Nr. 152	Inf.-Rgmt. Nr. 3	Inf.-Rgmt. Nr. 1
Inf.-Rgmt. Nr. 8	Inf.-Rgmt. Nr. 6	Inf.-Rgmt. Nr. 153	Inf.-Rgmt. Nr. 4	Inf.-Rgmt. Nr. 2
Bez.-Kom. O „ „ P „ „ Q	Bez.-Kom. K „ „ L „ „ M „ „ N		Bez.-Kom. F „ „ G „ „ H „ „ J	Bez.-Kom. A „ „ B „ „ C „ „ D „ „ E
2. Kavallerie-Brigade		1. Kavallerie-Brigade		
Ulanen-Regiment Nr. 2		Dragoner-Regiment Nr. 1		
Husaren-Regiment Nr. 2		Ulanen-Regiment Nr. 1		
Feldartillerie-Regiment Nr. 2		Feldartillerie-Regiment Nr. 1		
II. Abteilung	I. Abteilung	Reitende Abteilung T T	I. Abteilung	II. Abteilung
Feldartillerie-Regiment Nr. 48		Feldartillerie-Regiment Nr. 47		
II. (Feldhaubitzen)-Abt.	I. Abteilung	II. Abteilung	I. Abteilung	

Jägerbataillon Nr. 1

Fußartillerie-Regiment Nr. 1.

Pionier-Bataillon Nr. 1

Train-Bataillon Nr. 1

Im Kriege besteht das Feldheer aus Armeen, die Armeen aus Armee-Korps, aus Kavallerie-Divisionen und aus Reserve-Divisionen. Im Kriege ist das Armeekorps anders zusammengesetzt als wie im Frieden.

Die Division besteht in der Regel aus 2 oder 3 Infanterie-Brigaden, 1 Kavallerie-Brigade und 1 Feldartillerie-Brigade.

Eine Infanterie-Brigade besteht aus 2 Regimentern, das Regiment zu 3 oder 2 Bataillonen mit je 4 Kompagnien.

Zu 1 Kavallerie-Brigade gehören 2 Regimenter zu 5 Eskadrons.

Eine Feldartillerie-Brigade hat 2 Regimenter in der Regel mit 2 Abteilungen mit je 3 fahrenben Batterien; einige Regimenter führen auch 1 Abteilung mit 2 reitenden Batterien.

Jedem Armeekorps ist eine Feldhaubitzenabteilung zugeteilt.

Jäger, Fußartillerie, Pioniere und Train stehen nicht im Divisionsverband. Diese Truppen sind unmittelbar dem kommandierenden General unterstellt.

um Wiederherstellung der Gesundheit, so wird dieser Urlaub auf sechs Monate ausgedehnt. Ist nach Ablauf dieser Zeit keine Hoffnung auf Genesung vorhanden, so wird er von der Schutztruppe abkommandiert. Offiziere u. s. w., die durch den Dienst in der Schutztruppe für den aktiven Militärdienst untauglich geworden sind, erhalten besondere Pensionserhöhungen. Überhaupt wird die Dienstzeit in Afrika,

Fig. 22. Adjutant.

sobald sie wenigstens sechs Monate ohne Unterbrechung gedauert hat, bei der Pensionierung doppelt angerechnet.

Die Besoldung der ostafrikanischen Schutztruppe ist folgendermaßen festgesetzt:

Deutsche: Oberführer . . . . . 12000 Mark,
          Kompanieführer . . . 9600 „
          Lieutenant . . . . . 6000 „ bezw. 7200 Mark,
          Zahlmeisteraspiranten 5100 „ durchschnittlich,
          Feldwebel . . . . . 3600 „

	Unteroffiziere	2400 Mark,	bezw.	2700 Mark,
	Chefarzt	12000	„	
	Oberarzt	9600	„	
	Arzt	6000	„	bezw. 7200 Mark,
	Dolmetscher	3300	„	durchschnittlich,
Farbige:	Offiziere	3000	„	
	Unteroffiziere	960	„	
	Gemeine (Sudanesen) .	550	„	
	Gemeine (Eingeborene) .	450	„	

Die deutschen Offiziere erhalten bei ihrer Abkommandierung ein einmaliges Ausrüstungsgeld von je 1200 Mark; Deckoffiziere ein solches von 1000 Mark. Nach Ablauf des dritten Dienstjahres bei der Schutztruppe wird für jedes weitere Jahr ein Drittel dieses Ausrüstungsgeldes gewährt. Im Unteroffiziersrang stehende Personen werden unentgeltlich bekleidet, ausgerüstet und bewaffnet. Die Hin- und Rückreise ist gleichfalls kostenfrei. Unteroffizieren wird zur Beschaffung kleinerer Bedarfsartikel bei Antritt des Kommandos eine Summe von 50 Mark, vom vierten Kommandojahre ab jährlich eine Summe von 25 Mark ausgezahlt. Je nach den örtlichen Verhältnissen erhalten die deutschen Soldaten in Ostafrika freie Unterkunft, und im Lazarett, sowie bei dienstlichen Einschiffungen an Bord freie ärztliche Behandlung und freie Verpflegung. Während kriegerischer Unternehmungen wird die Verpflegung meist den Dienstbeständen entnommen, sonst haben sich die Militärpersonen selbst zu verpflegen; wo Militär-Speiseanstalten eingerichtet sind, müssen sie dieselben benutzen.

Wehrpflichtige Reichsangehörige, die ihren Wohnsitz in den Kolonien haben, können ihrer Militärpflicht bei den Schutztruppen genügen. Dortige Beurlaubte des Heeres oder der Marine werden in Fällen der Gefahr zum Dienste eingezogen.

Die gleiche Organisation, wie die Truppen in Ostafrika, haben auch diejenigen in Kamerun und Togo, nur sind bei diesen letzteren auch Gemeine des Reichsheeres und der Marine mit eingestellt.

Die Schutztruppe in Kamerun ist ungefähr 250 Mann stark, und zwar

Deutsche: 3 Offiziere, 9 Unteroffiziere, 1 Lazarettgehilfe, 1 Zahlmeisteraspirant, 1 Büchsenmacher;

Farbige: 240 Gemeine.

Die Truppe in Togo besteht aus 150 farbigen Gemeinen, befehligt von einem Offizier und einigen Unteroffizieren.

Alle diese bisher genannten Truppen gehören der Infanterie an. Uniformierung und Ausrüstung sind in den einzelnen Gebieten verschieden. In Ostafrika werden eine Jacke, ein kurzes Beinkleid, Schnürschuhe und als Kopfbedeckung ein Fes getragen. In Kamerun und Togo sind blusenartige Röcke eingeführt. Die Bewaffnung besteht in einem Einlader-Gewehr und einem Seitengewehr.

Obwohl diese Truppen aus verschiedenen Stämmen zusammengesetzt sind, haben sie sich doch bisweilen als siegreich bewährt. Wenn sie hier und da Niederlagen erleiden mußten, so lag dies meist an der großen Übermacht des Feindes. Außerdem müssen die Schwierigkeiten in Berücksichtigung gezogen werden, die sich der Truppenführung in einem Lande entgegenstellen, das noch nicht einmal vollständig erforscht ist.

Den Hauptkern der ostafrikanischen Truppe bilden die Sudanesen. Sie werden als treue, zuverlässige Leute bezeichnet, denen auch ein gewisses militärisches Ehrgefühl innewohnt. Ein unter den Suahelis einheimischer Volksstamm, die Askaris, erweisen sich als kräftig und geschickt, sind jedoch nicht zuverlässig; ferner geht ihnen jedes soldatische Gefühl ab. Die neuerdings in die Truppe aufgenommenen Abessinier werden als hochgewachsen und geschickt geschildert, sollen sich aber, gleich den Sulus, nur schwer der Disziplin fügen. In Kamerun und Togo sind meist Haussas, Lagos- und Weyleute in die Truppen eingestellt. Die letzteren haben einen großen Hang zu Ausschweifungen; im übrigen erweisen sich diese Stämme als kriegerisch brauchbar.

Die Ausbildung der Farbigen erfolgt nach den deutschen Verordnungen, doch wird auf die Verhältnisse des Landes Rücksicht genommen. Großes Gewicht ist auf die Handhabung des Gewehres und die Feuerdisziplin gelegt. Für das Fleckschießen haben die Neger keine große Befähigung, sie genügen etwa den Bedingungen der dritten Klasse. Die Behandlung der Farbigen ist durchaus keine leichte Aufgabe. Schon die Verschiedenheit der Elemente bereitet große Schwierigkeiten, zudem haben die deutschen Offiziere durch die Eigenart der Neger zuweilen mit Verhältnissen zu kämpfen, wie sie bei deutschen Truppen überhaupt nicht vorkommen können.

Auf wesentlich anderer Grundlage als die bisher genannten Truppen beruht die Truppe in Südwestafrika. Wie bereits erwähnt, ist sie aus Freiwilligen der deutschen Armee zusammengestellt. Man hielt es in diesem Lande für zweckmäßig, eine Reitertruppe aufzustellen, die jedoch gleich tüchtig als Infanterie sein muß. Die eintretenden Unteroffiziere und Mannschaften haben die Verpflichtung übernommen, 4—5 Jahre länger im aktiven Dienststand zu bleiben, als es die gesetzliche Dienstpflicht vorschreibt. Haben sie beim Austritt aus der Truppe den Wunsch, sich in Afrika anzusiedeln, so wird ihnen Land und Vieh vom Staate zugewiesen.

Die Truppe ist etwa 540 Mann stark, und zwar setzt sie sich zusammen aus 13 Offizieren, 2 Ärzten, 2 Zahlmeisteraspiranten, 1 Unterroßarzt, 540 Unteroffizieren und Gemeinen. Nach Bedarf finden auch eine Anzahl Eingeborene als Arbeiter, Wagenleute u. s. w. Verwendung.

In dem Feldzuge gegen Hendrik Witbooi hat die Truppe ihre Tüchtigkeit gezeigt. Sie ist jetzt auf zahlreiche Stationen verteilt.

Als Uniform wird in Südwestafrika ein Drillanzug, im Winter ein Sammetanzug mit Mantel getragen. Ein breitkrämpiger, an einer Seite aufgeschlagener Hut dient als Kopfbedeckung. Die Waffen bestehen in einem Karabiner (Einlader) und einem kurzen Seitengewehr.

Auch auf der Insel Bougainville im Salomonarchipel ist eine Schutztruppe aufgestellt, die aus 80 farbigen Gemeinen unter einem Befehlshaber besteht. Die Truppe ist nicht uniformiert und führt als Waffen einen Karabiner und ein Messer.

Auf den vier Tabakstationen der Astrolabekompanie sind je 4 Abteilungen zu 18 Mann indischer Abkunft mit Repetiergewehren bewaffnet.

c. Die Organisation des Heerwesens.

Das Bestreben aller Staaten geht darauf hinaus, in Kriegsfällen eine möglichst große Zahl gut disziplinierter Streitkräfte zum Kampfe in Bereitschaft zu haben. Darum sind in allen kultivierten Staaten betreffs der Organisation des Heerwesens bestimmte Gesetze aufgestellt, dieselbe ist Gegenstand eines bestimmten Studiums und ein wichtiger Gegenstand der Staatskunst geworden.

Die Organisation des Heeres umfaßt die Aufbringung, Ausrüstung und Ausbildung der Truppen, ihre Einteilung in einzelne Truppenkörper mit bestimmten Befehlshabern und die Erhaltung, sowie die Ergänzung des Personals und Materials. Die Gesamtheit des Heeres teilt man in Kombattanten und Nichtkombattanten. Die Kombattanten sind die Waffengattungen, die wir im vorigen kennen gelernt haben; sie haben in Kriegsfällen den Kampf wider den Feind zu führen, während die Nichtkombattanten für den Unterhalt, die Gesundheitspflege, das Rechts- und Kirchenwesen, das Fuhrwesen, die Herstellung und Instandhaltung der Uniformen und Waffen-Ausrüstung zu sorgen haben.

Der oberste Befehlshaber, überhaupt das Haupt des gesamten Heeres und seiner Verwaltungen ist der regierende Fürst. Die obersten Verwaltungsbehörden sind das Militär-Kabinett und das Kriegsministerium. Das erstere bearbeitet alle Anforderungen und Entscheidungen des Kaisers, welche sich auf Kommando-Angelegenheiten der Armee, militärgerichtliche Angelegenheiten, Ordensverleihungen und dergl. beziehen. An der Spitze des Militär-Kabinetts steht der „Chef des Militär-Kabinetts"; seine übrigen Mitglieder sind Stabsoffiziere. Das Kriegsministerium ist die oberste Behörde in allen Organisations-, Bewaffnungs-, Befestigungs-, sowie in allen wirtschaftlichen Angelegenheiten des Reichsheeres, z. B. dessen Besoldung, Verpflegung, Unterbringung u. s. w. Dementsprechend zerfällt das preußische Kriegsministerium in mehrere Haupt-Departements:

1. Das allgemeine Kriegsdepartement, welches die Armee-Abteilung,

die Fußtruppen-Abteilung, die Kavallerie-Abteilung und die Festungs-Abteilung umfaßt;

2. das **Militärökonomiedepartement** mit der Kassen-, Verpflegungs-, Bekleidungs-, Servis- und Bauabteilung;

3. das **Departement für das Invalidenwesen**, einschließend die Pensions-, Unterstützungs- und Anstellungsabteilung;

4. das **Waffendepartement**, unter welchem man die Handwaffen-, Geschütz- und technische Abteilung versteht, und das außerdem noch die Oberaufsicht über die Artilleriewerkstätten, Geschützgießereien, Geschoßfabriken und dergl. führt.

Unmittelbar dem Kriegsministerium sind dann noch die Remontierungs- und Medizinalabteilung unterstellt; die Remontierungsabteilung beaufsichtigt den freihändigen Ankauf der jungen Pferde durch die Remonte-Ankaufskommission, die Medizinalabteilung verwaltet das gesamte militärische Sanitätswesen samt allen damit im Zusammenhang stehenden Instituten.

Außer den verschiedenen Departements sind dem Kriegsministerium noch unterstellt das Direktorium des großen Militär-Waisenhauses in Potsdam, die Ober-Prüfungs-Kommission für Anstellung im Kriegsministerium und die höheren Intendanturdienste, das Kadettenkorps, die vereinigte Artillerie- und Ingenieurschule, die Kriegsakademie, die Inspektion der Kriegsschulen und die Generalmilitärkasse.

Schließlich sind auch noch von dem Kriegsministerium abhängig die Kavallerie-Kommission, die Inspektion der Infanterieschulen, die Artillerie-Prüfungskommission, die Gewehrprüfungskommission, die Artillerie-depot-Inspektion, die Traindepot-Inspektion, das Militärreitinstitut (Hannover), die Zeughausverwaltung (Berlin), die Inspektion des militärischen Veterinärwesens, sowie der militärischen Strafanstalten, die Prüfungskommission für Militärärzte, die militär-ärztlichen Bildungsanstalten, die Feldprobstei (katholisch und evangelisch), die Intendanturen und Proviantämter. Früher war mit dem Kriegsministerium auch das Marineministerium verbunden, welches jetzt als Reichsmarineamt gesondert besteht.

Das preußische Kriegsministerium zählt folgende Beamte:

    1 Kriegsminister mit mehreren Adjutanten,
    4 Departements-Direktoren,
  15 höhere Offiziere als Abteilungs-Chefs,
  40 Offiziere als vortragende Räte,
    5 Abteilungs-Chefs,
    2 Generalstabsärzte,
    2 Oberstabsärzte,
    3 Stabsärzte,

1 Oberstabsapotheker,
2 Intendantur- und Bauräte,
3 ständige Hilfsarbeiter von der Intendantur,
1 Oberingenieur,
1 Feuerwerkshauptmann,
7 kommandierte Offiziere,
6 pensionierte Offiziere,
150 Beamte für Expedition und Kalkulatur,
134 Beamte für Registratur und Kanzlei,
76 Unterbeamte.

Neben dem preußischen Kriegsministerium bestehen in Deutschland in Bayern, Sachsen und Württemberg gesonderte Kriegsministerien.

Außer dem Kriegsministerium ist bei der Leitung des Reichsheeres der Generalstab bethätigt, früher Generalquartiermeisterstab genannt; derselbe leitet die Vorbereitung der kriegerischen Thätigkeit des Heeres und unterstützt die oberste Heeresleitung und die höheren Truppenbefehlshaber in strategischen, taktischen und Verwaltungsanordnungen. Seine Hauptthätigkeit entfaltet er zu Kriegszeiten. Bei der Mobilmachung zunächst, d. h. bei der Überführung des Heeres aus dem Friedens- in den Kriegszustand, fallen ihm das Entwerfen und Ausarbeiten der hierbei in Frage kommenden Pläne, insbesondere die überaus schwierige Aufstellung der Eisenbahnfahrübersichten, und die Zusammenziehung der Armeen zu; ferner gehören zu seinen Obliegenheiten das Studium der Kriegsschauplätze, das Sammeln von Nachrichten und statistischem Material über fremde Heere, über angelegte und geplante Befestigungen. Die Unterstützung der Befehlshaber besteht zu Kriegszeiten im Auskunftgeben über das feindliche Heer und den Kriegsschauplatz, im Einziehen und Sichten der bezüglichen Nachrichten, sowie Vervollständigung derselben durch Rekognoszieren der feindlichen Stellungen, und schließlich in der eingehenden Ausführung der Entscheidungen des Befehlshabers über Gefechte, Märsche u. s. w. in sachgemäße Befehle für die Truppen. In Friedenszeiten wird allen den ebengenannten Thätigkeiten vorgearbeitet, damit dieselben in Kriegsfällen nur dem speziellen Einzelfalle angepaßt zu werden brauchen. Auch muß der Generalstab den politischen Zustand fremder Länder möglichst auskundschaften, um ihn erforderlichen Falls in Betracht ziehen zu können. Schließlich hat der Generalstab für die Ausbildung von Offizieren für höhere Truppenführung und den Generalstab zu sorgen.

Der preußische Generalstab zerfällt in den Großen Generalstab, den Generalstab bei den Truppen-Kommandos und Festungsgouvernements. An seiner Spitze steht der Chef des Generalstabes, ein General; derselbe ist verantwortlich für alle dem Generalstab zustehenden Manipulationen, alle Dienstsachen gehen durch seine Hände, und er hat das Recht, den größten Teil derselben durch seine Unterschrift zu erledigen.

Ebenso wie es in Bayern, Sachsen und Württemberg gesonderte Kriegsministerien giebt, existieren daselbst auch gesonderte Generalstäbe.

Wir gehen nun zu dem Heer selbst über; dasselbe zerfällt in das königlich preußische Gardekorps und 19 Armeekorps. Das Gardekorps besteht seit dem Jahre 1815, und zwar in ähnlicher Weise formiert wie jedes der 19 Armeekorps; vor diesen hat es neben der auszeichnenden Uniform die etwas bessere Auswahl des Ersatzes voraus, der Dienst ist dagegen genau so organisiert.

Die Armeekorps sind die größten Truppenverbände, deren Manipulationen noch von einer Stelle aus geleitet und angeordnet werden können. An der Spitze eines Armeekorps steht der kommandierende General, welcher die oberste Aufsicht über die Dienstübungen, die taktische Ausbildung und Kriegstüchtigkeit sämtlicher ihm unterstellten Truppen führt und dem obersten Kriegsherrn, dem Kaiser, direkt dafür verantwortlich ist. Er hat für die Erhaltung der Ruhe und Ordnung in seinem Korpsbezirk zu sorgen und kann auch in bringenden Fällen der Unruhe u. s. w. über Truppen anderer Armeekorps verfügen. Auch hat er die Gerichtsbarkeit über alle den Divisionsgerichten nicht unterstellten Offiziere und Truppen und ordnet Ehrengerichte über diese Offiziere an. Ferner regelt er mit dem Oberpräsidenten das Ersatzwesen, die verschiedenen Sicherheitsmaßregeln und in Kriegsfällen die Mobilmachung. Der Stab des kommandierenden Generals heißt General-Kommando; es gehören dazu: der Generalstab mit einem Chef und 2—3 Offizieren, die Adjutantur mit 2—3 Offizieren, der Militär-Intendant des Korps, der Korps-Auditeur, 1 Generalarzt mit 1 Assistenten, 1 Korpsroßarzt und 1 Militär-Oberpfarrer, sowie eine Anzahl Unterbeamte.

Jedes Armeekorps zerfällt in der Regel in zwei Divisionen mit zugeteilten Spezialwaffen. Jede Division setzt sich in der Regel aus zwei Infanterie-Brigaden und einer Kavallerie-Brigade zusammen. Die Division ist im Gegensatz zum Armeekorps der kleinste aus verschiedenen Waffengattungen bestehende Verband. An der Spitze einer Division steht ein Generallieutenant als „Divisions-Kommandeur"; sein Stab besteht aus 1 Generalstabsoffizier, 1 Adjutant, dem Vorstand der Divisions-Intendantur, 1 Divisionsarzt, 2 Geistlichen und 2 Divisions-Auditeuren. Der Divisions-Kommandeur hat den Dienstbetrieb und die Ausbildung des ihm unterstellten Truppenteiles zu überwachen und besitzt das Recht der Gerichtsbarkeit und Disziplinarstrafgewalt innerhalb seiner Division. Deutschland zählt zu Friedenszeiten 41 gemischte Divisionen, 2 Garde-Infanteriedivisionen und 1 Garde-Kavalleriedivision.

Eine Brigade ist der höchste aus ein und derselben Waffengattung bestehende Truppenverband, eingeführt, um über die einzelnen Regimenter eine bessere Übersicht zu haben. Bei der Infanterie und auch bei der Kavallerie besteht sie in der Regel aus zwei Regimentern, die unter der Leitung eines Generalmajors, dem ein Adjutant beigegeben ist, stehen. Die Feld=Artilleriebrigade umfaßt meist auch zwei Regimenter, nur bei einigen Armeekorps Sachsens und Bayerns gliedert sie sich in drei.

Außer dem Gardekorps unterstehen immer 3—5 Armeekorps einer Armee=Inspektion. Diese, unter Leitung der „General=Inspekteure", besichtigt die Armee in Zwischenräumen von ungefähr zwei Jahren und erstattet über die Resultate ihrer Prüfungen dem Kaiser Bericht.

Die Organisation der deutschen Wehrmacht gründet sich auf die allgemeine Wehrpflicht, d. i. die gesetzliche Verpflichtung zum Kriegsdienst. „Jeder Deutsche ist wehrpflichtig und kann sich in Ausübung dieser Pflicht nicht vertreten lassen." Ausgenommen sind nur Angehörige regierender, mediatisierter, früher reichsständischer und solcher Häuser, denen die Befreiung von der Wehrpflicht zufolge besonderer Rechtstitel zusteht oder durch Verträge zugesichert ist. Ausnahmen bilden ferner diejenigen Wehrpflichtigen, welche zum Waffendienst unfähig sind; diese können jedoch, je ihrem Beruf gemäß, zu anderen militärischen Dienstleistungen verwendet werden.

Die Wehrpflicht beginnt mit dem vollendeten 17. Lebensjahre und endet mit dem vollendeten 45. Lebensjahre; sie zerfällt in die Dienstpflicht und die Landsturmpflicht.

Die Dienstpflicht ist die Verpflichtung zum Dienst im Heere oder in der Marine, sie dauert vom vollendeten 20. Lebensjahre bis zum 31. März desjenigen Kalenderjahres, in welchem die betreffende Persönlichkeit das 39. Lebensjahr vollendet. Die Dienstzeit bei der Fahne währt gewöhnlich zwei Jahre, in der Reserve fünf Jahre, in der Landwehr ersten Aufgebots ebenfalls fünf Jahre und in der Landwehr zweiten Aufgebots bis zum 31. März desjenigen Kalenderjahres, in welchem das 39. Lebensjahr vollendet wird. In der Kavallerie und reitenden Artillerie jedoch verhält es sich anders. Hier dauert die Dienstzeit bei der Fahne drei Jahre, in der Reserve vier Jahre, in der Landwehr ersten Aufgebots drei Jahre, in der Landwehr zweiten Aufgebots aber wieder so lange wie bei den übrigen Waffengattungen. Vierjährig=Freiwillige der Kavallerie haben in der Landwehr zweiten Aufgebots nur noch eine dreijährige Dienstzeit durchzumachen.

Die meisten der dem Train zugehörigen Mannschaften werden schon nach einer halbjährigen aktiven Dienstzeit entlassen.

Schüler und Militärzöglinge, die in militärischen Lehr= und Bildungsanstalten auf staatliche Kosten unterhalten, bez. unterrichtet werden, haben den gesetzlichen Bestimmungen gemäß ihrer aktiven Dienstpflicht Genüge zu leisten. Letztere kann selbst derartig verlängert werden, daß die Zöglinge für jedes Jahr, welches sie in der Anstalt zugebracht haben, zwei Jahre länger im aktiven Dienste verbleiben.

Diejenigen Dienstpflichtigen, welche während ihrer Dienstzeit für ihre Kleidung,

Ausrüstung und Verpflegung selbst sorgen und den gesetzlich erforderten Bildungsgrad nachweisen können oder ihn durch eine Prüfung vor einer Kommission darlegen, werden schon nach einjährigem Dienst im stehenden Heere zur Reserve beurlaubt.

Die Dienstzeit der Kandidaten des Schulamts und der Volksschullehrer wird durch eine kaiserliche Kabinettsordre vom Jahre 1895 in folgenden Worten bestimmt: „Die militärische Ausbildung der Volksschullehrer und Kandidaten des Volksschulamtes, welche ihre Befähigung für das Schulamt in vorschriftsmäßiger Prüfung nachgewiesen haben, erachte Ich durch die seitherige Heranziehung zu einer nur zehnwöchigen aktiven Dienstzeit für nicht ausreichend gewährleistet, auch sind die Genannten hierdurch von späterer nutzbringender Verwendung als Unteroffiziere des Beurlaubtenstandes gänzlich ausgeschlossen. Es ist daher mein Wille, daß die Einübung mit den Waffen auf einen vollen Jahreskursus ausgedehnt und so gestaltet werde, daß die Heranbildung der Volksschullehrer und Kandidaten des Volksschulamtes soweit als thunlich zu brauchbaren Unteroffizieren erfolgt." In Bayern steht denjenigen jungen Leuten die Berechtigung zum einjährig-freiwilligen Dienst zu, welche die Abgangsprüfung auf einem Lehrerseminar bestanden haben.

Militärpflichtige römisch-katholischer Konfession, welche Theologie studieren, werden zu Friedenszeiten während der Dauer ihres Studiums bis zum 1. April des siebenten Militärjahres zurückgestellt. Haben dieselben bis dahin die Subdiakonatsweihe empfangen, so werden sie der Ersatzreserve zugeteilt und von den Übungen befreit.

Mediziner, welche im Sanitätskorps Aufnahme finden wollen und hierzu als dienstlich brauchbar anerkannt worden sind, haben ein halbes Jahr mit der Waffe und ein halbes Jahr als Unterarzt zu dienen. Apotheker genügen ihrer Dienstpflicht in einer Militärapotheke.

Bei Mobilmachungen wird zur Ergänzung des Heeres und zur Bildung von Ersatztruppenteilen die Ersatzreserve herangezogen. Die Ersatzreservepflicht beginnt mit dem 20. Lebensjahre und hat eine Dauer von 12 Jahren.

Die Bestimmungen über die Zeitdauer der Dienstpflicht im stehenden Heer, in der Landwehr und in der Ersatzreserve haben nur im Frieden Giltigkeit; demzufolge hört während einer Mobilmachung jeder Übertritt vom stehenden Heer zur Landwehr u. s. w. auf. Entlassungen erfolgen während der Zeit der Mobilmachung nur auf Befehl des Kaisers. Im Kriege ist die Dienstpflicht von dem Bedürfnis abhängig und wird ausschließlich danach geregelt.

Die Landsturmpflicht dauert vom vollendeten 17. bis zum vollendeten 45. Lebensjahre. Der Landsturm ist verpflichtet, an der Verteidigung des Vaterlandes teilzunehmen; im dringenden Bedarfsfalle wird er zur Ergänzung des Heeres und der Marine herangezogen. Er setzt sich aus allen Wehrpflichtigen zusammen, welche weder dem Heere noch der Marine angehören. Ausgeschlossen von der Heranziehung zum Landsturm bleiben jedoch diejenigen Wehrpflichtigen, welche sich zum Heeresdienst infolge körperlicher oder geistiger Gebrechen als dauernd unfähig erwiesen haben und demnach ausgemustert worden sind. Ferner sind diejenigen Personen ausgeschlossen, welche mit Zuchthaus bestraft, durch Straferkenntnis aus dem Heere ausgestoßen und der bürgerlichen Ehrenrechte verlustig gegangen sind. Die Ausschließung der letzteren erstreckt sich aber nur über die Zeit, während welcher die Betreffenden unter der Wirkung der Ehrenstrafen stehen.

Der Landsturm teilt sich in zwei Aufgebote. Das erste Aufgebot setzt sich aus den Landsturmpflichtigen vom 17. Lebensjahre bis zum 31. März desjenigen Kalenderjahres, in dem sie das 39. Lebensjahr vollenden, zusammen; das zweite Aufgebot umfaßt die Landsturmpflichtigen von diesem Zeitpunkt an bis zum vollendeten 45. Lebensjahre, und zwar treten Personen, die ihre Dienstpflicht in der Landwehr zweiten Aufgebots erfüllt haben, ohne weiteres zum Landsturm zweiten Aufgebots über. Aufruf und Auflösung des Landsturmes erfolgen auf Anordnung des Kaisers, sobald sie durch die Verhältnisse geboten sind; in der Zwischenzeit können Landsturmpflichtige weder ins zweite Aufgebot übertreten, noch entlassen werden.

Die Militärpflicht besteht in der Verpflichtung, sich der Aushebung zu unterwerfen, sich also zunächst rechtzeitig in die Rekrutierungsstammrolle aufnehmen zu lassen. Jeder Wehrpflichtige muß sich im Militärpflichtjahr, d. h. in dem Jahre, in dem er zwanzig Jahr alt wird, in den Tagen vom 15. Januar bis 1. Februar bei der Behörde des Ortes, den er zum dauernden Aufenthalt gewählt hat, unter Vorlegung des Geburtszeugnisses melden. Bis zu dem Zeitpunkt, der die Entscheidung über die Dienstverpflichtung bringt, hat in jedem Jahr eine Wiederholung der Anmeldung zu erfolgen, wobei der Losungsschein vorzuzeigen ist. Zur festgesetzten Zeit muß der Gestellungspflicht genügt werden; jeder Auszuhebende muß vor der Ersatzkommission erscheinen, seinen Gesundheitszustand untersuchen lassen und Auskunft über die bürgerlichen Verhältnisse geben.

Jeder der 19 Armeekorpsbezirke bildet einen Ersatzbezirk, der in vier Infanterie-Brigade-Bezirke eingeteilt ist. Letztere zerfallen in verschiedene Landwehrbezirke und diese wieder in einzelne Aushebungsbezirke; nötigenfalls werden wohl auch noch aus einem Aushebungsbezirk verschiedene Musterungsbezirke gebildet. Das Großherzogtum Hessen bildet einen eigenen Ersatzbezirk, der jedoch nur in zwei Brigade-Bezirke zerfällt.

Die Leitung sämtlicher Ersatzangelegenheiten kommt der Ersatzbehörde der Ministerialinstanz zu, die aus dem Kriegsministerium und der obersten Zivilverwaltungsbehörde gebildet wird.

Die Ersatzbehörden der ersten Instanz bestehen aus dem kommandierenden General und dem Chef der Provinzial- oder Landes-Verwaltungsbehörde und besorgen die betreffenden Geschäfte innerhalb der einzelnen Ersatzbezirke.

Die Ersatzbehörden der zweiten Instanz, die unter dem Namen Oberersatzkommission die Angelegenheiten in den Infanterie-Brigade-Bezirken leiten, sind aus dem Brigadekommandeur und einem oberen Verwaltungsbeamten zusammengesetzt.

Die Ersatzbehörden der dritten Instanz oder Ersatzkommissionen bestehen gewöhnlich aus dem Bezirkskommandeur und einem Verwaltungsbeamten (Polizeidirektor, Landrat).

Die beiden Kommissionen haben sich speziell mit den Rekrutierungsgeschäften zu befassen. Zu den Obliegenheiten der zuletzt angeführten gehören allerhand Vorarbeiten, z. B. Beschlüsse über die Zurückstellung von der Aushebung; die Entscheidung über die getroffenen Verfügungen liegt jedoch in dem Ermessen der Oberersatzkommission. Diese sowohl, als die Ersatzkommission werden zu Zeiten durch Militärärzte und bürgerliche Mitglieder verstärkt.

Das Ersatzgeschäft nimmt alljährlich seinen Anfang mit dem sogenannten Vorbereitungsgeschäft, das unter anderem in der Anfertigung der Grundlisten besteht. In die alphabetische Liste werden die Gemeinden in alphabetischer Reihenfolge, in die Restantenliste Wehrpflichtige des dritten Militärpflichtjahres, über die noch kein endgiltiger Beschluß gefaßt worden ist, eingetragen; beide müssen bis zum 1. März vollendet sein. Von größerer Wichtigkeit ist die Rekrutierungsstammrolle, die von den Ortsbehörden aufgestellt wird und die Namen aller Militärpflichtigen enthält. Außerdem wird zu den Vorbereitungsarbeiten die Feststellung und Berufung des zur Musterung nötigen Personals und die Bestimmung des Reiseplanes gerechnet.

Das Musterungsgeschäft wird ungefähr Mitte März in Angriff genommen, nachdem alle Militärpflichtigen zum Erscheinen aufgefordert worden sind. Die Ersatzkommission prüft die Tauglichkeit und Würdigkeit der Vorgestellten, verschafft sich einen Einblick in deren bürgerliche Verhältnisse und trifft eine vorläufige Entscheidung über ihre Dienstverpflichtung.

Körperlich untaugliche Leute werden ausgemustert. Die Tauglichen werden entweder für den Dienst ohne Waffe oder für den Dienst mit Waffe bestimmt und in letztgenanntem Fall den Waffengattungen, für die sie besonders geeignet erscheinen, zugewiesen. Moralisch Unwürdige werden je nach den Umständen als Arbeitssoldaten eingestellt oder vom Dienste ausgeschlossen, bezüglich für einige Zeit zurückgestellt.

Auch in anderen Fällen findet eine zeitweise Zurückstellung statt, z. B. wenn der Gesundheitszustand oder die bürgerlichen Verhältnisse eine solche Maßregel gebieten. Wenn die Ausbildung für einen bestimmten Beruf keine Unterbrechung erleiden soll, kann eine Zurückstellung bis zum fünften Militärpflichtjahr stattfinden; Personen, die die Befähigung zum einjährigen freiwilligen Dienst nachweisen können, und katholische Studenten der Theologie können bis zum siebenten Pflichtjahr zurückgestellt werden. Diensttaugliche, die den Ersatzbedarf übersteigen, werden als überzählig zurückgestellt. Alle diese Zurückstellungen werden jedoch ungiltig, sobald der Ausbruch eines Krieges die Mobilmachung veranlaßt.

Zum Dienst mit der Waffe ist eine Minimal-Körpergröße von 1,54 Metern, bei der Garde von 1,70 Metern erforderlich; unbedeutende körperliche Fehler, die weder auf die Leistungsfähigkeit, noch auf die Gesundheit nachteiligen Einfluß ausüben, kommen nicht in Betracht.

Leute, die sich sowohl geistig, als körperlich gut entwickelt haben und denen in Beziehung auf die bisherige Führung nicht das Geringste vorgeworfen werden kann, werden für die Garde ausgewählt. Militärpflichtige, die sich besonders durch Marschfähigkeit auszeichnen, werden bei der Infanterie eingestellt, zählen sie außerdem größere Gewandtheit zu ihren Eigenschaften, so werden sie in Gemeinschaft mit den Forstlehrlingen den Jäger- und Schützentruppen zugewiesen.

Leute, die Erfahrung in der Pflege der Pferde haben, oder von denen man erwarten kann, daß sie bald verstehen werden, mit denselben umzugehen, eignen sich für die Kavallerie, die reitende Artillerie oder den Train, vorausgesetzt, daß bei kräftiger Konstitution ihr Körpergewicht die festgesetzten Grenzen nicht übersteigt. Bei der leichten Kavallerie sind 65 Kilogramm, bei der schweren Kavallerie und der reitenden Artillerie 70 Kilogramm zulässig; bei der Garde-Kavallerie darf das Gewicht um 5 Kilogramm höher sein. Von Artilleristen wird ein ganz besonderes Maß von Kraft beansprucht.

Als Pioniere werden Leute verwendet, die den Anstrengungen, die die betreffende Arbeit oft mit sich bringt, gewachsen sind, bezüglich solche, die sich infolge ihres Berufes an ähnliche Thätigkeit gewöhnt haben. Bei der Einstellung in die Eisenbahntruppen wird gleichfalls die Erfüllung dieser Bedingung und außerdem Vertrautheit mit der deutschen Sprache und die Fähigkeit, die einzelnen Farben richtig von einander zu unterscheiden, verlangt. Luftschiffer müssen leicht und gewandt sein und gutes Sehvermögen, sowie besondere Neigung zu diesem Beruf aufweisen.

Bei der Auswahl für die Meldereiterdetachements werden Militärpflichtige berücksichtigt, die den an die Kavalleristen gestellten Anforderungen genügen und tadellose Führung nachweisen können; gute Augen und Kenntnis der deutschen Sprache, überhaupt geistige und körperliche Veranlagung für die mit dem Dienst verbundenen Verrichtungen sind unerläßlich.

An die körperlichen Fähigkeiten der Freiwilligen werden verhältnismäßig geringe Anforderungen gestellt.

Zum Dienst ohne Waffe werden Militärpflichtige herangezogen, die zwar für den Kriegsdienst nicht geeignet, aber doch als Apotheker, Krankenpfleger oder

Ökonomiehandwerker gut zu verwenden sind. Je nach ihrem eigentlichen Berufe oder ihren Fähigkeiten werden ihnen die Dienstleistungen zugeteilt. Ein besonderes Minimalmaß ist für diese Leute nicht festgesetzt worden, nur solche mit auffallenden Abweichungen vom normalen Körperbau sind ausgeschlossen.

Läßt sich die Tauglichkeit eines Militärpflichtigen nicht mit Sicherheit beurteilen, so kann er zur Probe eingestellt werden.

Alle Leute, die sich als bedingt tauglich oder überzählig erweisen, ebenso diejenigen, die bürgerlicher Verhältnisse wegen nicht zur Einstellung gelangen, werden in die Ersatzreserve aufgenommen. Ist hier Überschuß vorhanden, so fällt er dem Landsturm ersten Aufgebotes zu, desgleichen Militärpflichtige, deren Gebrechen die Ausführung der beim Landsturm in Frage kommenden Verrichtungen erlauben.

Die Rangierung der Wehrpflichtigen erfolgt auf Grund der im ersten Militärpflichtjahr stattfindenden Losung. Den Anfang auf der Losungsnummer bilden die Freiwilligen und Leute, die ihrer Gestellungspflicht nicht genügt haben. Sind überzählige Pflichtige vorhanden, so werden die Inhaber der höchsten Nummern vom aktiven Dienst befreit. Nach beendigtem Musterungsgeschäft werden die Losungsscheine ausgeteilt, und jedermann bleibt im Besitz der von ihm gezogenen Nummer, bis ein bestimmter Beschluß über ihn gefaßt worden ist.

Das Aushebungsgeschäft folgt in den Monaten Mai und Juni und bringt die endgiltige Entscheidung der Oberersatzkommission. Außer dieser und ihrem Personal finden sich stets die Ersatzkommission und zuweilen auch ein Stabsoffizier der Garde in den betreffenden Lokalen ein. Letzterem steht zwar kein Stimmrecht zu, er sorgt jedoch dafür, daß die Interessen seiner Truppe nicht aus den Augen gelassen werden. Der Brigadekommandeur und der Verwaltungsbeamte leiten alle in Betracht kommenden Angelegenheiten.

Die Oberersatzkommission wird durch die Vorstellungslisten, die nach Schluß des Musterungsgeschäftes unter Zuhilfenahme der Grundlisten aufgestellt worden sind und die vorläufigen Verfügungen der Ersatzkommission enthalten, von dem Urteil unterrichtet, das letztere über die Tauglichkeit der einzelnen Vorgestellten gefällt hat. Die Militärpflichtigen werden einer zweiten Untersuchung unterworfen und die Beschlüsse der Ersatzkommission revidiert.

Dann werden die Tauglichen ausgehoben, mit Urlaubspässen versehen, und so als Rekruten in den Beurlaubtenstand aufgenommen; für die Übrigen werden Ersatzreservepässe, Ausmusterungs- und Landsturmscheine ausgestellt.

Um Militärpflichtigen, die bei der Schiffahrt beschäftigt sind, eine Unterbrechung ihrer Thätigkeit im Sommer zu ersparen, sieht man sich veranlaßt, alljährlich im Winter besondere Schiffermusterungen abzuhalten.

Zuweilen werden auch außerterminliche Musterungen nötig, z. B. wenn sogenannte unsichere Dienstpflichtige, d. h. solche, die versuchen, sich der Gestellung zu entziehen, aufgegriffen werden, oder wenn sich Militärpflichtige einfinden, die bisher im Ausland, bezüglich auf See geweilt haben, natürlich auch, wenn sich unerwartet Ersatzbedarf einstellt.

Im Kriege wird das Ersatzgeschäft beschleunigt; Musterung und Aushebung finden gemeinsam statt, und die Ersatzkommission wird nötigenfalls durch eine Hilfsersatzkommission bei ihren Arbeiten unterstützt. Reklamationen werden nicht angenommen. Wenn der Landsturm aufgerufen wird, haben die unausgebildeten Mannschaften die Pflicht, sich zur Landsturmrolle zu melden, worauf Musterung und Aushebung der Tauglichen erfolgt; die ausgebildeten treten ohne weiteres in den aktiven Dienst. Das militärische Dienstverhältnis beginnt für den Landsturm mit dem Tage des Aufgebotes und endigt mit dem Tage der Auflösung.

Alljährlich giebt der Kaiser die Zahl der Rekruten an, die dem Heer und der Marine zugeführt werden sollen. Die Kriegsministerien, denen von dem Bedarf der einzelnen Truppen Mitteilung gemacht worden ist, sorgen für die Verteilung des Ersatzes auf die verschiedenen Armeekorps-Bezirke, und zwar ist hierbei die Zahl der tauglichen Militärpflichtigen maßgebend, die diese Bezirke im laufenden Jahre aufweisen können. Ist es einem Armeekorps nicht möglich, den von ihm verlangten Anteil aufzubringen, so werden andere Bezirke desselben Kontingents zur Deckung des Ausfalls herangezogen. Auch Armeekorps-Bezirke, die selbständig verwaltet werden, können unter Umständen veranlaßt werden, andern Kontingenten Rekruten zu übergeben.

Die Ersatzverteilung innerhalb der Korps gehört zu den Obliegenheiten der Generalkommandos. In den Brigade-Bezirken stellen die Brigade-Kommandeure nach Empfang der Korps-Ersatzverteilung eine vorläufige Brigade-Ersatzverteilung auf; die endgiltige wird erst nach Schluß des Aushebungsgeschäftes entworfen. Während des letzeren teilt der Militärvorsitzende auf Grund der Ersatzbedarfsnachweisungen den Truppenteilen die diensttauglichen Leute zu. Für das Gardekorps werden in ganz Preußen und Elsaß-Lothringen geeignete Rekruten ausgewählt, aus anderen deutschen Staaten können Freiwillige eintreten.

Die Rekruten stehen schon vor der Einberufung unter Militär-Kontrolle. Sie werden von den Bezirkskommandos zur Gestellung aufgefordert und an den Gestellungsorten Mannschaften übergeben, die mit der Abfertigung zu den Truppenteilen betraut sind. Nach erfolgter Einstellung werden sie in den Stabsquartieren nochmals durch Ärzte körperlich untersucht.

Zur Auswanderung sind Leute, die das 17. Lebensjahr beendet und das 25. noch nicht verlassen haben, nur dann berechtigt, wenn sie sich im Besitz der darauf hinzielenden Genehmigung befinden, also aus der Reichsangehörigkeit entlassen sind. Diese Entlassung findet statt, sobald genügend nachgewiesen werden kann, daß man nicht beabsichtigt, der Erfüllung der Dienstpflicht aus dem Wege zu gehen und wird ungiltig, wenn man das Reichsgebiet nicht innerhalb eines halben Jahres nach Empfang der Urkunde verläßt. Bei drohender Kriegsgefahr kann auf Verordnung des Kaisers die Genehmigung zur Auswanderung verweigert werden.

Junge Männer, die außerhalb der Kaserne wohnen und selbst für Ausrüstung, Bekleidung und Verpflegung sorgen wollen, außerdem aber auch genügende wissenschaftliche Bildung besitzen, können, wie bereits gesagt, schon nach einjähriger aktiver Dienstzeit zur Reserve entlassen werden. Die Lehranstalten, die die Befugnis haben, Zeugnisse über die wissenschaftliche Befähigung zum einjährig-freiwilligen Dienst auszustellen, werden ab- und zu durch das Reichskanzleramt bekannt gemacht. In einigen Anstalten ist es schon ausreichend, wenn die zweite Klasse ein Jahr lang mit Erfolg besucht worden ist; in anderen muß die Entlassungsprüfung bestanden worden sein.

Das Reifezeugnis für die Universität oder eine Hochschule, die mit dieser auf einer Stufe steht, wird als giltiger Beweis für hinlängliche Bildung angesehen. Schauspielern und anderen Künstlern, die sich besonders auszeichnen, sowie jungen Leuten, die hervorragende Leistungen in der Wissenschaft, in der Mechanik u. s. w. aufweisen, kann durch die Ersatzbehörde der dritten Instanz der Nachweis der wissenschaftlichen Befähigung erlassen werden.

Letzteres kann man, falls kein giltiges Zeugnis vorhanden ist, auch in einer der Prüfungen darthun, die jedes Jahr im Frühling und im Herbst eigens zu diesem Zweck abgehalten werden, und zwar muß man schon vor dem 1. Februar oder 1. August um Zulassung nachsuchen. Die Prüfung umfaßt Sprachen, deutsche Litteratur, Geographie, Geschichte, Naturwissenschaften und Mathematik; bei der sprachlichen Prüfung kommen außer dem Deutschen Griechisch, Lateinisch, Französisch und Englisch in Betracht; es steht dem Prüfling frei, sich zwei der fremden Sprachen auszuwählen.

In jedem Infanterie-Brigade-Bezirk giebt es eine Prüfungskommission, die aus ordentlichen Mitgliedern, nämlich zwei Hauptleuten oder Stabsoffizieren, und aus außerordentlichen Mitgliedern, Lehrern höherer Lehranstalten, zusammengesetzt ist. Die Leitung der Geschäfte ist Sache des Zivilvorsitzenden der Oberersatzkommission.

Bei dieser Prüfungskommission hat jeder Wehrpflichtige, der die Berechtigung zum einjährig-freiwilligen Dienst erlangen möchte, ein diesbezügliches Gesuch einzureichen, das von einem Attest des Vaters (Vormunds), in dem sich dieser bereit erklärt, für Wohnung und Unterhalt des Freiwilligen während der aktiven Dienstzeit zu sorgen, begleitet sein muß. Außerdem soll ein Schreiben der Obrigkeit, in dem bestätigt wird, daß er die nötigen Mittel besitzt, ein Geburts-, ein Schul- und ein

Unbescholtenheitszeugnis beiliegen; letzteres hat für Zöglinge höherer Schulen der Direktor, für andere junge Leute die Polizeibehörde auszustellen.

Diese Anmeldung hat zu erfolgen, nachdem der betreffende junge Mann das 17. Lebensjahr zurückgelegt hat, aber vor dem 1. Februar des ersten Militärpflichtjahres. Unter besonderen Umständen kann der Termin um zwei Monate verlängert werden. Wird um die Berechtigung nicht rechtzeitig nachgesucht, so geht der Anspruch auf die Vergünstigung verloren.

Die Inhaber eines Berechtigungsscheines können bis zum 1. Oktober ihres vierten Militärpflichtjahres, ausnahmsweise noch für weitere drei Jahre, zurückgestellt werden. Sind triftige Gründe vorhanden, so schiebt die Ministerial-Instanz den Zeitpunkt des Eintritts noch weiter hinaus. Die Berechtigung zum einjährig-freiwilligen Dienst geht verloren, wenn die Gestellung oder Meldung nach Verlauf der bewilligten Frist versäumt wird, oder wenn der Betreffende sich eine Handlung zu Schulden kommen läßt, die beim Begehen während der aktiven Dienstzeit eine Versetzung in die zweite Klasse des Soldatenstandes nach sich gezogen hätte.

Den Einjährig-Freiwilligen steht die Wahl der Waffengattung und des Truppenteils frei, jedoch mit gewissen Einschränkungen. Feldartillerie und Train brauchen beispielsweise, falls sich in ihrem Garnisonsort auch Infanterie befindet, nur vier Freiwillige für jede Batterie oder Kompanie aufzunehmen.

Der Dienstantritt, vor dem sich jeder körperlich untersuchen lassen muß, erfolgt bei dem Train am 1. November, bei den anderen Waffengattungen am 1. Oktober. In einzelne Infanteriebataillone, deren Bestimmung Sache der Generalkommandos ist, kann am 1. April eingetreten werden. Die Einjährig-Freiwilligen, die als Militärapotheker dienen wollen, werden jederzeit angenommen, wenn eben offene Stellen vorhanden sind.

Soll der Dienstpflicht bei der Kavallerie oder der reitenden Artillerie genügt werden, so sind beim Eintritt für Berittenmachung durch den Truppenteil 400 Mark, sowie für Pferdearzenei und Hufbeschlag die vorgeschriebene Pauschsumme zu entrichten; bei der fahrenden Artillerie und dem Train kommen für Benutzung der Dienstpferde nur 150 Mark in Anrechnung. Für jede Ration ist der festgesetzte Preis zu bezahlen.

Einjährig-Freiwillige, die die Approbation zum Tierarzt besitzen und die Hufbeschlags-Prüfung bestanden haben, können, nachdem sie sechs Monate bei der Kavallerie, der Feldartillerie oder dem Train gedient haben, zu Unterroßärzten ernannt werden.

Mediziner können nach halbjähriger Dienstzeit mit der Waffe zu Unterärzten befördert werden, wenn ihnen der militärische Vorgesetzte ein Zeugnis ausstellt, in dem er sie für eine höhere Stellung im Sanitätskorps würdig erklärt.

Wenn Freiwillige bei den Truppenteilen als untauglich zurückgewiesen werden,

Friedrich August III., König von Sachsen

schicken sie den Berechtigungsschein mit der entsprechenden Angabe an die zuständige Ersatzkommission.

In besonderen Fällen erhalten unbemittelte junge Männer, die zu einjährigem Dienst bei der Infanterie eingestellt sind, freie Verpflegung, zuweilen sogar Ausrüstung und Wohnung. Bei den Übungen, die später während des Beurlaubtenverhältnisses stattfinden, und im Kriege werden sämtlichen Freiwilligen die Geld- und Bekleidungsgebührnisse ihrer Charge gewährt.

Alle Einjährig-Freiwilligen, die außer allgemeiner Bildung auch Beanlagung und Eifer für militärische Angelegenheiten an den Tag legen, werden zu Offizieren, weniger Befähigte zu Unteroffizieren der Reserve und Landwehr ausgebildet. Es hängt von dem Verhalten und den Dienstkenntnissen ab, ob nach einem halben Jahre die Ernennung zum überzähligen Gefreiten, oder nach neun Monaten die zum überzähligen Unteroffizier erfolgen kann. Diejenigen, denen ihre Vorgesetzten bezeugen, daß sie zu Offizieren tauglich sind, müssen kurz vor ihrer Entlassung aus dem aktiven Dienst eine praktische und theoretische Prüfung, die Offiziersaspiranten-Prüfung, ablegen, nach deren Bestehen die Ernennung zum Reserveoffizierasspiranten und die Ausstellung eines Befähigungszeugnisses stattfinden kann. Letzteres kann auch nach Beendigung der aktiven Dienstzeit erteilt werden, wenn die betreffenden Einjährig-Freiwilligen sich besonderen Übungen in der Dauer von acht Wochen unterziehen.

Die Apotheker werden in den Militärapotheken beschäftigt, für den Feld-Sanitätsdienst ausgebildet und schließlich einer Prüfung unterworfen, von deren Resultat es abhängt, ob die jungen Leute als Oberapotheker oder als Militärapotheker zur Reserve entlassen werden. Mediziner können nach sechsmonatlichem Dienst mit der Waffe bei dem Generalarzt, in dessen Armeekorps sie eingestellt werden möchten, um Ernennung zum einjährig-freiwilligen Unterarzt nachsuchen, vorausgesetzt, daß sie als Arzt approbiert sind. Nach Beendigung der aktiven Dienstzeit wird ihnen ein Zeugnis ausgestellt, aus dem hervorgeht, ob sie die zu einer weiteren Beförderung berechtigenden Eigenschaften besitzen.

Übrigens ist es den Einjährig-Freiwilligen nicht verwehrt, an ihrer Ausbildung für den Lebensberuf weiter zu arbeiten, soweit hierdurch die Dienstleistungen nicht beeinträchtigt werden. Bei der Entlassung aus dem aktiven Militärdienst werden sie der Regel nach der Reserve ihres Truppenteils überwiesen. Einjährig-Freiwillige der Garde können jedoch zur Provinzialreserve, solche der Jäger, Schützen, Pioniere, Eisenbahn- und Luftschiffertruppen zur Reserve der Infanterie übertreten. Offiziers- und Unteroffiziersaspiranten der Kavallerie dürfen in die Reserve des Trains aufgenommen werden.

Auch freiwilliger Eintritt zu zwei-, drei- oder vierjährigem aktiven Dienst ist statthaft. Junge Leute, die sich hierzu entschlossen haben, müssen vor dem 1. April ihres ersten Militärpflichtjahres den Zivilvorsitzenden der zuständigen Ersatzkommission um Erlaubnis, b. h. um Ausfertigung eines Meldescheines ersuchen. Letzterer wird erteilt, wenn der Betreffende tadellose Führung nachweist, und wenn die Obrigkeit bescheinigt, daß die Angehörigen ohne seinen Beistand auskommen können; auch die Einwilligung des Vaters (Vormunds) ist notwendig. Der Inhaber eines Meldescheines wählt sich einen Truppenteil aus und legt dem Kommandeur desselben, dem die Entscheidung über die Annahme zusteht, den Schein vor. Auch noch zum Musterungstermin ist freiwillige Meldung zulässig, doch ist man dann nicht mehr berechtigt, sich einen beliebigen Truppenteil auszusuchen. Die Angenommenen werden in der Zeit vom 1. Oktober bis zum 31. März sofort eingestellt, wenn offene Stellen vorhanden sind. Andernfalls gehören sie bis zur Einberufung in den Beurlaubtenstand und sind der militärischen Kontrolle unterworfen. Junge Leute, die auf Beförderung zum Offizier oder in einem Musikkorps dienen wollen, können auch außerhalb der oben erwähnten Zeit eingestellt werden.

Freiwilliger Eintritt in eine Unteroffiziersschule kann jungen Männern im Alter von 17—20 Jahren gewährt werden. Dieselben müssen sich vom Zivilvorsitzenden der Ersatzkommission ihres Aufenthaltsorts einen Meldeschein erteilen lassen und diesen dann bei einer Unteroffiziersschule oder dem Bezirkskommando einreichen. Sie werden vorher in den Elementarfächern geprüft und müssen sich bereit erklären, nach der Entlassung aus der Erziehungsanstalt vier Jahre aktiv zu dienen.

Zur Ergänzung der Unteroffiziere werden Zöglinge der Unteroffiziersschulen, Gefreite und Gemeine, die sich besonders auszeichnen, und Kapitulanten (Soldaten, die, nachdem sie der gesetzlichen Pflicht genügt haben, noch im aktiven Dienst verbleiben wollen) herangezogen. Da die Tüchtigkeit der Truppen nicht zum kleinsten Teil von der Brauchbarkeit des Unteroffizierkorps abhängt, sind tadellose Führung, Beanlagung zu militärischen Geschäften und Diensteifer unerläßlich. Je höher die Charge ist, in um so höherem Maße müssen diese Eigenschaften vorhanden sein.

Die Zahl der Unteroffiziere, die für die einzelnen Chargen nötig sind, ergiebt sich aus den Verpflegungsetats. Diese dürfen nur insoweit überschritten werden, als es durch die im Jahre 1894 entstandenen Bestimmungen über die Beförderung der Unteroffiziere im Frieden angeordnet ist. Bei Beförderungen wird das Dienstalter berücksichtigt. Zum Vizefeldwebel oder zum Sergeanten rückt der Älteste der um eine Stufe tiefer stehenden Charge auf, wenn man erwarten kann, daß er die Stelle in befriedigender Weise ausfüllen wird; andernfalls kommt der Nächstälteste in Betracht, und zwar gilt diese Maßregel innerhalb der Kompanie oder Batterie, bei der Kavallerie innerhalb des Regiments; bei der Beförderung zu Feldwebeln, bezüglich Wachtmeistern, Stabstrompetern oder -hornisten wird sie nicht angewandt.

Das Versetzen von Unteroffizieren in eine andere Kompanie ist nur statthaft, wenn die Chefs beider Truppenteile nichts dagegen einzuwenden haben. Bei der Garde ernennt der Kaiser Feldwebel, Wachtmeister, Stabstrompeter und Stabshoboisten. Die Unterlazarettgehilfen werden bei tadelloser Führung, sowie Neigung und Beanlagung zur Krankenpflege zu Lazarettgehilfen befördert, und diese rücken nach siebenjähriger Dienstzeit zu Ober-Lazarettgehilfen auf. Unter besonderen Umständen kann die Ernennung zum Ober-Lazarettgehilfen jedoch auch vor dem obengenannten Zeitpunkt erfolgen.

Wenn es möglich ist, werden Kapitulanten für die höheren Chargen gewählt. Bei der Kapitulation müssen minderjährige Soldaten eine schriftliche Einwilligung des Vaters (Vormunds) vorlegen. Bei den meisten Waffengattungen werden nur Leute zugelassen, die die für einen Unteroffizier nötigen Eigenschaften besitzen. Wenn sie sich zum erstenmal schriftlich bereit erklärt haben, vier Jahre im aktiven Dienst zu bleiben, wird ihnen am Reserveentlassungstage ein Handgeld von 100 Mark ausgezahlt. Die späteren Kapitulationen erfolgen in der Regel auf ein Jahr und müssen vom Regimentskommandeur bestätigt werden. Nach dem 12. Dienstjahre wird keine Kapitulation mehr abgeschlossen; der Unteroffizier kann dann nur noch auf eigenen Wunsch entlassen werden. Die Kapitulation kann in Ausnahmefällen vor Ablauf der festgesetzten Frist durch das Generalkommando aufgehoben werden.

Unteroffiziere, die den aktiven Dienst, ohne invalid zu sein, im reserve- oder landwehrpflichtigen Alter verlassen, werden in derselben Charge in die Reserve oder Landwehr aufgenommen. Außerdem werden hier die Unteroffiziere durch Gefreite und Gemeine, die dazu geeignet erscheinen, ergänzt.

Die Ergänzung des Offizierkorps erfolgt in Friedenszeiten zum Teil durch Offiziersaspiranten oder Avantageure, junge, gebildete Leute, die freiwillig eintreten. Sie müssen sich dem Regiments-, bezüglich dem selbständigen Bataillonskommandeur (bei Ingenieur- und Pionierkorps dem Pionierinspekteur) vorstellen, dem die Entscheidung über die Annahme zukommt. Vor der Einstellung haben alle Avantageure, die nicht im Besitz des Abiturientenzeugnisses eines Gymnasiums oder Real-Gymnasiums sind, die Portepeefähnrichs-Prüfung abzulegen, zu der sie nur zugelassen werden, wenn sie das Zeugnis der Reife für die Prima oder das Entlassungszeugnis von einer der Anstalten, die im Armeeverordnungsblatt veröffentlicht werden, vorlegen können.

Das Fähnrichsexamen umfaßt: deutsche, lateinische und französische Sprache, Mathematik, Geographie, Geschichte und Zeichnen (zuweilen noch einige weitere Lehrgegenstände, in denen der Prüfling unterrichtet worden ist), und zwar werden die Kenntnisse in dem Maße verlangt, wie sie für die Versetzung in die Prima eines Gymnasiums erforderlich sind. Die Prüfung findet durch die Oberexaminationskommission in Berlin statt, die dieselbe nötigenfalls nach drei Monaten wiederholen kann; auch eine teilweise Wiederholung und längere Zwischenfrist ist gestattet. Unter besonderen Umständen ist eine dritte Prüfung zulässig, doch ist hierzu die Genehmigung des obersten Kriegsherrn unerläßlich.

Nur junge Leute, die sich im Kriege auszeichnen, können ohne Examen zum Portepeefähnrich befördert werden. Im Frieden ist außer dem Bestehen desselben, bezüglich dem Abiturientenzeugnis, ein Dienstzeugnis notwendig, in dem die Vorgesetzten des Betreffenden ihr Urteil über seine körperliche und geistige Befähigung, sein Benehmen, seinen Diensteifer und seine Dienstkenntnisse abgeben; ein solches Zeugnis wird erst nach einer Dienstzeit von mehreren Monaten erteilt.

Während der letzteren wird gegenwärtig der künftige Offizier nicht nur durch die Praxis des Dienstes für seinen Beruf ausgebildet, sondern man läßt ihm auch Spezialunterweisungen zu Teil werden. Nach drei Monaten wird er in der Regel zum Gefreiten ernannt und mit Unteroffiziersdiensten betraut. Die schließliche Ernennung zum Portepeefähnrich, sowie alle weiteren Beförderungen erfolgen auf Befehl des Landes- oder des obersten Kriegsherrn.

Die Offiziersprüfung kann abgelegt werden, nachdem der Aspirant sechs Monate eine Fähnrichsstelle inne gehabt hat, und zwar vor vollendetem 25. Lebensjahr. In der Regel geht ihr der Besuch einer Kriegsschule voran, auf der ein Kursus neun Monate in Anspruch nimmt. Inhaber eines vollgiltigen Abiturientenzeugnisses, die ein Jahr lang eine deutsche Universität besucht haben, können sich auch auf andere Weise vorbereiten. Die Prüfung erstreckt sich nur auf Kriegswissenschaften und schließt sich an den in den Kriegsschulen erteilten Unterricht an. Letzterer umfaßt: Taktik, Waffenlehre, Heeresorganisation, Befestigungskunst, Terrainlehre, Planzeichnen und Aufnehmen. Auch Dienstkenntnis muß sich der Offiziersaspirant aneignen und das Vorhandensein derselben durch ein von seinen Vorgesetzten ausgestelltes Zeugnis beweisen können, wenn er dem obersten Kriegsherrn zum Sekondelieutenant in Vorschlag gebracht werden will. Zu letzterem Zweck ist außerdem auch die einstimmige Wahl durch das Offizierkorps des Truppenteils notwendig, durch welche Maßregel man das Eindringen nicht ganz ehrenhafter Mitglieder verhindern will. Wer der Aufnahme in ein Korps nicht für würdig erachtet wird, hat gewöhnlich auch in anderen Truppenteilen Zurückweisung zu erwarten.

Portepeefähnriche, die zwar die Offiziersprüfung nicht bestanden haben, aber doch zum Offizier geeignet erscheinen, dürfen sich nach einer Frist von wenigstens drei Monaten einer zweiten und letzten Prüfung unterwerfen. Die anderen können von neuem in eine Kriegsschule aufgenommen werden.

Der Übertritt der Offiziere des Beurlaubtenstandes in den aktiven Dienst muß von dem betreffenden Regimentskommandeur genehmigt werden. Gewöhnlich stellt man sie einige Zeit bei dem Truppenteil ein, damit man sich von ihrer Befähigung zu dem erwählten Beruf überzeugen kann; in Ermangelung eines Abiturientenzeugnisses müssen sie dann zunächst die Portepeefähnrichs-Prüfung ablegen, nach deren Bestehen sie ohne weiteres zum Offiziersexamen zugelassen werden.

Auch die Zöglinge der Kadettenkorps werden zur Ergänzung des Offizierkorps verwendet, und zwar bilden sie ungefähr den dritten Teil desselben. Die Hauptkadettenanstalt in Lichterfelde läßt körperlich entwickelte Kadetten, die die Obersekunda absolviert und bis zum 1. April desselben Jahres ihr 17. Lebensjahr zurückgelegt haben, die Fähnrichsprüfung ablegen. Unter denen, die diese bestanden haben, wird eine Auswahl getroffen, und solche, die sowohl in wissenschaftlicher, als in militärischer Hinsicht besonders befähigt sind, werden in die Selekta überführt. Die Selektaner erhalten einen Unterricht, der dem in den Kriegsschulen erteilten entspricht, werden zur Offiziersprüfung zugelassen und nach dem Bestehen als Sekondelieutenants in die Armee eingereiht.

Die übrigen Obersekundaner werden nach bestandener Prüfung zum „charakterisierten Portepeefähnrich" vorgeschlagen und nach einer sechsmonatlichen Dienstzeit patentiert. Diejenigen, deren körperliche Entwickelung noch nicht genug vorgeschritten ist, oder deren Angehörige eine weitere Ausbildung in den Wissenschaften wünschen, werden zunächst in die Unter-, später in die Oberprima aufgenommen. Die Zöglinge der Oberprima können, wenn sie nach beendigtem Kursus das Abiturientenexamen einer Realschule I. Ordnung bestanden haben, ohne weiteres als wirkliche Portepeefähnriche in das Heer eintreten.

Die Offiziere des Beurlaubtenstandes werden zum Teil durch Mannschaften ergänzt, die bei Beendigung der aktiven Dienstzeit Inhaber des Befähigungszeugnisses zum Offizier sind. Die Reserveoffiziersaspiranten-Prüfung kann aber auch nachträglich noch abgelegt werden und erfordert: Kenntnis des Exerzierreglements, der Schießvorschrift, der Felddienstordnung, des Dienstganges, des Feldpionierdienstes, Lösung einer Felddienstaufgabe, Führen eines Zuges, Vorexerzieren einer Abteilung u. s. w.

Nach der Entlassung aus dem aktiven Dienst, gewöhnlich in den zwei nächstfolgenden Jahren, haben die Aspiranten an zwei achtwöchentlichen Übungen teilzunehmen. Sie verrichten im Verlaufe der ersten Übung Unteroffiziersdienste und werden dann zur Reserveoffiziers-Prüfung zugelassen, die erhöhte Anforderungen an die in der Aspirantenprüfung verlangten Kenntnisse stellt und außerdem Taktik der eigenen Waffe und der verbundenen Waffen und Anfertigung einfacher Croquis (militärische Geländebilder) umfaßt. Bei zufriedenstellenden Leistungen wird der Betreffende zum Vizefeldwebel oder -wachtmeister ernannt und bei der zweiten Übung mit Offiziersdiensten betraut. Während beider Übungen hat ein Stabsoffizier dafür Sorge zu tragen, daß die Aspiranten nicht nur die Ausbildung, die der praktische Dienst gewährt, sondern auch besondere zum Offiziersberuf befähigende Kenntnisse erlangen.

Nach Beendigung der zweiten Übung stellt der Truppenbefehlshaber dem befähigten Aspiranten ein Zeugnis aus, in dem er erklärt, daß derselbe zum Reserve- oder Landwehroffizier seines Truppenteils vorgeschlagen werden darf. Ist er dann bei der Wahl von sämtlichen Offizieren des Landwehrbezirks (im Kriege von den Offizieren des Truppenteils) angenommen worden, so wird sein Name in die Gesuchsliste, die dem obersten Kriegsherrn vorgelegt wird, eingetragen.

Wer die zweite Übung nicht mit dem gewünschten Erfolg abgeleistet hat, kann zum Offiziersstellvertreter (für den Fall einer Mobilmachung) vorgeschlagen werden. Ganz ungenügende Leistungen haben die Streichung aus der Offiziersaspiranten-Liste zur Folge.

Außer den angeführten Reserveoffiziersaspiranten werden auch Offiziere, die den aktiven Dienst verlassen, und Mannschaften, die sich im Kriege in hervorragender Weise ausgezeichnet haben, letztere jedoch nur nach erfolgter Offizierswahl, unter die Offiziere des Beurlaubtenstandes aufgenommen. Letztere sind der militärischen Kontrolle unterworfen und haben die Ehrenpflichten der Offiziere zu erfüllen, aber auch Anspruch auf die Rechte, die diesen zukommen.

Die Reserveoffiziere werden behufs weiterer Ausbildung zu drei oder vier mehrwöchentlichen Übungen herangezogen und auch bei diesen Gelegenheiten durch einen hiermit beauftragten Stabsoffizier besonders unterrichtet. Zu gleicher Zeit wird festgestellt, ob sie sich zu Kompanieführern u. s. w. eignen, also im Bedarfsfalle befördert werden können. Die Befähigung hierzu kann auch in freiwilligen Übungen bewiesen werden. Die Reserveoffiziere rücken mit dem Hintermann im Linientruppenteil zugleich in eine höhere Charge auf.

Die Offiziere der Landwehr ersten Aufgebots sind zur Teilnahme an den Landwehrübungen verpflichtet und können ihre Befähigung zur Beförderung gelegentlich einer mehrwöchentlichen Übung bei einem Linientruppenteil darlegen. Die Offiziere der Landwehr zweiten Aufgebots können in Friedenszeiten nicht zu Übungen herangezogen werden, dürfen jedoch freiwillig solche ableisten; auch Übungen, in denen die Befähigung zur Weiterbeförderung erprobt werden soll, sind statthaft.

Zur Ergänzung des Sanitätsoffizierkorps werden Mediziner, die ihrer Dienstpflicht auf diese Weise genügen können und wollen, solche, die ihre ärztliche Bildung in militärischen Anstalten erlangt haben und Ärzte, die freiwillig auf Beförderung in den Dienst treten, verwendet. Unterärzte, die drei Monate gedient haben, können nach erfolgter Wahl durch die Sanitätsoffiziere der Division zur Beförderung zum Assistenzarzt in Vorschlag gebracht werden.

Alljährlich im Herbst erfolgt auf Anordnung des Kaisers die Entlassung der Mannschaften, die ihre aktive Dienstpflicht erfüllt haben und nicht kapitulieren wollen, und hiermit der Übertritt derselben in den Beurlaubtenstand. Oft findet jedoch aus verschiedenen Gründen schon vor dem Abschluß der aktiven Dienstzeit ein Ausscheiden aus dem Heere statt.

Vorzeitige Entlassung wird beispielsweise verfügt, wenn sich eingestellte Mannschaften als dienstunbrauchbar erweisen; der Korpsgeneralarzt hat sein Gutachten hierüber abzugeben, worauf der kommandierende General die Entscheidung trifft.

Wenn sich nach dem Dienstantritt eines Soldaten herausstellt, daß derselbe vorher eine Handlung begangen hat, für die eine Freiheitsstrafe von mehr als sechs Wochen in Aussicht steht, befiehlt der kommandierende General gleichfalls die Entlassung, mit der die Überweisung der Sache an das Zivilgericht verbunden ist.

In den beiden angeführten Fällen werden die Betreffenden zur Disposition der Ersatzbehörden beurlaubt; bei dauernder Dienstunfähigkeit und bei Verurteilung zum Zuchthaus ist Entfernung aus dem Heere zu erwarten.

Zuweilen werden auch durch Reklamationen vorzeitige Entlassungen veranlaßt. Derartige Gesuche versprechen jedoch nur Erfolg, wenn die Angehörigen des Betreffenden einzig und allein auf seinen Beistand angewiesen sind, oder wenn dessen Hilfe zur Erhaltung des Besitzes notwendig ist, weil der Vater vielleicht nicht mehr im Stande ist, selbst Arbeit zu verrichten oder diese zu überwachen. Außerdem finden auch die im Alter nachfolgenden Brüder solcher Soldaten Berücksichtigung, die im Kriege gefallen sind, oder deren Wunden noch nachträglich den Tod, beziehentlich Erwerbsunfähigkeit nach sich gezogen haben. Die ständigen Mitglieder der zuständigen Ersatzkommission verschaffen sich nach Eingabe eines solchen Gesuchs einen Einblick in die Verhältnisse, und auf Grund ihres Gutachtens erfolgt die Entscheidung durch den General, in dessen Armeekorps sich der Reklamierte befindet, und durch die Zivilbehörde der dritten Instanz, in deren Bezirk der Betreffende zu Hause ist. (In Sachsen kommt die Entscheidung der Oberrekrutierungsbehörde, in Württemberg dem Oberrekrutierungsrat zu.) Während eines Krieges sind Reklamationen nur im äußersten Notfall zulässig. Die Entlassung findet gewöhnlich nicht vor dem nächsten, gebräuchlichen Termin statt, und zwar werden die Reklamierten entweder zur Disposition der Ersatzbehörden oder, falls sie schon militärische Ausbildung genossen haben, zur Reserve beurlaubt.

Bei der Entlassung werden den Mannschaften (Krankenwärtern, Unterärzten u. s. w.) Militärpässe und Führungszeugnisse ausgestellt. Den Bezirkskommandos, in deren Bereich sich die Entlassenen begeben, werden von den Truppenteilen die Überweisungsnationale (Nachweisungen, die Namen, Lebens- und Dienstalter, Größe, Religion u. s. w. enthalten) zugesendet.

Die Bezirkskommandos stehen an der Spitze der Landwehrbezirke, die im deutschen Reich in einer Anzahl von 288 vorhanden sind und ihren Namen nach den Städten, in denen ihr Sitz ist, führen. Bei einigen großen Städten war eine Einteilung in mehrere Landwehrbezirke nötig.

Zu Bezirkskommandeuren werden nur in Ausnahmefällen aktive Offiziere ernannt, gewöhnlich werden diese Stellen mit inaktiven Stabsoffizieren besetzt, die aber mit ihrem Dienstantritt die Rechte und Pflichten der aktiven Offiziere übernehmen. Sie haben Bataillonskommandeursrang, nur diejenigen, deren Bezirke sich durch besonderen Volksreichtum auszeichnen, Regimentskommandeursrang.

Zur Unterstützung ist jedem ein Bezirksadjutant, ein auf zwei bis drei Jahre von seinem Truppenteil abkommandierter Infanterielieutenant, beigegeben, außerdem stehen ihnen in den Kompaniebezirken Bezirksoffiziere (inaktive Offiziere) und in den Kontrollbezirken, die keine Bezirksoffiziere aufweisen, Kontrolloffiziere zur Seite.

Die Thätigkeit der Bezirkskommandeure ist sehr ausgebreitet und für das Heer von großer Wichtigkeit. Sie haben nicht nur, wie schon früher erwähnt worden ist, das Ersatzgeschäft, sondern auch die Einberufung und Gestellung der Beurlaubten, die Kontrolle über die letzteren und die Ausführung der Mobilmachung zu leiten. Außerdem müssen sie sich der Invalidenangelegenheiten annehmen, den Offizierswahlen vorstehen und schließlich auch noch für die Aufbewahrung und Erhaltung der zur Bekleidung und Ausrüstung der Reserve und Landwehr bestimmten Gegenstände sorgen.

Der Adjutant darf an Stelle des Bezirkskommandeurs wohl laufende Sachen zur Erledigung bringen, jedoch nicht selbständig entscheiden. Er hat den Mobilmachungskalender aufzustellen und allerhand andere, mit der Mobilmachung zusammenhängende Geschäfte zu besorgen. Zuweilen muß er den Kontrolldienst überwachen.

In allen Landwehrbezirken hat man Hauptmeldeämter und Meldeämter eingerichtet, um das Kontrollgeschäft zu erleichtern. Bei letzterem fällt den Bezirksfeldwebeln, die der Brigadekommandeur zu ernennen hat, eine wichtige Rolle zu. Dieselben tragen die von Beurlaubten erfolgenden An- und Abmeldungen ein, besorgen die Überweisungen und befassen sich, falls man Mannschaften aus der Kontrolle verloren hat, mit den nötigen Nachforschungen. Sie nehmen einberufene Soldaten in Empfang, um dieselben den Adjutanten, bezüglich den zum Transport kommandierten Personen zuzuführen, außerdem entfalten sie auf den Kontrollversammlungen eine umfangreiche Thätigkeit.

Während die Kontrolle über sämtliche Mitglieder des Beurlaubtenstandes, einschließlich der Mannschaften, die zur Disposition der Ersatzbehörden entlassen worden sind, zu den Obliegenheiten der Bezirkskommandos gehört, werden die Wehrpflichtigen, über deren Einstellung noch kein endgiltiger Beschluß gefaßt worden ist, von den Ersatzbehörden beaufsichtigt. Der Landsturm steht nicht unter militärischer Kontrolle.

Jeder, der zur Reserve oder Landwehr beurlaubt worden ist, muß das Bezirkskommando innerhalb der ersten zwei Wochen hiervon benachrichtigen, ebenso muß dort jeder Wechsel der Wohnung binnen 14 Tagen angemeldet werden.

Zu den Kontrollversammlungen, die jährlich zweimal, für die Landwehr ersten Aufgebots nur einmal abgehalten werden, haben die Betreffenden pünktlich zu erscheinen. Ort und Zeit werden von den Bezirkskommandos so festgesetzt, daß die Leute ihre Thätigkeit nicht zu lange unterbrechen müssen; die diesbezüglichen Anordnungen müssen von den Infanteriebrigadekommandos gebilligt werden. Bei Gelegenheit dieser Versammlungen werden unter anderem die Kriegsartikel vorgelesen; auch wird eine Regelung der Versetzungen in die Landwehr ersten und zweiten Aufgebots vorgenommen.

Für die Mannschaften der letzteren findet keine Kontrollversammlung statt, auch können dieselben ohne besondere Genehmigung auswandern. Gleich der Landwehrkavallerie dürfen sie nicht zu Übungen herangezogen werden, während die Landwehr ersten Aufgebots im Frieden zwei Übungen, die ein bis zwei Wochen, die Reservisten zwei, die bis acht Wochen Zeit in Anspruch nehmen, ableisten müssen.

Die Einberufung der Beurlaubten, die vom Kaiser befohlen wird, geschieht entweder zu Übungen oder bei der Mobilmachung. In letztgenanntem Falle haben sich die Mannschaften in der Regel nach einer äußerst knapp bemessenen Frist bei ihrem Truppenteil einzufinden; zwischen der Einberufung und dem Anfang einer Übung läßt man eine längere Zeit verstreichen. Die Feststellung des Übungsplans erfolgt durch einen Erlaß des Kaisers; die Bezirkskommandos lassen, nachdem sie von den kommandierenden Generalen benachrichtigt worden sind, den Mannschaften die Gestellungsbefehle zukommen. Bei der Mobilmachung kann an Stelle der letzteren der öffentliche Aufruf treten.

Soldaten, die im Kriege oder im Frieden dienstunfähig geworden sind, werden als Invaliden betrachtet, und zwar unterscheidet man Halbinvaliden und Ganzinvaliden. Unter ersteren versteht man Soldaten, die noch zum Garnisondienst verwendet werden können, unter letzteren solche, die zu jedem Militärdienst untauglich sind.

Unteroffiziere und Mannschaften des aktiven Dienststandes, die die ihrer Unbrauchbarkeit zu Grunde liegenden Wunden oder sonstigen Beschädigungen aus dienstlicher Veranlassung erhalten haben, oder die nach einer Dienstzeit von wenigstens acht Jahren die Fähigkeit zur Erfüllung ihres Berufs verlieren, haben ein Anrecht auf staatliche Versorgung. Die betreffenden Ansprüche sind vor der Entlassung zur Geltung zu bringen; auch muß die Invalidität vor diesem Zeitpunkt festgestellt sein.

Jedem zu Invalidisierenden fertigt der Obermilitärarzt seines Truppenteils ein Zeugnis aus, das ausführliche Angaben über den Krankheitsbefund, den Grad der Erwerbsunfähigkeit u. s. w. enthält. Dasselbe wird dem Korpsgeneralarzt zur

Prüfung vorgelegt und dann von dem Generalkommando ein endgiltiger Beschluß gefaßt.

Wenn eine Änderung des Zustandes nicht zu erwarten steht, z. B. wenn eine Verstümmelung oder Amputation vorliegt, wird dauernde Invalidität anerkannt. Oft wird jedoch ein Soldat auch nur für gewisse Zeit, in der Regel zunächst für zwei Jahre, invalide erklärt, nach deren Verlauf er vor der Oberersatzkommission zu erscheinen und sich einer abermaligen Untersuchung zu unterwerfen hat.

Wer keine Anerkennung seiner Ansprüche findet, kann unter Umständen die Entscheidung des Kriegsministeriums auf dem Instanzenwege beantragen. Ist ein Invalid einmal für versorgungsberechtigt erklärt worden, so kann er in späteren Zeiten eine Erhöhung der Unterstützung erlangen, falls er Verschlimmerung seines Zustandes nachweist.

Nach achtzehnjähriger Dienstzeit wird die staatliche Versorgung auch ohne den Nachweis der Invalidität gewährt. Für jeden Feldzug, an dem ein Soldat teilgenommen hat, wird der Dienstzeit, d. h. der Zeit, die zwischen dem Tage der Einstellung und dem der Entlassung verstrichen ist, ein Jahr zugerechnet. Vor vollendetem siebzehnten Lebensjahr im Frieden dem aktiven Dienst gewidmete Zeit wird nicht berücksichtigt.

Mitglieder des Beurlaubtenstandes können nur im Fall einer Beschädigung im Dienst Anspruch auf Invalidenversorgung erheben.

Die Versorgung besteht entweder in der Verwendung im Garnisondienst, in der Auszahlung einer Pension, in der Erteilung eines Zivilversorgungsscheines oder in der Unterbringung in einem Invalidenhause.

Für den Garnisondienst werden Unteroffiziere angestellt, die das Verbleiben im aktiven Dienst der Pensionierung vorziehen und im stande sind, die in Frage kommenden Dienstleistungen auszuführen.

Die Pension zerfällt in fünf Klassen, und zwar gelangen monatlich zur Auszahlung:

	I.	II.	III.	IV.	V. Klasse
für Feldwebel	42	33	27	21	15 Mark
„ Sergeanten	36	27	21	15	12 „
„ Unteroffiziere	33	24	18	12	9 „
„ Gemeine	30	21	15	9	6 „

Auf die Pension I. Klasse haben Soldaten Anspruch, die sich 36 Jahre im aktiven Dienst befunden haben, und Ganzinvaliden, die nach einer Dienstzeit von 25 Jahren oder durch Dienstbeschädigung vollkommen erwerbsunfähig geworden, und denen Pflege und Wartung unentbehrlich sind.

Ein Anrecht auf die Pension II. Klasse erwirbt man durch dreißigjährigen

Dienst oder durch gänzliche Erwerbsunfähigkeit, die nach einer Dienstzeit von 20 Jahren oder durch Dienstbeschädigung entstanden ist.

Leuten, die auf eine aktive Dienstzeit von 24 Jahren zurückblicken können, sowie Ganzinvaliden, die nach fünfzehnjährigem Dienst oder durch Dienstbeschädigung den größten Teil ihrer Erwerbsfähigkeit eingebüßt haben, wird die Pension III. Klasse gewährt.

Die Pension IV. Klasse wird nach achtzehnjähriger Dienstzeit, sowie Ganzinvaliden, bei denen nach zwölfjährigem Dienst oder infolge einer dienstlichen Veranlassung teilweise Erwerbsunfähigkeit eingetreten ist, bewilligt.

Die Pension V. Klasse wird Ganzinvaliden, die nach einem Dienst von 8 Jahren oder durch Dienstbeschädigung unbrauchbar für den Militärdienst geworden sind, und Halbinvaliden ausgezahlt.

Ganzinvaliden, die nachweisen können, daß sie sich ihre Beschädigung durch den Krieg zugezogen haben, beziehen außerdem eine monatliche Kriegszulage von 9 Mark. Unteroffiziere und Soldaten, die im Felde oder im Frieden einen schweren, unheilbaren inneren Schaden erlitten oder die Sprache, das Gehör, ein Auge oder sonst ein Glied ihres Körpers verloren haben, erhalten eine Verstümmelungszulage, die monatlich 18—36 Mark, wenn es sich um eine im Kriege erhaltene Wunde oder eine äußere Dienstbeschädigung handelt, noch mehr beträgt. Auch werden die Invaliden nötigenfalls mit künstlichen Gliedern versehen und letztere ab und zu erneuert oder in brauchbaren Zustand versetzt. Eine Dienstzulage von monatlich 1 Mark 50 Pf. kommt Unteroffizieren, die länger als 18 Jahre im aktiven Dienst gestanden haben, für jedes die genannte Frist überschreitende Dienstjahr zu, wenn sie nachweislich zu Ganzinvaliden geworden sind.

Zuweilen findet ein pensionierter Soldat im Zivildienst eine Anstellung, die ihm nicht den doppelten Betrag der auf ihn entfallenden Pension (ausschließlich der Verstümmelungs- und Dienstzulage) einbringt, oder mit der nicht ein Gehalt von 1400 Mark (Mitglied des Unteroffiziersstandes, das wenigstens 12 Jahre gedient hat), 1200 Mark (Feldwebel), 900 Mark (Unteroffizier oder Sergeant) oder 600 Mark (Gemeiner) verbunden ist, und zwar nach Abzug der durch Dienstbedürfnisse entstehenden Unkosten. In solchen Fällen wird die Pension in Höhe der zum Doppelbetrag oder zu dem angegebenen Satz fehlenden Summen ausgezahlt.

Wenn ein Pensionär wieder in aktiven Dienst tritt, wird die Pension in Höhe des Einkommens zurückbehalten. Für die Zeit, während derer ein als versorgungsberechtigt anerkannter Invalid sich im Ausland oder an einem unbekannten Aufenthaltsort befindet, oder nicht im Besitze des deutschen Indigenats (Heimatrechts) ist, wird ihm die Pension, einschließlich der Zulagen, nicht ausgezahlt. Auch kann dieselbe nicht von einem Pensionär bezogen werden, gegen den wegen Verrats militärischer Geheimnisse, wegen Landes-, Hoch- oder Kriegsverrats strafgerichtliches

Verfahren eingeleitet worden ist. Kommt es zur Freisprechung des Angeklagten, oder wird ihm eine leichtere Strafe als Zuchthausstrafe zuerkannt, so wird ihm der Pensionsbetrag nachträglich eingehändigt. Wird das Vergehen dagegen mit Zuchthaus bestraft, so geht der Anspruch auf Auszahlung der Pension für immer verloren.

Die als versorgungsberechtigt anerkannten Invaliden und diejenigen Unteroffiziere, die nach zwölfjährigem aktiven Dienst aus der Armee austreten, werden mit einem Zivilversorgungsschein versehen. Letzterer wird vom Generalkommando ausgefertigt und von demselben wieder eingefordert, falls der Inhaber seinen Besitz verwirkt, d. h. sich eine Strafe zugezogen hat, infolge derer er zur Bekleidung öffentlicher Ämter unfähig wird.

Da die Betreffenden mit dem Zivilversorgungsschein die Anwartschaft (keinen Rechtsanspruch) auf eine der Stellen erlangen, die man ihnen vorbehalten hat, werden sie Militäranwärter genannt.

Stellt sich im Verlaufe des ersten Jahres nach Zuerkennung des Zivilversorgungsscheines heraus, daß der Inhaber durch seine Gebrechen an der Ausübung eines Berufes verhindert wird, so kann eine monatliche Pensionszulage von 12 Mark, falls schon eine Verstümmelungszulage bezogen wird, von 9 Mark, an Stelle des Scheines treten.

Von dem Grade der Invalidität und der Länge der Dienstzeit hängt es ab, ob sich die Militäranwärter nur in einem einzelnen oder in allen Bundesstaaten um Anstellung bewerben dürfen. Sie müssen ihre Meldung der in Frage kommenden Reichs- oder Staatsbehörde durch das heimatliche Bezirkskommando oder durch die vorgesetzte Dienstbehörde übermitteln lassen; Bewerber, die noch nicht aus dem aktiven Dienst entlassen sind, haben die Vermittelung der Militärbehörde nachzusuchen. Bis zur Erlangung einer passenden Zivilversorgung können die Bewerbungen wiederholt werden. Mit der Annahme einer Stelle erlischt das Recht auf den Bezug der Pension.

Die Behörden, die über die vakanten Stellen zu verfügen haben, sind berechtigt, ihnen ungeeignet erscheinende Personen zurückzuweisen oder Probedienstleistungen zu verlangen. Auch eine Anstellung auf Probe ist zulässig; die hierfür festgesetzte Zeit darf die Frist von einem Jahre nicht übersteigen und ist entsprechend abzukürzen, sobald der Betreffende die nötige Befähigung bewiesen hat. Die endgiltige Entscheidung muß beim Schluß der Probezeit von der Anstellungsbehörde getroffen werden.

Bei der Besetzung gewisser Stellen werden nur Bewerber berücksichtigt, die bereit sind, eine Prüfung abzulegen. Die nötige Bildung zum Bestehen der letzteren können sich die zukünftigen Militäranwärter in den Kapitulantenschulen erwerben.

Vakante Stellen, für die sich nicht schon vorher Bewerber gemeldet haben, werden durch die Anstellungsbehörden der zuständigen Militärbehörde angezeigt. Diese trägt Sorge dafür, daß die Stellen in die Vakanzenliste, die jede Woche erscheint, eingetragen werden. Die Anstellungsbehörden stellen besondere Listen auf, in denen sie die für noch besetzte Stellen einlaufenden Anmeldungen verzeichnen.

Die Anstellung der Militäranwärter in der Landgendarmerie und der Schutzmannschaft, im Kommunal- und Forstdienst ist überall von bestimmten Gesetzen und Regeln abhängig. Das diesbezügliche Verfahren stimmt in sämtlichen deutschen Staaten ziemlich mit dem in Preußen ausgeübten überein.

Gegenwärtig dauert es oft geraume Zeit, bis sich für die Militäranwärter, die in großer Anzahl vorhanden sind, eine passende Zivilversorgung findet; die ganze Einrichtung hat darum etwas an Nutzen und Ansehen verloren.

In die preußische Landgendarmerie werden Militäranwärter, die neun Jahre aktiv gedient haben und sich einer tadellosen Führung rühmen können, aufgenommen, doch dürfen sie das 36. Lebensjahr noch nicht angetreten haben. Unter denselben Bedingungen erfolgt die Anstellung in der Schutzmannschaft einiger großen Städte. In Berlin werden die Schutzmannstellen auch mit älteren Unteroffizieren besetzt.

In Kanzleidienststellen (einschließlich der Lohnschreiberstellen), in denen die Beschäftigung im wesentlichen in Schreibereien besteht, werden ausschließlich Militäranwärter verwendet, und zwar bei den Behörden sämtlicher Dienstzweige, mit Ausnahme der Reichskanzlei, des Auswärtigen Amtes, der Ministerien der auswärtigen Angelegenheiten, der Chiffrierbureaus und der Gesandtschaften und Konsulate.

Stellen, deren Inhaber sich, ohne technischer Kenntnisse zu bedürfen, hauptsächlich mit mechanischen Verrichtungen zu befassen haben, sind bei den Behörden sämtlicher Dienstzweige, mit Ausnahme der Gesandtschaften und Konsulate, ebenfalls ausschließlich mit Militäranwärtern zu besetzen. Außerdem ist letzteren die Hälfte der Subalternbeamtenstellen im Bureaudienst bei sämtlichen Behörden, mit Ausnahme der Ministerien und anderweitiger Zentralbehörden, vorbehalten.

Alle oben angeführten Stellen dürfen jedoch, falls die sich meldenden Besitzer des Zivilversorgungsscheins ungeeignet erscheinen, an beliebige Bewerber vergeben werden.

Der Forstversorgungsschein wird preußischen Jägern und Schützen, die neun oder zwölf Jahre im aktiven Dienst gestanden haben und alle gestellten Bedingungen erfüllen, ausgefertigt. Letztere sind aus dem Regulativ über Ausbildung, Prüfung und Anstellung für die unteren Stellen im Forstdienst zu ersehen.

In einem Invalidenhaus oder -institut werden Ganzinvaliden, und zwar namentlich solche, die besonderer Pflege bedürfen, untergebracht, jedoch nur, wenn ihre Verhältnisse es wünschenswert erscheinen lassen, und sie mit dieser Art der Versorgung einverstanden sind. An Stelle der Pension werden denselben freie

Wohnung, Heizung und ärztliche Behandlung, sowie die Gebührnisse, die sie im aktiven Dienst bezogen haben, gewährt.

Regelmäßige Unterstützungen in Höhe der Pensionen III. bis V. Klasse werden an Unteroffiziere und Mannschaften ausgezahlt, die sich in ihrer Dienstzeit ein Leiden zugezogen haben, das ihnen den größten Teil ihrer Erwerbsfähigkeit raubt, und die infolgedessen als dienstuntauglich aus dem stehenden Heer ausscheiden müssen. Teilnehmer irgend eines Feldzuges, die in der Folgezeit ihre Erwerbsfähigkeit verloren haben, sind bei bringender Bedürftigkeit ebenfalls unterstützungsberechtigt (Gesetz vom 27. Mai 1895). Auch giebt es mehrere Privatstiftungen, aus denen sie nötigenfalls Beihilfe erhalten können. Unteroffiziere und Mannschaften, die im letzten deutsch-französischen Kriege dem Feinde gegenüber gestanden haben und durch die mit dem Feldzug verbundenen Strapazen teilweise invalid geworden sind, werden ebenfalls mit Unterstützungen bedacht.

Das Ausscheiden der Offiziere aus dem Heere erfolgt: durch Versetzung in die Reserve oder Landwehr, durch Stellung zur Disposition, durch Verabschiedung, durch ehrengerichtliches Erkenntnis auf Entlassung mit schlichtem Abschied oder Entfernung aus dem Offiziersstande, zuweilen auch durch kriegsgerichtliches Erkenntnis auf Dienstentlassung oder Entfernung aus dem Heere.

Die Stellung zur Disposition kann nicht nachgesucht werden; sie ist vielmehr stets ein Gnadenerweis, der häufig Regimentskommandeuren oder höheren Offizieren, die den Abschied erbitten, zu teil wird. Wird ein Offizier zur Disposition gestellt, so untersteht er auch weiterhin den Ehrengerichten und der Militärgerichtsbarkeit. Wird ihm sein Aufenthaltsort vorgeschrieben, so braucht er keine Kirchensteuer zu entrichten. Oft werden Offiziere z. D. zu Bezirkskommandeuren oder Bezirksoffizieren ernannt.

Offiziere, die zehn Jahre im aktiven Dienst gestanden haben, können beim Abschied die Befugnis zum Tragen der Armeeuniform erhalten; solchen, die wegen einer im Feldzuge erhaltenen Verwundung oder nach fünfzehnjähriger aktiver Dienstzeit aus dem Heere ausscheiden, kann die Befugnis zum Tragen der Regimentsuniform verliehen werden. Jeder verabschiedete Offizier, dem aus besonderer Gnade des Landesherrn das Tragen der Uniform erlaubt ist, ist den Ehrengerichten unterworfen.

Wird ein Offizier auf Grund eines ehrengerichtlichen Erkenntnisses mit schlichtem Abschied entlassen, so verliert er nur die Stellung, bei ehrengerichtlichem Erkenntnis auf Entfernung aus dem Offiziersstande auch den Titel. Wer nach kriegsgerichtlichem Erkenntnis aus dem Dienst entlassen wird, muß sowohl auf die Dienststelle, als auf das Tragen der Uniform und auf einen Teil der verdienten Ansprüche verzichten. Kriegsgerichtliches Erkenntnis, lautend auf Entfernung aus dem Heere, hat Verlust der Charge, der Uniform, der Titel, Orden und Ehrenzeichen, sowie des Einkommens zur Folge.

Offiziere a. D. (außer Dienst) sind der militärischen Gerichtsbarkeit nicht mehr unterstellt.

Offiziere und Militärärzte, die im Offiziersrang stehen und aus dem Militäretat besoldet werden, haben Anspruch auf Pension, wenn sie infolge einer aus dem Kriege stammenden Verwundung, bezüglich einer anderen Dienstbeschädigung oder nach mindestens zehnjähriger Dienstzeit nicht mehr im stande sind, ihren Beruf auszuüben. In beiden Fällen wird eine lebenslängliche Pension gewährt. Offizieren, die, ohne eine Dienstbeschädigung nachweisen zu können, vor Abschluß des zehnten Dienstjahres wegen Dienstunfähigkeit aus dem Heere ausscheiden, wird die Pension gewöhnlich zunächst auf bestimmte Zeit bewilligt. Nach zurückgelegtem 60. Lebensjahr ist jeder Offizier pensionsberechtigt.

Die Höhe der Pension ist von der Dienstzeit und dem letzten, während mindestens eines Dienstjahres bezogenen Einkommens abhängig. Die Dienstzeit wird vom Tage des Dienstantritts bis zum Tage der Verabschiedung berechnet, doch bleibt etwaige im Frieden vor vollendetem 17. Lebensjahr abgeleistete Dienstzeit und in der Regel auch die Frist, die während der Kriegsgefangenschaft oder während eines Festungsarrestes von einem Jahr und darüber verflossen ist, außer Betracht. Jahre, in denen der Offizier an einem Feldzug teilgenommen hat, werden doppelt gerechnet.

Wird die Verabschiedung durch die Folgen einer im Dienste erlittenen Beschädigung oder Verwundung veranlaßt, so wird die Höhe der Pension nach Maßgabe der zuletzt bekleideten Charge bestimmt. Charaktererhöhungen, den Etat übersteigende Beförderungen und dergleichen werden nicht berücksichtigt. Offiziere des Beurlaubtenstandes haben nur ein Anrecht auf Pension, wenn sie durch Dienstbeschädigung invalid geworden sind.

In jedem Abschiedsgesuch muß Gewährung der Pension nachgesucht und der Anspruch darauf begründet sein. Dieselbe wird durch die zuständige Militär-Verwaltungsbehörde festgestellt.

Zum pensionsfähigen Diensteinkommen gehören: der Gehalt nach den Sätzen für Infanterieoffiziere, das mittlere Stellenservis (Geldentschädigung zur Selbsteinmietung), der Wohnungsgeldzuschuß, für Offiziere vom Brigade-Kommandeur aufwärts die Dienstzulage, für Hauptleute eine Entschädigung für Bedienung, für Lieutenants eine solche für Bedienung und Tischgelder u. s. w. Der Betrag, um den das pensionsfähige Einkommen die Summe von 12000 Mark übersteigt, wird nur halb berechnet. Wird die Pensionierung nach vollendetem zehnten Dienstjahre wünschenswert, so werden jährlich $15/60$ für weitere Dienstjahre je $1/60$, aber höchstens $45/60$ des Diensteinkommens ausgezahlt.

Das Anrecht auf Pension erlischt, wenn der Pensionär die deutsche Staatsangehörigkeit verliert, und wenn er wegen Verrats militärischer Geheimnisse, wegen

Hoch-, Landes- oder Kriegsverrats zu Zuchthausstrafe verurteilt worden ist. Es ruht in den Fällen, die in dem Abschnitt, der von der Pensionierung der Unteroffiziere und Mannschaften handelt, angeführt worden sind, und wenn der Betreffende im Reichs- oder Staatsdienst mit einem Einkommen angestellt wird, das einschließlich der Pension (jedoch nicht der Pensionszulagen) das frühere Diensteinkommen übersteigen würde. Bezog der Pensionär im letzten aktiven Dienstjahre nicht mehr als 4000 Mark, so wird die Pension nur teilweise zurückbehalten, und zwar der Betrag, um den sie in Gemeinschaft mit dem gegenwärtigen Einkommen die oben angegebene Summe übersteigt.

Jeder nachweislich durch den Krieg invalid und zum aktiven Dienst untauglich gewordene Offizier, der innerhalb der ersten sechs nach dem Friedensschluß verstrichenen Jahre verabschiedet werden muß, ist zum Bezug einer Kriegszulage berechtigt. Der Betrag dieser Pensionserhöhung schwankt zwischen 300—750 Mark jährlich, und zwar ist die Zulage bei einer geringen Pension größer als bei einer bedeutenden.

Die Verstümmelungszulage wird an Offiziere ausgezahlt, die im Kriege oder im Frieden eine schwere Dienstbeschädigung, eine Verstümmelung u. s. w. erlitten haben. Bei Bemessung dieser Zulage ist die Höhe der Pension nicht maßgebend; sie beträgt bei Verlust eines Gliedes oder der Gebrauchsfähigkeit eines solchen jährlich 600 Mark und steigt mit dem Grade der Beschädigung und der durch die letztere bedingten außergewöhnlichen Pflegebedürftigkeit bis auf 1200, bei vollständiger Erblindung auf 1800 Mark. Ist zu erwarten, daß sich die Bewegungs- oder Gebrauchsfähigkeit der Glieder später wieder einstellt, so wird die genannte Pensionserhöhung zunächst auf eine gewisse Zeit gewährt.

Offizieren, die nach einer aktiven Dienstzeit von 12 Jahren ausscheiden, wird unter Umständen die Berechtigung, sich um Anstellung im Zivildienst zu bewerben, zugestanden; für diese sind bei verschiedenen Behörden geeignete Stellen bestimmt. In die Gendarmerie werden verabschiedete Offiziere aufgenommen und auch im Polizeidienst und an den Strafanstalten verwendet.

Die deutsche Reichspost verfügt über eine ganze Reihe Postämter, die preußischen, pensionierten Offizieren vorbehalten sind. Die Bewerber, an die gewisse Vorbedingungen gestellt werden, müssen die Vermittelung des preußischen Kriegsministeriums in Anspruch nehmen. Als Lotterieeinnehmer können Offiziere, die eine Kaution von mindestens 19000 Mark zu stellen vermögen, Beschäftigung finden. Im Eisenbahn-, Steuer- und Zolldienst werden Stellen mit Militäranwärtern besetzt. Auch im Kommunaldienst (Gemeindedienst) findet eine Anzahl ehemaliger Offiziere, an die in diesem Falle die Pension ohne Abzug weitergezahlt wird, Verwendung.

Wird die Anstellung von einer vorhergehenden informatorischen Beschäftigung,

Luitpold, Prinz-Regent von Bayern

d. h. einer solchen, durch die der Betreffende auf den in Frage kommenden Beruf vorbereitet, in seiner künftigen Thätigkeit unterwiesen werden soll, abhängig gemacht, so kann ihm, falls es die Verhältnisse nötig scheinen lassen, durch Vermittelung des Kriegsministeriums ein Pensionszuschuß gewährt werden.

Unter gewissen Bedingungen werden die Hinterbliebenen der Militärpersonen, Witwen und Waisen, unter Umständen auch Eltern und Großeltern, mit Unterstützungen bedacht. An die Witwen der Feldwebel werden beispielsweise, wenn letztere im Kriege gefallen, bezüglich den erhaltenen Wunden in der Folgezeit erlegen sind, oder wenn sie sich während des Krieges Krankheiten und Beschädigungen zugezogen hatten, deren Folgen innerhalb des ersten Jahres nach Friedensschluß den Tod herbeigeführt haben, monatlich, und zwar einschießlich des ersten Jahres nach der Wiederverheiratung, 27 Mark ausgezahlt. Die Witwen der Unterärzte erhalten unter denselben Verhältnissen dieselbe Summe, die Witwen der Sergeanten und Unteroffiziere 21 und die der Gemeinen 15 Mark. Die Erziehungsbeihilfe beträgt für jedes Kind, das das 15. Lebensjahr noch nicht zurückgelegt hat, monatlich 10,50, wenn auch die Mutter nicht mehr am Leben ist, 15 Mark; Adoptivkinder werden nicht berücksichtigt. Die hinterbliebenen Eltern und Großeltern erhalten monatlich je 10,50 Mark, wenn sie von dem Verstorbenen unterhalten worden sind.

Wenn eine Militärperson vom Feldwebel abwärts nach einer Dienstzeit von wenigstens 10 Jahren gestorben, oder wenn der Tod durch eine im Militärdienst erlittene Beschädigung verursacht worden ist, wird laut dem Gesetz vom 13. Juni 1895 ein Witwengeld von jährlich 160 Mark und ein Waisengeld von jährlich 32, für mutterlose Kinder ein solches von 54 Mark gewährt. Die Zahlung beider erfolgt monatlich im voraus. Umfaßte die aktive Dienstzeit einen Zeitraum von mehr als 12 Jahren, so wird für jedes Dienstjahr, bis zum 40., das Witwen- und Waisengeld um $6^2/_3$ Prozent erhöht. War der Verstorbene bedeutend älter als die Witwe, so wird das Witwengeld gekürzt, und zwar kommt für jedes den Altersunterschied von 15 Jahren übersteigende Jahr $1/_{20}$ in Abzug. Das Waisengeld wird verkürzt, wenn die Kinder in Militär-Erziehungsanstalten untergebracht werden; es beträgt in solchen Fällen nur soviel, wie von der betreffenden Anstalt erhoben wird.

Mit Ablauf des Monats der Verheiratung oder des Ablebens der Witwe geht der Anspruch auf Auszahlung der Witwen- und Waisengelder verloren, der Anspruch auf letztere im übrigen mit dem Beginn des 19. Lebensjahres. Wenn einer Militärperson wegen Hochverrats u. s. w. Zuchthausstrafe zuerkannt worden ist, kommen nach deren Tode weder Witwen- noch Waisengeld zur Auszahlung, ebensowenig, wenn die Ehe erst nach dem Ausscheiden aus dem aktiven Dienste geschlossen worden ist.

Witwen und Waisen pensionierter Offiziere, in Ausnahmefällen auch Pflegekinder oder ganz nahe Verwandte, können die volle Pension nicht nur für den Sterbemonat, sondern auch für den folgenden Monat beziehen.

Den Hinterbliebenen der Offiziere, die im Kriege gefallen oder im ersten Jahr nach dem Friedensschluß infolge einer aus dem Kriege herrührenden Beschädigung gestorben sind, werden folgende Unterstützungen gewährt: Die Witwen der Generäle erhalten jährlich 1500, die Witwen der Stabsoffiziere 1200 und die Witwen der Hauptleute und Subalternoffiziere 900 Mark, und zwar dürfen sie diese Beträge nach ihrer etwaigen Wiederverheiratung noch für ein Jahr erheben. Außerdem wird ihnen für jedes Kind, das das 17. Lebensjahr noch nicht zurückgelegt hat, eine Erziehungsbeihilfe von 150 Mark jährlich zu teil. Dieselbe Summe wird auch an unterstützungsbedürftige Eltern und Großeltern ausgezahlt. Mutterlose Kinder haben Anspruch auf jährlich 225 Mark. Sämtliche Beträge werden monatlich im Voraus bezahlt.

Letzteres gilt auch von den Witwen- und Waisengeldern, die vom Ablauf des Gnadenmonats an bis zur Verheiratung, beziehungsweise bis zum Abschluß des 18. Lebensjahres den Witwen und Waisen verstorbener Offiziere zukommen. Erstere erhalten jährlich ein Drittel der Pension, die der Verstorbene bezogen hat oder bezogen haben würde, wenn er am Tage seines Todes verabschiedet worden wäre. Für jedes hinterlassene Kind wird ein Fünftel, falls es mutterlos ist, ein Drittel des Witwengeldes ausgezahlt. Der Mindestbetrag des letzteren ist auf 160, der Meistbetrag auf 1600 Mark festgesetzt. Witwen- und Waisengeld dürfen zusammen nicht mehr betragen, als der Verstorbene als Pension empfangen würde.

Eine Kürzung des Witwen- und Waisengeldes tritt unter den früher angegebenen Verhältnissen ein. Rechtskräftig geschiedene Ehefrauen, sowie Witwen und Waisen aus einer Ehe, die während der drei dem Tode oder der Verabschiedung vorangegangenen Monate geschlossen worden ist, haben kein Anrecht auf Bezug von Witwen- und Waisengeld.

Auch den Familien einberufener Mannschaften werden Unterstützungen bewilligt. Erfolgt die Einberufung Beurlaubter wegen der vorgeschriebenen Friedensübungen, und wird denselben für die von letzteren in Anspruch genommenen Zeit kein Gehalt gewährt, so werden den Angehörigen, die eine Beihilfe beanspruchen können, aus Reichsmitteln zusammen 60 Prozent des Betrages ausgezahlt, den am betreffenden Orte ein männlicher Arbeiter verdient, und zwar erhält die Ehefrau 30 Prozent.

Sind Mannschaften des Beurlaubtenstandes und des Landsturms auf Grund der Mobilmachung einberufen worden, so werden Ehefrauen, Kinder, die das 15. Lebensjahr noch nicht vollendet haben, und nahe Verwandte, deren einzige Ernährer die Eingestellten gewesen sind, gleichfalls mit Unterstützungen bedacht. Letztere bestehen entweder in Naturalien, Brennmaterial und dergl. oder in Geldbetragen. Im letztgenannten Falle kommen der Ehefrau monatlich 9 Mark, in den Monaten Mai bis Oktober jedoch nur 6 Mark, den übrigen Angehörigen monatlich 4 Mark zu. Mit der Erteilung dieser Unterstützungen haben sich nach dem am 13. Juni 1873 in Beziehung auf die Kriegsleistungen gegebenen Gesetz die zuständigen Lieferungsverbände zu befassen. Wo keine solchen gebildet worden sind, sind die Staaten dazu verpflichtet.

Für die Personen, die dem Soldatenstande angehören, besteht eine besondere Gerichtsbarkeit. Diese Einrichtung ist getroffen worden, weil eine rasche Bestrafung aller Vergehen wesentlich zur Aufrechterhaltung des unbedingten Gehorsams beiträgt, und weil bei der Beurteilung der betreffenden Straffälle ein Ausgehen vom militärischen Gesichtspunkt wünschenswert ist.

Nicht nur sämtliche im aktiven Dienst stehende Offiziere und Mannschaften, sondern auch die Beamten der Militärverwaltung, die Zöglinge und Militärlehrer militärischer Bildungsanstalten und die zur Disposition gestellten Offiziere sind der Militärgerichtsbarkeit unterstellt; in Kriegszeiten kommen hierzu noch die freiwilligen Krankenpfleger, die Kriegsgefangenen, die bei den Truppen zugelassenen fremden Offiziere u. s. w. Die Personen des Beurlaubtenstandes sind ihr unterworfen, wenn sie Uniform tragen oder dienstlich mit ihren Vorgesetzten verkehren, ferner an den Tagen, an denen sie zur Kontrolle einberufen sind.

Die Thätigkeit des Militärgerichts erstreckt sich auf sämtliche Straf- und Beleidigungssachen der angeführten Personen; bei militärischen wird das Militär-Strafgesetzbuch, bei bürgerlichen das Reichs-Strafgesetzbuch zu Rate gezogen. Bürgerliche Rechtsstreitigkeiten unterliegen jedoch den bürgerlichen Gerichten.

Hat sich eine Militärperson vor dem Dienstantritt ein Vergehen zu Schulden kommen lassen, so befaßt sich das Militärgericht mit der Angelegenheit, wenn dasselbe mit einer höchstens sechswöchentlichen Gefängnisstrafe gesühnt werden kann. Muß voraussichtlich eine schwerere Strafe über den Thäter verhängt werden, so wird dieser dem Zivilgericht überwiesen. Verbrecherische Handlungen, die während der aktiven Dienstzeit begangen worden sind und erst nach derselben ans Licht kommen, werden nur, falls sie militärischen Charakters sind, vom Militärgericht bestraft; handelt es sich um Vergehen gemeiner Art, so gehören sie vor das Zivilgericht.

Man unterscheidet eine höhere und eine niedere Gerichtsbarkeit. Der höheren Militärgerichtsbarkeit, bei der der Gerichtsherr, der zuständige Truppenbefehlshaber oder Kommandeur, von einem Auditeur (Militärrichter) unterstützt wird, werden sämtliche Strafsachen der Offiziere und höheren Militärbeamten, sowie diejenigen der Unteroffiziere mit und ohne Portepee, der Gemeinen und unteren Militärbeamten, bei denen eine strengere Strafe als Arrest zuerkannt werden muß, vorgelegt. Bei der niederen Militärgerichtsbarkeit ist dem Gerichtsherrn ein untersuchungführender Offizier, ein Subalternoffizier des betreffenden Truppenteils, dem ein Diensteid abverlangt wird, zugeordnet. Derartige Gerichte urteilen über die strafbaren Handlungen der Unteroffiziere und Mannschaften, für die Arrest bis zum höchsten zulässigen Maß als ausreichende Ahndung angesehen werden kann.

Den Korpsgerichten kommt höhere und niedere Gerichtsbarkeit zu, und zwar letztere über diejenigen Truppen, für die kein Divisionsgericht vorhanden ist.

Die Divisionsgerichte haben höhere Gerichtsbarkeit im Divisionsbereich, und niedere in Fällen, in denen kein Regimentsgericht zuständig ist.

Auch den Garnisongerichten ist die Wahrnehmung höherer und niederer Gerichtsbarkeit übertragen. Vor diese gehören alle strafbaren Handlungen, die im Garnisondienst und von Mannschaften, deren zuständige Vorgesetzten sich anderwärts aufhalten, begangen werden.

Die Regiments- oder selbständigen Bataillonsgerichte üben nur niedere Gerichtsbarkeit aus.

An der Spitze der Militärgerichtsbarkeit steht das Generalauditoriat. (In Sachsen führt dasselbe die Bezeichnung Oberkriegsgericht.)

Das gerichtliche Verfahren, das schriftlich und geheim ist, wird durch Einreichung eines Thatberichts durch den Vorgesetzten eingeleitet. Auf Grund desselben befiehlt der Gerichtsherr zunächst eine vorläufige Untersuchung, von deren Ergebnis es abhängt, ob eine Einstellung des Verfahrens stattfindet oder ob zur förmlichen Untersuchung vorgeschritten wird. Im letztgenannten Falle wird ein Untersuchungsgericht bestellt. Ein solches besteht bei höherer Gerichtsbarkeit aus dem Auditeur und einem oder zwei Beisitzern (Offizieren), bei niederer Gerichtsbarkeit aus dem untersuchungführenden Offizier und einem Beisitzer (Lieutenant). Keine dieser Personen darf in irgend einer Weise an der Angelegenheit beteiligt sein.

Stellt sich im Verlaufe einer Untersuchung heraus, daß eine Strafsache, bei der man die niedere Gerichtsbarkeit für zuständig gehalten hat, vor die höhere Gerichtsbarkeit gehört, so wird sie letzterer überwiesen. Eine Einstellung des Verfahrens ist nicht mehr statthaft, wenn die förmliche Untersuchung einmal in Gang ist.

Handelt es sich um ein Verbrechen militärischen Charakters, das mit Todesstrafe oder mehr als zehnjähriger Freiheitsstrafe gerügt werden muß, so kann sich der Angeklagte durch eine Militärperson verteidigen lassen; bei Verbrechen gemeiner Art, für die eine Strafe von mehr als drei Jahren zu erwarten steht, ist Verteidigung durch einen Rechtsverständigen zulässig. In den übrigen Fällen ist nur zu Protokoll gegebene oder schriftliche Verteidigung erlaubt.

Nach beendigter Untersuchung verfügt der Gerichtsherr die Bestellung des Spruchgerichts. Ein solches wird von dem Auditeur oder dem untersuchungführenden Offizier und fünf Richterklassen gebildet. Die erste Klasse besteht aus dem Präses (Vorsitzenden), jede andere aus zwei oder drei Militärpersonen, die auf gleicher Rangstufe stehen. Kein Mitglied des Spruchgerichtes darf als Beisitzer oder Zeuge bei der Untersuchung zugegen gewesen sein.

In den Fällen der höheren Gerichtsbarkeit nennt man dieses Spruchgericht Kriegsgericht, in den übrigen Standgericht. (In Bayern hat das Wort „Standgericht" eine andere Bedeutung, s. unten.) Der Ranggrad der einzelnen Richterklassen richtet sich nach dem Rang des Angeklagten. So wird beispielsweise ein Kriegsgericht über einen Lieutenant aus einem Oberstlieutenant (Präses), zwei Majoren, zwei Hauptleuten, zwei Premierlieutenants und zwei Sekondelieutenants zusammengesetzt. Ein Standgericht besteht aus einem Hauptmann, zwei Premierlieutenants, zwei Sekondelieutenants, zwei Unteroffizieren und zwei Gefreiten oder Gemeinen, wenn es sich um das Vergehen eines Gemeinen handelt, und aus einem Hauptmann, zwei Premierlieutenants, zwei Sekondelieutenants, zwei Sergeanten und zwei Unteroffizieren, wenn der Angeschuldigte ein Unteroffizier ist. Ist ein Verbrechen verübt worden, das Todesstrafe nach sich zieht, so müssen die vier niedrigsten Richterklassen von je drei Personen gebildet sein. Beim Kriegsgericht haben die Richter einen Eid abzulegen.

Wohl begründete Einwände gegen die Auswahl des Richterpersonals, die der Angeklagte bei seiner Vorführung zu Gehör bringt, finden Berücksichtigung. Nach dem Abschluß des Protokolls und der Entlassung des Verbrechers folgt der Vortrag des Auditeurs, an den sich die Beratung der Richter anschließt.

Weder im Untersuchungs-, noch im Spruchgericht steht dem Gerichtsherrn irgend eine Beteiligung an den Verhandlungen zu; die gefällten Urteile müssen ihm jedoch zur Prüfung vorgelegt und in gewissen Fällen von ihm bestätigt werden. Sämtliche Richtersprüche über Offiziere werden nur durch königliche Bestätigung rechtskräftig, dasselbe gilt von den Erkenntnissen auf Degradation, die Portepeeführliche betreffen. Außerdem müssen nach der Kabinettsordre vom 1. Juni 1867 alle Erkenntnisse, die auf lebenslängliche Freiheits- oder Todesstrafe lauten, und diejenigen, die wegen eines Militärverbrechens eine mehr als zehnjährige Freiheitsstrafe über den Betreffenden verhängen, vom König bestätigt werden.

Der Auditeur hat dafür einzustehen, daß während des ganzen gerichtlichen Verfahrens die gesetzlichen Bestimmungen genau befolgt werden. Finden etwaige, von seiner Seite erhobene Einwände beim Gerichtsherrn oder beim Richterpersonal keine Beachtung, so muß dieser Umstand in den Akten vermerkt, beziehentlich dem Generalauditeur davon Mitteilung gemacht werden. Ist ein Erkenntnis den Gesetzen entgegen, so beantragt das Generalauditoriat die Aufhebung desselben, worauf die Einleitung eines neuen Verfahrens erfolgt.

Der Angeschuldigte wird nach erfolgter Bestätigung von dem Inhalt des Urteils in Kenntnis gesetzt; auf Wunsch werden ihm auch die Gründe, die dasselbe herbeigeführt haben, mitgeteilt. Appellation (Berufung) ist nicht zulässig, unter gewissen Umständen kann jedoch Antrag auf nochmalige Untersuchung erfolgen. Das Recht der Begnadigung kann in der Regel nur von den Kontingentsherren ausgeübt werden.

Vierteljährlich unterziehen sich das Generalauditoriat und die Divisionsgerichte einer nachträglichen Prüfung sämtlicher Akten.

Gegen die Militärbeamten wird auf etwas abweichende Weise verfahren. Für diese werden Gerichte erster Instanz zusammengesetzt, und zwar für Straffälle der höheren Gerichtsbarkeit aus einem Stabsoffizier, einem Hauptmann, einem oberen Militärbeamten und zwei Auditeuren, für Straffälle der niederen Gerichtsbarkeit aus einem Hauptmann, einem Lieutenant, zwei unteren Militärbeamten und einem untersuchungführenden Offizier oder einem Auditeur. Die Verteidigung wird nach den allgemeinen gesetzlichen Bestimmungen geführt; auch kann Berufung stattfinden. Das Erkenntnis zweiter Instanz hat vom Generalauditoriat auszugehen.

Das oben beschriebene Gerichtsverfahren findet in den meisten der zum deutschen Reich gehörenden Staaten Anwendung. In Bayern und Württemberg wird jedoch eine andere Gerichtsordnung befolgt. Das bayrische Militärstrafgerichtswesen stimmt in weit höherem Maße als das preußische mit dem Zivilstrafgerichtswesen überein. Wie dieses zeichnet es sich durch Mündlichkeit und Öffentlichkeit der Hauptverhandlung und Gewährung freier Verteidigung aus, weshalb von vielen Seiten lebhaft gewünscht wird, daß man sich bei Einführung eines einheitlichen Verfahrens für das ganze Reich an das bayrische Vorbild anlehne.

Jedes Regiment oder selbständige Bataillon und jede Kommandantur hat ein aus dem Kommandanten, einem Offizier und einem Auditeur bestehendes Militäruntergericht. Vor dieses gehören leichte Übertretungsfälle, über die ohne Zuziehung von Geschworenen entschieden wird.

Bei den Korpskommandostellen giebt es Militärbezirksgerichte, die über schwerere Übertretungsfälle, über Vergehen und Verbrechen aburteilen. Zu einem solchen Gericht gehören der kommandierende General als Vorstand, ein Auditeur als Direktor und mehrere Auditeure, in militärischen Strafsachen auch einige Offiziere, als Richter. Zu diesem Amt werden die Offiziere auf die Dauer eines Jahres ernannt. In leichten Fällen werden auch hier keine Geschworenen zugezogen; bei Vergehen haben jedoch neun, bei Verbrechen zwölf Geschworene ihr Urteil abzugeben. Letztere können aus dem Stand der aktiven oder pensionierten Offiziere, die das 24. Lebensjahr zurückgelegt haben, erwählt werden. Die Anklage wird von dem Staatsanwalt, hier einem Militärjustizbeamten, erhoben, die Verteidigung von Rechtsgelehrten, bei militärischen Strafsachen von Offizieren, geführt, deren Wahl dem Angeschuldigten überlassen bleibt. Der Vorstand beruft die Geschworenen und bestimmt die Zeit der Verhandlungen; bei letzteren steht ihm wohl der Vorsitz, jedoch keine Einwirkung auf die Entscheidungen zu.

Bei der mobilen Armee übernehmen Feldgerichte die Aufgabe der Militärbezirksgerichte; sie sind auf dieselbe Weise zusammengesetzt, doch können die Offiziere für jeden Fall besonders kommandiert werden.

Beim Militärobergericht oder Generalauditoriat versieht ein General die Stelle des Präsidenten und ein Generalauditeur die des Direktors; die Thätigkeit der Richter wird von Oberauditeuren ausgeübt. Zu den Obliegenheiten dieses Gerichts gehören die Entscheidungen über Wiederaufnahme des Verfahrens, über Beschwerden, Nichtigkeitsbeschwerden und dergl. mehr; auch müssen die Todesurteile von ihm geprüft werden. Der Oberstaatsanwalt, der beim Militärobergericht thätig ist, ist dem Kriegsministerium unterstellt und den bei den Militärbezirksgerichten wirkenden Staatsanwälten vorgesetzt.

Ist ein schweres Verbrechen begangen worden, oder sollen Empörungen im Keime erstickt werden, so wird das Standrecht verkündet, d. h. den Mannschaften u. s. w. mitgeteilt, daß ein Ausnahmegericht, ein **Standgericht**, abgehalten wird. Das von einem solchen gefällte Urteil wird sofort vollzogen; ist auf Todesstrafe erkannt worden, so darf der Verbrecher nach 24 Stunden nicht mehr am Leben sein.

Für das württembergische Militärgerichtsverfahren hat noch heute das Militärstrafgesetz vom 20. Juli 1818 Geltung. Man unterscheidet hier, wie in Preußen, zwischen höherer und niederer Gerichtsbarkeit und setzt die Gerichte ebenfalls aus Personen von verschiedenem Rang für jeden Straffall besonders zusammen. Für die niedere Gerichtsbarkeit giebt es hier kriegsrechtliche Kommissionen, für die höheren Kriegsrechte; als Oberinstanz für letztere wirkt ein Revisionsgericht, zu dessen Mitgliedern sowohl höhere Militärpersonen, als Rechtsgelehrte gehören.

Für leichtere Vergehen werden durch das Einführungsgesetz zum deutschen Militärstrafgesetzbuch Disziplinarstrafen als zulässig erklärt. Alle zum aktiven Dienststand des Heeres gehörenden Personen, sämtliche Kriegsgefangenen und diejenigen Zivilpersonen, die sich den mobilen Truppen angeschlossen haben, sind der Disziplinargewalt, deren Handhabung durch die Disziplinarordnung vom 31. Oktober 1872 geregelt wird, unterstellt, Militärbeamte mit bestimmten Einschränkungen und Beurlaubte nur in gewissen Verhältnissen.

Nicht nur Vergehen gegen die militärische Zucht, die in den Strafgesetzen gar nicht vorgesehen sind, und zu denen beispielsweise Trunkenheit außer Dienst gehört, sondern auch anderweitige Vergehen, die keine härtere Strafe als gelinden Arrest von vier, mittleren Arrest von drei, oder strengen Arrest von zwei Wochen Dauer zur Folge haben, können auf dem Disziplinarwege bestraft werden. Hierher sind unter anderem geringere Überschreitung des Urlaubs, Ungehorsam während des Dienstes, Beleidigung der Vorgesetzten oder Untergebenen (jedoch nicht Verleumdungen), Lügen in Dienstangelegenheiten u. s. w. zu rechnen.

Nur diejenigen Offiziere, denen der Befehl über eine Truppenabteilung, ein abgesondertes Kommando, eine militärische Anstalt oder Behörde anvertraut ist und die in diesem Bereich für die Disziplin verantwortlich sind, haben das Recht, Disziplinarstrafen zu verhängen. Letztere dürfen bestehen:

Für **Offiziere** in einfachem Verweis (unter vier Augen), förmlichem Verweis (vor versammeltem Offizierkorps), strengem Verweis (mit Eintragung der Veranlassung in die Parolebücher) oder in Stubenarrest bis zu zwei Wochen;

für **Unteroffiziere** in einfachem, förmlichem oder strengem Verweis, in Auferlegung von Strafwachen und anderen Strafdienstleistungen, in Kasernen- oder Quartierarrest, gelindem Arrest bis zu vier, mittlerem bis zu drei Wochen;

für **Gefreite und Gemeine** in Auferlegung von Strafwachen, Strafexerzieren, Strafdiensten aller Art, in Erscheinen zum Rapport (Strafantreten), in Entziehung der freien Verfügung über die Löhnung bis auf die Dauer von vier Wochen, in Auferlegung der Verpflichtung, während der Dauer von höchstens vier Wochen zu einer bestimmten Zeit vor dem Zapfenstreich ins Quartier zurückzukehren, in Kasernen- oder Quartierarrest, in gelindem Arrest bis zu vier, mittlerem Arrest bis zu drei oder strengem Arrest bis zu zwei Wochen. Außerdem können Gefreite von ihrer Charge entfernt und Gemeine der zweiten Klasse des Soldatenstandes, bei denen die Anwendung der angeführten Strafen ohne Erfolg geblieben ist, in eine Arbeiterabteilung eingestellt werden.

Leute, die sich in Kasernen- oder Quartierarrest befinden, können zur Ableistung des Dienstes veranlaßt werden. Diejenigen, über die gelinder Arrest verhängt ist, erhalten Lager und Kost von der gewöhnlichen Art, doch ist ihnen der Genuß von Wein, Bier, Branntwein und Tabak, ebenso wie denen, die mittleren und strengen Arrest abbüßen, untersagt. Bei mittlerem Arrest müssen sich die Betreffenden mit Brot und Wasser begnügen und auf harter Pritsche schlafen, bei strengem Arrest werden sie außerdem in dunkler Zelle untergebracht; bei beiden Strafarten werden ihnen jedoch an jedem vierten, bei längerer Strafdauer an jedem dritten Tag die für gewöhnlich gebräuchlichen Speisen und Lagerstätten gewährt. Mittlerer Arrest ist gegen Unteroffiziere mit Portepee, strenger auch gegen Unteroffiziere ohne Portepee nicht zulässig.

Der Grad der Disziplinarstrafgewalt richtet sich bei den verschiedenen Befehlshabern nach dem Rangunterschied, der zwischen ihnen und den Übertretern der militärischen Ordnung herrscht. So kann der Kompaniechef den Offizieren nur einfache oder förmliche Verweise zuerkennen, der Regimentskommandeur dagegen sechs Tage Stubenarrest; Gemeine kann der erstere mit fünf Tagen mittlerem, der letztere mit zwei Wochen strengem Arrest bestrafen. Jedem Offizier kommt die

Strafgewalt über seine eigenen Untergebenen zu; höhere Befehlshaber, Gouverneure u. s. w. verfügen Disziplinarstrafen, wenn ihnen eine strafbare Handlung behufs der Ahndung angezeigt oder wenn sie vom zuständigen Vorgesetzten nicht gerügt worden ist; auch wenn sie Augenzeugen des Vergehens gewesen oder wenn bei der Ausführung desselben Mannschaften verschiedener Truppenteile beteiligt gewesen sind, steht ihnen die Bestrafung zu. Unteroffiziere haben unter keinen Umständen Disziplinarstrafgewalt.

Personen des Beurlaubtenstandes, die das Erscheinen zur Kontrollversammlung versäumt oder sich während der letzteren gegen die militärische Ordnung vergangen haben, werden vom Landwehrbezirkskommandeur oder dessen Vorgesetzten im Disziplinarwege bestraft, und zwar ist für solche Fälle drei Tage mittlerer Arrest die strengste zulässige Ahndung. Auch wenn sich Beurlaubte im dienstlichen Verkehr eine Achtungsverletzung, Beleidigung oder Lüge gegen einen Vorgesetzten erlauben, eine vorschriftswidrige Behandlung der Untergebenen zu Schulden kommen lassen, oder wenn sie einen dienstlichen Befehl nicht ausführen, können Disziplinarstrafen über sie verhängt werden. Diejenigen, die die Vorschriften der militärischen Kontrolle nicht befolgen, müssen Geldstrafen von 1 bis 60 Mark entrichten.

Die Vergehen der oberen Militärbeamten können vom Militärbefehlshaber mit einfachen Verweisen, Warnungen, Stubenarrest von höchstens zwei Wochen und Geldbußen bis zur Höhe von 30 Mark, die der unteren mit einfachen Verweisen, Warnungen und Arrest geahndet werden; die Auferlegung von Arreststrafen ist dem Militärbefehlshaber in Friedenszeiten jedoch nur gestattet, wenn die betreffenden Beamten nicht zu den Untergebenen einer Verwaltungsbehörde zu rechnen sind. Bei strafbaren Handlungen, die im Verwaltungsdienst begangen worden sind, steht nicht ihm, sondern nur der betreffenden Behörde die Strafgewalt zu.

Bei Bestimmung der Strafe wird in der Regel der Charakter und das allgemeine Verhalten des zu Bestrafenden in Betracht gezogen; das Ehrgefühl desselben soll so wenig wie möglich verletzt werden. Die Straffälle werden von den Kompanien in die Strafbücher eingetragen und letztere den höheren Befehlshabern zur Revision vorgelegt.

Den Mannschaften ist es nicht verwehrt, über Maßregeln der Vorgesetzten, durch die sie sich in ihren Rechten beeinträchtigt finden, oder auch über das Vorgehen ihrer Kameraden Beschwerde zu führen; durch leichtfertig erhobene oder erlogene Beschwerden können sie sich jedoch mehr oder weniger strenge Strafen zuziehen. Seit 1894 muß sich der Beschwerdeführer nicht mehr zunächst an den Feldwebel wenden, sondern jeder kann seine Klage direkt beim Kompaniechef anbringen. Gewöhnlich hat dies mündlich zu geschehen; nur in Ausnahmefällen ist schriftliche Anbringung statthaft. Glauben sich mehrere Soldaten zu einer Beschwerde berechtigt so ist dieselbe nicht in Gemeinschaft, sondern von jedem gesondert vorzutragen.

Der Beschwerdeführer darf sich nicht unmittelbar nach dem Vorgang, der Veranlassung zur Klage giebt, beim Kompaniechef oder bei dessen Stellvertreter melden, doch werden von diesen die Beschwerden auch nicht angenommen, wenn seit dem Vorgang fünf Tage verflossen sind. In der Regel sollen sich die Leute am zweiten Tage beschweren. Hält ein Soldat eine ihm auferlegte Disziplinarstrafe für ungerechtfertigt, so muß er dieselbe doch abbüßen, ehe er die Beschwerde anbringt.

Erweist sich eine Beschwerde als unbegründet, so bleibt derjenige, der sie geführt hat, straflos, wenn er nur durch falsche Ansichten dazu verleitet worden ist. Der Vorgesetzte darf versuchen, dem Betreffenden richtige Anschauungen beizubringen, doch darf niemand sich bemühen, einen Untergebenen zur Zurückziehung einer Beschwerde zu bewegen. Die Sachlage soll gründlich untersucht, die Entscheidung schnell getroffen und zur Kenntnis des Beschwerdeführers gebracht werden.

Offiziere und Beamte haben hinsichtlich der Beschwerdeführung ein anderes Verfahren zu befolgen. Wenn sich ein Offizier oder Sanitätsoffizier über eine nach seiner Auffassung zu strenge Disziplinarstrafe beschweren will oder sich durch irgend eine Anordnung eines Vorgesetzten verletzt fühlt, hat er einen Offizier, der dem Angeschuldigten in Beziehung auf den Rang fast gleichkommt, um Vermittelung zu ersuchen. Ein solcher Vermittler ist verpflichtet, sein Möglichstes zu thun, um auf taktvolle Weise einen Ausgleich herbeizuführen. Falls ihm dies nicht gelingt, wird die Beschwerde unter Umständen aufrecht erhalten, bis der Kaiser darüber entscheidet. Durch die dienstliche Vermittelung wird jeder Befehlshaber, der vielleicht unbewußt eine falsche Maßregel getroffen hat oder sich in der ersten Aufregung zu einer solchen hinreißen ließ, in stand gesetzt, seinen Fehler zu erkennen und die Angelegenheit in Ordnung zu bringen. Die Übernahme des Vermittelungsamtes darf nur aus triftigen Gründen verweigert werden. Führt ein Offizier die Beschwerde weiter, so wird ihm der Beschluß schriftlich zugestellt, und zwar soll dieser keinen Ausgleich bezwecken, sondern nach Maßgabe der Umstände eine endgiltige Entscheidung bringen.

Den Militärbeamten ist es anheimgestellt, ob sie den Weg der dienstlichen Vermittelung einschlagen oder ihre Beschwerde schriftlich einreichen wollen. Je nach dem Bereich, in das die letztere gehört, kommt die Entscheidung dem Militärbefehlshaber oder dem Verwaltungsvorgesetzten zu.

Den militärischen Ehrengerichten, die gegenwärtig in sämtlichen Bundesstaaten den Einfluß des preußischen Beispiels nicht verkennen lassen, fällt eine zweifache Aufgabe zu. Sie sollen nicht nur die Ehre einzelner Mitglieder vor Befleckung zu bewahren suchen, sondern auch zur Reinerhaltung der Ehre des ganzen Offiziersstandes beitragen.

Den Ehrengerichten unterstellt sind sämtliche aktiven Offiziere, die Offiziere der Reserve und Landwehr, die Offiziere à la suite (die sich in besonderen Dienststellungen außerhalb des Regiments befinden oder auf die Dauer von höchstens einem Jahr ohne Anrecht auf Gehalt beurlaubt sind), die Offiziere der Gendarmerie und die zur Disposition gestellten oder mit der Erlaubnis zum Tragen der Militäruniform verabschiedeten Offiziere.

Ehrengerichte über Hauptleute und Lieutenants werden innerhalb jedes Regiments (Bataillons) aus den Offizieren zusammengesetzt; Ehrengerichte über Stabsoffiziere bestehen aus Stabsoffizieren des betreffenden Armeekorps; Ehrengerichte über die Offiziere des Beurlaubtenstandes und die verabschiedeten Offiziere werden aus den Offizieren des zuständigen Landwehrbataillonsbezirks gebildet. Ehrengerichte über Generäle treten auf Anordnung des Kaisers zusammen. Der Vorsitz wird von dem Kommandeur, bezüglich dem General, geführt, dem zwecks Vornahme nötiger Untersuchungen und zur Erledigung anderer Geschäfte ein Ehrenrat zugeordnet ist.

Zum Ehrenrat werden bei jedem Regiment (Bataillon) ein Hauptmann, ein Premierlieutenant und ein Sekondelieutenant bestimmt. Die Stabsoffiziere wählen für jedes Armeekorps einen Ehrenrat, der aus einem Oberst, einem Oberstlieutenant und einem Major besteht. Sobald der Ehrenrat erfährt, daß ein in sein Bereich gehörender Offizier irgend eine Handlung begangen hat, die den Gesetzen der Ehre nicht zu entsprechen scheint, wird der Kommandeur davon in Kenntnis gesetzt und nach dessen Anordnung der Thatbestand festgestellt. Hierauf hat der Kommandeur zu beurteilen, ob man die ganze Angelegenheit auf sich beruhen lassen kann, ob Ahndung im Disziplinarwege der Sachlage entspricht oder ob ehrengerichtlicher Spruch vorzuziehen ist.

Im letztgenannten Fall wird höhere Entscheidung nachgesucht und dann die förmliche, ehrengerichtliche Untersuchung vorgenommen, nach deren Abschluß das Ehrengericht stattfindet. Dem Beschuldigten ist schriftliche und mündliche Verteidigung erlaubt, auch wird ein Offizier als Verteidiger zugelassen.

Das Urteil lautet entweder auf Unzuständigkeit, auf Vervollständigung der Untersuchung, auf Freisprechung, auf Schuldig der Gefährdung der Standesehre und Entlassung mit schlichtem Abschied oder auf Schuldig der Verletzung der Standesehre und Entfernung aus dem Offiziersstande.

Für Offiziere des Beurlaubtenstandes tritt an Stelle der Entlassung der Verlust des Rechts zum Tragen der Uniform, an Stelle der Entfernung aus dem Offiziersstande der Verlust des Offizierstitels. Die Urteilssprüche bedürfen der Bestätigung des Kaisers. Jedes ehrengerichtliche Erkenntnis wird bei dem Offizierkorps, das das Ehrengericht abgehalten hat, und wenn der Beschuldigte zu den Mitgliedern eines anderen Korps gehörte, auch bei letzterem, veröffentlicht und den Offizieren und Behörden, die zu der Angelegenheit in Beziehung gestanden haben, mitgeteilt. Hatte der Angeklagte als beurlaubter Offizier im Zivildienst

Anstellung gefunden, so wird die betreffende Behörde vom Ausgang der Sache benachrichtigt.

Die Ehrengerichte sorgen dafür, daß unwürdige Mitglieder aus der Genossenschaft der Offiziere ausgestoßen werden. Sie schreiten ein gegen Unterlassungen und Handlungen, die das Standesgefühl verletzen und sich mit den Gesetzen der Ehre nicht vereinigen lassen, sie suchen zwecklose Händel zu verhüten, unbegründete Verdächtigungen fernzuhalten. Ist zwischen einzelnen Offizieren eine Streitigkeit ausgebrochen, so bietet der Ehrenrat seinen Einfluß auf, um einen Ausgleich zu stande zu bringen. Gelingt dies nicht, und ist ein Zweikampf unvermeidlich, so werden die Beteiligten auf die betreffenden Bestimmungen des Gesetzes aufmerksam gemacht. Ein Mitglied des Ehrenrats muß bei dem Zweikampf zugegen sein und Sorge dafür tragen, daß die Ausführung desselben den Anforderungen der Standessitte in jeder Hinsicht entspricht.

2. Die Waffen.

Geschichtliches.

Schon in der Urzeit, in der der Mensch häufig genug gezwungen war, sich gegen andere Menschen oder gegen wilde Tiere zu verteidigen, äußerte sich das Bestreben, für die Verteidigungsmittel, die letztere von der Natur erhalten haben, durch Werkzeuge Ersatz zu schaffen. So entstanden die ersten Anfänge jener Waffen, die im Laufe der Jahrhunderte eine so hohe Entwickelungsstufe erreicht haben. Man unterscheidet Schutz- und Trutzwaffen; jene werden verwendet, um den Erfolg der feindlichen Angriffe abzuschwächen oder ganz zu vereiteln; diese dienen dazu, den Feind selbst zu schädigen und womöglich kampfunfähig zu machen. Zu letztgenanntem Zweck sind anfangs gewiß Knüppel und Steine benutzt worden, und zwar ursprünglich in dem Zustande, in dem die Natur sie eben darbot. Die Entwickelungsgeschichte der Waffen teilt man gewöhnlich in vier Perioden ein. Die älteste ist die Steinzeit. Sie umfaßt die Waffen aus Knochen und Holz, sowie aus roh behauenen, später geschliffenen Gesteinen. Auf diese vorgeschichtliche Periode folgt die Bronzezeit, in die die aufgefundenen Metallwaffen der alten Germanen, Skandinavier, Bretonen, Kelten, Gallier u. s. w. gehören. Die dritte Periode ist die Eisenzeit, zu der die Waffen des zu Ende gehenden Altertums, sowie die des beginnenden Mittelalters gerechnet werden. Der ganze folgende Zeitraum bildet die vierte Periode.

Steine, Knochen, Holz, Horn und Tierhäute waren die ersten Stoffe, die der Mensch zur Herstellung seiner Waffen benutzte. Auch heute noch besteht die Bewaffnung der Wilden aus diesen Naturprodukten. Die zugespitzten Unterschenkelknochen größerer Säugetiere dienten als Stichwaffen; Unterkiefer von Höhlenbären und Höhlenlöwen benutzte man als Haubeile. Zur Anfertigung von Messern, Dolchen und Lanzenspitzen verwandte man Steine, die beim Zersplittern einen scharfen Bruch geben, wie Feuerstein, Jaspis, Quarz, Achat, Obsidian; aus festen Gesteinen, wie Diorit, Basalt, Porphyr u. s. w. machte man Äxte, Hämmer und dergl., indem man die Steinstücke mit Fellstreifen oder Tiersehnen an Holz=

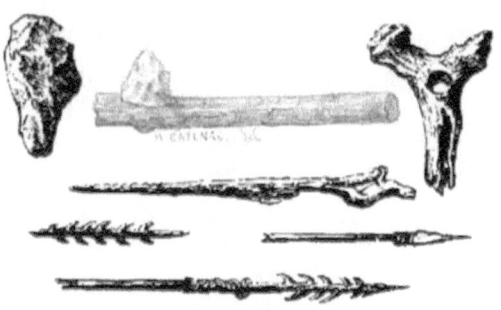

Fig. 23. **Waffen aus der Steinzeit.**

stielen befestigte. Die aufgefundenen Steinmesser sind dünne, länglich=ovale, zwei= schneidige Splitter, ähnlich einer Barbierlanzette, Schabsteine haben unregel= mäßigere Formen, die Steinäxte sind mandelförmig. Das beliebteste Steinmaterial in vorgeschichtlicher Zeit waren die Feuersteinknollen. Sie wurden schon durch eine, wenn auch primitive Art von Bergbau gewonnen, bei dem zugespitzte Hirsch=

Fig. 24. **Assyrische Waffen.**

geweihe als Werkzeuge dienten. In der Umgebung der Feuersteinlager entstanden Feuersteinwerke, die den ganzen Umkreis mit Waffen und Geräten aller Art ver= sorgten. Man hat unter anderem aus Feuerstein gearbeitete Sägen aufgefunden. Sehr gebräuchlich scheint die Anwendung der Feuersteinstücke als Schleudersteine gewesen zu sein. Es haben sich solche sowohl in roh bearbeitetem Zustande, als auch rund, etwas abgeflacht, vorgefunden. Eine der ältesten Waffen des Menschen ist der Bogen. Er bestand aus einem elastischen, hölzernen Bügel, an dessen beiden Enden eine Sehne befestigt war. Die mit dieser Waffe abzuschießenden Pfeile wurden mit Spitzen aus Steinen, Knochen oder Horn versehen. Anfänglich plump und dreieckig, erhielten diese Pfeilspitzen eine immer sorgfältigere Bearbeitung, man machte sie blatt- oder rautenförmig, zuweilen versah man sie auch mit Widerhaken. Gleichfalls in vorgeschichtlicher Zeit schon bekannt war der Lasso, ein 10 15 Meter langer, aus ungegerbter Haut geflochtener Riemen, an dessen einem Ende eine lose Schlinge angebracht war, die einem einzufangenden Tiere um den Hals oder die Hörner geschleudert wurde.

Die Steinzeit zerfällt in zwei Abschnitte, in die ältere und in die jüngere. Eine scharfe Grenze zwischen beiden läßt sich nicht ziehen. Die Art der Waffen bleibt während der jüngeren Steinzeit die gleiche wie in der eben geschilderten älteren, nur werden die Formen mannigfaltiger, und die Technik wird eine vollkommenere. Statt der abgeschlagenen Steinsplitter kommen sorgfältig bearbeitete Steinstücke in Anwendung, die entweder in entsprechender Weise geschliffen oder aber gemuschelt, d. h. in muschelförmigem Bruch ausgehoben sind. Sogenannte Steincelte, von der Schneide nach hinten zu schmäler werdende Geräte, wurden als Messer, Hacken und Streitäxte benutzt; lange, schmale Instrumente mit einseitig flacher Schneide scheinen als Meißel oder Hobel gedient zu haben; man hat auch Hohlmeißel aufgefunden. Eine Art von Äxten, die statt der Schneide eine mehr oder weniger abgestumpfte Fläche besitzen, hat man als „Hämmer" bezeichnet, Hammeräxte werden die Instrumente genannt, die an einem Ende mit einer Schneide, am andern mit einer Hammerfläche versehen sind. Nachweislich läßt sich selbst das härteste Gestein durch rasches Umdrehen eines Holzes oder eines cylinderförmigen Knochens unter Zuhilfenahme von Sand und Wasser durchbohren. Wenn große Steinblöcke zerteilt werden sollten, so sägte man dieselben zuerst mittels einer an einem Baumast hin- und herschwingenden Feuersteinsäge an und sprengte sie dann mit dem Meißel. Zur Durchbohrung kleinerer Steinstücke dienten nicht selten zugespitzte Hirschhornstücke oder an Holzstäben befestigte, spitze Feuersteine, die mittels einer an einem Bogen festgemachten, sich auf- und abwickelnden Schnur in rasche Umdrehung versetzt wurden. Von großer Fertigkeit zeugen die aus Knochen und Horn hergestellten Dolche, Meißel, Pfeil- und Lanzenspitzen, sowie die hölzernen Speerstangen und Bogen.

Der Übergang aus der Steinzeit in die Metallzeit läßt sich wiederum zeitlich nicht genau festsetzen, wie denn überhaupt die drei Perioden, Stein-, Bronze- und Eisenzeit vollständig ineinander übergehen, indem sich die Menschen noch der Steinwaffen bedienen, obwohl sie die Bronzewaffen längst kennen, und andererseits den Gebrauch der letzteren fortsetzen, nachdem die Eisenwaffen bereits erfunden sind. Wenn die auf die Steinzeit folgende Periode die Bronzezeit genannt wird, so ist damit nur gesagt, daß die Bronze bei der Herstellung der Waffen, sogar der schneidenden, viel häufiger in Anwendung kam als das Eisen, nicht aber, daß letzteres noch unbekannt war. Der Grund dafür, daß die Bronze bei manchen Völkern Jahrhunderte lang den Vorrang vor dem Eisen behauptete, mag in der glänzenden Erscheinung derselben, sowie darin zu suchen sein, daß die aus Kupfer und Zinn bestehende Bronzelegierung sich zwar schwer herstellen, dafür aber leichter bearbeiten ließ als Eisen. Ein weiterer Vorzug der bronzenen Waffen ist der, daß sie sich umschmelzen lassen, wenn sie unbrauchbar geworden sind, was bei eisernen Waffen nicht der Fall ist. Bei manchen Völkern ist der Bronzezeit noch ein Kupferalter vorangegangen, doch hat dieses Metall nicht bei allen vorgeschichtlichen Völkern bei der Herstellung der Waffen Verwendung gefunden.

Um die Entwickelung der Waffen fernerhin zu verfolgen, wenden wir uns nun den einzelnen Völkern zu. Bei keinem Volke reicht die urkundliche Geschichte so weit ins Altertum zurück wie bei den Ägyptern. Sie waren ein Ackerbau treibendes, friedliebendes Volk, auf ihren ältesten Denkmälern sind daher auch nur wenig kriegerische Szenen abgebildet. Erst aus der Glanzzeit der 18. und 19. Dynastie, 1600—1300 v. Chr., finden sich Darstellungen von Kämpfen auf den Wänden der Tempel und Gräber. Außer diesen Schlachtgemälden besitzt man aber auch noch einige Waffen im Original, die in den Museen zu Paris, London, Berlin u. s. w. aufbewahrt werden.

Die Flachbildnereien von Theben u. s. w. führen uns ein in trefflicher Ordnung unter Trommelschlag und Trompetenklang marschierendes Fußvolk vor Augen, das mit verschiedenen Feldzeichen versehen ist. (Vergl. Fig. 1.) Die Schwerbewaffneten, die nicht selten in eine Phalanx zusammengedrängt sind, tragen Speer, Streitaxt, Schwert oder Dolch, sowie einen großen Schild. Bei den Bogenschützen ist der Schild kleiner; sie sind mit Bogen, Beil, Sichelschwert oder hölzerner Wurfkeule bewaffnet. Auch die Schleuderer fehlen auf den ägyptischen Kriegsbildern nicht. Zur Zeit der 18. und 19. Dynastie bildeten die Wagenkämpfer die Hauptmacht des Heeres, während man Reiter nur selten dargestellt findet.

Die ägyptischen Waffen sind teilweise aus Bronze, teilweise aus Eisen hergestellt. Aus der Steinzeit stammen nur einige aufgefundene Messer, Speerklingen und Pfeilspitzen aus gespaltenem Feuerstein, die in den Berliner und Londoner Museen zu sehen sind. Die Dolche scheinen größtenteils aus Bronze hergestellt gewesen zu sein; dagegen bestanden die auf den Wandgemälden meist in blauer Farbe ausgeführten Schwerterklingen aus Eisen. Die Speere hat man wohl mehr zum Stoß als zum Wurf benutzt. Statt der gekrümmten Wurfkeulen kamen späterhin gerade, eiserne Stabkeulen auf, die am oberen Ende mit einer Metallkugel, am unteren mit einem Haken zum Handschutz, vielleicht auch zum Fassen der gegnerischen Waffe, versehen waren. Eine eigenartige Waffe war das sogenannte Tem, das etwa die Form einer Streitaxt mit gekrümmter Schneide hatte, durch eine oben angebrachte Kugel aber zugleich die Wucht einer Keule erhielt. Ungewöhnlich groß waren die Bogen. Die Schützen mußten beim Spannen nicht selten das eine Ende mit dem Fuß auf dem Boden festhalten, um das andere mit der Hand niederdrücken zu können. Die Pfeile waren aus Rohr gefertigt und hatten eine Gabel zum Aufsetzen auf die Sehne; ihre Spitzen bestanden aus Eisen, Erz oder Stein. Eine bisher noch ungenannte ägyptische Waffe ist die Wurfleine, auch Lasso genannt, die an den Enden mit Kugeln versehen war.

Von den Schutzwaffen ist in erster Linie der Schild zu nennen. Er hatte nicht selten Manneshöhe, war oben abgerundet und unten viereckig, ein mit einem Deckel verschließbares Loch gestattete die Beobachtung des Feindes, ohne daß es nötig war, sich selber bloßzustellen. Als Kopfschutz diente den Ägyptern eine anliegende Kappe aus Leder oder Filz, die mit Metallplättchen besetzt war; nur der König trug einen hohen Metallhelm mit der Königsschlange verziert. Im übrigen bestand die Rüstung des Königs aus einem mit buntfarbigen Metallschuppen bedeckten Panzerhemd; das Volk hatte Lederpanzer, die oft mit breiten Metallbändern versehen waren. Auch Panzerhemden aus Krokodilshaut wurden getragen. Arm- und Beinschienen, die gleichfalls schon bei den Ägyptern in Gebrauch waren, wurden nur von den Königen und den obersten Kriegern angelegt.

Weit genauer als über die Bewaffnung der Ägypter ist man über die Waffen der Assyrer unterrichtet. Man hat nicht nur Waffen gefunden, sondern auch eine Anzahl Flachbildnereien, die kriegerische Thaten darstellen. Die Assyrer besaßen schon etwa 1600 v. Chr. ein wohl geordnetes Heerwesen. Ihre Angriffswaffen bestanden in einem kurzen Speer, einem geraden oder gekrümmten Schwert, einem reich verzierten Dolch, einer Streitaxt oder einem Streitkolben mit eisernen Spitzen. Das Schwert wurde an einem Wehrgehenke an der linken Seite hängend getragen, den Dolch steckte man in den Gürtel. Außer den Schwerbewaffneten gab es noch leichtes Fußvolk, die Bogenschützen und Schleuderer. Je nach der Art der Bewaffnung richtete sich die Kopfbedeckung. Die Schwerbewaffneten hatten einen kegelförmigen Spitzhelm mit Sturmbändern, der bisweilen auch mit Schiebplatten versehen war, mitunter auch eine zum Helm umgeformte Eisenkappe mit hohem Kamm. Bei den Leichtbewaffneten war der Helm einfacher; sie trugen wohl auch nur Stirnbinden aus Leder oder Metall, wie wir sie ähnlich in späterer Zeit bei den fränkischen Kriegern finden. Die sonstige Rüstung der Schwerbewaffneten bestand in einem ledernen Waffenrock, wahrscheinlich aus Büffelhaut; die Brust schützten Stahlplatten. Auch gesteppte Röcke, mit eisernen oder bronzenen Schuppen bedeckt, wurden getragen. Wenn der Rock nur bis zum Knie reichte, legte man Schuppenbeinkleider und Schnürstiefel an. Die Schilde hatten runde oder ovale Form und bestanden aus Metall, Leder oder Holz. In der Schlacht standen die

Bogenschützen hinter den Schwerbewaffneten, die in knieender oder gebückter Stellung verharren mußten, damit die Pfeile der ersteren über sie hinwegfliegen konnten. Hinter den Bogenschützen waren die Schleuderer aufgestellt. Außer den genannten

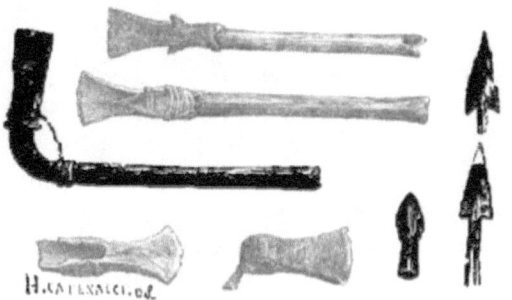

Fig. 25. **Keltische Waffen.**

Truppengattungen besaßen die Assyrer Wagenkämpfer, sowie eine zahlreiche Reiterei. Letztere war mit einem kurzen Maschenpanzerhemd mit Hinterschurz bekleidet, führte einen langen Speer oder Bogen, selten nur einen Schild. Die assyrischen Reiter hatten weder Sporen noch Sattel; Steigbügel kannte man im Altertum überhaupt noch nicht. Der König und die Anführer kämpften von Wagen.

Fig. 26. **Griechische Waffen.**
(Text s. S. 138.)

Die assyrischen Flachbildnereien geben auch Aufschluß über die Art der Belagerungen. Man wandte Einschließungswälle und Minen an; sodann hatte man auch Sturmböcke, die aus einem 20—40 Meter langen Balken bestanden und vorn mit einem dicken, eisernen Knopf oder einer speerförmigen Spitze versehen waren. Sie dienten zum Einrennen der Mauern und befanden sich auf vierrädrigen, mit Fellen und Flechtwerk bedeckten Wagengestellen oder im unteren Stockwerk eines hölzernen Turmes. Man schob sie meist auf schief aufgeschütteten Dämmen heran. Außerdem hatte man Maschinen zum Schleudern von Wurfgeschossen. Die Ballisten und Katapulten, die wir später bei den Griechen (s. d.) und Römern wiederfinden werden, sind von den Assyrern erfunden worden. Beim Sturm auf die Festung entsandten die Bogenschützen unter dem Schutz von mannshohen Schilden einen Pfeilregen gegen die auf der Mauer stehenden Feinde, während die Schwerbewaffneten auf Leitern emporkletterten. Die Belagerten wehrten sich mit Pfeilen, Steinen und Feuerbränden und suchten den Sturmbock mit Ketten oder Seilen aufzufangen.

Ziemlich genau unterrichtet sind wir über die Bewaffnung der Griechen, von der uns eine ganze Anzahl alter Waffenstücke erhalten ist. Zu Homers Zeiten, etwa 1000 v. Chr., bestanden noch sämtliche griechischen Waffen aus Bronze, obwohl das Eisen schon bekannt war. Als Hauptwaffe diente der Speer. Er war 11—15 Fuß lang, mit breiter, langer und scharfer Schneide versehen und wurde sowohl zum Stoß, als zum Wurf benutzt. Der eigentliche Wurfspieß hatte die Form eines langen Pfeiles, und ein umgewickelter Riemen versetzte ihn beim Wurf in Drehung. Das Schwert mit gerader Klinge, zum Hiebe und Stoße dienend, war anfänglich kurz und breit, später lang, zweischneidig und spitz; die Scheide war viereckig. An der linken Seite des Kriegers hing das Parazonium, ein kurzer, breiter, doppelschneidiger Dolch. Schleuderer gab es zu Homers Zeiten noch nicht, vielmehr warf man die großen Steine noch mit den Händen, dagegen waren die Pfeilbogen schon eingeführt. Sie hatten eine Länge von 8 Fuß, waren aus Tierhörnern gearbeitet und von eigentümlich gekrümmter, der sogenannten Sinus-Form. Für ganz besonders gewandte Schützen galten die Kreter.

Wie alle Waffen bei den Griechen eine größere Vollkommenheit erlangten, so entwickelte sich auch der Panzer bei ihnen zuerst zur Plattenrüstung. Der griechische Stückpanzer war aus Brust- und Rückenplatte zusammengesetzt, die je aus einem Stück gegossen oder geschmiedet waren und mittels Schnallriemen verbunden wurden; Knemiden oder Beinschienen vervollständigten die Rüstung. In späterer Zeit kamen zum Schutze des Unterleibes Panzerflügel auf. Auch Schuppenpanzer, Ringpanzer und Lederkoller wurden getragen. Sehr vielgestaltig waren die Helme; man versah sie meist mit Stirnschirm, Nackenschutz, Sturmbändern oder Backenschirm, sowie mit Nasenschutz; gewöhnlich hatten sie einen Kamm. Über der linken Schulter trug der Krieger den Schild. Er war rund, später oval und mit zwei Handgriffen versehen. Wie die Ritter des Mittelalters ihre Wappen, so trugen auch die Griechen schon zu Homers Zeiten auf ihren Schilden Schildzeichen, wie z. B. einen Anker, ein Medusenhaupt, einen Stierkopf, das Dreibein u. s. w.

Von den griechischen Geschützen sind uns keinerlei Exemplare erhalten geblieben. Wir wissen indessen, daß sich die alten Griechen einer tragbaren Waffe, Gastraphetes genannt, bedienten, die der mittelalterlichen Armbrust sehr ähnlich war. Auch die Katapulten, die Sturmmaschinen der Griechen, hatten in ihrer Konstruktion viel Ähnlichkeit mit der Armbrust. Wir wollen auf diese Geschütze näher eingehen. In einem aufrecht stehenden Holzrahmen waren in mäßiger Entfernung von einander zwei Bündel starker Sehnen eingespannt, die durch Öffnungen in der oberen und unteren horizontalen Leiste hindurchgingen und dort durch hindurch gesteckte Buchsen und eiserne Spannbolzen gehalten wurden. Aus der Mitte jeder Sehne ragte seitwärts ein starker Balken heraus, der infolge der straffen Spannung der Sehnen in wagerechter Lage erhalten wurde. Die freien Enden der Balken verband eine starke Sehne. Um die Maschine in Thätigkeit zu versetzen, spannte man die Sehnenbündel durch die Spannbolzen an und zog mittels eines Flaschenzuges oder einer Winde die Sehne zurück. Sobald die letztere losgelassen wurde, schnellten die Arme der Maschine zurück, und die Sehne trieb das Geschoß fort. Man unterschied zwei Arten von Katapulten, die sowohl nach ihrer Bauart, als auch hinsichtlich ihrer Geschosse von einander abweichend waren. In Griechenland nannte man sie Euthytana, d. h. Geradspanner, und Palintona, d. h. Winkelspanner. Bei den Römern bezeichnete der Name Katapult nur erstgenanntes Geschütz, das letztere hieß Balliste. Bei dem Euthytana war die Spann- und Schußrichtung eine gerade. Man schoß damit Pfeile von 0,5—1,5 Meter Länge, die in eine zwischen den Sehnen hinlaufende Rinne gelegt und von runden Sehnen getrieben wurden. Das Geschoß des Palintona oder der Balliste bestand in großen Bleikugeln, balkenähnlichen Pfeilen und Steinen. War letzteres der Fall, so nannte man das Geschütz griechisch Lithobolos, d. h. Steinwerfer. Die Geschosse wurden in einem Winkel von 45 Grad geschleudert; die Sehne der Balliste war bandförmig. Man konnte mit der Euthytana einen Pfeil 600 Meter weit schießen, wo er dann noch mehrere Zoll tief in eine Holzwand eindrang; mit der Palintona schleuderte man 75 Kilogramm schwere Steine etwa 400 Meter weit.

Den griechischen Waffen sehr ähnlich waren die Waffen der Römer. Was uns darüber bekannt ist, ist teils aus den Werken alter Schriftsteller entnommen, teils geht es aus den Darstellungen römischer Krieger auf Grabdenkmälern, Triumphbogen u. s. w. hervor; erhalten sind uns nur sehr wenige römische Waffenstücke.

In der ältesten Zeit der römischen Geschichte fertigte man die Waffen wahrscheinlich, ebenso wie in Griechenland, ausschließlich aus Bronze; zur Zeit des Polybios aber, der die römische Bewaffnung etwa um das Jahr 200 v. Chr. beschreibt, verwendete man dieses Metall nur noch für Schutzwaffen, namentlich Helme und Brustschilde, während die Angriffswaffen aus Eisen oder Stahl hergestellt wurden.

Eine charakteristische Waffe der Römer war das Pilum, eine Art Wurfspeer, der bei Eröffnung des Gefechtes auf den Gegner geschleudert wurde und so den Schwertkampf einleitete. Die Waffe setzte sich aus einem in eine Spitze auslaufenden Eisen und einem mäßig starken Holzschafte zusammen, die fest miteinander verbunden waren. Jeder Teil war 4$\frac{1}{2}$ Fuß lang, der ganze Speer hatte also eine Länge von 9 Fuß. Es gab kleine und große Pila; die Schwerbewaffneten führten zwei, ein kleines und ein großes. Als Hauptwaffe diente das Schwert, Gladius genannt. Es war kurz und wurde an der rechten Seite getragen. Etwa um das Jahr 100 n. Chr. kamen lange Schwerter auf, die den Namen Spatha führten. Auch ein Parazonium, ein kurzer, breiter Dolch, wurde getragen, gleich wie bei den Griechen; doch war das Parazonium der Römer mit Blutrinnen versehen.

Im römischen Heere fehlten weder die Bogenschützen, noch die Schleuderer. Die Geschosse der letzteren bestanden in 4—5 Zentimeter großen Steinen oder in Bleieicheln oder Bleikugeln, die mit Inschriften versehen waren. Bogen, Pfeil und Schleuder wurden indessen nur von Hilfstruppen, Kretern oder Balearen, geführt. Das römische Heer selbst gliederte sich in Schwerbewaffnete, Leichtbewaffnete und Reiterei. Die Schwerbewaffneten führten Pilum und Gladius, die Leichtbewaffneten hatten sieben dünne Wurfspieße und gleichfalls das kurze Schwert. Die Reiterei war am besten ausgerüstet und bewaffnet und setzte sich nur aus auserlesenen Kriegern zusammen. Ihre Angriffswaffen waren ein Speer mit zwei Spitzen, das lange Schwert, sowie ein Köcher mit Wurfspießen; nicht selten führten sie auch einen Streitkolben mit Stacheln.

Sehr mannigfaltig waren die Schutzwaffen der Römer. Auf der Trajans- und Antoniussäule sehen wir die Schwerbewaffneten einen Schienenpanzer tragen, der aus einem Leibstück und zwei Schulterstücken besteht. Er war aus Riemen von Sohlenleder gefügt, die mit Metall beschlagen waren; in der Herzgegend lag unter den Riemen noch ein Eisenblech von 24 Zentimeter Höhe und Breite. Die Schienen hielten den Leib wagerecht umschlossen und gingen gleich Tragbändern über die Schultern hinweg. Zuweilen waren noch vier senkrecht verlaufende Schienen am unteren Rande der Vorderseite des Panzers angebracht, die die Mitte des Unterleibes bedeckten. Von den Vermögenderen und den Anführern wurden Schuppenpanzer getragen; auch Kettenpanzer waren in Gebrauch. Zur Vervollständigung der Rüstung dienten die Beinschienen. Die Schilde, teils viereckig, teils oval, waren aus Holz gefertigt, mit Fell oder Leder überzogen und mit Metallbeschlägen versehen. Die Helme stellte man aus Leder her und gab ihnen Metallbeschläge; man hatte aber auch vollständige Metallhelme mit Nackenschutz, Sturmbändern und Stirnschild versehen.

Die Belagerungsgeschütze haben die Römer größtenteils von den Griechen übernommen. Wir finden bei ihnen die Katapulten und Balliste, ferner die

Sensenwagen, sowie auch den bei den Assyrern bereits erwähnten Sturmbock oder Widder.

Über die Bewaffnung der germanischen Völker während der Bronzezeit ist uns sehr wenig bekannt. Wir wissen nur, daß ihre Hauptwaffe in einem Speer, der sogenannten Framea, bestand, die sowohl zum Wurf, als auch zum Stoß und Hieb geeignet war. Aus derselben entwickelte sich die germanische Streitaxt; in Franken kam ein Kriegsbeil, die Franziska genannt, auf, während im nördlichen Deutschland und in Skandinavien der Streithammer, Miölner genannt, sehr gebräuchlich war. Die Goten und Gallier führten eine Wurfkeule, Catega oder Teutonia, die etwa eine Elle lang, am unteren Ende stark mit Nägeln beschlagen und mit einem Riemen versehen war, mittels dessen man die

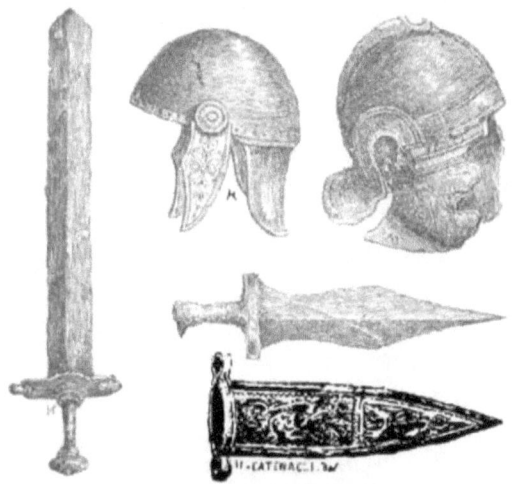

Fig. 27. Römische Waffen.

Keule nach dem Wurfe wieder anzog. Aus dieser Wurfkeule entstand später eine in Deutschland, namentlich in Süddeutschland und der Schweiz sehr verbreitete Schlagwaffe, der Morgenstern. Diese Waffe hielt sich bis ins 15. Jahrhundert hinein. In den Bauernkriegen findet man die Morgensterne massenhaft verwendet.

Den Morgensternen sehr ähnlich waren die Kriegsflegel. Sie bestanden entweder aus einem Schaft und einem Schläger, meist mit Eisenspitzen versehen, oder eine etwa fußlange Kette war an dem Schafte angebracht, an deren Ende eine mit Nägeln bespickte Kugel hing. Die Hussiten führten im 15. Jahrhundert eine mit 3—4 Ketten ohne Kugeln versehene Peitsche, Skorpion genannt. Außer dieser Waffe entwickelte sich aus der Framea noch der Speer. Man unterscheidet bei den alten Germanen eine ganze Anzahl Speere mit den verschiedensten Benennungen, die indessen nicht genau auseinander gehalten werden können. So ist

z. B. der Unterschied zwischen der Framea und dem Ger nicht festzustellen. Beide dienen zum Stoßen und Werfen, ihre Beschlagsformen werden in gleicher Weise geschildert.

Gegen Anfang des 14. Jahrhunderts kam eine andere Stoß- und Hiebwaffe auf, die Hellebarde. Sie bestand aus einem 2—2,5 Meter langen Schaft und einer 30 Zentimeter langen Eisenklinge, an deren unterem Ende auf der einen Seite ein scharfes Beil, auf der anderen Seite eine gerade oder abwärts gekrümmte Spitze angebracht war, welch' letztere zum Eingreifen in die Rüstung des Gegners, sowie zum Herabreißen des Reiters vom Pferde diente. Um ein Durchhauen des Schaftes zu verhüten, war derselbe mit einer Anzahl Nägel beschlagen. Abarten der Hellebarde sind die Partisane und Korseke. Sie haben keinen beilartigen Ansatz, sondern sind auf beiden Seiten mit Flügelspitzen versehen. Bei der Partisane sind die letzteren meist gerade und weniger herausspringend als bei der Korseke. Diese unterscheidet sich außerdem von der Partisane durch dünnere Eisenspitzen und gleichfalls dünnere, widerhakenförmige Quereisen.

Die Hellebarde diente als Angriffswaffe des Fußvolkes, doch findet man auf mittelalterlichen Holzstichen und Buchmalereien hin und wieder auch Reiter mit Hellebarden bewaffnet. Im 15. Jahrhundert wurde die Hellebarde allmählich von der Pike verdrängt. Diese war ein 3,5—4 Meter langer Speer mit dünner Eisenspitze, der mit dem Schuh rückwärts gegen den Fuß in den Erdboden gestemmt wurde, während man die Spitze in der Höhe der Pferdebrust hielt. Am Anfange des 16. Jahrhunderts erlangte die Pike eine Länge von 6 Metern, wurde später aber wieder auf 4 Meter verkürzt, bis sie nach Einführung des Bajonettgewehres gänzlich verschwand. Bei den Offizieren blieb indessen bis zum Anfang dieses Jahrhunderts eine Halbpike, ähnlich der Hellebarde, in Gebrauch, die den Namen Sponton führte.

Im Gegensatz zur Pike, der Waffe des Fußvolkes, steht die Lanze, die Waffe der Reiter. Schon im Altertum, bei den Germanen sowohl, als auch bei den Persern, Griechen und Römern gab es Lanzen; die eigentlichen Ritterlanzen aber kamen im 13. Jahrhundert auf und dienten zunächst als Turnierspeere, bald aber auch als Kriegswaffen. Die Ritterlanzen, auch Gleven genannt, hatten eine 20 Zentimeter lange Spitze aus Eisen oder Stahl, an der ein kleines Fähnchen, das Penon, befestigt war, dessen Form erkennen ließ, ob der Ritter selbständiger Bannerträger oder nur Vasall war. Der Schaft verdickte sich nach unten zu, und unweit seines Endes war ein die Hand deckender Griff angebracht. Mit dem Verfall des Rittertums kamen die Lanzen mehr und mehr ab, nur einige Reiterabteilungen behielten eine leichtere Lanze bei und führten deshalb den Namen Lanciers. Gustav Adolf verbannte die Lanze vollständig aus seiner Reiterei, dagegen blieb sie bis heute die Nationalwaffe der Slaven. Im Jahre 1890 erhielt die gesamte Reiterei des deutschen Heeres eine Stahlrohrlanze von 3,20 Meter Länge.

Wir kommen nun zur Hauptwaffe des deutschen Volkes, dem Schwert. Zu Tacitus' Zeiten führten nur die nördlichen und westlichen Stämme ein spitzeloses, zweischneidiges Hiebschwert aus Eisen oder Stahl, aus dem aber bald die bedeutend längere, gleichfalls zweischneidige schilfblattförmige Spatha entstand. Neben dieser kam ein einschneidiges Hieb- und Stoßschwert auf, das lange Saxschwert von 1,5 Meter Länge. Zu gleicher Zeit mit diesen Waffen wurden getragen der Scramasax, ein einschneidiges Kurzschwert mit 44—76 Zentimeter langer und 4—6 Zentimeter breiter Klinge, ferner der Langsax mit 40—60 Zentimeter langer und 3,5—4 Zentimeter breiter Klinge, mehr ein Messer als ein Schwert und nur zum Stoß und Stich, nicht zum Hieb geeignet, schließlich der kleinere Sax, ein dolchartiges Stoßmesser von 22—33 Zentimeter Länge. In der Schlacht stiegen die alten Germanen nicht selten vom Pferde und kämpften zu Fuße mit dem Langschwert, der Spatha weiter, eine Sitte, die noch während der Kreuzzüge bestand, und die im Anfang des 15. Jahrhunderts zur Entstehung des Zweihänders oder Flambergs führte. Dieser war ein Schlagschwert von einer Länge bis 1,8 Meter, hatte eine gerade oder auch wellenförmige Klinge und oberhalb des langen Griffes eine weit ausladende, nach abwärts gebogene Parierstange. Man trug den Flamberg meist ohne Scheide auf der Schulter, im 16. Jahrhundert führten ihn namentlich die Landsknechte. Oben erwähnte Parierstange fehlt auf den Schwertern der ältesten Zeit. Sie kam erst im 9. Jahrhundert auf, erreichte im 13. eine Länge von 25 Zentimetern und wurde beim Flamberg noch mehr verlängert. Im 16. Jahrhundert gab man ihr eine schleifenförmige Biegung, Eselshuf genannt, woraus dann später durch aufgesetzte Bügel der Korb entstand. Die Schwertklinge, die immer mehr verlängert wurde, erreichte schließlich eine Länge von 1,2 Meter; beim Flamberg war sie noch länger. Die Einführung der Feuerwaffen ist auch auf die Schwerter von großem Einfluß gewesen, sie verwandeln sich in Degen und Säbel, während das eigentliche Schwert nur noch von den Scharfrichtern benutzt wird.

Der Degen ist gleichfalls aus der Spatha hervorgegangen und war ursprünglich eine Waffe mit breiter, zugespitzter Klinge, die mit einem Griff versehen war. So stand er im Gegensatz zum Schwert, indem er sich mehr zum Stoß als zum Hieb eignete. Späterhin gehen beide Waffen mehr und mehr in einander über, und Stoß- und Hiebwaffen mit langer, breiter Klinge werden bald als Degen, bald als Schwert bezeichnet. Nur in Spanien, in den Fechtschulen Toledos, erhielt sich der eigentliche Degen, und zwar als eine Stoßwaffe mit langer, dünner, zuweilen 3—4kantiger Klinge mit Hohlkehlen, aus der dann später die Rapiere, die Duell- und Fechtdegen, entstanden. Die spanischen Degen und Rapiere zeichnen sich durch kunstvoll verzierte Griffe, Parierstangen und Bügel aus. Heutzutage versteht man unter der Bezeichnung Degen eine Waffe mit langer, schmaler Klinge, deren gerade Form den Gegensatz zu der gekrümmten des Säbels bildet.

War dies in großen Zügen die Entwickelung der Nahwaffen, so kommen wir jetzt zu den Fernwaffen. Die ersten Anfänge derselben waren mit der Hand geworfene Steine und zugespitzte Stäbe. Allmählich führte der Wunsch, die Wurfwaffe möglichst weit schleudern zu können, zur Erfindung der Schleuder, die aus einem Stück Leder und zwei daran befestigten Seilen oder Stricken hergestellt wurde. Man legte das Geschoß, anfänglich meist einen runden Kieselstein, auf das Leder, faßte die beiden Schnüre und drehte die Schleuder mit wachsender Geschwindigkeit um sich, bis ihre Drehung den höchsten Grad erreicht hatte; dann ließ man eine der Schnüre plötzlich los und der Stein flog fort. Wir haben schon von den Griechen und Römern erzählt, daß sie Schleuderbleie verwendeten, und zwar vermochten dieselben auf 500 Schritt Entfernung Helm und Schild des Gegners zu zerschmettern. Auch die zum Schlagen bestimmten Waffen suchte man bald zum Werfen einzurichten; es entstanden Wurfkeulen, Wurfbeile, Wurfspeere u. s. w., die späterhin, um zu erneutem Wurfe gebraucht werden zu können, mit einer Schnur versehen wurden. Wohl gleichzeitig mit der Schleuder kam eine andere Waffe, der Bogen auf. Er ist als die erste Art der Schußwaffen zu betrachten und entstand schon in vorgeschichtlicher Zeit. Wir haben bereits gesehen, daß er aus einem elastischen Bügel bestand, an dessen beiden Enden eine Sehne befestigt war. Wurde letztere angezogen, der Bogen also gespannt, so erhielt der Bügel eine halbmondförmige Gestalt, aus der er sofort in seine vorige gerade Lage zurückschnellte, sobald die Spannung aufhörte, wobei dann das Geschoß, der Pfeil, von der Sehne fortgeschleudert wurde. Das Material, aus dem der Bogen hergestellt war, bestand in Holz, Tierhörnern oder Stahl, die Pfeile fertigte man aus Eschen-, Tannenholz oder Rohr und versah sie mit Spitzen aus Stein, Knochen, Horn, Kupfer, Bronze oder Eisen, am anderen Ende mit einer Anzahl Federn zur Regelung des Fluges. Bisweilen waren die Pfeilspitzen mit Widerhaken versehen, auch vergiftete Pfeilspitzen hat man gebraucht. Der Bogenschütze trug seine Pfeile in einem Behälter, Köcher genannt, der vielfach nur aus einem Lederjack bestand, mitunter aber auch aus Holz gefertigt und mit Leder überzogen war. Bei den alten Germanen wurde der Bogen fast nur zu Jagdzwecken benutzt. Auch im Mittelalter sieht man die Ritter niemals Bogen führen, vielmehr blieb derselbe bei den Deutschen stets nur Volkswaffe. Verbreiteter waren die Bogenschützen in Frankreich und namentlich in England, wo sie oft einen bedeutenden Ruf erlangten. Berühmt waren auch die Bogner in Flandern und Burgund. Im 12. Jahrhundert kam die Armbrust auf und verdrängte den Bogen mehr und mehr; er hat sich indessen infolge seiner leichten Handhabung in England bis zum Ende des 17. Jahrhunderts in Gebrauch erhalten. Noch heutzutage bildet das Bogenschießen in England, Frankreich, Belgien und der Schweiz einen beliebten Sportsgegenstand; bei gewissen Völkern Asiens, Afrikas und Amerikas findet man den Bogen noch vielfach als Kriegs- und Jagdwaffe benutzt.

Als eine Vervollkommnung des Bogens ist die Armbrust zu betrachten. Wir haben schon von den Griechen und Römern gehört, daß sie armbrustähnliche Waffen gebrauchten, wie die Gastraphetae, Katapulte, Balliste u. s. w. Die eigentliche Armbrust des Mittelalters kam zuerst in Frankreich auf, und zwar bereits im 9. Jahrhundert, während sie in Deutschland erst im 12. Jahrhundert gebräuchlich wurde. Sie bestand aus einem hölzernen Schaft und einem Bügel aus Stahl

Fig. 28. Waffen aus dem 11. Jahrhundert.

oder Fischbein, dessen beide Enden durch eine Sehne verbunden waren, die aus Hanffäden oder Tiersehnen gedreht wurde. Eine um eine wagerechte Welle drehbare Nuß ruhte in dem Schaft und diente zum Darauflegen der zurückgezogenen Sehne, die eine Abzugsstange in ihrer Lage erhielt. Ein Druck auf die letztere hob die Nuß aus, die Sehne schnellte nach vorn, traf dabei das in einer Rinne des Schaftes liegende Geschoß, den Bolzen, und dieser flog ab. Wie die Pfeile des Bogens, so trug man auch die Bolzen der Armbrust in einem Köcher, der gewöhnlich 24 Stück faßte. Da die Armbrust eine größere Bogenkraft und eine Führungsrinne für das Geschoß besaß, so mußte letzteres verkürzt werden und zum Auftreffen auf Panzer und Schilde eine größere Widerstandsfähigkeit erhalten als die Pfeile. Die Bolzen bestanden aus kurzen, starken Schaften mit Eisenspitzen. Da man die Erfahrung machte, daß eine Drehung des Geschosses um seine Längsachse die Treffsicherheit erhöhe, so versah man die Bolzen mit Holz- und Lederflügeln und erhielt auf diese Weise die Drehpfeile. Eine andere Bolzenart waren die Schlagbolzen, die mehr zu Jagd- als Kriegszwecken benutzt wurden. Sie endigten in einer Scheibe oder Linse und töteten beim Niederschlagen, ohne eine blutende Wunde zu verursachen. Auch mit Kugeln aus Blei, gebranntem Thon oder Marmor wurde geschossen, die eine solche Kraft besaßen, daß sie die Panzer noch auf 250 Schritt zu durchbringen vermochten. Die Schußweite vergrößerte sich, je stärker die Federkraft des Bogens war, dieser letzteren mußte selbstverständlich die Festigkeit des Schaftes entsprechen. Man unterscheidet verschiedene Arten von Armbrüsten, die namentlich durch die Art der Spannvorrichtung, sowie der Geschosse voneinander abweichend sind. So giebt es Haken-, Geißenfuß-, Flaschenzug-, Zahnrad- und Kugelarmbrüste. Die Armbrust war eine sehr beliebte Waffe der Deutschen; Fußvolk und Reiter führten sie. Für ersteres waren sie mit einem Fußbügel versehen, in den der Schütze beim Spannen den Fuß setzte. Durch stetige Vervollkommnung ihres Mechanismus' wurde die Armbrust immer mehr und mehr verbessert, und man hat sie noch lange nach der Einführung des Feuergewehres beibehalten. Erst in der Mitte des 16. Jahrhunderts wurde sie aus dem Heere verbannt; bei Schützenfesten, namentlich in der Schweiz, spielt sie noch heute eine bedeutende Rolle.

Ehe wir zu den Feuerwaffen übergehen, die eine gänzliche Umwandlung in der Bewaffnung der Völker hervorriefen, wollen wir noch einen Blick auf die Schutzwaffen zurückwerfen. Die erste Stelle unter denselben nimmt der Panzer ein. Je mehr sich die Waffen vervollkommneten, umsomehr war der Mensch bestrebt, seinen Körper durch entsprechende Kleidungsstücke vor dem Angriff derselben zu schützen. Über die Rüstungen des Altertums ist bereits gesprochen worden; man trug zu jener Zeit besonders Schuppenpanzer, hemdartige Gewänder, gewöhnlich aus Leder, die mit Metallschuppen benäht waren. Vollkommener waren die Rüstungen der Griechen und Römer. Erstere hatten bereits Stückpanzer, letztere die aus breiten, biegsamen Metallbändern zusammengesetzten Panzer, die sich den Körperbewegungen anzuschmiegen vermochten und Taille und Schultern bedeckten. Der Kettenpanzer der Schwerbewaffneten, wie er zur Zeit der Republik getragen wurde, war aus Leder gefertigt und mit Ketten aus kleinen Metallringen benäht. Bei den deutschen und fränkischen Rittern des 8. Jahrhunderts finden wir eine bis zur Hüfte reichende Panzerjacke, Brünne, Brunnika oder Haubert genannt, ein Gewand aus Leder oder gepolsterter Leinwand ohne Ärmel, mit eisernen Ringen, Ketten, Metallplatten oder dicken, vernieteten Nagelköpfen besetzt. Die Fußkämpfer hatten eine Art Überwurf, Kutte genannt, der Hals und Oberarme bedeckte. Das Gewand der Ritter verlängerte sich allmählich; im 10. Jahrhundert reichte es schon bis zum Knie. Es wurde nun auch mit Ärmeln versehen, die anfänglich bis zum Ellbogen, dann bis zum Handgelenk gingen. Später waren besondere Rüstärmel und Rüsthosen fest mit dem Panzer verbunden, Kopf und Nacken deckte eine Art Kapuze, Helmbrünne oder Kamail genannt. Im Norden war ein Panzer eingeführt, der aus mehreren Lagen gepolsterten und gesteppten Zeuges bestand, rautenförmig mit Lederstreifen besetzt war und durch aufgesetzte Ringe und breitköpfige Nägel zusammengehalten wurde. Zum Unterschied von der Panzerjacke nannte man das lange Panzerhemd großer Haubert; die Schuppenpanzer jener Zeit hießen Jazerans, Korazuns oder Kerazins. Zu Ende des 10. Jahrhunderts kamen in Mittel- und Nordeuropa die Ringelpanzer, auch geringelter Haubert oder ganze Brünne genannt, auf. Anfänglich konnten sie nur wohlhabende Ritter tragen, denn die Ringe wurden geschmiedet und genietet, wodurch die Rüstung sehr kostbar wurde. Man hat Überreste eines solchen Panzers gefunden, dessen Ringe einen Durchmesser von nur 5 Millimetern haben. Allgemeiner wurden die Ringelpanzer nach der Erfindung des Drahtziehens 1306. Man war jetzt im stande, sie so dicht zu machen, daß die Dolche (Panzerbrecher) nicht mehr hindurchbringen konnten. In Frankreich trug man ein gestepptes Wams aus Zeug oder Leder, der Gambesson genannt, unter dem Ringelpanzer. Die Ritter zogen einen Waffenrock aus leichtem Stoff über die Brünne, der mit Wappen und sonstigen Zeichen bestickt war. Eine wesentliche Veränderung erlitten die Rüstungen zu Anfang des 14. Jahrhunderts. Man beginnt einzelne Körperteile, wie die Schultern, Brust, Arme und Beine mit Stahlplatten zu schützen, gegen 1365 hat sich daraus der vollständige Plattenpanzer für den ganzen Körper entwickelt. Die Zusammensetzung eines solchen war folgende: Mit dem Helme war die den Hals schützende Halsberge verbunden, die oben mit dem Kinnstück, seitlich mit den Achselstücken zusammenhing. An letztere schlossen sich vorn und hinten abgerundete Platten, die Vorder- und Hinterflüge. Der rechte Vorderflug mußte zum Einsetzen der Lanze etwas kürzer sein, weshalb man die Achselhöhle durch eine Platte, die Schwebscheibe, schützte, die mit einem spitzen Stachel versehen war. Die Armschienen setzten sich aus Ober- und Unterarmzeug zusammen, beide durch die Ellbogenkacheln oder Mäuseln beweglich verbunden. Eiserne Handschuhe, Henzen genannt, schützten die Hände. Sie hatten gegliederte Finger, die oft sehr künstlich zu bewegen waren. Brust- und Rückenstück, mit dem gemeinsamen Namen Harnisch benannt, wurden je aus einem Stück geschmiedet und mit Riemen verbunden. An den Harnisch setzte sich zum Schutz des Leibes und der Oberschenkel ein beweglicher Schutz an, der aus Querschienen bestand und den Namen Leib- und Hinterreifen führte. Die Beinrüstung zerfiel in die Oberschenkeldecke, auch Beintaschen oder Diechlinge genannt, ferner in die Kniekacheln oder Kniekapseln, endlich in die Beinröhren oder Beinschienen für die Unterschenkel. An letzteren waren Eisenschuhe befestigt, die man anfangs mit langem Schnabel versah, späterhin, seit dem Jahre 1490, vorn abstumpfte, wodurch sie den Namen Bärenfüße erhielten. Im Laufe

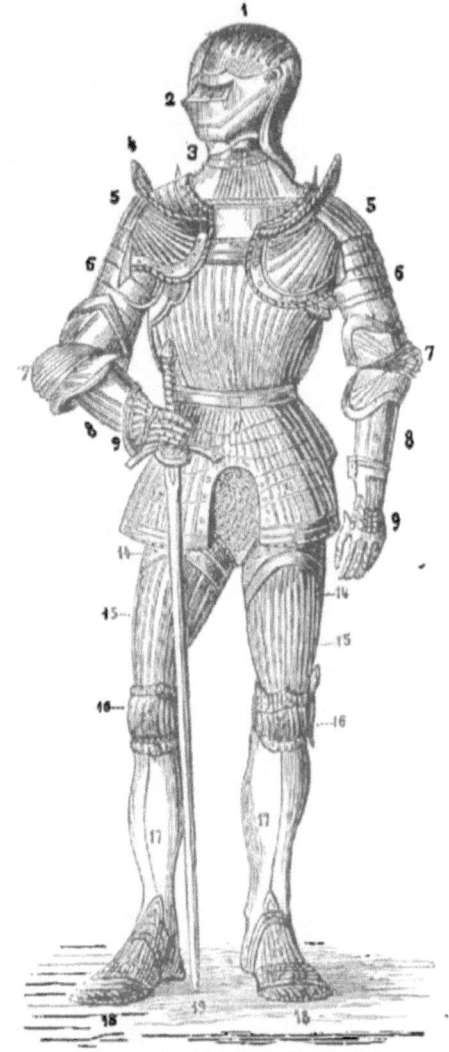

Fig. 29. **Deutscher Harnisch aus der Zeit Maximilians I.** (Vorderansicht.)
1) Helm; 2) Visier; 3) Halsschild; 4) Ränder der Achselstücke; 5) Achselstücke; 6) und 8) Armzeug; 7) Ellbogenstücke; 9) Rüsthandschuhe; 10) Bruststück; 11) Vorderschutz; 12) Schenkelschiene; 14) oberes Schenkelstück; 15) unteres Schenkelstück; 16) Schnalle; 17) Beinschienen; 18) Schienenschuhe (Bärenfüße); 19) Schwert; 20) Kniestück; 28) Fußstück.

des 16. Jahrhunderts ersetzte man die Platten an sämtlichen Teilen der Rüstung durch bewegliche Schienen; nur für den Harnisch behielt man die Eisenplatten bei, und zwar wurden dieselben zum Schutz gegen die Feuerwaffen stetig schwerer gemacht.

Die Waffen. 149

Wie wir schon bei den Alten gesehen haben, suchte man auch die Pferde durch Rüstungen zu decken. Die Entwickelung der Pferderüstungen ist ziemlich

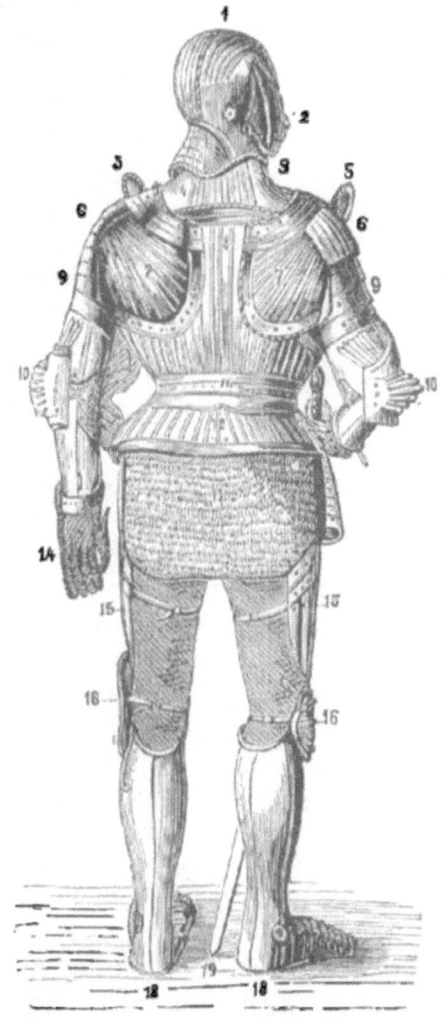

Fig. 80. **Deutscher Harnisch aus der Zeit Maximilians I.** (Rückansicht.)
1) Helm; 2) Visier; 3) Halsschild; 4) dessen Verlängerung; 5) Ränder der Achselstücke; 6) und 7) Achselstücke; 8) Rückenstück; 9) Armzeug; 10) Ellbogenstücke; 11) Lendenschurz des Tragriemens; 12) unterer Lendenschurz; 13) Panzerhemd (Ringelpanzer); 14) Rüsthandschuhe; 15) Schenkelstücke; 16) Schnallen; 18) Beinschiene; 19) Schwert.

dieselbe, wie die der Ritterpanzer. Auch sie bestanden anfänglich aus Leder, später aus Kettengeflecht. Zu Ende des 15. Jahrhunderts erhielten die Pferde Platten=rüstungen aus sechs Teilen, dem Kopf=, Hals= und Brustftück, zwei Seitenstücken und dem Hinterstück bestehend; die Beine blieben unbedeckt. In Deutschland wurde die Pferderüstung erst durch Kaiser Maximilian I. eingeführt.

Unmittelbar zur Ausrüstung des Kriegers gehört die Kopfbedeckung, der Helm. Im Mittelalter bis ins 8. Jahrhundert hinein hatte man Lederhelme mit metallenen Bügeln, wie sie die Römer zur Kaiserzeit trugen. Hierauf kamen eiserne Helme auf, die sich mehr und mehr zuspitzten und mit Nackenschutz versehen wurden. Im 11. Jahrhundert findet man teils hohe kegelförmige, teils niedrige walzenförmige Helme, zuweilen mit einem von der Mitte des Stirnrandes über die Nase vorspringenden Metallstreifen, dem Nasenschutz, versehen, aus dem sich im 12. Jahrhundert ein vollständiger, unbeweglicher Gesichtsschutz entwickelte. Um die Wucht der Schläge abzuschwächen und ein Scheuern zu vermeiden, trug man eine Kappe aus dickem Zeug, Harnaschkappe genannt, unter dem Helm. Um dieselbe Zeit wurde auch der Helmschmuck eingeführt, bestehend aus Federn, Kronen, Wappentieren oder sonstigen symbolischen Zeichen. Gegen Ende des 12. Jahrhunderts kamen die Topfhelme auf, die so schwer waren, daß sie den Rittern bis zum Beginn des Kampfes von Knappen nachgetragen wurden. Unter ihnen trug man außer der Harnaschkappe eine mit der Halsberge zusammenhängende Ringelkapuze, die Helmbrünne, und über oder unter dieser noch die kleine Kesselhaube oder Hirnkappe. Im 14. Jahrhundert wurde der Topfhelm nur noch beim Tournier benutzt; für den Krieg aber war die große Kesselhaube eingeführt, aus der sich im 15. Jahrhundert die Salade entwickelte, eine runde Eisenhaube mit beweglichem Kinn- und Wangenschutz. Vollkommener noch als letztere erwies sich der kurze Zeit darauf entstandene Burgunderhelm, gleichfalls mit beweglichem Visier versehen; aus diesem bildete sich wiederum der vollständige Visierhelm, dessen Hals- und Genickschutz aus Schienen bestand, und dessen Scheitelstück einen hohen Kamm trug. Im 16. Jahrhundert vereinfachten sich die Helme wieder. Die Sturmhaube kommt auf mit festem Stirn- und Nackenschutz und beweglichen Backenstücken. Als eine Abart dieser Haube ist die aus Spanien stammende Maurenkappe, auch Morion genannt, zu betrachten, die etwa die Gestalt eines halben Eies hat, vorn und hinten mit einem schnabelförmig emporgebogenen Rande und an den Seiten mit beweglichen Backenstücken versehen ist. Die letztgenannten fielen später fort, dagegen kam ein hoher Kamm auf den Scheitel. Im 17. Jahrhundert flachten sich die Helme wieder zur Haube ab. Sie hatten Stirnstulp, Naseneisen und Nackenschutz; letzterer reichte zuweilen bis auf den Rücken herab. Unsere modernen Helme bestehen nicht mehr aus Stahl, sondern sind aus Leder gefertigt und mit Messing beschlagen; nur die Kürassiere tragen Metallhelme. Preußen führte den Helm 1841 im Heere ein, und andere Länder folgten in kurzer Zeit seinem Beispiel.

Eine Schutzwaffe, die nicht zur eigentlichen Rüstung gehörte, war der Schild.

Er diente zur Abwehr gegen Hieb-, Stich- und Wurfwaffen und war schon im Altertum gebräuchlich. Im Mittelalter kannte man zwei Hauptformen der Schilde, den Buckeler und den Schild im engeren Sinne. Letzterer war rund und wurde namentlich von geringem Kriegsvolk getragen; er hielt sich unter dem Namen Rondellen am längsten in Frankreich, Spanien und den Niederlanden, sowie bei der italienischen Reiterei. Der Buckeler, so genannt nach seinem großen, rübenförmigen Buckel oder Nabel, war rund und gewölbt. Er wurde im 11. Jahrhundert durch den Ritterschild verdrängt, der in der ältesten Form länglich, oben abgerundet, unten spitz war und eine Biegung um den Leib seines Trägers besaß. Um 1200 werden die Schilde oben geradlinig. Sie sind aus Holz gefertigt, mit Leinwand, Leder oder Pergament überzogen und mit dem Ritterwappen geziert. Man trug sie an einem Riemen, der Schildfessel, um den Hals. Zu Ende des 14. Jahrhunderts kamen die Schilde aus dem Kriegsgebrauch, man benutzte sie in veränderter Form nur noch beim Tourniere, wo sie den Namen Tartsche führten.

Durch die Einführung der Feuerwaffen trat dann eine wesentliche Wandlung der gesamten Bewaffnung ein. Nicht nur, daß sämtliche Schutzwaffen sich jetzt als nutzlos erwiesen, auch der ganze Charakter der Schlachten änderte sich. Während früher nur ein kurzes Pfeil- oder Bogenschießen den Kampf einleitete, und die Gegner dann mit der blanken Waffe aufeinander losstürzten, um im Einzelkampf die Schlacht zur Entscheidung zu bringen, suchte man sich jetzt von weitem durch Geschosse aufzureiben.

Die Feuerwaffen zerfallen in zwei Hauptabteilungen: in die Geschütze und in die Handfeuerwaffen. Statt der ersteren benutzte man bis zum Anfang des 14. Jahrhunderts Kriegsmaschinen, ähnlich den Katapulten und Wandeltürmen der alten Römer und Griechen. Der Vorgang der Erfindung des Schießpulvers wird so geschildert, daß ein Mönch eine Mischung von Salpeter, Schwefel und Kohle in einem Mörser zerstieß und von der Wucht der Explosion samt seiner Mörserkeule zurückgeschleudert wurde. Demnach mag auch das erste Feuergeschütz nichts anderes gewesen sein als ein Mörser, an dessen einem Ende eine kleine Öffnung angebracht war, durch die man das Feuer ohne Gefahr der eigenen Person hineinbringen konnte. Bald darauf stellte man Steinböller her, sowie Mörser aus geschmiedeten Eisenstäben, die gleich den Dauben eines Fasses aneinander gefügt und durch Reifen verbunden wurden. Auch die älteste Art der Kanone war ein Mörser, der aber an beiden Enden mit Öffnungen versehen war. Man brachte die Ladung in das untere Ende und verschloß die Öffnung mit einem Metall- oder Holzkeil, der mittels eines hölzernen Hammers eingetrieben wurde. Noch im 16. Jahrhundert war diese Art Geschütz, allerdings in verbessertem Zustande, unter dem Namen Donnerbüchse oder Bombarde in Gebrauch. Spätere Kanonen erhielten bewegliche Ladebüchsen, bestanden aus Flug und Zündkammer und wurden Vogler genannt;

bald danach kamen auch Kanonen mit Vorderladung auf, d. h. solche Kanone
bei denen man die Ladung durch die Mündung einbrachte. Statt der geschmiedet
Kanonen hatte man später gegossene. Von den Holzmörsern des Mittelalters fehl
nähere Beschreibungen; man nimmt an, daß sie aus ausgehöhlten Linden= u
Birkenstämmen bestanden, die außen mit eisernen Reifen, innen mit Bleifütteru
versehen waren. Was die Geschosse betrifft, so hatte man zuerst Steinkugel
später kamen die Blei= und Eisengeschosse auf. Im Jahre 1324 wurden
der Republik Florenz zwei Beamte ernannt, die den Auftrag erhielten, eiser
Kugeln und Metallkanonen zum Schutze der Republik anzufertigen. Es ist du
Geschichtsforscher nachgewiesen, daß bei den Belagerungen von Puy=Guillem u

Fig. 31. Italienische Steinschleudermaschine des 14. Jahrhunderts.

Cambray durch Eduard III. im Jahre 1339 Kanonen gebraucht worden sind; d
Gleiche gilt von der Schlacht bei Crecy, aus der noch Abbildungen von englisch
Kanonen vorhanden sind. Ulrich Grünwald in Nürnberg fertigte 1388 ei
mächtige Büchse im Werte von 500 Gulden an, die auf 1000 Schritt Entfernu
eine sechs Fuß starke Mauer zu durchschlagen vermochte. Der Transport die
Geschützes, das den Namen Kriemhild führte, war äußerst beschwerlich. Für d
Rohr allein waren 12 Pferde nötig, für das Gestell 16, für den Haspel oder d
Winderab vier, für den Schirm und 15—20 Steinkugeln sechs; von den letzteren kon
man auf jeden Wagen etwa drei laden. Zu jedem Schuß gehörte eine Pulverladu
von 14 Pfund. Während man beim Hinterlader zum Einbringen der Ladung ei

Die Waffen.

bewegliche Ladebüchse hatte, benutzte man bei dem späteren Vorderlader einen Stücklader aus Kupfer. Zwischen Pulver= und Kugelladung befand sich ein Holzpfropfen. Anfänglich brachte man das Feuer mittels einer brennenden Kohle oder eines glühenden Eisens an das Stück, erst später kam die Lunte auf, d. h. ein an einem Schaft befindlicher Zünder. Damit der Kanonier oder Konstabel, sowie sein Gehilfe, der Servant, möglichst geschützt waren, brachte man hölzerne Verkleidungen, sogenannte Schirmdächer, an, die sich beim Laden senkten. 1376 sollen zum ersten Male Bomben angewandt worden sein, und zwar von den Venetianern bei der Belagerung von Jabra. Erwiesen ist dies nicht; überhaupt halten viele nicht die Italiener, sondern die Holländer für die Erfinder der Bombe. Bei der Belagerung von Mezières 1521 hat man sich sicherlich der Bomben bedient; dieselben sind dann während des Flandrischen Krieges 1588 wesentlich vervollkommnet worden. Die Bombe, auch Brand= oder Sprengkugel genannt, ist ausgehöhlt

Fig. 32. **Deutsche Kanone des 16. Jahrhunderts.**

und mit Pulver gefüllt, das durch einen Zünder explodiert. Sie hat ein Zündloch, die Tülle, in der der Zünder liegt; außerdem ist sie mit zwei Henkeln versehen, die einen Durchmesser von 8, 10 und 12 Zentimetern haben. Auch die Leuchtbombe, die gleich der Rakete zur Beleuchtung diente, kam schon im 16. Jahrhundert auf, ebenso die Ketten=, Stangen= und Achsenkugeln. Der erste, von dem wir erfahren, daß er zum Guß der Feuerschlünde Bronze angewandt habe, war der Gießer Arau in Augsburg, bei seinen Geschützen ist auch zum ersten Male von bleiernen und eisernen Hohlkugeln die Rede. Ein wesentlicher Fortschritt in der Geschützanfertigung fällt in die Mitte des 15. Jahrhunderts. Er besteht in der Anbringung der Zapfen, durch die nunmehr ein sicheres und leichtes Richten des Geschützes in vertikaler Richtung möglich wurde. Ein von Hartmann in Nürnberg 1440 erfundenes Kalibermaß, Scala liborium genannt, wurde in ganz Deutschland eingeführt und bildet den Vorläufer aller vier Büchsenweiten=

Kaliber von 6, 12, 24 und 40, wie sie durch den berühmten Gießer Kaiser Karls V., Georg Löfler in Augsburg, später allgemein verbreitet wurden. In diese Zeit fällt auch die Einführung der gegossenen Kugeln, die eine Wandlung des gesamten Geschützwesens hervorrief. Bei der Belagerung von Neapel 1530 durch die Spanier hören wir zum ersten Male von der Anwendung von Pulverminen, deren Erfindung indessen meist dem italienischen Ingenieur Francesco di Giorgio zugeschrieben wird. Gegen 1492 brachte man die Feuerschlünde, die bis dahin auf Balken oder gezimmerten Kästen unbeweglich befestigt waren, auf Gestelle oder Lafetten, die auf Rädern gingen und allmählich mit Windzeug und Protzkasten ausgerüstet wurden. Auch die alten mit Lanzen gespickten und zur Verteidigung des Lagers dienenden Wagen hatte man schon zu Ende des 14. Jahrhunderts mit kleinen, in Holz eingefügten Kanonen versehen und ihnen den Namen Ribaudeguins (Hilfsgeschütze) gegeben. Es wäre unmöglich, alle in damaliger Zeit gebräuchlichen Arten von Geschützen mit Namen anzuführen; es giebt deren zu viele, außerdem bezeichnet man dieselbe Waffengattung in den einzelnen Städten nicht selten mit verschiedenen Namen. So giebt es Rotschlangen, Feldschlangen, Halbfeldschlangen, Falkaunen, Falkhähne, Tarasbüchsen, Mörser, Böller, Roller, Basilisken, Spiralen, Wurfkessel, Kartaunen u. s. w. Im 16. und 17. Jahrhundert versah man die Feuerschlünde großen Kalibers nicht selten mit eingegossenen Namen, Inschriften und Reimen. Ein aus einer ganzen Anzahl Kanonen kleinen Kalibers bestehendes Geschütz war das Orgelgeschütz, dessen Läufe bis zur Mündung in einem gezimmerten oder metallenen Gestelle ruhten. Die Ladung wurde entweder durch die Mündung oder von hinten eingebracht, man feuerte die Läufe sowohl nacheinander als auch alle zu gleicher Zeit ab. Bisweilen brachte man zu beiden Seiten, sowie an der Stirnseite des Geschützes lange Spieße an, die weit über die Laufmündung hinausragten. In solchem Falle nannte man das Geschütz Igelgeschütz. Dem Orgelgeschütz nahe verwandt war die Espingole, die sich von dem ersteren nur dadurch unterschied, daß sie anstatt aus Kanonen- aus Flintenläufen zusammengesetzt war. Bei den Schweden im dreißigjährigen Kriege finden wir Lederkanonen. Sie waren mit gelbem Kupfer oder Messing gefüttert; ein um das innere, dünne Kupferrohr gewickeltes Seil trennte letzteres vom Lederüberzug. Es sind noch einige Exemplare dieser Art aufbewahrt; sie haben eine Länge von 2 Metern. Die Tragweite dieser Geschütze war nur eine mittlere, die Feuerschlünde vermochten nur ein Viertel der gewöhnlichen Ladung aufzunehmen. Nach der Schlacht bei Leipzig schaffte man diese Art Kanonen ab, da man die Erfahrung gemacht hatte, daß sie sich bei großer Erhitzung leicht von selbst entluden. Eine gleichfalls mit Leder überzogene Kanone kam in der Schweiz auf. Bei dieser vertrat die Stelle des Seiles eine dicke Kalklage; mehrere schmiedeeiserne Reifen, die um das Rohr gelegt waren, vermehrten die Widerstandsfähigkeit desselben. Das geringe Gewicht dieses Geschützes machte es für die Gebirgsgegend der Schweiz sehr geeignet, die Kanone war so leicht, daß sie ein Mann auf dem Rücken tragen konnte. Gegen Anfang des 17. Jahrhunderts benutzte man zur Sprengung von Festungsthoren kleine kurze Kanonen, Sprengstücke, Sprengmörser oder Petarden genannt. Ihre Länge betrug gewöhnlich 40 Zentimeter, ihr Durchmesser 20. Die Ladung bestand aus Pulver und Erde. Um der Petarde eine horizontale Lage zu geben, nagelte man eine dicke Rolle an das zu erbrechende Thor. Man unterschied Thor-, Ketten-, Pallisaden-, Gitter-, Fallgatter- und Minenpetarden. Sie blieben bis zu Ende des 18. Jahrhunderts in Gebrauch; ihre Erfindung wird den Ungarn zugeschrieben. Von Granaten hört man zum ersten Male im Jahre 1536; unsere heutigen Schrapnells (Kartätschgranaten, Hohlgeschosse mit Bleikugelfüllung) sind erst eine Erfindung der Neuzeit; als ihre Vorgänger kann man die um 1600 aufgekommenen Hagelkugeln betrachten. Kartätschenfeuer soll entweder im 16. Jahrhundert, nach anderen Berichten 1620 von Gustav Adolf zum ersten Male angewandt worden sein. Es gehören dazu Feuerwaffen großen Kalibers, Kanonen oder Haubitzen; die Geschosse bestehen aus Eisenstücken und kleineren Kugeln.

Die tragbaren oder Handfeuerwaffen mögen sich aus der Armbrust und den damit geschleuderten Raketenbolzen entwickelt haben. Die ersten Spuren von Handgewehren finden sich in der Mitte des 14. Jahrhunderts. Es kamen kleine Handkanonen, sogenannte Knallbüchsen, auf, die aus einem eisernen Rohre bestehen, in dessen hinteres Ende ein eiserner Stielverschluß eingeschoben ist, der gleichzeitig als Handhabe dient. Schon 1414 schoß man mit Bleikugeln, 1420 sollen dieselben bei der Belagerung von Bonifacio auf Corsika die Rüstungen der Krieger durchbohrt haben. Zu Anfang des 15. Jahrhunderts wurden die Hakenbüchsen erfunden, deren Lauf aus Schmiedeeisen über einen Dorn geschweißt und in einem geraden Schaft befestigt war. Als Zünder diente entweder glühende Kohle oder Lunte. Bald darauf versah man die Büchsen mit einem Hahn in Form eines Drachen, in dessen Kopf die brennende Lunte eingeklemmt wurde. Man nennt diese Vorrichtung das Luntenschloß. Ein Abzug leitete den Hahn auf die Zündpfanne, die rechts am Laufe angebracht war. Ungefähr um dieselbe Zeit versah man die Büchsen mit Visier und Korn und gab ihnen eine Ladestockrinne im Vorderschaft. 1429 wurde schon in Nürnberg ein Scheibenschießen mit Handfeuerrohren abgehalten. Eine wesentliche Verbesserung bestand in der Einführung des Radschlosses, das 1517 von einem Nürnberger Uhrmacher erfunden wurde. Durch ein stählernes Zahnrad wird ein Stück Schwefelkies oder Feuerstein in Reibung und Entzündung versetzt. Einzelne Funken springen ab und kommen an das Zündkraut, das dadurch explodiert. Da das Radschloß anfänglich öfters versagte, blieb das Luntenschloß noch bis 1700 in Gebrauch. Ein weiterer Fortschritt war die Erfindung des Schnapphahnschlosses, das mit einem federnden Hahne versehen war und gleichfalls mittels Schwefelkies seine Dienste verrichtete. Aus ihm entwickelte sich das Steinschloß, dessen Mechanismus dem unseres heutigen Perkussionsschlosses völlig gleicht. In den Hahn wurde ein Stück Feuerstein eingeklemmt, der auf die Schlagfläche des stählernen Pfannendeckels schlug und dort Funken erzeugte. Da durch den Schlag auch zugleich der Pfannendeckel zurückgeschlagen wurde, drangen die Funken in die Pfanne ein und gelangten an das darin liegende Pulver.

Als mit dem Beginn des 17. Jahrhunderts die Harnische mehr und mehr abkamen, verminderte man die Kaliber der Handfeuerwaffen und machte die letzteren dadurch beträchtlich leichter. Während die Muskete des dreißigjährigen Krieges 6 Kilogramm wog, führte man im siebenjährigen Kriege eine solche von nur 4,75 Kilogramm Gewicht. Anfang des 17. Jahrhunderts kam das Bajonett auf, das noch heute in Gebrauch ist. Leopold I. von Dessau, der Organisator der preußischen Infanterie, führte 1730 den eisernen Ladestock ein, dessen Schaft eine für den Anschlag bequeme Krümmung erhielt. Die Feuergeschwindigkeit dieser Geschütze war sehr groß, Friedrich II. ließ fünf Schuß in der Minute damit abgeben. Die Geschosse bestanden in Bleikugeln, die zur Erleichterung des Ladens mit beträchtlichem Spielraum in den Lauf gehen mußten. Zwar kannte man die Züge längst, allein sie waren noch gerade. Der gezogene Lauf ist eine Erfindung Kaspar Zöllners in Wien. 1498 fand bereits ein Scheibenschießen mit gezogenen Gewehren in Leipzig statt. Die schraubenförmig gewundenen Züge sind wahrscheinlich von Augustin Kutter aus Nürnberg erfunden worden. Um den Spielraum aufzuheben, hüllte man die Kugeln in gefettete Leinwand und keilte sie so in den Lauf ein. Nur durch Einpressung der Geschosse in die Züge und die hierdurch verursachte Geschoßdrehung konnte eine größere Treffähigkeit erreicht werden, während die Vermehrung der Tragweite, hervorgerufen durch leichtere Überwindung des Luftwiderstandes, allein dadurch zu erzielen war, daß man die Geschosse verlängerte und zuspitzte. Das lästige Einkeilen suchten schon Delvigne und Thouvenin bei der Konstruktion der Dorngewehre zu vermeiden, die einen Stahldorn am Boden der Seele trugen, und deren Geschosse Spitzkugeln waren. Besser noch als die Dorngewehre erfüllten die von dem französischen Kapitän Minié erfundenen Expansionsgeschosse ihren Zweck, die mit Metallnäpfchen, Culot genannt, versehen waren, welche die Pulvergase in den Kanal drückten. Indessen sind auch sie durch die Hinterlader und die Einheitspatronen verdrängt worden.

Schon vom 15. Jahrhundert an versuchte man Hinterladungsgewehre herzustellen. 1812 erhielt der Gewehrfabrikdirektor Pauli ein Patent auf ein Hinterladungsgewehr, das als Vorläufer des Lefaucheux-Gewehres betrachtet werden kann. Indessen erwies sich auch seine Arbeit als unvollkommen, denn es fehlte noch immer der gasdichte Verschluß. Patronen gab es gleichfalls schon im 16. Jahrhundert, und zwar bestand die alte Flintenpatrone in einer Vereinigung von Geschoß und Ladung in einer Papierhülse. Beide, sowohl die Hinterladung, als auch die Patrone sind erst durch Nikolaus Dreyse vervollkommnet worden. Derselbe erfand zunächst die Einheitspatrone, d. h. er vereinigte Geschoß, Ladung und Zündung in einer gemeinsamen Hülse. 1829 legte er der preußischen Regierung einen Vorderlader vor, dessen Geschoß aus Rundkugel und Einheitspatrone bestand. 1836 erfand

Fig. 33. Dreyse.*)

Dreyse das Hinterladungs-Zündnadelgewehr, das 1841 im preußischen Heere eingeführt wurde und sich im Kriege 1866 so vortrefflich bewährte, daß eine allgemeine Umwälzung in der Konstruktion der Handfeuerwaffen bei sämtlichen Armeen eintrat.

---

*) Johann Nikolaus von Dreyse wurde am 20. Nov. 1787 in Sömmerda bei Erfurt geboren. Er erlernte das Schlosserhandwerk, arbeitete seit dem Jahre 1806 in Altenburg und Dresden, später in der Gewehrfabrik von Pauli in Paris. Nach seiner Rückkehr gründete er in Sömmerda in Gemeinschaft mit dem Kaufmann Kronbiegel eine Eisenwaren-Fabrik, wandte sich aber besonders der Verbesserung der Gewehre zu. 1824 brachte er eine Verbesserung der Masse und Konstruktion der Zündhütchen und gründete zur Herstellung derselben eine neue Fabrik.

a. Geschütze.

Die Geschütze weisen je nach ihrer besonderen Bestimmung und Verwendung eine große Verschiedenartigkeit auf. Die Thätigkeit aller Geschütze bezweckt jedoch immer dasselbe: möglichst schnell und sicher zu vernichten.

Man unterscheidet Festungsgeschütze, Feldgeschütze, Gebirgsgeschütze, Belagerungsgeschütze, Küstengeschütze und Schiffsgeschütze. Je nach der Art ihrer Konstruktion unterscheidet man glatte Geschütze, gezogene Geschütze, Kanonen und Mörser.

Die beiden Hauptbestandteile eines Geschützes sind das Geschützrohr und die Lafette.

Die Bohrung des Geschützes bezeichnet man mit dem Namen Seele, der Durchmesser der Bohrung heißt Kaliber. Je nach ihrem Kaliber haben die Geschützrohre verschiedene Benennungen. Früher bezeichnete man sie entweder nach der Schwere ihrer eisernen Vollkugeln in Pfunden als 4-, 6-, 12-Pfünder u. s. w. oder nach ihrem Durchmesser in Zentimetern, 8, 9, 12 Zentimeter u. s. w.; vielfach benannte man sie auch nach dem Rohrgewicht in Tonnen. Geschütze, welche von vorn geladen werden, nennt man Vorderlader, im Gegensatz zu den Hinterladern, welche von hinten geladen werden. Bei den gezogenen Geschützen sind in die Seelenwand sogenannte Züge, flache, spiralförmige Vertiefungen, eingeschnitten. Bei richtig verfertigten Rohren soll die Seelenmittellinie, die Seelenachse, mit der Achse des Rohres zusammenfallen. Zu beiden Seiten des Rohres befinden sich walzenförmige Angüsse, die Schildzapfen, vermittels derer das Rohr mit der Lafette verbunden wird. Die Achse der Schildzapfen, die Schildzapfenachse, muß senkrecht zur Rohrachse stehen; der Schnittpunkt beider Achsen heißt Lagerpunkt. Die Lage der Schildzapfen äußert sich an dem Rohr auf zweierlei Weise, entweder hält sie dasselbe im Gleichgewicht und verringert so die nachteilige Einwirkung des „Buckens", d. h. das Abprallen des Rohres von der Richtsohle beim Schießen, oder sie giebt dem Rohre Hintergewicht, um es auf der Richtsohle aufliegen und deren Bewegungen folgen zu lassen. Zuweilen wird die Rohrmündung durch den Geschützkopf verstärkt. Der Teil des Geschützrohres, an welchem die Schildzapfen angebracht sind, heißt Zapfenstück oder Mittelstück, der zwischen diesem und dem Kopf befindliche Teil das Langefeld. Die Fortsetzung des

---

Vor allem aber ging sein Bestreben danach, die Zündung bei den Gewehren von außen nach innen zu verlegen, ferner eine Einheitspatrone zu konstruieren, die alle für den Schuß notwendigen Teile enthalten sollte. Seine Bemühungen führten ihn 1827 zur Erfindung des Zündnadelgewehrs, welches aber noch von vorn geladen und erst 1836 in einen Hinterlader verwandelt wurde. 1840 wurde diese Waffe von der preußischen Armee eingeführt. Dreyse wurde 1864 in den Adelstand erhoben und starb 1867 in seinem Geburtsort. Er erfand auch ein Granatgewehr mit Sprenggeschoß, welches aber keine praktische Bedeutung gewonnen hat.

Mittelstückes nach hinten wird Verschlußstück oder Bodenstück genannt, bei Vorderladern endigt dasselbe in der Traube.

Bei älteren bronzenen Rohren stehen über dem Schwerpunkt sogenannte Delphine oder Henkel. Bei den Hinterladern wird durch den Verschluß die Seele nach hinten zu abgeschlossen und so der Seelenboden hergestellt. Das in der Nähe desselben angebrachte Zündloch geht entweder schräg von hinten nach vorn oder befindet sich senkrecht zur Rohrachse; in diesen beiden Fällen spricht man von einer Oberzündung, während das Zündloch bei der Zentralzündung in der Rohrachse durch den Keil geführt ist. Um das Geschützrohr in die erforderliche Richtung bringen zu können, ist entweder vorn auf dem Kopf, auf den Schildzapfen oder auf dem Rohr zu deren Seiten ein Korn befestigt.

Der zweite Teil der Richtvorrichtung am Geschützrohr ist der Aufsatz, der bei den Geschützen der Artillerie zum Nehmen der Höhenrichtung dient. Er wird durch die Aufsatzstange gebildet, die entweder an ihrem oberen Ende ein festes Visier trägt, das nur ein seitliches Schieben zum Nehmen der Seitenrichtung gestattet, oder es befindet sich ein verschiebbarer Visierschieber an der Stange. Bei den deutschen Feldgeschützen ist die Aufsatzstange mit einer Gradskala und je einer Entfernungsskala für Granaten und Schrapnells versehen. Schiffsgeschütze, Feld- und Küstengeschütze haben einen (erstere rechts und links) festen Aufsatz; die Stange desselben, welche oben das Visier trägt, steckt seitlich der Seele in einem Loch im Bodenstück des Rohres. Die anderen Geschütze haben einen losen Aufsatz, der zum Richten auf das Rohr gesetzt wird.

Vielfach muß die Höhenrichtung, anstatt mit dem Aufsatz mit dem Quadranten nach Graden genommen werden. Das in der Jetztzeit hierzu gebräuchliche Instrument ist der Libellquadrant, dessen Platte ein rechtwinkeliges Dreieck bildet. An der Platte ist eine Röhrenlibelle*) um einen Endpunkt drehbar befestigt, sodaß sich das andere Ende an einem Gradbogen von 45 Grad Länge bewegt und mittels einer Mikrometerschraube**) und eines Nonius***) halbe $1/16$ Grade nehmen läßt. Eine der beiden Kathetenflächen wird dabei auf das Rohr gesetzt.

Kanonen, Flachbahngeschütze, welche eine Länge von 20—45 und noch mehr

---

*) Röhrenlibelle = Wasserwage in Gestalt eines gänzlich geschlossenen Gefäßes, welches derartig mit Flüssigkeit gefüllt ist, daß nur ein kleiner Luftraum, eine Luftblase, übrigbleibt. Diese Blase nimmt stets die oberste Stelle ein und macht die Libelle daher zur Prüfung der horizontalen Lage von Flächen und Linien geeignet.

**) Mikrometerschraube = eine mit einem sehr feinen Gewinde und einer Teilung am Kopfe versehene Schraube. Mittels der Teilung am Kopfe läßt sich eine sehr genaue Messung der linearen (linienförmigen) Verschiebung der Schraubenmutter, die durch Drehung der Mikrometerschraube entstanden ist, vornehmen.

***) Nonius = ein kleiner, an einem größeren verschiebbarer Maßstab, mit dessen Hilfe man Teile messen kann, die kleiner sind als die direkt angegebenen.

Kalibern haben, feuern die Geschosse mit großer Anfangsgeschwindigkeit. 10—12 Kaliber lange, gezogene Kanonen werden häufig **Haubitzen** genannt; diese und Mörser von 6—8 Kaliber Rohrlänge geben ihren Geschossen eine mehr oder weniger gekrümmte Flugbahn.

Wir fügen hier einige erläuternde Worte über die **Flugbahn** ein. Die Flugbahn ist der Weg, den ein aus der Feuerwaffe fortgeschleudertes Geschoß in der Luft beschreibt. Geschwindigkeit, Drehung, Richtung, Schwerkraft und Luftwiderstand üben auf die Gestaltung der Flugbahn einen verschiedentlichen Einfluß aus. Würde ein Geschoß, nur dem einmaligen Stoße der Pulvergase folgend, unabhängig von der Schwerkraft in einem luftleeren Raum fortgetrieben, so würde das Resultat eine unaufhörliche, geradlinige Vorwärtsbewegung sein, und zwar vollzöge sich dieselbe in der Richtung der Seelenachse. Durch die Einwirkung der Schwerkraft senkt sich das Geschoß, es bildet sich eine regelmäßig gekrümmte Linie, die **parabolische Kurve**. Der Scheitelpunkt dieser Linie liegt in der Mitte; der Weg von der Mündung bis zum Scheitelpunkt, der „aufsteigende Ast", ist dem Weg vom Scheitelpunkt bis zum Geschoßaufschlag, dem „absteigenden Ast", gleich. Die Neigung des aus dem Lauf getriebenen Geschosses gegen die Horizontale, der „Abgangswinkel", und die Geschoßneigung gegen die Horizontale am Aufschlag, der „Fallwinkel", haben gleiche Größe. In dem Luftwiderstand tritt der Geschoßbewegung ein Hindernis entgegen, das für die weitere Vorwärtsbewegung des Geschosses ein ununterbrochenes Hemmnis bildet. Die Wirkung der Schwerkraft bleibt stets gleichmäßig, das Fortschreiten nimmt aber in jedem Zeitteilchen ab, hieraus entsteht die „**ballistische Kurve**", eine ungleichmäßig gekrümmte Linie. Der Scheitelpunkt ist bei dieser Linie dem Aufschlagpunkt näher gerückt; die Länge des aufsteigenden Astes ist beträchtlicher als die des absteigenden, und der Fallwinkel hat eine ausgedehntere Größe als der Abgangswinkel; schließlich zeigt die Endgeschwindigkeit im Verhältnis zur Anfangsgeschwindigkeit eine Verminderung. Um flache Flugbahnen hervorzubringen und den Luftwiderstand gut zu überwinden, sind eine vorteilhafte Querschnittsbelastung des Geschosses, eine entsprechende Form desselben und eine große Anfangsgeschwindigkeit erforderlich. Die **Anfangsgeschwindigkeit**, d. h. die Geschwindigkeit, mit der das Geschoß die Waffenmündung verläßt, wird nach Metern berechnet; sie bezeichnet den Weg, den das Geschoß binnen einer Sekunde ohne die Einwirkung des Luftwiderstandes zurücklegen würde. Die **Endgeschwindigkeit** ist demnach die Geschwindigkeit, mit der das Geschoß am Aufschlag anlangt.

Das **Treibmittel** ist hinsichtlich der Erzielung einer großen Anfangsgeschwindigkeit von hervorragender Bedeutung, da es die einzige treibende Kraft ist, welche auf das Geschoß einwirkt. Die Gasspannung erreicht einen umso höheren Grad, je kräftiger das Geschoß ist, je geeigneter sich der Verbrennungsraum erweist, und

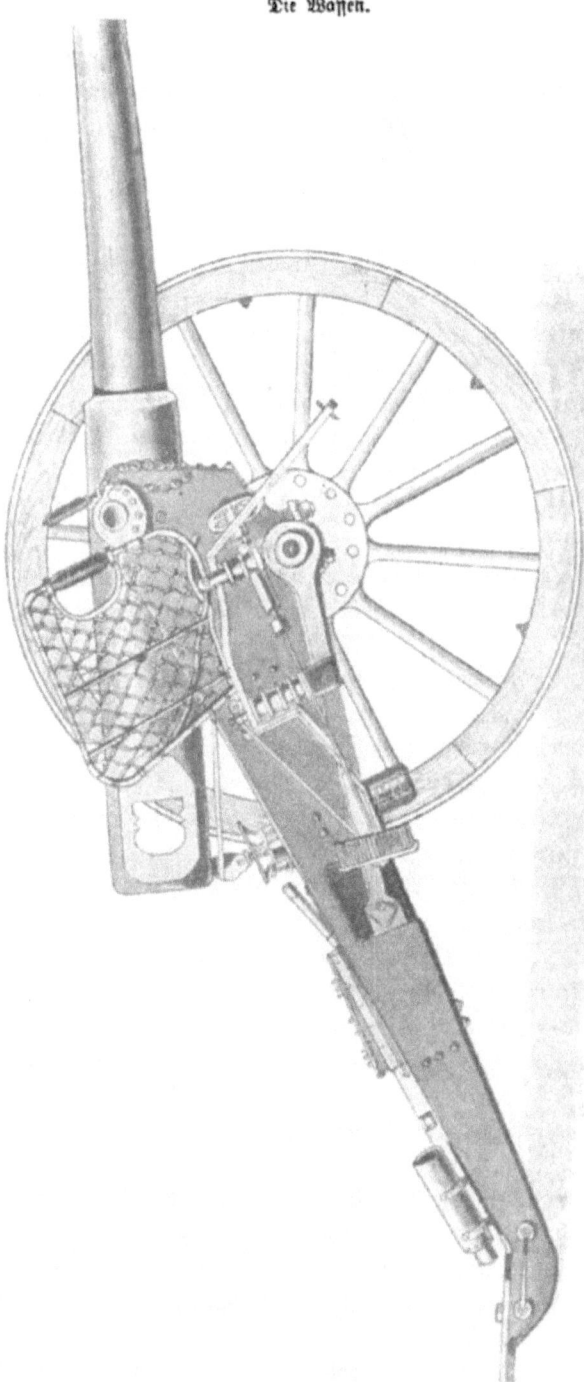

Fig. 34. Deutsches Feldgeschütz C/73.

je günstiger die Zersetzung vor sich geht; je nach diesen Umständen ist auch die Anfangsgeschwindigkeit eine mehr oder weniger große. Von Wichtigkeit ist das Ladungsverhältnis, d. h. die Menge des zur Verwendung kommenden Treibmittels im Verhältnis zu dem Gewicht des Geschosses. Je größer das Ladungsverhältnis ist, umso mehr nimmt die Anfangsgeschwindigkeit zu. Auch die Inneneinrichtung der Waffe und das Geschoß selbst üben einen wesentlichen Einfluß auf dieselbe aus. Demzufolge wird die Anfangsgeschwindigkeit umso geringer sein, je größer der vom Geschoß im Rohre zu bewältigende Widerstand ist, da je nach demselben mehr oder weniger Kraft verloren geht.

Mit der Geschwindigkeit des Geschosses vergrößert sich auch der Luftwiderstand; von der Gewalt eines schwereren Geschosses wird er leichter überwunden als von einem leichten Geschoß. Für die gute Bewältigung des Luftwiderstandes ist die Form der Geschosse von besonderer Wichtigkeit. In dieser Hinsicht ist ein schweres Geschoß mit zweckmäßig geformter Spitze und kleinem Querschnitt am geeignetsten. Deshalb sind Langgeschosse mit Bogenspitze gebräuchlich, weil diese mit den Vorzügen eines kleinen Querschnittes eine hohe Querschnittsbelastung vereinigen, und außerdem eine Bogenspitze die Luft am besten durchschneidet. Da sich die Langgeschosse jedoch in der Luft überschlagen würden, hat man, um diesem vorzubeugen, besondere Einrichtungen getroffen; wären diese nicht vorhanden, so würde sich ein merklicher Rückgang in der Trefffähigkeit der Waffen geltend machen. In die Seele des Geschützes sind spiralförmig gewundene Vertiefungen (Züge) eingeschnitten, welche das Geschoß zwingen, diese Drehung auf sich zu übertragen und auch in der Luft beizubehalten, sodaß sich das Geschoß stets mit nach vorwärts gerichteter Spitze bewegt. Infolge des Einflusses, den der Luftwiderstand ausübt, wird das Geschoß durch diese Umdrehung um seine Längsachse aus seiner anfänglichen, durch die Seelenachse gelegten senkrechten Ebene nach derjenigen Seite hin abgedrängt, nach der es die Drehungen ausführt. Diesen Vorgang bezeichnet man als ständige Seitenabweichung, Deviation und Derivation. Je mehr die Länge der Flugbahn zunimmt, je stärker die Züge gedreht sind, und je mehr sich die Fluggeschwindigkeit verringert, umso mehr nimmt die ständige Seitenabweichung zu. Unter gleichen Verhältnissen ist dieselbe immer die gleiche, sodaß man sie beim Zielen durch eine Vorrichtung am Visier in Betracht ziehen und auf diese Weise unschädlich machen kann.

Durch große Anfangsgeschwindigkeit, gute Querschnittsbelastung und kleine Erhöhungs-, Elevations- oder Richtungswinkel erzielt man flache, rasante (nicht über Manneshöhe gehende) Bahnen. Je nach Stellung und Lage des Zieles benötigt man jedoch auch mehr oder weniger stark gekrümmter Bahnen, welche große Erhöhungswinkel und kleine Ladungsverhältnisse bedingen. Eine gute Querschnittsbelastung wird dadurch erzielt, daß man die Geschosse möglichst lang anfertigt. Unter anderem sind auch die verbesserten Trefferfolge auf die Verlängerung der Geschosse zurückzuführen.

Die Streugeschosse, Sprenggranaten, Granaten, Schrapnells und Kartätschen geben ihren Flugbahnen insgesamt die Gestalt eines Kegels, der als Streuungskegel bezeichnet wird. Die Spitze desselben liegt im Sprengpunkt, bei der Kartätsche befindet sie sich an der Mündung des Geschützes. Erhöhungswinkel und Abgangswinkel sind nicht immer die gleichen; bei gezogenen Waffen macht sich ein Abgangsfehlerwinkel bemerkbar, der sich im wesentlichen durch die Schwingungen des Laufes bildet, ferner aber auch dadurch entsteht, daß weder der Unterstützungspunkt der Waffe, noch deren Schwerpunkt mit der Richtung der Seelenachse zusammentreffen.

Bevor wir uns wieder dem Geschützrohr zuwenden, wollen wir die Lafette betrachten, d. i. das Gerüst, in welchem das Geschützrohr beim Schießen und meistens auch während des Transportes ruht. Feldgeschütze erfordern in erster Linie eine möglichst wenig Schwierigkeit verursachende, rasche Handhabung und Fahrbarkeit der Lafette. Durch den Rücklauf, der zum Lafettengewicht im umgekehrten Verhältnis steht, ist indessen der Leichtigkeit der Lafette eine praktische Grenze gezogen. Der Rücklauf wird durch Hemmvorrichtungen beschränkt.

Die Lafetten bestehen in der Regel aus zwei auf der hohen Kante stehenden Wänden, die entweder gleichlaufend sind oder sich nach hinten einander nähern. Durch horizontale Bolzen werden die Wände zusammen= und durch Riegel auseinandergehalten. In der Oberkante der Wände liegen zur Aufnahme des Geschützrohres die Schildzapfenpfannenlager, deren Achsenhöhe über dem Boden Feuerhöhe oder Lagerhöhe genannt wird. Je höher dieselbe ist, umso mehr nimmt auch die Kniehöhe zu; letztere ist der lotrechte Abstand der Feuerlinie oder Schartensohle vom Geschützstand. Zwischen den Wänden, unterhalb des Rohrbodenstückes, befindet sich die Richtmaschine, die zum Senken und Heben des Rohres bei der Höhenrichtung dient. Der Lafettenschwanz, das Hinterende der Lafette, endigt bei den Räderlafetten in eine Protzöse, oder der Schwanzriegel hat ein Protzloch, vermittels dessen die Lafette mit der Protze verbunden wird.

Die den Artillerien zugehörigen Feldlafetten haben aus Gußstahlblech gestanzte Wände, zwischen denen die Schraubenrichtmaschine angebracht ist; außerdem ist zwischen die Wände ein Lafettenkasten für Zubehörstücke eingenietet. Die gußstählerne Achse ist gewöhnlich rund. Einem etwaigen Achsenbruch beim Rückstoß wird durch Mitnehmer vorgebeugt. Letztere sind flache, mit einem Ende an die Lafettenwände angebolzte Eisenstäbe, welche mit einer als Stoßscheibe dienenden Öse bis zum Stoß über die Achsschenkel geschoben sind. Zwischen den beiden Scheiben der bronzenen Radnaben stecken die keilförmigen Enden der hölzernen Speichen. Zu jeder Seite der Lafette ist auf der Achse und dem Mitnehmer für je einen Kanonier der Geschützbedienung ein Achssitz angebracht, der auf drei Trägern mit Gummipuffern ruht.

Die Lafette ist mit einer Lemoine'schen Seilbremse oder mit einer Hebelbremse ausgestattet. Erstere hat in Deutschland und Frankreich Aufnahme gefunden. Das Seil derselben, welches mit einer Spannschiene verbunden ist, wickelt sich beim Rücklauf auf die Nabe auf; je mehr es sich auf die Nabe aufwickelt, umso fester zieht es dabei die Bremsklötze gegen die Radreifen. Bei der von Krupp angewandten Gawron'schen Scheibenbremse werden ringförmige, hölzerne und stählerne Scheiben aneinandergepreßt. Die eine Scheibe ist an der Achse, die andere an der Nabe befestigt, sodaß sie in die gegenseitigen Zwischenräume eingreifen. Die Hemmung und Reibung des Rades ist umso stärker, je fester die Scheiben zusammengezogen werden. Ferner sind auch hydraulische Rücklaufbremsen in Verbindung mit Vorlauffedern zur Anwendung gekommen. Wirksame Schußbremsen für Feldlafetten, auf Feldboden jedoch nicht geeignet, sind der unter dem Lafettenschwanz angebrachte blattförmige Sporn (Pflugschar), und die La Place'sche Ankerbremse. Letztere besteht in einem in die Erde gedrückten Anker, der mit einem Seil oder einer Kette an der Achse des Geschützes befestigt wird; erstere ist in Spanien eingeführt. Um die Lafette für die Fahrt bereit zu machen, wird sie aufgeprotzt, d. h. mit den Vorderwagen des Fahrzeuges bildenden Protze verbunden. Über der Protzachse befindet sich der Protzkasten, in welchem Zubehörstücke und Munition untergebracht werden. Während der Fahrt nehmen drei Mann der Geschützbedienung auf dem Deckel Platz.

Bei den Kanonen der Festungs- und Belagerungsartillerie haben die Lafetten, um ein Hinwegschießen über die Brustwehr zu ermöglichen, eine Lagerhöhe von 1,80—1,90 Metern. In gleicher Absicht hat man meistens auf den Wänden über der Achse einen dreieckigen Bock angebracht, in welchem oben das Geschützrohr ruht. Die Lafette ist aus Eisen konstruiert; Richtmaschine, Räder und Achse sind denjenigen der Feldartillerie ähnlich; der Rücklauf wird durch Hemmkeile oder hydraulische Bremsen aufgehalten. In den siebziger Jahren wurde von Krupp auf einem offenen Eisenbahnwagen (Lowry) eine Festungskanone in einer Verschwindungslafette aufgestellt. Der Wagen läuft auf einem Schienengleise hinter der Festungsbrustwehr, demnach kann er nach jedem Schuß seinen Standort verändern. In der Feuerstellung ragt das Geschützrohr über die Brustwehr empor, durch den Schuß wird es jedoch in die feindlicherseits nicht sichtbare tiefe Ladestellung herabgedrückt, um sich erst zum Schuß wieder zu erheben. Derartige Lowry- oder Eisenbahn-Lafetten sind vielfach eingeführt worden. Bei dem Rückstoß preßt das Geschützrohr ein Scheibenfedersystem zusammen; diese Federn heben das Rohr auch in die Feuerstellung hinauf. Die Lafette läßt sich auf einem auf der Lowry liegenden Zahnkranz drehen.

Die Waffen.   165

Mörser mit größerem Kaliber haben zwar auch fahrbare Lafetten, beim Schießen werden jedoch die Räder meistens entfernt; in diesem Falle ruht die niedrige, eiserne Lafette mit breiter Sohle auf der Bettung. Vermittels ihrer Richtmaschine können Elevationen (Höhenrichtungen) bis zu 70 Grad ausgeführt werden. Die Rahmenkasemattenlafette C/72*) für 8 und 9 Zentimeter-Kanonen

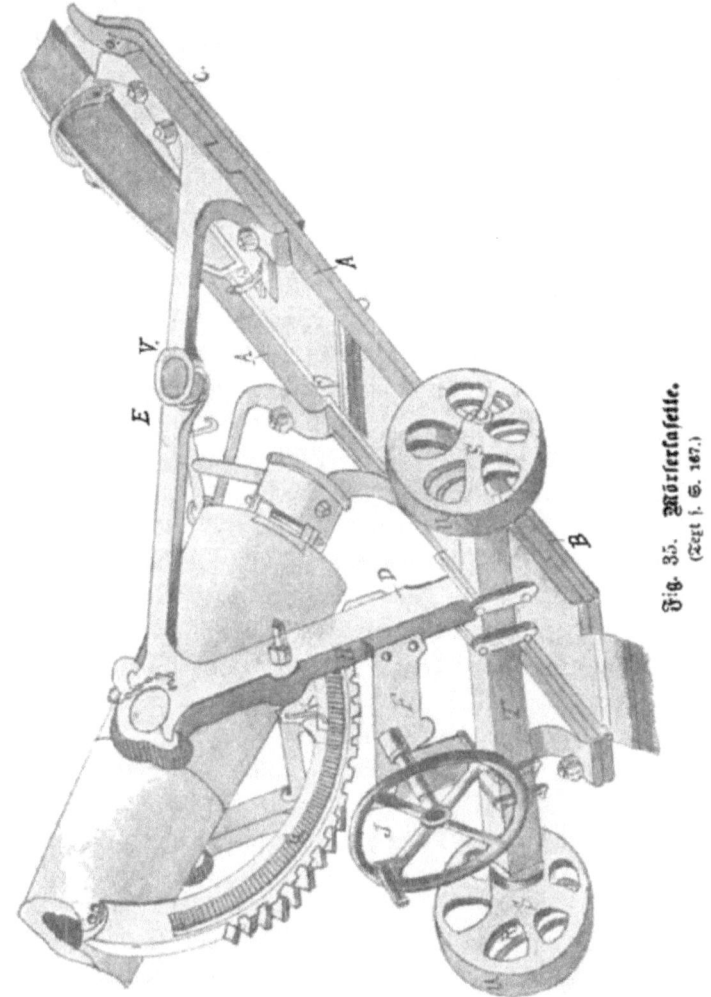

Fig. 35. **Mörserlafette.**
(Text s. S. 167.)

hat Ähnlichkeit mit den Küstenlafetten. Zum Aufstellen auf offenem Walle sind

---

*) C bedeutet im Militärwesen soviel wie Konstruktion bei Geschützen u. s. w., z. B. C/72: Konstruktion vom Jahre 1872.

L bezeichnet im Geschützwesen die Länge von Geschütz oder Geschoß in Kalibern, z. B. L/40: Geschützrohr von 40 Kaliber Länge.

letztere als eiserne Rahmenlafetten von 1,80 oder 2 Meter Feuerhöhe konstruiert. Die eigentliche Lafette besteht aus zusammengenieteten Eisenblechen. Mit Hilfe eines Handspeichenrades wird die Zahnbogenrichtmaschine in Thätigkeit versetzt; um sie aufzuhalten, tritt eine Bremse in Kraft. Der auf vier Rädern stehende Rahmen bewegt sich auf kreisförmig gebogenen Schienen. Eine Schwenkvorrichtung setzt ihn auf diesen seitlich um ein Pivot (Zapfen) in Bewegung. Das Pivot liegt in nächster Nähe der Brustwehr und ist mit dem Rahmen durch die Pivotklappe verbunden. Eine hydraulische Bremse hemmt den Rücklauf.

Bei den Minimalschartenlafetten schwingt das Rohr um einen Punkt in der Schartenmitte; für das Geschützrohr ist in der Scharte nur ein minimaler Spielraum erforderlich. Grusons Minimalschartenlafette ist mit einer hydraulischen Pumpe versehen, durch die die Bewegungen des Rohres herbeigeführt werden. Diese Pumpe hebt und senkt die Unterlafette, die sich um eine Welle dreht. Auf der Unterlafette gleiten Oberlafette und Geschützrohr zurück. Die Beschränkung des Rücklaufs vermitteln seitlich angebrachte hydraulische Bremsen. Derartige Lafetten haben sich in Deutschland für Geschütze in Hartgußpanzerständen Eingang verschafft. Die Krupp'sche Panzerkanone hat weder Rücklauf noch offene Scharte. Durch eine Art Kugelgelenk wird sie mit der Mündung im Panzer gehalten. Durch die Moncrieff'sche Gegengewichtslafette ist die Konstruktion einer ganzen Anzahl verschiedenartiger Verschwindungslafetten veranlaßt worden. Der Rückstoß versetzt bei letzteren das Geschützrohr aus der Feuerstellung in die tiefere Lade- und Deckungsstellung. Hierbei bleibt genug Kraft des Rückstoßes überflüssig, um das Geschützrohr wieder in die Feuerstellung zu bringen. Mehrere Lafettenbauer lassen Gewichte heben und machen diese dadurch zu Kraftspeichern. Bei Armstrongs hydro-pneumatischer Lafette befördert der Druck des Rückstoßes Flüssigkeit aus einer hydraulischen Bremse in Kammern, die mit Luft auf ungefähr 60 Atmosphären gefüllt sind. Nach Auslösung der Hemmung wird das Geschütz gehoben. In italienischen Küstenwerken sind Armstrong'sche Verschwindungslafetten in Benutzung. An den Küsten der Vereinigten Staaten haben Verschwindungslafetten und pneumatische Lafetten Aufstellung gefunden.

Besonderes Gewicht legen die Lafettenerbauer jetzt auf möglichst große Beschränkung des Rücklaufs; so werden z. B. gegenwärtig die schon mit einer Fahrbremse versehenen Feldlafetten auch noch mit einer Rücklaufbremse, und zwar von Krupp und Gawron mit einer Scheibenbremse, ausgestattet. Durch derartige Vorrichtungen wird die Feuerschnelligkeit erhöht.

Zur Aufnahme von Schnellfeuergeschützen sind Panzerlafetten geeignet, da der Rücklauf bei denselben vollständig ausgeschlossen ist. Schumann hat solche Panzerstände mit einer Kuppeldecke für jedes Geschütz hergestellt. Letzteres ist mit der Kuppel in einer Weise verbunden, die nur die Bewegung für die Höhenrichtung ermöglicht; Seitenrichtung wird ihm durch Drehung der Panzerkuppel gewährt. In fahrbaren Panzerlafetten werden Geschütze kleineren Kalibers untergebracht, die im Gefecht Verwendung finden sollen. Zur Beförderung dient ein zweiräberiger, mit Trageschienen versehener Wagen. Hat man vermittels des letzteren die Panzerlafette nach dem Bestimmungsort, der Brustwehr eines Schützengrabens oder dem Vorgelände eines Festungswerks, transportiert, so wird sie dort derart eingegraben, daß nur die Kuppel hervorragt. Das Gewicht einer solchen Lafette nebst Protze und Geschütz von 3,7 Zentimeter Kaliber beträgt 20 Zentner; bei einem Geschütz von 5,3 Zentimeter Kaliber stellt sich das Gewicht auf 52, bei einem Geschütz von 5,7 Zentimeter Kaliber auf 58 Zentner.

Panzerlafetten, die für Geschütze größeren Kalibers bestimmt sind, zeigen eine abweichende Einrichtung. Sie werden nämlich mit einer Hebevorrichtung versehen, mittels derer die 10 Zentimeter starke Panzerdecke gehoben und nach erfolgtem Schuß in die vorige Stellung, auf den Vorpanzerring, zurückgebracht wird. An der Panzerdecke sind die Lafettenwände festgemacht, zwischen denen sich der Rohrträger befindet. Das Rohr wird von einem Zahnbogen unterstützt und mit Hilfe eines Hebels festgebremst. Durch ein in einen Zahnkranz eingreifendes Handrad kann eine Drehung der Kuppel bewerkstelligt werden. Ungefähr drei Sekunden nach dem Schuß hat sich die Decke vollständig gesenkt. Für diese Panzerlafette und für den Mörserpanzerstand ist ein aus Beton und Mauerwerk hergestelltes Fundament unentbehrlich. Für einen 21 Zentimeter-Mörser wird eine Hartgußkuppel angefertigt und bis in den Umkreis des höchsten Punktes mit Beton bekleidet. Der Mörser ruht auf einem Pivotständer. Das Mörserrohr verdickt sich in der Mitte, sobaß es dort die Form einer Kugel aufweist und füllt mit diesem Teil die in der flachen Panzerdecke befindliche Öffnung gänzlich aus; über der Panzerdecke ist die Rohrmündung sichtbar. Innerhalb sämtlicher Panzerlafetten befinden sich Vorrichtungen, die es gestatten, die Munition zu 100—600 Schüssen dort unterzubringen. Fig. 35 stellt eine Mörserlafette dar. Die beiden Fußschienen A verbinden ein vorderes und ein hinteres Bodenblech B und C, von den ersteren befinden sich vorn und hinten zwischen A—A die Richtsäulen. Dieselben sind von 2 zu 2 Sechszehntelgraden mit Teilstrichen versehen und dienen zum Nehmen der Seitenrichtung mit Zuhilfenahme von Richtungslinien, welche durch Richtplatten auf der Bettung bezeichnet sind. Die beiden, auf den Fußschienen ruhenden, eisernen Böcke (Ständer D, Strebe E) tragen das Rohr in den Schildzapfenpfannen. Eine Schraubenwelle geht durch den Richtriegel F und trägt am hinteren Ende bei H eine Schnecke, die in den Zahnbogen der Richtmaschine G eingreift; durch Drehen des Kurbelrades J wird die Bewegung bewirkt. Um die Erhöhung am Gradbogen des Zahnbogens einzustellen, kann unter Umständen der Zeiger K benutzt werden, in der Regel wird aber die Erhöhung auf dem Verschlußstück des

Rohres mit dem Quadranten genommen. Die beiden niedrigen Schießräder U, mit den Naben S, den Speichen T werden von der Achse R getragen. Mit dem auf der Figur nur zur Hälfte gezeichneten Protzhebel wird die Lafette zum Transport aufgeprotzt und statt der Schießräder werden hohe Fahrräder angesteckt. Bei V befinden sich zwei Ringe. Zum Hemmen des Rücklaufes des Geschützes dienen große Hemmkeile, welche hinter die Schießräder gelegt werden.

Die Fortschritte, die in neuerer Zeit in Beziehung auf die Konstruktion der Maschinen im allgemeinen gemacht worden sind, haben auch auf die Konstruktion der Lafetten ihren Einfluß ausgeübt, sodaß diese jetzt in den verschiedenartigsten Einrichtungen zu Gebote stehen.

Die Feldgeschütze hatten früher sämtlich Kanonenrohre und demnach gestreckte flache Flugbahn. In neuerer Zeit finden aber Feldmörser und Feldhaubitzen Verwendung, da man mit diesen auch einem Feind, der sich hinter Deckungen befindet, beikommen kann. 1873 wurde die deutsche Feldartillerie mit

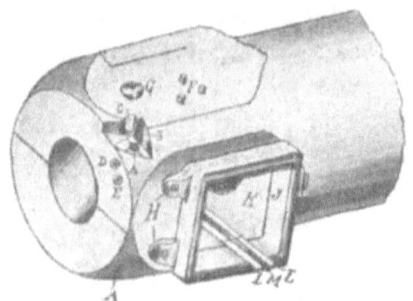

Fig. 86. **Verschlußstück des Feldgeschützes C/73.**

einem verbesserten Feldgeschütz ausgerüstet; und zwar die reitende mit einem von 8 Zentimeter, die fahrende mit einem von 9 Zentimeter. Durch zweckmäßigere Konstruktion der Geschützrohre und Einführung grobkörnigeren Pulvers erzielte man eine Steigerung der Anfangsgeschwindigkeit, eine gestrecktere Flugbahn und eine Erhöhung der Treffsicherheit.

Die stetig fortschreitende Entwickelung der Feuerwaffen führte auch für das Feldgeschütz C/73 weitere Verbesserungen herbei. Dasselbe wurde 1888 wesentlich vervollkommnet und 1891 zu dem Feldgeschütz C/73/91 umgestaltet, das bei fahrenden und reitenden Batterien ein Kaliber von 8,8 Zentimeter hat. Das Geschützrohr gehört zu den Mantelrohren (s. unten) und besteht aus Gußstahl mit Nickelzusatz, einem Material, das sich neuerdings, als sehr geeignet für den betreffenden Zweck, Eingang verschafft hat. Der Keilverschluß enthält den eine schräge Richtung einnehmenden Zündkanal. Die Liderung wird durch eingefügte Ringe vermittelt. Die Visiereinrichtung ist aus Korn und Aufsatz zusammengesetzt.

Gefechtsübung mit Haubitzen

Die Waffen.

Fig. 36 stellt das Verschlußstück des Feldgeschützes C/73 vor, und zwar giebt A die Stelle an, an der sich die Durchbohrung für den Aufsatz befindet. B ist der Ausschnitt zur Handhabung des Aufsatzes, C die Auskehlung für das Visierstück; bei D und E sieht man die für Feder und Stellschraube des Aufsatzes bestimmten Schraubenlöcher, bei F die zum Festhalten der Richtfläche dienenden Stahlstifte; G zeigt die Durchbohrung für die Zündlochschraube, H die Schrauben, mittels deren der Verschlußrahmen befestigt wird, J den Verschlußrahmen selbst, K das Keilloch, L Leisten und M die Nute für die Führungsstifte der Ladebüchse.

In Fig. 37 ist der Verschluß selbst dargestellt. A zeigt die Ladebüchse, B die Führungsnute für die Ladebüchse, C die in die Ansätze der Ladebüchse eingeschraubten Führungsstifte, D die Nute für die Zündlochschraube, E des Zündlochliderungslager, F die Ausbohrung für die Verschlußschraube, G die Verschlußschraube, H die Kurbel, J den Splint, K den Vorstecker, der die Verbindung von

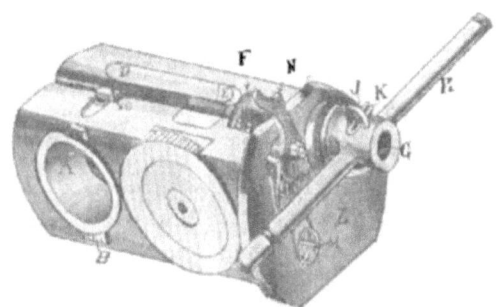

Fig. 37. **Verschluß des Feldgeschützes C/73.**

Kurbel und Verschlußschraube vermittelt, L die Verschlußplatte, M die zur Befestigung der Verschlußplatte dienenden Schrauben, N die Sperrklinke und O die Sperrfeder.

Die Richtmaschine befindet sich an der Lafette, Fig. 38, die aus Stahlblech besteht. Die Lafettenwände M nähern sich einander in der Richtung nach der Protze N. A ist die Achse, O der Richtbaum, P der Lafettenkasten. R zeigt die Handgriffe der Richtmaschine, S die Kartätschfutterale, T die Mitnehmer, U die Bremsvorrichtung. Der Sitz für die Bedienungsmannschaften, der jedoch bei den reitenden Batterien in Wegfall kommt, ist bei W auf den Radachsen angebracht.

Zu Batterien (Zusammenstellungen von Geschützen zu einem bestimmten Zweck) formierte Feldgeschütze, die benutzt werden, wenn von einer belagerten Festung aus ein Ausfall unternommen wird, heißen **Ausfallgeschütze**. Für Mörser ist gegenwärtig ein Kaliber von 12—30 Zentimetern gebräuchlich. Die 12 und 15 Zentimeter-Mörser werden in Feldlafetten untergebracht, da sie als **Feldmörser** benutzt werden. Solche von größerem Kaliber dienen in der Regel als Küstenmörser. Bei Belagerungen werden Mörserbatterien aus Mörsern mit einem Kaliber von 15, 21 oder 30 Zentimetern gebildet, z. B. in Festungen auf dem Wallgang. Für die Mörser ist eine besonders feste Bettung erforderlich.

Unter Geschützbettung versteht man die für die Geschütze bestimmte Unterlage. Holzbettungen werden hergestellt, indem man 3—7 parallel der Schußrichtung liegende Rippen oder Kreuzhölzer von etwa 4,5—6 Meter Länge mit Bettungsbohlen bedeckt; letztere sind ungefähr 3 Meter lang, 0,3 Meter breit und 8 Zentimeter stark. Bei einigen Geschützen werden nur einzelne Bohlen unter Räder und Lafettenschwanz gelegt. Für Feldmörser sind fahrbare Bettungen vorhanden, die an der betreffenden Stelle in passende, in der Erde angebrachte Vertiefungen eingesenkt werden, und auf denen ein Pivot für den Mörser angebracht ist. Bettungen für Küstengeschütze bestehen aus Beton und sind ungefähr 1 Meter tief. Die schweren Küstenmörser finden meist auf Rahmen, die sich um einen Mittelzapfen bewegen, Aufstellung.

Flankengeschütze dienen zur Bestreichung von Festungsgräben; auch werden sie bei Belagerungen auf den Flügeln der Angriffsarbeiten verwendet. Die Krupp'schen Ballongeschütze verdanken ihre Entstehung dem Wunsche, die Luftballons, die 1870/71 in Paris aufstiegen, mit dem Geschoß erreichen zu können. Krupp hatte zu diesem Zweck gezogene Kanonen von 4 Zentimeter Kaliber konstruiert, die Ähnlichkeit mit einem jetzt außer Gebrauch gekommenen leichten Geschütz, der Drehbasse, hatten. Diese war nämlich mittels der Schildzapfen in einem Schwanenhals, einer eisernen Gabel, untergebracht und konnte mit Leichtigkeit gedreht werden. Die Aufstellung der heutigen Schnellfeuerkanone kleinen Kalibers erinnert an die Weise, auf die jenes Geschütz aufgestellt war.

Bei den gezogenen Hinterladern verwendet man gegenwärtig Geschosse, deren Oberfläche auf dem cylindrischen Teil eine Bekleidung von Hartblei aufweist. Letztere kann auch durch Kupferringe ersetzt werden. Diese Blei- oder Kupferringe werden in die Züge des Rohres gepreßt, sodaß der Spielraum zwischen Seelenwand und Geschoß verschwindet; man spricht darum von gepreßter Geschoßführung. Die Krupp'sche 40 Zentimeter-Kanone hat 96 Züge. Wie schon erwähnt, versteht man unter dieser Bezeichnung flache Einschnitte in die Seelenwand; die zwischen ihnen stehenbleibenden Teile heißen Felder. Felder und Züge haben gleiche Breite und letztere rechteckigen Querschnitt. Die Windung oder Drehung der Züge nennt man Drall, die Länge, auf der die Züge eine einmalige Drehung ausführen, Dralllänge. Letztere wird nach Metern oder Kalibern berechnet. Der Drallwinkel (Ansteigung der Züge) schwankt zwischen 3—12 Grad, sodaß sich eine Dralllänge von 50—15 Kalibern ergiebt; großer Drallwinkel bedingt starken Drall. Geringer Anfangsgeschwindigkeit und langem Geschoß entsprechen steiler Drall und

Die Waffen. 171

geringe Dralllänge. Die Züge verlaufen nach und nach in den Ladungsraum, den hinteren, glatten Teil der Seele. Für diesen ist ein größerer Durchmesser nötig, da er nicht nur dem Geschoß, sondern auch der Pulverladung Platz bieten muß. Sein Rauminhalt muß zu der Ladung in passendem Verhältnis stehen. Um die

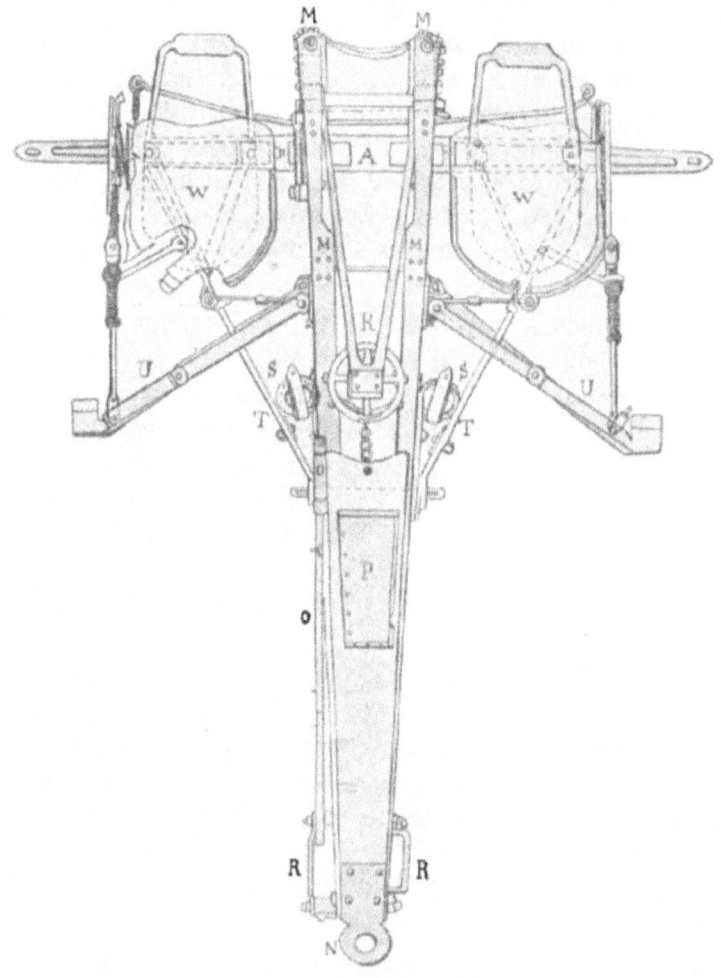

Fig. 38. **Feldlafette C/73.**
(Text s. S. 169.)

Seele hinten zu verschließen, bedient man sich entweder des Kolben- oder des Keilverschlusses.

Der Kolbenverschluß, der eher in Gebrauch kam, wird von einem Kolben gebildet, der von der Verschlußthür gehalten und geführt wird und behufs bequemer

Handhabung mit einer Kurbel versehen ist. Sobald er in der Seele liegt, wird der am Rohre befestigte Quercylinder durch die zu diesem Zweck im Rohr und im Verschlußkolben angebrachten Öffnungen geschoben. Der Quercylinder muß im stande sein, der Gewalt der Pulverladung zu widerstehen. Er durchschneidet das Rohr senkrecht zur Seelenachse.

Keilverschlüsse benutzt man in verschiedenen Konstruktionen. Der Doppelkeilverschluß besteht aus zwei Keilen, die senkrecht zur Seelenachse in das Rohr gesteckt werden, und zwar mit den schrägen Flächen derart aneinandergefügt, daß Vorder- und Hinterfläche parallel laufen. Wenn man den Abstand zwischen den beiden letzteren verringert oder vergrößert, indem man die schrägen Flächen in entsprechender Weise verschiebt, kann man den Verschluß herausziehen oder hineinschieben und so das Öffnen oder Schließen des Rohres bewirken. An geeigneter Stelle sind beide Keile mit einer Ladeöffnung versehen, die beim Herausziehen des Verschlusses mit der Seele zusammentreffen. In dieser Stellung können die Keile durch eine Knebelschraube festgehalten werden.

Der von Krupp konstruierte Einheitskeil weist entweder eine runde oder eine flache Hinterfläche auf und trägt je nachdem die Bezeichnung Rundkeil oder Flachkeil. Das Herausziehen des Rundkeilverschlusses vermittelt eine Transportschraube, die durch eine Kurbel gedreht wird; in Ausnahmefällen kann man ihn auch durch den Handgriff in Bewegung setzen. Will man das Rohr schließen, so läßt man die auf dem Zapfen der Verschlußschraube steckende Kurbel Rechtsdrehung ausführen. Dann treten die Gewinde der Verschlußmutter in das Rohr, und der Keil kann festgepreßt werden.

Die 21 Zentimeter-Kanone und der 15 Zentimeter-Mörser sind mit Schraubenverschluß ausgestattet. Dieser besteht aus einem sogenannten Kammerstück, einem Stahlteil, der einen cylinderförmigen Raum (eine Kammer) zur Aufnahme der Pulverladung enthält. Vorn ist behufs der Abdichtung ein stählerner Ring angebracht, und an der äußeren Fläche bemerkt man Gewindestücke, die beim Verschluß in Einschnitte eintreten, die zu diesem Zweck an den entsprechenden Stellen des Rohres vorhanden sind. Dieser Verschluß erhält seine Führung in der Verschlußthür, die sich um ein Scharnier bewegt.

Da die Seele gasdicht abgeschlossen sein muß, ist eine Liberung (Vorrichtung, die das dichte Aneinanderschließen zweier Maschinenteile vermittelt) unentbehrlich. Beim Kolbenverschluß findet der Preßspanboden Verwendung. Dies ist ein Napf aus aufeinandergelegter guter Preßspanpappe, der Ähnlichkeit mit einem Flaschenboden hat. Beim Keilverschluß benutzt man eine Kupferliberung. Für denselben Zweck sind auch Broadwell-Ringe in Gebrauch, die an der Mündungskante des Ladungsraums innerhalb des Rohres Platz finden. Bei den Feldgeschützrohren, die in Versuch genommen sind, und bei Schnellfeuerkanonen dient die messingene Kartuschhülse, die an die Patronenhülse erinnert, als Liderungsmittel.

Da Schnellfeuern ohne Schnellladen nicht denkbar ist, hat man beim Geschütz auch das System der Infanteriepatrone in Anwendung gebracht. Krupp konstruierte Schnellfeuerkanonen mit Horizontalkeilverschluß, Fig. 39, der mit dem Gewehrschloß darin übereinstimmt, daß die Abfeuerungs-Vorrichtung in ihm angebracht ist. Er ist leicht zu handhaben und bedarf keines Liderungsmittels. Die Handhabung des Verschlusses erfolgt durch die Kurbel A. Der Keilkörper B erhält innerhalb des Rohres Halt durch die Verschlußschraube C. Letztere ist am Ende mit einem vollen Gewindegang versehen und drückt mit diesem gegen den am Spannhebel D befindlichen Ansatz. Durch den Spannhebel, der bei E drehbar ist,

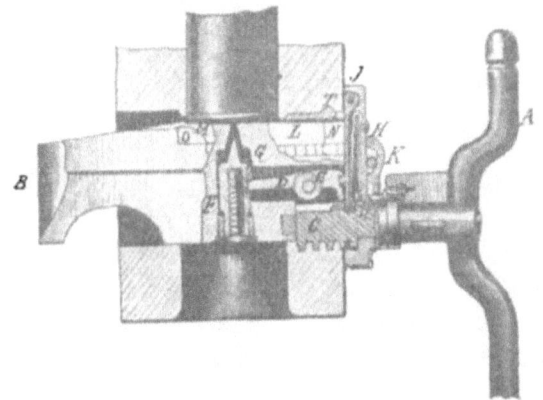

Fig. 39. **Horizontalkeilverschluß für Krupp'sche Schnellfeuerkanonen.**

wird die Spiralfeder F gespannt und zugleich der Schlagbolzen G zurückgezogen. Durch die Abzugsfeder H wird die Abzugsplatte an den Spannhebel angedrückt. Das Abzugsblatt h in der Verschlußplatte I ist mit einer Nase versehen. Ein Herausziehen der letzteren mittels des Abzugsstückes K bewirkt das Vorschnellen des Schlagbolzens. Der Auswerfer L liegt mit seiner Wulst b im Rohrkörper und greift hinter den Rand der Kartuschhülse. In der im Keil angebrachten Nute m werden die Auswerfernasen n geführt und in drehende Bewegung versetzt. Die Kartuschhülsen werden beim Anstoßen der Wulst o, also beim Herausziehen des Keils, aus dem Ladeloch geworfen.

Bei Schnellfeuerkanonen von kleinerem Kaliber wird senkrechter Keilverschluß angewandt; die 4 und 5 Zentimeter-Schnellfeuerkanonen zeigen rechts am Rohr einen Handhebel, mit dessen Hilfe dieser Verschluß heruntergezogen wird. Ist die Patrone im Ladungsraum untergebracht, so wird der Verschluß mit derselben Vorrichtung wieder gehoben.

Die Gruson'schen Schnellfeuerkanonen haben ebenfalls senkrechten Keilverschluß, der aber einige Abweichungen vom Krupp'schen Verschluß zeigt. Das Abfeuern kann bei beiden selbstthätig stattfinden, und zwar wirkt der betreffende Mechanismus nur, wenn der Verschluß erfolgt ist. Man kann die selbstthätige Abfeuerungsvorrichtung auch außer Thätigkeit setzen und sich an ihrer Statt der Abziehschnur bedienen. Die Schnellfeuerkanonen eignen sich für die Marine, aber auch für den Festungskrieg. Grusons Schnellfeuerkanonen werden in den fahrbaren Panzerlafetten benutzt.

Um eine besonders große Feuerschnelligkeit zu ermöglichen, hat man Geschütze konstruiert, bei denen sich mehrere Läufe miteinander vereinigen. Zu diesen gehören die Revolverkanonen und mehrere der Mitrailleusen, die gegenwärtig nach den verschiedensten Systemen hergestellt werden.

Die Revolverkanone, System Hotchkiß ist für kontinuierliches (ununterbrochenes) Feuer bestimmt. Das Laufbündel besteht aus fünf Läufen, die in einem gemeinsamen Rahmen lagern, an dem der Mechanismus zum Drehen, Laden, Abfeuern und Extrahieren (Ausziehen) der leeren Hülsen angebracht ist. Außerdem trägt er die Schildzapfen, mittels derer das Ganze in der Lafette befestigt wird. Die Vereinigung der stählernen Läufe wird durch zwei Lagerscheiben, durch die die Drehachse hindurchgeht, bewerkstelligt. Letztere lagert in einem am Rahmen befestigten Querstück und in dem Gehäuse, das die Mechanismen enthält.

Links oben im Mechanismengehäuse befindet sich das Patronenlager, in dem eine Patrone nach der anderen aufgenommen wird, um sich durch den Ladekolben in den Lauf befördern zu lassen. Sobald einer der Läufe bei der Drehung des Laufbündels die betreffende Stelle links oben erreicht, wird eine Patrone hineingeschoben; kommt der Lauf dann an der tiefsten Stelle an, so erfolgt das Ausschießen der Patrone, und ehe der Lauf noch in die zuerst angegebene Stellung zurückkehrt, wird die leere Hülse ausgeworfen.

Im unteren Teil der Gehäusestirn ist eine Stoßplatte aus Stahl angebracht, in deren Mitte eine Durchbohrung bemerkbar ist; diese gestattet dem Zündstift, der im Zündstiftlager Führung erhält und durch die Plattenfeder bewegt wird, Durchgang. Im Gehäuse ist auch der Patronenzieher untergebracht, dem die Aufgabe zufällt, die Hülse, die schon vorher durch den Patronenlüfter locker gemacht worden ist, zu extrahieren. Derselbe führt Bewegungen nach vor- und rückwärts aus. Beim Auswerfen passieren die leeren Hülsen einen unten im Gehäuse befindlichen Durchlaß.

Jedesmal während der Zeit, die zu einer Fünftelumdrehung des Laufbündels erforderlich ist, gelangen Lade-, Abfeuerungs- und Extraktionsvorrichtungen in die sogenannte Bereitschaftsstellung, d. h. der Zündstift tritt zurück, der Ladekolben begiebt sich hinter das Patronenlager, das eine Patrone aufnimmt, und der Patronenzieher bemächtigt sich der Hülse, die zuletzt ausgeschossen worden ist. Nach jeder Fünfteldrehung folgt ein Stillstand des Laufbündels, und die Mechanismen verrichten ihre Aufgabe: der Zündstift schnellt vor und schießt die Patrone aus; der Lauf wird mit einer anderen Patrone versehen und die leere Hülse extrahiert. Ist dies geschehen, so setzen sich während einer neuen Fünfteldrehung die betreffenden Vorrichtungen wieder in Bereitschaft, worauf ein erneuter Stillstand ihnen wieder Gelegenheit zum Ausüben ihrer Bestimmungen bietet, und so wechseln Drehung und Stillstand des Laufbündels fortwährend miteinander ab.

Der Mechanismus, der das Laufbündel in die erforderliche Bewegung versetzt, besteht zur Hauptsache aus einer Querwelle, die rechts Gehäusewand und Rahmenbalken berührt und links in einem Teil des Gehäuses lagert. Außen ist zur Handhabung eine Kurbel an derselben angebracht. Die Laufbündelwelle ist mit einem fünfzähnigen Kammrad versehen. In diese Zähne, und zwar stets in denjenigen, der sich gerade an der tiefsten Stelle befindet, greift eine auf die Querwelle geteilte Schnecke. Letztere ist auf die halbe Umdrehung der Schneckenwelle in der Gangmitte gerade geschnitten, wodurch der zeitweilige Stillstand des Rades hervorgerufen wird. Jedesmal, wenn der Zahn einen ganzen Umgang der Schnecke zurückgelegt hat, hat das Laufbündel eine Fünfteldrehung beendet. Eine einmalige Umdrehung der Kurbel und die dadurch bewirkte vollständige Umdrehung der Querwelle versetzt demnach stets einen Lauf aus der Extraktionsposition (Extraktionsstellung) in die Schußposition.

Die Bewegung des Zündstiftes wird gleichfalls durch die Querwelle veranlaßt. Zu diesem Zwecke ist die Schnecke rechts mit einem spiralförmigen Ansatz versehen, während vom Zündstift aus ein Hebel schief nach oben ragt. Der wagerechte Arm des letzteren lehnt sich an den spiralförmigen Ansatz, den sogenannten Spanndaumen, an. Ist nun die Schneckenwelle in Bewegung, so wird durch den Druck, den der Spanndaumen auf Hebelarm und Zündstift ausübt, die Schlagfeder gespannt. Wenn der stärkste Teil des Spanndaumes den Hebelarm erreicht hat, wird der Zündstift frei.

An der linken Gehäusewand befinden sich Gleitbahnen, die von zwei Gleitschienen durchlaufen werden. Eine Gleitschiene steht durch einen Steg mit dem Ladekolben, die andere mit dem Patronenzieher in Verbindung. Beide Schienen sind an der Seite, die sie sich gegenseitig zukehren, mit Zahnungen versehen, zwischen die die Zähne eines Rades treten, das sich in der linken Gehäusewand auf einer Achse befindet. Auf der Querwelle wird durch eine Schraube die Kurbel eines Kulissenhebels festgehalten, die mit einem Zapfen in eine Leitbahn (Kulisse) am Patronenzieherträger eingreift. Mittels dieser Vorrichtungen wird die Bewegung der Querwelle auf Patronenzieher und Ladekolben übertragen.

Die zu dieser Kanone gehörige Lafette besteht aus einer mit Schildpfannen,

Schildbeckel und Schließen versehenen Pivotgabel, deren Zapfen in der Pivotbüchse eines vierfüßigen Ständers untergebracht ist. Als Richtbremse wird die an der rechten Seite befindliche Bolzenschließe benutzt. Auch einen elastischen Ständer hat man für dieses Geschütz konstruiert. Als Backsbremse kommt eine Flügelschraube in Anwendung, die in der Pivotbüchse befestigt ist; der Zapfen der Pivotgabel weist an entsprechender Stelle eine Nut auf. Bei der 47 Millimeter-Revolverkanone dienen Patronen mit Stahlgranaten und solche mit Zündergranaten als Munition.

Zum Abgeben des ersten Schusses sind stets vier volle Umdrehungen der Kurbel erforderlich, während später jede Umdrehung das Abfeuern eines Schusses bewirkt. Je schneller demnach die Kurbel gedreht wird, umso größer ist die Feuerschnelligkeit. Durch eine besondere Vorrichtung wird das Abfeuern einzelner Schüsse ermöglicht.

Bei den Revolverkanonen, System Gatling, findet man ebenfalls die Einrichtung, daß die Ladungs-, Abfeuerungs- und Extraktionsmechanismen in Thätigkeit treten, während sich die Läufe gemeinsam um eine Achse bewegen. Bei den Mitrailleusen oder Maschinengeschützen bleiben dagegen die Läufe ruhig liegen, und der Lademechanismus führt Vor- und Rückwärtsbewegungen aus, oder es werden Ladeplatten in dem Geschütz untergebracht. Ersteres ist der Fall bei Nordenfelts Maschinengeschütz, sowie bei den Mitrailleusen von Gardener, Palmkrantz, Winborg u. s. w., letzteres bei den Mitrailleusen von de Reffye und Montigny.

Die 25 Millimeter-Mitrailleuse, System Nordenfelt, weist vier Läufe auf, die gemeinsam auf einen Rahmen gelagert sind. Letzterer besteht aus zwei Langbalken, an denen Schildzapfen angebracht sind, und drei Querteilen. Durch das vordere Querteil sind die Läufe, deren Kaliber 25,4 Millimeter beträgt, hindurchgeführt; die Verschraubung befindet sich im nächsten Querteil. Mittels der Schildzapfen wird der Rahmen mit dem Gestell verbunden. Der Mechanismus, der die Lade- und Abfeuerungsverrichtungen ausführt, ist zur Hauptsache aus einer Zubringerplatte, einer Kolbenplatte und einer Spannplatte zusammengesetzt.

Auch Mitrailleusen mit einem Lauf sind konstruiert worden. Zu diesen gehört unter anderem die 8 Millimeter-Mitrailleuse, System Erzherzog Karl Salvator und Dormus. Der Lauf dieses Geschützes befindet sich innerhalb einer sogenannten Wasserjacke, d. h. eines bronzenen Laufmantels, in welchem durch einen zweckmäßigen Mechanismus beständig Wasser zu- und abgeleitet wird, um den Lauf, der sich beim Schnellfeuern sehr erhitzt, abzukühlen. Der Gelenkverschluß, der den Lauf abschließt, hat in Beziehung auf die Einführung der Patronen Ähnlichkeit mit dem gewöhnlichen Kolbenverschluß. Die Zufuhr der Patronen vermittelt ein Ladetrichter, der zu diesem Zwecke auf dem Verschlußgehäuse befestigt wird. Das Abfeuern erfolgt automatisch (selbstwirkend), und zwar wird der Rückstoß hierzu als Arbeitskraft verwertet. Die Abfeuerungsvorrichtung ist so eingerichtet, daß man mit ihrer Hilfe die Feuerschnelligkeit regulieren kann. Letztere beträgt im günstigsten Fall 300 Schuß in der Minute.

Die 8 Millimeter-Mitrailleuse System Maxim, ist ebenfalls ein Selbstschießer, der nur einen einzigen Lauf aufweist. Letzterer wird gleichfalls von einem Mantel eingehüllt, der Zwischenraum zwischen beiden wird von Wasser durchströmt, das für Abkühlung des Laufes zu sorgen hat. Eine automatische Vorrichtung sorgt für die Zufuhr der Patronen. Letztere stecken nebeneinander in den Schleifen eines Patronenbandes, das in den Zubringer eingeschoben wird. Ein Schlitten, der sich in Falzen am Gehäuse bewegt, vervollständigt die Zubringevorrichtung, über der eine federnde Klaue angebracht ist. Diese Klaue lenkt nun das Patronenband so, daß sich, sobald der Verschluß geöffnet ist, immer eine Patrone vor dem Schloß befindet. Wenn der erste Schuß abgefeuert ist, hat sich soviel Rück-

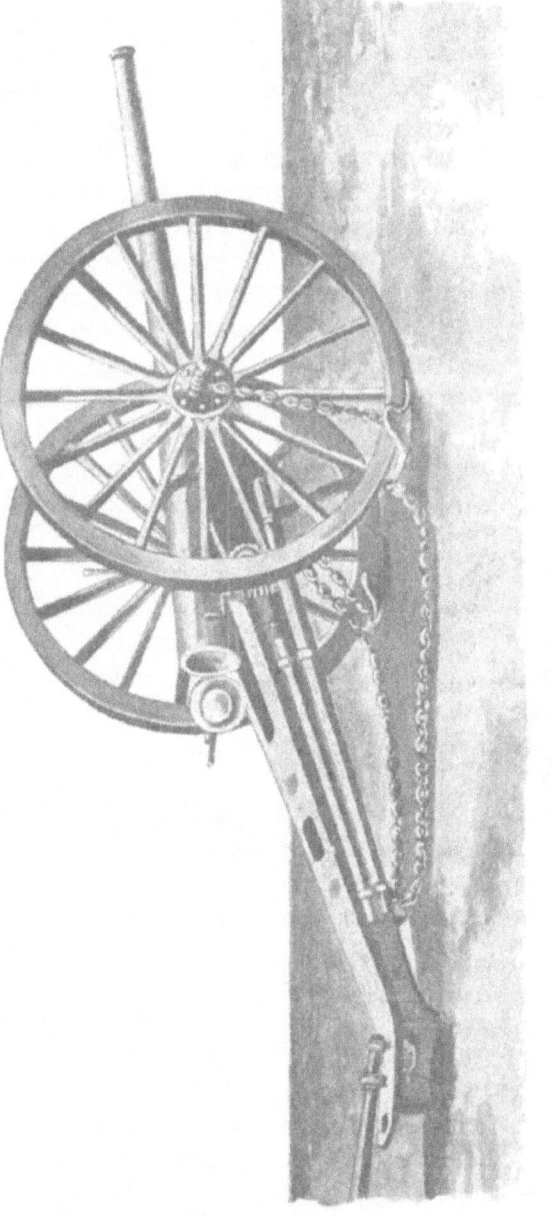

Fig. 40. Schneider'sche 7,5 Zentimeter-Schnellfeuerkanone. (Text s. S. 178.)

stoßkraft entwickelt, daß man es dieser überlassen kann, Lade- und Abfeuerungsvorrichtung in Thätigkeit zu setzen. Das Geschütz wird ohne Unterbrechung Schüsse abgeben, bis das Patronenband geleert ist. Durch Abstellung der Selbstabfeuerungsvorrichtung kann man das Feuer unterbrechen und später nach Belieben wieder damit fortfahren oder auch Schuß um Schuß mit der Hand abfeuern.

Die Maximkanonen größeren Kalibers haben ebenfalls nur einen Lauf. Auch bei ihnen wird der Lademechanismus durch die Kraft des Rückstoßes zur Thätigkeit veranlaßt. Sie werden jedoch nicht durch das Patronenband mit Patronen versorgt, und das Abfeuern der einzelnen Schüsse muß mit der Hand bewirkt werden.

Der größte Teil der Mitrailleusen wird mit dem Kaliber, das für die Gewehre gebräuchlich ist, hergestellt und mit Infanteriepatronen geladen. Für die Revolverkanonen wird meist größeres Kaliber gewählt; so hat die vorher beschriebene Revolverkanone, System Hotchkiß, ein Kaliber von 47 Millimetern, ein anderes Geschütz desselben Systems ein solches von 37 Millimetern. Wenn das Kaliber mehr als 47 Millimeter betragen soll, werden Schnellfeuerkanonen bevorzugt.

Mit den Schnellfeuerkanonen von 3,7—5,3 Zentimeter Kaliber kann man in der Minute etwa 40 Schuß abgeben. Je größer das Kaliber ist, umso mehr nimmt die Feuergeschwindigkeit ab; man bringt es z. B. mit einer Kanone von 15 Zentimeter Kaliber nur auf 6 Schuß in der Minute. Die Revolverkanonen ermöglichen eine größere Feuerschnelligkeit; die ein Kaliber von 3,7 Zentimeter aufweisende Hotchkiß-Revolverkanone giebt zum Beispiel in der Minute bis 60 Schuß ab. Mit der französischen Mitrailleuse de Reffye sind 125, mit der Mitrailleuse Montigny 480, mit der 11,4 Millimeter fünfläufigen Mitrailleuse von Gardener 650, mit der Maxim-Mitrailleuse 700 und mit der Palmkranz-Winborg-Mitrailleuse 850 Schuß in der Minute erreichbar. Mit der zwölfläufigen Nordenfelt-Mitrailleuse von 11,4 Millimeter und mit der zehnläufigen Gatling-Revolverkanone kann man sogar 1200 Schuß in der Minute erzielen.

Als einige der bekanntesten Schnellfeuerkanonen, seien noch die für die Feldartillerie bestimmte Schneider'sche 7,5 Zentimeter-Schnellfeuerkanone, Fig. 40, und die Armstrong'sche erwähnt, die erstere übertrifft alle anderen Feldgeschütze an Leistung. Aufgeprotzt und ausgerüstet wiegt das Geschütz 1690 Kilogramm; die Protze faßt 36 Schuß. Das Gewicht des 2,5 Meter langen Stahlmantelrohres beträgt 355 Kilogramm. Die Lafette, Fig. 41—43, weist eine eigenartige Einrichtung auf: Sie zeigt keine Mittelachse, vielmehr nimmt das Rohr deren Platz zwischen den Achsschenkeln ein, und zwar hängt es mit letzteren durch den Querrahmen und die Zwischenglieder der Rohrbremsen zusammen; das ganze System schwingt demnach um die Mittellinie der Achsschenkel, und das Rohr kann sich frei zwischen den Lafettenwänden, die gelenkig mit den Achsschenkeln verbunden sind, bewegen. Durch diese Einrichtung werden die Lafettenwände ent-

Die Waffen. 179

lostet, ein Rohrrücklauf in Richtung der Seelenachse bewirkt und das Bäumen des gebremsten Geschützes eingeschränkt. Die Öffnung des Verschlusses erfolgt nach

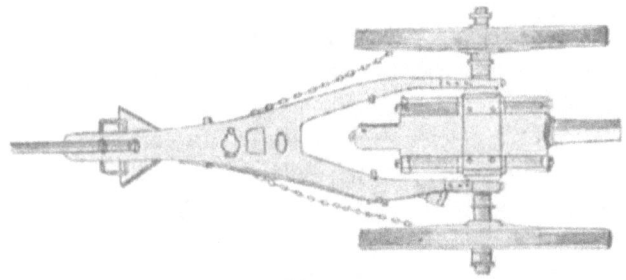

Fig. 41.

links; an der rechten Seite befinden sich die Visierlinie und die Höhenrichtmaschine, Kurbel mit Schnecke, Schneckenrad, Zahnbogen und Zahnrad. Das Laden und

Fig. 42.

Richten kann also zu gleicher Zeit stattfinden. Die Lafette ist mit Hemmschuhen für die Räder und unter dem Schwanz mit einem Bremssporn versehen. Die

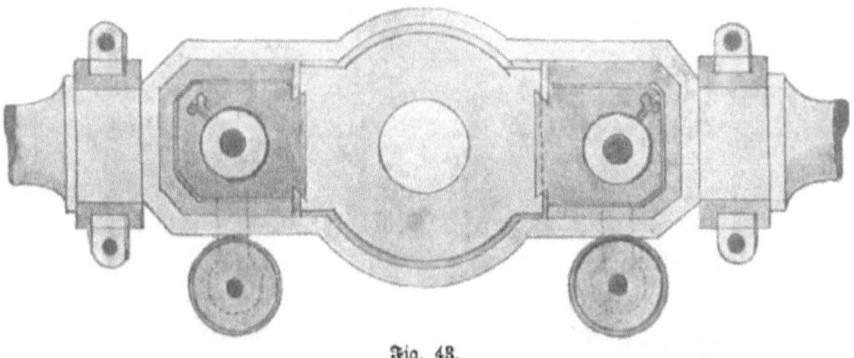

Fig. 43.

Rohrbremsen bestehen in zwei Bremscylindern, deren Verbindung mit dem Rohr durch schwalbenschwanzförmige Ansätze vermittelt wird. Die vorderen Hälften der

12*

beiden mit einer Flüssigkeit versehenen Cylinder sind durch je eine Scheidewand von den hinteren Hälften getrennt. Am Bremsrahmen sind die Kolbenstangen der vier Bremskolben, Fig. 44, unbeweglich befestigt. Gleitet das Rohr beim Schuß zurück, so führt es die Bremscylinder mit sich; hierbei gelangt die Flüssigkeit durch flache Rinnen aus dem Raum vor den Kolben hinter die letzteren. Die Federn der Vorbringer, die beim Rücklauf gespannt werden, tragen zur Bremsung bei und bringen hierauf das Rohr in die Feuerstellung zurück, sodaß der Querarm wieder auf die Lederscheiben trifft. Als Geschosse dienen Pulvergranaten und Schrapnells, die mit der Metallkartusche vereinigt sind, Fig. 45. Der Rücklauf des Geschützes ist so unbedeutend, daß man eine größere Anzahl Schüsse abgeben kann (man erzielt 5 oder 6 in der Minute), ehe ein Vorrücken nötig wird. Leider machen sich beim Gebrauch dieser Schnellfeuerkanone verschiedene äußerliche Nachteile geltend. So werden die Achssitze häufig vermißt. Das lange Feld (der vorderste Teil des Rohres), das weit über die Räder hinausreicht, ist bei seiner tiefen Lage in ungünstigem Gelände dem Anstoßen ausgesetzt. Ferner lassen sich Hemmschuhe und Bremssporn nicht leicht handhaben, und schließlich beeinträchtigt die geringe Geleisebreite bei Protze und Lenkungswinkel die Stetigkeit.

Armstrongs Schnellfeuerkanonen, Fig. 46, haben Ringrohre, die aus Martinstahl bestehen. Sie sind zur Mehrzahl mit einem vorn kegel-, hinten walzenförmigen Schraubenverschluß ausgestattet, zu dessen Öffnung eine einzige Bewegung genügt; die 7,6 Zentimeter-Kanone zeigt kegelförmigen Schraubenverschluß. Die 20,3 Zentimeter-Kanone hat de Bange-Liderung und feuert mit Zeugkartuschen; bei allen anderen kommen Metallkartuschen zur Verwendung. Das Abfeuern wird von einem Schlagbolzen, zuweilen auch von einer Pistole besorgt. Die Rohrbremse ist hydraulisch und mit Federn versehen, die das Amt der Vorbringer verrichten.

Alle jene Dinge, aus denen der Schießbedarf für die Feuerwaffen besteht, tragen die Bezeichnung Munition. Zu einem scharfen Schuß gehören: Pulverladung, Zündung und Geschoß, sogenannte scharfe Munition; zu einem blinden Schuß (Manöverschuß) braucht man nur Pulverladung und Zündung, blinde oder Manöver-Munition. Die Einheitspatrone oder Metallpatrone, die aus einer Ladung, Zündung und Geschoß enthaltenden metallenen Patronenhülse besteht, findet bei den Schnellfeuerkanonen Verwendung. Die verschiedenen Artilleriegeschosse faßt man in der Benennung Eisenmunition zusammen, während die fertigen Geschützladungen Pulvermunition heißen.

Die Herstellung der Gewehrpatronen, die auch in den Mitrailleusen verfeuert werden, erfolgt in Munitionsfabriken mittels einer Anzahl geeigneter Maschinen, die sehr rasch arbeiten; die Pulverfüllmaschine kann zum Beispiel innerhalb zehn Stunden ihr Werk an 120000 Patronen verrichten. Ausgeschossene Patronenhülsen können vier- oder fünfmal wieder gebrauchsfähig gemacht werden. Die Munitions-

Die Waffen.   181

fabriken oder Artillerie-Laboratorien liefern die Munition fertig zur Benutzung, d. h. sie stellen die Kartuschen her und versorgen die Geschoße mit Sprengladung, Zündung und Füllung (Schrapnells). Die scharfe Munition, die auch Feldchargierung genannt wird, stellt man gewöhnlich schon während des Friedens in Bereitschaft.

Unter der Bezeichnung Kartusche versteht man die in einem oben zugebundenen Kartuschbeutel befindliche Pulverladung der Geschütze, und zwar besteht der Beutel aus Seidentuch, das aus den Abfällen der Rohseide verfertigt wird. Ist die Kartusche für kurze 15 Zentimeter-Kanonen oder 21 Zentimeter-Mörser bestimmt,

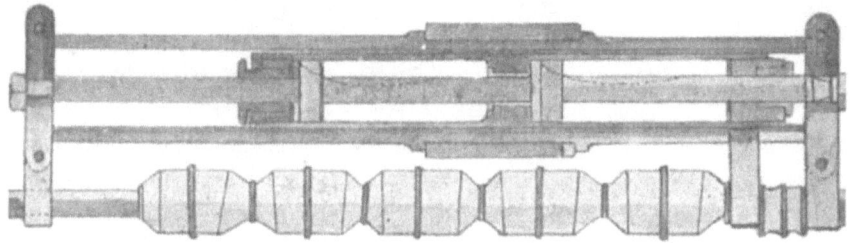

Fig. 44.

so giebt man ihr durch Nähte, die in der Längsrichtung angebracht werden, größere Festigkeit. Für Schnellfeuerkanonen wird der Kartuschbeutel durch eine messingene Kartuschhülse ersetzt.

Die Schrapnells, Kartätschgranaten oder Granatkartätschen sind eiserne, mit Bleikugeln gefüllte Hohlgeschosse, die am Anfang unseres Jahrhunderts von dem englischen Obersten Shrapnel erfunden worden sind. Die Bleikugeln werden auf verschiedene Weise in ihrer Lage festgehalten, da sie andernfalls bei der Rotation (Drehung) des Geschosses die Regelmäßigkeit der Flugbahn beeinträchtigen würden.

Fig. 45. Schußfertiges Geschoß mit Metallkartusche.

In Deutschland kommen Mittel- oder Bodenkammerschrapnells zur Verwendung; erstere sind in der Geschoßachse, letztere am Boden mit einer Kammer versehen, in der sich die Sprengladung befindet. Die in England und Frankreich gebräuchlichen Schrapnells enthalten die Kammer im Kopf. Vor der Erreichung des Ziels wird die Sprengladung in der Luft entzündet. Infolgedessen zerplatzt das Geschoß, und Sprengstücke und Kugeln bilden einen Streuungskegel, die Sprenggarbe. Die Sprenghöhe (Entfernung des Sprengpunktes von der Erde) hängt von der Schußart und der Schußweite ab; sie schwankt zwischen 3 und 10 Metern. Die Sprengweite (Entfernung des Sprengpunktes vom Ziel) muß ungefähr 50 Meter betragen, wenn sich die Sprengteile in der erforderlichen Weise ausbreiten sollen. Die Schußweite ist von der Flugschnelligkeit des Geschosses und der Brennzeit der Zünder abhängig; sie beträgt beim deutschen Feldschrapnell zuweilen 4500, bei der deutschen langen Ringkanone von 15 Zentimeter Kaliber bis 7350 Meter. Sollen die Schrapnells zur Ladung von Haubitzen oder Mörsern benutzt werden, so muß der Zünder 30—40 Sekunden Brennzeit haben. Der Schrapnellschuß ist nicht leicht zu beobachten, aber unter manchen Verhältnissen bei zweckmäßiger Anwendung sehr wirksam. Seit es gelungen ist, den Zünder zu vervollkommnen, bildet das Schrapnell das Hauptgeschoß der Feldartillerie. Neuerdings werden Doppelzünder verwendet, bei denen die Eigenschaften der Brenn- und Aufschlagzünder vereinigt sind (s. weiter unten).

Seit dem Schrapnell eine so große Rolle zufällt, hat die Wichtigkeit der Kartätsche sehr abgenommen. Letztere ist eine cylinderförmige Blechbüchse, die an den Enden durch Treibscheiben (starke Scheiben aus Metall) abgeschlossen wird und eiserne oder zinkene Kugeln von 50 bis 250 Gramm Gewicht (Kartätschkugeln) enthält. Für gezogene Geschütze werden die Kartätschen aus Zinkblech hergestellt und mit 40—60 Kugeln gefüllt, die aus einer Zink-Antimonlegierung bestehen. Für glatte Geschütze wird die Kartätsche mit einem hölzernen Kartätschspiegel zum Befestigen der Kartusche versehen. Die Kartätsche kann sich eines hohen Alters rühmen. Findet man doch ihr Urbild in der Ladung der ersten Geschütze, die aus Steinen, Metallstückchen und Nägeln bestand und als „Hagel" auf den Feind herniederfiel. Am Ausgang des 16. Jahrhunderts entstanden die Beutelkartätschen, verschnürte Beutel aus Zwilch, die mit Kugeln gefüllt waren; am Anfang des 17. Jahrhunderts kamen Büchsenkartätschen in Aufnahme. Diejenigen Kartätschen, auf deren Spiegeln mittels Pechs Kugeln von verschiedener Größe befestigt waren, die dann in Leinwand gehüllt und verschnürt wurden, hießen Tannenzapfen- oder Traubenkartätschen.

Die Granaten sind eiserne Hohlgeschosse, deren Füllung aus Pulver besteht. Früher waren Handgranaten gebräuchlich. Diese hatten einen Durchmesser von 7,5 bis 8 Zentimetern und ein Gewicht von 1 Kilogramm; die Sprengladung wog 65 Gramm. Sie wurden von den Grenadieren mit der Hand gegen den Feind geschleudert und später zum sogenannten Wachtel- oder Rebhühnerwurf verwendet. Letzterer bestand aus 25—30 Granaten, die mittels eines Mörsers von 28—32 Zentimeter Kaliber geworfen wurden. In der Folgezeit kamen die Benennungen Spiegelgranaten und Spiegelgranatwurf auf, weil man die Geschosse auf einem hölzernen Hebespiegel im Mörserkasten unterbrachte. Unter Granathagel verstand man diejenigen Granaten, die aus Haubitzen großen Kalibers geschossen wurden.

Gegenwärtig werden die für gezogene Geschütze gebräuchlichen langen Hohlgeschosse Granaten genannt. Dieselben werden aus Stahl cylinderförmig hergestellt und an einem Ende durch einen Boden abgeschlossen, während das andere Ende gewöhnlich eine Spitze in Form eines gotischen Bogens bildet, in der die Öffnung zum Einbringen der Sprengladung angebracht ist. Die Panzergranaten unterscheiden sich von den Zündergranaten durch eine volle kegelförmige Spitze; auch fehlt bei ihnen der Zünder. Als Material diente ehemals Hartguß, während man gegenwärtig geschmiedetem Stahl mit gehärteter Chromstahlspitze den Vorzug giebt. Als Führungsmittel benutzte man früher eine Ummantelung aus Weichblei, die anfangs dick, dann dünn hergestellt und schließlich von einem Hartbleimantel verdrängt wurde. Jemehr sich aber die Geschoßgeschwindigkeit steigerte, umso weniger erfüllte dieses Mittel seinen Zweck. Nach dem Rat Vavasseurs wurden darum in den sechziger Jahren Kupferringe verwendet, denen später Kupferbänder folgten. In dem Maße, in dem die Sprengladung vergrößert wird, nimmt auch die Wirkung der Granate zu. Deshalb wurde letztere zunächst von Krupp und dann auch von anderen Fachleuten verlängert; sie gewann hierdurch zugleich an Gewicht, was ebenfalls als ein vorteilhafter Umstand betrachtet werden muß. Als Maßstab für die Länge der Granate wird ihr Kaliber genommen; man sagt zum Beispiel: die Granate ist 4 Kaliber lang und bezeichnet dies durch die Abkürzung L/4. Die Sprengstücke stählerner Granaten sind weit wirksamer als die der gußeisernen; außerdem genügt für die stählerne Wandung eine geringere Stärke, sodaß die Ladung einen größeren Raum einnehmen kann. Eine Zeitlang stimmte der vordere Kupferring, bezüglich das Kupferband bei ganz unbedeutendem Spielraum im Durchmesser mit demjenigen Durchmesser überein, den die Seele zwischen den Feldern aufwies, und bildete auf diese Weise nur einen Zentrierungsring; die Führung übernahm dabei das in der Nähe des Bodens befindliche Kupferband, das Führungsband. Dann wurde bei langen Geschossen der Zentrierungsring gegen eine kleine Wulst vertauscht, die schließlich aber auch in Wegfall kam. Die Granaten haben in der ganzen Länge des cylindrischen Teils einen Durchmesser, der ihnen im Geschützrohr einen Spielraum von 0,5 Millimeter gewährt.

Nach dem Vorschlag Bassompierres wurden in den sechziger Jahren Doppelwandgranaten hergestellt und beinahe überall angenommen. Bei diesen ist die Wand mit pyramidalen Erhöhungen versehen und von einem äußeren Geschoßmantel umgeben; das Zerplatzen findet stets in den schwächsten Metallstärken statt. 1876 wurden dann Uchatius'sche Ringgranaten eingeführt, die eine bedeutend größere Anzahl Sprengstücke liefern; der Kern wird nämlich aus 12 Ringen zusammengesetzt, die in der Außenseite tief gekerbt oder gezahnt sind und naturgemäß zwischen den Zähnen zerspringen.

Die Versuche, die Granaten mit brisantem (zermalmendem) Sprengstoff zu füllen, also Sprenggranaten herzustellen, führten anfangs zu keinem befriedigenden

Erfolg, da die Geschosse infolge der Empfindlichkeit dieser Stoffe schon bei dem Stoß, den das Abfeuern verursacht, innerhalb des Rohres platzten. Endlich kam man in den achtziger Jahren auf den Gedanken, entsprechend große Scheiben nasser Schießwolle in der Granate anzubringen. Dieses Verfahren, das man ermöglichte, indem man den Kopf der Geschosse zum Abschrauben einrichtete, bewährte sich. In Italien füllt man Torpedo- und Minengranaten mit prismatischen, in Essigäther getauchten Schießwollkörnern, wie sie aus der Schießwollfabrik Walsrode bezogen werden können. Dieselben haben eine Länge von 25—50 Millimetern und eine

Fig. 46. **Armstrong'sche 12 Zentimeter-Schnellfeuerkanone.**
(Text f. S. 180.)

Dicke von 10—18 Millimetern. Sobald sie sich in der Granate befinden, werden die Zwischenräume mit Karnaubawachs ausgegossen. In Deutschland ist Pikrinsäure, in Frankreich Melinit, für Feldgranaten Cresylit in Gebrauch.

Oft bestand zwischen Granaten und Bomben gar kein Unterschied. In Preußen bezeichnete man beispielsweise die gleichen Geschosse als Granaten, wenn sie mittels glatter Haubitzen, als Bomben, wenn sie mittels Mörser geschleudert wurden. Im allgemeinen versteht man unter Bomben eiserne Hohlkugeln, die aus glatten Mörsern und Bombenkanonen geschossen werden. (Letztere sind in neuerer Zeit durch andere Geschütze verdrängt worden.) In Österreich nennt man die

Das Maxim-Maschinengewehr

Das Maxim-Maschinengewehr, welches seit Jahren von den Deutschen Waffen- und Munitionsfabriken in Berlin hergestellt wird, ist, nachdem seine Brauchbarkeit im Burenkriege sowie im Kriege zwischen Rußland und Japan erprobt wurde, auch in Deutschland zur Einführung gelangt. Es hat bereits im Kampfe gegen die Hereros uns wertvolle Dienste geleistet. Die deutsche Heeresverwaltung verfügte am 1. Oktober 1904 über 16 Maschinengewehrabteilungen, welche zum größten Teile Jäger-, zum geringeren Infanteriebataillonen angegliedert sind; 13 derselben gehören der preußischen, 1 der bayrischen und 2 der sächsischen Armee an. Man beabsichtigt, jedem Armeekorps wenigstens eine Abteilung anzugliedern. Das „Schießreglement und neuer Entwurf der Schießvorschriften für Maschinengewehrabteilungen" wurden am 1. September 1904 genehmigt. Jeder Abteilung sind 6 Maxim-Maschinengewehre, 3 Munitionswagen, 2 Vorratswagen, Offizier- und Reservepferde, 1 Pack-, 1 Lebensmittel- und 1 Futterwagen zugeteilt. Zur Bedienung eines Maschinengewehres gehören: 1 Gewehrführer (Unteroffizier) und 4 Schützen.

Unsere Bilder stellen dar:

1. Fahrbare Dreifußlafette mit abgenommenen Rädern,
2. Schlittenlafette mit Rädern auf Tragpferd,
3. Schlittenlafette in Tiefstellung,
4. Schlittenlafette in erhöhter Stellung.

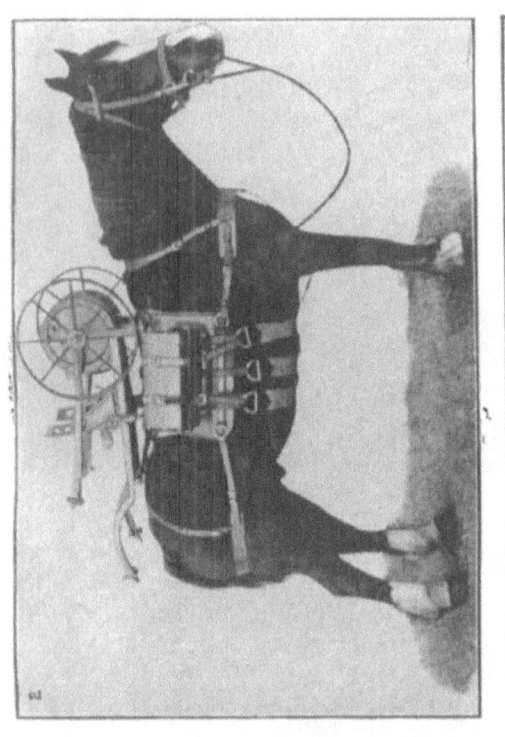

Hohlgeschosse der gezogenen Mörser Spitzbomben. Man unterscheidet konzentrische und exzentrische Bomben; bei ersteren ist der Mittelpunkt der Oberfläche zugleich der Mittelpunkt der Höhlung, während dies bei letzteren nicht der Fall ist. Von 1830 an stellte man in Preußen nur exzentrische Bomben her; da diese beim Schießen nach einer Seite abweichen, versah man den leichten Pol mit einem Kennzeichen und war nun im stande, sie in geeigneter Lage im Rohre unterzubringen. In der Mundöffnung wurde ein säulenförmiger Zünder angebracht. Die mit Brandlöchern versehenen Bomben, deren Füllung aus Brandsatz bestand, hießen Brandbomben. Bleibomben waren mit Blei ausgegossen und hatten ein Gewicht von 25—50 Pfund; sie wurden aus Bombenkanonen und Haubitzen verfeuert und zum Breschschuß benutzt. Mit Sprengladung gefüllte Hohlgeschosse wurden in einzelnen Fällen schon im 14. Jahrhundert, in größerem Maßstabe aber erst am Ausgang des 15. Jahrhunderts verwendet. Ein Fürst von Rimini, der

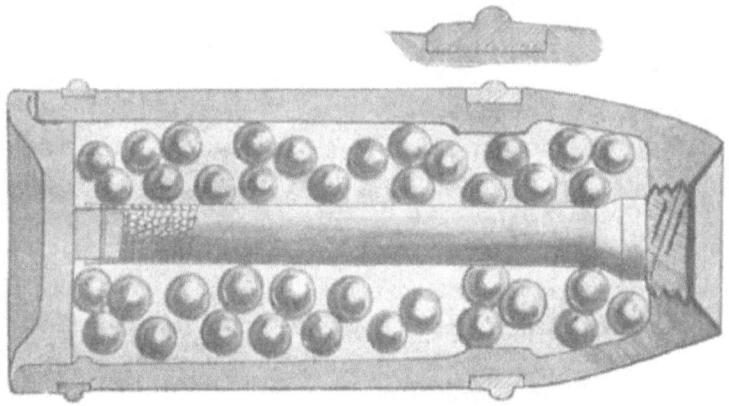

Fig. 47. Das Schrapnell C/91.

1433 aus zwei Teilen bestehende Hohlgeschosse herstellte, benutzte zum Entzünden einen Zünder, bomba, nach dem das Geschoß seinen Namen erhielt. Anfangs erfolgte die Entzündung durch die Lunte vor dem Abfeuern des Mörsers; im vorigen Jahrhundert wurde dann die Entzündung durch die Geschützladung eingeführt. Jenes Verfahren nannte man: Werfen der Bombe mit zwei Feuern, dieses: Werfen der Bombe mit einem Feuer, auch wohl: aus dem Dunst werfen.

Die zum Entzünden der Ladungen nötigen Vorrichtungen werden Zündungen genannt. Zum Entzünden der Geschützladungen dienen die Schlagröhren, die aus Kupferblech oder Messingblech bestehen und Kornpulver enthalten. Diejenigen, die mittels eines Reibapparates entzündet werden, heißen Friktionsschlagröhren (Reibungsschlagröhren); der Reibapparat funktioniert, wenn der Reiber heraus gerissen wird. Bei rauchlosem Pulver benutzt man eine Schlagröhre, die mit einer stärkeren Ladung feinkörnigen Pulvers versehen ist. Auch elektrische Schlagröhren, deren Kopf zum Befestigen der Leitungsdrähte dient, kommen in Anwendung; die letzteren veranlassen entweder das Glühen eines Zwischendrahtes oder das Überspringen eines Funkens durch einen leicht zu entzündenden Satz; durch den Satz wird das Feuer einer Sprengkapsel, die schließlich die Explosion bewirkt, mitgeteilt. Bei mit Zentralzündung versehenen Kanonen, die nicht mit Metallkartuschen geladen werden, macht man von Friktionszündschrauben Gebrauch; diese werden in der hinteren Fläche des Verschlußteils angebracht. Behufs des Abfeuerns wird der Reiber zurückgezogen, wobei er zugleich gasdichten Abschluß herstellt. Die Stoppinen, mit denen früher Minen und Geschützladungen entzündet wurden, bestanden aus einem Stück Zündschnur, das sich innerhalb eines Papier- oder Schilfröhrchens befand.

Die in den Geschossen befindliche Sprengladung wird durch Geschoßzünder entzündet. Die älteren Geschütze hatten zwischen Seelenwand und Geschoß einen Abstand, der es ermöglichte, zum Entzünden das Feuer der Ladung zu benutzen. Es gab gerade metallene oder hölzerne Röhren, die mit Zündsatz gefüllt waren, sogenannte Säulenzünder, und seit 1835 metallene Ringzünder, die den Zündsatz in einer ringförmigen Rinne enthielten. Der Erfinder der letzteren hieß Borman. Da man den Zündsatz so einpressen konnte, daß ein Teil der Satzsäule eine bestimmte Zeit brannte, war man im stande, dem Zünder die Brenn-, bezüglich Flugzeit vorzuschreiben, und so entstanden 1854 die Zeitzünder.

Im Jahre 1861 erfand Richter einen Zünder für Hinterlader ohne Spielraum, der als Schrapnellzünder Aufnahme fand. Derselbe ist mit einem Pillenbolzen oder Zündpillenträger versehen, der von zwei Armen gehalten wird. Durch den vom Abfeuern bewirkten Stoß brechen die Arme und der Pillenbolzen fliegt zurück, hierbei die Pille mit der Zündnadel zusammenführend. Bei der Explosion wird der Satzring, der das Feuer auf die Sprengladung überträgt, in Brand gesetzt. Die Stelle der Arme können auch Hemmungen einnehmen, die beim Rückstoß aufgehoben werden. Die gegenwärtig für Schrapnells und Granaten gebräuchlichen Brennzünder lehnen sich an diesen Zünder an.

Die Urform des jetzigen Zünders für Granaten der Hinterladungsgeschütze ist der Perkussionszünder, den General Neumann 1859 erfunden hat. Der Zünder besteht aus einer Mundlochschraube, die eine Zündschraube und in dieser ein Zündhütchen enthält, und aus einem Nadelbolzen, der mit einer Nadel versehen ist. Der Nadelbolzen befindet sich lose im Mundloch und wird beim Aufschlagen des Geschosses durch das Beharrungsvermögen zum Weiterfliegen veranlaßt. Hierbei bringt er in das Zündhütchen ein, dieses wird entzündet und die Sprengladung vom Feuerstrahl ergriffen. Da dieser Zünder beim Aufschlagen des Geschosses in Thätigkeit tritt, wird er Aufschlag- oder Fallzünder genannt.

Die Schrapnells müssen, da sie in der Regel schon vor der Erreichung des Ziels zum Zerspringen gebracht werden sollen, mit einem Brennzünder versehen sein. Weil nun ein Versagen des letzteren durchaus nicht ausgeschlossen ist, hat man den Brennzünder mit einem Aufschlagzünder vereinigt, also einen **Doppelzünder** hergestellt. Durch einen solchen bewirkt man, daß das Schrapnell, wenn der Brennzünder seinen Zweck nicht erfüllt, wenigstens beim Aufschlagen zerspringt. Man kann den Doppelzünder auch als bloßen Brenn- oder Aufschlagzünder einstellen, demnach das betreffende Geschoß nach Bedarf als Schrapnell oder als Granate gebrauchen. Mit Schrapnells, die einen doppelt wirkenden Zünder haben, kann man beispielsweise auch das Einschießen, das dem eigentlichen Schrapnellfeuer voranzugehen hat, bewerkstelligen; früher war man gezwungen, zu genanntem Zweck Granaten oder besondere Einschießschrapnells mitzuführen.

Die Vorteile, die von einem zweckmäßig konstruierten Doppelzünder zu erwarten waren, veranlaßten seit 1870 viele Fachleute, sich mit der Herstellung eines solchen zu beschäftigen. So wurde zunächst von dem belgischen Kapitän Romberg eine derartige Vorrichtung angefertigt, die aber den Anforderungen nicht recht entsprach. Die Versuche Armstrongs waren von größerem Erfolg begleitet; diesem gelang die Konstruktion eines Doppelzünders, den er bei seinen Hinterladgeschützen großen Kalibers zur Anwendung gebracht hat; auch bei den englischen Gebirgsgeschützen ist der Armstrong'sche Zünder zu finden. Die Doppelzünder, die in Deutschland in Gebrauch sind, entstanden durch eine Vereinigung des Schrapnell-Ringzünders mit dem Perkussionszünder. Von einem feldtüchtigen Doppelzünder wird verlangt, daß er leicht zu handhaben ist und trotzdem für sichere und pünktliche Ausführung seiner Verrichtung, sei es nun als Brenn- oder als Aufschlagzünder, Gewähr leistet; außerdem soll er auch als Fertigzünder konstruiert sein, d. h. das Geschoß, an dem er angebracht ist, muß durch ihn gebrauchsfertig werden. Gegenwärtig hat man in sämtlichen Artillerien Doppelzünder, die in Beziehung auf die technische Ausführung allerdings verschiedene Abweichungen zeigen, eingeführt.

Zündungen, deren Zündsatz aus Knallquecksilber oder chlorsaurem Kali besteht, und zu deren Entzündung ein Schlag oder Stoß genügt, tragen die Bezeichnung Selbstzündungen; zu diesen gehören Schlagröhren, Zündhütchen u. s. w.

Um ein Geschütz in kampffähigen Zustand zu versetzen, braucht man außer der Munition auch noch allerhand Zubehör, verschiedene Geräte, die das Laden, Richten und Abfeuern ermöglichen. Hierzu sind z. B. der Aufsatz und der Libellenquadrant zu rechnen, die bereits in den vorhergehenden Zeilen beschrieben worden sind (s. S. 159). Zum Reinigen der Geschützrohrseele ist ein Wischer erforderlich. Zum Richten dienen das Richtlot, der Richt- oder Hebebaum und das Richtstäbchen. Beim Ansetzen der Kartusche und des Geschosses kommt der Ansetzer oder Lader in Verwendung, beim Einführen der Ladung in Geschütze, die mit

Rund- oder Flachkeil versehen sind, zuweilen die Ladebüchse, auch Ladeschaufel genannt; dieselbe besteht aus einem Hohl- oder Halbcylinder. Der Stellschlüssel ermöglicht das Einstellen der Schrapnellzünder auf die geeignete Brennzeit. Zum Abziehen der Schlagröhren braucht man eine starke Schnur, die mit Haken und Griff versehen ist, die sogenannte Abzugschnur. Ferner giebt es zum Transportieren der Kartuschen Kartuschbüchsen und Kartuschtornister. Die luftdicht verschließbaren Zinkblechbüchsen, die auf Schiffen und in Küstenbatterien zu diesem Zweck verwendet werden, eignen sich auch zum Aufbewahren der Kartuschen. Die Kartuschnadel, ein mit einer Spitze und einem Handgriff versehener Stahldraht, dient zum Reinigen des Zündlochs und zum Durchstechen des Kartuschbeutels, durch das die Entzündung mittels der Schlagröhren erleichtert wird. Letztere, sowie die Zündungen finden Platz in den Schlagröhren- und Zündungentaschen, die zum Umschnallen um den Leib eingerichtet sind. Auch Schraubenschlüssel und ähnliches Handwerkszeug sind zuweilen erforderlich.

Für das Feldgeschütz müssen außerdem Bespannung und Protze vorhanden sein. Die letztgenannte Bezeichnung wird dem mit zwei Rädern versehenen Vorderwagen der Geschütze beigelegt. Die Verbindung mit Lafette oder Hinterwagen vermittelt der Protznagel oder -haken, der sich hinter oder auf der Protzachse oder auch auf den Protzarmen befindet. Die Kastenprotzen (s. Lafette) werden für Feldgeschütze benutzt. Bei Festungs- und Belagerungsprotzen nimmt ein Sattel, eine Erhöhung, die Stelle des Kastens ein; sie werden deshalb Sattelprotzen genannt.

Die Anfertigung der Geschütze erfolgt in Geschützgießereien, die entweder staatlich oder in Privatbesitz sind. Da gegenwärtig zur Herstellung eines Geschützes, das allen Anforderungen genügen soll, eine ganze Anzahl maschineller Einrichtungen erforderlich, und die eigentliche Gießerei von diesen etwas in den Hintergrund gedrängt worden ist, gebraucht man jetzt oft für Geschützgießerei die zutreffendere Bezeichnung Geschützfabrik.

Deutschland weist derartige Anstalten auf in: Spandau, Ingolstadt, Buckau bei Magdeburg und Essen. In Österreich befassen sich die Artilleriezeugsfabrik des Arsenals in Wien und die Neuberg-Mariazeller Gewerkschaft mit der Anfertigung der Geschütze; in England: das Arsenal in Woolwich, Armstrong in Elswick bei Newcastle, Vavasseur in London, Whitworth in Manchester; in Frankreich: Cail in Paris, Schneider in Creusot, die Société des Forges et Chantiers de la Méditerranée in Havre, die Anstalten in Bourges, Ruelle und St.-Chamond. In Italien werden in Turin, Genua und Neapel, in Spanien in Trubia und Sevilla, in Rußland in Petersburg, Perm und Alexandrowsk bei Petersburg (Obuchow'sche Gußstahlwerke) Geschütze angefertigt.

Als Geschützmetall kommen Bronze und Stahl in Betracht. Die Bronze zeichnet sich durch große Zähigkeit aus; auch kann man bronzene Rohre, die ihre

Brauchbarkeit eingebüßt haben, zum Neuguß benutzen, ohne eine größere Entwertung des Metalls befürchten zu müssen. Da jedoch das Zinn aus der Bronze nach und nach ausschmilzt, die bronzenen Geschützrohre demzufolge nach einiger Zeit ausgeschossen sind und die rechte Trefffähigkeit verloren haben, auch durch andere Einwirkungen leicht Schaden erleiden, muß der Gußstahl als das geeignetste Material betrachtet werden, vereinigt er doch mit der Zähigkeit die Festigkeit.

Die bronzenen Rohre werden gegossen, und zwar wird zu diesem Zweck eine aus Lehm bestehende Form benutzt. Dieselbe wird nach dem Brennen derart in eine Dammgrube eingesenkt, daß die Mündung nach oben gerichtet ist. Zuweilen gießt man die Rohre voll, zuweilen über einen Kern, der die Stelle der Seele einnimmt, immer aber an der Mündung 70—100 Zentimeter zu lang. Letzteres geschieht, um zu verhindern, daß das oberste, gewöhnlich mehr Poren enthaltende Gußstück, ein Teil des Rohres wird (der verlorene Kopf).

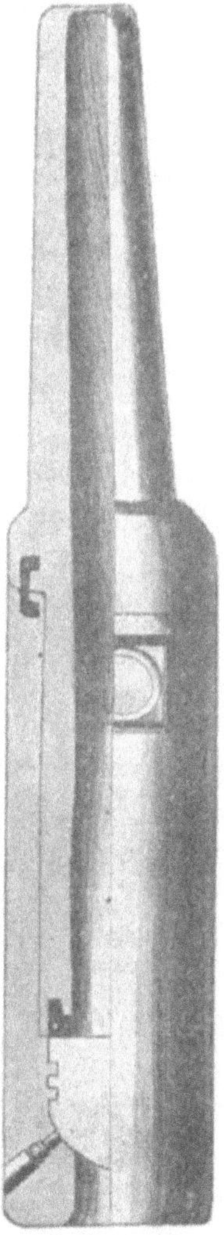

Stahlrohre werden gegossen und geschmiedet; in der Krupp'schen Fabrik gießt man zum Beispiel die betreffenden Blöcke aus Tiegeln und bearbeitet sie dann mit Schmiedepressen oder Dampfhammer. Weiterhin werden die Geschützrohre mittels Bohrmaschine und Drehbank ausgebohrt, abgedreht und auf einer Ziehbank mit Teilscheibe mit den Zügen versehen. Schließlich wird die Beschaffenheit des verwendeten Metalls geprüft und jedes Rohr in Beziehung auf die Abmessungen einer Untersuchung unterworfen, wofür bestimmte Vorschriften vorhanden sind. Um über Haltbarkeit und Trefffähigkeit ein Urteil zu gewinnen, werden die Rohre zuletzt auch noch angeschossen.

Gegenwärtig befolgt man bei der Anfertigung bronzener Geschützrohre häufig das Uchatius'sche Verfahren, das Entstehung und Namen dem österreichischen General von Uchatius verdankt. Man gießt die Bronze, die aus 92 Prozent Kupfer und 8 Prozent Zinn besteht, anstatt in Sandformen in eiserne Schalen und giebt ihr in der Umgebung der Seelenwand größere Dichtigkeit, indem man Stempel hindurchpreßt. Die so behandelte Bronze erlangt eine Festigkeit, die ihr den Namen Stahlbronze einträgt. Auch können derartige Rohre dem Gasdruck gut widerstehen. In Deutschland bedient man sich seit dem

Fig. 48. Rohr zum Feldgeschütz C/73.

Jahre 1878 bei der Anfertigung der Bronzerohre dieses Verfahrens, dem man auch noch besondere Billigkeit zusprechen kann, gebraucht aber hier die Bezeichnung Hartbronze. Um dem Unbrauchbarwerden, das selbst bei Rohren aus Stahl- oder Hartbronze durch das allmähliche Ausbrennen herbeigeführt wird, vorzubeugen, stattet man in Deutschland sämtliche Bronzerohre mit stählernen Seelenrohren aus.

Die Rohre einiger Geschützarten werden vermittels der sogenannten künstlichen Metallkonstruktion hergestellt. Es hatte sich nämlich ergeben, daß der Gasdruck auf die äußeren Schichten eines aus einem Stück bestehenden Rohres in weit geringerem Maße einwirkt als auf die inneren, und daß sich der Grad der Einwirkung nach dem Größenverhältnis, das zwischen Metallstärke und Seelendurchmesser besteht, richtet; je stärker das Metall ist, umso weniger werden die äußeren Schichten vom Gasdruck in Anspruch genommen. Durch zahlreiche Berechnungen und Versuche verschaffte man sich Gewißheit über diese Thatsache und erzielte schließlich für alle Schichten der Rohrwandung eine gleichmäßige Beeinflussung durch den Gasdruck, indem man die inneren Schichten durch die äußeren zusammenpressen und den Druck von innen nach außen in entsprechender Weise abnehmen ließ. Nimmt man zwei Röhren, deren Weite so gewählt ist, daß der äußere Durchmesser der engeren größer ist als der innere Durchmesser der weiteren, und schiebt man die letztere in erwärmtem Zustande über die erstere, so wird beim Erkalten ein Zusammendrücken des inneren und ein Ausdehnen des äußeren Cylinders stattfinden. Hat man die Schrumpfmaße gut berechnet, so wird man bei diesem Verfahren eine geeignete Spannung erzielen. Der Theorie nach müßte nun das Zusammensetzen des Rohres aus möglichst vielen Cylindern zu empfehlen sein, in der Praxis hat sich jedoch gezeigt, daß die Anwendung von 1—3 Ringlagen, bei denen man es schon aus technischen Gründen gern bewenden läßt, größeren Vorteil bietet.

Auf diese Weise werden Ring- und Mantelrohre hergestellt. Ringrohre findet man bei den 15 Zentimeter-Ringkanonen, die die deutsche Belagerungsartillerie verwendet, und bei der 24 Zentimeter-Ringkanone, die vorzugsweise in Küstenbatterien benutzt wird. Sie bestehen aus einer Kernröhre, auf die am Ladungsraum durch Erwärmen erweiterte Ringe aufgezogen sind; der Verschluß ist in der Kernröhre angebracht. Bei den Mantelrohren ist die Kernröhre im Verhältnis schwach. Der Mantel, in den sie eingefügt wird, ist aus einem Stück hergestellt und mit dem Verschluß versehen. Mantelringrohre weisen nicht nur einen Mantel, sondern auch Verstärkungsringe auf. In der Krupp'schen Fabrik werden für Geschütze größeren Kalibers Mantelringrohre, für Geschütze kleineren Kalibers Mantelrohre angewendet.

In der Geschützgießerei in Elswick (Armstrong) befolgte man eine Zeitlang bei der Herstellung der Geschützrohre folgendes Verfahren: Man bildete eine besondere Art Ringe, indem man Stäbe aus Schmiedeeisen spiralförmig aufwickelte. Diese wurden dann in der zu einer Rohrlänge erforderlichen Anzahl zusammengeschweißt. Das auf solche Weise entstandene Kernrohr wurde abgedreht und dann mit einer zweiten Lage Ringe bekleidet, die ebenso wie die Ringe der ersten Lage hergestellt, aber innen ausgedreht worden waren. Sie wurden „aufgeschrinkt", d. h. durch Wärme erweitert, aufgezogen und dann rasch abgekühlt. Gegenwärtig stellt man die Kernröhren der englischen Geschütze aus Stahl her und zieht zwei oder drei Lagen Ringe auf dieselben auf. Letztere werden auf der Strecke zwischen Mündung und Schildzapfen durch Verschraubung miteinander verbunden.

Nach dem Maße, in dem die Rohre dem Gasdruck widerstehen können, richtet sich die Größe der lebendigen Kraft, die man den Geschossen zukommen lassen kann. Es ist daher erklärlich, daß die Fachleute nichts unversucht lassen, was eine Vergrößerung der Widerstandsfähigkeit der Geschützrohre erwarten läßt. Im Jahre 1855 wurde von Longridge der Vorschlag gemacht, Seelenrohre mit dünnen Wänden herzustellen und mit Draht zu umwickeln, und zwar in verschiedenen Lagen und mit bestimmter Spannung. Im Grunde genommen beruht dieses System auf denselben Grundsätzen wie die künstliche Metallkonstruktion, da man gewissermaßen jede Drahtlage als eine Ringlage betrachten kann. Die Vorteile, die man sich von der Befolgung des genannten Vorschlags, also von der Herstellung von Drahtkanonen, versprach, veranlaßten nicht nur Longridge selbst, sondern auch Wordbridge und Brown (Nordamerika), Schultz (Frankreich) und die Leiter der Fabrik Woolwich (England), sich mit der weiteren Entwickelung der Idee zu beschäftigen. In technischer Hinsicht hatten dieselben mit vielen Schwierigkeiten zu kämpfen. So mußte man sich zunächst bemühen, einen zu diesem Zweck überhaupt verwendbaren Draht anzufertigen. Dann stand man vor der Aufgabe, die Drahtenden sicher unterzubringen und eine geeignete Befestigungsart für die Schildzapfen zu ermitteln. Auch für eine Vorrichtung, die die Drahtlagen vor Beschädigungen, die besonders vom feindlichen Feuer zu befürchten waren, schützte, mußte gesorgt werden; ebenso war behufs der Massenanfertigung des Drahtes ein Verfahren zum Aufwickeln desselben unentbehrlich. Erst seit verhältnismäßig kurzer Zeit ist man im stande, brauchbare Drahtkanonen herzustellen; in England und Frankreich haben sich dieselben 1893 Eingang verschafft. Der betreffende Draht wird gegenwärtig aus Stahl mit quadratischem oder rechteckigem Querschnitt hergestellt; auch schmales Stahlband findet zuweilen Verwendung. Zum Schutz gegen äußere Einflüsse werden die Drahtlagen mit einem stählernen Mantel umgeben.

b. Handfeuerwaffen.

Im Gegensatz zu den Geschützen der Artillerie stehen die Handfeuerwaffen, die tragbaren Feuerwaffen des gesamten Heeres. Die Bezeichnung Gewehr umfaßt nur die Handfeuerwaffen mit langem Lauf, ist letzterer verkürzt, so nennt man die Waffe Karabiner, ist er ganz kurz, Pistole oder Revolver; besonders kleine Pistolen heißen Terzerole. Man faßt die Gewehre und Karabiner mit dem gemeinsamen Namen Schulterwaffen zusammen, weil sie über der Schulter getragen werden, während man Pistolen, Revolver und Terzerole als Handschußwaffen bezeichnet. Je nachdem die Handfeuerwaffen von hinten oder von der Mündung aus geladen werden, sind es Vorder- oder Hinterlader, und je nachdem die Ladung für jeden Schuß besonders vorgenommen werden muß oder gleich für eine Anzahl Schüsse gemeinsam ausgeführt werden kann, unterscheidet man Ein- und Mehrlader. Letztere, auch Magazin- oder Repetiergewehre und, falls sie nur Pistolengröße haben, Revolver genannt, besitzen eine Vorrichtung zur Aufnahme einer bestimmten Anzahl Patronen, die ein Mechanismus nacheinander in den Lauf einführt. Wenn die Laufwandungen glatt sind, ist das Gewehr eine Flinte; Büchsen nennt man solche Gewehre, die gezogene Läufe haben, d. h. in deren Lauf sich schraubenförmig gewundene Züge befinden.

Die Handfeuerwaffen setzen sich in der Hauptsache aus fünf Teilen zusammen: dem Lauf oder Rohr, dem Schloß, dem Schaft, der Garnitur und den Zubehörstücken. Der Lauf ist aus Stahl gefertigt. Seine Höhlung wird als Seele bezeichnet und deren Mittellinie die Seelenachse genannt; die vordere Öffnung des Laufes heißt Mündung. Die Laufwandungen verjüngen sich meist nach der Mündung zu, ihre größte Stärke haben sie über der Kammer, in der sich die Patrone befindet. Das Schloß umfaßt beim Vorderlader den Mechanismus zum Abfeuern, beim Hinterlader zugleich auch den zum Verschließen des Rohres. Meist ist es aus Stahl gefertigt, doch besteht es mitunter auch aus Phosphorbronze. Aus Holz, in der Regel aus Nußbaumholz, ist der Schaft hergestellt, der mit dem Laufe durch Ringe oder eine ähnliche Vorrichtung verbunden ist.

Die Konstruktion der Handfeuerwaffen erfolgt nach den verschiedensten Systemen. Wie wir schon im geschichtlichen Teile gesehen haben, führte Preußen 1841 das Dreyse'sche Zündnadelgewehr ein und errang im Kriege 1866 so überraschende Erfolge damit, daß man sich alsbald in allen Ländern mit der Konstruktion von Hinterladungsgewehren beschäftigte, deren Leistungsfähigkeit diejenige des Dreyse'schen womöglich noch übertreffen sollte. Auch Preußen stellte die Versuche zur Vervollkommnung seines Gewehres nicht ein. Da man einsah, daß vielleicht noch Jahre vergehen könnten, ehe es gelingen würde, ein Gewehr zu erfinden, das allen an dasselbe gestellten Anforderungen genügen würde, so wollte man nicht gleich zur Einführung einer Neukonstruktion schreiten, sondern suchte vorläufig nur die bisher gebrauchten Vorderlader in Hinterlader umzuwandeln. Auf diese Weise entstanden eine Anzahl Transformationsverschlüsse, bei denen der alte Lauf von 14—18 Millimeter Kaliber beibehalten wurde. Unabhängig von

Die Waffen. 193

denselben entwickelte sich die Neukonstruktion, für die man ein Kaliber von 10—11,5 Millimetern aufstellte.

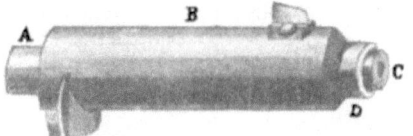

Fig. 49. **Lauf mit Laufmantel.**
A und C Lauf; B Laufmantel; D Mundring.
(Text f. S. 196.)

Vier Arten von Systemen sind es, die bei der Konstruktion der Gewehre in Anwendung kommen, und zwar unterscheidet man Gewehre mit Scharnier- oder

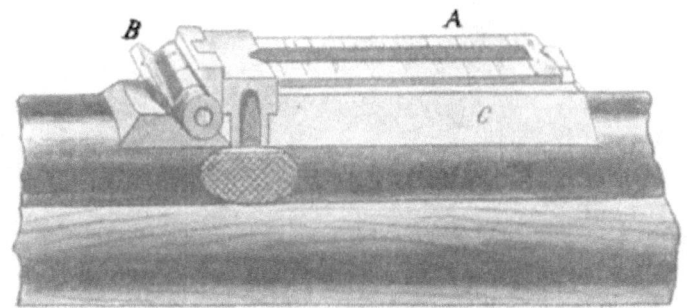

Fig. 50.

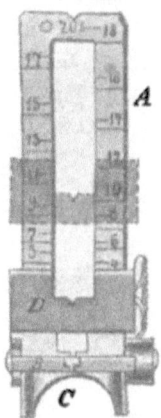

Fig. 51. **Aufsatz.**
A Große Klappe (Rahmen); B Kleine Klappe; C Aufsatzfuß; D Niedergelassener Schieber.
(Text f. S. 196.)

Klappenverschlüssen, mit Blockverschlüssen, mit Cylinder- oder Kolbenverschlüssen und mit Wellenverschluß. Das Dreyse'sche Zündnadelgewehr hat Cylinder- oder Kolbenverschluß. Da sich derselbe am besten mit dem späterhin eingeführten Repetiermechanismus vereinigen ließ, so findet man ihn bei fast allen modernen Gewehren kleinen Kalibers angewandt. Es würde zu weit führen, wollten wir auf alle in den letzten Jahrzehnten entstandenen Systeme eingehen; von besonderem Interesse für uns ist indessen die Konstruktionsweise und Vervollkommnung unseres deutschen Gewehres.

Im Kriege 1870/71 war die deutsche Infanterie noch mit dem Zündnadelgewehr bewaffnet. Hatte sich dasselbe 1866 trefflich bewährt, so stand es diesmal dem französischen Chassepot-Gewehr an Leistungsfähigkeit nach. Sofort nach Beendigung des Krieges ließ man eine Änderung in der Bewaffnung eintreten, und zwar führte man zunächst das sogenannte „aptierte Zündnadelgewehr" ein, das kürzer als das alte war und eine verstärkte Pulverladung erhielt. Indessen konnte dasselbe nur als ein Notbehelf betrachtet werden. Wie schon das französische Chassepot-Gewehr ein Selbstspanner war, d. h. keine besonderen Griffe zum Spannen mehr hatte, letzteres vielmehr gleichzeitig mit dem Öffnen geschah, so brachte man diesen Fortschritt jetzt auch in Deutschland zur Anwendung. Außerdem war die Metallpatrone erfunden worden, und man mußte dem Gewehr eine weit verstärkte Pulverladung geben. Immer allgemeiner wurde das Bestreben nach einer Verkleinerung des Kalibers, womit man bei gleichzeitiger Veränderung der Gestalt der Geschosse eine größere Rasanz*) der Flugbahn zu erreichen gedachte. So erhielt die deutsche Infanterie 1874 das Mausergewehr, das sich durch einen einfachen, dauerhaften Verschluß auszeichnete. Statt der Zündnadel hatte es einen Stift, der die Patrone durch einen Schlag in Entzündung versetzte. Die Tragkraft der Geschosse war bedeutend erweitert und die Rasanz der Flugbahn so vergrößert, daß sich die letztere auf 300 Meter Entfernung nicht über die Höhe eines Reiters erhob. Die Bajonette schaffte man ab und führte statt ihrer ziemlich lange schwere Seitengewehre ein, die nur beim Sturm aufgepflanzt werden sollten.

Ein außerordentlich großer Vorteil beim Infanteriegefecht liegt in der möglichsten Feuerschnelligkeit. Um diese zu erreichen, hatte man bereits die Selbstspanner konstruiert und die beiden Griffe zum Öffnen und Schließen möglichst zu vereinfachen gesucht. Man kam nunmehr auf den Gedanken, auch das Laden zu beschleunigen. Mittels des Verschlußmechanismus ließ man die Patronen selbstthätig aus einem Magazin entnehmen und in den Lauf einführen. So entstand aus dem Einzellader der Mehrlader, das Magazin- oder Repetiergewehr. Deutschland ging den übrigen Großmächten in der Annahme dieser Neuerung voran. 1884 erhielt die deutsche Infanterie einen Mehrlader, bei dem das bisherige Kaliber von

---

*) Man nennt eine Flugbahn rasant, wenn sie sich nicht über Manneshöhe — 1,6 bis 1,8 Meter über den Boden — erhebt.

Die Waffen.

11 Millimetern beibehalten wurde, und dessen 8 Patronen fassendes Magazin in einer Röhre unter dem Laufe lag. Man konnte das Gewehr als Einzellader verwenden, im Bedarfsfalle aber auch alle 8 Patronen mit großer Geschwindigkeit hintereinander abfeuern.

Das neue Gewehr, bezeichnet als M 71/84 (Modell vom Jahre 1871/84), blieb nicht lange in Gebrauch. Schon wenige Jahre nach seiner Einführung kam in Frankreich eine Erfindung auf, die einen abermaligen Umschwung in der Konstruktion der Handfeuerwaffen hervorrief, und zwar war dies die Herstellung des

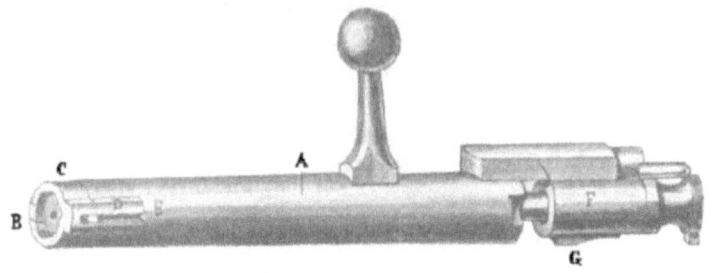

Fig. 52. **Kammer mit Schlößchen und Verschlußkopf.**
A und E Kammerwand; B Patronenzieher; C Verschlußkopf; D Stützwarze; F Schlößchen; G Nase.
(Text s. S. 198.)

rauchschwachen Pulvers, das der Chemiker der französischen Pulverfabriken, Vieille, 1886 aus in Äther gelöster Schießbaumwolle und Pikrinsäure erhielt. Nicht lange darauf, so war auch die deutsche und englische Regierung im Besitze dieses Pulvers. Es wurden alsbald Versuche zur weiteren Vervollkommnung desselben angestellt, und schon nach fünf Jahren war das rauchlose Pulver in allen europäischen Armeen eingeführt. Das rauchschwache Stickstoffpulver entwickelt bei beträchtlich geringerem Gasdruck eine weit größere Triebkraft als das alte Schwarzpulver. Wollte man

Fig. 53. **Schlagbolzen mit Spiralfeder.**
(Text s. S. 198.)

also eine rasantere Flugbahn, sowie eine größere Schußweite und Durchschlagskraft des Geschosses erreichen, so mußte man das Kaliber verkleinern. Ehe man zur Annahme einer Neukonstruktion schritt, wurden von seiten der Gewehr-Prüfungs-Kommission zu Spandau eingehende Versuche mit den verschiedensten Systemen vorgenommen, deren Resultat die Einführung des Gewehres M/88 war, das noch heute von der deutschen Infanterie getragen wird.

Das Gewehr 88 ist ein Mehrlader von 7,9 Millimeter Kaliber mit Kolbenverschluß. Sein Lauf ist aus gehärtetem Stahl gefertigt und hat vier Züge, die

13*

sich dreimal nach rechts um die Seelenachse winden. Die Seele zerfällt in zwei Teile, vorn in den langen, gezogenen Teil, hinten in das kurze, glatte Patronenlager. Zum Schutze der Hand, sowie gegen Beschädigungen ist der Lauf mit einem Laufmantel umgeben, Fig. 49, in dem der erstere frei schwingen und sich beim

Fig 54. **Verschlußkopf.**

Erhitzen ungehindert auszudehnen vermag. Der Laufmantel ist gleichfalls aus Stahl gefertigt, sein rückwärtiges Ende ist auf den Hülsenkopf aufgeschraubt, der vordere verjüngte Teil, Mundring genannt, umgiebt das Laufende mit geringem Spielraum. Auf dem Laufmantel sind die Visiereinrichtungen befestigt, die zum

Fig 55. **Auszieher** (Kralle).

Zielen dienen. Sie bestehen aus dem am vorderen Ende befindlichen Korn, sowie aus dem am hinteren Laufende angebrachten Aufsatz, Fig. 50 u. 51. Letzterer ist ein Rahmenaufsatz und setzt sich aus dem Aufsatzfuß, der kleinen und der großen Klappe, dem Schieber und der Aufsatzfeder zusammen. Das Standvisier am Aufsatzfuß

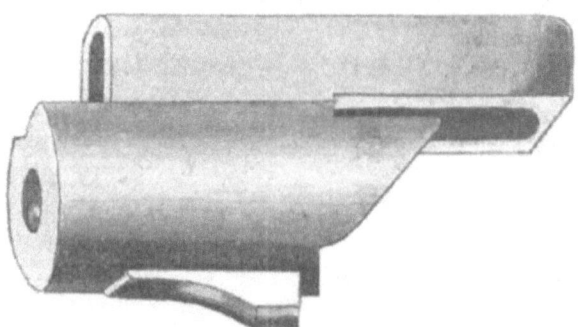

Fig. 56. **Schlößchen.**

trägt ein Grinsel (Visiereinschnitt) für Distanzen bis zu 250 Metern. Scharnierartig am Aufsatzfuß befestigt ist die kleine Klappe, deren Grinsel bis zu 350 Metern reicht; sie kann mittels eines Griffknopfes aufgestellt oder umgelegt werden. Die große Klappe, der Rahmen, ist mit einer Distanzeinteilung von 450—2050 Metern versehen, und zwar sind rechts die geraden, links die ungeraden Zahlen verzeichnet. Ein Schieber zum Einstellen umgiebt die Klappe, die Aufsatzfeder erhält sie in

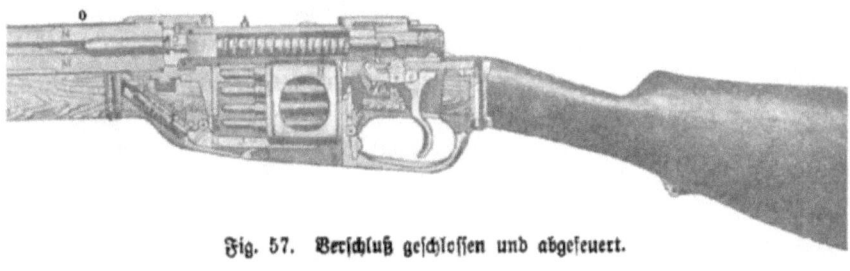

Fig. 57. **Verschluß geschlossen und abgefeuert.**

Fig. 58. **Verschluß geöffnet und gespannt; Patronenrahmen gefüllt.**

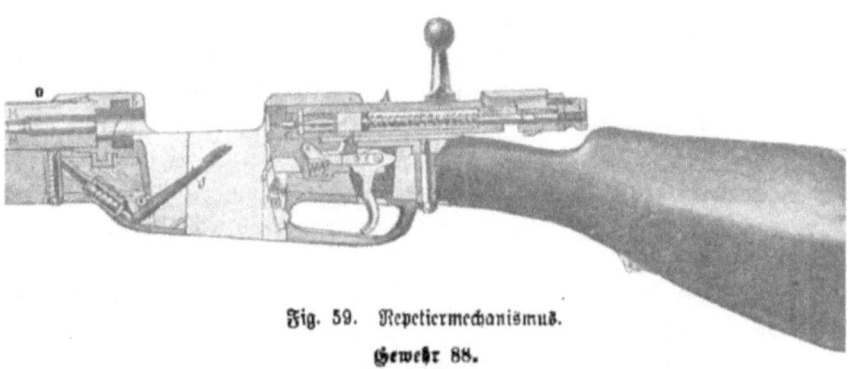

Fig. 59. Repetiermechanismus.

Gewehr 88.

A Kammer; B Schlößchen; C Nase; D Verschlußkopf; E Hülse; F Haltefeder; G Magazinkasten; H Patronenrahmen; J Zubringer; K Druckkolben; L Lager; M Lauf; O Laufmantel; P Nasen; R Öffnung des Magazinkastens.

(Text s. S. 196.)

ihrer jeweiligen Stellung. Das Korn ist mit seinem Fuße in der Kornwarze verschiebbar.

Zum Verschließen des Gewehres, sowie zum Zuführen und Entzünden der

Patrone dient der Verschluß. Er besteht aus der Hülse mit dem Schloßhalter, dem Schloß, der Abzugsvorrichtung und dem Kasten. Zum Schlosse gehören alle diejenigen Teile, die mit der Kammer, Fig. 52 (Verschlußkolben), gemeinsam aus der Hülse gezogen werden. Es ist dies zunächst der Schlagbolzen mit der Spiralfeder, Fig. 53, dessen Vorschnellen die Patrone entzündet. Eine Verbindung sämtlicher Schloßteile wird durch die Kammer hergestellt, durch deren Rechtsdrehen der Verschluß bewirkt wird. Fig. 57—59 zeigen uns den Verschluß des Gewehres. Die Kammer A hat vorn zwei gegenüberstehende Nasen P, die sich beim Rechtsdrehen der Kammer in die ringförmigen Lager L der Hülse E einlegen. Der Verschlußkopf D hat vorn für den Boden der randlosen Patrone ein tiefes Lager, an seiner rechten Seite ist eine Längsnute für den Auszieher B, an seiner linken Seite eine Rinne für den Auswerfer E angebracht. Ersterer dient dazu, die Patronenhülse aus dem Lauf zu entfernen, letzterer stößt sie seitwärts aus dem Gewehre heraus. Die Verschlußhülse E ist unten für den Magazinkasten G durchbrochen; der mit fünf Patronen gefüllte Patronenrahmen H wird von oben eingesetzt und durch den Rahmenhalter mit der Haltefeder F festgehalten. Ein doppelarmiger Hebel, der Zubringer J, hebt die Patronen empor. Der Druckkolben K, mit einer Spiralfeder versehen, drückt gegen den kürzeren Arm des Hebels, sodaß der längere stets nach aufwärts gehoben ist. Beim Vorschieben der Kammer wird die oberste Patrone vom Verschlußkopf gefaßt und in den Lauf geschoben. Wenn der Patronenrahmen leer ist, fällt er von selbst aus der Öffnung R des Magazinkastens heraus. Das Schlößchen B spannt sich beim Aufrichten der Kammer von selbst, und die Nase C hält es beim Schließen vom Abzugsstollen zurück. Letzterer ist ein Teil des Abzugs, Fig. 60, der aus dem Züngel, dem Abzugshebel mit Abzugsstollen und der Züngelfeder besteht und zum Spannen und Abziehen dient. Um ein Losgehen des gespannten Gewehres zu verhüten ist eine Sicherung angebracht, Fig. 61 und 62, die beim Gebrauch nach rechts gelegt wird. Neuerdings hat man am Schloß noch eine Vorrichtung befestigt, die bei etwaigem, indessen nur selten vorkommendem Platzen der Metallhülse der Patrone dem Auge des Schießenden Schutz gewährt. Wenn kein Magazin geladen ist, kann das Gewehr 88 auch als Einzellader benutzt werden.

Der Schaft des Gewehres ist aus Nußbaumholz gefertigt und mit Einlassungen für Hülse und Kasten, sowie mit Nuten für Laufmantel und Stock versehen. Letzterer dient zur Entfernung sitzengebliebener Patronenhülsen aus dem Lauf, sowie zum Zusammensetzen der Gewehre. Nur bei Sturm und auf besonderen Befehl dürfen die Seitengewehre aufgepflanzt werden. Das Zubehör des Gewehres besteht in Gewehrriemen, Mündungsdeckel, Schraubenzieher und Schloßschlüssel, letzterer dient zum Auseinandernehmen des Schlosses; im Felde genügt ein Schlüssel für drei Gewehre. Das Gewehr 88 hat sich bisher bei allen Übungen und

Manövern als trefflich bewährt. Es ist leichter und kürzer als die vorherigen Modelle, seine Länge beträgt ohne Seitengewehr 1,245 Meter, sein Gewicht 3,8 Kilogramm.

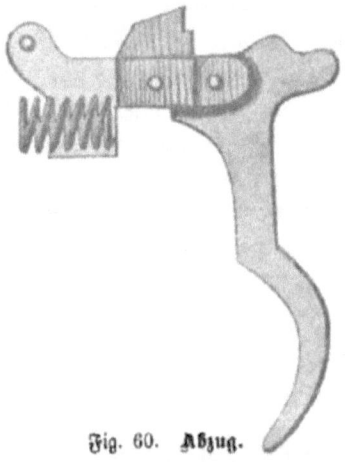

Fig. 60. **Abzug.**

Die Patronen, die Munition des Gewehres, haben vier Bestandteile: die Hülse, das Zündmittel, die Pulverladung und das Geschoß. Man unter=

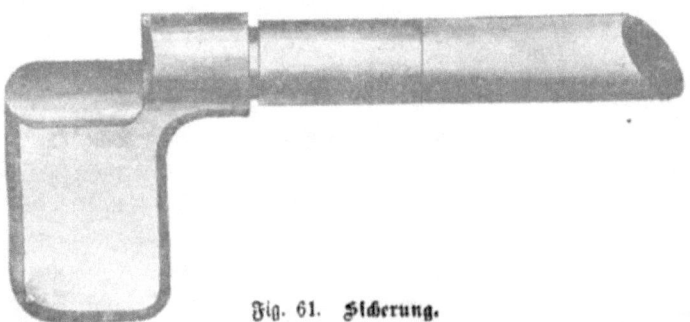

Fig. 61. **Sicherung.**

scheidet drei Arten von Patronen, die scharfe Patrone, die Platz= oder Ma= növerpatrone und die Exerzierpatrone. Letztere ist mit Pulverladung ver=

Fig. 62. **Sicherungsfeder.**

sehen, hat aber nur ein Geschoß aus Holz u. s. w. Die Platz= oder Manöverpatrone hat kein Geschoß und nur eine schwache Pulverladung. Die scharfe Patrone, Fig. 63, ist von einer flaschenförmigen Hülse umgeben und hinten mit einer Eindrehung ver=

sehen, die zum Eingreifen der Auszieherkralle dient. In der Mitte des Bodens liegt die Zündglocke, in die das messingene Zündhütchen eingepreßt ist. Die Zündglocke hat einen Amboß mit zwei Zündöffnungen, durch welch' letztere der Zündstrahl in die Hülse einzudringen vermag. Die Pulverladung beträgt 2,75 Gramm Gewehrblättchenpulver. Ihre Wirkung ist anfangs kräftig, damit das Geschoß in die Züge gestaucht wird, dann wird sie nachdrückend, um die Reibung im Laufe leichter zu überwinden. Das Geschoß hat einen Kern aus Hartblei, umgeben von einem Mantel aus kupfernickelplattiertem Stahlblech.

Man verpackt die Munition in Magazine, einem Rahmen aus Stahlblech mit zwei Seitenwänden und einer leicht gewölbten Rückwand. Die beiden federnben Seitenwände sind oben und unten leicht umgebogen. Jedes Magazin enthält fünf Patronen, drei gefüllte Magazine packt man in eine Packschachtel, fünfzehn solcher Packschachteln in eine Packhülse aus Pappendeckel, endlich kommen fünf Packhülsen in einen Patronenkasten (1125 Stück Patronen).

Die ballistischen*) Leistungen des Gewehres 88 übersteigen die aller früheren Systeme. Unter der wagerechten Visierlinie geht die mittlere Flughöhe des Geschosses bei Entfernungen bis zu 550 Metern nicht über 2 Meter hinaus; auf Entfernungen von 600 Metern erhebt sich der Scheitelpunkt auf 2,5 Meter, ist also nur wenig über Manneshöhe erhaben. Die Gesamtschußweite beträgt bei einem Erhöhungswinkel von etwa 32 Grad durchschnittlich 3800 Meter. Auf 400 Meter Entfernung wird trockenes starkes Tannenholz 45 Zentimeter, auf 800 Meter Entfernung 25 Zentimeter, auf 1800 Meter Entfernung 5 Zentimeter tief durchschlagen. In frisch aufgeworfenen Sand bringt die Patrone auf 100 Meter etwa 90 Zentimeter, auf 400 Meter 50 Zentimeter tief ein. Eiserne Platten von 7 Millimeter Dicke werden noch auf 300 Meter durchschlagen. Wollte man eine Brustwehr gegen das Gewehr 88 anfertigen, so müßte dieselbe 75 Zentimeter stark sein, um Schutz zu gewähren. Wenn eine größere Anzahl Schüsse auf einen geringen Raum einer Ziegelmauer treffen, so wird dieselbe durchschlagen.

Man kann bei richtiger Anwendung des Gewehres 88 innerhalb 250 Meter von jedem Schuß einen Treffer erwarten, gleichviel nach welchem Ziel. Auf 350 Meter wird noch der einzelne knieende Gegner getroffen, auf 500 Meter noch eine knieende Rotte, auf 600 Meter eine stehende Rotte. Selbstverständlich sind dies Angaben, die sich im Ernstgefecht sowohl, als auch bei den Schießübungen wesentlich ändern können. Auf Entfernungen über 600 Meter wird mit der Massenwirkung gerechnet. Es hat sich herausgestellt, daß bei Anwendung des Visiers ein Raum von 100 Metern durch die Geschoßgarbe gedeckt**) wird.

---

*) ballistisch = die Flugbahn betreffend.

**) Gedeckter Raum heißt die Fläche, in der die abgefeuerten Geschosse eines Truppenteiles einschlagen, gestrichener Raum der, in dem sich die Geschosse nicht über Manneshöhe erheben.

Das deutsche Gewehr 98

Dem deutschen Gewehr 98, das gegenwärtig als die vollkommenste der bei dem deutschen Heere benutzten Handfeuerwaffen gelten muß, liegt die Konstruktion des Mausergewehres M. 93—95 zugrunde. Es besteht aus folgenden Teilen: 1. Lauf, 2. Visiereinrichtung, 3. Verschluß, 4. Schaft- und Handschutz, 5. Stock, 6. Beschlag. Außerdem gehört noch zu jedem Gewehr das Zubehör und 1 Seitengewehr. Das Gewehr 98 hat die gleichen Schußleistungen wie das Gewehr 88.

Gegenüber dem Gewehr 88 besitzt das Gewehr 98 eine bessere Einrichtung verschiedener Teile. Der Lauf hat eine größere Wandstärke und besteht aus drei verschiedenen starken Absätzen, die durch Übergangskegel verbunden sind. Der Laufmantel fehlt. Das Visier besteht aus Visierfuß, Visierklappe und Visierschieber. Auf dem mit Visiermarken versehenen Visierfuß ist der Visierschieber geschoben. Letzterer greift mit seinen Kurvenstiften in die Nuten der Visierklappe ein. Diese hat die Gestalt eines Richtbogens und ist durch den Visierstift mit dem Visierfuß verbunden. Das Richtbogenvisier hat nur eine Kimme; das Stellen des Visiers ist wesentlich vereinfacht, Verwechslungen der Kimmen beim Zielen und dadurch Anwendungen falscher Visierstellungen ist ausgeschlossen. Den Verschluß bilden: Die Hülse mit Schloßhalter und Auswerfer, das Schloß, die Abzugsvorrichtung und der Kasten mit Mehrladevorrichtung. Die Hülse hat durch die Hülsenbrücke an Dauerhaftigkeit gewonnen. Der Verschlußkopf ist fortgefallen; bei Hülsenreißern schlagen die Pulvergase nicht hinten aus der Hülse heraus, sondern finden vorne durch die Gasabzugsöffnungen einen unschädlichen Ausweg. Der Auszieher ist kräftiger und derart eingerichtet, daß er beim Vorführen des Schlosses die Patrone ergreift und bis zum Auswerfen festhält, so daß ein Doppelladen verhütet wird. Bei der Mehrladeeinrichtung verhindert der unten geschlossene Kasten das Eindringen von Fremdkörpern in das Gewehr. Da der Kasten nicht nach unten über den Schaft hervorragt, ist die Handhabung des Gewehres leichter und bequemer geworden. Beim Laden wird ein Ladestreifen mit 5 Patronen in den Ausschnitt der Hülsenbrücke gesetzt und die Patronen in den Kasten gedrückt; beim Vorführen der Kammer fällt der leere Ladestreifen seitlich ab. Einzelne Patronen können geladen werden, auch ist ein Nachfüllen des Kastens möglich. Das Seitengewehr wird unter dem Lauf befestigt, wodurch der Übelstand des Gewehres 88 beseitigt ist, daß beim Schießen das rechts angebrachte Seitengewehr die Treffähigkeit ungünstig beeinflußt. Die Handstütze des Kolbenhalses gibt der rechten Hand die richtige Lage und ermöglicht ein festes Einsetzen des Gewehres in die Schulter.

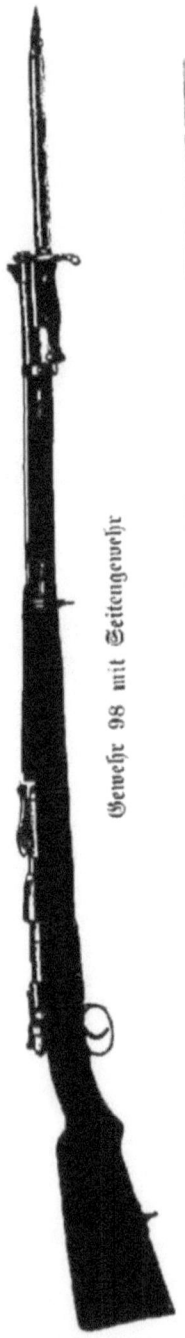
Gewehr 98 mit Seitengewehr

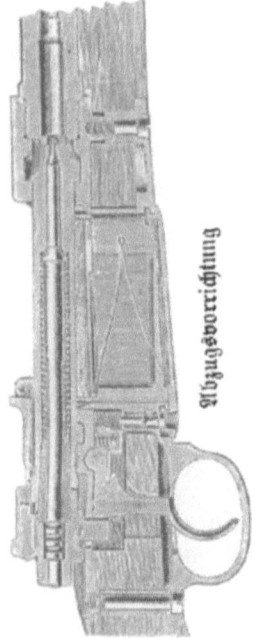
Abzugsvorrichtung

Schlagvorrichtung

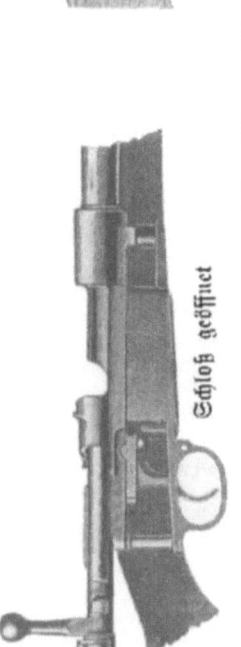
Schloß geöffnet

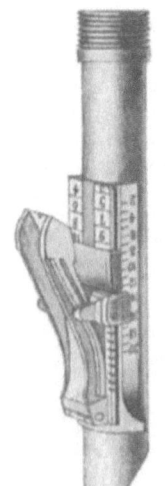
Visiereinrichtung

Schlagbolzenfeder

Das Gewehr 88 steht den Repetiergewehren fremder Armeen an Leistungsfähigkeit in keiner Weise nach. In Italien und Frankreich sind zwar Gewehre mit noch kleineren Kalibern von 6,5 Millimetern eingeführt, deren Flugbahn noch gestreckter ist als die unserer deutschen Gewehre, indessen kommt dieser nicht wesentliche Unterschied bei dem Massenfeuer einer großen Schlacht wohl kaum in Betracht.

Nach dem gleichen System wie das Gewehr 88 ist auch der Karabiner 88 konstruiert, die Handfeuerwaffe der Kavallerie und des Trains. Er ist 95 Zentimeter lang und wird hinter dem rechten Schenkel am Sattel aufgehängt, oder, wenn er zum Fußgefecht dienen soll, am Karabinerriemen flach auf dem Rücken getragen. An Korn, Aufsatz, Schloß und Garnitur sind geringfügige Änderungen getroffen, letztere beziehen sich auf die Tragweise. Der Aufsatz hat folgende Distanzeinteilung: Standvisier 250 Meter, kleine Klappe 350 Meter, große Klappe von 450—1200 Meter. Der Griff des Verschlußkolbens ist umgebogen; der Lauf auf 950 Millimeter verkürzt. In der Patrone ist kein Unterschied.

Eine dritte in unserem Heere eingeführte Handfeuerwaffe ist das Gewehr 91, das von der Fuß-Artillerie und den Pionieren getragen wird. Es gleicht in seiner

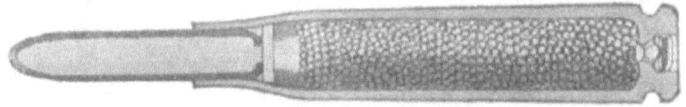

Fig. 63. **Scharfe Patrone.**
(Text f. S. 199.)

Konstruktionsweise völlig dem Karabiner 88, nur ist in dem langen Teil seines Schaftes eine Einlassung für das Einsatzstück der Zusammensetz-Vorrichtung angebracht.

Wesentlich anders als die Repetiergewehre sind die Revolver konstruiert, die nichts anderes sind als repetierende Pistolen. Sie beruhen auf dem Grundsatz, daß sich um eine gemeinsame Achse eine Anzahl Röhren drehen, die jede eine Patrone enthalten und sich nacheinander vor den Lauf legen. Das Magazin besteht also aus einer Kammerwalze.

Die Revolver sind erst in diesem Jahrhundert erfunden worden, man hat indessen festgestellt, daß der Grundgedanke, auf dem sie beruhen, schon sehr alt ist. Mehrere in den Artilleriemuseen und Liebhabersammlungen aufbewahrte Waffen beweisen uns, daß man das System schon den Musketen, Arkebusen und endlich auch den Flinten beizulegen suchte. Leicht erklärlich ist es, daß die Fachleute an dieser Art von Waffen zuerst wenig Interesse nahmen. Die notwendige Folge einer Anhäufung von mehreren Schußladungen in einer Waffe mußte eine Vergrößerung des Gewichtes sein, während man seit der Erfindung der Handfeuerwaffen stets das entgegengesetzte Ziel verfolgte, nämlich eine Verminderung des Gewichtes. Erst von dem Zeitpunkt an, wo man den Drehapparat der Pistole anzupassen suchte, einer leichten Waffe also, bei der eine Vermehrung des Gewichtes durch den Repetiermechanismus weniger störend war, konnte an eine Vervollkommnung dieses Systemes gedacht werden.

Die älteste Revolverkonstruktion wurde im Jahre 1835 von dem Amerikaner Samuel Colt erfunden. Sie erfordert das Aufziehen des Hahnes mit der Hand, wobei zugleich ein Hebel angezogen wird, der in eine Verzahnung der Walze eingreift und diese dadurch in Drehung versetzt. Ein Stift tritt von unten in die Walze und hält diese während des Schusses fest. Die Waffe erfreute sich bald nach ihrer Erfindung einer außerordentlichen Beliebtheit, was sich durch die großen Erfolge erklärt, die 1837 im Kriege der Vereinigten Staaten gegen die wilden Stämme Floridas damit erzielt wurden. Mit Recht behauptet man, daß der Gebrauch der Revolver viel zu der raschen Unterwerfung der Rothäute beigetragen habe. Die wilden Völkerscharen waren aufs äußerste überrascht, ihre Feinde Schuß auf Schuß hintereinander abfeuern zu sehen, ohne daß ihre Waffen aufs neue geladen wurden.

Obgleich der Revolver Colt alle bisherigen Versuche ähnlicher Waffenkonstruktionen weit übertraf, so war er dennoch nicht fehlerlos. Er ist sehr schwer, und man fehlt leicht damit, weil der Hahn nicht kräftig genug herunterschlägt. Für jeden Schuß muß besonders gespannt werden. Gefährlich ist es, einen Revolver Colt in der Tasche oder an der Brust zu tragen, weil der Hahn sich mitunter von selbst aufrichten und zurückfallen kann, wobei die Waffe dann unvorhergesehen einen Schuß abgiebt.

Seitdem der Revolver Colt in Europa eingeführt wurde, ist man unablässig bemüht gewesen, die Waffe zu vervollkommnen, sobaß eine große Anzahl verschiedener Systeme entstand. Eines der ersten war das System von Adams-Deane, bei dem das Spannen des Hahnes und das Drehen der Walze durch Anziehen des Abzuges erfolgt. An der hinteren Fläche der Walze sind so viele schiefe Ebenen angebracht, wie Kammern vorhanden sind. Gegen diese drückt ein Hebel, der die Walze nach der Richtung dreht, in der die schiefe Ebene ansteigt. Als Geschoß dienen Papierpatronen und Zündhütchen. Lefaucheux richtete den Adams-Deane'schen Revolver für Patronen seines Gewehrsystems ein und versah die feste Bodenklappe hinter der Walze seitlich mit einer Klappe.

Für den Kriegsgebrauch lassen sich nur Metallpatronen mit Zentralzündung verwenden, wie sie die Systeme Gasser, Smith-Wesson, Chamelot-Delvigne-Schmidt, Galand, Mauser, Dreyse, sowie der deutsche Revolver M/83 haben. Alle diese sind sechsschüssig und mit Mittelschloß versehen, ihre Kaliber sind verschieden, der deutsche Revolver hat ein solches von 10,6 Millimetern. Meist erfolgt die Entzündung direkt durch den Hahn; derselbe ist mit einer konischen (kegelförmigen) Spitze versehen, die durch eine Öffnung der Bodenplatte an das Zündhütchen der Patrone schlägt. Ein in der Kammerwalzenachse schiebbarer Auswerfer ruht mit seinem sternförmigen Kopf hinter dem Bodenrand der Patronenhülse und besorgt die Entfernung der leeren Patronenhülsen. Beim Aufkippen des Laufes, d. h. beim Verlegen der Mündung nach unten, wird durch einen Mechanismus, der bei den einzelnen Systemen verschieden ist, der Auswerfer nach hinten hinausgeschoben. Die Trommel entleert sich mit einem Male und kann nun aufs neue geladen werden. Mit diesen Revolvern lassen sich in der Minute zwölf Schuß abgeben, wobei das Laden mit eingerechnet ist. Steiger in Thun konstruierte einen Revolver mit automatischem Auswerfer, Köchlin einen solchen, bei dem die leeren Hülsen durch den Hahnschlag des folgenden Schusses ausgestoßen werden. Einen siebenschüssigen Revolver mit seitlich aus dem Lager herausneigender Kammer erfand Pinger in Lüttich; bei diesem stößt der sternförmige Auswerfer die Patronenhülsen nach hinten hinaus, sodaß neue Patronen eingesetzt werden können. Die Patronenhülsen haben eine etwas eingezogene Mündung und stehen über die Geschoß-

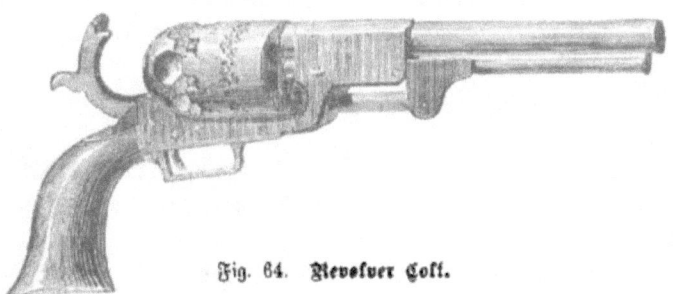

Fig. 64. **Revolver Colt.**

spitze 1 Millimeter hinaus. Der Hahn drückt sich beim Aufziehen fest an die hintere Laufmündung, zugleich schiebt sich der eingezogene Teil der Patronenhülse in den Lauf, wird beim Schuß durch das Geschoß noch weiter gegen den Lauf gepreßt, und so entsteht ein gasdichter Abschluß. Nach dem Schuß gleitet die Kammer zurück und vermag sich nun zu drehen, da die Hülse aus dem Laufe entfernt ist.

Revolver werden in unserem deutschen Heere von sämtlichen Offizieren, allen Unteroffizieren der Kavallerie, im übrigen von allen im Range der Feldwebel stehenden Unteroffizieren, ferner von den Mannschaften der Feldartillerie und den Krankenträgern getragen. Die sogenannten Revolvergewehre haben den langen Lauf der Infanteriegewehre, doch besteht ihr Magazin aus einer Lade- oder Magazintrommel.

Blanke Waffen und Schutzwaffen.

Die blanken Waffen stehen im Gegensatz zu den Feuerwaffen. Werden letztere als Fernwaffen bezeichnet, so bilden die ersteren die Nahwaffen. Die

Nahwaffen zerfallen je nach ihrer Wirkungsweise in Hau- oder Hieb-, Stoß- und Stich-, sowie in Hieb-Stich-Waffen. Jede blanke Waffe hat zwei Hauptteile, erstens die Klinge, den eigentlich wirkenden Teil, der in den Körper des Gegners eindringt, zweitens das Gefäß, die Handhabe, die eine leichte und sichere Führung der Klinge ermöglicht. Beide Teile dienen außerdem zur Abwehr der gegnerischen Waffe. Blanke Waffen, die an der Seite getragen werden, haben noch einen dritten Bestandteil, die Scheide, in der die Klinge verwahrt wird, solange die Waffe nicht in Gebrauch ist. Die in unserem modernen Heere eingeführten Nahwaffen sind folgende:

1. Als **Hiebwaffen** dienen der Säbel und das Faschinenmesser, auch Pioniersäbel genannt. Ersterer ist mit mehr oder weniger gekrümmter Klinge versehen, die vor allem zum Hauen eingerichtet ist; letzteres hat eine gerade, breite und schwere, dabei aber kurze Klinge.

2. Zu den **Stichwaffen** gehören: der Degen mit leichter, mehr oder weniger langer, vorzüglich zum Stoß geeigneter Klinge; der Dolch mit kurzer, starker Klinge, der sich nur für Nahkampf bis auf Armeslänge verwenden läßt; die Lanzen oder Piken mit kurzen, starken Stoßklingen und langen Gefäßen, für den Nahkampf auf größere Entfernungen bestimmt; die Bajonettgewehre, Feuerwaffen, denen starke Stoßklingen, Dolch- oder Stichbajonette genannt, aufgepflanzt sind.

3. Die **Hieb-Stich-Waffen** sind in gleicher Weise für den Hieb, wie für den Stich eingerichtet. Unter ihnen sind der Kavallerie-Säbel mit nur wenig gekrümmter Klinge zu nennen, ferner der Haudegen oder Pallasch mit gerader, starker Klinge, endlich das Säbel- oder Haubajonett mit starker Hauklinge, das, für gewöhnlich als Seitengewehr getragen, beim Sturm auf die Feuerwaffe aufgepflanzt wird und mit letzterer gemeinsam eine ebenso gute Hieb- wie Stoßwaffe bildet.

Je nach den Truppengattungen, die sie führen, belegt man die blanken Waffen mit verschiedenen Namen, z. B. unterscheidet man Kavallerie-, Infanterie-, Pionier-Säbel u. s. w. Lanzen und Bajonettgewehre faßt man zusammen als **lange Handwaffen**, während man die übrigen blanken Waffen als **kurze Handwaffen** bezeichnet.

Zwei Eigenschaften sind es besonders, die bei jeder blanken Waffe von größter Wichtigkeit sind; sie muß Widerstandsfähigkeit mit möglichster Handsamkeit vereinigen. Dabei soll sie im stande sein, leicht und sicher in den Körper des Gegners einzudringen und sich ebenso leicht wieder aus demselben herausziehen lassen. Die Widerstandsfähigkeit hängt von den Dimensionen der Klinge, sowie von dem Material ab, aus dem sie hergestellt ist; Leichtigkeit und Sicherheit des Eindringens und Zurückziehens wird durch die Gestalt der Klinge und die Lage ihres Schwerpunktes bedingt, auf die Handsamkeit haben die Gestalt, die Schwerpunktslage und das Gewicht der gesamten Waffe Einfluß.

Betrachten wir zunächst die Klinge, so sind bei der Konstruktion derselben folgende Dinge ins Auge zu fassen: das Material, die Gestalt, die Dimensionen, die Schwerpunktslage, das Gewicht, endlich die Einrichtungen zur Verbindung mit dem Gefäß.

a. Das Material muß fest sein, um sowohl den Reaktionswirkungen*), als auch den direkten Einwirkungen beim Parieren**) Widerstand leisten zu können. Eine große Härte ist erforderlich, damit die Klinge beim Auftreffen auf feste Körper keine Formveränderung erleidet; Biegsamkeit bedarf die Klinge, damit

Fig. 65. **Deutscher Revolver 88.**

B Korn und Visier; A Lauf; G Rast; D Walze; F Schloßkasten; C Achtkant; M Ladeklappe; H Hahn; L Daumgriff; K Umfaßhebel; T Abzugsbügel; V Arretierhebel; U Abzug; P Abzugsfeder; N Schlagfeder; R Kolben; O Kolbenschale; S Tragring.

durch Ausbiegen des oberen Teiles die Intensität des Stoßes beim Auftreffen auf sehr widerstandsfähige Körper vermindert wird, und damit bei Flachhieben der über dem Treffpunkt liegende Teil nicht abspringt. Das Material der Klinge bei Hieb-Stich-Waffen muß alle genannten Eigenschaften in zweckentsprechender Weise miteinander vereinigen. Bei den Hiebwaffen ist mehr oder weniger große Biegsamkeit der Klingen ein Haupterfordernis, Stichwaffen bedürfen vor allem sehr fester und harter Klingen.

Das Material, das die genannten Eigenschaften am besten in sich vereinigt,

---

*) Reaktion = Rückwirkung, Gegendruck; das Bestreben, in frühere Zustände zurückzukehren.

**) Parieren = ausweichen, abwenden eines Hiebes oder Stoßes.

ist der Stahl, der sogar so bearbeitet werden kann, daß diese oder jene Eigenschaft in begrenztem Maße auf einzelne Teile der Klinge besonders übertragen wird. Die Stahlgattungen, die bei der Anfertigung der Klingen hauptsächlich verwendet werden, sind Guß- und Gerbstahl.

b. Wir haben gesehen, daß die Gestalt der Klinge das leichte, sichere Einbringen und Herausziehen in den und aus dem zu verletzenden Körper bewirkt, ferner ist dieselbe auch auf die Führung der Waffe von Einfluß. Je kleiner die Berührungsfläche der Klinge mit dem Körper ist, umso leichter wird die erstere einbringen. Man giebt den Hauklingen eine keilförmige Gestalt des Querschnittes, sowie eine starke Krümmung. Durch die keilförmige Gestalt werden die vier Flächen der Klinge gebildet, die Schneide, der Rücken und die beiden Seitenflächen, welch' letztere, vom Rücken gegen die Schneide zu gerechnet, als rechts und links bezeichnet werden. Durch die ganze Schneide, sowie durch die Mitte des Rückens geht eine gedachte Ebene, die Symmetrie-Ebene genannt. Krumme Hauklingen sind vorteilhafter als gerade, weil sie kleinere Berührungsflächen haben. Man nennt die Krümmung konvex, wenn der zu treffende Körper außerhalb, konkav, wenn er innerhalb des Bogens der Schneide liegt. Manche konkave Klingen werden nach der Spitze zu konvex; in solchem Falle bezeichnet man sie als konkav-konvex. Unsere gewöhnlichen Säbel sind konvex.

Soll eine Stichwaffe leicht und sicher einbringen, so muß ihre Klinge in eine Spitze endigen. Dieses Ende der Klingenspitze, der Stoßpunkt genannt, muß, der sicheren Führung wegen, mit dem Schwerpunkt und dem im Gefäße liegenden Angriffspunkt in einer geraden Linie liegen, die die Klinge in der Mitte durchschneidet; infolgedessen müssen die Stoßklingen gerade sein. Krümmungen der letzteren haben eine Verminderung der beim Stoße verursachten Drehbewegung zur Folge, wodurch die Intensität des Stoßes abgeschwächt wird. Außerdem ist die Sicherheit des Treffens herabgesetzt, wenn die Klinge von der geraden Stoßrichtung abweicht. Der Querschnitt der Stoßklingen kann rund, oval oder eckig sein. Ist eine der beiden letzten Formen verwendet worden, so bezeichnet man die Klinge nach der Zahl der hervortretenden Schneiden als ein-, zwei-, drei- oder vierschneidig; die stumpfen Kanten heißen Rippen.

Die Hieb-Stich-Waffen müssen eine Gestalt haben, die sie für Hieb und Stich geeignet macht. Ihre Klinge ist leicht gekrümmt, hat einen keilförmigen Querschnitt und eine scharfe Spitze. Der der letzteren nahe gelegene Teil des Rückens ist mit einer Schneide versehen, die den Namen Rückenschneide führt.

c. Bei den Dimensionen der Klinge hat man Länge, Breite und Dicke zu betrachten. Unter Länge versteht man die gerade Linie von der Spitze bis zur Mitte des entgegengesetzten Klingenendes. Die längste Klinge haben die Reitersäbel; damit der Reiter noch einen am Boden liegenden Gegner, sowie einen mit ihm kämpfenden Infanteristen oder Kavalleristen erreichen kann, hat man seiner Säbelklinge eine Länge von 80—100 Zentimetern gegeben. Die übrigen Säbelklingen sind 46—80 Zentimeter lang. Bei ihnen kommt nicht allein der Zweck in Betracht, dem die Waffe bei der einzelnen Truppengattung dient, auch noch andere Umstände, wie leichtes Tragen, Gebrauch zu Holzarbeiten u. s. w. werden berücksichtigt. Die Länge der Bajonettklinge richtet sich nach der Länge des Gewehres, dem es aufgepflanzt wird, sowie nach der Kampfweise der betreffenden Truppen. Man hat Bajonettklingen von 25—60 Zentimetern. Lange Bajonette sind nicht vorteilhaft. Sie hindern, als Seitengewehr getragen, die freie Bewegung des Mannes und verlegen beim Aufpflanzen den Schwerpunkt des Gewehres zu weit nach vorn, wodurch die Schußsicherheit gefährdet wird. Die Dolchklingen sind durchschnittlich 30 Zentimeter lang. Lanzen oder Piken, die dazu dienen, den Gegner auf gewisse Entfernung zu treffen, müssen länger als die übrigen blanken Waffen sein, man macht sie etwa 2,69—3,20 Meter lang. Ihre Klingen haben eine Länge von 20—26 Zentimetern, was für ein genügend tiefes Eindringen in den menschlichen Körper ausreichend ist.

Als Breite der Klinge wird der Abstand zwischen Rücken und Schneide bezeichnet; unter Dicke versteht man den Abstand der Seitenflächen am Rücken gemessen. Beide vermindern sich von der Angel nach der Spitze, die Dicke nimmt auch noch vom Rücken nach der Schneide zu ab. Man unterscheidet Klingenschwäche und Klingenstärke; erstere ist der der Spitze zu gelegene schwächere Teil der Klinge, letztere der obere stärkere Teil.

d. Eine gute und sichere Handhabung der blanken Waffen wird hauptsächlich durch die richtige Schwerpunktslage erzielt. Man erreicht dieselbe durch allmähliches Abnehmen von Breite und Dicke, sowie durch entsprechendes Gewicht des Gefäßes. Bei Hiebwaffen wird der Schwerpunkt am besten um den dritten Teil der Gesamtlänge der Waffe vom rückwärtigen Ende des Gefäßes nach vorn zu verlegt. Stoßwaffen sollen ihren Schwerpunkt möglichst nahe dem im Gefäße liegenden Angriffspunkte haben. Je weiter sich der Schwerpunkt der Spitze nähert, umso mehr Kraft braucht man, die Waffe in der Stoßrichtung zu erhalten. Solche Stoßwaffen, die mit beiden Händen zu führen sind, wie z. B. die Bajonettgewehre, haben ihren Schwerpunkt am besten zwischen den beiden Angriffspunkten. Bei den Lanzen liegt der Schwerpunkt im Angriffspunkte, der sich in der Längenmitte der Waffe befindet.

e. Von großem Einfluß auf die Wirkung der Klinge ist deren Gewicht. Dasselbe wird durch das Gesamtgewicht der Waffe begrenzt, das so festgesetzt ist, daß ein Mann von mittlerer Körperkraft die Waffe leicht und andauernd zu handhaben vermag. So geht z. B. das zulässige Gesamtgewicht für Säbel und Degen bis auf 1,5 Kilogramm, für Lanzen beträgt es 1,2 Kilogramm, für Bajonettgewehre höchstens 5 Kilogramm. Um eine Verminderung des Gewichtes der Klingen herbeizuführen, versieht man eine oder auch beide Seitenflächen mit einer rinnenartigen Aushöhlung, Hohlschliff, auch Blutrinne genannt. Man spricht von einem einseitigen, rechts- oder linksseitigen, sowie von einem doppelseitigen Hohlschliff. Der Hohlschliff geht nicht bis zur Klingenspitze herab, vielmehr bleibt das untere Ende der Klinge unausgehöhlt. Der zwischen der Klingenspitze und dem Ende des Hohlschliffes liegende Teil heißt die Feder.

f. Die Verbindung zwischen Klinge und Gefäß wird folgendermaßen hergestellt: Sämtliche Säbel, Degen, Dolch- und Säbelbajonette haben am oberen Klingenende einen vierkantigen, geraden oder gebogenen Zapfen, die Angel, auf die das Gefäß aufgesteckt wird. Zwischen der Angel und dem Anfang des Hohlschliffes liegt ein kurzer Teil, der Klingenansatz, mit dem die Klinge noch teilweise in das Gefäß eingreift. Bei den Stichbajonetten schließt sich an die Klinge der Bajonetthals, der die Verbindung zwischen der Klinge und dem rohrartigen Ende des Bajonetts, Hülse oder Dülle genannt, herstellt. Letztere dient zum Aufstecken auf das obere Ende des Gewehrlaufes. In der Hülse ist ein schräger oder zackiger Einschnitt angebracht und darauf ein Sperr- oder Schiebring befestigt, der sich in bestimmtem Maße im Kreise verschieben läßt. Mitunter ersetzt eine Sperrfeder den Ring. Meist giebt man der Hülse solche Dimensionen, daß sie als Griff benutzt werden kann, wenn das Bajonett als Seitengewehr gebraucht wird. Auch die Lanzen haben eine Hülse zum Aufstecken auf das Gefäß. Klinge und Hülse sind durch Schienen oder Federn miteinander verbunden, die mittels kleiner Nieten oder Schrauben befestigt sind. Inmitten der Hülse, vielfach auch am unteren Ende derselben, befindet sich eine plattenförmige, auch knopfähnliche Verstärkung, die das Eindringen der Lanze begrenzt.

Der zweite Hauptbestandteil jeder blanken Waffe ist das Gefäß. Es setzt sich bei Degen, Säbel und Säbelbajonetten aus dem Griffe und den zum Schutze der Hand dienenden Teilen zusammen.

a. Der Griff besteht in der Hauptsache aus einem vierkantigen, ovalen oder plattenförmigen Stück Holz, Horn oder Bein, das Griffholz, Griffhorn oder Griffbein genannt, das zum Aufstecken auf die Angel entsprechend ausgehöhlt ist. Um die Waffe besser halten zu können sind an der Außenseite parallele Einsenkungen, sogenannte Rippen, angebracht. Ein Überzug von Leder, Fischhaut oder Draht umgiebt das Griffholz; sein oberer Teil steht etwas hervor und heißt der Griffkopf. Der Griff ist am Rücken durch die Kappe verstärkt, die der Griffring am unteren Ende mit dem Griffholz zusammenhält. Über den Griff hervor steht das obere Ende der Angel, das gut vernietet, zuweilen auch durch eine Schraubenmutter festgehalten wird. Bei schweren Hiebwaffen ist die Kappe mit zwei Lappen versehen, die einen Nietstift aufnehmen, der zum Zwecke einer festeren

Funkentelegraphie beim Militär

Die fahrbaren Funkenstationen, welche von der Gesellschaft für drahtlose **Telegraphie** eingerichtet werden, sind mit Erfolg bei der Funkenabteilung **in Berlin** eingeführt, ebenso bei der bayrischen Armee. Ihre volle Kriegsbrauchbarkeit haben die Funkenstationen bei der Niederwerfung des Aufstandes **in** Deutsch-Südwest-Afrika bewiesen. Jeder Funkenstation sind 1 Offizier, mehrere Unteroffiziere und fachtechnisch ausgebildete Leute zur Bedienung der Apparate **zugeteilt.** In einem Benzin-Dynamo wird die Elektrizität erzeugt, in den **Gebeapparat** und von da in das Litzendraht-Kabel geleitet, das 200—300 m **hoch, möglichst** senkrecht, aufsteigt, von einem sumpf-torpedoartig **gestalteten, mit Wasserstoffgas** gefüllten Ballon, oder bei starkem Winde von einem Leinwanddrachen, in der Höhe gehalten. Die elektrischen Wellen, die in Unterbrechungen in das Kabel geschickt werden, pflanzen sich in der Luft fort und rufen im Kabel der Empfangsstation deutlich registrierbare Wellen hervor. Während der Kämpfe in Deutsch-Südwest-Afrika haben die damit überbrückten Entfernungen stellenweise 300 km überschritten, in einem Falle sogar **340 km** erreicht. In den Empfangsapparat geleitet, setzen die Wellen entweder **einen** Schreibapparat **oder** ein Telephon in Bewegung.

Das Anwendungsgebiet der Funkentelegraphie für Kriegszwecke dürfte im wesentlichen dasselbe sein, wie das der Telegraphie mit Draht, also zur Verbindung der Vorposten mit dem Gros, der Avantgarden-Kavallerie mit den rückwärtigen Abteilungen, vor allem aber zur Befehlsübermittelung der höheren Kommandostellen an entferntere Truppenkörper. Ihre Vorzüge kommen überall dort zum Ausdruck, wo es die Kriegslage unmöglich macht, Drahtleitungen zu installieren, also bei Zeitmangel und Geländehindernissen. In **vielen Fällen** wird auch der große Train zum Mitführen des Installations**materials ein Hindernis** sein, von dem die Funkentelegraphie befreit **ist.**

Funkentelegraphie beim Militär

Funkenwagen im Betrieb

Funkentelegraphie beim Militär

Kraftkarren ohne Schutzkasten (Type 1905)

Apparatekarren ohne Schutzkasten mit herausziehbarem Tisch (Type 1905)

Verbindung durch Griffholz und Angel hindurchgesteckt wird. Manche Waffen, wie z. B. die Pioniersäbel und die Dolch- und Säbelbajonette, haben Griffe, die nur aus zwei plattenförmigen, außen abgerundeten Teilen aus Horn, Leder oder Kautschuk bestehen, die mit ihren inneren Flächen auf die breit gehaltene Angel aufgelegt und dort durch Nieten befestigt werden.

b. Die Einrichtungen zum Schutze der Hand können verschieden sein. Sie bestehen entweder aus einer Parierstange oder einem Stichblatte, oder aber aus einer Parierstange mit oder ohne Stichblatt und Bügel, oder endlich aus einem halben oder ganzen Korbe.

Die Parierstange besteht aus einem Metallstück, das zwischen Griff und Klinge in der Richtung der Breite der letzteren gelegt ist. Sie soll die an der Schneide und am Rücken der Klinge abgleitenden Hiebe auffangen und muß so lang sein, daß sie an beiden Seiten über die den Griff haltende Faust vorsteht. Sollen auch die die Seitenflächen treffenden Hiebe aufgefangen werden, so muß die Parierstange sehr breit sein oder mit vorstehenden Lappen versehen werden. In solchem Falle nennt man sie Säbelkreuz oder auch einfach Kreuz.

Das Stichblatt ist eine gewölbte, entweder runde oder ovale Platte zwischen Griff und Klingenansatz, die zuweilen die Parierstange ersetzen soll, zuweilen an dieser selbst angebracht ist. Ihr Zweck ist, die Hand vor Stichen und Hieben zu schützen.

Der Korb wird auf zweierlei Weise hergestellt. Entweder wird er aus mehreren Messing- oder Stahlspangen gebildet, die S-förmig gebogen von der Parierstange oder dem Stichblatt nach dem Griffkopf hinaufgehen und sich dort vereinigen, oder aber er besteht aus einer gewölbten, durchbrochenen Platte von Eisen- oder Stahlblech, die am Klingenansatze die Form eines Stichblattes hat und, von da an schmäler werdend, in Form eines Bügels bis zum Griffkopf hinaufgeht. Je nachdem er auf einer oder auf beiden Seiten schützt, bezeichnet man den Korb als ganzen oder halben. Der ganze, aus einer Platte hergestellte Korb kann als der vollkommenste Handschutz betrachtet werden.

Bei den Piken ersetzt das Gefäß eine runde Stange, der Pikenschaft. Seine Länge muß den Gebrauch der Waffe vom Pferde aus ermöglichen, und beträgt deshalb 2,5—3 Meter. Damit der Schaft noch mit voller Hand gefaßt und leicht geführt werden kann, darf seine Dicke 2,5—3 Zentimeter nicht übersteigen. Das Material, aus dem er gemacht ist, ist Holz. Letzteres muß widerstandsfähig, dabei aber elastisch sein und darf keinerlei Formveränderung bei Witterungseinflüssen erleiden. Am besten eignet sich gut getrocknetes Spaltholz von Buchen oder Eschen. In der Mitte des Schaftes ist eine lederne Schleife zum Umhängen an den Arm befestigt; das untere Schaftende ist mit einer eisernen Ankleidung, dem eisernen Schuh, versehen. Letzterer soll Schutz gegen das Zersplittern gewähren.

Bei den Bajonettgewehren bildet das Gewehr das eigentliche Gefäß der Klinge. Die Einrichtung der Verbindung muß derartig sein, daß das aufgesetzte Bajonett den Gebrauch der Feuerwaffe in keiner Weise hindert, daß die Verbindung leicht hergestellt und wieder aufgehoben werden kann, endlich, daß die Befestigung so haltbar ist, daß weder Hiebe noch Stöße das Bajonett herabschlagen können. Bei den Stichbajonetten erfolgt die Verbindung durch die Hülse mit Sperrringbefestigung, bei den Dolch- und Säbelbajonetten durch die Federbefestigung.

3. **Blanke Waffen**, die als Seitengewehr getragen werden, haben zum Schutz ihrer Klingen eine **Scheide**. Dieselbe soll so beschaffen sein, daß sie ein leichtes, gefahrloses Tragen der Waffe ermöglicht, ohne doch beim raschen Gebrauch derselben in irgend einer Weise hinderlich zu sein. Für Reitersäbel ist die Scheide, weil sie häufig Schlägen und Stößen ausgesetzt ist, aus Stahl gefertigt. Letzterer wird auch für die Scheiden einiger Infanteriewaffen verwandt, für diese hat man aber auch Scheiden aus starkem Leder oder aus Holz mit Leder überzogen. Zum Schutze, sowie zur Vermittelung einer bequemen Tragweise sind die Scheiden mit Beschlagsteilen, der sogenannten Montierung, versehen. Zu dieser gehören: das **Mundstück** zur Verstärkung der Mündung der Scheide, sowie zum Festhalten der Klinge; ferner das **Schlepp- oder Schleifeisen** am unteren Ende der Scheide, das ein Durchreiben und Durchstoßen eiserner Scheiden verhüten soll; Leder- und Holzscheiden haben das **Ortband**, das dem gleichen Zwecke dient. Beschlagsteile zum Tragen der Waffe in Schleppkuppeln sind die **Tragringe**, zum Tragen der Waffe in Steckkuppeln dienen **Tragknopf** oder **Traghaken**. Im Innern ist die Scheide zumeist mit Kiefernholzspänen ausgespänt, damit die Klinge fester sitzt, und damit das Anklirren der letzteren an die Scheidenwände vermieden wird; bei Lederscheiden ist diese innere Ausfüllung nötig, damit keine Beschädigungen oder Verbiegungen der Scheide vorkommen können.

In unserem deutschen Heere sind folgende blanke Waffe eingeführt: Alle Offiziere tragen Säbel oder Degen, und zwar nach verschiedenen Modellen. Die Offiziere der deutschen Fußtruppen mit Ausnahme der Fußartillerie führen seit 1889 den Infanterie-Offizierdegen, der mit Korb und Stahlscheide versehen ist; die Sanitäts-, Zeug- und Feuerwerks-Offiziere haben den alten preußischen Infanterie-Offizierdegen in der Lederscheide beibehalten. In Sachsen und Bayern bestehen gewisse Abweichungen in der Ausrüstung mit blanken Waffen, z. B. tragen die sächsischen Militärärzte statt des Degens den Infanterie-Offiziersäbel. Offiziere der Dragoner, Ulanen, Husaren und des Trains sind mit dem Kavallerie-Offiziersäbel 52 bewaffnet; in der Feldartillerie ist der Schleppsäbel für Offiziere, Unteroffiziere und Bedienungsmannschaften der reitenden Artillerie und sämtliche Fahrer eingeführt. Der Offizier-Artilleriesäbel wird auch von den Offizieren, Feldwebeln u. s. w. der Fußartillerie geführt. Die gesamte Infanterie hat das Seitengewehr, Jäger und Schützen den Hirschfänger, beide mit Vorrichtungen zum Aufpflanzen auf das Gewehr versehen. Von der Fußartillerie wird ein anderes Seitengewehr mit der näheren Bezeichnung 71 getragen, das dem der Infanterie sehr ähnlich ist. Ein Infanterie-Seitengewehr älteren Modells führen die nicht mit Säbel bewaffneten Mannschaften der Feld-Artillerie, die Pioniere sind mit Faschinenmessern bewaffnet. Ulanen, Dragoner und Husaren haben den Kavallerie-Degen 89, die Kürassiere den Pallasch. In sämtlichen Kavallerie-Regimentern tragen die Mannschaften und Unteroffiziere seit 1890 3,20 Meter lange Stahlrohrlanzen. Dieselben sind mit Flaggen in den Landesfarben versehen, nur die beiden Leib-Husaren-Regimenter haben schwarze Lanzenflaggen, auf denen weiße Totenköpfe abgebildet sind. Die Flaggen der Unteroffiziere zeigen das Landeswappen auf weißem Grunde.

Ist die Hauptaufgabe der Taktik die, die eigene Waffenwirkung nach Möglichkeit zu steigern, so steht diesem Bestreben eine andere Notwendigkeit gegenüber, nämlich die, die Truppen vor den Einwirkungen der gegnerischen Waffen nach Möglichkeit zu schützen. Alle Mittel, die zur Verfolgung dieses Zweckes angewandt werden, kann man im erweiterten Sinne als Schutzwaffen bezeichnen. Es gehören dazu die Mittel der Taktik, die Mittel der Terrainkorrektur und der Fortifikation, endlich die geschickte Anwendung der Waffen. Alle diese Maßregeln richten sich gegen die Gesamtwirkung der gegnerischen Waffen, anders ist dies bei den eigentlichen tragbaren Schutzwaffen.

Die tragbaren Schutzwaffen sind Ausrüstungsgegenstände des einzelnen Mannes, die in Form von Kleidungsstücken einzelne Körperteile entweder gegen die Wirkungen der Handfeuerwaffen und der blanken Waffen gemeinsam, oder bloß gegen die Wirkungen der letzteren allein schützen sollen. Wir haben bereits im geschichtlichen Teile gesehen, daß man von ihrer Anwendung mehr und mehr abgekommen ist. An unsere heutige Infanterie werden zu hohe Anforderungen bezüglich ihrer Beweglichkeit und Munitionsausrüstung gestellt, als daß man noch an Mehrbelastung durch Mitnahme tragbarer Schutzwaffen denken könnte. Übrigens kann gegen die Durchschlagskraft unserer modernen Infanteriegeschosse überhaupt keine Deckung mehr geschaffen werden, und gegen die blanken Waffen schützt nichts besser als der kaltblütige Gebrauch der Handfeuerwaffe. Wollte man dennoch an die Wiederaufnahme von Schutzwaffen denken, so könnten dieselben höchstens in einer Deckung gegen Kopf- und Schulterhiebe bestehen. Es müßten Vorrichtungen an Kopfbedeckung und Achselklappen sein, die, wenn sie auch vielleicht nicht im stande wären, den Hieb völlig abzuwehren, doch wenigstens dazu dienen könnten, seine gefährliche Wirkung abzuschwächen.

Man hat sich schon viel mit dem Gedanken beschäftigt, gewisse Ausrüstungsgegenstände des Soldaten, die ihm unentbehrlich sind, zu einem Deckungsmittel umzugestalten, ohne daß daraus eine fühlbare Mehrbelastung erwachsen würde. Am besten für diesen Zweck geeignet erschien der Tornister, der in liegender Stellung der Truppen dazu dienen sollte, eine mobile Brustwehr zu bilden, oder doch wenigstens die bereits vorhandene Deckung zu erhöhen. In Frankreich versuchte man, der Infanterie zerlegbare Panzerschilde nachzuführen, die in der Stellung als Deckung für die erste Linie aufgestellt werden sollten.

Was nun die Schutzwaffenfrage in der Reiterei anbetrifft, so hängt dieselbe ganz mit der Organisation derselben, d. h. mit der Art der Aufgaben, zusammen, die die Taktik in und außer dem Gefechte an die Reitertruppen stellt. In neuerer Zeit tritt die schwere Reiterei mehr und mehr hinter der leichten zurück. Der Küraß verschwindet also mehr und mehr. Die Dienste außerhalb des Schlachtfeldes können nicht wohl einem Kuraßreiter übertragen werden. Von großem Nutzen und sehr empfehlenswert ist es indessen, wenn bestimmte Ausrüstungs- und Bekleidungsstücke vor der Wucht der Säbelhiebe Schutz gewähren. So soll der Kopf und ein Teil des Nackens durch die Kopfbedeckung, Schulter und Oberarm durch Achselklappen und Epauletten, der Unterarm durch lange Reiterhandschuhe gedeckt sein. Alle diese Schutzmittel dürften kaum als Mehrbelastung empfunden werden; ihre Nützlichkeit hat sich schon oftmals erprobt. Hozier sagt bezüglich des Kavalleriegefechtes bei Königgrätz vom preußischen 3. Dragonerregiment: „Die Offiziere beklagten sehr, daß die Mannschaft keine Epaulettes hatte. Sie berechneten, daß bei einem Schutz der Schultern sie nur halb so viel Leute verloren hätten, als es wirklich der Fall war. Daß diese Klage begründet ist, bewies sich durch den Umstand, daß das schließliche Zurückwerfen der österreichischen Kürassierregimenter (die seit 1859 keine Kürasse mehr trugen) dem Erscheinen von Ulanen unter Hohenlohe zu danken war, welche die Kürassiere in die Flanken faßten. Diese wandten sich nun wohl gegen die Ulanen, ihre Säbel zerbrachen jedoch auf den Schulterblättern der letzteren, denn diese hatten, abweichend von der Mannschaft der übrigen preußischen Reiterei, Epaulettes, und wenn nun die nach dem Kopfe zielenden Hiebe fehlgingen, so zerbrachen die Säbel auf den wohlgedeckten Schultern oder wurden doch schartig."

Was nun den Küraß anbetrifft, so sind die Meinungen über den Beibehalt oder die Abschaffung desselben geteilt. Man hat ihn für überflüssig erklärt, weil er gegen die Geschosse der Handfeuerwaffen keinen Schutz gewährt, damit ist aber nicht erwiesen, daß er auch gegen Lanzenstiche und Säbelhiebe keine genügende Deckung ist. Pöniz sagt folgendes: „Wenn die schwere Kavallerie Doppelküraße hat, ist sie vorzüglich für das Handgemenge geeignet. Man hat zwar gesagt, ein braver Reiter werde dem Feind niemals den Rücken zeigen und daraus den Schluß gezogen, daß der Rückenküraß unnütz sei. Die Urheber und Nachbeter dieser Phrase scheinen aber nicht zu wissen, daß gerade die bravsten Reiter eines solchen Schutz-

mittels am nötigsten bedürfen, weil sie in die feindlichen Scharen am tiefsten ein=
dringen."

Der Küraß ist aus Gußstahl, Chromstahl oder Eisen hergestellt, zuweilen
mit tombakner Platte belegt. Er besteht meist aus zwei Teilen, dem Brust= und
Rückenstück, die durch Schuppenbänder und Riemen verbunden sind. In Deutsch=
land hat man ihn 1890 für den Feldgebrauch abgeschafft und ihn nur noch als
Paradestück beibehalten. Der preußische Küraß wiegt 8,26 Kilogramm.

3. Taktik.

Der Krieg ist dem Laien nichts als das planlose Hinmorden Tausender von
Menschen, das sinnlose Daraufloßschlagen der feindlichen Parteien. Dem ist indessen
nicht so, im Gegenteil, jeder Krieg baut sich auf zwei überaus komplizierten und
große Sorgfalt voraussetzenden Studien auf: auf der Strategie und auf der
Taktik. Beide sind miteinander verwandt und müssen natürlich Hand in Hand
gehen, doch ist Strategie mehr individuelles Wissen und Können, eine kühne
Strategie läßt sich nicht aus Büchern erlernen, sie ist Sache des Genies und klebt
nicht an unumstößlichen Formeln und Gesetzen, die jeweilige Taktik dagegen fußt
auf Grundsätzen, die durch frühere Kriege als brauchbar und vorteilhaft gelehrt
wurden und daher zum Segen der Armeen auch weiterhin beibehalten und befolgt
werden müssen.

Die Taktik ist die Lehre von der Führung und von dem Verhalten der
Truppen auf dem Gefechtsfeld, von der Anordnung der Märsche und der Unter=
bringung und Sicherung der Truppen während der Ruhe. Der Mittelpunkt jeder
taktischen Betrachtung ist der Kampf, nach ihm richten sich alle Manipulationen.

Die gesamte Taktik läßt sich in einen theoretischen und einen praktischen Teil
unterscheiden; der theoretische Teil, die Formen= oder elementare Taktik lehrt
die Formen, in welchen die Truppen sich aufstellen, bewegen und kämpfen. Diese
Formen werden von der praktischen, angewandten oder intellektuellen Taktik
den jeweiligen Eigentümlichkeiten der Kriegs= oder Gefechtslage und dem Gelände
angepaßt; die letztere ist die schwierigere, die eigentliche, Klugheit und Überlegung
voraussetzende Gefechtsführung.

Bei jedem Gefecht kommen zwei Kampfarten und zwei Kampfesformen in
Betracht; die Kampfart zunächst kann Fern= oder Nahkampf sein. Bei dem
Fernkampf oder dem Feuergefecht werden die Schußwaffen benutzt, um die Reihen
des Feindes zu lichten, seine Macht zu schwächen; eine Entscheidung läßt sich durch
ihn nur insofern herbeiführen, als die Verluste so groß werden können, daß die
eine oder die andere Partei den Kampf nicht fortführen kann, sondern sich freiwillig
zurückziehen muß. Ist dies nicht der Fall, so muß zur Entscheidung der Nah=
kampf gewählt werden; im Nahkampf wird mit der blanken Waffe gekämpft, um

durch Stoß oder Hieb den Gegner kampfunfähig zu machen, ihn aus dem Felde zu schlagen. Der Fernkampf ist die Vorbereitung der im Nahkampfe stattfindenden Entscheidung. Während der Fernkampf nur stillstehend ausgeführt werden kann, befinden sich beim Nahkampf die Truppen in Bewegung; die Schußwaffen wirken auch aus der Entfernung, aber um die Nahwaffen gebrauchen zu können, muß die feindliche Partei erreicht werden. Von den einzelnen Truppengattungen ist die Artillerie die allgewaltige Vertreterin des Fernkampfes, die bewegliche Kavallerie die des Nahkampfes, während die Infanterie für beide Kampfarten zu gebrauchen ist.

Die Kampfesform kann geschlossen oder geöffnet sein; bei der geschlossenen Kampfesform halten die Truppen so eng zusammen, daß die einzelnen Kräfte unter einem Kommando gleichsam als Ganzes wirken. Sie ist vor allem dadurch vorteilhaft, daß unter der Leitung eines geschulten Führers Disziplin und ein geordneter Kampf mehr verbürgt sind. Bei der geöffneten oder zerstreuten Kampfesform dagegen kämpft der einzelne mehr selbständig, was wiederum insofern vorteilhaft ist, als sich die Vorteile des Geländes besser ausnutzen lassen und der Gebrauch der Waffen weniger beschränkt ist; außerdem bietet eine weniger geschlossene Reihe dem feindlichen Feuer weniger Ziele. Seit der immer mehr fortschreitenden Entwickelung der Schußwaffen steht die vordere (Gefechts=) Linie in der Regel in geöffneter Kampfesform. Dagegen hat im Nahkampfe die geschlossene Kampfesform eine überwältigende Wirkung und bleibt so lange bestehen, bis die Gefechtslage das Auflösen gebietet. Ist dies geschehen, so muß doch, so bald es irgend angeht, die geschlossene Form wieder hergestellt werden.

Betrachten wir nun den taktischen Wert der einzelnen Waffengattungen, so ergiebt sich folgendes. Die Hauptwaffe, die an Wichtigkeit und Selbständigkeit alle anderen Waffengattungen übertrifft, ist die Infanterie. Gleich befähigt zum Nah=, wie zum Fernkampf, zum geschlossenen, wie zum geöffneten Gefecht, kann sie sich in jedem für Menschen noch so unzugänglichen Gelände bewegen und zum Kampfe benutzt werden; auch zur Nachtzeit ist in der Regel allein die Infanterie kampffähig. Zieht man nun noch in Betracht, daß die Infanterie am billigsten und am leichtesten in großer Masse zu beschaffen, auszurüsten und auszubilden ist, so ist die Überzahl der Infanterie gegen die Kavallerie und Artillerie wohl begreiflich.

Früher unterschied man leichte und schwere Infanterie, und auch heute lebt dieser Unterschied in den Benennungen Füsiliere und Grenadiere fort, ohne indessen irgend welchen Wertunterschied auszudrücken; die gesamte Infanterie erhält dieselbe Ausrüstung und Ausbildung. Nur die Jäger nehmen eine Ausnahmestellung ein; da sie besonders für schwierige Gefechtsstellungen und zum Patrouillendienst geschult werden, wird bei ihrer Ausbildung das Hauptgewicht auf Schießfertigkeit und Findigkeit gelegt; im übrigen weist ihr Lehrpensum gegenüber der Infanterie keine Unterschiede auf.

Der Wert der Kavallerie liegt in ihrer Schnelligkeit und Stoßkraft; die erstere befähigt sie vornehmlich zur Verfolgung und zum Kundschaftsdienst, ebenso wie sie sie in Stand setzt, günstige Augenblicke abzupassen und auszunützen, den Feind durch einen plötzlichen Überfall zu überraschen und im Falle des Mißlingens rasch zu entfliehen. Mittels der bedeutenden Stoßkraft vermag die Kavallerie die feindlichen Reihen gewaltsam zu trennen und dann zu Grunde zu richten. Mit Schußwaffen vermag der Kavallerist nur dann zu kämpfen, wenn er abgesessen ist und wie die Infanterie kämpft, der Schuß vom Pferde ist unsicher, und der Reiter kann das Gelände nicht so ausnutzen wie der Infanterist, um sich vor den Geschossen der Feinde zu schützen. Überhaupt ist die Kavallerie in hohem Grade vom Gelände und der jeweiligen Gefechtslage abhängig, wenn auch Pferd und Reiter eine derartige Ausbildung erhalten, daß die Rücksichten auf das Terrain möglichst gering sind.

Als einzige Waffe oder einem kampfesmutigen Feinde gegenüber vermag die Kavallerie nichts auszurichten, der Feind muß durch die Angriffe der anderen Waffengattungen geschwächt oder aber gänzlich unvorbereitet sein, sodaß die Wucht des Anpralls zur völligen Entfaltung und Wirkung gelangen kann. Die Bewaffnung der Kavallerie besteht aus Lanze und Karabiner, sie vermag also nicht, durch vorbereitendes Feuer den Angriff erfolgreich zu gestalten.

Wie es sich leicht denken läßt, ist die Kavallerie bei weitem kostspieliger als die Infanterie, ebenso wie sie schwieriger zu beschaffen und, namentlich in Kriegszeiten, zu unterhalten ist. Man unterscheidet leichte und schwere Kavallerie, letztere umfaßt die schwereren Pferde und die Mannschaften; in der deutschen Armee erhalten die Husaren und Dragoner die leichtesten Pferde.

Der Wert der Artillerie stützt sich auf ihre hervorragende Feuerkraft, deren Wirkungs- und Zerstörungskraft bei weitem bedeutender ist als die der Infanterie. Ihre Hauptkraft kommt aus der Ferne zur Geltung, sie ist daher beim Angriff auf verschanzte Stellungen, gut gedeckte und schlecht zugängliche Örtlichkeiten die wichtigste und oft einzig brauchbare Waffe. Im Nahkampf ist die Artillerie verloren, wenn sie nicht durch andere Truppen gedeckt ist. Ebenso fällt die Beschaffenheit des Geländes bei der Artillerie in hohem Grade ins Gewicht, indem bei ungünstigen Bodenverhältnissen oft 16 und mehr Pferde die schweren Geschütze nur langsam fortzubewegen vermögen. Nebel und Dunkelheit sind für die Thätigkeit der Artillerie höchst ungünstig und heben ihre Verwendung fast vollständig auf. Außerdem erfordert diese Waffe eine große Anzahl schwerbeladener Fuhrwerke, die die Marschkolonnen nicht nur sehr schwerfällig machen und wesentlich verlängern, sondern in unwegsamen Gegenden ein nicht zu unterschätzendes Hemmnis für die Heeresbewegung bilden können. Schließlich ist die Artillerie höchst kostspielig; ihre Beschaffung, Ausbildung und Unterhaltung, letztere namentlich im Felde, sind sehr schwer.

Die Feldartillerie trennt man in zwei verschiedene Arten, in reitende Batterien und in fahrende Batterien. In der deutschen Artillerie sind Munition und Kaliber bei beiden die gleichen, nur sind die Geschütze der fahrenden Artillerie etwas schwerer als die der reitenden Artillerie. Bei der reitenden Artillerie sind alle Bedienungsmannschaften beritten, während die Mannschaften der fahrenden auf Protze und Geschütz fortgeschafft werden. Bei ungünstigem Terrain übertreffen die reitenden Batterien die fahrenden an Schnelligkeit und Ausdauer, letztere haben jedoch den ersteren gegenüber wieder den Vorzug, daß sie, so lange Geschütz und Protzen zusammen sind, für das feindliche Feuer nur ein geringes Ziel darstellen. Die reitenden Batterien werden größeren Kavalleriekörpern beigefügt; diejenigen reitenden Abteilungen, welche nicht den Kavallerie-Divisionen zugeteilt sind, treten zur Korpsartillerie.

Leichte, zerlegbare Geschütze kommen für den Krieg im Hochgebirge in Anwendung. In Frankreich, Österreich, Italien u. s. w. bestehen besondere derartige Gebirgsartillerien.

Da jede der drei verschiedenartigen Waffengattungen ihre eigenen Besonderheiten besitzt, kann die größte Entfaltung der Kraft, das höchste Stadium in der Kampfthätigkeit nur dann erzielt werden, wenn sich alle Waffen gegenseitig unterstützen und möglichst zusammenwirken. Die Artillerie bereitet mit ihrem vernichtenden Feuer den Kampf vor und unterstützt den Verlauf desselben, um schließlich mit ihren Geschossen auch an der Verfolgung des Feindes teilzunehmen; die Infanterie führt den Kampf um Dörfer, Höhen u. s. w. durch. Die bedeutungsvollsten Dienste der Kavallerie endlich bestehen in der Kundschaftsthätigkeit vor dem Gefecht, in dem Aufklären des Seitengeländes und bem Erspähen und Beunruhigen der Flanken des Feindes während des Kampfes. Ferner soll die Kavallerie im Gange des Gefechts stets in Bereitschaft sein, durch plötzliche Attacken die Erfolge der anderen Waffen möglichst auszunutzen, den Feind zu verfolgen und endlich den Sieg zur Vollendung zu bringen. Außerdem fällt ihr die Aufgabe zu, den Rückzug der eigenen geschlagenen Truppen der verfolgenden feindlichen Kavallerie gegenüber zu decken.

Außer diesen drei Waffengattungen bestehen noch als besondere Truppenart die Pioniere. Sie bilden die technischen Truppen für alle diejenigen Arbeiten, welche ein Krieg mit sich bringt, sie bauen Feldbrücken, Lager und Schanzen, richten Dörfer, einzelne Gehöfte und Wälder für die Verteidigung ein, nehmen Wegausbesserungen vor u. s. w. Einige Pionier-Abteilungen, die Feldtelegraphen-Abteilungen, sind zur Erbauung und zum Betriebe der Feldtelegraphen, soweit diese das Bereich der Feld-Armee umfassen, bestimmt und dementsprechend ausgestattet.

Das Unbrauchbarmachen von Eisenbahnen, das Wiederinstandsetzen derselben und deren Betrieb im feindlichen Lande ist Sache der Eisenbahntruppen.

Das Fuhrwesen im Kriege besorgt der Train. Neben der Bagage, den von den Truppen mitgeführten Wagen, bewegen sich hinter den größeren Heeresteilen die Munitionskolonnen, die einen Ersatz an Schießbedarf für Infanterie und Artillerie nachführen, und die Trains, welche Gegenstände zur Verpflegung u. s. w. fortschaffen.

Zum Schlusse erübrigt es uns noch, einige besondere Begriffe der Taktik zu erläutern.

Unter taktischer Einheit versteht man diejenige größte Truppenabteilung, welche, zu einem Körper vereinigt, durch die Kommandostimme eines Mannes geleitet werden kann. Bei der Kavallerie ist dies die Schwadron, bei der Artillerie die Batterie, bei der Infanterie das Bataillon.*)

Stellt man mehrere Leute in geschlossener Ordnung nebeneinander, so entsteht ein Glied.

Stellt man mehrere Glieder ohne großen Abstand hintereinander, so bilden diejenigen Leute der verschiedenen Glieder, welche hintereinander stehen, eine Rotte.

Derjenige Raum, welcher zwischen zwei nebeneinander stehenden Leuten oder Abteilungen sich befindet, heißt Zwischenraum, derjenige zwischen zwei hintereinander stehenden heißt Abstand.

Der Ausdruck Front bedeutet stets die Richtung nach dem Feinde hin, den Gegensatz dazu bildet die Kehrseite. Ist somit die Frontlinie einer Truppenaufstellung stets nach dem Feinde gerichtet, so nennt man die Seiten derselben die Flanken (nicht zu verwechseln mit „Flügel", s. u.), es giebt also eine rechte und eine linke Flanke.

Es giebt zwei Hauptformen der geschlossenen Ordnung:

Die Linie, d. i. diejenige Aufstellung, in welcher alle Unterabteilungen nebeneinander stehen (nur die verschiedenen Glieder hintereinander),

die Kolonne, eine Form, in welcher alle Unterabteilungen einer bestimmten Art, z. B. Züge, hintereinander stehen.

Die Kolonnen zerfallen in verschiedene Unterarten. Man unterscheidet:

1. Reihenkolonnen, welche aus zusammenhängenden Reihen gebildet sind, z. B. die Wendungskolonne.

2. Abteilungskolonnen, in welchen geschlossene Abteilungen mit Abstand hintereinander stehen, z. B. die Zugkolonne.

Die Abteilungskolonnen können sein: 1. geöffnet oder 2. geschlossen. Im ersteren Falle ist der Abstand der Unterabteilungen so groß, daß dieselben zur Linie einschwenken können, im letzteren Falle ist der Abstand kleiner.

In Beziehung auf den Abmarsch unterscheidet man ferner:

1. Flügelkolonnen, bei welchen eine Flügelabteilung voran ist, die anderen

---

*) Nach J. Medel. „Grundriß der Taktik". Verlag von Ernst Siegfried Mittler & Sohn, Berlin.

nach der Reihe sich folgen. Diese Kolonnen sind rechts abmarschiert, wenn die rechte, links abmarschiert, wenn die linke Flügelabteilung an der Spitze der Kolonne (an der Tete) sich befindet, aus der Mitte abmarschiert, wenn die mittleren Abteilungen an der Spitze stehen.

2. Doppelkolonnen, welche aus zwei nebeneinander stehenden Kolonnen gebildet sind.

In Beziehung auf den Zweck unterscheidet man schließlich:

1. Marschkolonnen, welche zu Märschen, d. h. zu Bewegungen außerhalb des Gefechtsfeldes auf gebahnten Wegen benutzt werden;

2. Versammlungskolonnen, welche zur Versammlung der Truppen, zu deren Bereitstellung vor dem Gefecht, zur gedeckten Aufstellung und auch zu Bewegungen auf dem Gefechtsfelde außerhalb des wirksamen Feuer- und Attackenbereichs des Gegners verwendet werden;

3. Bewegungskolonnen, welche zu Bewegungen im Bereich des Feindes auf dem Gefechtsfelde dienen;

4. Gefechtskolonnen (-Formationen), welche zum eigentlichen Waffengebrauch bestimmt sind.

Zerfällt bei der Aufstellung größerer Truppenkörper die Frontlinie in mehrere Teile, so nennt man den mittleren: das Zentrum, die Mitte, — die seitwärtigen Teile: die Flügel der Stellung.

Stellt man mehrere taktische Einheiten nebeneinander, so entsteht ein Treffen (Gefechtslinie). Stehen mehrere Treffen hintereinander, so heißt das vordere das erste, das folgende das zweite u. s. f.

Eine Truppe, welche im Gefecht zur Verfügung des Oberbefehlshabers zurückgehalten (reserviert) wird, heißt Reserve.

Steht das zweite Treffen hinter den Zwischenräumen des ersten, so entsteht die schachbrettförmige Aufstellung.

Überragt (bebordiert) dagegen eine hintere Truppenabteilung die vordere vollständig auf einer Seite, so entsteht eine Staffel (Echelon).

4. Kriegssanitätswesen.

Schon im Altertum dachte man an die Heilung der Wunden, die der Feind den tapferen Kämpfern zugefügt hatte, wenn sich diese Fürsorge in manchem Lande auch nur in sehr unbedeutendem Maße geltend machte. Bei den Heeren der Ägypter befanden sich Priester und andere mit der Heilkunst vertraute Männer, die sich der Verwundeten nach Kräften annahmen; sogar Kriegslazarette waren zur Aufnahme der letzteren bereit. Die Pfeilzieher der alten Griechen bemühten sich, nachdem sie die Pfeile aus den Wunden entfernt hatten, die Blutungen zu stillen und schützende und heilende Verbände anzulegen. Die 10 000 Griechen, deren

Rückzug Xenophon leitete, die Heere Philipps und Alexanders des Großen waren von Wundärzten begleitet; von Kriegskrankenhäusern findet man jedoch bei den Griechen keine Spur.

In der römischen Republik kümmerte man sich anfangs wenig um die verwundeten Krieger. Später wurde den römischen Bürgern die Verpflichtung auferlegt, die pflegebedürftigen Soldaten, die zu diesem Zweck nach Rom zurückgesandt wurden, in ihren Häusern aufzunehmen. Die Ärzte, die den Truppen Cäsars folgten, konnten nur in beschränktem Maße helfend eingreifen. Bedeutende Verbesserungen wurden dem Kriegssanitätswesen zur Zeit des Augustus zu teil. Sowohl stehende Lazarette, als Feldlazarette wurden errichtet und die Heeresteile gleichmäßig mit Ärzten und Krankenträgern bedacht.

Während der Kreuzzüge fiel die Aufgabe, den Verwundeten beizustehen, den Geistlichen und Johannitern zu. Als stehende Heere in Gebrauch kamen, sah man die Notwendigkeit einer geordneten Kriegskrankenpflege ein, doch dauerte es geraume Zeit, bis die betreffenden Einrichtungen einigermaßen im stande waren, ihren Zweck zu erfüllen. Die deutschen Landsknechte hatten bei jedem Fähnlein*) einen Feldscher oder Feldscherer**) aufzuweisen; jedem Heer war ein Obrist=Feldarzt beigegeben, und die Verwundeten und Kranken wurden den Spittelmeistern anvertraut. Der große Kurfürst ließ sich die Verbesserung des Kriegssanitätswesens angelegen sein, führte jedoch keinen nennenswerten Fortschritt ein.

Einem polnischen Edelmann, Namens Janus Abraham a Gehema war es vorbehalten, als Reformator der Kriegskrankenpflege aufzutreten. Die von ihm angeregten Neuerungen stützten sich nicht nur auf die Kenntnisse, die er sich durch das Studium der Medizin erworben hatte, sondern auch auf praktische Erfahrung, hatte er doch an elf Feldzügen teilgenommen. Die Errichtung der ersten Feldlazarette ist König Friedrich I. zu verdanken; unter Friedrich Wilhelm I. entstanden die Charité und die Anatomie zu Berlin. Das Jahr 1725 brachte das Medizinaledikt (Edikt = landesherrliche Verordnung) und die Instruktion (Vorschrift) für die Regimentsfeldschere. 1734 wurde das erste Feldlazarett=Reglement erlassen, dem Friedrich II. 1743 ein zweites folgen ließ.

Von großer Bedeutung für die Entwickelung des Kriegssanitätswesens waren die Einrichtungen, die auf Görckes Anregung ins Leben gerufen wurden. Nach seinem Vorschlag konstruierte man 1793 ein bewegliches, für 1000 Verwundete eingerichtetes Feldlazarett; zwei Jahre später veranlaßte er dann die Gründung des medizinisch=chirurgischen Friedrich=Wilhelm=Instituts zu Berlin.

---

*) **Fähnlein** — während des 16. und 17. Jahrhunderts Bezeichnung für eine Kompanie Fußvolk.

) **Feldscher — früher in Deutschland gebräuchliche Bezeichnung für die Militärärzte, die in der Folge Kompanie=Chirurgen genannt wurden.

Im Jahre 1800 machte sich der französische Arzt Percy um das Krankentransportwesen verdient, indem er die Ausbildung besonderer Krankenträger empfahl. Diese konnten die Verwundeten schon in der Gefechtslinie aufsuchen und für deren Transport nach den Feldlazaretten Sorge tragen. Eine Verzögerung der ersten Hilfeleistungen im Kriege wird oft verhängnisvoll für viele Menschenleben. Der oben genannte Görcke richtete zur Zeit der Befreiungskriege Krankenträger-Kompanien ein; auch wurden bestimmte Wege angegeben, auf denen die Kranken aus Frankreich zurückgeschafft werden sollten. So wurde gewissermaßen die Grundlage für das gegenwärtige Evakuationsverfahren, d. h. für den geregelten Rücktransport der verwundeten Soldaten, geschaffen. Die Feldlazarette, die 1834 errichtet und mit Krankenträger-Kompanien verbunden wurden, teilte man in leichte und schwere.

Jeder Feldzug gab Veranlassung, die der Kriegskrankenpflege dienenden Einrichtungen zu vermehren und zu vervollkommnen. In den fünfziger Jahren machte der österreichische Oberstabsarzt Kraus auf die Wichtigkeit einer planmäßigen Krankenverteilung aufmerksam, durch die einer Überfüllung der Feldlazarette vorgebeugt und eine bessere Pflege der Verwundeten und Kranken ermöglicht wird. Esmarch machte 1860 den Vorschlag, besondere Lazarettzüge einzurichten, der in Amerika während des Bürgerkrieges von 1861—65 befolgt wurde und sich als zweckmäßig erwies. Zu gleicher Zeit benutzten die Amerikaner Hospitalschiffe, die ihren Zweck ausgezeichnet erfüllten; im Mai des Jahres 1864 haben sie allein zum Transport von 26191 Verwundeten gedient.

Preußen erzielte 1866 mit dem Eisenbahnkrankentransport kein zufriedenstellendes Resultat, da sich die Einrichtung noch nicht genügend entwickelt hatte. Große Anforderungen wurden damals an die Thätigkeit der Ärzte u. s. w. gestellt. Bei Königgrätz nahmen 13731 verwundete Preußen und nicht weniger als 13000 schwerverwundete Österreicher ihre Hilfe in Anspruch. Nach dem Friedensschluß beschäftigte man sich mit der Vervollkommnung der für den Eisenbahnkrankentransport bestimmten Mittel, und diese haben sich dann 1870/71 trefflich bewährt. Man verfügte über 21 Sanitätszüge, die je etwa 200 Verwundete aufnehmen konnten. Sie haben 163 Fahrten ausgeführt und auf diesen 36295 größtenteils schwerverwundete Soldaten nach Deutschland befördert. Die Leichtverwundeten oder -kranken, zusammen 127582 Mann, wurden in 305 Krankenzügen nach der Heimat gebracht. Außerdem blieb eine große Anzahl Verwundeter und Kranker in den Lazaretten, die im Feindesland errichtet worden waren, zurück. Die größte Anerkennung verdienen Ärzte, Krankenträger u. s. w. für ihre aufopfernde Thätigkeit in jener Zeit. Von den vor Metz in einem Zeitraum von fünf Tagen verwundeten 39292 Mann überlebten 32932 den Tag der Schlacht und blieben also in ärztlicher Behandlung. Trotz dieser ungeheuren Menge hatten die Ärzte am Mittag des 19. August ihre Thätigkeit auf dem Schlachtfeld selbst beendet, um diese Zeit

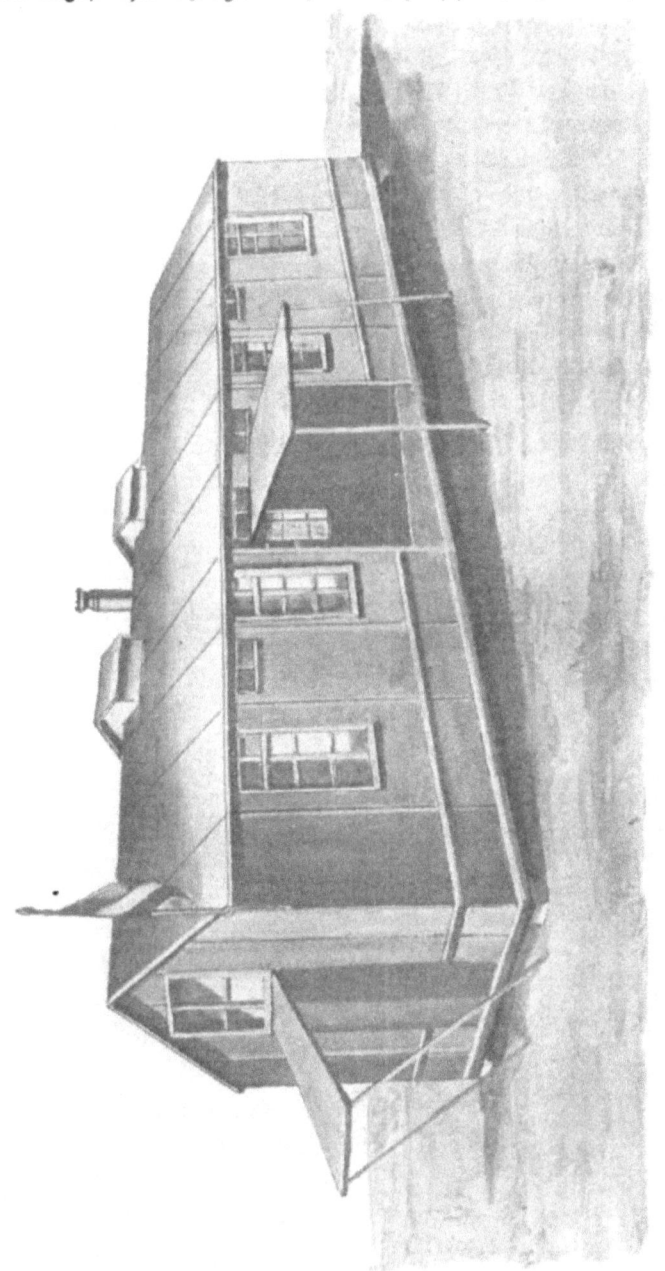

Fig. 66. Transportable Feldbaracke.

war allen Verwundeten die wichtige erste Hilfe geleistet.

Schon vor diesem Kriege, im Jahre 1869, waren Sanitäts-Detachements*) gebildet worden. Zu einem solchen gehören jetzt mehr als 200 Personen, nämlich 1 Offizier, Lieutenants, Zahlmeister, Feldwebel, Unteroffiziere, Trainsoldaten, 1 Apotheker, 7 Ärzte, 16 Krankenwärter und Lazarettgehilfen und 176 Krankenträger, unter denen die verschiedensten Handwerker: Fleischer, Schneider, Schuhmacher, Schlosser u. s. w. vertreten sind. Diesen Leuten stehen 8 zweispännige Krankentransportwagen mit je vier Lagerstellen, 72 Tragbahren, 1 Lebensmittelwagen und außerdem zum Transportieren der Instrumente, Arzneien, Verbandmittel, Laternen u. s. w. 2 Packwagen zur Verfügung. Für jedes Armeekorps sind drei Sanitäts-Detachements bestimmt, nämlich zwei für die Infanterie-Divisionen und eins für die Korps-Artillerie. Jeder Reserve-Division steht ein Sanitäts-Detachement zur Verfügung. Jedes Detachement kann in zwei Züge geteilt werden, von denen sich in der Regel einer bei der Avantgarde (Vorhut) befindet.

Gegenwärtig ist in Deutschland die am 10. Januar 1878 erlassene Kriegssanitätsordnung giltig. Diese befaßt sich sowohl mit den Einrichtungen, die mit dem Krankendienst und mit der Kriegskrankenpflege zusammenhängen, als auch mit denjenigen, die den Gesundheitsdienst betreffen. Aufgabe des letzteren ist es, einen guten Gesundheitszustand im Heere zu erhalten, unter anderem den Ausbruch einer der sogenannten Heereskrankheiten, jener Krankheiten, die durch die Eigentümlichkeiten des Dienstes, z. B. durch das gedrängte Beisammenwohnen so vieler Menschen, veranlaßt oder begünstigt werden, nach Möglichkeit zu verhüten. Außerdem hat der Gesundheitsdienst dafür zu sorgen, daß Kost, Wohnung, Kleidung und Ausrüstung sich in einem guten Zustand befinden.

Die Kriegskrankenpflege erfordert natürlich noch weit zahlreichere und umfangreichere Vorkehrungen. Es gilt nicht nur, die Unmenge von Wunden zu verbinden und nach Kräften zu deren Heilung beizutragen, die während eines Feldzugs herrschenden Verhältnisse veranlassen in der Regel auch das Auftreten gefährlicher, ansteckender Krankheiten: des Typhus, der Pocken, der Cholera, der Ruhr u. s. w. Dazu kommt, daß den Organen des Kriegssanitätswesens bei der Ausübung ihres Berufs oft außerordentlich erschwerende Umstände in den Weg treten. Welche Anforderungen werden an ihre Thätigkeit gestellt, wenn ein bedeutendes Gefecht in unwirtbarer Gegend stattgefunden hat!

Eine zweckmäßige Organisation ist für die Kriegskrankenpflege von größter Wichtigkeit. Der Chef des deutschen Feldsanitätswesens befindet sich im großen Hauptquartier; ihm ist das gesamte Sanitätspersonal bei den Truppen sowohl, als auch in den Lazaretten unterstellt. Jedem Armeeoberkommando ist ein Armeegeneralarzt beigegeben; an der Spitze des Sanitätspersonals eines Armeekorps

---

*) Detachement = abgesonderter Heertrupp.

steht der Korpsgeneralarzt, dem die verschiedenen Truppenärzte untergeben sind. Eine Anzahl hervorragender Zivilärzte, meist Professoren, stehen den auf den Verbandplätzen und in den Lazaretten behandelnden Ärzten als konsultierende Chirurgen zur Seite. Der Etappeninspektion ist ein Etappengeneralarzt zur Leitung des Rücktransportes der Kranken beigegeben; unter ihm steht eine Krankentransportkommission, bestehend aus einem Oberstabsarzt als Chefarzt, 2 Stabsärzten, 4 Assistenzärzten und dem erforderlichen Unter- und Verwaltungspersonal. Über die Einrichtung und Auflösung der Kriegs- und Etappenlazarette hat der Feldlazarettdirektor zu bestimmen, dem die Oberleitung über mehrere Lazarette eines und desselben Armeekorps innerhalb der Etappeninspektion übertragen ist.

Im allgemeinen gelten für die im Felde stehenden Truppen betreffs des Krankendienstes die Anordnungen, nach denen in Friedenszeiten verfahren wird. Bei einem Gefecht gliedert sich der Krankendienst in: die erste Hilfe, in das Lazarettwesen und in das Transportwesen.

Bei der ersten Hilfe im Gefechtsbereich wird nur in seltenen Ausnahmefällen die Thätigkeit freiwilliger Krankenpfleger u. s. w. zugelassen. Zu jedem Infanterie-Bataillon (1000 Mann), das am Kampfe teilnimmt, gehören zwei Truppenärzte, vier Lazarettgehilfen und sechzehn mit vier Tragbahren ausgerüstete Hilfskrankenträger. Die Reiterei wird nicht von Krankenträgern begleitet, da sie ihre Gefechte sehr schnell zu Ende führt; das Kavallerie-Divisions-Detachement hat hier für das Sammeln und Fortschaffen der Verwundeten zu sorgen. Entwickelt sich ein größeres Gefecht, so wird hinter der Feuer- oder Gefechtslinie ein Not- (Truppen-) Verbandplatz eingerichtet, auf dem sich die Ärzte aufhalten. Der Medizinwagen, der dort untergebracht wird, macht durch die an ihm angebrachte Genfer Fahne*), die man nachts durch eine rote Laterne ersetzt, Freund und Feind auf die Bestimmung des Platzes aufmerksam. Letzterer muß sich in geschützter Lage befinden, leicht mit Wasser zu versorgen und schnell erreichbar sein. Entfernt sich das Gefecht, so wird ein zweiter Verbandplatz, wieder in der Nähe der Kämpfenden, eingerichtet, wohin die eine Hälfte der Ärzte und des Personals vorrückt.

Die Hilfskrankenträger tragen eine rote Binde am linken Arme; das Anlegen der Genfer Binde ist ihnen versagt, da sie nicht zum Sanitäts-Korps im engeren Sinne gehören. Sie begeben sich mit den Streitern in die Gefechtslinie und eilen dort den Verwundeten zur Hilfe, indem sie dieselben mit einem Trunk erquicken, sie von Gepäck und Waffen befreien und lästige Kleidungsstücke öffnen oder aufschneiden. Dann werden die Leichtverwundeten veranlaßt, den Verbandplatz

---

*) Die Genfer Fahne zeigt auf weißem Felde ein rotes Kreuz und ist, wie die Genfer Armbinde, die dieselbe Farbenzusammenstellung aufweist, ein Neutralitätszeichen der Genfer Konvention, d. h. des internationalen, völkerrechtlichen Vertrags, der zum Besten der Verwundeten im Jahre 1864 in Genf geschlossen worden ist (s. unten).

aufzusuchen, während die Übrigen von einem oder zwei Verwundetenträgern dorthin geführt oder getragen werden. Da durchschossene Helme, Stiefel und dergl. oft bei der Beurteilung der Verwundung für die Ärzte von Wichtigkeit sind, sollen dieselben nur im Notfalle zurückgelassen werden. Nach günstigem Verlauf des Gefechtes wird auf Anordnung der Truppenbefehlshaber das Schlachtfeld sorgfältig abgesucht und für Überführung der Verwundeten nach dem Verbandplatz gesorgt.

Das Verbinden der Wunden ist den Hilfskrankenträgern für gewöhnlich untersagt. Sie sollen sogar jede Berührung derselben vermeiden und auch die Verwundeten darauf aufmerksam machen, daß das Berühren oder „Befingern" oder gar ein eigenmächtiges Verbinden der Wunden nachteilig auf deren Heilung einwirkt. Liegt eine bedeutende Pulsaderblutung vor, so ist es dem Hilfskrankenträger erlaubt, das betreffende Glied mit dem Hosenträger zu umschnüren. Stellen sich sehr starke Berührungsschmerzen ein, wie es z. B. bei zerschossenem Oberschenkelknochen der Fall sein kann, so ist das Anlegen eines Not-Schienenverbandes statthaft.

Auf dem Notverbandplatz werden die ankommenden Verwundeten von den Truppenärzten und Lazarettgehilfen in Empfang genommen und nach Besichtigung der Wunden in Schwerverwundete und Leichtverwundete geschieden. Die genannten Ärzte befassen sich nur mit Operationen, die keinen Aufschub gestatten; sie führen z. B. die Abtragung abgerissener Gliedmaßen, Luftröhrenschnitte oder Gefäßunterbindungen aus. Soldaten, die Gelenk- oder Knochenschüsse erhalten haben und infolgedessen nicht transportfähig sind, werden mit festzustellenden Schienenverbänden versehen.

Wenn die nötige Zeit vorhanden ist, wird auch den Leichtverwundeten schon auf dem Notverbandplatz der erste Verband angelegt. Zu diesem kann der Inhalt des **antiseptischen Verbandpäckchens**, das jeder deutsche Soldat mit sich führt, verwendet werden. Dasselbe besteht aus einem zwirntuchenen, wasserdichten, kleinen Umschlag, in dem sich eine Cambricbinde, zwei Stückchen trockene Sublimatgaze und eine Sicherheitsnadel befinden.

Werden die Truppenärzte und deren Gehilfen nicht durch ein Sanitäts-Detachement abgelöst, so begleitet nur die eine Hälfte die abziehenden Truppen; der andere Teil wartet, bis die Wagen eintreffen, mittels derer die Verwundeten nach dem Lazarett transportiert werden.

Hat man das Schlachtfeld nicht siegreich behaupten können, so tritt die Genfer Konvention in Kraft. Diese hat Giltigkeit in sämtlichen Kulturstaaten, mit Einschluß der Türkei, und bestimmt, daß Ärzte und Hilfspersonal, so lange sie ihren Beruf ausüben und so lange ihre Hilfe von Verwundeten beansprucht wird, als neutral (parteilos, unteilnehmend) zu betrachten sind. Dieselben können demnach, auch wenn der Feind den Platz in Besitz genommen hat, fortfahren, ihre Pflicht zu erfüllen. Sobald sie sich zurückziehen wollen, müssen sie von dem feindlichen Truppenteil den Vorposten ihres eigenen Heeres überliefert werden, wobei ihnen jedoch nur das Mitnehmen ihres Privateigentums gestattet ist. Auch andere Personen, deren Beruf mit der Krankenpflege in Zusammenhang steht, z. B. die verschiedenen Sanitäts- und Verwaltungsbeamten u. s. w., haben Anspruch auf Neutralität, freiwillige Krankenpfleger jedoch nur, wenn sie dem amtlichen Personal einverleibt worden sind. Ambulanzen (Feldlazarette) und Lazarette stehen ebenfalls unter dem Schutze des Genfer Vertrags, so lange sie Kranke und Verwundete enthalten. Das Personal der Lazarette ist verpflichtet, alle pflegebedürftigen Krieger aufzunehmen, ohne nach der Nationalität zu fragen. Angehörige der feindlichen Nation werden, wenn sie nach der Genesung nicht mehr diensttauglich sind, ohne weiteres entlassen; eine Entlassung der übrigen erfolgt, falls sie sich verpflichten, während des betreffenden Krieges die Waffen ruhen zu lassen. Alle Landesbewohner, die den Verwundeten beistehen, werden geschont, und diejenigen, die kranke Krieger in ihrer Wohnung verpflegen, bleiben frei von Einquartierung u. dergl.

Die Sanitäts-Detachements, von denen in den vorhergehenden Zeilen bereits zweimal die Rede gewesen ist, kommen zur Verwendung, sobald ein Gefecht einen größeren Umfang angenommen hat. Ist die Hilfe eines Sanitäts-Detachements nötig, so rückt dasselbe vor und legt in geringer Entfernung von den Notverbandplätzen einen Hauptverbandplatz an, der an einer Genfer Fahne und einer Nationalfahne, nachts an einer roten Laterne, zu erkennen ist. Steht hier kein geeignetes Gebäude zur Verfügung, so wird unter dem Schutze einer Mauer, einer Hecke u. s. w. ein Verbindezelt mit gesondertem Zu- und Abgang errichtet. Das Wasser soll von demselben aus möglichst leicht zu erreichen sein. Aus den acht Krankentransportwagen wird unter Leitung der Offiziere zwischen Hauptverbandplatz und Notverbandplätzen ein Wagenhalteplatz gebildet, der durch die üblichen Zeichen kenntlich gemacht wird. Nach Anordnung der Offiziere geht das Personal der Sanitäts-Detachements ans Werk.

Die mit Labemitteln, Verbandtasche und Fackel oder Laterne versehenen Tragbahren werden von den Krankenträgern, die im Gegensatz zu den Hilfskrankenträgern zum Anlegen der Genfer Binde berechtigt sind, vom Wagen gehoben. Zu jeder gehören vier Mann, die Kopf-, Becken-, Fuß- und Unterstützungsnummer genannt werden und nun unter Führung der Offiziere das Schlachtfeld aufsuchen. Hier haben sie ihr Augenmerk zunächst auf die Schwerverwundeten zu richten, dieselben zu erquicken, ihnen Waffen und Gepäck abzunehmen, lästige Kleidungsstücke zu öffnen und nötigenfalls einen Nottransportverband anzulegen. In der Verbandtasche finden sie einen Trinkbecher, ein Essigspritzfläschchen, eine Kleiderschere, ein Verbandpäckchen, Verbandtücher, Binden, Watte, Schusterspan, Nadeln, eine Aderpresse und eine Buchsbaumstreubüchse mit 100 Gramm Jodoform.

Soll ein schwerverwundeter Reiter vom Pferd herabgenommen werden, so wird letzteres von einem der vier Leute gehalten, der zweite tritt an die unverletzte Seite, befreit den Verwundeten von Helm und Waffen und tritt dann mit dem dritten und vierten Mann, wenn die Verwundung den Arm betrifft, an die gesunde, falls das Bein verwundet ist, an die kranke Seite. Hierauf umfaßt der Verwundete den mittleren Mann; die beiden anderen greifen zu, und so wird der Reiter vorsichtig heruntergehoben.

Auch den Hilfskrankenträgern ist das Berühren der Wunden und das Anlegen von Wundverbänden untersagt. Machen sehr heftige Berührungsschmerzen einen Transportverband, zu dem Waffen, Tücher, Schabracken, Futtersäcke, Stroh, Sattelriemen, Stricke oder ähnliche Dinge benutzt werden können, notwendig, so wird der zerschossene Körperteil entblößt und zum Bedecken der Wunde der Inhalt des Verbandpäckchens verwendet. Haben Hilfskrankenträger wegen starker Blutung ein verletztes Glied umschnürt, so müssen sie dies dem nächsten Arzt so schnell wie möglich mitteilen, ebenso muß letzterer von ausgedehnten Zerreißungen benachrichtigt werden.

Sobald der Verwundete transportfähig ist, wird die Tragbahre zur Hand genommen. Im Bedarfsfalle werden aus Stangen, Lanzen, Mänteln, Tornistern, Pferdedecken, Stricken oder dergl. Nottragbahren hergestellt; der Gewehre soll man sich zu diesem Zwecke nicht bedienen. Die Bahre wird neben dem Verwundeten auf die Erde gestellt und dieser vorsichtig darauf gehoben. Die Lage, die man ihm zu geben hat, richtet sich nach der Art der Verwundung; bei Verletzungen in der Brust hat man den Kranken halb sitzend zu lagern; sind die Beine verwundet, so muß man ihnen eine hohe Lage anweisen. Die Klappen, mit denen die bei der deutschen Armee gebräuchliche Tragbahre versehen ist, sollen über dem Verwundeten zusammengeschnallt werden. Ist dies geschehen, so wird die Bahre von zwei Trägern ergriffen und, während die beiden anderen, jederzeit zur Hilfe oder zum Ablösen bereit, nebenher gehen, nach dem Wagenhalteplatz befördert; behutsam wird hierbei alles zu vermeiden gesucht, was die Schmerzen des Verwundeten unnötigerweise vergrößern könnte. Aus dem früher angegebenen Grunde wird das durchschossene Kleidungsstück mitgeführt; auch Gepäck und Waffen werden nicht zurückgelassen. Schließlich erhält die Tragbahre auf dem Krankentransportwagen ihren Platz, und zwar so, daß das verletzte Glied leicht zu erreichen ist. Die Träger werden hierauf mit einer leeren Bahre ausgerüstet und eilen auf das Schlachtfeld zurück, um andere Schwerverwundete aufzusuchen, wobei ihnen die Trillerpfeife der Offiziere als Wegweiser dient.

Wenn ein Transportwagen besetzt ist, also vier Bahren aufgenommen hat, wird er im Schritt nach dem Hauptverbandplatz gefahren, indem ein Gefreiter die Führung übernimmt. Dann wird er im Trabe nach dem Halteplatze zurückgebracht und dies wiederholt, bis die Auflösung des letzteren befohlen wird. Bei der Fahrt nach dem Verbandplatze sind die Wagen in der Regel von einer Anzahl Leichtverwundeter begleitet.

Die Toten läßt der Truppenbefehlshaber beerdigen, zu welcher Verrichtung auch die Krankenträger herangezogen werden können. Etwa vorhandene Wertsachen werden den zum Detachement gehörigen Offizieren behufs der Rücksendung eingehändigt. Auch Soldbuch und Erkennungsmarke werden den Toten, jedoch niemals einem Bewußtlosen, abgenommen und an die Offiziere abgegeben, da sie bei Aufstellung der Verlustlisten von Wichtigkeit sind. Die Erkennungsmarke wird von den deutschen Soldaten an einer Schnur auf der Brust getragen; die Buchstaben, die das kleine, aus Blech angefertigte Täfelchen aufweist, zeigen an, welchem Truppenteil der Träger angehört, und welche Nummer er dort geführt hat.

In den Massengräbern, die einen gehörigen Abstand und eine Tiefe von 2 Metern haben sollen, dürfen nicht mehr als je sechs Tote untergebracht werden.

Während Krankenträger und Wagenführer mit dem Aufsuchen und Sammeln der Verwundeten beschäftigt sind, teilen sich die Detachements-Ärzte und -Lazarettgehilfen in drei Gruppen. Aufgabe der ersten ist es, die Verwundeten zu empfangen, zu laden und in Leichtverwundete oder Transportierbare und Schwerverwundete oder Nichttransportierbare zu scheiden; erstere werden durch ein rotes, letztere durch ein weißes Papptäfelchen, ein sogenanntes Wundtäfelchen, bezeichnet. Dasselbe giebt mit wenig Worten Aufschluß über Zeit und Ort des Gefechtes, das die Wunde herbeigeführt hat, über die Art der letzteren und über nötig gewesene Operationen. Infolge dieser kurzen Angaben können die Verwundeten in Zukunft von mancher überflüssigen Untersuchung verschont werden, und durch Wegfall der letzteren ersparen die weiterhin die Behandlung übernehmenden Ärzte bei dieser Einrichtung eine Menge Zeit.

Zu den Transportierbaren gehören die Verwundeten, die nur Haut- oder Fleischschüsse davongetragen haben oder deren Kiefer verletzt worden sind. Die Nichttransportierbaren, die durch grobes Geschütz verwundet worden sind oder Knochen-, Schädel-, Brustschüsse u. s. w. aufweisen, werden der zweiten Gruppe von Ärzten, der Verbandabteilung, übergeben, die das Anlegen der Wund- und Stützverbände zu besorgen hat. Zunächst wird jedoch die Haut, die die Wunde umgiebt, einer sorgfältigen Reinigung unterzogen, wobei Bürste oder Rasiermesser, Seife, Wasser, Sublimatwasser, Äther oder Benzin Verwendung finden. Zur Herstellung der Stützverbände, durch die Verwundete mit verletzten Gelenken oder Knochen transportfähig gemacht werden, benutzt man gestärkte Gazebinden, Strohmatten, Pappe, Draht, Bindfaden, Schusterspan oder ähnliche Dinge.

Die dritte Abteilung von Ärzten und Lazarettgehilfen hat die unumgänglich nötigen Operationen auszuführen, und zwar soll hierbei genau wie im Lazarett verfahren werden. Die Sanitäts-Detachements sind zu diesem Zwecke mit zweckmäßigen Operationstischen ausgerüstet worden; auch sollen stets besondere Operationskleidungsstücke und abgekochte Instrumente vorhanden sein; Jodoformgaze, Morphium, Chloroform, Drainageröhren und dergleichen dürfen nicht fehlen.

Schließlich werden die Verwundeten entweder nach der Sammelstelle des nächsten Etappenortes geschickt oder rückwärts in die Feldlazarette weitertransportiert, und zwar, wenn Tragbahren und Krankenwagen nicht ausreichen, mittels der Lebensmittelwagen oder geeigneter Landwagen. Vorher wird jedoch, wenn nötig, beim Scheine der Laternen, Fackeln oder elektrischen Lampen eine abermalige Absuchung des Schlachtfeldes vorgenommen. Auch erquickt das Personal des Detachements womöglich alle Verwundeten mit Speise und Trank. Ist es dem Feind gelungen, von dem Schlachtfeld Besitz zu ergreifen, so bleibt ein Teil der Ärzte und Lazarettgehilfen bei den Verwundeten. Die Mannschaften ziehen sich mit den Wagen u. s. w. unter Leitung des Detachement-Kommandeurs zurück.

Die Schwerverwundeten, die von den Not- und Hauptverbandplätzen abgeschickt werden, finden Aufnahme in den Feldlazaretten, allerdings nur vorübergehend, denn letztere sollen sich so bald als möglich ihren Truppenteilen wieder anschließen. Zu jedem mobilen Armeekorps (ungefähr 33 000 Mann) gehören in Deutschland zwölf Feldlazarette. Jedes hat ein Gesamtpersonal von 48 Mann, unter denen sich ein Oberstabsarzt (Chefarzt), vier andere Ärzte, ein Apotheker, ein Inspektor, ein Rendant, neun Lazarettgehilfen, zwölf militärische Krankenwärter und eine gewisse Anzahl Trainsoldaten und Handwerker befinden. Auf den zur Ausrüstung eines Feldlazarettes gehörenden fünf oder sechs Wagen, von denen einige mit vier Pferden bespannt werden können, werden alle Gegenstände mitgeführt, die zur Lagerung von 200 Personen nötig sind, außerdem auch die erforderlichen Medikamente, Verbandmittel, chirurgischen Instrumente, sowie Wäsche u. s. w.

Diese Feldlazarette werden nun während der Schlacht außerhalb des Schußbereichs, aber doch in möglichster Nähe der Verbandplätze errichtet. Wenn keine passenden oder ausreichenden Baulichkeiten vorhanden sind, werden transportable Baracken oder Krankenzelte aufgestellt, und zwar an einer Stelle, an der ohne große Schwierigkeit gutes Trinkwasser zu beschaffen ist. Bis zur Vollendung der Einrichtung kann sich das Feldlazarett-Personal an der Thätigkeit auf dem Hauptverbandplatz beteiligen; es tritt für diese Zeit unter den Befehl des Detachement-Chefarztes. Ist das Feldlazarett eingerichtet, so muß die zuständige Etappen-Inspektion davon benachrichtigt werden.

Außer den Schwerverwundeten werden auch die marschunfähigen Kranken in diesen Anstalten aufgenommen und verpflegt. Während ein Teil des Personals für Speisung und Reinigung der Ankommenden sorgt, beeilt sich der andere, nach den Anweisungen des Chefarztes Apotheke, Operationsraum, Küche, Schreibstube u. s. w.

instandzusetzen. Jedem Arzt wird eine bestimmte Anzahl der Pfleglinge zur Behandlung überwiesen. Die Zeit der ärztlichen Besuche und der Beköstigung wird festgesetzt, auch die Thätigkeit der Militärkrankenwärter wird geregelt. Die Verwaltung der Lazarettkasse erfolgt in der Schreibstube, wo das Krankenbuch, die nötigen Listen u. s. w. geführt werden; auch für den Briefwechsel wird in diesem Raume gesorgt. Jeder Todesfall wird in die Sterbeliste eingetragen. Alles Privateigentum der Gestorbenen, gleichviel welcher Nation dieselben angehört haben, ebenso hinterlassene Dokumente und letztwillige Verfügungen werden einstweilen der Lazarettkasse übergeben, von wo aus sie der Generalkriegskasse, die sie den Hinterbliebenen übermittelt, zugehen. Erkennungsmarke und Soldbuch der Toten werden dem Korps- oder Etappengeneralarzt übersendet, der von jedem Sterbefall, aber auch von jeder Entlassung benachrichtigt werden muß. Die Entlassenen suchen das nächste Etappenkommando oder ihren Truppenteil auf.

Fig. 87. Transportable Feldbetrstatt.

Unter günstigen Verhältnissen wird das Feldlazarett schon nach einigen Tagen seinem Armeekorps folgen können; in anderen Fällen bleibt es wohl auch mehrere Wochen in Thätigkeit. Die Verwundeten und Kranken werden aus dem Feldlazarett in die stehenden Kriegslazarette überführt oder evakuiert, d. h. in die im Etappenreich errichteten Lazarette zum Zweck des Weitertransportes nach den im Inland bestehenden Reservelazaretten u. s. w. befördert.

Durch die Einrichtungen des Etappenwesens wird eine Verbindung zwischen dem kämpfenden Heere und der Heimat hergestellt. Sie ermöglichen eine Herbeiführung der Heeresbedürfnisse und zugleich das Zurückführen der Kranken und Verwundeten, der Kriegsgefangenen und der Kriegsbeute. Jeder Armee wird, in der Regel längs einer Eisenbahn, eine besondere Etappenlinie angewiesen, zu deren Anfangsort eine Hauptbahnstation im heimatlichen Bereiche des betreffenden Armeekorps bestimmt wird. Hier werden die der Armee nachzuschickenden Transporte gesammelt, die zurückkehrenden verteilt. Die Etappenlinien enden im Etappenhauptort, der von dem kämpfenden Heer nicht zu weit entfernt sein darf. Hier werden Personen und Güter, die von der Armee abgehen, gesammelt, und diejenigen, die für die Armee ankommen, verteilt. Zwischen Anfangsort und Hauptort giebt es verschiedene Etappenorte, die je ungefähr drei Meilen voneinander entfernt und der Sitz einer Etappenkommandantur sind. Für jede Linie besteht am Etappenhauptorte eine Etappeninspektion, deren Organisation der der Generalkommandos ähnlich ist. Ihr steht eine große Menge Personal zur Verfügung, sodaß sie imstande ist, für Pflege, Speisung und Transport der in Betracht kommenden Verwundeten und Kranken zu sorgen.

Die Vermittelung zwischen Etappeninspektion und Armeekorps, bez. aller Angelegenheiten, die mit der Krankenpflege in Zusammenhang stehen, ist Aufgabe der *Feldlazarettdirektoren*. Dieselben haben innerhalb ihres Bereichs nicht nur die Lazarette zu beaufsichtigen, sondern auch die Krankensammelstellen einzurichten und deren Bekanntmachung zu veranlassen.

Die stehenden Kriegslazarette, die bestimmt sind, die ihren Truppenteilen nacheilenden Feldlazarette abzulösen, befinden sich entweder im Etappenhauptort oder in dessen Umgebung. Sie bergen die Schwerverwundeten und Schwerkranken, bis sich aus irgend einem Grunde, z. B. wegen raschen Vordringens des Armeekorps, auch ihr Vorrücken nötig macht. Die zur Lagerung und Pflege erforderlichen Einrichtungen werden womöglich in vorhandenen Gebäuden, anderenfalls in der Vorschrift entsprechenden Kriegsbaracken untergebracht. Zum Personal eines Kriegslazaretts gehören Chef-, Stabs- und Assistenzärzte, Apotheker, Lazarettgehilfen und Militärkrankenwärter, außerdem aber auch Inspektoren und Rendanten.

Alle Soldaten, die von ansteckenden Krankheiten befallen worden sind, werden gesondert in den sogenannten Seuchenlazaretten untergebracht. Diese werden in gehöriger Entfernung von der Etappenlinie errichtet und selbstverständlich niemals abgelöst.

Dem Etappenhauptort werden aber nicht nur Verwundete und Kranke aus den Feldlazaretten zugeführt, sondern es treffen auch immerzu Kranke von den Krankensammelpunkten der Truppen und nach jedem Gefecht Verwundete von den Not- und Hauptverbandplätzen ein. Aus diesem Grunde findet man daselbst außer den beiden oben angeführten Lazarettformen noch Krankensammelstellen und Etappenlazarette.

Längs der Etappenlinie werden im Inland von der freiwilligen Krankenpflege, im Feindeslande unter Beistand der letzteren, sowie der Armeeintendantur von den Krankentransportkommissionen für die durchziehenden Truppen und Krankentransporte Erfrischungs-, Übernachtungs- und Verbandstationen eingerichtet, an denen das Hilfspersonal aus freiwilligen Krankenträgern besteht.

Im Heimatlande sind während eines Feldzuges Reserve- und Vereinslazarette, sowie Privatpflegestätten zur Aufnahme der pflegebedürftigen Krieger eingerichtet.

Die Genesenden, die aus Reserve- oder Vereinslazaretten entlassen werden, aber der Pflege noch nicht ganz entbehren können, werden in Privatpflegestätten untergebracht. Familien, die zur Aufnahme bereit sind, und denen von einem Ritterorden, bezüglich einem Verein zum Roten Kreuz bescheinigt wird, daß man ihnen die Erholungsbedürftigen unbesorgt anvertrauen kann, können sich bei den Lazarettkommissionen der Reserve- oder Vereinslazarete melden.

Da eine wohlorganisierte Krankenzerstreuung (Evakuation) für die Kriegskrankenpflege von so großer Bedeutung ist, hat man sich schon seit langer Zeit bemüht, das Krankentransportwesen recht zweckmäßig zu gestalten. Jeder Etappeninspektion ist eine Krankentransportkommission unterstellt, die unter Leitung eines Oberstabsarztes, aus 2 Stabsärzten, 4 Assistenzärzten, 18 Lazarettgehilfen und Krankenwärtern und 6 Trainsoldaten besteht. In der Regel ist diese Kommission am Etappenhauptort zu finden; nur wenn die betreffende Etappenlinie recht lang ist, hat sie ihren Sitz an einer Grenzstation.

Sie hat für Errichtung der Erfrischungs-, Übernachtungs- und Verbandstationen längs der Bahnlinie im Feindesland zu sorgen, dieselben zu verwalten, die Sonderung der Verwundeten und Kranken in Transportierbare und Nichttransportierbare zu überwachen und den Rücktransport zu leiten. Das zu letzterem erforderliche Transport- und Begleitpersonal muß stets zur rechten Zeit mit genügenden Transportmitteln in Bereitschaft stehen.

Das Urteil über die Transportfähigkeit der Verwundeten und Kranken hat in der Regel ein Arzt abzugeben. Solche, die im stande sind, zu gehen oder in sitzender Stellung zu fahren, werden als Leichtverwundete und Leichtkranke, diejenigen, die nur liegend transportiert werden können, als Schwerverwundete und Schwerkranke betrachtet. Leute, deren Zustand eine baldige Genesung verspricht, die sich also in kurzer Zeit ihrem Truppenteil wieder anschließen können, werden nicht weit zurücktransportiert.

Sobald ein Krankentransport angeordnet worden ist, läßt sich die Krankentransportkommission durch die Etappenkommandeure oder Ortsbehörden Wagen nebst

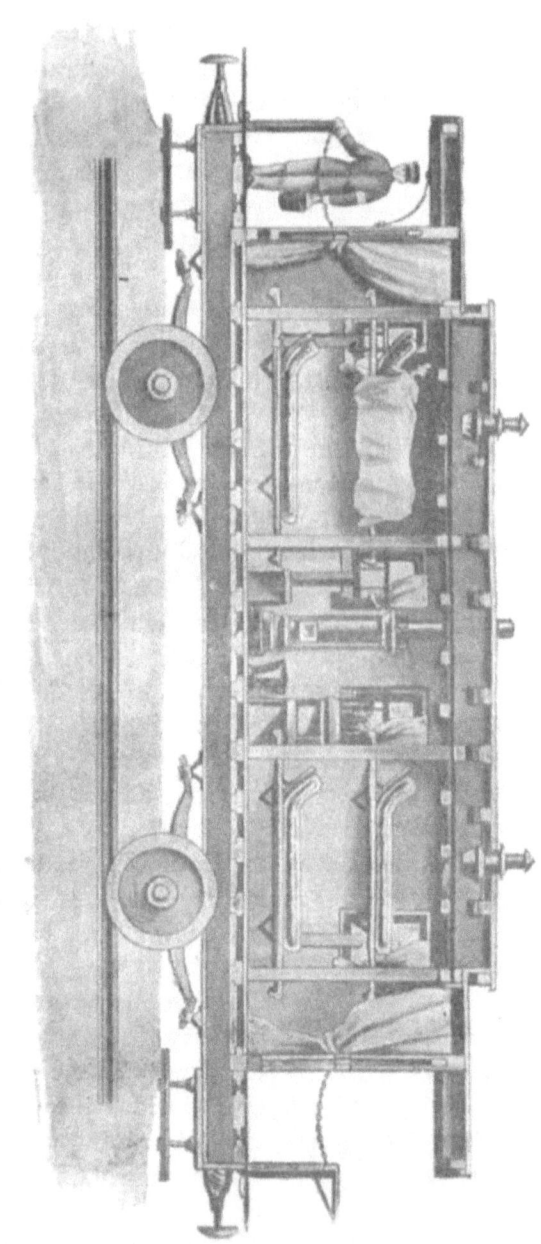

Fig. 68. Krankenwagen eines preußischen Lazarethzuges. (Innere Einrichtung.)

Kriegsfanitätswesen. 233

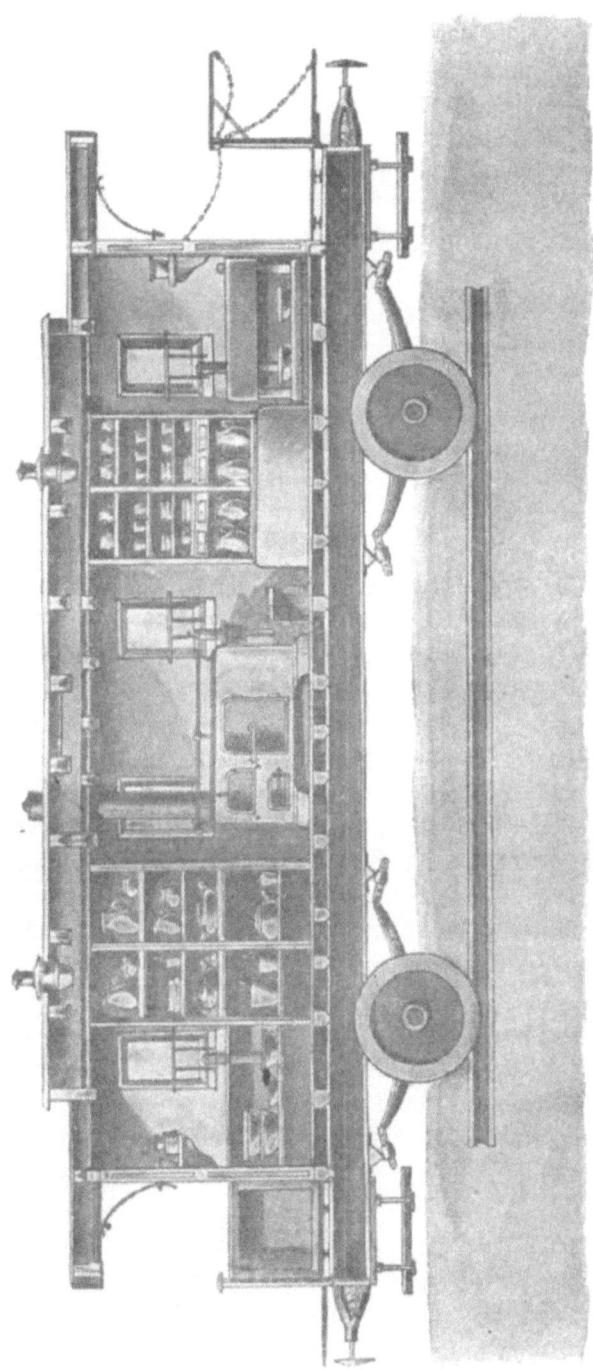

Fig. 69. Küchenwagen eines Sanitätszuges. (Innere Ansicht.)

Bespannung verschaffen; zu den nötigen Bahnzügen verhilft ihr auf dem Kriegsschauplatze die Etappeninspektion, in der Heimat die Linienkommandantur. Die Etappenkommandos und die Delegierten (Abgeordneten) der freiwilligen Krankenpflege stellen Begleitpersonal.

Von jedem abgehenden Transport wird die Bestimmungsbehörde in Kenntnis gesetzt. Der Transportführer erhält sowohl über die Kranken und Verwundeten, die ihm anvertraut werden, als über die Gerätschaften, die er mit sich führt, ein Verzeichnis. Stirbt während des Transportes einer der Kranken, so wird derselbe der nächsten Ortsbehörde oder dem Etappenkommando übergeben. Soldbuch und Erkennungsmarke werden dem zuständigen Truppenkommando übermittelt.

Im Etappenbereich besteht das Transportpersonal aus den Krankenträgern der Sanitäts-Detachements, die, wie wir bereits gesehen haben, die Verwundeten zunächst nach dem Hauptverbandplatz und dann nach der Sammelstelle und in die Feldlazarette schaffen.

Die zur Verfügung gestellten Eisenbahnzüge zerfallen in Sanitätszüge und Krankenzüge; bei Sanitätszügen unterscheidet man wieder Lazarettzüge, d. h. solche, die schon in Friedenszeiten vom Heer oder auch von der freiwilligen Krankenpflege bereit gestellt worden sind, und Hilfslazarettzüge, solche, die erst während des Krieges schnell zurecht gemacht werden. Die Sanitätszüge sind zur Aufnahme der Schwerverwundeten und Schwerkranken bestimmt und werden von einem Militärarzt, die „freiwilligen" von einem „Delegierten", geführt. Alle abgehenden und zugehenden Kranken und Güter müssen gewissenhaft gebucht werden. Bei unterwegs eintretenden Sterbefällen wird die Leiche auf dem nächsten Bahnhof der Militär- oder Ortsbehörde zur Beerdigung u. s. w. übergeben. Haben sämtliche Kranken ihren Bestimmungsort erreicht, so wird der Zug nach dem Kriegsschauplatz zurückgeführt, wobei man ihn zum Mitnehmen neuer Lazarettvorräte benutzen kann.

Mittels der Krankenzüge werden Leichtverwundete und Leichtkranke befördert.

Das Begleitpersonal der Lazarett- und Krankenzüge ist teils militärisch, teils freiwillig.

Zum Personal der Militär-Lazarette gehören Verwaltungsbeamte, Militärärzte, Geistliche (Lazarettpfarrer, im Bereich der kämpfenden Truppen Feldprediger genannt), Küchen- und Waschpersonal und militärisches Pflegepersonal, das aus Oberlazarettgehilfen, Lazarettgehilfen und Militärkrankenwärtern besteht. Sämtliche Personen haben sich bei der Ausübung ihres Berufs nach den für sie vorhandenen Vorschriften zu richten.

Im Inland kann die Leitung der Lazarette sämtliche Bedarfsgegenstände an ihrem Aufenthaltsort anschaffen. Auf dem Kriegsschauplatze wäre dies Verfahren auch wünschenswert, würde wohl aber oft nur mit großer Schwierigkeit zu befolgen sein. Aus diesem Grunde werden in der Umgebung der Etappenhauptorte mobile

Lazarettreserve-Depots eingerichtet. Das Personal eines solchen besteht aus 2 Offizieren, 1 Inspektor, 1 Apotheker, 1 Instrumentenmacher, Unteroffizieren und Trainsoldaten. Wenn ein Gefecht in Aussicht steht, oder eine Lazarettevakuation beabsichtigt wird, ordnet der Etappengeneralarzt das Vorrücken des Lazarettreserve-Depots an.

Der Lazarettbedarf umfaßt eine außerordentliche Menge der verschiedenartigsten Dinge, die teils zur Unterkunft, zur Lagerung, zur Bekleidung und Nahrung dienen, teils den Ärzten und Pflegern zur Ausübung ihres Berufes unentbehrlich oder nützlich sind. Wir können hier nur einen Teil derselben anführen.

Zu den Unterkunftsmitteln gehören Krankenzelte und Baracken. Das Krankenzelt, Fig. 70, läßt sich mit Leichtigkeit aufstellen, zerlegen und transportieren. Außerdem bietet es auch in hygienischer Hinsicht Vorteil. 1870/71 machte man die Erfahrung, daß sowohl bei Wunden, als bei inneren Krankheiten der Heilungsprozeß in Zelten einen rascheren Verlauf nahm als in geschlossenen Gebäuden; besonders bei infektiösen (ansteckenden) Krankheiten erwies sich Zeltbehandlung als zweckmäßig. Allerdings gewährt das Krankenzelt nur geringen Schutz gegen die Unbilden der Witterung; auch ist es um Heizbarkeit und Feuersicherheit schlecht bestellt, doch machen sich diese Mängel zum größten Teil den Kranken weniger fühlbar als dem Pflegerpersonal.

Das Krankenzelt der deutschen Armee besteht aus einem eisernen Gerippe, über das Segelleinwand oder wasserdichtes Segeltuch ausgebreitet wird. Es hat eine Länge von 9, eine Breite von 6 und eine Höhe von 4,3 Metern. Übereinander fallende Vorhänge bilden die Giebelwände; unter dem Dach befindet sich ein Unterdach mit Ventilationsöffnungen. Für Erwärmung kann durch Niederdruckwasserheizung, für Ableitung der Feuchtigkeit durch das Ziehen eines Grabens von $1/_2$ Meter Tiefe gesorgt werden. An der einen Giebelseite des Zeltes, in dem 12 Kranke gelagert werden können, sind zu verschiedenen Zwecken mehrere kleine Räume abgetrennt. Dieses Zelt ist zu vorübergehender Benutzung bestimmt, z. B. können Feldlazarette darinnen etabliert werden.

Um die Verwundeten, die sich zu Kriegszeiten oft an einem Ort in großer Zahl ansammeln, unterbringen zu können, hat man schon am Anfang unseres Jahrhunderts häufig Baracken, niedrige Baulichkeiten aus leichtem Material, errichtet In den sechziger Jahren beschäftigten sich viele Fachleute mit ihrer Vervollkommnung auch wurde zu jener Zeit auf den Vorteil hingewiesen, der der Kriegskrankenpflege aus der Herstellung transportabler Baracken erwachsen würde. Im deutsch französischen Kriege wurde in ausgedehntem Maße Gebrauch von Krankenbaracken gemacht.

Kaiserin Augusta veranlaßte bei Gelegenheit der Antwerpener Ausstellung in Jahre 1885 einen Wettbewerb um die Konstruktion transportabler Baracken, den einen großen Fortschritt in der Entwickelung dieser Einrichtung herbeigeführt hat. Der Preis wurde der von Döcker'schen Baracke zuerkannt, die gegenwärtig bei der deutschen Armee Verwendung findet. Dach und Wände bestehen aus Holzrahmen, an denen auf einer oder auch auf beiden Seiten Filzpappe befestigt ist. Diese Tafeln sind mit Ölfarbe angestrichen und mit ineinandergreifenden Falzen und Nuten versehen. Eiserne Riegel sorgen für das Zusammenhalten. Das Dach wird von einem dünnen Balkengerüst getragen, der Grund von einem gefugten und gehobelten Fußboden gebildet. Außerdem gehören zu der Baracke, die 12 Kranke aufnehmen kann und drei Eingänge aufweist, Kippventilationsklappen, Firstklappen, verglaste Fensterrahmen und eiserne Öfen.

Zur Lagerung der Kranken und Verwundeten dienen: Bettstellen, Matratzen, Strohsäcke, Bettlaken, Unterlagen, wollene Decken, Kopfpolstersäcke, Überzüge, Häcksel-, Arm-, Luft- und Wasserkissen.

Zu den erforderlichen Bekleidungsgegenständen gehören: Operationsröcke, Schürzen, Röcke für die Kranken, Hemden, Hosen, Unterjacken, Socken, Strümpfe, Taschentücher, Leibbinden, Halstücher, Pantoffeln, Drillich- und Zwangsjacken.

Nahrungs- und Labemittel, für deren Vorhandensein gesorgt werden muß, sind: Fleisch, Fleischextrakt, kondensierte (verdickte) und sterilisierte*) Milch, Butter, Eier, Mehl, Gries, Graupen, Grütze, Bohnen, Erbsen, Reis, Essig, Citronensäure, Zucker, Salz, Gewürze, Brot, Zwieback, Bisquit, Kaffee, Thee, Schokolade, Wein, Bier, Branntwein und Rum.

Die Anzahl der ärztlichen Instrumente und der zur Krankenpflege erforderlichen Gerätschaften ist außerordentlich groß. Das Lazarettpersonal braucht: Messerbestecke, elektrische Apparate, Chloroforminstrumente, Instrumente zur Operation, Amputation (Ablösung eines Gliedes) und Obduktion (Leichenöffnung); Operationstische, -leuchter und -röcke; verschiedene Pincetten, Zangen, Haken, Sonden, Spritzen, Nadeln u. s. w.; Abziehsteine, Bandmaße, Thermometer, Beckenstützen, Geräte zum Streckverband, Sandsäcke, Reifenbahren; Blechschalen, Wannen, Bürsten, Wärmflaschen, Eisbeutel u. dergl. m.; ferner Hörrohre, Tracheotomie- (Aufschneidung der Luftröhre) Röhren und Trokarts (dreischneidige Zapfnadeln).

Die Reifenbahren sind oft nötig, um das Drücken der Bettdecke zu verhindern; sie werden von drei oder vier durch Holzstäbe verbundenen Drahtbogen gebildet und über das kranke Glied gestellt.

Natürlich nehmen unter den zur Kriegskrankenpflege nötigen Dingen Verbandmittel eine wichtige Stelle ein. Zum Lazarettbedarf gehören darum: große Stücke Gaze, Mull, Cambric und Flanell, reine Leinwand, entfettete, achtfache

---

*) Sterilisieren — unfruchtbar machen, die entwickelungsfähigen Keime niederer Organismen, die sich in oder an einer Substanz (Stoff) befinden, töten.

Kriegsſanitätsweſen.

Fig. 70. Transportables Krankenzelt.
(Text ſ. S. 236.)

Mullkompressen, fertige Binden, deren Breite 4, 6, 8 und 12 Zentimeter beträgt; die Länge ist je nach dem Stoff, der zur Verwendung kommt, verschieden. Außerdem werden gebraucht: große Massen Wundwatte und (zum Schienenpolstern) geleimte Watte; Krankenleder, Gummi=, Pergament= und Ölpapier; Kissensäcke in einer Länge von 55—85 bei einer Breite von 30—40 Zentimetern; Gipsbinden und Gipspulver, Kautschukschlauch, Pappe, Siebdrahtgitter; Äther, Benzin, Terpentin, Karbolsäure, Jodoform; Sublimatpastillen, =katgut und =seide; Sublimat= und Jodoformmull, sterilisierter Mull; Bürsten, Rasiermesser, desinfizierte Schwämme, Seife; baumwollenes Band, Bindfaden, Schusterspan, Zwirn, Sicherheits=, Steck= und Nähnadeln. Die Verbandtücher, die zuweilen gute Dienste leisten, sind von dreieckiger Gestalt; sie werden hergestellt, indem man viereckige Tücher von 120 Zentimeter Länge und 90 Zentimeter Breite in entsprechender Weise teilt.

Ferner sollen in den Lazarettreserve=Depots eine große Anzahl Apotheker= geräte, Reagentien und Reagentiengeräte, Arznei= und Desinfektionsmittel vor= rätig sein.

Die Transportmittel können teilweise auch aus den Lazarettreserve= Depots ergänzt werden; z. B. enthalten letztere: Tragbahren, Rädergestelle, Trag= stangen, Traggurte, Blattfedern und Teufelsklauen (s. w. u.). Während des Ge= fechtes ist man oft auf kräftige Arme und allerhand Behelfsmaterial angewiesen, da die Tragbahren, die die Truppen mit sich führen, nicht ausreichen. Ein einzelner Mann kann einen Verwundeten auf dem Rücken tragen, wohl auch ein Tuch oder etwas ähnliches zu Hilfe nehmen. Zwei Männer können durch kreuz= weises Verschränken der Hände einen Sitz für den Kranken bilden. Aus ver= schiedenen Gebrauchsgegenständen können Nottragen hergestellt werden.

Die Armeetragbahre, die von den Truppen mitgeführt wird, ist zum Zu= sammenklappen eingerichtet, was beim Leertransport von Vorteil ist. Die preußisch= deutsche Sanitäts=Detachements=Trage, Fig. 71, besteht aus einem Holzgestell mit verstellbarem Kopfteil und ist mit einer Vorrichtung zum Festschnallen des Verwundeten und einer Verbandtasche ausgestattet; die Füße werden von Winkel= eisen gebildet. Das Lazarettpersonal benutzt häufig Strohsäcke, die zum Durchstecken von je zwei Stangen mit Schleifen versehen sind. Während eines Festungskrieges leisten Räderbahren beim Transport der Schwerverwundeten gute Dienste. In Gebirgsgegenden bedient man sich der Sanitätskraxe, einer Rückentrage, auf deren Sitz der Verwundete geschnallt wird. Häufig hat man zum Fortschaffen der Verwundeten und Kranken Pferde, Maultiere und Ochsen verwendet, auf denen zuweilen eine besondere Vorrichtung zum Liegen oder Sitzen angebracht war.

Für Transport auf größere Entfernungen sind zweispännige, vierräderige Wagen zweckmäßig. Im Notfall wird gewöhnliches Landfuhrwerk benutzt, auf dessen Boden Reisig und über diesem Stroh ausgebreitet wird; Decken, Mäntel und dergl. können gleichfalls verwendet werden. Ist ein Landwagen zur Aufnahme von Verwundeten, die auf Krankentragen liegen, bestimmt, so wird gleichfalls eine Schicht Stroh, Strohsäcke oder Strohkissen untergelegt. Wenn die Tragen quer auf die Leiterbäume gestellt würden, könnten die begegnenden Wagen leicht Schaden anrichten; man kann jedoch eine Anzahl schwacher Hasel- oder Birkenstämme quer auf den Oberbäumen befestigen und die Tragbahren auf diese Unterlage stellen; die Leiterbäume müssen bei diesem Verfahren gut festgestellt sein. Noch praktischer wird ein Landfuhrwerk auf folgende Weise zum Krankentransport eingerichtet: Die Oberbäume werden durch eine Schnürung verbunden, d. h. in der ganzen Länge derselben werden in Abständen von einer Spanne Stricke von einem zum andern gezogen; die Schnürung wird mit Decken, Mänteln oder Stroh bedeckt. Auf einem derartig zurechtgemachten Wagen werden vier Tragbahren untergebracht, nämlich eine auf dem Boden, eine vorn und zwei hinten auf der Schnürung, und zwar werden sie mit Stricken gut befestigt. Die Proviantwagen werden auf dieselbe Weise dem Krankentransport dienstbar gemacht und nehmen dann im unteren Raum Waffen und Gepäck auf. Die Verwundeten können auch direkt (ohne Tragen) auf dem die Schnürung überdeckenden Stroh u. s. w. gelagert werden.

Die Sanitäts-Detachements sind mit besonderen Krankentransportwagen ausgerüstet. Der ältere preußische Wagen bot Raum für zwei Tragen, also für zwei liegende Verwundete; außerdem konnten noch drei Leichtverwundete sitzend untergebracht werden. In dem neueren Krankenwagen werden die Tragen übereinander gestellt; hier finden demnach vier Schwerverwundete Platz.

Handelt es sich um einen Transport auf weite Entfernung, so benutzt man, wenn es irgend angeht, schwimmende Lazarette; Dampfschiffe sind jedoch unzweckmäßig, weil die von der Maschine hervorgerufenen Erschütterungen den Kranken Schmerzen verursachen. Man wählt deshalb Segelschiffe oder Flöße; auch läßt man die Schiffe, in denen sich Verwundete befinden, von Dampfern oder Pferden schleppen. Die Lagerstätten werden einfach auf dem Verdeck hergerichtet, wenn nötig, zwei übereinander angebracht. Vor dem Einfluß der Kälte werden die Kranken durch wollene Decken behütet; Schutzdächer aus Segeltuch oder Holz schützen vor Regen und Sonnenschein.

In hervorragendem Maße beteiligen sich gegenwärtig in Kriegszeiten die Eisenbahnen am Krankentransport. Zu einem Lazarettzug gehören 21 Wagen; zehn enthalten je 30 zweckmäßige Lagerstätten, es können demnach zusammen 300 Kranke in ihnen untergebracht werden; die übrigen dienen teils den Ärzten, Krankenpflegern und -pflegerinnen als Unterkunftsstätte, teils nehmen sie Küche, Apotheke, Schlosserei, Magazin, Feuerungsmaterial, Speisevorräte und Gepäck auf. An der Außenseite der Wagen wird durch Leinwandstücke oder durch Anstrich ein rotes Kreuz angebracht. Außerdem ist jeder mit einer Genfer Signalflagge versehen, durch die der Feind über die Bestimmung des Zuges unterrichtet wird. Da sowohl „freiwilliges" und privates, als militärisches Eigentum zur Verwendung kommt, muß jeder Gegenstand eine entsprechende, deutlich sichtbare Bezeichnung aufweisen. Tragen, Decken, Arzneimittel, Verbandmittel, Geschirre, Laternen, Wäsche, Kleider und alle anderen Sachen, die zum Bestand eines Lazarettzuges gehören, dürfen den Personen, die die Kranken in Empfang nehmen, nicht mit übergeben werden. Der Ablieferung der Kranken folgt stets eine gründliche Reinigung, wenn nötig, eine sorgfältige Desinfektion der Wagen.

Die Hilfslazarettzüge bestehen aus Güterwagen oder Personenwagen IV. Klasse. Nach dem Hamburger System werden die Tragen in denselben mittels geeigneter Aufhängevorrichtungen befestigt, und zwar bedient man sich der Teufelsklauen, eingeschraubter Haken und Ketten. Nach Grund'schem System ruhen die Tragbahren auf Blattfedern, federnden Unterlagen.

Die Krankenzüge werden aus Personenwagen I., II. und III. Klasse zusammengestellt und mit Signalflaggen, Laternen, Decken, Wasserfässern u. s. w. ausgestattet. Unter Umständen nimmt man auch Wagen IV. Klasse und Güterwagen, deren Boden mit einer Schicht Stroh bedeckt ist, in Gebrauch.

Der freiwilligen Krankenpflege fällt die Aufgabe zu, die staatliche oder militärische Krankenpflege zu unterstützen und zu ergänzen, durch persönliche Thätigkeit oder durch Beitrag von Geld oder Material die Not und das Elend, das der Krieg über so viele Menschen verhängt, zu lindern. Die Oberleitung führt der Kaiserliche Kommissar und Generalinspekteur der freiwilligen Krankenpflege, dessen Ernennung schon im Frieden durch den Kaiser erfolgt. Bei Ausbruch eines Krieges begiebt er sich in das große Hauptquartier, wo er sich mit dem Chef des Feldsanitätswesens und dem Generalinspekteur des Etappenwesens verständigt und in allen Angelegenheiten der freiwilligen Krankenpflege zwischen den Vereinen und Orden, die zu letzterer berechtigt sind, und den Leitern der militärischen Krankenpflege vermittelt. Während sich der Kaiserliche Kommissar auf dem Kriegsschauplatz befindet, übernimmt im Heimatland ein stellvertretender Militärinspekteur seine Geschäfte.

Bereits im Frieden hat jedes Land und jede Provinz einen Delegierten (Landes- oder Provinzialdelegierten) der freiwilligen Krankenpflege; außerdem giebt es Bezirks-, Kreis- und in größeren Städten Ortsdelegierte. Ist das ganze deutsche Heer mobil gemacht, so stehen dem Kaiserlichen Kommissar im ganzen 120 Delegierte zur Verfügung. Dann befindet sich bei jeder Etappeninspektion ein Armeedelegierter, bei jeder Krankentransportkommission ein Etappendelegierter und auf jeder Sammelstation ein Unterdelegierter. Auch werden Korpsdelegierte für den Kriegsschauplatz und für das Inland, sowie Linien-, Lazarett- und Festungsdelegierte ernannt. Sämtliche Delegierte, geeignete Mitglieder eines Ritterordens oder eines Vereins vom Roten Kreuz, tragen Uniform und sind im Besitze eines Dienstsiegels. Sie leiten nach den Weisungen des Kaiserlichen Kommissars oder des stellvertretenden Militärinspekteurs die Thätigkeit aller Personen, die sich der freiwilligen Krankenpflege widmen. Letztere sind während des Krieges die Untergebenen der Delegierten und stehen unter ihrem Schutz.

Seit der Genfer Konvention sind in Deutschland zahlreiche Vereine zum Roten Kreuz entstanden, die sich die Aufgabe gestellt haben, zum Besten der im Felde verwundeten oder erkrankten Krieger Geld zu sammeln, Transportmittel und Lazarettbedarf bereit zu halten, Lazarette einzurichten und Krankenträger, -pfleger und -pflegerinnen auszubilden. Gegenwärtig sind ungefähr 2000 Zweigvereine (Männer- und Frauenvereine) vorhanden, die sich in 20 Landes- oder Provinzialvereinen vereinigen. Bevollmächtigte sämtlicher Landesvereine bilden das Zentralkomitee der deutschen Vereine zum Roten Kreuz, das seinen Sitz in Berlin hat. Die Vereine nehmen sowohl zahlende, als thätige Mitglieder auf; jene haben einen

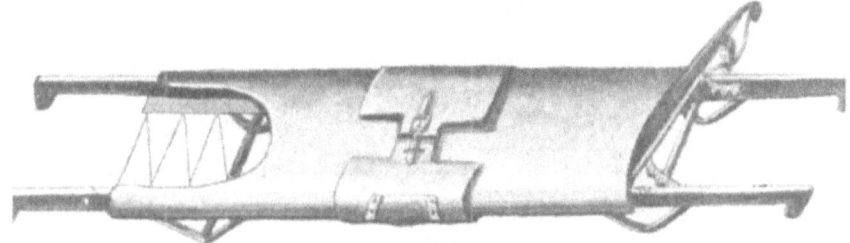

Fig. 71. **Preußische Sanitätsdetachements-Trage.**
(Text f. S. 238.)

jährlichen Beitrag von wenigstens 2 oder 3 Mark zu leisten; diese machen sich auf irgend eine Art, teils für den Fall der Mobilmachung, teils auch für Friedenszeiten den Vereinen dienstbar, sei es nun als Vorstandsdame, Ärzte und Verwaltungsbeamte oder als Pfleger und Pflegerinnen. Man unterscheidet freiwillige und Berufspflegerinnen, welch' letztere ihre Bildung in bestimmten Krankenhäusern erhalten und „Schwestern vom Roten Kreuz" genannt werden. Zu ihnen gehören unter anderem die Augusta- und Viktoriaschwestern in Berlin, die Albertinerinnen in Sachsen, die Olgaschwestern in Württemberg und die Clementinerinnen in Hannover.

Auch die Ritterorden dürfen sich an der freiwilligen Krankenpflege beteiligen, und zwar kommen hierbei in Betracht: die Johanniter, evangelische Adelige Deutschlands, mit Prinz Albrecht von Preußen an der Spitze; die St. Georgsritter, bayerische Adelige, an deren Spitze gegenwärtig Prinzregent Luitpold von Bayern steht; die schlesischen Malteser, katholische Adelige, unter dem Grafen Praschma und die rheinisch-westfälischen Malteser, katholischer Adel, unter dem Grafen von Landsberg-Velen und Gemen. Da sich die genannten Orden großen Reichtums erfreuen, können sie Transportmittel und Lazarettbedarf anschaffen, Lazarettzüge ausstatten u. s. w. Auch haben sie sich bereit erklärt, Verwundete und Kranke in den Ordenskrankenhäusern aufzunehmen. Ferner befassen sie sich mit der Führung der kirchlichen Krankenpflegergenossenschaften und tragen für geeignete Verwendung derselben Sorge. Da die Mitglieder der Ritterorden sich in Beziehung auf die Einrichtungen des Heerwesens und auf die Krankenpflege durch Sachkenntnis auszeichnen, werden sie mit Vorliebe zu Delegierten ernannt.

Wollen Vereine und einzelne Personen, die weder zu einem Verein zum Roten Kreuz noch zu einem Ritterorden in Beziehung stehen, den Kriegssanitätsdienst unterstützen, so müssen sie die Einwilligung des Kriegsministeriums nachsuchen.

Die Zivilpersonen, die sich zu persönlichen Dienstleistungen verpflichten, können sich entweder an der Pflege und am Transport der Kranken beteiligen, oder sie werden zum Einsammeln und Befördern der freiwilligen Gaben verwendet. Im Bereich des Schlachtfeldes dürfen sie nur in besonderen Notfällen ihre Thätigkeit ausüben. Sie müssen sämtlich deutscher Nationalität, militärfrei, körperlich rüstig und unbescholten sein. Für die Vereinsärzte ist die Bestätigung des Kriegsministeriums erforderlich. Das Personal wird durch die Delegierten ausgewählt und steht unter dem Schutze des Genfer Vertrags. Im Feindesland tragen Krankenträger und Pfleger, Rechnungsführer, Köche u. s. w., wie die Delegierten, eine bestimmte Uniform und am linken Oberarm eine abgestempelte weiße Binde mit rotem Kreuz, die Schwestern diese zu ihrer üblichen Tracht. Im Heimatlande genügt die mit dem Stempel des Kaiserlichen Kommissars versehene Neutralitätsbinde für das gesamte Personal als Abzeichen. Diese Binden und die Legitimationskarten (Ausweiskarten), die immer zur Hand sein müssen und den Inhabern bei allen unter militärischer Verwaltung stehenden Eisenbahnen Anspruch auf freie Beförderung geben, werden vom Korpsdelegierten ausgeteilt. Einkleidung, Ausrüstung und Löhnung ist Sache der Vereine. Für Kost und Unterkunft sorgt der Staat.

Auf dem Kriegsschauplatze sind alle der freiwilligen Krankenpflege beigetretenen Zivilpersonen den Militärgesetzen unterworfen. Träger, Pfleger, Pflegerinnen u. s. w. haben sich nicht nur nach den Befehlen und Anordnungen der Ärzte, Lazarettaufseher, Verwalter, Kolonnenführer und Obmänner zu richten, sondern auch jeden Delegierten und militärischen Kommandanten als Vorgesetzten zu betrachten. Niemand hat das Recht, während der Dauer des Feldzuges aus seiner Thätigkeit auszuscheiden, falls die Vorgesetzten mit einem solchen Schritt nicht einverstanden sind; dagegen kann jeder, der sich als untauglich erweist, auf der Stelle entlassen werden.

Das gesamte freiwillige Hilfspersonal zerfällt in leitendes Personal, Lazarett-, Etappen-, Depots- und Nachrichtenvermittelungspersonal.

Zum leitenden Personal gehören der Kaiserliche Kommissar, dessen Stellvertreter, die Vorstände der Ritterorden, die Mitglieder des Zentralkomitees der Vereine vom Roten Kreuz und die Delegierten.

Aus dem Lazarettpersonal, das aus Geistlichen, Ärzten, Apothekern, Krankenpflegern und -pflegerinnen, Köchen, Köchinnen, Waschfrauen und Scheuerfrauen besteht, wird für jedes Armeekorps ein Detachement gebildet. Im Feindesland, z. B. in Kriegs- und Etappenlazaretten, kommt besonders männliches Pflegepersonal zur Verwendung, evangelische Diakonen, katholische Ordensbrüder, Mitglieder der freiwilligen Pflegergenossenschaften. Dieselben unterziehen sich dort den Verrichtungen, die Lazarettgehilfen und Militärkrankenwärtern zukommen. Auch in Seuchen- und Reservelazaretten, bei Lazarett- und Krankenzügen werden sie beschäftigt. Im Inland tritt vorwiegend weibliches Pflegepersonal in Thätigkeit, nämlich evangelische Diakonissinnen, Johanniter-Schwestern, katholische Ordensschwestern und Schwestern vom Roten Kreuz.

In der Ausrüstung der Pfleger und Pflegerinnen sollen Instrumententasche, Wundreinigungstasche und ein Buch über Krankenpflege nicht fehlen; auch wird ihnen ein Nadelkissen, das sich am Schürzenband befestigen läßt, oft gute Dienste leisten.

Das freiwillige Etappenpersonal besteht aus Krankenträgern, die in Transport- und Begleitdetachements eingeteilt und freiwillige Sanitätskolonnen oder -korps genannt werden. Ein Teil von ihnen wird verwendet, um die Feldlazarette vom Lazarettreserve-Depot aus mit Vorrat zu versorgen. Andere werden mit dem Transport Verwundeter und Kranker nach den Bahnhöfen, beim Be- und Entladen der Lazarett- und Krankenzüge beschäftigt. Auf den Erfrischungs-, Verband- und Übungsstationen säubern und ordnen die freiwilligen Krankenträger Räume und Wagen; sie stehen den Ärzten bei, reichen den Ankommenden Speise und Getränke und teilen die zum Reinigen erforderlichen Geräte aus. Am umfangreichsten wird aber die Thätigkeit des Trägerpersonals auf den Sammelstellen an den Etappenhauptorten in Anspruch genommen. In den ersten Tagen nach einem Gefecht müssen oft alle Kräfte angewandt werden, um all' die Verwundeten, die sich dort anhäufen, nur einigermaßen zu versorgen, d. h. dieselben zu laben und zu speisen, nötigenfalls mit Stützverbänden zu versehen, sie in Lazarette oder Eisenbahnzüge zu befördern oder vorläufig unter ein schützendes Dach und auf schnell hergerichtete Lagerstätten zu bringen.

Das freiwillige Etappenpersonal soll mit Karabinerhaken versehene Stricke und Leibriemen mit sich führen und allerhand Werkzeug und dergl. haben, damit es im stande ist, unentbehrliche Gegenstände (Bettstellen u. s. w.) aus einfachen Mitteln anzufertigen.

Das freiwillige Depotpersonal hat sich mit dem Einsammeln, Ordnen, Verpacken, Befördern und Verteilen der freiwillig gespendeten Gaben zu befassen. Es besteht aus Delegierten und Vereinsvorständen, Mitgliedern der Roten Kreuz-

Vereine, Packmeistern, Fuhrleuten und Arbeitern. Die Vereine vom Roten Kreuz und die Ritterorden haben stets eine ansehnliche Geldsumme in Bereitschaft, die nur im Kriegsfalle angetastet werden darf; auch sind schon zu Friedenszeiten Lazarett- und Transportbedarf enthaltende Vereinsdepots vorhanden. Wird die Armee mobil gemacht, so entstehen überall Komitees, die sich das Einsammeln von Geld und Material zur Aufgabe machen, und zwar werden außer den Gegenständen, die den Lazaretten unentbehrlich sind, auch Schlummerrollen, Bettvorleger, Bücher, Spiele, Tabak, Zigarren, Sardellen, eingelegte Früchte, sowie ähnliche Dinge angenommen, die von Verwundeten und Kranken freudig begrüßt werden. Die Frauenvereine, die Kleider, Wäsche und Verbandmittel liefern wollen, erhalten vom vaterländischen Frauenverein zu Berlin gedruckte, von einer Anzahl Sachverständiger aufgestellte Vorschriften, die sich auf Größe, Beschaffenheit, Herstellungsart und Verpackung der betreffenden Sachen beziehen. Gegenstände, die einem bestimmten Truppenteil oder Lazarett zu gute kommen sollen, werden dem Kommando des zuständigen Ersatztruppenteils, bezüglich dem nächsten Garnisonlazarett übergeben.

Von den oben erwähnten Sammelkomitees werden die Spenden den Bezirkssammelstellen, von diesen den bei Provinzial- und Landesvereinen bestehenden Depotausschüssen überliefert. Letztere übermitteln die Güter teils dem Zentralkomitee, teils den Vereinshauptdepots, und von hier aus werden durch an geeigneten Stellen vom Korpsdelegierten des Inlandes errichtete Hilfsdepots die Spenden an die im Inland befindlichen Lazarette und Erfrischungsstationen abgeführt. Die rückwärts vom Etappenhauptort gebildete Sammelstation des immobilen Güterdepots wird durch das am Etappenanfangsort gegründete Vereinsdepot mit Gütern versorgt. Nach Bedarf werden auch freiwillige Depots zwischen der Sammelstation und dem kämpfenden Armeekorps eingerichtet.

Das Nachrichtenvermittelungspersonal endlich beteiligt sich an der Thätigkeit der Zentralnachweisebureaus zu Berlin und München. Hier wird über alle Soldaten, die in den Lazaretten aufgenommen worden sind, ohne Rücksicht auf die Nationalität, eine Zählkarte geführt, zu welchem Zwecke sämtliche Lazarette alle fünf Tage die erfolgten Zu- und Abgänge anzumelden haben. Den Ersatztruppenkommandos gehen so bald wie möglich die betreffenden Mitteilungen zu. Über den Verbleib der kranken oder verwundeten Soldaten, gleichviel, ob Freund oder Feind, wird deren Angehörigen auf Verlangen Auskunft gegeben. Die in den Lazaretten beschäftigten freiwilligen Pfleger und Pflegerinnen haben außerdem etwaige Todesfälle den Hinterbliebenen mitzuteilen, den Familienmitgliedern der Hilflosen Nachricht über das Befinden der letzteren zu geben und ihre übrigen Pflegebefohlenen von Zeit zu Zeit zum Schreiben zu veranlassen.

Jedes Jahr lassen das Zentralkomitee der deutschen Vereine zum Roten Kreuz und die Ritterorden dem Kaiserlichen Kommissar Mitteilungen über die vorhandenen

Güter und Hilfskräfte zugehen. Die Kriegsminister unterrichten alljährlich den Kommissar über die Vorkehrungen, die für den Kriegsfall nötig sind. Zu den gegenwärtig in Bereitschaft stehenden Hilfsmitteln gehören: 30 Krankenhäuser, die den Vereinen zum Roten Kreuz angehören, 53 evangelische Diakonissen-, eine Menge katholischer Ordenskrankenhäuser und 42 Johanniter-Kranken- und Siechenhäuser. Außerdem sind Einrichtungen vorgesehen, mittels derer im Bedarfsfalle weitere Lazarettanlagen hergestellt werden können. Das Zentralkomitee des Roten Kreuzes hat 400 000 Mark angewandt, um in den Besitz von 50 Döcker'schen Baracken und 30 Wirtschaftsbaracken zu gelangen. In der Nähe von wichtigen Bahnhöfen befindlichen Krankenhäusern, die die Kriegskrankenpflege mit Raum und Arbeitskräften unterstützen wollen, werden vom Zentralkomitee derartige Baracken überlassen. Der Landesverein und die Frauenvereine vom Roten Kreuz in Bayern haben sich erboten, für den Kriegsfall gegen 300, bezüglich 2161 Betten zu beschaffen; verschiedene Städte in Württemberg wollen gemeinschaftlich für 1100 sorgen.

In den Vereinsdepots, die bereits oben erwähnt worden sind, werden Lazarett- und Transportbedürfnisse in großer Anzahl aufbewahrt. Zu ersteren gehören eiserne Bettstellen, Kleider, Wäsche, Verbandmittel, ärztliche Instrumente, Wirtschaftsgeräte und außerdem auch der Vorschrift entsprechende Uniformen und allerhand Handwerkszeug für das Helferpersonal. Was die Transportmittel betrifft, so sind drei Lazarettzüge mit Einrichtung vorhanden, und zwar je einer in Berlin, München und Köln. Zur Herrichtung von Hilfslazarettzügen sind nicht nur Blattfedern und Teufelsklauen, sondern auch die zur Ausrüstung von Apotheker-, Küchen- und Magazinwagen nötigen Dinge angeschafft worden, sodaß man im Bedarfsfalle nur noch die Eisenbahnwagen zu mieten braucht. Auch Krankentransportwagen nebst Zubehör und Tragbahren werden bereit gehalten; der bayerische Landeshilfsverein verfügt von ersteren über 16, von letzteren über nicht weniger als 100 Stück, außerdem über vier Ökonomienfamilienwagen. Ferner findet man in den Vereinsdepots Planen, Stangen und Stricke, die zum Zurechtmachen von Landfuhrwerk und Nottragen bestimmt sind.

An Hilfskräften würden dem Kaiserlichen Kommissar im Fall einer Mobilmachung außer den Delegierten zahlreiche Vereinsmitglieder, die als Vorstände oder Unterbeamte verwendet werden könnten, sowie eine Menge Ärzte, Apotheker und Geistliche zur Verfügung stehen.

Ferner stehen die Dienste von ungefähr 4000 zuverlässigen freiwilligen Krankenpflegern in Aussicht: erstens von mehr als 1000 Berufskrankenpflegern, nämlich von ziemlich 400 evangelischen, unter Führung der Johanniter stehenden Diakonen; von 400 katholischen barmherzigen Brüdern unter Georgs- und Malteser-Rittern und im übrigen von Zivilkrankenwärtern. Zweitens sind reichlich 2000 militärfreie Männer, die die Krankenpflege nicht zu ihrem Lebensberuf erwählt haben, bereit, während des Krieges den Verwundeten und Kranken beizustehen. Es sind dies die Mitglieder der Genossenschaften für freiwillige Krankenpflege im Kriege, deren Ursprung auf den letzten deutsch-französischen Krieg zurückzuführen ist. Die Bemühungen evangelischer Geistlicher brachten damals verschiedene derartige Felddiakonen-Genossenschaften zu stande, die sich später wieder auflösten. Gegenwärtig verfügt das Zentralkomitee der Vereine vom Roten Kreuz über 1197 preußische, 132 sächsische und 400 anderweitige ordentliche Mitglieder solcher Genossenschaften, zu denen Lehrer, Studenten und Handwerker gehören, die sämtlich einen Unterrichtskursus durchgemacht haben. Außerdem sind 400 außerordentliche Mitglieder vorhanden, die im Bedarfsfalle als Geistliche, Ärzte, Delegierte, Vorstände und dergleichen wirken können.

Zum weiblichen Pflegepersonal, auf dessen Beistand im Kriegsfalle gerechnet werden kann, gehören ungefähr 2000 katholische barmherzige Schwestern, ungefähr 1300 evangelische Diakonissen, etwa 400 Johanniter-Schwestern, 1000—1200 Schwestern vom Roten Kreuz und endlich zahlreiche Damen, die den Vereinen vom Roten Kreuz angehören und in deren Friedenskrankenhäusern durch einen entsprechenden Unterrichtskursus zur Hilfeleistung befähigt worden sind. Die für den Fall einer Mobilmachung bereitstehenden, geschulten, freiwilligen Krankenträger erreichen zur Zeit die Anzahl von 11 500 und sind in 520 Sanitätskolonnen oder -korps eingeteilt. Sie sind zur Hauptsache Mitglieder der Krieger-, Feuerwehr- und Samaritervereine. Die Rotkreuzvereine sorgen für Ausbildung, Einkleidung, Ausrüstung, Löhnung (während des Krieges) und unter Umständen bei Krankheit oder Invalidität für Entschädigung. Zur Ausrüstung eines Korps gehören Tragbahren, Verbandkästen, Labeflaschen, Laternen u. s. w. Bayern zeichnet sich in Beziehung auf die freiwilligen Krankenträger durch besonders empfehlenswerte Maßregeln aus. Dort unterscheidet man: Lokal-, interne (inländische) Begleit- und Feldmannschaften, je nachdem die Leute für Wohnort, Inland oder Feindesland bestimmt sind. Es giebt 8 Feld-Sanitäts-Hauptkolonnen mit je zwei vierspännigen Krankentransportwagen, einem Lebensmittelwagen, den nötigen Gespannen und 6 Tragbahren. Für jede Bahre sind 4 Träger bestimmt; eine Patrouille besteht aus 1 Obmann, 12 Trägern und 3 Bahren, ein Krankenträgerzug aus 2 Patrouillen, einem Radfahrer als dritten Obmann und einem Führer. Außerdem gehören zu einer Sanitäts-Hauptkolonne noch 1 Arzt und 5 Trainsoldaten.

Im Kriege 1870/71 hat die freiwillige Krankenpflege ihre Aufgabe in höchst anerkennenswerter Weise erfüllt und sich durch ihre Opferwilligkeit den Dank vieler Menschen verdient. Die Geldsummen und Güter, die als freiwillige Gaben eingingen, hatten zusammen einen Wert von 56 Millionen Mark. In den Lazaretten, die freiwillig für die Krieger zur Verfügung gestellt wurden, waren 33 000 Betten vorhanden, und 27 000 deutsche Männer, Frauen und Jungfrauen waren bemüht, durch persönliche Hilfeleistungen die Lage der verwundeten und kranken Soldaten nach Kräften zu verbessern.

5. Festungswesen.

Eine Befestigung ist die Anlage von Verteidigungseinrichtungen für den Truppengebrauch im Kriege. Die Hindernisse, die dem Angriffe der Feinde entgegengesetzt werden, sind teils natürliche, teils künstliche. Man unterscheidet eine permanente oder ständige Befestigung, auch Friedensmittel genannt, und eine passagere oder Feldbefestigung, auch Feldmittel genannt. Letztere wird aus gerade verfügbaren feldmäßigen Mitteln für den einzelnen Gebrauchsfall in einfachster Form möglichst rasch von den Truppen hergerichtet und bleibt nur vorübergehend bestehen, die Friedensbefestigung dagegen wird für die Dauer erbaut. Auf die Herstellungsarbeiten der letzteren wird die größtmöglichste Sorgfalt verwandt. Sie werden während der Mußezeit des Friedens vorgenommen und nach Entwürfen ausgeführt, die den neuesten Fortschritten auf dem Gebiete der Technik und Industrie in vollkommenster Weise entsprechen. Örtlichkeiten, die mit ständigen Befestigungen versehen sind, führen den Namen Festung. Die Festungen eines Staates sind für die Strategie von größter Wichtigkeit. Sie bilden eine Schutzwehr für große Niederlagen von Kriegsmaterial der Landarmee und Marine, sowie für militärische Fabriken aller Art, wie Artilleriewerkstätten, Geschützgießereien, Kriegswerfte u. s. w. Sie sichern oder sperren wichtige Heeresstraßen und Eisenbahnen, namentlich bei Übergängen über große Flüsse, im Gebirge und an der Landesgrenze, auch können sie als Ausgangspunkte für die Angriffsbewegungen eines Heeres oder der Flotte, wohl auch als Sammelplätze und Zufluchtsorte geschlagener Armeen dienen.

Jede Befestigung, welcher Art sie auch sei, muß den Verteidiger in die Lage setzen, vorteilhaft kämpfen zu können, während sie dem Angreifenden den entgegengesetzten Zustand aufnötigt. Um diesen Zweck zu erreichen, muß das ganze Verteidigungswerk aus zwei Elementen bestehen: aus der Deckung und dem Hindernis. Die Deckung muß so beschaffen sein, daß der Verteidiger, wenn er kämpft, bequem von den Waffen Gebrauch machen kann, dabei aber so wenig wie möglich den Wirkungen der gegnerischen Waffen ausgesetzt ist. Für die Reservetruppen, die Streit- und Lebensmittel muß gesicherte Unterkunft vorhanden sein. Das Hindernis dient dazu, den Angreifer in seinem Marsche aufzuhalten und ihn ohne Deckung den Geschossen des Verteidigers preiszugeben. Haupterfordernis ist, daß Hindernis und Deckung so eingerichtet sind, daß sie so lange als möglich dem Angriffe der Zerstörungswerkzeuge, die gegen sie angewandt werden, standzuhalten vermögen.

Aus letzterem geht hervor, daß die Befestigungskunst nicht immer denselben

Regeln unterworfen gewesen ist. Der Macht der Waffen untergeordnet, mußten sich die Befestigungsverfahren gleichzeitig mit den letzteren entwickeln, d. h. sie hingen von den Hilfsmitteln ab, die beim Angriff, sowie bei der Verteidigung in Anwendung kamen.

In vorgeschichtlicher Zeit bestanden die Befestigungen einfach aus Zufluchtsstätten mit möglichst schwierigem Zugang, z. B. hohen Bergspitzen, Grotten oder Höhlen mit geheimen Auswegen, Flußinseln oder abgelegenen Landstrichen inmitten von Sümpfen. Man machte sich einfach die Deckungen und Hindernisse zu nutze, die die Natur des Landes gerade darbot. Später lernte man es, sich solche selbst zu schaffen, freilich waren die ersten Befestigungsarbeiten noch sehr einfach. Es kamen Umzäunungen von Pfahlwerk auf, ähnlich den Einfriedigungen der Eingeborenen Mittelafrikas, die mit dem Namen Bomas*) bezeichnet werden. Manche Völkerschaften richteten ihre Wohnungen auf Bäumen ein, andere auf Brettern, die in gewisser Höhe vom Erdboden von Pfählen getragen wurden; bei noch anderen ruhten die Behausungen auf Pfählen, deren Spitzen aus dem Wasser eines Sees oder Sumpfes hervorragten.

Allmählich mehrten sich die Fortschritte. Der Mensch bewegte große Felsstücke, und stellte sich aus den rohen Blöcken Verteidigungsmauern von ungeheuern Dimensionen her. Noch heute flößen uns diese Einfriedigungen Staunen und Verwunderung ein. Man rechnet sie zu den megalithischen Denkmälern. Auf sie folgten die cyklopischen Bauten, denen man in Italien und Griechenland begegnet, und die gewöhnlich den Pelasgern zugeschrieben werden. Die mächtigen Steine, aus denen sie bestehen, sind ohne Mörtel oder Cement zusammengemauert, ohne viereckig behauen zu sein.

Unter den vorgeschichtlichen Befestigungen seien auch die sogenannten Brand- und Schlackenwälle genannt. Erstere sind Wallanlagen aus Erde, Steinen oder beiden Materialien zugleich, die infolge heftiger Brandeinwirkungen stellenweise in Verschlackung übergegangen sind; bei letzteren ist der ganze Wall mehr oder weniger durch Verschlackung in eine zusammenhängende Masse verwandelt, daher Schlackenwälle oder verglaste Wälle. Anlagen dieser Art finden sich in Böhmen, Schottland und Frankreich.

Von den Befestigungen des Altertums hat die Wissenschaft nachgewiesen, daß zu jener Zeit alle großen Städte Festungswerke besaßen. So waren die Städte Theben und Memphis, Ninive und Babylon, Tyros und Sidon mehrere tausend Jahre vor unserer Zeitrechnung mit Mauern umgeben. Im 15. Jahrhundert v. Ch. hatte das Land Kanaan eine ganze Anzahl mächtiger Festungen. Die Bibel erzählt

---

*) Boma ist die Befestigungsform Äquatorialafrikas. Sie besteht in einem Dornenverhau oder einer Einfriedigung von Pfahlreihen, die meist kreisrunde Form haben und von mehreren Durchgängen gekreuzt werden, die abermals kleinere Pfahlreihen schützen.

Straßenlokomotiven im Heeresbetrieb

Die deutsche Heeresleitung hat, dem Beispiele anderer Staaten folgend, seit dem Kaisermanöver 1902 die von der Firma John Fowler & Co. in Magdeburg gebauten Straßenlokomotiven eingeführt und mit ihnen gute Erfahrungen gemacht. Diese Straßenlokomotiven dienen den mannigfaltigsten Zwecken: Personenbeförderung, Transport von Lasten, wie Geschützen, Munition, Eisenbahnbau-Material, Verpflegung, Fourage und Fortschaffung sonstiger Heeresbedürfnisse.

In der Straßenlokomotive steht der Armee eine Kraftmaschine zur Verfügung, die sie, auch nach Art der Lokomobile feststehend, nutzbringend verwenden kann, als Kran zur Wasserbeförderung in Verbindung mit Pumpen, zum Betriebe von Mühlen, zu elektrischer Beleuchtung ꝛc. Letztere Verwendung ist für die Beleuchtung von Arbeitsstätten, zur raschen Wiederherstellung von zerstörten Bahnen während eines Krieges besonders wichtig. Im Festungskriege zur Inbetriebsetzung von Scheinwerfern, welche das Vorterrain beleuchten, um überraschenden nächtlichen Angriffen rechtzeitig entgegentreten zu können. Man kann der Straßenlokomotive jedes militärische Fahrzeug und jeden requirierten Rollwagen, Möbelwagen, Bauernwagen anhängen.

Es ist zweifellos, daß der militärischen Straßenlokomotive im künftigen Kriege noch eine große Bedeutung zufällt.

Strassenlokomotiven im Heeresbetrieb

Militär-Strassenlokomotive (Type Malta) mit Zug von 2 Lastwagen
von je 5000 kg Tragfähigkeit, mit abnehmbaren Verdecken

Militär-Strassenlokomotive (Type Malta)

von einer Reihe von Belagerungen, die die Israeliten zur Zeit Josuas und seiner Nachfolger führten. Um dieselbe Zeit erhoben sich im Westen die mächtigen Festungen Karthago, Rom, Korinth, Syrakus u. s. w.

Charakteristisch für die Befestigungswerke des Altertums ist ein ununter-

Fig. 72. **Primitive Befestigung.**

brochener Wall, sowie eine Anzahl auf Pfeilschußweite vorspringender Türme, die die verschiedenen Abteilungen der Einzäunung um ein Bedeutendes überragten. Das Hindernis, der Wall, war 12—30 Meter hoch und 10—25 Meter dick. Auf seiner Plattform standen die Verteidiger, vor den feindlichen Geschossen durch eine kleine, etwa 2,50 Meter hohe Mauer geschützt, die mit Zinnen und Schießscharten versehen war. Späterhin ließ man auf der Krone große Hausteine vorkragen und setzte auf diese die Brüstung, so konnte man zwischen dieser und den Kragsteinen hindurch die äußere Mauerfläche bestreichen und das Aufklimmen der Feinde verhindern. Auf diese Weise entstanden die Senkscharten oder Maschikulis. Durch die Erfindung der Sturmböcke war man genötigt, die Innenseite der Mauern durch Strebepfeiler zu stützen, die anfangs mit Balken überdeckt, später überwölbt wurden. So bildeten sich Bogengänge und Kasematten.

Von den Ägyptern, Persern und Assyrern sind großartige Festungswerke dieser Art angelegt worden. Ekbatana, die Hauptstadt des Mederreiches, soll mit sieben Mauern umgeben gewesen sein, deren jede die nach außen gelegenen an Höhe überragte. Thapsos an der Nordküste Afrikas hatte eine dreifache Umwallung, in deren inneren Mauern mehrere Stockwerke Kasematten lagen. Vorzüglich angelegt waren die Befestigungswerke der Römer, die sich namentlich durch geschickte Anpassung an das Gelände auszeichneten. Ein interessantes Beispiel römischer Kriegsbaukunst findet sich in Pompeji.

Zur Zeit des Unterganges des weströmischen Reiches geriet die Befestigungskunst in Verfall. Die Barbaren rissen die kaiserlichen Festungen nieder oder steckten sie in Brand. Es entsprach nicht ihrem Charakter, die eroberten Länder zu befestigen. Auch die merowingischen Könige legten keine Festungen an, erst Karl der Große lernte, von den Normannen bedroht, den Wert gesicherter Plätze, wie sie durch die Flüsse Schelde, Somme, Seine und Loire gebildet wurden, sehr wohl schätzen. Er ließ einige Festungen erbauen oder wiederherstellen, unter anderen auch Paris.

Auch die Festungswerke Karls des Großen gerieten unter den späteren Karolingern wieder vollständig in Verfall. Die Kriegsbaukunst ging abermals zurück; die Befestigungen des 9. Jahrhunderts verdienen kaum als solche bezeichnet zu werden. Es sind armselige Einfriedigungen von Erdhügeln, die mit Pfahlwerk versehen wurden. Einen neuen Aufschwung erhielt die Kriegsbaukunst mit dem Aufblühen des Lehnswesens. Jeder Lehnsherr suchte seinen Grundbesitz nach Möglichkeit zu sichern, auf diese Weise entstand im Laufe des 10., 11. und 12. Jahrhunderts die große Anzahl fester Schlösser oder Burgen, deren Überreste uns jetzt noch vielfach entgegentreten.

Unter Burg versteht man im weitesten Sinne jeden befestigten Platz, der mit Wall, Graben und Mauer umgeben ist. Man unterscheidet Wasser- und Höhenburgen. Die Wasserburgen waren in der Ebene errichtet. Sie stellten geräumige, meist viereckige Gebäude dar, um die sich ringsum ein breiter, tiefer Wassergraben hinzog. An den Ecken standen dicke Rundtürme; eine Zugbrücke führte in den Burgraum. Namentlich in der norddeutschen Ebene fanden sich eine ganze Anzahl solcher Gebäude. Die Höhenburgen, die Burgen im engeren Sinne, zerfallen wiederum in Hofburgen oder Fürstensitze mit umfassender Anlage, sowie in Burgställe, eng zusammengedrängte, feste Wohnhäuser der Ritter. Wie schon der Name sagt, waren die Höhenburgen auf Bergkuppen, auch wohl auf steilen Vorsprüngen, erbaut. Ein trockener Graben zog sich rings herum, alles was inmitten dieses Grabens lag, gehörte zum Burgfrieden.

Die ersten burgähnlichen Gebäude entstanden aus den alten Kastellen der Römer, die als kleine permanente Befestigungen an den Heerstraßen der eroberten Provinzen standen und in Mauerwerk ausgeführt waren. Erst im 10. Jahrhundert entwickelte sich ein selbständiger Burgenbau. An schwer zugänglicher Stelle errichtete man inmitten einer festen, meist aus dem Gestein des Berges erbauten Mauer einen runden oder viereckigen Wart= und Verteidigungsturm, Bergfried genannt, der, wenn er nicht selbst genug Raum bot, als Wohnung dienen zu können, mit Wohngebäuden umgeben war, die anfangs aus Holz, später aus Stein gebaut wurden. Größere Rittersitze besaßen außerdem noch Wirtschaftsräume und Stallungen. In der folgenden Zeit nehmen diese Nebengebäude an Ausdehnung mehr und mehr zu; Hintersassen*) schlagen dort ihre Wohnungen auf, um unter dem Schutze der Burg zu stehen. Man nannte diesen Teil der Burg die Burgfreiheit und sicherte auch ihn durch Mauern. Der oben erwähnte Bergfried diente im Verteidigungsfalle als letzte Zufluchtsstätte; sein Eingang lag im ersten Stockwerke. Wohngebäude und Bergfried standen durch eine Holzbrücke in Verbindung, die bei Belagerungen leicht zerstört werden konnte. Den Burghof schied eine Scheide= oder Ringmauer in zwei Teile, wodurch eine zweite Verteidigungslinie geschaffen wurde. Die Burgen Steinsberg bei Heidelberg, Ebersteinschloß bei Baden=Baden und Godesberg bei Bonn sind Bauwerke dieser Art, die sich noch an römische Anlagen anschließen.

Im 12. Jahrhundert entwickelte sich aus den einfachen Anlagen ein reicher ausgebildeter Burgbau. Eine vollständige Hofburg war umgrenzt von Mauer= oder Pfahlwerk, den sogenannten Zingeln, die gewöhnlich keine Zinnen, sondern nur eine einfache Brustwehr besaßen. Die Zingeln wurden von einem oder mehreren Thoreingängen durchbrochen, zu deren Verteidigung zur Seite vorspringende Türme dienten. Zwischen den Zingeln und der inneren Mauer lag ein freier Raum, der Zwinger, Zwingelhof oder Zwingolf, der zu ritterlichen Übungen benutzt wurde, zugleich aber auch die Wirtschaftsgebäude, Ställe und den Viehhof enthielt. Ein Graben schied den Zwinger, der nur als Vorhof betrachtet wurde, von der Burg, die höher gelegen und stärker befestigt war. Von einer Zugbrücke aus gelangte man zu dem Thor oder der Pforte, die auf einem in den Graben vorspringenden Mauerwerk ruhte und ein Steingewölbe bildete. Über dem Thor waren Zinnen auf der Mauer angebracht, hinter denen ein bedeckter, nach dem Innern der Burg zu offener Gang, die Wer oder Letze, lag, von der aus man durch

---

*) Hintersassen = von Grundherren abhängige Bauern.

Luken hindurch Geschosse auf die Feinde abschießen konnte. Die Pforte führte entweder direkt in den Burghof, oder man gelangte durch dieselbe noch in einen zweiten Zwinger, den auf der einen Seite die Burgmauer, auf der anderen die Gebäude umgaben. Er war mitunter kaum wegbreit, ging zuweilen auch nicht vollständig um die Burg herum und wurde vielfach teilweise in einen Baumgarten verwandelt. Ein offener, hallenartiger Gang, das Burgthor, durch Fallgitter zu verschließen, führte in den inneren Burghof. Hier war das Hauptgebäude, der Palas, der gewöhnlich die eine Seite des Hofes völlig einnahm. Königliche oder fürstliche Burgen, die Hunderte von Rittern aufnehmen mußten, hatten mehrere solcher Gebäude, die gewöhnlich zweistöckig waren. In dem gewölbten Parterre lagen Küche, Vorratskammern, Keller u. s. w. Das obere Stockwerk enthielt den Saal, den Hauptraum der Burg, der als Versammlungsort der Männer diente, und zu dem bei festlichen Gelegenheiten auch die Frauen Zutritt hatten. Vom Saale aus führte eine Freitreppe, die Gräde, zum Hof hinab. An den beiden Langseiten befanden sich in dem starken Mauerwerk Fenster mit tiefen Nischen, in denen Sitze angebracht waren. Die Decke bildeten meist querübergelegte Balken, auf denen das Dach ruhte. Zuweilen war der Saal überwölbt und durch Steinsäulen gestützt. Der Fußboden war mit Estrich, gebrannten oder behauenen Steinplatten, gedeckt, über welche man Teppiche breitete. Bei besonders reicher Ausstattung beschlug man auch die Wände mit Teppichen oder Tapeten. An den Giebelseiten des Palas lagen kleinere Gemächer, die mit letzterem durch Thüren in Verbindung standen. Dieselben waren häufig noch reicher ausgestattet als der Saal und führten den Namen Kemnaten oder Kemenaten. Unter Kemnaten im engeren Sinne verstand man ein besonderes Gebäude des Burghofes, das die Frauengemächer enthielt. Dasselbe hatte gewöhnlich drei Abteilungen, eine für die Herrin und deren Angehörige, eine zweite für die Dienerschaft und eine dritte, für die Verrichtung der weiblichen Arbeiten bestimmt; letztere hieß das Weregadem. Die untere Etage der Paläse, die nur durch eine kellerartige Anordnung und Kamine notdürftig erwärmt werden konnte, verwandelte sich gegen Mitte des 14. Jahrhunderts in eine sogenannte Dirnitz, einen bequemen Versammlungs- und Wohnraum, der durch Öfen heizbar war. In der Wartburg, den Burgen zu Meißen und zu Amberg ist noch eine solche Dirnitz zu finden.

Das zweite Hauptgebäude jeder Burg war der Bergfried, ein hoher, runder oder viereckiger, auch wohl drei- oder fünfeckiger Turm, der meist frei auf einem kühnen Vorsprung des Burgraumes stand. Zu ebener Erde besaß er keinen Eingang, sondern eine Leiter führte von außen nach dem ersten Stockwerk. Der untere Raum des Turmes, der von außen nicht zugänglich war, enthielt einen Brunnen oder ein Gefängnis, das Burgverließ, in das man die Gefangenen von oben herabließ. In den oberen Stockwerken waren Gemächer eingerichtet, die letzte

Zufluchtsſtätte der Belagerten. Im Dachgeſchoß befand ſich die Wohnung des Turmwarts.

Die Küche lag meiſt im Erdgeſchoß des Palas, auf größeren Burgen aber war ihr ein beſonderes Gebäude eingeräumt, in dem dann zugleich auch das Küchenperſonal wohnte. Im übrigen umgaben den Burghof noch Wohnungen für Gäſte, Rüſtkammern, Vorratsgebäude, das ſogenannte Schnitzhaus zur Herſtellung der Waffen u. dergl. Von den Zinnen aus genoß man oft eine weite Ausſicht in die Ferne, ebenſo von den in den mächtigen Umfaſſungsmauern eingelaſſenen überwölbten Fenſtern oder Lauben, ſowie von den künſtlich angehängten Erkern aus. In keiner größeren Burg fehlte die Kapelle, die gewöhnlich an der Oſtſeite des

Fig. 73. Teil einer galliſchen Feſtung.

Burghofes lag, und der Chor war ſtets nach Oſten gerichtet. Ein Ziehbrunnen ging oft bis zur Sohle des Thales oder Fluſſes hinab. Unter den Gebäuden fanden ſich Keller von oft großer Ausdehnung, die gelegentlich auch zur Aufnahme von Flüchtigen dienten.

Beiſpiele ſolcher weitverzweigter Burganlagen geben uns die Burgen zu Seligenſtadt und Münzenberg in Heſſen, ferner das Kaiſerhaus zu Goslar, die Burg Dankwarderode in Braunſchweig, die Burg Greifenſtein bei Blankenburg in Thüringen, endlich die trefflich erhaltene, ſeit 1847 in prächtiger Weiſe erneuerte Wartburg. Wir wollen dieſe berühmteſte aller mittelalterlichen Burgen etwas näher beſchreiben.

Die Wartburg wurde im Jahre 1067 von Ludwig dem Springer auf einem schmalen, schroffen Felsen 174 Meter über der Stadt Eisenach erbaut und diente bis 1406 als Residenz der Landgrafen von Thüringen. Ihrem ursprünglichen Grundriß nach war sie eine langgestreckte Burgfeste, die aus zwei Abteilungen bestand, aus der nach Nord=Osten gelegenen Vorburg und der nach Süd=Westen gelegenen Hofburg, beide durch einen mächtigen Thorbau voneinander getrennt. Vor der ersteren lag ein befestigter Zwinger, den Eingang sicherte eine Zugbrücke. Die Vorburg bestand aus dem Thorturm, der zur Verteidigung des Einganges diente, ferner aus dem Ritterhaus, in dem die Dienstmannen wohnten, endlich aus mehreren Stallungen, die ein kleiner Wirtschaftshof verband. Die oben erwähnte Thorhalle, die Vor= und Hofburg voneinander schied, gehörte bereits zur letzteren. Die Hofburg besaß selbst gegen die Vorburg alle Verteidigungswerke, die in damaliger Zeit gebräuchlich waren; schloß man das Thor ab, so bildete sie eine völlig unabhängige Burg. Außer der Thorhalle grenzten an die Vorburg noch die Dirnitz und Kemnate. Letztere bewohnte die Landgräfin mit ihren Frauen. Sie stand in direkter Verbindung mit dem Bergfried, an sie schloß sich das Hauptgebäude der Hofburg, das Landgrafenhaus, auch Palas, Mushaus (Waffenhaus) oder hohes Haus genannt. Dasselbe diente als Wohngebäude, besonders aber zu Hofhaltungszwecken. Während Palas, Kemnate und Bergfried an der Ostseite lagen, grenzte an den Palas mehr nach Süden zu das Badehaus, dessen Einrichtung durch die Kreuzfahrer eingeführt worden war, die diese Sitte aus dem Orient herüberbrachten. Dem Bade gegenüber befand sich der Marstall, zwischen beiden und mit ihnen durch niedrige Mauern verbunden lag die Zisterne, die im Belagerungsfalle allein die Burg mit Wasser versorgte. Der südlichste Teil der Hofburg, der durch die Zisternenmauern abgeschlossen war, umfaßte das jetzt nicht mehr vorhandene Back= und Waschhaus, sowie einen zweiten Hauptturm.

Unter dem Landgrafen Herman I. (1190—1216) war die Wartburg der Mittelpunkt der deutschen Dichtkunst, der Schauplatz des berühmten Sängerkrieges. Das Landgrafenhaus, aus dem 12. Jahrhundert stammend, ist im edelsten byzantinischen Stile erbaut. Auf Veranlassung des Großherzogs Karl Alexander wurde es 1847—70 restauriert. Es enthält drei Stockwerke. Durch den Eingang des untersten gelangt man zunächst in die einstige Rüstkammer, von da ab in das Speisezimmer der alten Landgrafen. Im zweiten Stockwerke liegt das mit Fresken geschmückte Landgrafenzimmer, an dieses schließt sich der Sängersaal, in dem die Dichter auf erhöhter Bühne ihre Gesänge vortrugen. Aus dem Sängersaal führt die Elisabethgalerie nach der Kapelle. Erstere zieren ebenfalls Fresken, Bilder aus dem Leben der heiligen Elisabeth darstellend. Das dritte Stockwerk enthält den Rittersaal von 40 Metern Länge. Von großem Interesse ist auch das Ritterhaus, das aus dem 14. oder 15. Jahrhundert stammt. In ihm findet sich die Lutherstube, in der Luther vom Mai 1521 bis zum März 1522 als Junker Georg in stiller Zurückgezogenheit lebte.

Was den Stil betrifft, in dem die Burgen erbaut wurden, so ist es begreiflich, daß bei den älteren Hofburgen der Rundbogen angewandt ist, dessen ganze Form mehr dem Zweck der Festigkeit entspricht. Die leichter aufstrebenden gotischen Formen sind bei Burgbauten nur selten zu finden; an denen des Deutschherrenordens zu Marienburg sind sie indessen in prächtigster Weise angewandt.

In Frankreich waren die Begründer des Burgbaues die Normannen. Um die eroberten Ländereien behaupten zu können, mußten sie dieselben durch Schlösser befestigen. Die normannischen Burgen waren entweder mächtige, von Wall und Graben umschlossene, in der Regel viereckige Türme, Donjons genannt, deren Eingang gleich wie beim Bergfried im ersten Stockwerk lag, und dessen Räumlichkeiten groß genug waren, als Wohnung, sowie zu Verteidigungszwecken dienen zu können; oder es waren Baulichkeiten der verschiedensten Anordnung, die mehrere, durch Gebäude verbundene Türme besaßen. Ein treffliches Verteidigungsmittel der französischen Burgen war die Barbacane, ein kreisrundes, schwer zugängliches Bauwerk jenseits des Grabens, das ebenfalls von Gräben umschlossen war. Man konnte die Burg selbst nicht eher angreifen, bevor nicht die Barbacane eingenommen war.

Das von ihnen in Frankreich ausgebildete System des Burgbaues brachten die Normannen auch nach England. Hier legten sie an verschiedenen Orten Donjons an, London erhielt deren drei, York zwei. Der gegen Ende des 12. Jahrhunderts erbaute Donjon von Rising Castle in Norfolk zeigt bereits eine größere Entwickelung. Alle Formen sind ausgebildeter, die Wohnräume zahlreicher, die Verbindung bequemer. In runden, nach außen vorspringenden Türmen führen die Wendeltreppen empor.

Mit dem Verfall des Ritterwesens schwanden auch die Burgen mehr und mehr. Im Dreißigjährigen Kriege wurden sie in großer Zahl zerstört. Die Adeligen verlegten ihre Schlösser allmählich in die Ebenen, wo sie sich bald zu offenen Edelsitzen ausdehnten.

In dieselbe Zeit, in der der selbständige Burgbau in Deutschland zur Entwickelung kam, fällt auch die Gründung der deutschen Städte. König Heinrich I. wird als Städte- und Burgengründer bezeichnet. Waren die Burgen feste Punkte, von denen aus der eindringende Feind bekämpft werden konnte, so sollten die Städte dazu dienen, die Wohlfahrt des Landes zu heben. In Italien und Frankreich genügte es, die Stätten zu befestigen, die bereits von den Römern dazu auserwählt waren, in Deutschland aber, wo aus den unwegsamen Wäldern erst allmählich ein Stück Kulturland nach dem andern entstand, galt es, eine ganze Anzahl neuer Festen zu schaffen.

Auf jedem Stück Land, das dem Walde abgerungen war, wurde ein Dorf erbaut. Die Ausdehnung desselben bestimmte sich von selbst, indem die Bauern ihre Wohnungen so legten, daß der Weg vom Wohnhause nach den äußeren Feldern niemals allzu weit war. 50—60 Familien bildeten schon ein stattliches Dorf. Die Dörfer lagen möglichst eng aneinander; inmitten einer Anzahl Dörfer wurden Städte gegründet, in denen Handwerker und Kaufleute wohnten, die die Umgegend mit allem Nötigen versorgten. Eine Straße führte von Stadt zu Stadt durch das Land; auch die Dörfer, sowie die einzelnen Höfe mußten zugänglich und mit der Stadt verbunden sein. Gegen Ende des 10. Jahrhunderts lagen die hohen Gebirge noch außerhalb des Verkehrs, weil sie zu gewissen Jahreszeiten überhaupt nicht zu passieren waren. Indessen bildeten auch auf flachen Bergen und in der Ebene ausgedehnte Wälder, Haiden, Moräste u. s. w. Hindernisse, die zu umgehen eine wichtige Aufgabe der Verkehrsorganisation war. Vor allem waren es die Verkehrswege, die gesichert werden mußten. Sie führten in gewissen Entfernungen zu Ortschaften, wo der Wandersmann Herberge und Erquickung fand, seine Pferde mit Futter versorgt wurden und auch etwaige Beschädigungen des Wagens von Handwerkern ausgebessert werden konnten. Solche Örtlichkeiten aber mußten befestigt werden.

Die den Boden bebauenden Landleute waren nicht frei und waffenfähig, sondern hörig, d. h. sie standen unter dem Schutze, zugleich aber auch unter der Botmäßigkeit der Krieger. In jedem Dorfe befand sich wenigstens ein festes Haus, in dem der Vogt des Ortes wohnte. Auch die Städte hatten ihren Oberherrn und ihre Burg, doch war die Mehrzahl ihrer Bewohner frei und waffenfähig. Die Größe der Stadt war nicht willkürlich; die Zahl der friedlichen Bewohner hing von der Art des Verkehrs ab; die Menge der Verteidiger bedingte die Bedeutung der Lage. Beides ging Hand in Hand. Der Länge des die Stadt umgebenden Walles mußte die Zahl der Verteidiger entsprechen, diese letzteren wurden der gewerbe- und handeltreibenden Bevölkerung entnommen. Die Organisation war folgende: Unter Abwägung der Bedürfnisse stellte man die Zahl der zu jedem Handwerk nötigen Leute fest. Ein oder mehrere Gewerbe vereinigten sich zu Körperschaften, deren jeder eine bestimmte Aufgabe für Kriegsfälle übertragen wurde.

Fällt die Blütezeit des deutschen Burgenbaues in das **12.** Jahrhundert, so erreichte die Stadtbefestigung ihre klassische Periode erst etwa 200 Jahre später. Die Ritter suchten den Selbständigkeitsdrang der Städte nach Möglichkeit zu unterdrücken, ihre Burgen sollten die alleinige Feste sein, die Errichtung von Mauern wurde vielfach verboten. So gelang es erst allmählich, umfassende Stadtbefestigungen zu schaffen.

Zwischen Stadt- und Burgbefestigung bestand anfänglich kein wesentlicher Unterschied. Um ein bestimmtes Stück Land zog sich eine Mauer, innerhalb welcher eine Anzahl Gebäude errichtet waren. Größere solcher Ansiedelungen hießen Städte, kleinere Burgen, dazu kamen als dritte noch die Klöster hinzu, die ebenfalls von Verteidigungsmauern umgeben sein mußten, bis sie später in die Städte verlegt wurden. Waren die Mauern leicht zugänglich, sodaß ein Untergraben zu befürchten stand, so schob man Türme ein; wo es möglich war, brachte man vor der innersten Verteidigungslinie noch eine zweite und dritte an, auch errichtete man Vorwerke, namentlich vor den Thoren. Die friedliche Bestimmung der Stadt bedingte indessen doch eine Abweichung in der Befestigung. Während die Burg nur ein Thor besaß, und möglichst unzugänglich sein mußte, gab man der Stadt eine Reihe bequem passierbarer Zugänge, um den Verkehr in dieselbe thunlichst zu heben. Natürlicher=

Fig. 74. Festungsmauer von Carcassonne.

weise war so die Sicherheit der Stadt schwerer zu erhalten als die der Burgen. Es galt den Verkehr sorgsam zu überwachen, zweifelhafte Eindringlinge festzunehmen oder auszuweisen, die Thore rechtzeitig zu schließen, und, wenn Gefahr im Anzuge war, den Verkehr zu rechter Zeit zu unterbrechen. Andere Verteidigungsanlagen, wie die Burgen besaßen, konnten auch die Städte nicht anwenden; wenn die Stadt=befestigungen in ihrer äußeren Erscheinung doch einige Abweichungen zeigen, so liegt dies lediglich daran, daß sie in der Regel einer späteren Zeit angehören, und daß zu ihrer Errichtung mehr Mittel zur Verfügung standen als ein einzelner Burgherr aufzubieten vermochte.

Jede Stadt besaß ursprünglich eine größere Burg, die gleichsam den Kern des Ganzen bildete. Ihr war auch in erster Linie die Landesverteidigung übertragen; vor ihren Thoren siedelte sich die gewerbetreibende Bevölkerung an, deren Wohnungen wiederum von einer Befestigung eingeschlossen wurden, die erst genommen sein mußte, ehe man zum Angriff der Burg übergehen konnte. Allerdings hat sich diese Burg nicht in allen Städten erhalten. Das Selbständigkeitsbestreben der Städtebewohner führte zu Kämpfen mit dem Burgherrn, die meist mit der Zerstörung der Burg endigten. Man baute sich nun im Besitze der Freiheit seine eigene Burg, d. h. man umgab die Stadt mit einer festen Mauer.

Die ältesten Stadtmauern waren freistehend, meist ohne einen Graben davor, etwa 2—3 Meter stark und mit Zinnenkrönung versehen. Ihre Höhe war so bemessen, daß die Mauer sturmfrei war, d. h. vor einem Angriff mit Leitererstiegung gesichert. In Zwischenräumen von etwa 40 Metern waren vorspringende Türme erbaut. Vor den Thoren legte man in der Regel Waffenplätze in Form eines Halbmondes an, die zur Deckung dienten, gleichzeitig aber auch als Sammelplätze für die Ausfallstruppen benutzt wurden.

Die Einführung der Geschütze rief eine wesentliche Umgestaltung in Festungsbau hervor. Die ungedeckten Mauern mußten dem Geschützfeuer aus der Ferne entzogen werden. Man verlegte sie deshalb unter den Bauhorizont, indem man einen breiten, tiefen Graben aushob und die gewonnene Erde hinter der Mauer zur Aufschüttung einer deckenden Brustwehr mit Wallgang benutzte. So gewann man einen Platz zum Aufstellen der Geschütze, den die schmale Mauerkrone nicht gewährte. Zur Aufnahme der Geschütze mußten auch die Türme erweitert werden, doch konnte man ihnen nunmehr der erhöhten Schußweite wegen größere Abstände geben. Man nannte sie jetzt Basteien oder Rondelle; aus ihnen gingen später die Bastione hervor.

Unter Bastion versteht man einen von der Umwallung einer Festung vorspringenden Teil, der aus zwei dem Felde zu gerichteten Walllinien, Facen oder Gesichtslinien genannt, sowie aus zwei weiteren Flanken besteht, die zur Flankierung der Nachbarbastione dienen. In dem Kriegszuge Karls VIII. von Frankreich nach Italien zeigte es sich, wie wenig die mittelalterlichen Befestigungen den Angriffen seitens der Geschütze standzuhalten vermochten. Man schritt alsbald zu einer Neubefestigung zahlreicher italienischer Städte; das dabei angewandte System war ein Bastionärsystem und wird als die altitalienische Manier bezeichnet. Fig. 75 stellt den Grundriß der altitalienischen Manier dar. Die Flanke c des Bastions a, die senkrecht zum Mittelwall d, Kurtine genannt, steht, ist zur niederen Grabenbestreichung halb zurückgezogen; das kleine Mittelbastion b dient zur Flankierung, d. h. zur Deckung der langen Kurtine. Später wurden die Bastione erheblich vergrößert, überhöhende Kavaliere*) wurden zur Aufstellung der Hauptgeschütze in

---

*) Kavalier = Erhöhung des Walles mit kurzen Flanken zur besseren Feuerwirkung.

dieselben hineingebracht; die Kurtine deckte ein Ravelin, d. h. ein Außenwerk in Fleschen- oder Lünettenform. Vor der äußeren Grabenböschung, der Kontreskarpe, lag ein gedeckter Weg mit Waffenplätzen (Sammel- und Alarmplätzen), so genannt, weil er gegen Einsicht von außen durch 2 Meter hohe, sich gleichmäßig abböschende Glacis geschützt war. Unter Glacis versteht man die von dem äußeren Grabenrand nach dem Felde zu flach verlaufende Erdanschüttung. Diese verbesserte, sogenannte neuitalienische Manier verbreitete sich über ganz Europa.

In Deutschland erstand in dem schon oft genannten Künstler Albrecht Dürer ein genialer Kriegsbaumeister, der in seinem Werke „Etliche Underricht zur Befestigung der Stett, Schloß und Flecken" Grundzüge angiebt, aus denen sich die deutsche Befestigungskunst des 19. Jahrhunderts entwickelte. Sein System war ein Polygonalsystem, d. i. eine Bauart, bei der die Umschließung, der Hauptwall, aus geraden Linien besteht, die nur unter ausspringenden Winkeln zusammenstoßen. Zur Flankierung des Hauptwalles dienten kasemattierte Bastione, ferner kamen zahlreiche bombensichere Geschütz- und Wohnkasematten, ja sogar kasemattierte Turmforts zur Anwendung, deren Gräben durch Galerien*) und Kaponnieren**) bestrichen wurden. Dürer war der erste, der 15 Meter tiefe, revetierte (verkleidete), gegen Leitersteigung gesicherte Gräben, sowie Erhöhung des Walles bis zur weithin beherrschenden Geschützaufstellung angab. Ihrer Kostspieligkeit wegen kamen die meisten Projekte Dürers zunächst nicht zur Ausführung, sondern fanden erst später Berücksichtigung.

In den Niederlanden, wo die Kämpfe mit den Spaniern eine möglichst rasche Befestigung erheischten, kam die italienische Manier in Anwendung, jedoch mit einigen Abweichungen im Grundriß. Durch die Grundverhältnisse des Landes war man gezwungen, hinter breiten Wassergräben Erdwälle ohne Mauerbekleidung anzulegen. Vor dem Hauptwall führte man noch einen Niederwall, Faussebraie genannt, auf, der zur niederen Bestreichung des äußerst breiten Grabens diente. Zudem verlegte man noch eine Anzahl Außenwerke in den Hauptgraben, vor denselben lag der gedeckte Weg. Das niederländische System wurde 1685 durch Crehoorn in trefflicher Weise verbessert, in seinen Grundzügen aber beibehalten.

Die Franzosen bildeten aus dem italienischen und niederländischen System gemeinsam ein drittes, das den Grundriß des letzteren und das Profil des ersteren besaß. Ein berühmter Kriegsbaumeister der Franzosen war Vauban, dessen Pläne darauf ausgingen, dem Belagerer den Sieg über den Verteidiger zu verschaffen. In seinem Angriffssystem, das bis 1870 zur Anwendung kam, war sogar die Zahl der Tage festgesetzt, binnen derer eine Festung fallen mußte. Ohne

---

*) Galerien = lange, schmale Gänge bei Anlagen von Minen und hinter den Bekleidungsmauern von Festungsgräben.

**) Kaponniere = ein eingedeckter, bombensicherer Raum zur niederen Grabenverteidigung durch Gewehrfeuer oder Geschütze kleinen Kalibers.

sich an eigentliche feste Regeln zu binden, wählte Vauban seine Formen ganz dem jeweiligen Gelände entsprechend. Unter seinen Nachfolgern, von denen besonders Cormontaigne zu nennen ist, wurde das Bastionärsystem durch verschiedentliche Maßnahmen verbessert. Spätere französische Kriegsbaumeister von Bedeutung waren der Graf Montalembert und Carnot. Bis 1870 führten die Franzosen ihre Festungen fast nur im Bastionärsystem auf und erklärten sich entschieden gegen die Polygonalbefestigung.

Preußen erbaute schon 1715 nach den Anordnungen Wallrawes tenaillierte Anlagen, d. h. solche, deren Linien abwechselnd ein- und ausspringende Winkel bilden. Sie zeigten eine niedrige Eskarpen-, dagegen eine hohe Kontreskarpenmauer, tiefe Gräben, von Galerien flankiert, ferner einen gedeckten Weg mit Blockhäusern, endlich Kasematten zur Unterbringung der Truppen. Nach dem Tode Wallrawes traf Friedrich der Große die Anordnungen beim Festungsbau vielfach selbst. Er richtete kasemattierte Grabenflankierung ein und legte etwa 500 Meter vor dem Glacis kasemattierte Batterien an, die das Vorfeld beherrschen sollten; in dem Hof der Werke befanden sich gedeckte Unterkunftsräume. Abschnitte, d. h. Verschanzungen hinter anderen Hauptwerken, sowie Reduits, besonders gemauerte, bombensichere, eingedeckte Hohlbauten, im Inneren anderer Werke den Kern bildend, wurden eingerichtet, in die Hauptumfassung verlegte man zuweilen selbständige Werke. Solche Forts standen etwa 1800 Meter auseinander, zwischen ihnen lagen einfache, kleine, fünfseitige Redouten*), von denen aus die langen, geraden Walllinien bestrichen wurden. Zur aktiven Verteidigung diente stets der gedeckte Weg; man erbaute bereits detachierte Forts, selbständige Befestigungen etwa 5000 Meter vor der Stadtumwallung, auch die Unterbringung der Besatzung in Kasematten war bereits eingeführt. Bei Bekämpfung des Angreifers auf dem Glacis wandte man das Verteidigungsminen- oder Kontersystem an. Die fortschreitende Vervollkommnung der Feuerwaffen machte hier und da Änderungen nötig; man schenkte den Projekten Montalemberts und Carnots Aufmerksamkeit und Beachtung, auch die Vorschläge älterer deutscher Kriegsbaumeister, z. B. Dürers, zog man in Erwägung. In der ersten Hälfte des 19. Jahrhunderts kam die sogenannte neupreußische Befestigung auf, nach der die Bauten von Koblenz, Köln, Posen und Königsberg, Rastatt, Ulm, Germersheim, Spandau u. a. angelegt sind. Es wurde nunmehr das ängstliche Festhalten an einem bestimmten System aufgegeben. Wenn man auch größtenteils das Polygonalsystem anwandte, so bediente man sich doch auch vielfach des bastionären, sobald letzteres für das Gelände vorteilhafter erschien. Ein Gürtel von 500—800 Meter vorgeschobener Forts sollte die Angriffsarbeiten weiter in das Vorfeld hinausschieben. Reduits von starkem Mauerwerk, freistehende

---

*) Redoute = allseitig geschlossene Schanze.

Festungswesen.

geschartete Mauern, Kaponnieren zur Grabenbestreichung, sowie Blockhäuser im gedeckten Weg charakterisieren die neupreußische Manier und machen die Einnahme der Festung durch Öffnung einer einzigen Bresche, wie sie das Vauban'sche System vorschrieb, unmöglich. Andere Staaten, z. B. Frankreich und Belgien, ahmten die preußische Befestigungsart sehr bald nach. Ein allgemeiner Umschwung im Festungsbau wurde durch den Krieg von 1870—71 herbeigeführt, in dem sich die Wirkungen der gezogenen Geschütze, vor allem die des indirekten Feuers, das alles Mauerwerk schon aus ziemlich großer Entfernung zerstörte, in vollem Maße zeigte.

Nachdem wir die geschichtliche Entwickelung der Befestigungen betrachtet haben, gehen wir nun zu dem modernen Festungswesen über. Wir haben bereits gehört, daß man eine ständige und eine Feldbefestigung unterscheidet, es sei jetzt noch eine dritte Art, die Scheinbefestigung, erwähnt, die aus provisorischen Anlagen besteht, mit denen man, unter Zuhilfenahme mehr oder weniger feldmäßiger Mittel, die gleichen Zwecke wie bei der ständigen Befestigung verfolgt.

Die permanente oder ständige Befestigung ist die wichtigste, weil ihre Formen die dauerhaftesten sind, und sie somit den größten Widerstand entgegenzusetzen vermag. Welche Bedeutung die Festungen, d. h. die mit ständigen Befestigungen versehenen Örtlichkeiten für die Strategie haben, ist am Anfange dieses Kapitels erläutert worden. Zur Behauptung wichtiger Punkte sind die Festungen unentbehrlich. Indem sie dem Feldherrn die Rücksicht auf dieselben abnehmen, ermöglichen sie ihm an anderer Stelle eine freiere Bewegung. So lange Staaten sich bis zur Aufzehrung ihrer Kräfte verteidigen werden, so lange bedürfen sie auch der Festungen; dieselben werden umso wertvoller sein, je größer

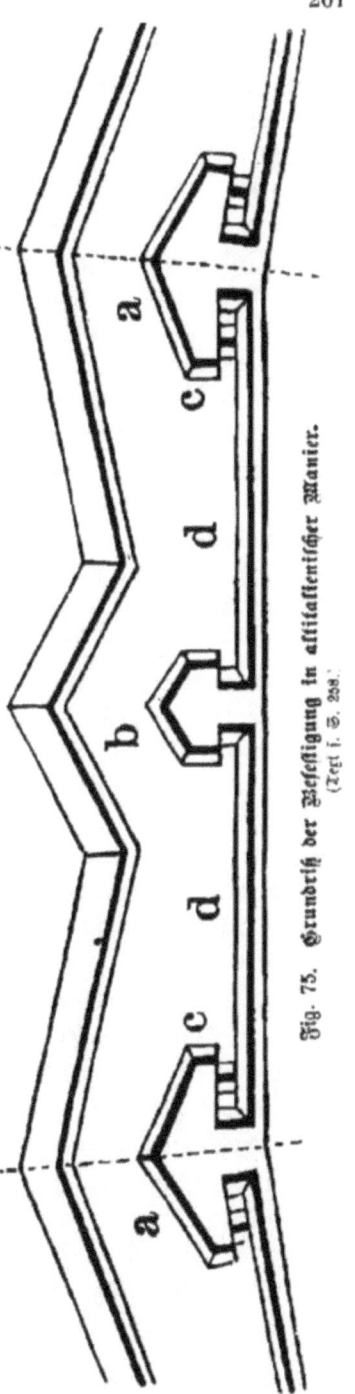

Fig. 75. Grundriß der Befestigung in altitalienischer Manier. (Text f. S. 258.)

die moralische Kraft des unterliegenden Volkes ist. Freilich dürfen die Festungen niemals zu zahlreich sein, sonst schwächen sie die Feldarmee, machen das Auftreten großer Massen unmöglich und wirken auf die Schlagfertigkeit der Heere störend ein, die doch schließlich das ausschlaggebende Moment in jedem Kriege ist. Die Vernichtung der feindlichen Armee ist der Hauptzweck des Krieges, nichts darf bei der Erreichung dieses Zieles in irgend einer Weise hinderlich sein. Die Festungen dürfen also der Feld-Armee nur wenige Streitmittel entziehen, dagegen sollen sie ihr Schutz und Rückhalt bieten. Das einzig zweckmäßige ist deshalb die Anlage weniger, aber äußerst starker und großer Festungen.

Eine Landesbefestigung hat in einer Verstärkung der Grenzen und einer Verstärkung des Inneren zu bestehen. Die Verstärkung der Grenzen zunächst soll dem Eindringen des Gegners ein Hindernis entgegensetzen und dem eigenen Heere beim Aufmarsch hinter, oder wenn ein Angriff geplant ist, auch vor der Befestigung als Deckung dienen. Offene Grenzen, d. h. solche, die nicht durch natürliche Hindernisse gesichert sind, müssen am meisten befestigt werden; Meeresgrenzen oder Küsten sind da zu verstärken, wo Landungsstellen liegen, z. B. an der Einmündung schiffbarer Flüsse, fernerhin auch an strategisch wichtigen Orten, wie Basispunkten der Flotte und wichtigen Handelsplätzen.

Im allgemeinen werden die Landesgrenzen durch größere Festungen verstärkt, die 15—20 Meilen voneinander entfernt stehen. Dieselben sind mit allen Einrichtungen versehen, eine energische Verteidigung aufnehmen zu können; sie bilden sogenannte Lager- oder Manövrierplätze. Meist wählt man dazu die Hauptstädte derjenigen Provinzen, deren Abtretung im Falle eines unglücklichen Krieges in Frage kommen könnte.

Gebirgsgrenzen befestigt man am besten diesseits des Kammes, da dieser schon an sich ein natürliches Hindernis bildet, das von dem Gegner schwierig zu überwinden ist. Man nennt derartige Plätze Sperrposten.

Flußlinien dienen meist nur zur Deckung des hinter ihnen liegenden Geländes; zur Offensive müssen sie auf beiden Ufern als doppelte Brückenköpfe befestigt werden; geschieht dies nicht, so bilden sie nur sogenannte Defileesperren.*)

An den Debouchees (Ausgängen) strategischer Hindernisse ist bisweilen die Vorbereitung eines großen Kampffeldes als Centralpunkt der Verteidigung erforderlich.

Kleine Grenzfestungen anzulegen wird selten notwendig sein, erscheinen solche an einzelnen wichtigen Punkten zweckmäßig, so müssen sie äußerst sturm- und bombensicher sein und große Wirkungsfähigkeit besitzen.

Die Verstärkung im Inneren erfordert gleichfalls eine wohldurchdachte, geschickte Anlage. Zu ihr gehört in erster Linie ein Eisenbahnnetz, bei dessen

---

*) Defilee = Engpaß, Engweg.

Anordnungen alle Erfordernisse der Strategie berücksichtigt werden. Die Festungen im Innern liegen in zweiter Linie hinter besonders gefährdeten Landesgrenzen. Sie sollen dem geschlagenen Heere einen Rückhalt bieten, es im Notfalle aufnehmen und der Verfolgung ein Ziel setzen. Ihre Lage wählt man am besten da, wo das Gelände für die Verteidigung, sowie für die Verwendung der Feld=Armee möglichst günstig ist. Vorteilhaft ist das Vorhandensein großer Ströme; Gebirge begünstigen gleichfalls die Verteidigung, haben aber den Nachteil, daß sie nur wenig Übersicht gestatten, zu einer genügenden Beobachtung zu vieler Kräfte bedürfen, den Über=gang zur Offensive erschweren und bei Versammlung großer Massen, sowie beim Heranziehen von Verstärkungen hinderlich sind. Zu beachten ist fernerhin, daß die Festungen der zweiten Linie zur Landeshauptstadt so liegen sollen, daß sie dieselbe noch decken. Niemals dürfen diese Festungen indessen so weit von der vorderen Linie entfernt sein, daß dem Gegner zu viel Land preisgegeben wird, andererseits dürfen sie auch nicht zu nahe liegen, weil sonst dem zurückweichenden Heere kein Raum übrig bleibt, einen genügenden Vorsprung zu gewinnen. Im allgemeinen bilden 20 Meilen den Durchschnitt.

Dort, wo die Festungen eine Wiederergreifung der Offensive ermöglichen, wo sie den eindringenden Gegner in Flanken und Rücken bedrohen sollen, kurz, wo sie nicht nur zur Sicherung des Ortsbesitzes dienen, müssen sie Lagerplätze sein. Für Punkte dagegen, die nur eine rein örtliche Bedeutung haben, wie z. B. Knoten=punkte von Verbindungsstraßen, Flußübergänge, wichtige Depots u. s. w. genügen kleine Festungen ohne Forts.

Eine viel umstrittene Frage ist die Befestigung der Landeshauptstadt. Je mehr dieselbe das Herz des Landes ist, von dessen Besitz die ganze Existenz des Staates abhängt, und mit deren Fall jede geordnete Regierung aufhört, umso nötiger ist es, sie zu befestigen. Eine zweckmäßige Befestigung der Landeshauptstadt gestattet auch nach Vernichtung der Feld=Armee noch die Organisation neuer Kräfte, die Einleitung politischer Verhandlungen, sowie die Anrufung befreundeter Mächte. Diesen Vorteilen stehen indessen auch Nachteile gegenüber. Eine derartige Be=festigung schwächt die Feld=Armee, indem sie ihr bedeutende Streitmittel entzieht, sie lähmt in gewissem Grade die Freiheit der Bewegung derselben, und endlich steht bei einer solchen Festung der Eintritt von Mangel an Lebensmitteln sehr leicht zu befürchten. Man ist daher im Zweifel, ob es nicht zweckmäßiger sei, statt der Landeshauptstadt einen anderen kleineren Platz in dritter Linie zur befestigen, der strategisch vielleicht noch wichtiger ist als erstere, weil er günstiger zu den vorderen Linien liegt.

Die Grundzüge für die Anordnung der Landesbefestigung hängen sowohl von der geographischen Lage, wie von dem politischen Charakter des betreffenden Staates ab, sie sind demnach sehr verschieden. In einem Punkte aber stimmen sie überein, nämlich darin, daß stets mindestens zwei Festungen in einer Linie liegen, damit die Flügel der Verteidigung gedeckt sind. Mitunter erweist sich eine gruppenweise Anordnung sehr vorteilhaft, so erbaut man z. B. Festungsdreiecke und -vierecke.

Wir wenden uns nun den einzelnen Festungsbauten zu.

A. Großer Waffenplatz. Ein großer Waffenplatz, d. h. eine große Festung, besteht, abgesehen von besonderen, einer offensiven Wirkung bestimmten Verteidigungskräften, sowie von der Besatzung, aus drei Teilen: a. einem äußeren, weit vorgeschobenen Verteidigungsgürtel, der wichtigsten Verteidigungszone, die dem Angriffe zuerst ausgesetzt ist; b. einer engeren, geschlossenen, inneren Verteidigungslinie, der Umwallung, die den Kern der Festung umschließt; c. den Anlagen und Einrichtungen für den Verkehr, sowie für den Beobachtungs- und Nachrichtendienst.

a. Die äußere Verteidigungslinie dient dazu, die Annäherung des Gegners zu verhindern, das Innere der Festung vor Beschießung und gewaltsamem Angriff zu sichern und das Gelände thatkräftig zu verteidigen. Sie besteht aus einem Gürtel von Nah- und Fernkampfanlagen, verbunden durch eine rückwärtige Ringstraße, die Anlagen zur Versorgung der vorderen Linien enthält, und von der eine Anzahl Radialstraßen*) nach der Umwallung und dem Inneren der Festung führen.

Die Nahkampfanlagen sind Einrichtungen für leichte Geschütze und aktive Kräfte. Sie bestehen aus einer Reihe geschlossener Stützpunkte, Forts und Zwischenwerke genannt, die auf taktisch wichtigen, das Gelände beherrschenden Punkten errichtet sind, und deren Bauart gewöhnlich eine beständige ist. Einzelne feldmäßige Ergänzungen, Infanterielinien und leichte Geschützeinschnitte**) befinden sich dazwischen.

Abgesehen von den Zwecken, denen die ganze äußere Verteidigungslinie dient, fällt den Nahkampfanlagen eine dreifache Aufgabe zu. Erstens sollen sie die wichtigen Geländepunkte, auf denen sie angelegt sind, selbständig verteidigen und behaupten; es kann hierbei auch eine Fernwirkung nötig werden, namentlich zu Beginn des Angriffs, wenn noch keine schweren Geschütze erschienen sind. Sodann haben sie die Zwischenräume gegen Durchbrüche zu verteidigen, wodurch sie zur Deckung für die dahinter liegenden Fernkampfanlagen werden. Dies zwingt den Feind zu einer schrittweisen Belagerung. Endlich sollen sie die Sturmfreiheit der ganzen Front sichern, indem sie sich gegenseitig beim Kampfe unterstützen.

---

*) Radial = strahlenförmig.
**) Geschützeinschnitte sind Deckungen zum Schutz feuernder Geschütze und ihrer Bedienungsmannschaften.

Festungswesen. 265

Um all' dies erfüllen zu können, muß den Forts eine gute Ein- und Übersicht

Fig. 76. Burg zu Nürnberg im XII. Jahrhundert.*)

in das nächste Vorfeld, den hinter ihnen liegenden Raum, sowie in die Zwischen-

---

*) Nach Essenwein.

räume gegeben sein. Dieses Gelände müssen sie von gut maskierten*), offenen Kampfstellungen (für Infanterie und leicht bewegliche Geschütze) aus wirksam beschießen können. Ein bombensicherer Raum, d. h. ein solcher, dessen Decke stark genug ist, dem Aufprall, sowie der Sprengwirkung mächtiger Hohlgeschosse eine Zeitlang Widerstand zu leisten, gewährt der Besatzung Schutz; starke, am besten in der Längsrichtung zu bestreichende Hindernisse bieten Sicherheit gegen plötzliche gewaltsame Sturmangriffe. Die Entfernungen von einem Werke zum anderen sind so bemessen, daß die Unterstützung der Nachbarwerke wirksam genug sein kann.

Die leichten Geschütze der Forts, meist 8 Zentimeter- oder 7,5 Zentimeter-Schnellfeuerkanonen, bilden wohl eine genügende Sicherheitsarmierung**) gegen einen gewaltsamen Angriff, reichen aber gegen eine Beschießung mit schweren Wurfgeschützen, sowie zum Verhindern der ersten Einrichtungen von Angriffs-Batterien nicht aus. Für letztere Zwecke muß eine besondere Sicherheitsarmierung vorhanden sein. Man bringt dieselbe vielfach in permanenten Batterien***) unter, doch ist die Anlage solcher, namentlich als Anschluß-Batterien, nicht sehr zu empfehlen. Entweder arten sie zu besonders starken, sehr kostspieligen Werken aus, die mit Panzerschutz der Geschütze versehen sind und eine eigene Selbstverteidigung haben, oder sie bleiben fortgesetzt auf die Unterstützung der Forts angewiesen, die ihnen bisweilen noch in ihrer Wirkung hinderlich sind. Man hat deshalb die Fernkampfgeschütze, die diese Sicherheitsarmierung ausmachen, vielfach in die Forts gebracht, was namentlich im Gebirge, wo der Raum so wie so meist beschränkt ist, sich als sehr zweckmäßig erweist. Man bezeichnet solche Forts als Einheitswerke; ihr Fernfeuer geben sie mit schweren 15 Zentimeter-Kanonen oder Haubitzen. Mörser stellt man meist außerhalb der Werke verdeckt im bewegten Gelände auf. Sie kommen unter Panzerschutz†); auch die Feuerleitung und der Munitionsersatz werden durch entsprechende Anlagen gedeckt. Mitunter errichtet man auch sogenannte Panzerforts, die nur zur Aufstellung von Sicherheits-Fernkampfgeschützen dienen. In beschränktem Raume, sowie in stark zerrissenem, auch in durch Wasserläufe geteiltem Gelände muß das Fort oft in kleine Gruppen zerlegt werden, die der Sicherheit wegen gleichfalls Panzerungen erhalten. Auf diese Weise entstehen häufig ganze Panzerfronten.

Die Fernkampfanlagen sind Bauten für weittragende schwere Geschütze. Sie liegen in der Regel zurückgezogen in den Fortszwischenräumen auf dem Haupt-

---

*) Maskieren heißt in der Befestigungskunst soviel, wie eine Truppenaufstellung oder Batterie so zu verbergen, daß sie erst sichtbar wird, wenn sie in Thätigkeit tritt.

**) Armierung = Bewaffnung.

***) Batterie ist im Festungswesen eine Brustwehr, hinter der auf Bettungen, einer festen, tragfähigen Unterlage, die Geschütze stehen. Zu ihr gehören auch Räume zur gesicherten Unterbringung der Munition.

†) Panzerschutz = Eisendeckung.

gefechtsfelde der Artillerie. Meist sind es unscheinbare, maskierte Batterien oder Batteriegruppen, wie sie auch der Angreifer besitzt, vor denen sie indessen die sorgfältigere Vorbereitung, sowie eine genaue Kenntnis und Anpassung an das Gelände voraus haben.

Die Batterien zerfallen in drei Gruppen: in ständige, die vielfach im Anschluß an Forts erbaut sind (Anschluß-Batterien) und, wie wir bereits gehört haben, schwere Geschütze zur Sicherheitsarmierung, im Laufe des Kampfes wohl auch diejenigen Geschütze aufnehmen, die sich im Fort nicht mehr halten können, ferner in Zwischen-Batterien, die nach Erkennung der Angriffsfront gegen den förmlichen Angriff erbaut sind, endlich in Hilfs- oder Armierungs-Batterien, die vom Fort aus nicht eingesehene Stellen des Geländes unter Feuer nehmen sollen.

Weist das Gelände vor den Forts keine bedeutsamen Vorteile bezüglich der Deckung oder Wirkung auf, so verlegt man die Batterien hinter die Nahkampfanlagen und schützt sie vor gewaltsamem Angriff durch starke Hindernisse und Infanterielinien. Ständige Batterien müssen, namentlich in übersichtlichem Gelände, eine Panzerung, sowie eine gedeckte Verbindung für Feuerleitung und Munitionsersatz erhalten.

Sobald die Angriffsfront sicher erkannt ist, wird die Artillerie durch mittlere Kanonen und Mörser verstärkt, die in den Zwischen-Batterien, den eigentlichen Fernkampfanlagen, Aufstellung finden. Auch hier kann, wenn eine bloße Maskierung nicht genügt, Panzerschutz angewandt werden.

Zum Schluß des Kampfes, wenn es bereits gilt, einen gewaltsamen Angriff abzuwehren und die Belagerungsarbeiten zu stören, tritt die Geschützreserve in Kraft; auch die Geschütze vom Angriffe verschonter Fronten werden herzugezogen.

Aus obigem geht hervor, daß die Anordnung der äußeren Verteidigungslinie keinem bestimmten System unterworfen ist, vielmehr durch die örtlichen Verhältnisse bedingt wird. Auch die Zahl der Werke wechselt, sie hängt von dem Umfang des Gürtels ab; dieser wiederum bestimmt die Entfernung des letzteren von der inneren Verteidigungslinie, der Umwallung. Soll der Kern der Festung eine absolute Sicherheit gegen Bombardement erhalten, so muß der Abstand zwischen innerer und äußerer Verteidigungslinie 7000—8000 Meter betragen; da indessen mit dem Umfange der letzteren auch die Zahl der notwendigen Besatzung wächst und eine völlige Einschließung doch fast niemals verhindert werden kann, so ist man in Deutschland durchschnittlich auf 5500—6000 Meter zurückgegangen. Natürlich sind diese Bemessungen nur im allgemeinen festgesetzt, sie können nicht immer genau eingehalten werden, da auch hier wiederum die örtlichen Verhältnisse, sowie die Bedeutung der Festung berücksichtigt werden müssen.

Bei Einhaltung der angegebenen Durchschnittszahlen ergiebt sich zwischen den einzelnen Werken ein gegenseitiger Abstand von ungefähr 3000 Metern, wie er zur wirksamen Bestreichung der Zwischenräume erforderlich ist. Liegen Gründe vor, diesen Abstand zu vergrößern, so müssen kleine, sturmfreie Zwischenwerke angelegt sein. Die Größe der einzelnen Forts richtet sich nach deren Bedeutung und muß der Besatzungsstärke und Armierung entsprechen. Am mächtigsten und stärksten sind die in den Angriffsfronten liegenden Werke.

b. Die innere Verteidigungslinie oder Umwallung dient als Schutz gegen Nahangriffe, wenn die äußere Linie durchbrochen ist, zuweilen auch zur Unterstützung der letzteren. Sie besteht aus einzelnen Nahkampfstützpunkten, die durch Infanterielinien verbunden sind. Vorgelegte starke Hindernisse, bestehend aus einem breiten, nassen Graben und dahinter aufgestellten Gittern verstärken die Umwallung. Mitunter stellt man Zwischen=Batterien auf, um eine Zwischenstellung zwischen beiden Verteidigungszonen herzustellen. Die Ausdehnung der Umwallung hängt von dem Umfange der Stadt ab, auf deren Wachstum Rücksicht zu nehmen ist. Zwischen Kern und Umwallung muß Raum für Truppenbewegungen, Barackenanlagen u. s. w. vorhanden sein, auch etwaige Bahnhofsanlagen sind thunlichst mit hineinzuziehen. Über die Entfernung zwischen Umwallung und Forts ist bereits gesprochen, sie muß groß genug sein, das Feuer der vorderen Linie von der hinteren abzuhalten, auch schnelle und gesicherte Armeemanöver gestatten. Bei doppelten Brückenköpfen*) darf die Umwallung nicht zu nahe dem Wasser liegen, damit die Truppen bei Uferwechsel nicht gezwungen sind, dieselbe zu übersteigen. Überhaupt muß sie in solchem Falle möglichst verstärkt werden, da sie den Hauptschutz der Brücken bildet und den Forts näher liegt; diese letzteren können dann schwächer sein.

c. Die Anlagen für den Verkehr, den Beobachtungs= und Nach= richtendienst, die Munitionsversorgung und Beleuchtung sind gleichfalls für die Festung von äußerster Wichtigkeit. Hinter dem vorderen Gürtel ist eine Ringstraße angelegt, durch natürliche oder künstliche Anlagen maskiert, die den Blicken des Feindes die Truppenbewegungen verbergen. Eisen= und Feldbahnschienen laufen die Ringstraße entlang, und kurze Straßen und Gleisanlagen führen nach den Werken und Zwischen=Batterien. Dieses Netz von Verkehrswegen hebt die Beweglichkeit der Geschütze wesentlich, was in unserem modernen Festungskriege von äußerster Wichtigkeit ist. Nahe der Ringstraße liegen, gleichfalls verdeckt, die Muni= tionsdepots, sowie die Unterstände für die Artilleriebedienung und die Infanterie= bereitschaften der vorderen Schutzstellung. Die erste Ringstraße wird durch eine Anzahl strahlenförmig geführter, mit Schienen versehener Straßen mit einer zweiten, die hinter der Umwallung liegt, verbunden. Als Verkehrsmittel dienen in den meisten Fällen Lokomotiven; Pferde lassen sich zu schwer unterhalten.

---

*) Brückenköpfe sind Befestigungsanlagen vor einer Brücke, die dem Verteidiger die Verbindung über den Fluß wahren, dem Angreifer dagegen den Übergang wehren sollen. Alle Festungen, die an bedeutenderen Strömen liegen, können als Brückenköpfe betrachtet werden.

Festungswesen. 269

Telegraphen und Telephonlinien durchkreuzen das ganze Festungswerk. Das permanente Netz der Festungstelegraphen ist mit tief versenkten Kabeln*) angelegt

Fig. 77. Befestigung und Anficht der Stadt Sitten (Sion) in der Schweiz.**)

und so vor der Zerstörung durch einschlagende Geschosse geschützt. Im Kriegsfalle werden die Linien je nach Bedarf noch vermehrt.

---

*) Kabel = elektrische Leitung, in Wasser oder Erde verlegt und mit einer Isolierschicht umgeben.

**) Nach Merian.

Eine äußerst rasche Bereitschaft der Besatzung ermöglichen elektrische und mechanische Alarmierungsvorrichtungen.

Für den Beobachtungsdienst sind Posten auf hohen Geländeteilen, auch künstliche Observatorien, wohl auch gepanzerte Beobachtungsstände für Artillerie und Infanterie angelegt, die mit Telegraphenanschluß, sowie Telephon- und Sprachrohrleitung versehen sind. Für vorübergehende Zwecke kommt ein Fesselballon in Anwendung.

Im übrigen bestehen die Hilfsmittel des Nachrichtendienstes in freien Ballons, Radfahrern, Brieftauben und optischen Signalen. Scheinwerfer und andere Beleuchtungsapparate ermöglichen die Beobachtung des Geländes auch nach Einbruch der Dunkelheit; das Innere der Werke wird von elektrischem Lichte erhellt.

Wir gehen nun auf die Anordnungen im einzelnen ein. Dieselben werden von sechs Gesichtspunkten aus getroffen:

1. Der Artillerie und Infanterie soll der bestmöglichste, gedeckte Gebrauch der aktiven Streitmittel zur Beherrschung des Vorfeldes ermöglicht werden: dies geschieht durch den Wall und seine Einrichtungen.

2. Es soll vollkommener Schutz vor Sturmversuchen gewährt werden: dies geschieht durch ein gut verteidigtes Hindernis, den Graben mit Flankierungsanlagen, den gedeckten Weg, bezw. Rondengang und das davor liegende Glacis mit Hindernissen.

3. Ruhende oder in Bereitschaft stehende Besatzung, das Ersatzmaterial, die Munition, die Lebensmittel u. s. w. müssen gegen schweres Geschützfeuer gesichert sein: dies geschieht durch bombensichere Bauten.

4. Der Widerstand nach außen und innen muß gesteigert und die Festsetzung des Feindes im Inneren verhindert werden: dies geschieht durch Häufung von Hindernissen und Anlage innerer Abschnitte, bezw. Reduits.

5. Es soll eine schnelle Verteilung der Besatzung, rasche Besetzung der Feuerlinie und rechtzeitiges Ausfallen möglich sein: dies geschieht durch bequeme, gedeckte Verbindungen und gute Anlagen für den Beobachtungs- und Nachrichtendienst.

6. Zerstörte Sturmfreiheit und Bombensicherheit soll sich rasch wieder herstellen lassen: dies geschieht durch genügenden Vorrat an entsprechenden Hilfsmitteln.

1. **Der Wall und seine Einrichtungen.** Soll der Wall den an ihn gestellten Anforderungen hinsichtlich des Waffengebrauchs entsprechen, so muß ihm ein zweckmäßiger Grundriß gegeben sein. Bei einer Festung muß sich die Sturmsicherheit nach allen Seiten hin erstrecken, und zwar so, daß der Angriff nur von der Vorderseite aus erfolgen kann. Die Umwallung muß deshalb eine geschlossene, kreisähnliche sein.

Jeder Festung liegt ein mehr oder weniger regelmäßiges Vieleck zu Grunde, dessen Seiten (Fronten) eine verschiedene Grundrißform haben. Wenn auch die Umwallung geschlossen ist, so ist sie doch nicht überall gleichmäßig stark. An den wahrscheinlichen Angriffsfronten befinden sich starke **Hauptfronten**, die übrigen Seiten nehmen schwächere **Nebenfronten** ein.

Bei den einzelnen Forts wird die Form durch folgende Anforderungen bestimmt: Sie müssen das Angriffsfeld unmittelbar beherrschen, die Batterien und Angriffsarbeiten vor den Nebenforts schräg, Angriffskolonnen von der Seite und im Rücken fassen, sich auch gegen Angriffe von der Kehle*) her wenden können. Ein solches Werk bezeichnet man als geschlossene **Redoute**. Ist die Front im flachen Winkel nach außen nochmals gebrochen, so heißt das Werk eine **Lünette**; letztere Form ist die für Forts gebräuchlichste.

Man unterscheidet drei Arten von Grundrißformen: den **tenaillierten, bastionierten** und **polygonalen Grundriß**. Über die Form der ersteren beiden ist bereits gesprochen worden. Sie kommen bei Neuanlagen nur noch selten zur Anwendung, da sich der polygonale Grundriß weit vorteilhafter erweist.

Der polygonale Grundriß setzt sich aus geraden oder ganz flachen, nach innen oder außen gebrochenen Linien zusammen. Die Frontalwirkung ist bei ihm eine sehr kräftige. Bei geringster Walllänge wird der größte Raum umfaßt, es ist also weniger Mauerwerk und ein schmalerer Geländestreifen erforderlich als bei anderen Grundrißformen. Während die beiden anderen Systeme die jetzt nicht mehr zulässige hohe Bestreichung vom offenen Walle aus gestatten, wobei sich, selbst bei niedrigstem Aufzuge, der tote Winkel, d. h. ein vom Frontalfeuer nicht zu bestreichender Raum, niemals ganz beseitigen läßt, benötigt der polygonale Grundriß die ganz rasante niedere Grabenbestreichung, wodurch er indirekt die Nachteile einer Flankierung vom hohen Wall vermeidet. Gute Anpassungsfähigkeit an jede Geländeform, sowie die Anlage eines unauffälligen Aufzuges zeichnen den polygonalen Grundriß vor allen anderen Systemen aus.

Der Aufzug soll die Waffenwirkung durch gute Ein- und Übersicht in das Vorgelände, sowie durch gedeckte Feuerabgabe erhöhen. Er deckt die inneren Anlagen des Werkes, vor allem die dicht hinter oder unter dem Wall gelegenen Hohlräume, auch die Verkehrseinrichtungen im Werkinneren. Durch seine Unzugänglichkeit und seine Feuerwirkung wird die Sturmfreiheit des davorliegenden Grabens wesentlich gesteigert.

Die Einsicht in das Vorfeld erreicht man weniger durch eine große Höhe des Walles, die leicht zu beobachten und zu treffen ist, sondern mehr durch Auswahl wichtiger, beherrschender Punkte. Ist der geringe Aufzug zur Bestreichung

---

*) Kehle ist in der Befestigungskunst diejenige Seite von Festungswerken, die dem Angriffe am meisten entzogen ist.

des näheren Vorgeländes ohne Gefährdung der im gedeckten Wege befindlichen Schützen nicht genügend, so hebt man den Wall etwa an den Ecken der Polygone oder vor der Mitte der Fronten bastions- oder kavalierartig empor, es entstehen dann sogenannte Mittel- oder Eckbastione.

Auf der oberen Fläche des Walles ist an der dem Feinde zu gelegenen Seite eine etwa 8 Meter starke Brustwehr aufgesetzt, die 1,60—2,20 Meter hoch ist, sodaß sie Geschütze und Mannschaften deckt. Hinter den Flanken und hinter den Kehllinien der Forts sind Rückenwehren angelegt, die, indem sie den Hauptwall überragen, das Abheben der auf dem Wallgang stehenden Geschütze vom hellen Hintergrund weniger deutlich hervortreten lassen, auch das Innere des Werkes gegen Einsicht und Geschosse, die über die anderen Linien hinweggegangen sind, schützen. Zur Erleichterung des Verkehrs auf dem Walle dient ein niederer Wallgang hinter den Geschützbänken, der mit letzteren durch Geschütz- und Fußgängerrampen in Verbindung steht. Mit seiner inneren Böschung fällt er nach der Wallstraße oder dem Hofe des Werkes zu ab, bisweilen ist er auch durch eine Stirn- oder Futtermauer abgeschlossen. Auf und unter dem Wall liegen bomben- oder schußsichere Hohlräume, die auf dem Walle gelegenen sind Hohltraversen (-Quergänge). Die Verbindung des Wallganges mit der Wallstraße oder dem Hofe des Werkes ist durch breite Wallrampen, Treppen- und Fußgängerrampen hergestellt.

2. Das sturmfreie Hindernis besteht aus drei Teilen: dem Graben, den Flankierungsbauten und den Bewachungsanlagen.

Der Graben hat gewöhnlich eine trapezförmige Gestalt und ist den örtlichen Verhältnissen entsprechend entweder trocken oder naß, bisweilen auch mit Wasserspiel eingerichtet.

Ein trockener Graben muß wenigstens 8—10 Meter breit sein, um ein Überbrücken unmöglich zu machen; seine Tiefe darf nicht unter 8 Metern betragen, damit der Gebrauch von Leitern erschwert wird, endlich muß er steile Wände haben. Die Deckung der Eskarpe, der inneren Grabenböschung, ist bei der modernen Geschoßwirkung nicht mehr möglich; statt der Mauerbekleidung werden ihr 3 Meter hohe, an flache Erdböschungen gestellte Eisengitter, auch wohl Spiraldrahtnetze, gegeben. Wichtiger als die Eskarpe ist die Kontreskarpe, die äußere Grabenböschung. Sie ist aus Beton- oder Ziegelmauerwerk mit Granitabdeckung ausgeführt; eine etwa 8 Meter hohe Mauer und ein aufgesetztes, 2,5 Meter hohes Eisengitter bilden Hindernisse beim Überbrücken oder bei Leiteransatz. Auch in der Mitte der Grabensohle sind zuweilen solche Gitter aufgestellt, ebenso befinden sich dort mitunter Künetten, die entweder nur das Niederschlagswasser ableiten sollen oder gleichzeitig auch als Hindernisse dienen.

Nasse Gräben müssen 20—40 Meter Sohlenbreite haben. Wenn kein Frost zu erwarten steht, kann man die beiden Wände in Erde böschen und dicht über dem Wasserspiegel Eisengitter und starke Hecken anbringen. Wo eine starke Senkung befürchtet wird, ist es zweckmäßig, größere Künetten anzulegen. Die Speisung des Grabens erfolgt am besten durch Grundwasser, denn eine Zuleitung des Wassers kann vom Feinde abgesperrt werden. Es ist dann auch keine kostspielige Schleusenanlage nötig, die gegen die heutige Artilleriewirkung kaum zu schützen ist.

Dieser letztere Punkt, die Schleusenanlage, bildet auch den Nachteil der Gräben mit Wasserspiegel. Dieselben sind von äußerer Zufuhr unabhängig, die ihnen gegebene Wasserbewegung macht das Zufrieren unmöglich und erschwert den Grabenübergang. Wenn die örtlichen Verhältnisse günstig sind, kann mit ihnen auch eine Überschwemmung oder doch ein Ansumpfen des Vorgeländes herbeigeführt werden.

Die **Flankierungsbauten** des Grabens bestehen aus tief gelegenen, völlig gedeckten, bombensicheren Bauwerken, sogenannten Kaponnieren. An der Eskarpe sind Flankierungsanlagen entweder ausgeschlossen, oder wo sie nicht zu entbehren sind, müssen sie mit Mitteln, wie Beton, Granit und Panzerschutz hergestellt werden. Viel zahlreicher sind die Grabenbestreichungsbauten an der Kontreskarpe, die sogenannten Reverskaponnieren, die unter dem Glacis liegen und zu denen die Besatzung aus dem Werkinnern durch Poternen, d. h. gedeckte Durchgänge, gelangt. Durch Gänge in der Kontreskarpe stehen die Reverskaponnieren miteinander in Verbindung, im übrigen sind ihre Verteidiger vollkommen von denen des Werkes getrennt und bilden eine völlig selbständige Besatzung, denen sogar eigene Einrichtungen zur Erhöhung der Sturmfreiheit gegeben sind. Diese bestehen in tiefen Trennungsgräben von der Grabensohle, Gittern vor den Scharten zum Schutze gegen gewaltsame Angriffe, Minenvorhäusern und gemauerten Stollen gegen feindliche Mineure. In Beziehung auf Geschütze, Mannschaften und Feuerbereitschaft völlig selbständig, haben sie auch Einrichtungen für Unterkunft und Verpflegung, wie Lagerstätten, Öfen, Kamine und Vorratsräume.

Zu den Bewachungsanlagen des Grabens gehört in erster Linie ein Rondengang von 1,5—2 Meter Breite, der rings um das Hindernis herumgeht. Er ist gleichlaufend mit der Eskarpe und dient zur Aufstellung von Posten, sowie zur niederen Bestreichung des nächsten Vorgeländes und dort angelegter Hindernisse, auch zur Sicherung sämtlicher Ein- und Ausgänge des Festungswerkes. Wenn der Rondengang zur Aufstellung von Ausfalltruppen bestimmt ist, überhaupt ein größerer Verkehr um die Festung durch ihn ermöglicht werden soll, so erhält er eine Breite von 5 Metern und wird als gedeckter Weg bezeichnet. An Stellen, die für die Verteidigung von besonderer Wichtigkeit sind, erweitert sich dieser zu Waffenplätzen, auf denen sich größere Truppenmassen aufstellen können; diese Plätze sind in der Regel mit versenkten, bombensicheren Blockhäusern zur Verteidigung versehen. Letztere findet man auch zuweilen in den Forts über den Reverskaponnieren in der Spitze des Werkes.

Auf den langen Linien, den sogenannten Zweigen des gedeckten Weges, sind Schützenauftritte angeordnet; kleine Querwälle, Traversen genannt, schützen gegen Längsfeuer. Für die Posten hat man splittersichere Unterschlupfe eingebaut.

Vor dem gedeckten Wege liegt eine rampenförmige, im Querschnitt dreieckige Erdaufschüttung, das Glacis, das sich an seiner höchsten Stelle 2,5 Meter über den gedeckten Weg erhebt. Man bepflanzt dasselbe im Frieden vielfach mit Bäumen, damit bei der Armierung sogleich genügendes Material zur Anlage von Hindernissen vorhanden ist, für deren Herstellung sich die Fläche des Glacis besonders vorteilhaft erweist. In der Regel legt man 15—20 Meter breite Drahtnetze an, die bei wichtigen Linien schon im Frieden errichtet und zuweilen durch ein besonderes Vorglacis geschützt werden, wodurch ein zweiter, sogenannter Vorgraben von dreieckiger Form entsteht. Für die eigenen Posten und Patrouillen sind in diesen Hindernissen Quergänge ausgelassen, die erforderlichenfalls rasch geschlossen werden können.

3. Die bombensicheren Bauten zur Unterkunft der Besatzung müssen möglichst weit von der vorderen Gefechtslinie entfernt liegen und baulich so stark wie möglich sein. Starke Erddecken gewähren keinen genügenden Schutz mehr, ebenso sind die alten, 1 Meter starken, halbkreisartig geformten Ziegelgewölbe allein nicht mehr ausreichend, sondern müssen mit einer ihren Umrissen sich anpassenden harten Zwischenschicht aus Beton oder Granit geschützt werden, die dicht unter die Erddecke zu liegen kommt. Über den Gewölben und unter der Betonschicht befindet sich ein Sandbett, das den Stoß der Geschosse abhält. Auch die senkrechten Umfassungsmauern bedürfen eines solchen pufferartig wirkenden Schutzes. Man legt ihnen außer einer starken Erdvorlage noch einen mit Sand ausgefüllten Korridor vor. Die Hohlräume befinden sich teils auf, teils unter dem Wall, mitunter auch in besonderen Reduits nahe der Kehle. Auf dem Walle zunächst liegen in den Hohltraversen die Schutzhohlräume zur Unterkunft der Wallwachen und zum Untertreten der Bedienungsmannschaften. Ihre dem Wallgang zugekehrte Rückwand enthält die Geschoß- und Kartuschnischen für die Geschütze. Der Zugang wird durch kleine Treppen oder traversierte Eingänge ermöglicht; mit den unter ihnen liegenden Hohlräumen stehen die Schutzhohlräume meist durch Treppen oder Aufzüge in Verbindung. Unter dem Wall liegen die Bereitschaftsräume für die gefechtsbereite Besatzung. Sie sind mit einer Anzahl breiter, durch Stahlrohre verschließbarer Ausgänge versehen; gesicherte Treppen verbinden sie mit dem Wallgang, bezw. den Schutzhohlräumen, Poternen führen nach den Kaponnieren.

Der ruhenden Besatzung sind ein- oder zweistöckige Kasernen eingeräumt, die alles enthalten, was zur Unterkunft und Verpflegung der Mannschaften gehört, wie Wohn-, Lazarett-, Verbands- und Vorratsräume, Küchen, Kantinen u. s. w. Bei Forts finden sich in den Flügeln bisweilen noch die für die Anschluß-Batterien erforderlichen Munitionsräume, sowie die Maschinenräume für Heizung, Wasserversorgung, Beleuchtung und Ventilation. Man legt die Kasernen möglichst zurückgezogen an; in den Forts befinden sie sich unter den Kehlwällen und enthalten den Haupteingang in das Werk. Mit den vorderen Bereitschaftsräumen verbinden sie gesicherte Poternen, mit den Wällen und Hohltraversen gesicherte Treppen.

Wachtkasematten befinden sich teils in den Kasernen, teils liegen sie in der Nähe der Ausgänge und stellen verteidigungsfähige Blockhäuser dar. Die Artillerieräume zur Unterbringung der Munition dienen sowohl dem Gesamt-, als auch dem einzelnen Tagesbedarf; sie sind im ganzen Werke verteilt. Großen Pulvermagazinen giebt man eine besonders gesicherte Lage und Bauart.

4. Die Anlage innerer Abschnitte soll das Festsetzen und Ausbreiten im Inneren erschweren und eine Wiedereroberung erleichtern; sie ist für Forts ohne Zweifel vorteilhaft. Solche Reduits müssen aus möglichst selbständig gemachten, sturmfreien Wällen bestehen, die auch die Hohlräume für den ruhenden Teil der Besatzung aufnehmen.

5. Über den Beobachtungs- und Nachrichtendienst ist schon oben gesprochen, wir wollen hier nur noch einiges über die Eingänge oder Thore hinzufügen.

Die Friedenseingänge sollen vor allen Dingen einen bequemen Verkehr ermöglichen. Sie müssen daher weit sein und dürfen keine größeren Steigungen haben. Poternen werden selten angewandt; meist hat man offene Einschnitte, die durch große Gitter- oder Stahlthore rasch verschließbar sind.

Die Kriegseingänge sollen dem militärischen Verkehre im größten Maßstabe dienen. Bei ihnen ist eine sichere Lage das Haupterfordernis; die Bequemlichkeit der Einrichtung kommt erst in zweiter Linie in Betracht. In der Regel sind es bombensichere, tief gelegene Poternen, deren Mündung aus der Festung dicht über der Grabensohle oder dem Wasserspiegel liegt. Auf chaussierten Brücken oder Dämmen mit so niedriger Oberfläche, daß weder Flankierung noch Sturmfreiheit beeinträchtigt werden, führen sie über den Graben. Über breite Rampen hinweg gelangt man auf einen Waffenplatz mit bogenförmigen Ausgängen nach außen. Der Zugang zu den Grabenübergängen kann mittels einer Zugbrücke aufgehoben werden, die innerhalb der Poterne oder Kehlkaserne liegt und durch Feuerflankierung, sowie einen doppelten Thorverschluß gesichert ist; auch die nach dem Waffenplatz führende Rampe läßt sich durch Gitter absperren. Ein eisernes Gitter mit Thor, mitunter auch ein festes Stahlthor in einer Hindernismauer schließt den Ausgang aus dem Waffenplatze ab, der von einem Blockhaus aus verteidigt wird.

Nebenkriegs- und Ausfallthore in der Umwallung dienen dem kleineren militärischen Verkehr; von ihnen aus kann man über den Graben hinweg zu Rampen oder Treppen an der Kontreskarpe gelangen.

6. Die Hilfsmittel zur Erneuerung zerstörter Hindernisse und Deckungen

bestehen in Baustoffen aller Art, wie Holz- und Strauchmaterialien, Gittern, Wellblechen, Draht u. s. w. Dieselben müssen auf Stapel- und Depotplätzen zweckmäßig und bequem gelagert sein; die nötigen Werkstätten dürfen nicht fehlen und an erforderlichen Maschinen und Werkzeugen nichts zu wünschen übrig lassen.

B. **Befestigungen mit einer Verteidigungslinie.** Solche findet man fast nur bei kleinen Plätzen. Statt der beiden Verteidigungszonen haben sie nur eine geschlossene Umwallung, die stark genug ist, dem förmlichen Angriff widerstehen zu können. Im übrigen sind alle Anordnungen nach den gleichen Gesichtspunkten getroffen wie bei den großen Waffenplätzen.

C. **Sperrforts.** Sperrforts dienen dazu, notwendige Straßen und Zugänge unpassierbar zu machen; sie liegen sowohl im offenen Gelände, als auch im Gebirge und bilden selbständige sturmfreie Posten; ihre Größe und Kampfmittel bestimmen die örtlichen Verhältnisse. Da sie in der Regel nur von einer Seite einen Angriff zu befürchten haben, müssen sie an dieser besonders stark sein, vor allem an Artillerie. Im offenen Lande sperren sie meist Eisenbahnen und wichtige Straßen. Eine Umgehung ist hier leichter zu befürchten als im Gebirge, doch ziehen in der Regel nur kleinere Kolonnen vorüber; die großen Truppenmassen müssen die Hauptstraßen passieren, die auf die großen Plätze stoßen und erst geöffnet sein müssen, ehe zur Belagerung der letzteren geschritten werden kann. Vor den feldmäßigen Mitteln haben die Sperrforts völlige Sturmfreiheit, Beherrschung des umgebenden Geländes, starke Artillerie, eine Anzahl gesicherter Hohlräume und gute Proviantierung voraus.

Im Gebirge legt man die Sperrforts nicht auf den Pässen selbst an, sondern am diesseitigen Rande, da, wo sich die einzelnen Debouchées vereinigen. Durch eine derartige zentrale Lage ist es möglich, den einzelnen Kolonnen des Feindes entgegenzutreten, die hier niemals zusammen vorrücken können. In den Pässen werden kleinere Hindernisse zur Sperrung angeordnet und schwächere Beobachtungstruppen aufgestellt, die sich in Batterien oder Blockhäusern verschanzen.

D. **Küstenbefestigungen.** Küstenbefestigungen sind teils an Kriegshäfen und Flottenlagern angelegt, teils sind es befestigte Küstenpunkte.

Die befestigten Kriegshäfen, die Seefestungen, bestehen, abgesehen von den Küstenverteidigungsschiffen, aus:

1. Einer Seefront mit kräftiger Fern- und Nahkampfverteidigung. Erstere soll den Artillerieangriffen der feindlichen Flotte entgegentreten, also vor Beschießung schützen, letztere dient dazu, dem Feinde die Einfahrt zu wehren, seine Landung zu verhindern und einem gewaltsamen Angriff entgegenzutreten; auch soll sie die Ergreifung der Offensive ermöglichen;

2. einer Landfront gegen Angriffe von der Landseite her;

3. einer inneren Umwallung, diese fehlt jedoch meistens;

4. guten Verkehrswegen und einem wohl geordneten Beobachtungs-, Alarmierungs- und Meldedienst;

5. aktiven Kräften zur Abwehr von Landunternehmungen.

Die Fernkampfanlagen der Seefront müssen so liegen, daß sie, obwohl gegen konzentrische Flottenangriffe geschützt, doch noch immer weit genug vorgeschoben sind, das Hafeninnere zu decken und der eigenen Flotte das Auslaufen zu erleichtern, indem sie Flankenstellungen der feindlichen Flotte unmöglich machen; dies geschieht am besten durch Aufstellung von Batterien zu beiden Seiten der Ausfahrt oder auf einzelnen Inseln der Reede. Ihre Armierung muß sehr stark sein. Sie besteht aus schweren Flachbahngeschützen und Mörsern, die selbst gegen eine ziemliche Anzahl von Schiffen wirksam zu kämpfen vermögen, wodurch sich der Nachteil einer ungünstigen Lage der Werke wieder aufhebt, die sich z. B. bei Buchthäfen häufig nicht vermeiden läßt.

Die Nahkampfanlagen sind zurückgezogene Batteriestellungen mit Schnellfeuerkanonen, die zur Flankierung der Seeminenlinien dienen, die in mehreren Reihen angelegt sind. Um Durchbrüche zu verhindern, ist die Einfahrt mit schwimmenden oder festen Sperren versehen; wie z. B. versenkten Schiffen, schwimmenden, durch Ketten verbundenen und verankerten Balken, Tauen, Netzwerk, Ketten und dergl.; in Buchthäfen, wo die Einfahrt breiter ist als in Flußhäfen, werden Wellenbrecher oder Molen angelegt und auf diese Weise eine enge, leicht abzusperrende Durchfahrt hergestellt.

Reichen die Fernkampfanlagen nicht aus, alle für die Landung günstigen Punkte zu bestreichen, so ordnet man Nahkampfstützpunkte an.

Gegen Angriffe der Landarmee oder solcher Truppen, die außerhalb des Bereiches der Küstenwerke gelandet sind, wird eine zusammenhängende Linie angelegt, die genau nach den für die Landbefestigung giltigen Grundsätzen zu erbauen und armieren ist.

Die befestigten Küstenpunkte haben ähnliche Verteidigungsanlagen wie die Kriegshäfen, nur sind dieselben bei letzteren umfangreicher. Da ihnen in der Regel die Aufgabe zufällt, einzelne wichtige Punkte zu sichern oder zu sperren, so tragen sie den Charakter von Küstenforts und sind mit Schnellfeuerkanonen und Infanteriestellungen versehen; liegen sie an besonders gefährdeten Stellen, so giebt man ihnen Panzerung. Gute Verbindungen durch Eisenbahnen, Straßen oder Boote, ferner auch durch Anlagen elektrischer, optischer und Telephon-Stationen sind für sie von größter Wichtigkeit.

Was die Anordnung der Küstenbefestigungen betrifft, so bilden dieselben keine zusammenhängende Linie, sondern sind je nach den örtlichen Verhältnissen mehr oder weniger zahlreich im Gelände verteilt. Die meisten dieser Werke stellen Batterien bar, weil sich Infanteriefeuer gegen Schiffe als wirkungslos erweist; die Nahkampfstützpunkte indessen, sowie die Landfronten und Umwallungen haben auch Infanteriestellungen.

Die Entfernung der Werke voneinander hängt von der Größe und Armierung derselben, sowie von der Beschaffenheit des Geländes ab. Ein unübersichtliches Gelände erfordert enge Zwischenräume; starke Werke können weiter auseinander liegen als schwache. Die Werke dürfen niemals zu groß sein, da sie sonst zu günstige Ziele bilden; allzu kleine Werke wiederum sind deshalb nicht zweckmäßig, weil sie zu zahlreich sein müssen.

Soweit über die Anlagen der permanenten Befestigungen; nunmehr ist noch einiges über ihre Organisation zu erörtern. Die oberste Leitung des militärischen Dienstes einer Festung im Frieden, wie im Kriege ist einem Kommandanten übertragen; in größeren Festungen führt sie ein Gouverneur, dem dann meist noch ein Kommandant unterstellt ist. Dem Gouverneur, bezw. Kommandanten ist ein Festungsstab beigegeben, bestehend aus einem Artillerie- und einem Ingenieuroffizier vom Platz (die im Kriege zum Chef des Stabes beim Kommandeur der Artillerie und der Ingenieure ernannt werden), sowie einem Platzmajor. Den Gouverneuren, bezw. Kommandanten von Straßburg, Metz, Königsberg, Thorn, Mainz und Posen steht noch ein Generalstabsoffizier zur Seite. Für den baulichen Zustand der Befestigung hat die Fortifikation, für Waffen und Munition derselben das Artilleriedepot zu sorgen, die ihren Festungs- und Artilleriedepot-Inspektionen, sowie dem Gouverneur unterstellt sind. Nur ein geringer Teil der anwesenden Truppen gehört zur späteren Kriegsbesatzung, doch müssen selbige bei plötzlicher Gefährdung der Festung, bei Friedensübungen, sogenannten Festungsmanövern, sowie beim Wachtdienst dem Gouverneur jederzeit verfügbar sein.

Der bauliche Zustand und die Bereitschaft einer Festung sind verschieden. Je näher dieselbe der Grenze liegt, umso mehr Kampfbereitschaft wird von ihr verlangt. Wohl wäre es zweckmäßig, alle Festungen jederzeit kriegsbereit zu halten, allein dies läßt sich schon aus pekuniären Rücksichten nicht durchführen. Eine bauliche Vollendung wird gleichfalls allseitig angestrebt, doch auch diese ist der stetig wachsenden Fortschritte der Technik wegen nicht erreichbar. Überhaupt ist eine vollkommen fertige Ausrüstung schon zu Friedenszeiten ein Ding der Unmöglichkeit, schon z. B. das Pulver bedarf einer besseren Lagerung als sie die feuchten, bombensicheren Räume der Festung aufweisen.

Wir kommen nun zu den feldmäßigen Mitteln, die bei denjenigen militärtechnischen Werken oder Arbeiten in Anwendung gebracht werden, die sich im Laufe des Feldzuges für einen möglichst vorteilhaften Truppengebrauch notwendig machen. Sie bestehen in der Regel nur in der weitgehendsten Ausnutzung der Vorteile des Geländes, in Verbesserungen natürlicher Deckungen; wo dergleichen natürliche Hilfsmittel fehlen, werden Bauten errichtet, die man in Anbetracht der Kürze der verfügbaren Zeit aus gerade vorhandenen Materialien, wie Erde, Holz oder Schienen in einfachster Weise aufführt. Hinsichtlich ihres Widerstandsgrades unterscheidet man zwei Arten von Feldbefestigungen, eine sogenannte Schlachtfeld-, Schnell- oder Stegreifbefestigung und eine Positionsbefestigung. Erstere wird von jeder Truppe entweder unmittelbar vor oder während des Kampfes mit den im Augenblicke zur Hand stehenden Mitteln ausgeführt und muß innerhalb weniger Minuten, vielleicht auch einiger Stunden, vollendet sein, letztere nimmt etwas längere Zeit, 1—2 Tage, in Anspruch, zu ihrer Unterstützung werden technische Truppen herangezogen, auch soweit wie möglich entsprechende Hilfsmittel herbeigeschafft. Die hauptsächlichsten Grundsätze, nach denen man beim Gebrauch feldmäßiger Mittel verfährt, sind folgende:

1. Aus den vorhandenen Hilfsmitteln soll soviel wie möglich Vorteil gezogen und in festgesetzter kurzer Frist ein Widerstand geschaffen werden, der den Truppen von Nutzen ist. Die Arbeit soll so fortschreiten, daß sie in jedem Herstellungsstadium brauchbar ist.

2. Die Befestigungen sind da zu errichten, wo sie der Angreifer nicht vermuten wird; bei ihrer Anlage ist zu berücksichtigen, daß, wenn es dem Feinde gelingen sollte, sich ihrer zu bemächtigen, sie ihm doch niemals von Nutzen sein können, daß also dem Verteidiger niemals Schaden durch sie erwachsen kann.

3. Die Herstellungsarbeiten müssen sich der Gefechtsabsicht und der Truppenbewegung unterordnen und sie unterstützen, dürfen sie demnach niemals beherrschen.

4. Die Formen haben sich der Fechtweise anzupassen, müssen möglichst einfach und eines Ausbaues fähig sein und sich auch von der Infanterie herstellen lassen.

5. Die Ausführung hat sowohl zu rechter Zeit, als auch am rechten Orte zu erfolgen. Zu zahlreiche Arbeiten führen zu Mißbrauch der Kräfte, man legt daher nur an den wichtigsten Punkten Feldbefestigungen an.

Die Bedürfnisse der Truppen bestehen in Unterkunft, Wasser, Feuerung, Lebensmitteln und Ruhelagern. Am besten befriedigen dieselben die Ortschaften, wo aber solche nicht vorhanden sind, muß man zu Behelfsbauten schreiten, Biwaks oder Lagern, die mit dem gemeinsamen Namen Lagerbauten bezeichnet werden. Diese enthalten Unterkunftsräume, Kocheinrichtungen, Wasserversorgungs- und Abwässerungsanlagen. Was ihre Ausstattung und ihren Umfang anbetrifft, so richten sich diese nach der Dauer der Unterkunft, der Jahreszeit und den verfügbaren Hilfsmitteln. Vor allem ist Sorge zu tragen, daß die Truppen so rasch als möglich Ruhe, Schutz gegen die Witterung und warmes Essen erhalten.

Einfachere Anlagen eines Biwaks für vorübergehende Benutzung stellt sich jeder Truppenteil selbst her. Bei größeren, schwierigeren Arbeiten werden Pioniere, sogar Zivilarbeiter herzugezogen, die entweder die ganze Ausführung übernehmen oder nur als Vorarbeiter und Bauleiter dienen.

Sehr sorgfältig bedacht muß die Auswahl der Plätze sein. Die erste Hauptbedingung ist genügender Raum. Sodann kommt die taktische Lage in Betracht. Der Platz darf nicht weit entfernt von der Hauptstraße liegen und soll mit dieser durch gute oder leicht herzustellende Wege in Verbindung stehen. Ein guter Abschnitt gegen plötzlichen Angriff muß nahe sein, z. B. dürfen sich die Truppen niemals hinter der Stellung lagern, in der man sich schlagen will. Der Lagerbau hat sich der Einsicht des Feindes zu entziehen, vorteilhaft sind für ihn ein ungangbares Gelände, sowie Hindernisse in der Flanke, wohl auch in der Front, dagegen soll nach hinten zu volle Gangbarkeit vorhanden sein; auch ist die Möglichkeit einer raschen Einrichtung ohne späteres Verschieben erforderlich. Man wähle stets einen trockenen Untergrund, niemals Wiesen, sondern festen Boden, wie Ackerland, lichten Hochwald u. s. w.; eine bequeme und genügende Wasserversorgung, am besten durch fließendes Gewässer mit möglichst kiesigem Untergrunde, sowie eine gute Abwässerung, namentlich bei feuchter Witterung, dürfen niemals fehlen. Sehr vorteilhaft ist es, wenn Bergabhänge, Waldsäume oder dergl. vor Wind und Wetter Schutz gewähren.

Wir gehen nun auf die Einrichtungen etwas näher ein und betrachten zunächst die Unterkunftsräume. Als einfachste Lagerstatt dienen die tragbaren Zelte, die bei guter Jahreszeit auch für längeren Aufenthalt ausreichend sind; fehlen solche in der Ausrüstung der Truppen, so müssen sie durch Windschirme ersetzt werden. Letztere bestehen aus niedrigen, halbkreis- oder kreisförmigen, auch in flachem Bogen geführten Stroh-, Strauch- oder Schilfwänden; sie sind für eine Korporalschaft, einen Halbzug oder Zug bestimmt und stehen nicht selten mit einem Wärmefeuer in Verbindung. Wo neben reichlichem Eindeckungsmaterial auch Stangen nicht fehlen, benutzt man pultdachförmige Schirme, die mit ihren eingedeckten Seiten in Reihen gegen den Wind nebeneinander stehen und auf je 4 Schritt Länge für 5—6 Mann Lagerraum bieten.

Wenn es in Lagern, sowie überhaupt für längeres Lagern im Freien bei ungünstiger Witterung an Zelten fehlt, und auch Material zum Barackenbau nicht vorhanden ist, so legt man allseitig geschlossene Lagerhütten an, die am einfachsten aus Brettern zusammengenagelt werden. Während alle diese Bauten noch von der Infanterie herzustellen sind, können die in die Erde versenkten Winterlagerhütten nur von Pionieren angelegt werden.

Für ein größeres Truppenlager von längerer Dauer kommt der Barackenbau in Anwendung. Die Truppen führen eine Anzahl zerlegbarer Wohnbaracken mit, doch werden auch behelfsmäßige Baracken errichtet, für die die Herbeischaffung größerer Mengen Baumaterial erforderlich ist, wobei etwaige vorhandene Sägemühlen, Zimmerplätze und dergl. sehr zu statten kommen. Um einen zweckmäßigen, zimmermannsähnlichen Bau aufführen zu können, müssen technisch gebildete Leiter herzugezogen werden, die Unterstützung von Zivilkräften als Vorarbeiter wird gleichfalls von großem Vorteil sein.

Pferdestände, die einer besseren Ausstattung bedürfen, erhalten gleichfalls Barackenform. Sie sind ein- oder zweireihig und mit Stallgang versehen. Für ganz vorübergehende Zwecke errichtet man einfache, an der Kopfseite geschlossene Schutzdächer, sodaß Bedienung, Futter und Sattelzeug gegen Witterungseinflüsse geschützt sind. Wo es möglich ist, wird die Ausnutzung vorhandener Gebäude das vorteilhafteste sein.

Sollen die Mannschaften gesund bleiben, so ist eine gute Zubereitung der Lebensmittel erforderlich. Eine sehr vorteilhafte Form der Kocheinrichtungen sind die Kochlöcher mit Sitzgräben, die bei felsigem oder nassem Untergrunde durch flache Kochgräben ersetzt werden, die man für je eine Korporalschaft in der Windrichtung anlegt. Bei andauernder Lagerung in Lagern stellt man eine Anzahl größerer Kochgefäße nebeneinander auf und überdacht sie so, daß der Rauch auf einer Seite abziehen kann, wobei das Feuer unter den Kesseln in Kochlöchern brennt. Wenn eine gemeinschaftliche Speisenzubereitung für Kompanien oder größere Verbände stattfindet, errichtet man Kochherde für mehrere Kessel, die aus Ziegel- oder Lehmsteinen mit Lehmmörtel, nötigenfalls auch aus Feldsteinen oder Rasen- packung oder aus sehr festem Boden hergestellt werden.

Die Wasserversorgung muß genau geregelt und durch Wegweiser bezeichnet sein. Tränkstellen sollen gute, breite Au- und Abmarschwege haben. Sind keine fließenden Gewässer vorhanden, so wird die Anlage feldmäßiger Brunnen not- wendig. Bei tiefliegendem Grundwasser erweisen sich abessinische Röhren- brunnen vorteilhaft, die bis 6 Meter tief in die Erde eingerammt werden.

Eine Abwässerung sämtlicher Bauten, Plätze u. s. w. wird durch die Anlage kleiner, flacher Gräben herbeigeführt, zuweilen werden auch noch besondere Sicker- oder Sammellöcher angeordnet. Sorgfältigste Reinhaltung ist in keinem Lager außer acht zu lassen. Trotzdem wird der Erdboden nach einiger Zeit ungesund, sodaß man das Lager verlegen muß.

Wichtig für die Schlagfertigkeit der Armee ist ferner das Vorhandensein guter, zahlreicher Verkehrsstraßen. Die feldmäßigen Wegearbeiten umfassen Landwege, Wasserwege und Brückenbauten und können im Aufsuchen und Bezeichnen zu benutzender Wege, in Verbesserungen derselben, sowie in Neubauten bestehen. Das Material, das dabei in Anwendung kommt, besteht in gerade verfügbaren Baustoffen. Jede Truppe muß im stande sein, Wegearbeiten vorzunehmen; die Infanterie ver- mag flüchtige Wegebesserungen selbständig auszuführen, bei schwierigeren Arbeiten bedarf es der Unterstützung und Leitung der Pioniere. Die Kavallerie wird, so weit es thunlich ist, schlechte, ungangbare Wege vermeiden; die Artillerie unterstützen in der Regel Hilfskräfte aus anderen Waffen, vor allem der Infanterie.

Was die Eisenbahnen betrifft, so kommen bei Vollspurbahnen nur flüchtige Wiederherstellungen in Betracht, die nichts weiter als eine Überführung einzelner beladener Wagen in langsamer Fahrt ermöglichen sollen. Alle größeren Arbeiten sind rein technischer Art, tragen keinen feldmäßigen Charakter mehr und werden von den Fachtruppen ausgeführt.

Ähnlich ist es mit den Schmalspur- oder flüchtigen Feldbahnen. Auch bei ihnen sind ausgedehntere Anlagen von den Eisenbahntruppen herzustellen; ein Umlegen schon vorhandener Bahnen kann indessen auch durch andere Truppen erfolgen.

Die Schmalspur- oder flüchtigen Feldbahnen bilden äußerst wichtige Hilfsmittel im Kriege. Sie schließen sich stets an die Endpunkte der Vollspurbahnen an und dienen als Ersatzmittel für die Armeefuhrwerke, deren Beförderungsfähigkeit oft viel zu wünschen übrig läßt. Trotz Wahrung größtmöglichster Betriebssicherheit und Leistungsfähigkeit muß auf eine äußerst schnelle Herstellungsweise Gewicht gelegt werden; für das ganze System ist die größte Einfachheit und Leichtigkeit des Materials maßgebend.

Gewöhnlich wendet man den sogenannten Bau vor Kopf an. Bei demselben werden die Bauteile auf den im Bau begriffenen Gleisen auf Feldbahnwagen zum Einbau vorgeschoben; etwaige Dämme, Einschnitte oder Brücken müssen zuvor fertig sein. Als Auflager erweist sich ein mäßig festes Ackerland am vorteilhaftesten; es ist selbst harten Straßen vorzuziehen, weil sich die Gleise auf ersterem besser befestigen lassen. Ortschaften soll die Bahn möglichst umgehen. Eine genügende Anzahl Weichen und Ausweichestellen ist Haupterfordernis. Längere Feldbahnen erhalten Fernsprechanlagen. Je nach Bauweise und Tragfähigkeit der Feldbahnwagen dienen Lokomotiven oder Pferde als Verkehrsmittel.

Eine Art von Transportwegen, bei denen es weniger auf Schnelligkeit ankommt, sind die Wasserwege. Sie nehmen den Eisenbahnen die Leertransporte ab und dienen auf den rückwärtigen Linien zur Verbindung mit der Heimat und zum Transport von Verpflegungsmitteln, Belagerungsmaterial, sowie Kranker und Verwundeter. Bei ihnen ist vor allem die Beschaffung und Einrichtung der Schiffsgefäße von Wichtigkeit. Ferner müssen Einsteigerampen, Beladungsvorrichtungen, wohl auch Lein- und Treidelpfade, Kohlenstationen und Wasserversorgungs-Einrichtungen angeordnet werden. Hindernisse im Fahrwasser, wie Untiefen, Steine, Sperren u. s. w. sind zu beseitigen.

Ebenso, wie Arbeiten zur Hebung des Verkehrs nötig werden, kommen andererseits auch feldmäßige Mittel für Wegunterbrechungen in Anwendung. Solche Anlagen heißen Sperren; wenn sie durch unmittelbare Zerstörungen hervorgebracht sind, Beseitigungen.

Reparaturen an Fahrzeugen können gleichfalls häufig im Felde notwendig werden, jede Truppe muß daher befähigt sein, dergleichen Behelfsarbeiten, wie rasches Aufheben umgestürzter Fahrzeuge, Ausbessern von Deichseln, Ersetzen beschädigter Räder durch Schleppbäume und ähnliches vorzunehmen.

Für den Beobachtungs= und Nachrichtendienst kommen ungefähr dieselben Mittel in Betracht wie bei der permanenten Befestigung.

Im Bewegungs= und Stellungskriege treten den Truppen sehr häufig Hindernisse, d. h. Anlagen oder Geländeteile entgegen, die ihre Bewegungen erschweren oder gänzlich ausschließen. Man unterscheidet relative und absolute Hindernisse. Erstere lassen sich bei Anwendung entsprechender Maßregeln mehr oder weniger leicht überwinden, letztere sind gänzlich unüberschreitbar.

Das Überwinden von Hindernissen besteht in geschickter Ausnutzung und Verstärkung vorhandener, oder in der Anlage neuer, vielleicht auch nur der Wiederherstellung zerstörter Übergänge. Ist es ohne zu große Zeitverluste oder bedeutende Umwege möglich, so soll dies außerhalb des Feuerbereiches des Gegners geschehen, denn das Arbeiten im feindlichen Feuer bietet weit größere Schwierigkeiten. Natürliche Hindernisse lassen sich im allgemeinen leichter überwinden als künstliche. Erstere können bestehen in Wasserlinien, Sumpf= oder Weichland, dichter Wäldern oder Erdbrändern, letztere sind sehr verschiedenartig.

Zum Schlusse seien noch diejenigen feldmäßigen Befestigungen erwähnt, die unmittelbar für das Gefecht erforderlich sind. Sie zerfallen in Angriffsarbeiten und Verteidigungseinrichtungen. Erstere bestehen in der Hauptsache im Ausheben von Schützengräben, die beim Angriff auf befestigte Stellungen und von Festungen den Namen Laufgräben führen, sowie im Überwinden oder Beseitigen von Hindernissen; letztere umfassen das Einrichten des Schußfeldes, die Erhöhung schon vorhandener Übersicht, endlich das Anbringen oder Beseitigen von Bewegungshindernissen.

Die provisorischen Befestigungen endlich werden frühestens bei Eintritt der Mobilmachung begonnen, zu ihrer Fertigstellung bedarf es etwa eines Zeitraumes von wenigen Wochen. Da sie weniger Widerstandsfähigkeit besitzen als permanente Befestigungen, so muß dieser Mangel an passiver Stärke durch aktive Kräfte und wirkungsvolle Armierung ersetzt werden, b. h. die Befestigungen müssen eine zahlreiche, energische Besatzung erhalten, die durch geeignete Waffen unterstützt wird. Nichtsdestoweniger werden die Behelfsbefestigungen jederzeit unvollkommene Verteidigungsmittel bleiben, weil ihnen eine genügende materielle Sturmfreiheit fehlt.

In unserer modernen Kriegführung haben die provisorischen Mittel geringer Wert, Neubauten kommen nur selten noch vor, die Einführung der Panzerausrüstung verdrängt sie mehr und mehr. Permanente große Festungen durch Behelfsbauten zu ersetzen, hält man jetzt allgemein für unzweckmäßig; letztere kommen nur noch bei Örtlichkeiten von geringerer, vorübergehender Bedeutung in Betracht, deren dauernder Besitz vielleicht erst beim Eintritt bestimmter politischer oder kriegerischer Ereignisse wünschenswert erscheint, wenn es dann zur Anlage permanenter Befestigungen an Zeit und Mitteln gebricht. Ziemlich häufig dagegen werden Behelfsmittel zur Vervollständigung ständiger Befestigungen in Anwendung gebracht. Entweder errichtet man reine Behelfsbauten im Anschluß an permanente Befestigungen, wie z. B. Munitions- und Unterkunftsräume auf dem Kampffelde, die im Frieden vielleicht nicht fertig gestellt werden konnten, weil man über die Angriffsrichtung nicht im klaren war, oder man wendet provisorische Mittel zur Vollendung unfertiger permanenter Anlagen an, indem man etwa fehlende Bereitschafts- oder Schutzhohlräume errichtet, Walllücken schließt u. s. w.

Die bei der provisorischen Befestigung in Anwendung kommenden Mittel sind teils der Feld-, teils der permanenten Befestigung entlehnt. Sie bestehen in Erde und Holz, sowie widerstandsfähigeren Materialien, als Winkeleisen, gebogenen Wellblechen u. s. w., vor allem aber in Beton. Durch die Verbindung von Eisen, Betonschutzschichten und Sandzwischenlagen sucht man den Mauerbau, der viel mehr Zeit erfordert, zu ersetzen. Man erreicht auch eine gewisse Schußsicherheit bei zweckentsprechender Konstruktion, auf Bombensicherheit muß man indessen verzichten.

II. Das Kriegsweſen zu Waſſer.

Einleitung.

Die Kriegsmarine iſt eins der wichtigſten Inſtitute der modernen Staatskunſt Ohne eine bewaffnete Seemacht iſt es unmöglich das aufrecht zu erhalten, was unſeren nationalen Reichtum zum großen Teile mit bedingt: Die Produktion mit der Notwendigkeit des Austauſches der Produkte, die Schiffahrt, welche dieſen vermittelt, und die Kolonien, durch die der Seeverkehr erleichtert und im Notfalle beſchützt und verteidigt wird. Die produktive Thätigkeit unſeres Vaterlandes iſt ſeit der Begründung des deutſchen Reichs eine enorme, und ohne den Export nach fremden, überſeeiſchen Weltteilen würde bald eine erhebliche Überproduktion den nationalen Wohlſtand gefährdet haben; unter dieſer Initiative wurde der überſeeiſche Export ins Leben gerufen, der, keine Schöpfung des modernen Lebens, im Gegenteil ſchon ſehr alt iſt. Was aber ſein ungeſtörtes Gedeihen in unſerer Zeit ſo ſehr begünſtigt, iſt der Schutz, den ihm die bewaffnete Seemacht gewährt. Die Reiſen der Handelsſchiffe waren lang und gefährlich, und die Meere wimmelten oft von Feinden; ſeit aber die Handelsflotte unter dem ſchützenden Panier unſerer deutſchen Kriegsflagge die Ozeane nach allen Richtungen durchſchneidet, ſind ſolche Gefahren gewichen.

Unter denſelben Intentionen entſtanden die Forderungen, längs der Handelswege Stationen zu beſitzen, die, in erſter Linie zwar Handelsſtationen, außer ihrem handelspolitiſchen, vor allem aber auch einen militäriſchen Wert für den Seehandel haben ſollten, indem ſie im Auslande ſeine Intereſſen wahren; dieſe Forderung führte zur Gründung der Kolonien, Anſiedelungen unſeres Vaterlandes, die ſeinen Reichsangehörigen auch auf fremdem Grund und Boden den ſtaatlichen Schutz verbürgen.

Über die **Geſchichte der Schiffahrt** lies Bd. VII. S. 462 nach!

A. Die Organisation des Kriegswesens zu Wasser.

1. Die Kriegsschiffe.

a. Einteilung der Kriegsschiffe.

In früheren Zeiten, und zwar bis in unser Jahrhundert hinein, bestanden die Kriegsflotten aus: Linienschiffen, Fregatten, Korvetten, Briggs, Schonern, Kuttern und Kanonenbooten. Alle diese Fahrzeuge waren bedeutend kleiner als diejenigen, die gegenwärtig ihre Stelle einnehmen; Schiffe von 4—5000 Tonnen Wasserverdrängung, die ehemals durch ihre Größe Aufsehen erregten, müssen sich jetzt zu den kleinsten Schlachtschiffen rechnen lassen.

Die Linienschiffe bestanden aus Holz und wurden in Zwei- und Dreideckerlinienschiffe eingeteilt, je nachdem sie mit zwei oder drei übereinanderliegenden Decks versehen waren. Die Decks boten Raum für 60—130 schwere Geschütze, deren Anzahl in der Regel mit in die Benennung eingeschlossen wurde. So sprach man z. B. von einem „Zweidecker-Linienschiff von 74 Kanonen". Die Linienschiffe, deren Besatzung aus 600—1300 Mann bestand, bildeten die Schlachtlinien und werden jetzt durch die Panzerschiffe ersetzt.

Die Fregatten, die besten Segler der ehemaligen Flotten, wurden anfangs aus Holz, später aus Eisen hergestellt. Auf dem sogenannten Batteriedeck wurden bis 50 schwere Geschütze, auf dem Oberdeck außerdem noch mehrere leichtere untergebracht. Den Dienst der Fregatten, deren Typus in unseren Panzerfregatten noch heute zu finden ist, verrichten zur Zeit die Kreuzer.

Die Korvetten standen im Rang hinter den Fregatten zurück. Sie enthielten höchstens 28 Geschütze, die nicht gedeckt, sondern frei auf dem Verdeck aufgestellt waren.

Die Brigg nahm nicht mehr als 24 Geschütze auf. Sie war eine Zeitlang im Seegefecht von großer Bedeutung, ist jetzt aber nur noch als Schulschiff in Gebrauch.

Der Schoner, ebenfalls ein kleineres Schiff, wurde mit Vorliebe als Kaperschiff verwendet. Unter der letztgenannten Bezeichnung ist kein eigentliches Kriegsschiff, sondern ein Privat-Fahrzeug zu verstehen, dem von der Regierung ein Kaperbrief ausgestellt worden war, d. h. eine Vollmacht, die es berechtigte, in allen Meeren feindliches Eigentum wegzunehmen oder zu vernichten.

Der Kutter, noch kleiner als die beiden oben genannten Fahrzeuge, spielte gegen den Ausgang des vorigen und noch am Anfang unseres Jahrhunderts als Kriegsschiff eine ziemlich große Rolle.

Für den Küstenkrieg waren schon damals Kanonenboote gebräuchlich. Dieselben zerfielen in solche, die ein schweres Geschütz trugen und Kanonenjollen hießen, und in solche, die einen Mörser mit sich führten und Bombardenfahrzeuge genannt wurden. Schließlich müssen wir auch der Vorgänger unserer Torpedoboote, der sogenannten **Brander**, gedenken. Dieselben waren mit leicht brennenden Stoffen gefüllt und wurden benutzt, um feindliche Schiffe anzuzünden und dadurch zu zerstören.

Bei den bedeutenden Fortschritten, die im Laufe des letzten Jahrhunderts in der Entwickelung des Artilleriewesens gemacht worden sind, konnte man auch in Beziehung auf die Erbauung der Kriegsschiffe nicht auf dem alten Standpunkte stehen bleiben. Ein Schiff, zu dem in der Hauptsache Holz als Baumaterial Verwendung gefunden hatte, konnte wohl einem Angriff mit Vollkugeln geraume Zeit widerstehen, ließen sich die Lücken, die von diesen geschlagen worden waren, doch häufig ohne größere Schwierigkeiten zustopfen. Je mehr aber die Sprenggeschosse in Aufnahme kamen, umso weniger konnten die alten Kriegsschiffe ihre Aufgabe erfüllen; die hölzernen Wände waren nicht fähig, der Wirkung dieser Geschosse lange Stand zu halten. Als dann auch noch gezogene Geschützrohre angewendet wurden, erwiesen sich selbst Eisenschiffe als zu wenig widerstandsfähig.

Man suchte deshalb die Schiffswände durch eine Bekleidung von starken Eisenplatten vor dem Eindringen der so großes Unheil anrichtenden Geschosse zu bewahren, und in den fünfziger Jahren wurden nach vielen mit dieser Neuerung in Zusammenhang stehenden Versuchen die ersten **Panzerschiffe** erbaut. Nach Einführung der Panzerung, die anfangs kaum 120 Millimeter stark war, sah man sich natürlich gezwungen, die Durchschlagskraft der Geschosse wesentlich zu erhöhen, und dies hatte wieder mehrmalige Verstärkungen der Panzerplatten, die schließlich eine Dicke von 600 Millimeter erreichten, zur Folge. Gegenwärtig ist man jedoch zum Teil auf eine geringere Stärke zurückgekommen, da man den Platten durch die verbesserte Herstellungsweise eine größere Widerstandsfähigkeit zu geben vermag.

Die Panzerung und die schweren Geschütze haben im Verein mit den Dampfmaschinen, die in die Schiffe eingebaut wurden, mit den Kohlenbunkern (Kohlenräumen), die zur Aufnahme des zum Maschinenbetrieb nötigen Feuerungsmaterials bestimmt sind, u. a. bei den betreffenden Fahrzeugen eine bedeutende Zunahme der Größenverhältnisse veranlaßt.

So besteht denn heutigen Tages die eigentliche Schlachtflotte aus Panzerschiffen. Diese sollen in künftigen Seekriegen hauptsächlich zur Verwendung kommen und sowohl zum Kampf auf hoher See, als beim Angriff auf feindliche Küsten benutzt werden. Zur Einholung von Nachrichten und zur Sicherung werden dieser Flotte, der man auch den Namen „Panzerflotte" beilegt, Kreuzer, Avisos und Torpedoboote zugesellt.

Zur **Kreuzerflotte**, die den Kundschafterdienst, die Wegnahme feindlicher Handelsschiffe auszuführen hat, und im Frieden einzelne oder eine größere Anzahl ihrer Fahrzeuge entsendet, um den auswärtigen Dienst zu versehen, gehören

Korvetten, Fregatten, deren Verwendung aber in Abnahme begriffen ist, und Kanonenboote. Gegenwärtig wird besonders großer Wert auf Panzerkreuzer und kleinere Panzerdeckkreuzer, welch' letztere als Avisos gebraucht werden können, gelegt. Im Bedarfsfalle werden die großen Post-Schnelldampfer durch Ausrüstung mit leichten Geschützen zu Hilfskreuzern umgestaltet.

Die Bezeichnung Aviso wird von den beweglichen, schnellen Dampfern der Kriegsmarine geführt, die, mit leichter Bewaffnung versehen, Nachrichten-, Vorposten- und Depeschendienste leisten.

In flachem Wasser und in den Mündungen der Flüsse muß sich der Kreuzer, der unter besonderen Verhältnissen wohl auch die Aufgabe eines Kampfschiffes erfüllen kann, von einem großen Kanonenboot vertreten lassen. Die Kanonenboote bilden in Gemeinschaft mit schwimmenden Batterien und Torpedobooten die Küstenverteidigungsflotte.

Die Torpedoflottille, ein wichtiger Teil der heutigen Kriegsflotten, zeichnet sich namentlich in Deutschland und Rußland durch ihre Größe aus. Die Torpedoboote sind mit Röhren versehen und enthalten unterseeische, im Kopfteil mit Sprengstoffen gefüllte Geschosse, die aus den Rohren lanciert (geworfen, hier ausgestoßen) werden und die feindliche Schiffe, auf die sie auftreffen, kampfunfähig machen oder vernichten. Außerdem tragen die Torpedoboote leichte Schnellfeuergeschütze. Die größeren Boote haben den Zweck, feindliche Torpedoboote zu jagen und die kleineren mit Besatzung und Material zu versorgen, hauptsächlich aber denselben als Führer zu dienen. Sie tragen die Bezeichnung „Torpedodivisionsboote".

Auf den Schulschiffen werden Kadetten, Maschinisten, Heizer und Schiffsjungen auf ihren Beruf vorbereitet. Transportschiffe sind nötig, um die Schlachtschiffe mit Besatzung und Material zu versorgen. Ferner verfügen die Kriegsmarinen über Kasernen- und Hospitalschiffe, Lotsenfahrzeuge, Schleppdampfer, Prahme (flache Arbeitsfahrzeuge) und dergl.

Die deutsche Kriegsmarine zählt zur Zeit zu ihrem schwimmenden Material 20 Panzerschiffe, und zwar sieben I., fünf III. und acht IV. Klasse; die Panzerschiffe II. Klasse sind gegenwärtig bei den Kreuzern eingereiht (s. w. u.). Bei Bestimmung der Klasse ist die verdrängte Wassermasse, das Deplacement, maßgebend. Die Panzerschiffe I. (Deplacement 10 000 Tonnen und darüber), II. (Deplacement 7500—10 000 Tonnen) und III. Klasse (Deplacement 5000 bis 7500 Tonnen) gelten als Hochsee-Panzer oder Linienschiffe, die der VI. Klasse (Deplacement 3000—5000 Tonnen), sowie die Panzerkanonenboote als Küstenpanzer. Durch das Flottengesetz ist zur Vervollständigung der Panzerflotte die Herstellung weiterer sieben erstklassiger Schiffe, die bis 1903 vollendet sein sollen, genehmigt worden.

Die sieben Panzerschiffe I. Klasse sind: „Kaiser Friedrich III.", „Kaiser Wilhelm II.", „Ersatz König Wilhelm", „Brandenburg", „Weißenburg", „Kurfürst Friedrich Wilhelm" und „Wörth".

Die vier zuletzt angeführten sind sämtlich schon in den Jahren 1891/92 vom Stapel gelaufen, waren bis vor kurzem die größten und stärksten unserer modernen Schiffe und bilden zusammen die Brandenburgklasse, d. h. sie sind Schwesterschiffe, und zwar nach dem Muster des Panzers „Brandenburg", Fig. 78, erbaut. Während dieser jedoch mit Platten aus Kompound (Stahl und Eisen) bekleidet ist, konnten die drei anderen Schiffe mit einem Nickelstahlpanzer versehen werden, da man noch mit ihrer Herstellung beschäftigt war, als es den Fachleuten gelang, die neuen Panzerplatten in befriedigender Weise anzufertigen. Die Stärke des Gürtelpanzers beträgt 300—400, die des horizontalgewölbten Panzerdecks etwa 65 Millimeter. Von letzterem aus gehen gut gesicherte Telegraphen und Sprachrohre nach dem Kommandoturm, der durch Panzerplatten von 300 Millimeter Stärke geschützt ist.

Jedes der vier Schiffe hat vorn, hinten und in der Mitte einen stark gepanzerten Geschützturm, jeder der drei Türme enthält zwei lange 28 Zentimeter-Geschütze, die zusammen auf einer Drehscheibe stehen. Um die Geschütztürme bewegen zu können, hat man hydraulische Maschinen angebracht; außerdem sind Kurbeln vorhanden, die im Notfalle das Drehen mit der Hand ermöglichen. Der Panzer der Geschütztürme ist 300, die Kuppel der Türme, die die Bedienung sicher stellen soll, 120 Millimeter stark. Die im Dach befindlichen Geschützscharten sind so groß, daß der Pulverdampf dort einen hinlänglichen Ausweg findet. Zu jedem Schiffe gehören, außer den oben erwähnten Kanonen, sechs Schnellfeuergeschütze von 10,5 und acht von 8,8 Zentimeter Kaliber, ferner zwölf 3,7 Millimeter-Maschinen-kanonen, acht 8 Millimeter-Maschinengewehre und sechs Torpedorohre, zwei am Bug, vier in der Breitseite. Die Maschinengewehre sind in eisernen Marsen (Mast-körben), die an zwei Gefechtsmasten befestigt sind, aufgestellt.

Die Länge eines solchen Schiffes beträgt 108, die Breite 19,5, der Tiefgang 7,4 Meter und die Wasserverdrängung 10 000 Tonnen. Die Maschinen, die aus 12 Kesseln mit Dampf versorgt werden, leisten etwa 10 000 PS i.*) und sollen den Schiffen eine Geschwindigkeit von 17 Knoten**) in der Stunde verleihen. Wie bei sämtlichen modernen Panzerschiffen ist das Doppelschrauben-System zur Anwendung gekommen. Die beiden Dampfsteuerapparate, die voneinander unabhängig sind, werden durch Dampfkraft zur Thätigkeit veranlaßt. Dieselbe Kraft wird benutzt, um die Beiboote zu heißen und die verschiedenen

---

*) PS i. = indizierte (wirklich geleistete) Pferdestärke oder Pferdekraft; unter Pferdekraft versteht man die Kraft, die nötig ist, um 75 Kilogramm in einer Sekunde einen Meter hoch zu heben.

**) Knoten = eine Seemeile oder 1,852 Kilometer.

Pumpen und Aufzüge, die man jedoch auch mit der Hand bewegen kann, in Betrieb zu setzen.

Derartige Hilfsmaschinen, sowie Dampfheizung, elektrische Beleuchtung, Scheinwerfer u. s. w. sind überhaupt bei allen in der neueren Zeit erbauten Schiffen in Gebrauch; ihr Vorhandensein wird deshalb nicht jedesmal besonders hervorgehoben werden. Auch weisen alle neuen Kriegsschiffe Doppelwände und im Zwischenraum eine Menge wasserdichter Zellen auf. Durch diese Einrichtung bleibt, wenn Schiffswand oder -boden beschädigt werden sollte, das Eindringen des Wassers auf die nächste Umgebung des Lecks beschränkt. Zur weiteren Sicherung werden die Schiffsrümpfe oft in wasserdichte Querabteilungen getrennt; der stählerne Körper der die Brandenburgklasse bildenden Schiffe hat deren zwölf. Ferner sind diese wie andere moderne Schiffe mit einem Kofferdamm (Korkgürtel), der sich über dem Panzerdeck hinzieht, versehen; derselbe besteht aus Korkstücken und Marineleim und ist so elastisch, daß sich die Löcher, die von eingeschlagenen Treffern verursacht werden, von selbst wieder schließen.

„Brandenburg" und „Weißenburg" wurden in der Stettiner Vulkanwerft, „Kurfürst Friedrich Wilhelm" auf der Kaiserlichen Werft zu Wilhelmshaven und „Wörth" auf der Werft „Germania" in Kiel erbaut. Alle vier bestehen durchweg aus deutschem Material und können 556 Mann Besatzung und 680 Tonnen Kohlen mit sich führen.

Die drei zuerst genannten erstklassigen Panzerschiffe, deren Bau erst vor wenig Jahren in Angriff genommen worden ist („Ersatz König Wilhelm" ist noch nicht vollendet), werden die neue Kaiserklasse bilden; sie sind die größten und stärksten Schiffe der deutschen Flotte, nämlich 115 Meter lang und 20,4 Meter breit, haben 7,8 Meter Tiefgang und weisen auch sonst in vielen Beziehungen Abweichungen von den Schiffen der Brandenburgklasse auf. Sie tragen keinen vollen Gürtelpanzer, vielmehr reicht der 300 Millimeter starke Panzer nur bis an das Heck (Hinterteil des Schiffes); hinten ist eine Querpanzerwand angebracht. Das Panzerdeck ist bei dem durch den Gürtelpanzer geschützten Schiffsteil 65, im übrigen 75 Millimeter stark; unter dem stärkeren Teile befindet sich die Steuervorrichtung. Das Deplacement beträgt 11 000 Tonnen.

Jedes dieser neuen Schiffe, bei denen man so viel wasserdichte Abteilungen angebracht hat, als möglich war, ohne den zwischen den verschiedenen Räumen nötigen Verkehr zu beeinträchtigen, ist mit einer großen Anzahl von Geschützen versehen, die auf das zweckmäßigste in der gewaltigen schwimmenden Festung verteilt sind. Zunächst sind in den zwei gedeckten Türmen, die mit 250 Millimeter starkem Panzer bekleidet sind, vorn und achtern (hinten) je zwei 24 Zentimeter-Geschütze aufgestellt. Die mittlere Armierung besteht aus achtzehn Schnellfeuergeschützen von 15 Zentimeter Kaliber, und zwar sind sechs Stück auf dem Oberdeck in Drehtürmen mit 100—150 Millimeter starkem Panzer, zwölf in gepanzerten Kasematten untergebracht. Außerdem sind zwölf Schnellfeuergeschütze von 8,8 Zentimeter, zwölf von 3,7 Zentimeter, acht Maschinengewehre von 8 Millimeter Kaliber und sechs Torpedorohre vorhanden, sodaß also die Kaiserklasse die Brandenburgklasse hinsichtlich der Bewaffnung weit übertrifft. Vorn hat jedes Schiff einen Gefechtsturm mit zwei Gefechtsmarsen, hinten einen Gefechtsmast mit einem Mars; die Gefechtsmarsen enthalten Maschinengewehre, die ein Bestreichen feindlicher Objekte von oben ermöglichen. Zwischen den Masten ragen zwei große Schornsteine empor.

In der Nacht wird durch sechs sehr starke elektrische Scheinwerfer, die teils auf den Masten, teils in den Breitseiten aufgestellt sind, für Erhellung der Umgebung gesorgt; dank dieser Einrichtung können vom Gegner ausgeschickte Torpedoboote und dergl. selbst in bedeutender Entfernung erspäht und eventl. unschädlich gemacht werden. Den Maschinen wird eine Wirkung von 13000 PS i., den Schiffen eine Geschwindigkeit von 18 Knoten in der Stunde zugeschrieben. Die Besatzung soll aus 655 Mann bestehen; die Kohlenbunker können 1000 Tonnen Vorrat aufnehmen.

Der Bau der Schiffe „Kaiser Friedrich III." und „Kaiser Wilhelm II." wurde auf der Kaiserlichen Werft in Wilhelmshaven ausgeführt; „Ersatz König Wilhelm" wird auf der gegenwärtig Krupp'schen Werft „Germania" in Kiel erbaut. Der Typus der genannten Schiffe soll auch bei den weiterhin zu erbauenden, erstklassigen Panzerschiffen beibehalten werden.

Zu den Panzerschiffen III. Klasse gehören die Schwesterschiffe: „Sachsen", „Bayern", „Baden" und „Württemberg", die gemeinsam den Sammelnamen „Sachsenklasse" tragen. Sie wurden schon in den siebziger Jahren erbaut, waren die ersten deutschen Schiffe, bei denen man von jeder Takelage absah, und im wesentlichen zum Schutze der Ostseeküsten bestimmt. „Bayern", „Baden" und „Sachsen" wurden einem Umbau unterworfen, der „Württemberg" noch bevorsteht; die Verwendung besserer Maschinen und Kessel, sowie die Verstärkung der Schnellfeuerbewaffnung erwiesen sich als wünschenswert. Der nur das Mittelschiff schützende Panzer ist 400 Millimeter dick und aus mehreren Schichten zusammengesetzt, weil man zur Erbauungszeit der Schiffe die angegebene Stärke nur auf diese Weise erzielen konnte; durch Zwischenlagen aus Holz ist die Bekleidung elastischer gemacht worden. Das Eindringen oben auftreffender Geschosse soll ein 76 Millimeter dickes Panzerdeck verhindern. Die ungepanzerten Schiffsteile sind durch mit Kork gefüllte Zellen und Kohlenbunker, bei deren Anlage dieser Zweck mit maßgebend gewesen ist, geschützt.

Die Schiffe der Sachsenklasse gehören zu dem Typus der Citadellschiffe*),

---

*) Die Citadellschiffe tragen einen Teil der Geschütze innerhalb verschiedenartiger Panzerwände, über die die Rohre hinausragen; man sagt bei dieser Einrichtung: es wird über Bank gefeuert.

und zwar führt jedes in der mittschiffs befindlichen Citadelle vier 26 Zentimeter-Geschütze, während sich zwei Geschütze von demselben Kaliber in einem Turm auf dem Vorderteil des Schiffes befinden. Die leichte Armierung wird von acht Schnellfeuergeschützen von 8,8 Zentimeter, acht Maschinenkanonen von 3,7 Zentimeter und sechs Maschinengewehren von 8 Millimeter Kaliber gebildet. Fünf Torpedorohre sind teils unter, teils über Wasser an Breitseite, Bug (Schiffsvorderteil) und Heck angebracht. Jedes Schiff ist 91 Meter lang und reichlich 18 Meter breit. Das flache Wasser der Ost- und Nordseehäfen bedingte eine Beschränkung des Tiefganges auf 6—6,5 Meter. Das Deplacement beträgt 7400 Tonnen. Jedes Schiff hat zum Treiben der Doppelschrauben zwei Maschinen, die zusammen 6000 PS i. entwickeln und es befähigen, in der Stunde 14 Seemeilen zurückzulegen. Die Besatzung besteht aus 389 Mann. „Bayern" und „Baden" stammen von der Kaiserlichen Werft in Kiel, „Sachsen" und „Württemberg" von der Vulkan-Werft zu Bredow bei Stettin.

Diese Vulkan-Werft hat auch das fünfte Panzerschiff der III. Klasse, das den Namen „Oldenburg" führt, gebaut. Der volle Gürtelpanzer dieses Schiffes hat eine Stärke von 250—300 Millimeter. Sechs 24 Zentimeter-Geschütze sind in der Kasematte, einem gepanzerten Raum im Mittelteil des Schiffes, aufgestellt (daher Kasemattschiff), zwei andere in halbrunden Türmen auf dem Oberdeck. Der Gefechtsmars ist mit mehreren Maschinengewehren armiert; auch sind zwei 8,8 Zentimeter-Geschütze, sechs 5 Zentimeter-Schnellladekanonen und an Bug, Breitseite und Heck zusammen vier Torpedorohre, sämtlich über Wasser, vorhanden. „Oldenburg" ist 75 Meter lang, 17,2 Meter breit und verdrängt etwa 5200 Tonnen Wasser. Die Maschinen, die die Doppelschrauben zu treiben haben, leisten 3900 PS i. und bewirken eine Geschwindigkeit von 13—14 Knoten in der Stunde. Die Besatzung besteht aus 389 Mann.

Die Panzerschiffe der IV. Klasse, die sämtlich Schwesterschiffe sind, werden, da bei ihrer Erbauung der Plan des „Siegfried" zu Grunde gelegen hat, mit der Bezeichnung „Siegfriedklasse" zusammengefaßt. Außer dem bereits angeführten Schiff gehören hierher: „Beowulf", „Hildebrand", Fig. 79, „Heimdall", „Frithjof", „Hagen", „Odin" und „Aegir". Alle diese Panzerschiffe entstammen den Jahren 1889—95 und sind hauptsächlich zur Verteidigung der Küsten, besonders aber der Mündungen des Kaiser Wilhelm-Kanals, bestimmt. Bei dem hohen Grad ihrer Seefähigkeit, die durch die nach Marokko gerichtete Fahrt des „Hagen" bewiesen wurde, ist jedoch ihre Verwendung zum Angriff im Kampf auf hoher See keineswegs ausgeschlossen.

Der Gürtelpanzer ist etwa 250 Millimeter stark. Jedes Schiff besitzt drei gepanzerte, drehbare Geschütztürme, zwei vorn und einen achtern, die je mit einem Krupp'schen 24 Zentimeter-Geschütz bewaffnet sind. Ferner gehören zur Armierung acht bis zehn 8,8 Zentimeter-Schnellfeuerkanonen, sechs Maschinengewehre und drei oder vier Torpedorohre, die am Bug, am Heck und an der Breitseite angebracht sind. Die Länge beträgt ungefähr 72, die Breite etwa 15 Meter, die Wasserverdrängung ungefähr 3495 Tonnen und die Geschwindigkeit 15 Knoten in der Stunde. Letztere wird durch bronzene Doppelschrauben, bezw. durch zwei voneinander unabhängige Maschinen von 4800 PS i. hervorgerufen. Der Körper der Schiffe besteht aus deutschem Stahl, wie man überhaupt gegenwärtig auf unseren Werften nur aus deutschen Werken bezogenes Material verarbeitet. „Siegfried" ist auf der Werft „Germania" in Kiel erbaut worden und lief dort im Jahre 1889 vom Stapel. „Beowulf" und „Frithjof" entstammen der Werft der Aktiengesellschaft „Weser" in Bremen, „Hildebrand", „Hagen" und „Aegir" der Kaiserlichen Werft zu Kiel, „Heimball" der Kaiserlichen Werft zu Wilhelmshaven und „Odin" der Kaiserlichen Werft zu Danzig.

Alle Panzerschiffe sind mit einem starken, gepanzerten Rammsporn, einem Vorsprung, der sich am Bug unter Wasser befindet, versehen. Derselbe bildet, wie in vergangenen Zeiten die Schiffsschnäbel, eine Angriffswaffe für den Nahkampf und kann den feindlichen Schiffen großen Schaden zufügen.

Die Panzerkanonenboote, die zum Material der deutschen Kriegsmarine gehören, sind Werke der Aktiengesellschaft „Weser" in Bremen. Letztere erbaute in den Jahren 1876—81 die Boote: „Wespe", „Viper", „Biene", „Mücke", „Skorpion", „Basilisk", „Chamäleon", „Krokodil", „Salamander", „Natter" und „Hummel", 1883—84 „Brummer" und „Bremse".

Die elf zuerst angeführten Fahrzeuge, bei deren Erbauung genau derselbe Plan zu Grunde gelegen hat, bilden die Wespenklasse oder Insektenklasse, auch Insektengeschwader genannt. Jedes hat einen Gürtelpanzer von 102 bis 203 und ein Panzerdeck von 30 Millimeter Stärke und trägt hinter einem 200 Millimeter dicken Bugpanzer ein Krupp'sches Geschütz von 30,5 Zentimeter Kaliber. Die Länge beträgt 43,5, die Breite 10,65, der Tiefgang 3,12 Meter und die Wasserverdrängung reichlich 1100 Tonnen. Die Maschinen entwickeln 700 PS i., die Geschwindigkeit beläuft sich auf 9—10 Knoten. Zur Besatzung gehören 88 Mann. Doppelwand und wasserdichte Zellen sollen auch hier das Eindringen des Wassers verhüten. Infolge ihres unbedeutenden Tiefganges können die Boote in unseren flachen Gewässern, an Küsten und in Flußmündungen verwendet werden.

Für „Brummer" und „Bremse" paßt die Bezeichnung „geschützte Kanonenboote", da sie keinen Gürtelpanzer, sondern nur ein stark gewölbtes Panzerdeck von etwa 65 Millimeter Dicke haben. Auch im übrigen giebt es manchen Unterschied zwischen ihnen und der Wespenklasse. So weisen sie bei weitem schlankere Linien auf; sie haben eine Länge von 62, eine Breite von 8,5 und einen Tiefgang von

3,54 Meter bei einem Deplacement von 866 Tonnen. Die Besatzung besteht aus 78 Mann, die Bewaffnung aus einer 21 Zentimeter-Kanone in gepanzertem Halbturm, einem 8,7 Zentimeter-Geschütz, zwei 3,7 Zentimeter-Revolverkanonen und zwei 8 Millimeter-Maschinengewehren. Die Maschinen, die bei jedem 1700 PS i. leisten, geben ihnen eine Geschwindigkeit von 15 Knoten.

Die Kreuzer zerfallen bei uns ebenfalls in vier Klassen, werden aber nicht nach dem Deplacement, sondern nach Größe, Bauweise, sowie Zahl und Art der Geschütze eingeteilt. Gegenwärtig sind 24 Stück vorhanden, von denen vier zur I., acht zur II., drei zur III. und neun zur IV. Klasse gerechnet werden. Man beabsichtigt jedoch, diese Kreuzerflotte bedeutend zu vergrößern, und zwar sollen bis zum Jahre 1903 sowohl einige große Schiffe mit einer Wasserverdrängung von 8—9000 Tonnen, als auch eine Anzahl kleiner Schiffe fertiggestellt werden; die deutsche Kriegsmarine wird von jenem Zeitpunkt an über 32 Kreuzer verfügen.

Die Kreuzer I. Klasse tragen wie die Panzerschiffe in der Wasserlinie einen senkrechten Panzerschutz, sind also Panzerkreuzer. Die Grenze zwischen Panzerkreuzer und eigentlichem Panzerschiff läßt sich nicht genau festsetzen, wie schon aus der Thatsache hervorgeht, daß nicht nur in Deutschland, sondern auch in anderen Staaten ältere Panzerschiffe zur Vervollständigung der Kreuzerflotte benutzt werden. Im allgemeinen haben Panzerkreuzer geringere Panzerung und Bewaffnung als Schlachtschiffe von derselben Größe, dagegen größere Schnelligkeit und größeres Kohlenfassungsvermögen, infolgedessen die Fähigkeit, entferntere Gebiete aufzusuchen. S. M. S. (Seiner Majestät Schiffe) „König Wilhelm", „Kaiser" und „Deutschland", die, wie bereits erwähnt worden ist, aus der Reihe der Panzerschiffe zu den erstklassigen Kreuzern herübergenommen worden sind, haben keineswegs alle die Eigenschaften, die eigentlich von diesen verlangt werden sollen.

Ehe wir uns auf ihre Beschreibung einlassen, wollen wir unseres ersten und einzigen eigentlichen Panzerkreuzers, des „Fürst Bismarck", gedenken, der ihnen an Deplacement und Schnelligkeit weit überlegen ist. Derselbe lief auf der Kaiserlichen Werft zu Kiel am 25. September 1897 vom Stapel und entspricht allen Anforderungen, die jetzt an ein solches Schiff gestellt werden. Er ist von einem Gürtelpanzer aus Nickelstahl, der 100—200 Millimeter dick ist, umgeben und hat ein 50—80 Millimeter starkes Panzerdeck. Vorn und achtern befindet sich je ein Drehturm mit 200 Millimeter starkem Panzerschutz und zwei 24 Zentimeter-Geschützen; außerdem sind leichter gepanzerte Drehtürme und Kasematten vorhanden, die zusammen zwölf 15 Zentimeter-Schnellfeuergeschütze enthalten. Durch zehn 8,8 Zentimeter- und zehn 3,7 Zentimeter-Schnellfeuergeschütze, vier 8 Millimeter-Maschinengewehre und vier Unterwassertorpedorohre wird die Bewaffnung vervollständigt. Der Panzerkreuzer ist 120 Meter lang, 20,4 Meter breit, hat einen Tiefgang von 7,6 Meter und ein Deplacement von 10360 Tonnen. Er nimmt eine Besatzung von 617 Mann auf und erhält durch seine drei Maschinen, die 13 500 PS i. leisten, 19 Seemeilen Geschwindigkeit in der Stunde.

Wie viele Panzerkreuzer anderer Nationen ist auch „Fürst Bismarck" mit einer bekupferten Holzbeplankung versehen worden.

Die drei alten Kreuzer sind sämtlich auf englischen Werften erbaut. „König Wilhelm" lief bereits am 25. April 1868 in den Thames Ironworks, die beiden andern liefen 1874 und 75 auf der Werft von Samuda Brothers vom Stapel.

„König Wilhelm", der demnach eine ansehnliche Dienstzeit hinter sich hat, wurde 1887 mit zeitgemäßen Änderungen und Neuerungen versehen und wird voraussichtlich noch längere Zeit einen Teil unserer Flotte bilden. Er führte ehemals Volltakellage, hat aber nun seine drei mit Segelvorrichtung versehenen Masten gegen zwei eiserne vertauscht, an denen je ein Gefechtsmars, der zwei 8 Millimeter-Maschinengewehre enthält, befestigt ist. Ferner wurde die Gefechtstüchtigkeit durch Torpedo-Bewaffnung und Verstärkung des Panzers erhöht. Auch elektrische Beleuchtung und Dampfheizung sind jetzt vorhanden. Der Gürtelpanzer ist 305, der Panzerschutz der Batterie 203 Millimeter stark. Die Batterie enthält sechzehn 24 Zentimeter-Geschütze; am Bug sind zwei von demselben, am Heck eins von 15 Zentimeter Kaliber untergebracht. Auf dem Oberdeck haben außer einigen 24 Zentimeter-Geschützen achtzehn 8,8 Zentimeter-Schnellladekanonen Aufstellung gefunden. Die fünf Torpedoausstoßrohre, die zwei am Bug und an der Breitseite, eines am Heck, sind fest eingebaut und befinden sich über Wasser.

Der „König Wilhelm" ist 108,5 Meter lang, 18,5 Meter breit und hat einen Tiefgang von etwa 8 Meter und ein Deplacement von 9757 Tonnen. Er ist nach dem Einschrauben-System eingerichtet und erhält von seiner Maschine, die 800 PS i. aufweist, eine Geschwindigkeit von 14—15 Knoten. Der Dampf wird von acht mit je 4 Feuerungen versehenen Kesseln geliefert. Außerdem sind Dampf- und Handpumpen, Dampfsteuerapparat und -Ankerlichtmaschine, sowie andere Vorrichtungen vorhanden. Doppelwand mit Zellen im Innenraum und elf wasserdichte Abteilungen querschiffs sollen im Notfalle das Sinken möglichst lange verhüten. Der „König Wilhelm", der gegenwärtig 732 Mann Besatzung hat, nahm ehemals wegen seiner Größe und Stärke den ersten Platz unter sämtlichen Panzerschiffen ein.

Die Schwesterschiffe „Kaiser" und „Deutschland" werden durch einen 127—254 Millimeter starken Gürtelpanzer geschützt. Sie gehören zu den Kasemattschiffen, und zwar befindet sich die Kasematte, die von 254 Millimeter starken Panzerwänden eingeschlossen wird, auf dem mittleren Schiffsteil. Sie dient acht 26 Zentimeter-Ringkanonen zum Standort, während die übrige Armierung bei „Kaiser" aus sechs 10,5 Zentimeter-Geschützen, neun 8,8 Zentimeter-Schnellfeuergeschützen, vier 3,7 Zentimeter-Revolverkanonen, acht Maschinengewehren und fünf Torpedorohren, bei „Deutschland" aus acht 15 Zentimeter-Geschützen, acht 8,8 Zentimeter-Schnellfeuerkanonen, zwölf 3,7 Zentimeter-Maschinenkanonen und acht Maschinengewehren besteht. Beide Schiffe führten zuerst drei vollgetakelte Segelmasten, dann Gefechtstakelage und seit dem Umbau zwei eiserne Gefechtsmasten, die mit Maschinengewehren armierte Marsen tragen. Bei einer Länge von mehr als 85 Metern, einer Breite von reichlich 19 und einem Tiefgang von etwa 7,5 Metern haben sie ein Deplacement von 7676 Tonnen und eine Geschwindigkeit von 14 Knoten. Sie sind Einschraubenschiffe und werden durch Maschinen von 8000 PS i. getrieben, denen der Dampf aus acht Kesseln geliefert wird. Der Schiffsrumpf ist in neun wasserdichte Räume geteilt. Die Besatzung der gegenwärtig Dampfheizung, elektrische Beleuchtung und dergl. aufweisenden Schiffe beläuft sich auf 630 Mann. „Kaiser" und „Deutschland" gehören z. B. zum ostasiatischen Kreuzergeschwader, das außerdem aus: „Kaiserin Augusta", „Prinzeß Wilhelm", „Irene", „Gefion", „Arcona" und „Cormoran" besteht.

Die Kreuzer der II. Klasse sind sämtlich Panzerdecks-Kreuzer, d. h. Schiffe, deren Seiten nur durch möglichst zweckmäßig angeordnete Zellen gesichert sind, während den von oben auftreffenden Geschossen ein Panzerdeck Widerstand bietet. Man hat dieser Schiffsklasse auch die Bezeichnung „geschützte Kreuzer" beigelegt.

Unsere neuen Kreuzer II. Klasse: „Viktoria Luise", „Hertha", Fig. 80, „Freya", „Vineta" und „Hansa" haben ein Deplacement von 6100 Tonnen bei einer Länge von 105 Meter, einer Breite von 17,4 und einem Tiefgang von 6,6 Meter. Das Panzerdeck ist an den Seiten 60—100, im horizontalen Teil nur 40 Millimeter dick und befindet sich stellenweise 1,5 Meter unter, anderwärts 0,5 Meter über Wasser. Die Luksülle (Erhöhungen) haben eine Stärke von 120 Millimeter, während der Turmpanzer nur 100 Millimeter stark ist. Die Armierung besteht aus Schnellfeuergeschützen; zwei 21 Zentimeter-Geschütze und vier 15 Zentimeter-Geschütze sind in Drehtürmen, vier weitere 15 Zentimeter-Geschütze in Kasematten, zehn 8,8 Zentimeter-Geschütze hinter Schutzschilden aufgestellt; außerdem sind zehn 3,7 Zentimeter-Maschinenkanonen, vier 8 Millimeter-Maschinengewehre und drei Torpedorohre vorhanden.

Die Wasserrohrkessel sind in sechs gesonderten Räumen untergebracht und müssen drei Maschinen, die zusammen 10 000 PS i. leisten, mit Dampf versorgen. Die Geschwindigkeit beträgt in der Stunde 20 Knoten. 950 Tonnen Kohlen und eine Besatzung von 450 Mann werden mitgeführt.

„Viktoria Luise" lief am 29. März 1897 auf der Werft „Weser" in Bremen, „Hertha" am 14. April 1897 auf der Stettiner Vulkanwerft, wo auch die „Hansa" erbaut worden ist, vom Stapel. Die Herstellung der beiden anderen Schiffe wurde der Kaiserlichen Werft in Kiel übertragen, die die „Freya" am 11. Mai 1897 vom Stapel ließ.

S. M. Linienschiff „Braunschweig"

Die drei anderen Kreuzer der II. Klasse sind etwas älteren Ursprungs. „Kaiserin Augusta" stammt aus dem Jahre 1892, von der Werft „Germania" zu Kiel und ist das erste deutsche Schiff, das mit dem Dreischraubensystem ausgerüstet wurde. Es besteht durchweg aus Stahl, ist 118,3 Meter lang, 15,6 Meter breit, hat 6,5 Meter Tiefgang und ein Deplacement von 6052 Tonnen. Das 50—75 Millimeter starke Panzerdeck befindet sich in der Höhe der Wasserlinie.

Die Bewaffnung wird von zwölf 15 Zentimeter-Geschützen, acht 8,8 Zentimeter-Schnellfeuergeschützen, acht Maschinengewehren und fünf Torpedo-Überwasserrohren gebildet. Die Kohlenbunker fassen 825 Tonnen; zur Besatzung gehören 418 Mann. Die drei Maschinen, die die Schrauben treiben, haben zusammen 12 000 PS i. und bewirken eine Geschwindigkeit von 21—22 Knoten. Da sie völlig unabhängig voneinander sind, kann man nach Belieben alle drei Schrauben, oder auch nur eine oder zwei, in Bewegung setzen. Die „Kaiserin Augusta", auf der drei große Schornsteine und zwei gefällig gestaltete Masten emporragen, würde selbst bei einer starken Beschädigung schwimmfähig bleiben, da sie mit äußerst zweckmäßig konstruierten Doppelwänden, wasserdichten Zellen und Abteilungen bedacht worden ist. Sie darf sich zu den schnellsten Kreuzern rechnen und wurde wegen dieses Vorzugs, sowie wegen ihrer Bauart und Ausstattung bei der zur Jubelfeier, der Entdeckung Amerikas im Jahre 1893 in New York stattfindenden Flottenschau, an der sie als Vertreter der deutschen Marine teilnahm, von den dort anwesenden Fachleuten sehr bewundert.

Unsere beiden kleinsten Panzerdecks-Kreuzer sind die Schwesterschiffe: „Irene" und „Prinzeß Wilhelm", die schon im Jahre 1887 die Werft verlassen konnten. „Irene" wurde auf der Stettiner Vulkanwerft, „Prinzeß Wilhelm" auf der Kieler Germaniawerft erbaut. Der aus Stahl bestehende Schiffsrumpf setzt dem Eindringen des Wassers bei einer ihm event. zu teil werdenden Verletzung durch Doppelwand, Zellen und dergl. Schranken. Jedes Schiff hat bei einer Länge von 94, einer Breite von 14 und einem Tiefgang von 6,15 Meter ein Deplacement von 4400 Tonnen und erhält von zwei Maschinen, die gleich 8000 PS i. arbeiten, 18 Knoten Schnelligkeit. Steuervorrichtung, Kessel und Maschinen, sowie Munitionsräume und Torpedobewaffnung sind durch ein Panzerdeck von 75 Millimeter Stärke gesichert; auch Kofferdamm ist vorhanden.

In den sogenannten „Schwalbennestern" (Ausbauten) waren früher sechs, in anderen Schiffsteilen weitere acht Ringkanonen von 15 Zentimeter Kaliber untergebracht; jetzt besteht die Bewaffnung aus vier 15 Zentimeter-Geschützen, acht 10,5 Zentimeter-, sechs 5 Zentimeter-Schnellfeuergeschützen, acht Maschinengewehren und drei Torpedorohren.

Von den drei Kreuzern III. Klasse ist „Gefion", Fig. 81, bei weitem der wertvollste. Sie wurde in Danzig auf der Werft von F. Schichau, wo sie am

31. Mai 1893 vom Stapel lief, erbaut und ist über Kessel und Maschinen mit einem 25—30 Millimeter starken Panzerdeck versehen. Demnach ist sie ein teilweise geschützter Kreuzer und bildet gewissermaßen den Übergang zu den ungepanzerten Schiffen. In der Bauart weist sie Ähnlichkeit mit der „Kaiserin Augusta" auf, ist jedoch kleiner, nämlich 105 Meter lang und 13,2 Meter breit bei einem Tiefgang von 5,4 Metern und einem Deplacement von 4109 Tonnen.

Die Bewaffnung besteht aus sechzehn Schnellfeuergeschützen (zehn von 10,5 und sechs von 5 Zentimeter Kaliber), acht Maschinengewehren und zwei Torpedorohren. Die zwei Maschinen leisten 9000 PS i. und verleihen eine Geschwindigkeit von 20,5 Knoten. Die Besatzung besteht aus 302 Mann.

„Alexandrine" und „Arcona", die beiden anderen Kreuzer der III. Klasse, sind ungepanzerte Schiffe; Maschinen und Kessel sind nur durch die Kohlenbunker gesichert, die jedoch bei den heutigen Tages zur Anwendung kommenden wirksamen Geschützen und Geschossen keinen ausreichenden Schutz abgeben können. „Alexandrine" stammt von der Kaiserlichen Werft zu Kiel, „Arcona" von der Kaiserlichen Werft zu Danzig; sie wurden aus Eisen konstruiert und am 7. Februar, bezw. 18. Mai 1885 als „Kreuzerkorvetten" vom Stapel gelassen.

Die Länge beträgt 68,4, die Breite 12,65, der Tiefgang ziemlich 5 Meter, das Deplacement 2373 Tonnen. Die Kohlenbunker fassen 360 Tonnen. Zur Bewaffnung gehören gegenwärtig: zehn 15 Zentimeter-, vier 10,5 Zentimeter-Geschütze, sechs 3,7 Zentimeter-Revolverkanonen und vier 8,8 Millimeter-Maschinengewehre. Die Besatzungsstärke beläuft sich auf 268 Mann. Die Maschinen entwickeln bei jedem Schiff 2400 PS i. und bewirken 14 Knoten Geschwindigkeit.

Zur Zeit der südamerikanischen Revolutionen hielten sich „Alexandrine" und „Arcona" in Brasilien und Chile auf, wo sie sich der deutschen Interessen energisch annahmen.

Kreuzer IV. Klasse sind die acht Fahrzeuge, die die Falkenklasse bilden und die „Gazelle", die im Gegensatz zu ihren Gefährten ein 20—25 Millimeter starkes Panzerdeck aufweist, dieselben überhaupt in mancher Beziehung übertrifft. Dieser „geschützte" Kreuzer gehört zu unseren neuesten Kriegsschiffen; sein Stapellauf erfolgte im Jahre 1898 auf der Werft „Germania" zu Kiel.

Bei einer Länge von reichlich 100, einer Breite von 11,8 und einem Tiefgang von 4,8 Metern beträgt das Deplacement 2600 Tonnen; 500 Tonnen Kohlen und 190 Mann Besatzung können mitgeführt werden.

Die „Gazelle", auf der sich in einer Reihe zwei Schornsteine und zwei Pfahlmasten erheben, ist mit zehn 10,5 Zentimeter-Schnellfeuergeschützen, vierzehn 3,7 Zentimeter-Maschinenkanonen, vier 8 Millimeter-Maschinengewehren und drei Torpedorohren bewaffnet und kann sich beim Nahkampf einer 4 Meter langen Ramme bedienen, auf deren Spitze ein bronzener Sporn befestigt ist.

Von dem vordersten Aufbau, der Back, führt eine Laufbrücke nach der Kommandobrücke und dem hinteren Aufbau, der Campagne. Die zwei Maschinen, die den Dampf aus Wasserrohrkesseln erhalten, haben 6000 PS i.; die von ihnen bewirkte Schnelligkeit beläuft sich auf 19—20 Knoten in der Stunde. Die zeitgemäße Einrichtung wird durch zwei Scheinwerfer mit einer Leuchtkraft von je 40000 Kerzen vervollständigt; auch Kofferdamm ist vorhanden. Bei der geplanten Erbauung weiterer kleiner Kreuzer wird „Gazelle" zum Vorbild dienen.

Die acht Schiffe der Falkenklasse: „Falke", „Schwalbe", „Sperber", „Bussard", „Seeadler", „Condor", „Cormoran" und „Geier" haben sämtlich nur Kohlenschutz, d. h. die Maschinen sind nur durch die seitlich angebrachten Kohlenbunker gesichert; die liegenden Maschinen befinden sich unterhalb der Wasserlinie. Da man mit ihrer Herstellung teilweise den Zweck verfolgte, die Schiffe, die den deutschen Staatsangehörigen und deren Eigentum im Auslande auf den dort errichteten Stationen Schutz gewähren, also die sogenannten Auslandskreuzer, zu vermehren, konnte man eben von weiteren Schutzmitteln absehen. Man wollte in ihnen kleinere Schiffe schaffen, die nötigenfalls flachere Gewässer aufsuchen können und ließ es darum bei einem Tiefgang von 3,8—4,2 Meter bewenden. Auch Geschwindigkeit und Bewaffnung sind nicht gerade bedeutend.

„Schwalbe" und „Sperber" sind Werke der Kaiserlichen Werft zu Wilhelmshaven, auf der sie im Jahre 1887, bezw. 1888 vom Stapel gelassen wurden. Der Schiffskörper ist durchweg aus Stahl gebaut und an der im Wasser befindlichen Außenseite mit bekupferten Holzplanken bedeckt. Um im Falle des Leckwerdens das Sinken möglichst zu verhüten, ist eine Anzahl wasserdichter Abteilungen gebildet worden.

Bei einer Länge von 62, einer Breite von 9,36 und einem Tiefgang von 3,8 Metern beträgt das Deplacement 1120 Tonnen. Zwei Maschinen von zusammen 1500 PS i. treiben die Doppelschrauben und geben jedem Schiff eine Schnelligkeit von 14 Seemeilen in der Stunde. Die Besatzung besteht aus 116 Mann, die Bewaffnung aus acht 10,5 Zentimeter-Kanonen in Pivotlafetten, fünf 3,7 Zentimeter-Revolverkanonen, zwei 8 Millimeter-Maschinengewehren und zwei Torpedorohren.

Da sich annehmen ließ, daß die beiden Kreuzer zuweilen mehrere Jahre lang durch ihren Dienst im Auslande festgehalten werden würden, und da die Besatzung für gewöhnlich erst nach zwei Jahren abgelöst wird, hat man der Einrichtung der Wohnräume und dergl. große Aufmerksamkeit zugewandt und das Tropenklima dabei in Betracht gezogen.

„Bussard" und „Falke" sind als Schwesterschiffe auf den Kaiserlichen Werften zu Danzig und Kiel entstanden und daselbst am 8. Februar 1889, bezw. 4. April 1891 vom Stapel gelaufen. Man hat bei ihrer Erbauung dasselbe System wie bei den oben genannten Kreuzern befolgt, aber für die Größenverhältnisse einen anderen Maßstab angewandt. So betragen die Länge 76, die Breite 10,2, der Tiefgang 4,2 Meter, das Deplacement 1580 Tonnen und die Besatzung 160 Mann. „Bussard" ist wie „Schwalbe" und „Sperber" bewaffnet; „Falke" führt acht 10,5 Zentimeter-Schnellfeuergeschütze, fünf 3,7 Zentimeter-Revolverkanonen, zwei Maschinengewehre und zwei Torpedorohre. Die Maschinenleistung beläuft sich auf 2800 PS i., die Geschwindigkeit auf 16,5 Knoten.

Die Schwesterschiffe „Seeadler", „Condor", „Cormoran" und „Geier" vermögen 1640 Tonnen Wasser zu verdrängen. Mit Dimensionen, Maschinenkraft und Besatzung verhält es sich wie bei „Falke", jedoch ist die Schnelligkeit ein wenig geringer. Zur Bewaffnung gehören acht 10,5 Zentimeter-Schnellfeuergeschütze, fünf 3,7 Zentimeter-Revolverkanonen, zwei Maschinengewehre und drei Torpedorohre. „Seeadler", „Cormoran" und „Condor" wurden etwa 1892 erbaut, die beiden ersten auf der Kaiserlichen Werft zu Danzig, letzterer auf der Werft von Blohm & Voß zu Hamburg; „Geier" lief erst am 18. Oktober 1894 auf der Kaiserlichen Werft zu Wilhelmshaven vom Stapel.

Die gegenwärtig vorhandenen fünf Kanonenboote führen die Namen: „Habicht", „Wolf", „Hyäne", „Iltis" und „Jaguar".

„Wolf" und „Hyäne" wurden ungefähr 1878 auf der Kaiserlichen Werft Wilhelmshaven erbaut, sind 41 Meter lang, 7,66 Meter breit, haben 2,7 Meter Tiefgang, 489 Tonnen Deplacement, je eine Maschine von 340 PS i. und eine Schnelligkeit von 9 Knoten. Die Besatzungsstärke beläuft sich auf 85 Mann. Die Bewaffnung besteht aus einem 12,5 Zentimeter-, einem 8,7 Zentimeter-Geschütz und vier 3,7 Zentimeter-Revolverkanonen. Die beiden kleinen, aber seetüchtigen Fahrzeuge sind vielfach im Auslande verwendet worden; „Wolf" dient gegenwärtig als Vermessungsschiff. Ein drittes Schwesterschiff der beiden, die „Iltis", ist 1896 an der chinesischen Küste gescheitert.

„Habicht" stammt von der Schichau'schen Werft in Elbing aus dem Jahre 1879. Sein Körper besteht aus Stahl und ist zur Verhütung von Anwuchs mit bezinkten Holzplanken bekleidet. Die Länge beträgt 51,5, die Breite 8,9, der Tiefgang 3,15 Meter, das Deplacement 848 Tonnen, die Maschinenkraft 600 PS i. und die Geschwindigkeit in der Stunde 10,5 Knoten. Die Besatzung wird von 130 Mann, die Bewaffnung von fünf 12,5 Zentimeter-Geschützen und fünf 3,7 Zentimeter-Revolverkanonen gebildet.

Die neue „Iltis", Fig. 82, und ihr Schwesterschiff „Jaguar" entstanden 1898 auf der Danziger Werft von F. Schichau. Sie haben noch größere Dimensionen als „Habicht", nämlich eine Länge von 62, eine Breite von 9,10, einen Tiefgang von 3,25 Meter und dabei ein Deplacement von ungefähr 894 Tonnen. Zwei Maschinen von zusammen 1300 PS i. verleihen jedem Boot eine Schnelligkeit bis zu 13,5 Seemeilen in der Stunde. Zur Besatzung gehören etwa 120 Mann, zur

Armierung vier 8,8 Zentimeter-Schnellfeuergeschütze, sechs 3,7 Zentimeter-Revolverkanonen und zwei 8 Millimeter-Maschinengewehre. „Iltis" und „Jaguar" sind mit je einem 8 Millimeter stark gepanzerten Kommandoturm versehen.

Die Avisos, die, wie schon erwähnt, als Depeschen- und Kundschafterschiffe Verwendung finden, sind bei uns durch fünf ungeschützte und fünf geschützte Fahrzeuge vertreten.

Auf die längste Dienstzeit kann der „Zieten" zurückblicken, da er in den Thames Ironworks schon im Jahre 1876 vom Stapel gelassen wurde. Er ist ziemlich 69 Meter lang, 8,53 Meter breit, hat 3,35 Meter Tiefgang, 975 Tonnen Wasserverdrängung, Maschinen von 2350 PS i., 16,5 Knoten Schnelligkeit und 115 Mann Besatzung; dabei ist er mit sechs 5 Zentimeter-Schnellfeuergeschützen bewaffnet.

„Kaiseradler", ein Raddampfer, der nur etwa zwei Monate jünger ist, wurde auf der Germaniawerft in Kiel erbaut. Er war anfangs unter dem Namen „Hohenzollern" als Kaiserliche Jacht in Gebrauch, mußte aber 1893 Benennung und Amt einem neuen Fahrzeug abtreten. Bei einer Länge von 81,65, einer Breite von 10,3, über dem Radkasten 17,8 und einem Tiefgang von 3,81 Meter verdrängt „Kaiseradler" 1700 Tonnen Wasser. Eine 3000 PS i. leistende Maschine giebt ihm eine Geschwindigkeit von 15 Knoten. Er führt 150 Mann Besatzung, einen Kohlenvorrat von 200 Tonnen und als Bewaffnung zwei 8,7 Zentimeter-Geschütze und fünf 3,7 Zentimeter-Revolverkanonen.

Die Schwesterschiffe „Blitz" und „Pfeil" liefen 1882 auf der Germaniawerft zu Kiel, bezw. der Kaiserlichen Werft Wilhelmshaven vom Stapel. Die Länge beträgt 74,7, die Breite 9,9, der Tiefgang 3,9 Meter, das Deplacement 1382 Tonnen. Die Doppelschrauben werden von Maschinen in Bewegung gesetzt, die bei jedem Aviso 2700 PS i. entwickeln und eine Schnelligkeit von 16 Seemeilen in der Stunde bewirken. Die Besatzung beläuft sich auf 135 Mann, während die Armierung von sechs 8,8 Zentimeter-Schnellfeuergeschützen und vier 8 Millimeter-Maschinengewehren gebildet wird.

Der fünfte ungepanzerte Aviso, der „Greif", ist ebenfalls ein Werk der Germaniawerft zu Kiel, wo sein Stapellauf am 29. Juli 1886 erfolgte. Er ist 96,8 Meter lang, 9,75 Meter breit, hat 4 Meter Tiefgang, 2000 Tonnen Deplacement und zwei Maschinen von zusammen 5400 PS i., die ihm 20 Knoten Schnelligkeit geben. Er ist mit acht 8,8 Zentimeter-Schnellfeuergeschützen und vier Maschinengewehren bewaffnet und kann 430 Tonnen Kohlen aufnehmen. Die Besatzung besteht aus 156 Mann.

Geschützte, mit Panzerdeck versehene Avisos sind: „Wacht", „Jagd", „Meteor", „Comet" und „Hela", Fig. 83, welch' letztere zu den Kreuzern IV. Klasse gerechnet werden könnte.

Die „Wacht" lief am 27. August 1886, die „Jagd" am 7. Juli 1888 auf der Werft der Aktiengesellschaft „Weser" (Bremen) vom Stapel. Ihrer Erbauung haben gleiche Pläne zu Grunde gelegen, sodaß beide eine Länge von 80, eine Breite von 9,6, einen Tiefgang von 3,4 Meter und Deplacement von 1250 Tonnen aufweisen. Sie haben Panzerdecks von 40 Millimeter Stärke, werden durch Doppelschrauben fortbewegt und erhalten von 4000 PS i. starken Maschinen in der Stunde 18,2 Seemeilen Geschwindigkeit. Jeder dieser beiden Avisos führt eine Besatzung von 141 Mann, einen Kohlenvorrat von 230 Tonnen, sowie vier 8,8 Zentimeter-Schnellfeuergeschütze und zwei Maschinengewehre.

Die ebenfalls nach einem Plan konstruierten Schiffe „Meteor" und „Comet" sind durch ein Panzerdeck, das seitlich 40, in der Mitte nur 15 Millimeter dick ist, gesichert. Mit einer Länge von 78,5, einer Breite von 9,6 und einem Tiefgang von 3,2 Meter findet man hier ein Deplacement von 946 Tonnen und ein Kohlenfassungsvermögen von 120 Tonnen vereint. Zum Treiben der Doppelschrauben hat „Meteor" zwei Maschinen von zusammen 4500 PS i., „Comet" zwei von 5000 PS i. erhalten; es ist dies der einzige Unterschied, der zwischen beiden besteht. Sie können in der Stunde 21 Seemeilen zurücklegen und zählen zu ihrer Besatzung 115 Mann. Die Bewaffnung wird von vier 8,8 Zentimeter-Schnellfeuergeschützen, zwei Maschinengewehren und drei Torpedorohren gebildet.

„Meteor" entstammt der Germaniawerft Kiel, „Comet" der Vulkanwerft Stettin; ersterer lief am 20. Januar 1890, letzterer am 15. November 1892 vom Stapel.

„Hela" ist noch neueren Datums; ihr Stapellauf erfolgte am 28. März 1895 auf der Werft „Weser" zu Bremen. Die Länge dieses Avisos beläuft sich auf 100, die Breite auf 11, der Tiefgang auf 4 Meter, während das Deplacement 2003 Tonnen beträgt. Maschinen von 6000 PS i. bewirken eine Geschwindigkeit von 21 Knoten. „Hela" kann 350 Tonnen Kohlen aufnehmen und trägt eine Besatzung von 169 Mann, sowie eine Armierung, zu der vier 8,8 Zentimeter-, sechs 5 Zentimeter-Schnellfeuergeschütze, zwei Maschinengewehre und drei Torpedorohre gehören. Das Panzerdeck hat eine Stärke von 25 Millimeter.

Unsere Torpedobootsflottille umfaßt 10 Divisionsboote und rund 100 Torpedoboote.

Ein Divisionsboot hat gewöhnlich sechs andere Boote, die zusammen eine Division bilden und unter dem Befehl des Divisionsboots-Kommandanten (eines Kapitän-Lieutenants) stehen, zu führen. Die Divisionsboote haben keinen Namen, sondern die Bezeichnung D 1, D 2 u. s. w., können in der Stunde 20—26, ja bis 30 Seemeilen zurücklegen und verdrängen etwa 400 Tonnen Wasser. Die Länge beträgt etwa 50, bei einem Fahrzeug neueren Datums 60, der Tiefgang ungefähr 2 Meter. Die Besatzungsstärke beläuft sich auf 45 Mann. Außer drei Torpedorohren, von denen eins im Bug eingebaut ist, während die anderen beweglich auf Deck Platz gefunden haben, sind auf jedem Divisionsboot drei 5 Zentimeter-Schnellfeuergeschütze vorhanden. Im Ausland werden derartige Boote Torpedobootsjäger oder Torpedobootszerstörer genannt.

Die Torpedoboote, die mit je 16—20 Mann besetzt sind, tragen gleichfalls fortlaufende Nummern und vor diesen den Anfangsbuchstaben der Werft, auf welcher sie gebaut worden sind. Weitaus der größte Teil unserer Boote entstand auf den Schichau'schen Werften (daher S 1, S 73) in Danzig und Elbing, die weit und breit als besonders tüchtig in diesem Fach bekannt sind, und deren Besitzer sich den Namen „Torpedokönig" erwarb. Die älteren Boote sind nur etwa 30, die neueren mit einem Deplacement von 150 Tonnen, 43 Meter lang. Bei Maschinen von ungefähr 1000 PS i. beträgt die Geschwindigkeit 18—27 Knoten. Die Bewaffnung besteht aus einem 5 Zentimeter-Schnellfeuergeschütz und zwei, neuerdings auch wohl drei Torpedorohren.

Zur Ausbildung der Kadetten, Mannschaften und Schiffsjungen stehen 17 Schulschiffe zur Verfügung. „Charlotte", „Stosch", „Moltke", „Stein", „Gneisenau", „Olga", „Marie", „Sophie" und „Nixe" weisen noch Takelage auf, da das Segelexerzieren besonders dazu angethan ist, den Leuten Mut, Behendigkeit und Geschmeidigkeit zu geben.

Die ehemalige Kreuzerfregatte „Charlotte" wurde etwa 1885 auf der Kaiserlichen Werft zu Wilhelmshaven erbaut. Sie hat 3222 Tonnen Deplacement, 77 Meter Länge, 14,6 Meter Breite, 5,58 Meter Tiefgang und 325 Tonnen Kohlenfassungsvermögen. Maschinen von 3000 PS i. geben ihr eine Geschwindigkeit von 16 Knoten. Sie führt 455 Mann Besatzung und wird mit ihrer Bewaffnung von achtzehn 15 Zentimeter-Geschützen, zwei 8,8 Zentimeter-Schnellfeuergeschützen und sechs Revolverkanonen als Kadettenschulschiff verwendet.

Die Schwesterschiffe „Stosch", „Stein", „Moltke" und „Gneisenau" entstanden in den Jahren 1877—79, die beiden ersten auf der Stettiner Vulkanwerft, die anderen auf der Kaiserlichen Werft zu Danzig. Ihr Deplacement beträgt bei einer Länge von 74,5, einer Breite von 13,75 und einem Tiefgang von 5,3 Meter 2856 Tonnen, die Maschinenstärke 2500 PS i., die Schnelligkeit 14 Seemeilen in der Stunde. Sie dienten früher als Kreuzerfregatten; gegenwärtig sind „Stosch" und „Stein", die von je 446 Mann besetzt und mit je sechzehn 15 Zentimeter-Geschützen, zwei 8,8 Zentimeter-Schnellladekanonen, sechs 3,7 Zentimeter-Revolverkanonen und zwei 8 Millimeter-Maschinengewehren bewaffnet sind, Kadettenschulschiffe, „Moltke" und „Gneisenau", die eine Besatzung von 460 Mann, eine Bewaffnung von vierzehn 15 Zentimeter-Geschützen, zwei 8,8 Zentimeter-Schnellladekanonen, sechs 3,7 Zentimeter-Revolverkanonen und zwei 8 Millimeter-Maschinengewehren haben, Schiffsjungenschulschiffe.

„Olga", „Marie" und „Sophie" waren noch vor wenig Jahren als Auslandskreuzer in Dienst. Die erstere lief 1880 auf der Vulkanwerft Stettin, die beiden letzteren ein Jahr später auf der Werft „Reiherstieg" in Hamburg, bezw. der Kaiserlichen Werft zu Danzig vom Stapel. Sie sind je 66,2 Meter lang, 12,5 Meter breit, haben einen Tiefgang von 4,8 Meter, ein Deplacement von 2169 Tonnen und erhalten von Maschinen, die bei jedem Schiff 2100 PS i. leisten, eine Schnelligkeit von 14 Knoten. Zur Bewaffnung gehören je zehn 15 Zentimeter-Geschütze, zwei 8,8 Zentimeter-Schnellfeuergeschütze, sechs 3,7 Zentimeter-Revolverkanonen und zwei 8 Millimeter-Maschinengewehre, zur Besatzung je 270 Mann.

Die „Nixe", die am 23. Juli 1885 auf der Kaiserlichen Werft zu Danzig vom Stapel gelassen wurde, war von Anfang an zum Schiffsjungenschulschiff bestimmt. Aus diesem Grunde konnte man von der Erteilung einer bedeutenden Schnelligkeit absehen; mit einer Maschinenleistung von 700 PS i. wird eine Geschwindigkeit von 10 Knoten in der Stunde erzielt. Die Länge beträgt 51,7, die Breite 13,2, der Tiefgang 5 Meter, während das Deplacement 1760 Tonnen umfaßt. Die „Nixe" führt 111 Tonnen Kohlenvorrat, 348 Mann Besatzung und als Armierung sieben 12,5 Zentimeter-Geschütze, zwei 8,8 Zentimeter-Schnellfeuergeschütze, sowie sechs 3,7 Zentimeter-Revolverkanonen.

„Carola" ist nach denselben Plänen erbaut wie „Olga" und stammt von derselben Werft, wurde aber eher als diese und die anderen Schwesterschiffe, denen sie in Beziehung auf Größenverhältnisse, Deplacement, Schnelligkeit, Besatzung und dergl. entspricht, in die Reihe der Schulschiffe versetzt, und zwar als Schulschiff für Schnellfeuerkanoniere. Sie führt jetzt keine Takelage mehr, sondern zwei Gefechtsmasten, in deren Marsen Maschinengewehre aufgestellt sind, und hat überhaupt ihre ehemalige Bewaffnung, der neuen Aufgabe gemäß, gegen eine Anzahl verschiedener Schnellfeuergeschütze vertauscht.

Der „Mars" ist wie die „Nixe" von vornherein zu Ausbildungszwecken eingerichtet worden. Er weist ein Deplacement von 3333 Tonnen, eine Länge von 80, eine Breite von 15, einen Tiefgang von 5,3 Meter und ein Kohlenfassungsvermögen von 300 Tonnen auf. Eine Maschine von 2000 PS i. verleiht ihm eine Schnelligkeit von 14 Knoten. Er lief am 15. November 1879 auf der Kaiserlichen Werft Wilhelmshaven vom Stapel, wurde mit zahlreichen verschiedenen Geschützen ausgerüstet und wird seitdem benutzt, um Mannschaften zu Geschützführern und Offiziere zu Batteriekommandeuren auszubilden. An Stelle der früheren Masten hat man diesem Schiff vor einigen Jahren eiserne, mit gedeckten Marsen versehene Gefechtsmasten gegeben.

Als Torpedoschulschiff wird seit 1880 S. M. S. „Blücher" verwendet. Diese Kreuzerfregatte verließ am 20. September 1877 den Stapel, und zwar auf der Germaniawerft in Kiel, wo sie aus Eisen konstruiert und mit bekupferter Holz-

Fig. 82. S. M. Kanonenboot „Iltis". (Nach einer Photographie von Arthur Renard, Kiel.)

bekleidung versehen worden war. Man findet bei ihr ein Deplacement von 2865 Tonnen mit einer Länge von 74,5, einer Breite von 13,75 und einem Tiefgang von 5,7 Meter vereint. Die Maschinenleistung beläuft sich auf 2500 PS i., die Schnelligkeit auf 13,9 Knoten in der Stunde. „Blücher" führt eine Besatzung von 237 (350) Mann, 280 Tonnen Kohlen und als Armierung vier leichte 8 Zentimeter-Stahlkanonen L/25 und dreizehn 3,7 Zentimeter-Revolverkanonen.

Ein kleineres Fahrzeug, „Rhein" genannt, hat die Aufgabe des Minenschulschiffs zu erfüllen. Dieses Schiff ist 44 Meter lang, 6 Meter breit, hat 2,5 Meter Tiefgang, 36 Tonnen Kohlenfassungsvermögen und verdrängt 498 Tonnen Wasser. Bei einer Maschinenleistung von 250 PS i. vermag es in der Stunde 9,5 Seemeilen zurückzulegen. S. M. S. „Rhein", das am 7. September 1867 auf der Stettiner Vulkanwerft vom Stapel lief, zählt, einschließlich der 44 Matrosen-Artilleristen, die im Minenlegen unterwiesen werden, 80 Mann Besatzung.

Die „Grille" stammt noch aus dem Jahre 1857 und wurde auf der Werft von Normand in Havre erbaut. Bei einer Länge von 51, einer Breite von 7,4, einer Tiefe von 2,15 Meter, einem Deplacement von 350 Tonnen, erhält sie von einer gleich 700 PS i. arbeitenden Maschine eine Geschwindigkeit von 14,5 Knoten. Zur Besatzung gehören 74 Mann, zur Bewaffnung zwei 3,7 Zentimeter-Revolverkanonen. Die „Grille" ist zur Zeit als Vermessungsfahrzeug in Gebrauch, wird aber zuweilen auch zu Admiralstabsreisen verwendet.

„Hay", „Ulan" und „Otter" dienen den größeren Schulschiffen als Tender, d. h. sie sind denselben zum Schleppen der Schuten (breiter, niedriger Fahrzeuge, die zum Transport von allerhand Waren benutzt werden) und dergl. beigegeben. Gelegentlich der Schießübungen tragen die Tender die großen Schießscheiben. Der „Hay", der 1881 auf der Kaiserlichen Werft zu Danzig erbaut wurde, ist 29 Meter lang, 6,4 Meter breit und hat einen Tiefgang von 2 Meter. Das Deplacement beläuft sich auf 203 Tonnen, die Schnelligkeit, die durch eine Maschine von 160 PS i. hervorgerufen wird, auf 9 Knoten. „Hay" trägt 40 Mann Besatzung, 30 Tonnen Kohlenvorrat und zwei 8,8 Zentimeter-Schnellfeuergeschütze. Der „Ulan", der am 3. April 1874 auf der Werft von Möller & Holberg in Stettin vom Stapel lief, weist eine Länge von 35, eine Breite von 8, einen Tiefgang von 2,95 Meter, ein Deplacement von 377 Tonnen auf und besitzt eine Maschine von 800 PS i., die ihm eine Geschwindigkeit von 12 Knoten verleiht. Er führt 60 Tonnen Kohlenvorrat, 41 Mann Besatzung und drei 3,7 Zentimeter-Revolverkanonen mit sich. „Otter" wurde im Jahre 1877 auf der Schichauschen Werft zu Elbing erbaut. Bei einer Länge von 29 und einer Breite von 6,15 Meter hat dieses Schiff einen Tiefgang von 1,2 Meter, während das Deplacement 129 Tonnen und die Schnelligkeit 10 Seemeilen in der Stunde beträgt. „Otter" faßt eine Besatzung von 43 Mann und einen Kohlenvorrat von 15 Tonnen.

Ferner besitzt die deutsche Kriegsmarine eine größere Anzahl von Schiffen, die zu besonderen Zwecken benutzt werden.

Zu diesen gehört vor allem die neue Kaiserjacht „Hohenzollern", die im Kriegsfalle als Aviso Verwendung finden wird. Eigentlich war sie überhaupt zum Aviso bestimmt worden; als man aber auf der Vulkanwerft zu Stettin mit ihrer Herstellung beschäftigt war, erhielt man die Nachricht, daß das Schiff nach einer neueren Beschlußnahme als Kaiserjacht fungieren solle, und man bei der Ausstattung den neuen Zweck zu berücksichtigen habe. Im Juni 1892 waren die Bauarbeiten beendet, und im April des folgenden Jahres wurden die ersten Probefahrten unternommen, die zur allgemeinen Zufriedenheit ausfielen.

Die „Hohenzollern", die 4187 Tonnen Wasser verdrängt, hat eine Länge von 116,6, eine Breite von 14 und einen Tiefgang von 5,4 Meter. Sie ist nach dem Doppelschrauben-System gebaut und mit zwei Maschinen von zusammen 9000 PS i. versehen, die es ihr ermöglichen, in der Stunde 21,5 Seemeilen zurückzulegen. Die Kohlenbunker können 500 Tonnen Kohlen aufnehmen. Die Bewaffnung besteht aus vier 10,5 Zentimeter-Schnelladekanonen L/35 und zwölf 5 Zentimeter-Schnelladegeschützen. Zur Besatzung gehören 307 Mann, und zwar werden dieselben aus allen Teilen der Marine ausgesucht; sowohl Offiziere, als Mannschaften betrachten es als Auszeichnung, wenn sie mit dem Dienst auf der Kaiserjacht betraut werden.

Am gedeckten Vorschiff befindet sich ein Wellenbrecher, auf dem Achterdeck ein salonartiger Aufbau. Zwei große Schornsteine, die in einen kronenförmigen Aufbau enden, und drei Pfahlmasten, die vergoldete Kaiserkronen tragen, geben dem Schiffe, das auf glänzend weißem Grunde von goldenen Leisten umgeben ist, ein charakteristisches Aussehen. Die auserwählte und selbstverständlich allen Anforderungen der Neuzeit entsprechende Ausstattung des Schiffes wird durch mehrere Dampfboote von großer Geschwindigkeit und andere Beiboote, deren zierlicher Bau ins Auge fällt, vervollständigt.

„Preußen" und „Friedrich der Große", die zur Zeit den Dienst der Hafenschiffe verrichten, wurden in den Jahren 1873 und 1874 erbaut, und zwar das erstgenannte auf der Stettiner Vulkanwerft, das andere auf der Kaiserlichen Werft zu Kiel. Beide wurden ursprünglich zu den Panzerfregatten gerechnet, vertauschten später ihre Takelage gegen je einen Gefechtsmast und galten für Panzerschiffe III. Klasse; im Laufe der Zeit haben sie den Gefechtswert eingebüßt.

Die 93,6 Meter langen, 16,32 Meter breiten Schiffe sind von einem 229 Millimeter starken Gürtelpanzer umgeben; die Türme sind durch 254 Millimeter dicken Panzer geschützt. Der Tiefgang beträgt 7,2 Meter, das Deplacement 6770 Tonnen. Maschinen von 5400 PS i. erzeugen bei jedem der beiden Fahrzeuge eine Geschwindigkeit von 13 Knoten. Die Besatzungsstärke beläuft sich auf

544 Mann. Der Kohlenvorrat besteht aus je 500 Tonnen, die Bewaffnung aus je vier 26 Zentimeter-Geschützen, zwei 17 Zentimeter-Geschützen, zehn 8,8 Zentimeter-Schnellfeuergeschützen und zwei 4,7 Zentimeter-Revolverkanonen.

Ein drittes Schwesterschiff der beiden, der „Große Kurfürst", ist im Jahre 1878 infolge eines Zusammenstoßes mit „König Wilhelm" an der englischen Nordseeküste gesunken, nachdem er nicht viel mehr als 2½ Jahr im Dienst gestanden hatte.

Die gleichfalls veralteten Panzerfahrzeuge „Kronprinz" und „Arminius" waren schon vorher als Hafenschiffe bei den „Schiffen zu besonderen Zwecken" eingereiht worden. Der Stapellauf des „Arminius" erfolgte 1864 auf der Werft von Samuda Brothers in England; er ist demnach unser ältestes Panzerschiff. Er hat eine Länge von 60, eine Breite von 10,97, einen Tiefgang von 5,49 Meter und ein Deplacement von 1583 Tonnen. Dabei besitzt er eine Maschine von 1200 PS i., die eine Schnelligkeit von 10 Knoten bewirkt. Das Schiff führt 135 Mann Besatzung, 150 Tonnen Kohlenvorrat und als Bewaffnung vier 21 Zentimeter-Geschütze, vier 3,7 Zentimeter-Revolverkanonen und im Bug ein Torpedorohr.

Der „Kronprinz", der etwa 1867 auf derselben Werft gebaut wurde, hat bei einer Länge von 83,5, einer Breite von 15,2 und einem Tiefgang von 7,6 Meter 5568 Tonnen Wasserverdrängung, sowie eine Geschwindigkeit von 14 Knoten, die durch eine Maschinenleistung von 4800 PS i. hervorgerufen wird. Er ist von 544 Mann besetzt und mit sechzehn 21 Zentimeter-Geschützen bewaffnet.

Das Panzerschiff „Friedrich Carl" ist vom Kriegsschiff zum Torpedoversuchsschiff herabgesunken. Es ist französischen Ursprungs, und zwar stammt es von der Werft „Forges et Chantiers de la Méditerranée", wo sein Stapellauf 1867 erfolgte. Das 88,6 Meter lange, 16,56 Meter breite Fahrzeug hat 7,01 Meter Tiefgang, 6007 Meter Deplacement, eine Schnelligkeit von 13 Seemeilen in der Stunde, 538 Mann Besatzung und eine Armierung, die aus sechzehn 21 Zentimeter-Geschützen und sechs 3,7 Zentimeter-Revolverkanonen besteht.

Der „Pelikan" wurde am 29. Juli 1890 auf der Kaiserlichen Werft Wilhelmshaven vom Stapel gelassen und als Transportdampfer in Dienst gestellt; gegenwärtig verwendet man ihn als Minenleger. Er weist eine Länge von 79, eine Breite von 11,6, einen Tiefgang von 4,4 Meter und ein Deplacement von 2360 Tonnen auf, besitzt Maschinen von zusammen 3000 PS i., die eine Geschwindigkeit von 15,4 Knoten bewirken, und Kohlenbunker, die 370 Tonnen Kohlen aufnehmen können. Er ist von 183 Mann besetzt, mit vier 8,8 Zentimeter-Schnellfeuergeschützen und vier 8 Millimeter-Maschinengewehren bewaffnet.

Als Vermessungsfahrzeuge sind jetzt „Möwe" und „Albatroß" in Gebrauch, die seiner Zeit als kleine Kreuzer oder Kanonenboote gute Dienste leisteten, aber der

Kriegsschiffe. 309

Fig 83. S. M. Boot „Hela". (Nach einer Photographie von Arthur Renard, Kiel.)

ehemaligen Aufgabe nicht mehr gewachsen sind. Die im Jahre 1879 auf der Schichau'schen Werft zu Elbing erbaute „Möwe" hat 51,5 Meter Länge, 8,9 Meter Breite und 3,15 Meter Tiefgang, während das Deplacement 848 Tonnen umfaßt. Bei einer Maschinenleistung von 600 PS i. beträgt die Schnelligkeit 10,5 Knoten, die Besatzung ist 132 Mann stark. Die Bewaffnung besteht aus zwei 12,5 Zentimeter-Geschützen und fünf 3,7 Zentimeter-Revolverkanonen. Das der Kaiserlichen Werft Danzig entstammende, am Anfang der siebziger Jahre vollendete Schiff „Albatroß" verdrängt 716 Tonnen Wasser, ist 50,2 Meter lang und 8,3 Meter breit, hat eine Schnelligkeit von 10 Knoten, 98 Mann Besatzung und ein Kohlenfassungsvermögen von 96 Tonnen.

Die in Konstantinopel als Stationsfahrzeug fungierende „Loreley" gehört erst seit 1896 zur deutschen Kriegsflotte, wurde aber schon 1885 bei W. Henderson in Glasgow vom Stapel gelassen. Sie ist ein Fahrzeug von 537 Tonnen Deplacement, 63,2 Meter Länge, 8,26 Meter Breite, 4,92 Meter Tiefgang, legt in der Stunde 12 Seemeilen zurück und führt eine Besatzung von 50 Mann und eine Bewaffnung von zwei 5 Zentimeter-Schnellfeuergeschützen und zwei Maschinengewehren.

Außerdem sind für Marinezwecke noch eine große Menge der verschiedensten Fahrzeuge, die wir hier nicht einzeln anführen können, vorhanden, und in Kriegsfalle wird die deutsche Kriegsflotte durch Schnelldampfer des Norddeutschen Lloyd und der Hamburg-Amerika-Linie vergrößert; die betreffenden Schiffe sind bereits im Frieden mit besonderen, das Aufstellen einiger Schnellfeuergeschütze gestattenden Vorrichtungen versehen und sollen als Hilfskreuzer benutzt werden.

b. Schiffsbau.

Der Inhalt der vorhergehenden Abschnitte hat dem Leser gezeigt, daß der Holzbau im Laufe der Zeit mehr und mehr vom Eisen- und Stahlbau verdrängt worden ist, da die Eisen-, bezw. Stahlschiffe schwer in die Wagschale fallende Vorzüge aufweisen. Außer der größeren Dauerhaftigkeit ist der Umstand von Bedeutung, daß das Gewicht des Baumaterials bei einem aus Eisen konstruierten Fahrzeug 30—40 Prozent weniger beträgt als bei einem hölzernen von derselben Größe, was für Panzerung und Bewaffnung von Vorteil ist. Gegenwärtig kommt beim Bau der Kriegsschiffe überhaupt kein Holz mehr zur Verwendung; ja die Feuergefährlichkeit der für die Schnellfeuerkanonen bestimmten Brisanzgranaten, auf die man durch die Ereignisse des chinesisch-japanischen Krieges wieder aufmerksam gemacht worden ist, hat es dahin gebracht, daß man auch bei der Ausrüstung, soweit man dies möglich machen kann, vom Gebrauch des Holzes absieht.

Wir werden deshalb auf den Holzschiffsbau gar nicht näher eingehen, sondern uns gleich dem Eisen-, bezw. Stahlschiffsbau zuwenden. In England, das alle anderen Seemächte an Flottenstärke so weit übertrifft, wurde schon 1822 das erste eiserne Schiff fertiggestellt, und in dem Zeitraum, der jenes Jahr von der Gegenwart trennt, sind gegen 200 Werften, auf denen Eisen- und Stahlschiffe erbaut werden, dort errichtet worden. In Deutschland nahm man 1852 auf der erst kurz vorher entstandenen Vulkanwerft in Bredow bei Stettin den Bau eiserner Fahrzeuge in Angriff, und gegenwärtig werden nicht nur sämtliche Schiffe, die der deutschen Kriegsmarine dienen sollen, im Inlande erbaut, sondern auch fremde Marinen übergeben unseren Werften die Herstellung von Schiffen.

Da alle neueren deutschen Kriegsschiffe ausschließlich aus deutschem Material bestehen, ist der Aufschwung, den unsere Schiffsbauindustrie genommen hat, für eine große Anzahl heimischer Eisenwerke von Vorteil gewesen; aber auch zahlreiche andere Industriezweige haben dabei gewonnen, und der Arbeiterschaft ist ein neues Erwerbsgebiet eröffnet worden.

Das hier in Betracht kommende Schiffsbaumaterial zerfällt in Eisen und Stahl, und zwar legt der Schiffbauer die erstgenannte Bezeichnung einem schmiedbaren, nicht härtbaren Eisen mit einem Kohlenstoffgehalt von weniger als 6 Prozent bei; während er unter „Stahl" ein härtbares Flußeisen mit einem Kohlenstoffgehalt von 6 Prozent und darüber versteht. Mit Vorliebe verarbeitet er den durch den Siemens-Martin-Prozeß erzeugten Martinstahl, der sich sowohl zu Blechen und Platten für den Schiffskörper, als zu Wellen und dergl. für die Maschinen als zweckmäßig erweist.

Ein überaus wichtiger Teil der Schiffsbaukunst ist das Entwerfen der Pläne, denen eingehende Berechnungen zu Grunde liegen müssen. Bei unserem Reichsmarineamt besteht außer elf anderen Geschäftsstellen eine besondere Konstruktionsabteilung, in der unter Leitung eines tüchtigen Fachmannes die Pläne für jedes zu erbauende Kriegsschiff angefertigt werden. Die Werft, der der Bau übertragen wird, erhält dann außer diesen Plänen auch noch vom R.-M.-A. (Reichsmarineamt) aufgestellte Bauvorschriften, die eine nähere Beschreibung des Schiffes enthalten und über Maschinen und Hilfsmaschinen Aufschluß geben.

Auf der Bauwerft werden die erhaltenen Pläne weiter ausgearbeitet, d. h. mit den verschiedensten, für die richtige Ausführung des Baus unentbehrlichen Einzelangaben versehen. Der Grundriß, der Längsriß mit den Längsschnitten und die Querschnitte des Schiffes werden mit bunter und schwarzer Ölfarbe auf der ebenen, hellen Bodenfläche des Schnürbodens, eines weitläufigen Raumes, aufgeschnürt, d. h. aufgezeichnet. Auch wird ein kleines Holzmodell hergestellt. Nach diesen Vorarbeiten kann dann festgestellt werden, was für Bestellungen an Material zu machen sind.

Vor der Abnahme des letzteren findet gewöhnlich durch einen Unterbeamten eine „Vorbrake" statt, wobei jedes einzelne Stück einer Prüfung unterworfen wird und wohl auch die für die endgiltige Untersuchung bestimmten Proben abgestempelt werden. Zur eigentlichen Abnahme findet sich dann meist ein Marinebeamter auf den betreffenden Werken ein. Jetzt gilt es vor allem, das fertiggestellte Baumaterial in Beziehung auf Dehnung und Festigkeit zu prüfen, und zwar werden mittels einer diesem Zweck angepaßten Maschine allerhand Zerreißversuche angestellt. Entspricht das Material den Abnahmebedingungen, so kann seine Überführung nach der Werft erfolgen.

Schon vor dem Eintreffen der Guß- und Schmiedestücke, der Stahlplatten u. s. w. hat man hier Vorbereitungen für den beabsichtigten Bau getroffen. Die Baustelle, die Helling, ist eine schiefe Ebene, deren Vorderteil, die Vorhelling, bis ins Wasser reicht. Längs ihrer Mittellinie wird eine Anzahl schwerer Klötze, sogenannter Stapelklötze, niedergelegt. Nach kurzer Zeit erhebt sich ein stattliches Holzgerüst mit zweckmäßigen Zugängen. Hier und dort befindet sich ein fahrbarer Krahn, mit dessen Hilfe die schweren Stahlteile gehoben werden sollen.

Auf den Stapelklötzen, die während des Baues dem Schiff als Unterlage dienen, wird nun zunächst der Kiel, der gewissermaßen das Rückgrat des Bauwerkes bildet, „gestreckt". Derselbe kann sowohl voll, als hohl sein und besteht aus einem Eisenbalken oder aus einigen nebeneinander angebrachten Platten. Der etwa 50 Zentimeter aus dem Boden herausstehende Kiel, den man bei den Segelschiffen findet, ist bei einem modernen Kriegsschiff, das seine Bewegung einzig durch Dampfkraft erhält, entbehrlich. Neuerdings giebt man den Schiffen wohl auch nur einen inneren Kiel, der sich zwischen Außen- und Innenhaut hinzieht und außen gar nicht zu bemerken ist. Um das „Schlingern" (die seitlichen Schaukelbewegungen) einzuschränken, werden zuweilen Seiten- oder Rollkiele angewandt. „Fürst Bismarck" ist beispielsweise mit zwei bronzenen, hohlen, Kork und Marineleim enthaltenden Seitenkielen ausgestattet. Die Seitenkiele, die übrigens auch die Bezeichnung „Außenkiele" führen, befinden sich meist nicht weit von der sogenannten Kimm, dem Teil des Schiffsrumpfes, der die größte Krümmung aufweist.

Vorn ragt, sich an den Kiel anschließend, mehr oder weniger steil der Vorsteven, der bei Kriegsschiffen wegen der gepanzerten Verstärkung (der Ramme) auch Rammsteven genannt wird, hinten der Hintersteven, bezw. Rudersteven empor. Zwischen den Steven, die aus Gußstahl oder Bronze, auch aus Platten oder Winkeln bestehen, werden in geeigneter Entfernung voneinander, lotrecht zum Kiel, die Rippen des Schiffes, die Spanten, aufgerichtet. Diese haben vorher in der Winkelbearbeitungswerkstatt unter Zuhilfenahme hölzerner oder anderer Schablonen, der Schnürbodenmallen, die gehörige Form erhalten, sind in der Nähe der Steven weniger gewölbt als in der Mitte und geben dem ganzen Bauwerk die gewünschte Gestalt. Zwischen den oberen Teilen der Spanten, von denen das mittlere Hauptspant heißt, werden Balken angebracht, auf denen das Deck ruhen wird (Decksbalken).

S. M. Linienschiff „Zähringen"

Fig. 84. Torpedoboot-Flotille. (Nach einer Photographie von Arthur Renard, Kiel.)

Die **Längsspanten**, deren oberste den Panzer tragen und darum **Panzerträger** heißen, sind Gurtungen oder Plattenreihen, von denen auf jeder Seite fünf oder sechs von vorn nach hinten laufen; das mittlere bildet den inneren Kiel. Spanten und Decksbalken sind Querverbände; Kiele, Längsspanten, Längsschienen u. s. w. sind Längsverbände. Zu letzteren gehören auch die **Stringer**, die aus Winkeln oder Platten bestehen und sich in ersterem Fall im Raum (**Raumstringer**), im anderen Fall auf den Decksbalken befinden (**Decksstringer**). Quer- und Längsverbände werden miteinander vernietet, und an diesem festen, und trotzdem verhältnismäßig elastischen und leichten Rahmenwerk wird die aus Stahl- oder Eisenplatten zusammengesetzte **Außenhaut** durch Nieten befestigt.

Bei vielen Schiffen, besonders bei Panzerschiffen, wird innerhalb der Spanten aus Stahl- oder Eisenplatten eine zweite Wand, die **Innenhaut** gebildet. Auf diese Weise entsteht ein Hohlraum, dessen unterer Teil **Doppelboden** heißt, während dem emporragenden die Bezeichnung „**Wallgang**" beigelegt wird. Die Teile der Spanten, die sich im Boden befinden, nennt man **Bodenwrangen**. Kiel, Spanten und Längsspanten trennen Doppelboden und Wallgang in viele Abteilungen. Letztere bilden, soweit man die Spanten nicht aus Rücksicht auf Gewichts- oder Materialersparnis durchbrochen hergestellt hat, lauter wasserdichte Zellen, sind aber der Schiffsmannschaft durch Ventile zugängig gemacht. Auf ihren Nutzen haben wir schon früher mehrmals hingewiesen.

Wie gleichfalls schon erwähnt worden ist, teilt man auch den inneren Schiffsraum oft in mehrere Zellen, und zwar berechnet man deren Größe so, daß das Schiff schwimmfähig bleiben muß, wenn das Wasser in zwei oder drei eingedrungen ist. Die wasserdichten Stahlwände, die hier die Trennung herbeiführen und dabei gleichzeitig den Verband verstärken, werden **Schotten** genannt. Ein solches Schott, das **Kollisionsschott**, schließt den Vorderteil des Schiffes ab, verwehrt also dem Wasser bei einer Beschädigung des Bugs den weiteren Eintritt. Außerdem sind noch eine Anzahl an den Spanten befestigter Querschotten vorhanden, und neuerdings wird in der Mitte noch ein Längsschott angebracht.

Der innere Schiffsraum wird nach oben durch das **Deck** abgeschlossen, dem noch durch eine Anzahl Säulen, die **Deckstützen**, Halt gegeben wird. Kriegsschiffe haben oft mehrere Decks übereinander. Die Außenhaut wird nach oben durch das **Schanzkleid** fortgesetzt, das Personen und Gegenstände auf dem Oberdeck vor unliebsamen Berührungen mit dem Wasser bewahrt. Von dem **Kofferdamm**, der viele neuere Schiffe umgiebt, war schon an anderer Stelle die Rede. Der Panzer, der auf den obersten Längsspanten ruht, ist durch eine Lage Holz von der Schiffswand getrennt, und zwar besteht diese Hinterlage aus Teakholz, dem Holz der asiatischen Eiche, das sich durch Mangel an Gerbsäure auszeichnet. Die Panzerplatten werden durch schwere Bolzen, die man bis zu zwei Drittel der

Stärke einbohrt, mit dem Schiffe verbunden und die Fugen zwischen ihnen, die bei den verschiedenartigen Krümmungen nicht zu vermeiden sind, sorgfältig ausgefüllt. Die Platten können gegenwärtig fast ohne weitere Bearbeitung, so wie sie auf der Werft ankommen, verwendet werden, da sie schon in den Hüttenwerken genau mit den Modellen in Übereinstimmung gebracht werden.

Bei Vorder- und Hinterteil des Schiffes wird durch die Form eine geringere Belastung bedingt als beim Mittelteil; gleichmäßige Belastung würde unter anderem bei Seegang ein heftiges Schaukeln in der Längsrichtung, welche Bewegung im Gegensatz zum „Schlingern" „Stampfen" genannt wird, veranlassen. Da nun die Form der erstgenannten Teile für gewöhnlich aber auch ein senkrechtes und darum wirksames Auftreffen der Geschosse ausschließt, und da ferner in diesen Teilen ein Treffer überhaupt keinen so großen Schaden an den Maschinen anrichten kann, so wird dem Gürtelpanzer der Regel nach am Mittelschiff eine weit bedeutendere Stärke gegeben.

In den meisten Fällen wird das Schiff nur mit Fundamenten und Wellen versehen und vom Stapel gelassen; Panzer, Geschütztürme, Maschinen, Anker u. s. w. werden später angebracht. Oft vergehen nach dem Stapellauf noch Monate und Jahre, ehe das Schiff, das während dieser Zeit innerhalb des Ausrüstungsbassins von Schuppen zu Schuppen wandert, mit allen nötigen Vorrichtungen und Gegenständen ausgestattet, also wirklich vollendet ist.

Wie dem lästigen Bewachsen mit Organismen bei den Auslandskreuzern entgegengearbeitet wird, haben wir bereits Band VII, S. 527 angegeben. Bei Schiffen, die sich meist in heimischen Gewässern aufhalten, ist der genannte Übelstand weniger zu fürchten; man läßt darum bei diesen die kostspielige Bekleidung fort und begnügt sich mit einem Anstrich von giftiger Farbe, der nötigenfalls erneuert wird. Oft wird graue Farbe angewandt, weil ein graues Schiff den spähenden Augen eines etwaigen Feindes am leichtesten zu entgehen vermag. Dem Ölfarbenanstrich geht ein das Rosten verhindernder Mennigeanstrich voraus.

Kupfern und Streichen erfolgen im Dock, wo auch das Steuerruder am Hintersteven befestigt wird. Die Einrichtung des letzteren wurde bereits im I. Ergänzungsband dieses Werkes erörtert, in dem der Leser auch eine ausführliche Beschreibung aller jener Vorrichtungen findet, denen die Schiffe ihre Fortbewegung verdanken. Wir brauchen nur hinzuzufügen, daß heutigen Tages wohl die Schulschiffe noch mit Segeln versehen sind, beim Neubau allenfalls ungeschützte Kanonenboote Hilfstakelage erhalten, im großen und ganzen aber das Segel bei der Kriegsmarine immer mehr verschwindet. Kein modernes Kriegsschiff ist ohne Dampfmaschine denkbar, und zwar gehören alle größeren Schiffe zu den Schraubendampfern, die mehr Platz zum Aufstellen der Geschütze bieten als die Raddampfer. Auch befinden sich bei den Schraubendampfern alle bewegenden

Teile unter der Wasserlinie, wo sie der Beschädigung durch feindliche Geschosse verhältnismäßig wenig ausgesetzt sind, weil die letzteren eine 2—3 Meter dicke Wasserschicht nicht zu durchdringen vermögen.

Da bei der Speisung mit Seewasser die Kessel unter den Salzniederschlägen leiden, benutzt man dasselbe auf neueren Kriegsschiffen nur im Notfalle; für gewöhnlich bedient man sich des Frischwassers (Süßwassers), das man im Doppelboden in großen Mengen mitführt. Der ausgenützte Dampf wird kondensiert (verdichtet) und von neuem zum Füllen verwendet. Ältere Kessel, die noch durch den Grundhahn direkt aus See mit Wasser gespeist werden, sind mit einer Salzabblasevorrichtung versehen. Sicherheitsventile, Dampfabsperrvorrichtungen, Wasserstandsgläser und dergl. sind bei älteren und neueren Kesseln zu finden.

Maschinen- und Kesselräume werden durch zweckmäßige Sprachleitungen mit der Kommandobrücke verbunden. Daneben werden die Schiffe behufs der Befehlsübertragung mit Maschinen- oder Zeigertelegraphen ausgerüstet, auf deren Ziffernblättern alle in Betracht kommenden Kommandos wie: „Vorwärts", „Rückwärts", „Alle Kraft", „Große Fahrt", „Halbe Fahrt", „Kleine Fahrt" zu lesen sind. Stellt man auf der Kommandobrücke den Zeiger auf einen dieser Befehle, so wird der Wachmaschinist durch ein Klingelzeichen davon benachrichtigt, während der im Maschinenraum befindliche Zeiger sofort dasselbe Kommando weist.

Die Leute, die mit der Bedienung der Maschinen betraut sind, haben eine schwere Aufgabe zu erfüllen und dürfen dieselbe keinen Augenblick aus den Augen lassen, denn das kleinste Versehen kann verhängnisvoll werden. Das Ölen, Fetten und Reinigen der zahlreichen, teilweise sehr großen Maschinenteile nimmt viel Zeit in Anspruch.

Der Schiffsbauer hat aber nicht nur dafür zu sorgen, daß sein Werk durch die wogenden Fluten fortbewegt werden kann, und daß es sich dort nach dem Willen des Seemanns leiten und lenken läßt; er muß letzterem auch Mittel an die Hand geben, die es ihm ermöglichen, das Schiff nach seinem Wunsch an bestimmten Stellen der großen Wasserfläche festzuhalten. Diesem Zwecke dienen die Anker, die einen sehr wichtigen Bestandteil der Schiffsausrüstung bilden, und die man darum schon in längstvergangenen Zeiten als das Wahrzeichen der Schiffahrt betrachtet hat.

Sind die Anker nicht in Benutzung, so lagern sie auf Deck, oder sie ruhen am Bug und am Heck auf schiefen Plattformen. Soll das Schiff „zu Anker gehen", so bedarf es bisweilen nur der Wegnahme eines Keils, und einer der schweren Buganker, die für den gewöhnlichen Gebrauch bestimmt sind, fällt in die Tiefe hinab, indem er die Kette, die die Verbindung mit dem Schiff zu vermitteln hat, nach sich zieht, um durch seine Schwere, bezw. das Eingreifen des einen Armes in den Grund das Schiff am Weiterfahren zu verhindern. Will man den Anker wieder „lichten", d. h. aus dem Grunde heben, so wird die Kette eingewunden, und, sobald sich der Bug senkrecht über dem Anker befindet, bricht der letztere mit Leichtigkeit los. Hat das Schiff einen der Buganker eingebüßt, oder genügen beide nicht zum Festhalten, so wird der Reserveanker, der „Rüstanker", zu Hilfe genommen. Heckanker, Stromanker und Warpanker sind leichtere Anker, die für verschiedene, besondere Zwecke zur Verwendung kommen.

Um ein Wiederfinden verlorener Anker, die sich durch Reißen der Kette oder andere ungünstige Umstände vom Schiffe getrennt haben, zu ermöglichen, werden die Anker mit Ankerbojen, schwimmenden Hohlkörpern, verbunden. Manchmal kommt es wohl auch vor, daß die Mannschaft durch Mangel an Zeit am Ankerlichten verhindert und zum Auseinandernehmen der Kette gezwungen ist; dann wird an deren Ende eine Tonne oder eine Ankerboje befestigt.

Die Taue, die noch am Anfang unseres Jahrhunderts fast allgemein zum Festhalten der Schiffe an den Ankern verwendet wurden, waren bei der Steigerung des Ankergewichts der wichtigen Aufgabe nicht mehr gewachsen, sind kaum noch für leichte Anker in Gebrauch und haben ihr Amt den Ankerketten abgetreten. Letztere bestehen aus mehreren Teilen von je 25 Meter Länge, die wiederum aus einzelnen Kettengliedern zusammengesetzt sind. Die Kettenlängen werden aneinander „geschäkelt", d. h. ihre Verbindung wird durch Schäkel, hufeisenförmige, durch Bolzen schließbare Eisenstücke vermittelt. Außerdem werden zwischen den Kettenteilen einige Wirbel angebracht, um das Entstehen von „Törns" (Verdrehungen) zu verhüten, die sich beispielsweise gern bilden, wenn die Kette „verstaut", d. h. in den Kettenkasten untergebracht wird. In das Schiffsinnere werden die Ketten, die in den am Ende des Ankerschafts befindlichen Ankerring eingreifen, durch ovale Klüsen geleitet, aus denen sie beim „Ankern" herauslaufen. Die einzelnen Teile sind durch Abzeichen von verschiedener Farbe kenntlich gemacht, damit man stets im stande ist, zu beurteilen, wieviel bereits ausgelaufen oder „ausgerauscht" sind. Die Haltbarkeit der Kettenglieder, zu denen nur das beste Material genommen werden darf, wird vor dem Gebrauch stets gewissenhaft geprüft, sodaß man von dem Anker, der an einer solchen Kette befestigt ist, erwarten kann, daß er seinen Zweck erfüllen und sich auch bei Wetter und Sturm als zuverlässig erweisen wird.

Auch die Beiboote gehören zu den unentbehrlichen Ausrüstungsgegenständen der Kriegsschiffe, denn ohne ihre Hilfe würde die Besatzung in Häfen mit flachem Wasser nicht an das Land gelangen können und am Einholen des Proviants, des Wassers und des Materials verhindert sein. Außerdem werden sie zum Verkehr mit anderen Schiffen, zum Wachtdienst und zu allerhand anderen nötigen Verrichtungen benutzt, und in Fällen der Not und Gefahr sind sie der Mannschaft als Rettungs- und Bergungsmittel willkommen.

Für Größe und Anzahl der Beiboote geben die Größe und Besatzungsstärke des Schiffes, dem sie zugeteilt werden sollen, den Maßstab; die gesamte Besatzung muß unter Umständen in ihnen untergebracht werden können. Nach Größe und Zweck zerfallen die Kriegsschiffboote in: Barkassen, Pinassen, Kutter, Gigs und Jollen.

Jedes Kriegsschiff hat gegenwärtig wenigstens ein Dampfbeiboot, und zwar sind oft die Barkassen oder die ihnen im Range folgenden Pinassen mit Dampfmaschinen ausgerüstet (Dampfbarkasse, Dampfpinasse). Barkassen und Pinassen sind Decksboote, d. h. man hat ihnen, da sie infolge ihres bedeutenden Gewichts nicht gut außenbords an den Schiffsseiten aufgehängt werden können, ihren Platz auf dem Oberdeck, wohl auch auf einem besonderen Bootsdeck, dem Barringsdeck, angewiesen, wo ihnen umklappbare, mit Filz oder Leder bezogene Eisenstücke, die Bootsklampen, Halt gewähren. Sie dienen zum Ausschiffen des Landungskorps und zum Transportieren schwerer Lasten. Die Barkassen werden 10—13 Meter lang hergestellt und mit einem 8 Zentimeter-Geschütz bewaffnet; sie können bis 120 Mann Besatzung aufnehmen. Die Pinassen fassen bei einer Länge von 7,5—10 Meter 100 Mann. Dampfbarkassen werden oft mit Torpedorohren und Revolvergeschützen ausgerüstet.

Kutter, Gigs und Jollen werden zu beiden Seiten des Schiffes in Davits oder Barkunen (Klappdavits) aufgehängt und deshalb mit dem Sammelnamen „Seitenboote" bezeichnet. Die Davits sind hölzerne oder stählerne, gebogene Arme, die sich oben an der Schiffswand befinden und zum Drehen oder Senken eingerichtet sind. Die Gig, die sich durch Leichtigkeit und zierliche, elegante Formen auszeichnet und 7,5—10 Meter lang ist, soll als Kommandantenboot dienen. Der Kutter, auf kleinen Schiffen das Offiziersboot, und die Jolle, das Kochsboot, sind für den gewöhnlichen Gebrauch bestimmt. Jener erhält eine Länge von 7,5—9 Meter und faßt bis 80 Mann; diese wird in einer Länge von 5—6 Meter hergestellt und kann höchstens 30 Mann aufnehmen. Auch Seitenboote erhalten zuweilen eine Dampfmaschine (Dampfkutter, Dampfjolle).

Die Kriegsschiff-Dampfbeiboote erhalten meist Hochdruckmaschinen von 6—10 PS i., und zwar werden dieselben so konstruiert, daß sie aus den Booten herausgenommen werden können, damit sie das Ein- und Aussetzen der letzteren nicht erschweren. Die übrigen Beiboote werden in der Regel mittels Segel oder „Riemen" (seemännische Bezeichnung für Ruder) in Bewegung gesetzt. Die Barkassen besitzen 12—18, die Pinassen 12—16, die Kutter 8—14, die Gigs und Jollen je 6—8 Riemen. Gegenwärtig benutzt man auch Beiboote mit Benzin- und Naphtamotoren; selbst die Elektrizität wird, wenn auch bisher nur versuchsweise, zum Fortbewegen der Kriegsschiffboote verwendet. Auf dem Hinterdeck einiger Panzerschiffe ist nebenbei noch ein kleines mit Dampfkraft versehenes Torpedoboot aufgestellt.

Gut eingeübte Mannschaften können das Aussetzen aller zu ihrem Schiff gehörigen Beiboote innerhalb einer Viertelstunde bewerkstelligen.

Außer den Kesseln, die die Fortbewegungsmaschinen mit Dampf versorgen, erhält jedes Schiff noch einen oder mehrere Hilfskessel, deren Dampf den verschiedenen Hilfsmaschinen zu gute kommt. Zu letzteren gehört z. B. der Dampfsteuerapparat, neben dem aber stets eine zur Benutzung fertige Handsteuerung vorhanden sein sollte.

Die Bootsheißmaschinen erleichtern das Aus- und Einsetzen der schweren Beiboote. Man bringt zu diesem Zweck auf den Schiffen Ladebäume oder Ausleger an, die mit starken Ketten versehen sind. Beim Aussetzen werden an letzteren Vorder- und Hinterteil des betreffenden Bootes befestigt; dieses wird dann geheißt, sobald es sich in der rechten Höhe befindet, durch Drehen des Auslegers über Wasser gebracht und nun an den Ketten langsam hinabgelassen.

Die Ankerlichtmaschine hilft den Anker emporheben, indem sie das Ankerspill, eine Welle, um deren erweitertes Mittelstück die Ankerkette gewunden ist, dreht.

Die Aschheißmaschinen befördern Asche und Kohlenschlacken bis zum Oberdeck, sodaß man dieselben nur noch über Bord zu werfen braucht.

Mittels der Ventilationsmaschinen wird die Luft im Zwischendeck, in den Heiz- und Maschinenräumen und dergl. verbessert; auch bedient man sich derselben, um unter den Kesselfeuerungen künstlichen Luftzug herzustellen.

Ferner muß Dampfkraft die Pumpen, die teils zum Füllen der Schiffsdampfkessel, teils für den Fall des Lechwerdens, zum Auspumpen des Wassers, teils für den Fall eines ausbrechenden Feuers zum Löschen bestimmt sind, in Bewegung setzen. Da aber auch bei einem Schiff, das sich augenblicklich außer Dienst befindet, ein Auspumpen nötig werden kann, stehen nebenbei Pumpen für Handbetrieb, mit denen man allerdings nur unbedeutendere Wassermengen bewältigen kann, zur Verfügung.

Mittels des Destillier-Apparates wird das salzige Seewasser verdampft, dann verdichtet und in genießbares Trinkwasser umgewandelt. Auf unseren Kriegsschiffen wird ein Apparat benutzt, der aus einem Dampfkessel, einer Dampfpumpe, einem Kondensator und einem Filter zusammengesetzt ist und in der Stunde etwa 200 Liter Wasser destillieren kann.

Zur Eisbereitung, zur Heizung, zum Transport der Munition, zum Drehen der Geschütztürme, zum Richten der Kanonen u. s. w. hat man sich auch die Dampfkraft dienstbar gemacht, und außerdem muß letztere auch die elektrische Beleuchtungsanlage, die auf keinem modernen Kriegsschiff fehlen darf, betreiben. Die großen Panzerschiffe haben je drei Dynamomaschinen, während kleinere Schiffe nur zwei oder auch nur eine aufweisen. In der Regel sind Glühlichtlampen, zuweilen aber auch Bogenlampen in Gebrauch.

Neuerdings wird öfter versucht, Geschützschwenkwerke, Ventilations-, Bootsheiß-, Ankerlichtmaschinen und dergl. durch Elektrizität in Bewegung zu setzen.

Das Tageslicht und der natürliche Luftzug finden durch große Fenster und durch die breiten Niedergänge, in denen bequeme Stufen angebracht sind, ihren Weg in das Innere des Schiffes.

Vom Oberdeck, über dem sich ein schmaler Aufbau, die Kommandobrücke, erhebt, führen einige mit Deckel verschließbare Luken nach dem nächstgelegenen Deck, durch die Geschütze, Wasserkästen u. s. w. hinabbefördert werden können. Ist der Vorderteil des Oberdecks überbaut, so heißt er Back, während das überbaute Hinterteil „Kampanje" genannt wird.

Hinten in der Batterie, dem unter dem Oberdeck gelegenen Deck, befinden sich zuweilen die Räume des Kommandanten, ein Salon, ein Arbeits- und ein Schlafzimmer. Hinten im Zwischendeck, dem Schiffsteil, das sich unter der „Batterie" befindet und mit dieser durch verschiedene Luken in Verbindung steht, wird die Offiziersmesse, der Wohnraum der Offiziere, eingerichtet. Jeder Offizier und jeder Deckoffizier erhält eine behagliche, eine eiserne Schwingebettstelle enthaltende Kammer, gewöhnlich seitlich im Hinterteil des Zwischendecks. Für die Mannschaften werden im vorderen Teil des Zwischendecks einige Räume zurecht gemacht. An der Decke werden „Backstische" und Bänke befestigt, die zum Herabklappen eingerichtet sind und vor jeder Mahlzeit aufgeschlagen werden. Zum Aufbewahren des „Backsgeschirrs" wird für je 12 Mann ein besonderer Behälter an der Wand angebracht. Kleider, Schuhzeug und sonstiges Eigentum können die Matrosen in Kleiderkisten, die freilich in Rücksicht auf die an Bord eines Kriegsschiffs bestehenden Raumverhältnisse nicht allzu groß bemessen sind, unterbringen. Diese Kisten werden in Gestellen aufgestellt, die so an der Wand befestigt sind, daß sie den Verkehr möglichst wenig behindern. Zum Schlafen erhalten die Leute aus starkem Segeltuch bestehende Hängematten, die für den Gebrauch an in den Decksbalken befindlichen Haken aufgehängt, frühmorgens aber in die Finkennetze oder Finknetzkästen genannten Hängemattskästen, die am Schanzkleid oder in geeigneten Wänden angebracht sind, gestaut werden. Bei schlechtem Wetter werden diese aus Eisenblech oder Holz bestehenden Behälter mittels gestrichener Segeltuchbezüge, der sogenannten Finkennetz- oder Hängemattskleider, verschlossen.

Die Kombüsen (die Schiffsküchen) werden in der Batterie oder im Zwischendeck eingebaut und mit praktischen Dampfkochapparaten ausgestattet. Die Badekammern werden mit kalten und warmen Brausen versehen. Ein luftiger Raum wird zum Lazarett eingerichtet und mit Schwingekojen (Schwingebetten), in denen die Kranken wenig unter den Bewegungen des Schiffes zu leiden haben, ausgerüstet. Die Anforderungen der Hygiene werden gegenwärtig bei allen Einrichtungen möglichst berücksichtigt.

Übrigens hängt die Raumverteilung von der Bauart des Schiffes ab, kann also nicht etwa bei allen Kriegsschiffen übereinstimmen. Selbst bei ein und derselben Schiffsart, z. B. bei den Panzerschiffen, sind die Räume verschieden verteilt. Bei den Kasemattschiffen findet man in der Kasematte, die sich etwa über das mittlere Drittel erstreckt, Geschütze und Schornsteine, in der „Vorbatterie" die Mannschaftsräume, in der „Achterbatterie" die Messen und Kammern der Offiziere, und bei den neuen Panzerschiffen befinden sich Offiziers= und Mannschaftsräume in Stahlhäusern, die über das Oberdeck emporstehen.

Im unteren Schiffsteil, und zwar in der Mitte, wird von Kessel= und Maschinenräumen viel Platz eingenommen; seitlich werden die Kohlenbunker angeordnet, die so bei ungepanzerten Schiffen den Maschinen einigen Schutz gewähren. Der Brennstoff wird durch Öffnungen in den Decks oder durch „Kohlenpforten" in den Schiffsseiten in die Bunker, die durch Schiebethüren mit den Heizräumen verbunden sind, befördert. Eine Selbstentzündung wird durch fleißiges Lüften zu verhüten gesucht. Früher wurden zur Kesselfeuerung ausschließlich Steinkohlen verwendet; gegenwärtig bedient man sich auch eines flüssigen Brennstoffes, des Masuts (Rückstand der Petroleumsraffinerie), das verschiedene Vorzüge aufweisen soll. Masut und Kohle können auch gemeinsam als Brennstoff benutzt werden.

Die unteren Räume im Vorderteil der Kriegsschiffe heißen Hellgatts oder Hellegats. Hier werden in gesonderten Abteilungen alle jene Gegenstände aufbewahrt, die Bootsmann, Feuerwerker, Zimmermann und andere Leute nötig haben, um das Schiff und dessen Ausrüstung gebrauchsfähig zu erhalten, bez. die Gebrauchsfähigkeit wieder herzustellen; zu diesen Dingen gehören: Eisenstange, Bleche, Holz, Segeltuch, Tauwerk, Nägel und verschiedenes Handwerkszeug.

Außerdem enthält der untere Schiffsteil: Munitionskammern, Wasserlasten*), Trockenlasten (für trockenen Proviant) und Kleiderkammern in einer Anordnung, die sich nach den jeweiligen Verhältnissen richtet.

Wie die Außenhaut des Schiffes einen Anstrich erhält, der, indem er Muscheln, Algen und dergl. am Festsetzen verhindert, zu gleicher Zeit ein Schutzmittel gegen das Rosten bildet, so wird auch innenbords überall ein konservierender Anstrich angebracht. Der innere Boden wird oft mit Silikatfarbe gestrichen; Maschinen- und Kesselräume werden mit einem Zinkweiß=, die Kohlenbunker mit einem aus Silikatfarbe und Eisenmennige bestehenden Anstrich bedacht, Anker und Ankerketten mit einem Teerfirnis=Anstrich versehen. Verschiedene Ausrüstungsgegenstände erhalten metallische Überzüge, die sich als sehr vorteilhaft bewähren, aber so teuer sind, daß man gezwungen ist, von einer ausgedehnteren Anwendung abzusehen.

Die Kosten belaufen sich bei einem erstklassigen Panzerschiff oder Panzer=

---

*) Last — unter dem Zwischendeck befindlicher Raum zur Aufbewahrung von Vorräten, daher Lastleute, d. s. Matrosen, die in den Lasten für Ordnung sorgen.

kreuzer auf 15—20 Millionen Mark. Davon kommen etwa 5 Prozent auf den Schiffsrumpf, 20 Prozent auf Kessel und Maschinen, ebensoviel auf die Armierung und der Rest auf die übrige Ausrüstung. Von dem auf den Schiffsrumpf entfallenden Prozentsatz kann man ungefähr gleiche Teile auf Arbeitslohn, Panzerung und sonstiges Material rechnen. Die Baukosten für einen Kreuzer II. Klasse, wie „Vineta", „Hansa" u. s. w. betragen rund 8 Millionen Mark, und für die Herstellung der „Gazelle", jenes Schiffes, das bei der Erbauung der durch das Flottengesetz bewilligten kleinen Kreuzer als Vorbild dienen soll, wurden nur etwa 4 Millionen verausgabt.

c. Schiffswerften.

In Deutschland, wo man noch vor nicht allzulanger Zeit in Beziehung auf den Kriegsschiffbau vom Auslande abhängig war — mußte man sich doch früher nicht nur wegen der Erbauung neuer Schiffe, sondern sogar wegen unbedeutender Reparaturen an fremde Werften wenden — hat sich die Schiffsbaukunst in den letzten Jahrzehnten außerordentlich entwickelt. Gegenwärtig sind drei große, leistungsfähige Kaiserliche Werften bereit, die Schiffe, deren die mächtig emporstrebende deutsche Seemacht zur Erfüllung ihrer Aufgabe bedarf, herzustellen, und außerdem befaßt sich eine ganze Anzahl gut eingerichteter Privatwerften mit dem Bau eiserner und stählerner Schiffe, unter anderem: die „Germania" in Kiel, der „Vulkan" in Stettin, die „Weser" in Bremen, die Schichau'schen Werften zu Danzig und Elbing, die Werft von Blohm & Voß in Hamburg u. s. w.

Zuweilen erfolgt, wenn das R.-M.-A. die Pläne für ein neues Kriegsschiff entworfen hat, eine Konkurrenz-Ausschreibung (Bewerbungsaufruf) an die großen Privatwerften, und diejenige, die die mäßigsten Forderungen stellt, wird mit dem Bau, zu dessen Überwachung dann ein Kaiserlicher Beamter berufen wird, beauftragt. Die Staatswerften wurden anfänglich fast immer von den Privatwerften durch Billigkeit übertroffen; jetzt ist das Gegenteil der Fall, und dabei rühmt man den Werken, die aus den Kaiserlichen Werften hervorgehen, eine bessere Ausführung nach.

Die Kaiserlich deutschen Werften befinden sich in Wilhelmshaven, Kiel und Danzig. Jede steht unter der Leitung eines älteren Offiziers (Kontre-Admirals, Kapitäns zur See), des Oberwerftdirektors, dem ein Stabsoffizier als Assistent beigegeben ist und die verschiedenen Ressortdirektoren unterstellt sind. Für Verwaltung, für Hafenbau, Schiffbau, Maschinenbau, Ausrüstung, Artillerie, Torpedowesen u. s. w. sind besondere Ressorts (Geschäftskreise) vorhanden. Auch hat ein Direktor für die Wohlfahrt der zahlreichen Arbeiter zu sorgen. Außerdem sind Betriebsdirektoren, Baumeister, See-, Feuerwerks- und Torpedooffiziere, Unteroffiziere, Zeichner, Werkführer, Schreiber u. s. w. auf den Werften thätig, in Wilhelmshaven, insgesamt rund 7000, in Kiel 6000 und in Danzig 3000 Mann. Es wird darauf gesehen, daß stets ein tüchtiger Stamm gutgeschulter, geschickter Leute vorhanden ist, um im Kriegsfalle nicht den Arbeiten, die nach einer Seeschlacht nötig werden können, ratlos gegenüber zu stehen. In Wilhelmshaven, wie in Kiel hat man eigens für die Werftarbeiter Häuser gebaut und Speiseanstalten eingerichtet.

Das Werftgebiet umfaßt stets außer den erforderlichen Bassins eine große Anzahl der verschiedensten Gebäude, Werkstätten und Schuppen und ist durch hohe Mauern von seiner Umgebung getrennt, sodaß man es wohl mit einer kleinen Stadt vergleichen kann. Für Aufrechterhaltung der Ordnung sorgt die Werftpolizei; die Werftschutzleute überwachen nicht nur die großen Thore, an denen in der Nacht außerdem noch Militärposten Wache stehen, sondern auch alle jene Räume, in denen Diebstähle zu befürchten stehen; sie beobachten die Arbeiter und untersuchen auf der Werftwache jeden, der ihnen verdächtig erscheint. Ferner haben sie alle Fremden, denen vom Oberwerftdirektor durch einen Erlaubnisschein die Besichtigung des Etablissements gestattet worden ist, auf ihren Rundgängen zu begleiten.

Zur Sicherung gegen Feuersgefahr haben die Staatswerften ihre eigene Feuerwehr, deren Mannschaften bei Tag und Nacht sämtliche Teile des weitverzweigten Gebietes bewachen. Nach Ablauf der Arbeitszeit werden die Feuer stets sorgfältig gelöscht, und nur selten tritt die Dampfspritze, die auf jeder Werft neben anderen Spritzen und sonstigen Vorrichtungen zur Verfügung steht, in Thätigkeit.

Muß zur Nachtzeit gearbeitet werden, so sorgen zahlreiche Bogenlampen für die nötige Helligkeit, denn die Kaiserlichen Werften sind ausreichend mit elektrischer Beleuchtung versehen. Überhaupt hat man für alle Betriebszweige, die auf den Werften vereinigt sind, die zweckmäßigsten Einrichtungen getroffen und sich bei Maschinen und dergl. alle wichtigen Erfindungen zu nutze gemacht.

Die Kieler Werft liegt nicht direkt im Bereich der Stadt Kiel, sondern in den in der Nähe befindlichen Ortschaften Gaarden und Ellerbeck. Das Verwaltungsgebäude enthält zahlreiche Räume, in denen der Oberwerftdirektor, dessen Assistenten, der Verwaltungsdirektor und ein Teil von deren Untergebenen ihre Thätigkeit ausüben. Ferner sind Kasse, Registratur, Telephonbureau, eine militärische Wache und eine Abteilung der Werftpolizei darin untergebracht. In der Wachtstube, die man der letzteren eingeräumt hat, wird den Besuchern der Werft ein Werftschutzmann zugewiesen, der die Führung übernimmt und bereitwillig auf alle möglichen Fragen Antwort giebt. Nach dem Verwaltungsgebäude kommt das Annahmeamt, in dem sachverständige Beamte die aus Privatwerken eintreffenden Sendungen, die nicht schon vorher von einem Marinebeamten geprüft worden sind, einer Untersuchung unterziehen, weiterhin einige Magazine, in denen Ausrüstungsgegenstände aufbewahrt werden.

An die Magazine schließen sich die Werkstätten des Schiffbauressorts an: die Schlosserei, die Schmiede, die Tischlerei, die Malerwerkstatt mit dem Lohnbureau und die Pechküche. In mehreren Werkstätten, die mit Glühöfen, Schmiedefeuern

21*

und allerhand Arbeitsmaschinen ausgerüstet sind, werden Eisenteile, Winkel und Panzerplatten bearbeitet. Das sich in der Nähe erhebende Schiffbauressort-Gebäude enthält die für die Betriebsleiter nötigen Arbeitsräume.

Auch für das Maschinenbauressort ist ein besonderes Bureaugebäude vorhanden, das ringsum von den dazu gehörenden Werkstätten: der Modelltischlerei, der Kesselschmiede, der Kupferschmiede, der Gießerei und der Mechanikerwerkstatt umgeben ist.

Die Werkstätten, die das Torpedoressort bilden, sind kleiner als die der vorhergenannten Ressorts. Das Torpedoressort erstreckt sich bis zum Torpedoboots-Hafen und weist dort eine Anzahl Kammern auf, in denen das Inventar der einzelnen Boote lagert. Letztere können mittels einer durch Maschinenkraft betriebenen Aufschleppe ans Land gezogen werden, falls sich die Arbeiten, die an ihnen vorzunehmen sind, nicht gut im Wasser ausführen lassen. Zur Aufbewahrung der Torpedos dient ein großer Raum, der mit einer Reparaturwerkstatt verbunden ist.

Wir kommen nun zu den Artilleriewerkstätten und -schuppen. Für das Artillerieressort ist eine verhältnismäßig geringe Anzahl Arbeiter thätig, weil auf der Werft wohl allerhand Geschützzubehör hergestellt wird, die Geschütze selbst aber dort nur ausgebessert werden. Der Bedarf an neuen Geschützen wird aus der Spandauer Geschützgießerei und von dem Krupp'schen Werk in Essen bezogen. In den Artillerieschuppen lagern nicht nur die Reservegeschütze, sondern auch Geschütze und Lafetten, die von Bord der außer Dienst gesetzten Schiffe genommen worden sind, denn die Kriegswerften haben sich nicht nur mit Neubauten und Reparaturen zu befassen, sie müssen auch für Instandhaltung der ihnen zu diesem Zweck übergebenen Schiffe und Ausrüstungsgegenstände sorgen. Die ehemals gebräuchlichen glatten Geschützrohre versah man mit einem Anstrich und ließ sie dann einfach im Freien, aber den gegenwärtig zur Verwendung kommenden Geschützen, die auf so künstliche Weise konstruiert und eben darum auch sehr teuer sind, wird größere Sorgfalt zugewandt. Sie werden unter Beobachtung der größten Sauberkeit unter schützendem Dach aufbewahrt. Die Geschütze, deren Größe und Gewicht den Transport zu einer gar zu umständlichen Arbeit macht, werden oft an Bord ihres Schiffes in gebrauchsfähigem Zustand erhalten.

Das Ausrüstungsbassin nimmt die auszurüstenden und die außer Dienst gestellten Schiffe auf. Letztere werden mit einem „Liegerhäuschen" versehen, das einem Wächter, dem „Lieger" zum Aufenthaltsort dient. Die Umgebung des Ausrüstungsbassins wird von Arsenalen und Schiffskammern gebildet, in denen die Gegenstände, die man nicht an Bord zu lassen pflegt, z. B. Anker, Ketten, Instrumente und dergl. mehr untergebracht werden, und zwar ist für jedes Schiff eine besondere Kammer bestimmt. Will man ein Schiff wieder in Dienst stellen, so wird es vor das betreffende, entsprechend bezeichnete Magazin gebracht, und bei der musterhaften Ordnung, die überall herrscht, kann selbst ein großes Schiff in sechs Tagen gefechtsfertig gemacht werden. Das Ausrüstungsressort-Gebäude enthält zugleich das Navigationsressort, dem Seekarten, Navigationsinstrumente und Kompasse anvertraut werden. Bei der Einfahrt des Ausrüstungsbassins erblickt man mehrere Kohlenschuppen, die die Schiffe mit dem nötigen Brennstoff versorgen, und weiterhin noch einige Arsenale, in denen man Anker und Ketten aufbewahrt. So sind sämtliches Material und alle Gegenstände, deren man zum Bau und zur Ausrüstung der Schiffe bedarf, auf der Werft vereinigt; nur Geschosse und Pulver bilden Ausnahmen. Ihrer Feuergefährlichkeit wegen hat man diesen auf der Werft keinen Platz eingeräumt, sondern in gehöriger Entfernung von derselben besondere Magazine für sie errichtet.

Das Baubassin, an dem die Hellinge und Docks gelegen sind, befindet sich nicht weit vom Schiffbauressort-Gebäude in der Nähe der Eisenbearbeitungswerkstätten. An der einen Seite erheben sich die Schuppen, in denen Boote und Masten hergestellt werden, sowie eine Halle, in der die außer Dienst befindlichen Boote lagern. Längs der Quais bemerkt man eine Anzahl Schiffe, die sich teils noch im Bau befinden, teils als reparaturbedürftig auf die Werft zurückgekehrt sind. Muß zu irgend einem Zweck der Unterwasserteil eines Schiffes trocken gestellt werden, so wird dasselbe auf ein Dock geholt. Es giebt Trockendocks und Schwimmdocks. Erstere sind große, ausgemauerte Bassins, die an einer Seite offen sind, sodaß die Schiffe hineinschwimmen können. Sie werden durch Pontons geschlossen und dann mit Hilfe einer Dampfmaschine ausgepumpt. Beim Verschwinden des Wassers senkt sich das im Dock befindliche Fahrzeug auf die vorher zurecht gelegten Stapelklötze und wird nun in entsprechender Weise durch hölzerne Balken gestützt. Die Kieler Werft besitzt fünf solche Trockendocks und außerdem noch ein Schwimmdock, einen großen eisernen Behälter, dessen unterer Teil hohl ist. Will man dieses Dock benutzen, so pumpt man Wasser hinein, läßt dann das Schiff hineinschwimmen und entfernt hierauf das Wasser wieder, wobei das Dock soweit in die Höhe steigt, daß das Schiff trocken steht. Das Dock läßt sich auch in zwei Teile trennen, die einzeln für kleinere Schiffe verwendet werden können.

Durch eine Menge Dampfpinassen wird die Verbindung zwischen den Magazinen und Werkstätten, die am Bau- und Ausrüstungsbassin gelegen sind, vermittelt. Sowohl in der Nähe der Hellinge, als an anderen Stellen des Werftgebietes sind bedeckte Arbeitsschuppen aufgebaut worden. Überall herrscht militärische Ordnung, und die Magazinaufseher thun ihr möglichstes, um die verschiedenartigen, ihrer Obhut übergebenen Dinge — handle es sich nun um schwere Stahl- und Eisenteile, um Bauholz, Rohstoffe oder um fertige Gegenstände — auf die zweckmäßigste Weise unterzubringen.

Die Kieler Werft erstreckt sich über 61 Hektar, und zwar nehmen die dort errichteten Baulichkeiten eine Grundfläche von 90 000 Quadratmeter ein. Die Gebäude, zu denen noch verschiedene Dienstwohnungen zu zählen sind, stehen verhältnismäßig dicht beieinander. Die Kaiserliche Werft zu Wilhelmshaven, die im allgemeinen dieselben Einrichtungen hat, ist viel weitläufiger angelegt; ihren Umfang kann man geradezu riesig nennen. Die Danziger Werft, die älteste der drei Staatswerften, ist bedeutend kleiner als die beiden anderen, aber ähnlich in Beziehung auf die Einrichtung. Auch die Privatwerften sind ähnlich, aber weniger großartig eingerichtet. Unsere Kaiserlichen Werften vermögen gegenwärtig weitgehenden Ansprüchen zu genügen und können als Musteranstalten betrachtet werden.

2. Die Organisation der Marine.

a. Uniformen und Abzeichen.

Für Admirale und Seeoffiziere ist die Gala-Uniform von dunkelblauem Tuch; der Rock mit Stehkragen hat weißes Futter, goldene Ankerknöpfe und weiße Schoßtaschenleisten. Ärmelaufschläge und Kragen sind bei den Admiralen mit goldener Eichenlaubstickerei geziert; bei den übrigen Offizieren hat der Kragen einen breiten Goldtressenbesatz. Die Ärmelaufschäge und der aufgeschlagene Revers sind von weißem Tuch, erstere tragen die Rangabzeichen, letzterer ist mit Goldtresse besetzt; die Schoßtaschenleisten sind mit Goldtresse eingefaßt. Die Admirale führen auf der rechten Seite goldene Fangschnüre. Die äußeren Seitennähte der Beinkleider haben einen breiten Goldtressenbesatz. Der Hut von Filz trägt eine goldene Agraffe und eine schwarz-weiß-rote Kokarde; bei den Admiralen hat er eine breite Goldtresseneinfassung, bei den übrigen Offizieren eine Einfassung von breitem Moireeband. Der Säbel hat einen nicht durchbrochenen, vergoldeten Bügel, dessen äußere, untere Seite einen unklaren Anker*) mit der Kaiserkrone trägt. Zur Schärpe und zu dem Tropenanzug wird der Säbel unter dem Rock getragen; die Schärpe besteht aus breiter, silberner Tresse. Die vergoldeten Epauletten sind vom Korvettenkapitän aufwärts mit goldenen Raupen, für Oberlieutenants zur See und für Kapitänlieutenants an den Halbmonden mit goldenen Fransen versehen. Die Felder tragen einen silbernen Anker und die gleichfalls silbernen Rangabzeichen.

Für Admirale und Seeoffiziere giebt es außerdem besonders vorgeschriebene Anzüge:

Große Uniform: Galarock mit Achselband u. s. w., resp. Epauletten, blaue Beinkleider mit Goldtressenbesatz, Hut, Schärpe, Säbel und Orden mit großen Ordensbändern;

kleine Uniform: Rock mit Epauletten, blaue Beinkleider, Hut, Schärpe, Säbel und Orden;

---

*) Unklarer Anker = ein mit einem Tau umwundener Anker.

Meßanzug: Jacke mit Armabzeichen (keine Schulterabzeichen), blaue oder weiße Weste, blaue, weiße oder Gala-Beinkleider, Mütze, resp. Tropenhut; auf der Straße in der Heimat mit Paletot und Säbel;

Hofgartenanzug: Rock mit Achselstücken, blaue oder weiße Beinkleider ohne Goldtresse, Mütze und Schärpe; Ehrenzeichen und Orden mit großem Ordensband, kein Säbel;

Dienstanzug: Rock mit Achselstücken, blaue Beinkleider, Mütze, Schärpe, Säbel mit, resp. ohne Orden;

Tagesanzug: Rock mit Achselstücken, blaue Beinkleider, Mütze und Säbel;

Tropenanzug: Weißer Rock mit Achselstücken, mit oder ohne Schärpe und Orden, weiße Beinkleider, Säbel unter dem Rock zu tragen, Tropenhelm oder weiße Mütze; hierzu ist auch das Tragen von Schuhen aus gelbem Leder, schwarzem oder weißem Stoff erlaubt.

Bei der übrigen Uniform ist der Rock aus dunkelblauem Tuch oder Düffel*), vorn zwei Reihen von je sechs großen, goldenen Ankerknöpfen, von denen die vier untersten stets geschlossen getragen werden; auf den Schultern gleiche Rangabzeichen wie die der Armee, das Geflecht ist jedoch neben dem schwarzen Seidenstreifen noch mit einem roten durchzogen. Sämtliche Seeoffiziere tragen eine goldgestickte oder geschlagene Kaiserkrone, und zwar wird diese über dem Armabzeichen geführt.

Die Armabzeichen sind folgende:
 Admiral: drei schmale Goldtressen, darüber eine breite;
 Vizeadmiral: zwei   „   „   „ „ „
 Kontreadmiral: eine schmale Goldtresse, „ „ „
 Kapitän zur See: vier Goldtressen;
 Fregattenkapitän: „   „
 Korvettenkapitän: drei   „
 Kapitänlieutenant: zwei   „
 Oberlieutenant zur See: eine Goldtresse;
 Lieutenant zur See: eine halb so breite Goldtresse wie die für die
  Chargen vom Kapitän zur See abwärts.

Die Beinkleider sind von glattem, blauem Tuch oder Düffel. Die Mütze von blauem Tuch hat einen schwarzen Sturmriemen; um den Mützenrand liegt ein breites, schwarzes Moireeband, mit einer von goldener Eichenlaubstickerei umgebenen Kokarde, über der letzteren ist die Kaiserkrone angebracht. Mantel und Paletot sind nach dem Schnitt für Armeeoffiziere gefertigt. Das Jackett aus blauem Tuch oder blauer

---

*) Düffel = tuchartiges Gewebe aus dickem Garn, das glatt oder köperartig gewebt wird und durch eine feste Walke und starkes Scheren eine glänzende Oberfläche erhält.

Serge*) wird nur an Bord getragen. Die Messejacke ist von blauem Tuch. Der Tropenhelm besteht aus indischem Schilf oder Kork und hat einen weißen Stoffbezug.

Zum Unterschiede von den anderen Offizierschargen der Marine führen die Admirale und Seeoffiziere als Kennzeichen die bereits erwähnte Kaiserkrone über dem Armabzeichen.

Die Marine-Infanterieoffiziere tragen Uniformen von gleichem Schnitt wie diejenigen der Armeeoffiziere; Kragen und Futter sind weiß. Der Waffenrock ist mit goldenen Gardelitzen besetzt; der Tschako ist ähnlich wie der der Jäger. An Bord dürfen Messeanzug und Jackett nach dem Muster für Seeoffiziere getragen werden.

Für das in Kiautschou stationierte Seebataillon besteht eine besondere Tropenuniform.

Die Torpeder-, Zeug- und Feuerwerksoffiziere führen die Uniform der Seeoffiziere mit folgenden Unterscheidungsmerkmalen: Epaulettenfelder von schwarzem Samt; diese und die Achselstücke tragen bei den Torpederoffizieren einen Anker mit daraufliegendem Torpedo, bei den Zeugoffizieren ein Z und bei den Feuerwerksoffizieren ein F. Das Mützenband hat gleiche Farbe wie das Mützentuch. Gala-Uniform wird nicht getragen; die Kaiserkrone über dem Armabzeichen kommt in Fortfall.

Die Uniform der Maschinen- und Torpederingenieure unterscheidet sich von der der Seeoffiziere durch folgendes: Am Galarock sind Aufschläge, Revers, Ärmelpatten und Schoßtaschenleisten von schwarzem Samt; das Futter des Galarocks ist schwarz. Die Armabzeichen liegen auf schwarzem Samt; der Kragen an Jackett, Paletot und Rock ist ebenfalls von schwarzem Samt. Die schwarzen Samtfelder der Epauletten und die Achselstücke tragen einen goldenen Anker mit Zahnrad. Bei den Stabsingenieuren sind die Epauletten mit Raupen, vom Ingenieur aufwärts mit Fransen versehen. Das Mützenband ist gleichfalls von schwarzem Samt. Schärpe und Kaiserkrone über dem Armabzeichen werden nicht geführt.

Die Offiziere des Sanitätskorps tragen gleiche Uniform wie die Maschinen- und Torpederingenieure, an Gala-Uniform, Kragen und Mütze jedoch ist der Samt dunkelblau; in den Epauletten und Achselstücken wird außer den Rangsternen der Äskulapstab geführt. Unterärzte tragen keine Galauniform.

Die Uniform für Deckoffiziere wird von gleichem Stoff wie die der Offiziere gefertigt; Armtressen, Epauletten und Epaulettenhalter kommen am Rock in Fortfall. Für Obermaschinisten und Maschinisten ist der Rockkragen von schwarzem Samt. Das auf den Achselklappen geführte Rangabzeichen der Deckoffiziere besteht

---

*) Serge, auch Sersche = verschiedene Arten seidener, halbseidener, kammwollener, fünf- und siebenbindiger Atlasgewebe.

S. M. Grosser Kreuzer „Scharnhorst"

in einem Anker, dem je nach den einzelnen Zweigen des Dienstes noch ein besonderes Zeichen hinzugefügt wird, wie z. B. bei den Maschinisten ein Rad. Über dem Rangabzeichen tragen die Deckoffiziere die Krone. Abzeichen und Knöpfe sind, wie bei den Offizieren, vergoldet; bei den Oberfeuermeistern und Feuermeistern, bei den Obermaterialien-Verwaltern und Materialien-Verwaltern, sowie bei den Zahlmeister-Aspiranten sind sie versilbert. Die Mütze ist ähnlich derjenigen für Seeoffiziere, der Moireestreifen ist schmaler als bei dieser; vorn trägt sie die Kokarde mit der Kaiserkrone, darüber ein fliegendes, goldenes Band.

Die Zahlmeister-Uniform ist der Seeoffiziers-Uniform sehr ähnlich. Die bei der letzteren in Gold ausgeführten Dekorationen und Knöpfe sind bei der Uniform für Zahlmeister silbern. Der Galarock hat statt der weißen Revers, Ärmelpatten und Schoßtaschenleisten eine Einfassung von silberner Tresse. Die Kaiserkrone über den Rangabzeichen kommt in Fortfall.

Offiziere zur Disposition führen silberne Halbmonde an den Epauletten.

Offiziere des Beurlaubtenstandes tragen in dem Knopf der Hutagraffe und in der Kokarde das Landwehrkreuz aus Silber.

Deckoffiziere des Beurlaubtenstandes (Ingenieuraspiranten, Vizemaschinisten, Vizefeuerwerker und Vizesteuerleute) tragen Überzieher und Mütze der Offiziere und Achselklappen der Offizierstellvertreter.

Offiziere außer Dienst führen Epaulettenhalter aus schwarz-silber-roter Tresse und keine Schärpe.

Fähnriche zur See tragen Jacken und Beinkleider von gleichem Stoff wie die der Offiziere, auf der Schulter eine rot und schwarz durchzogene Silberlitze. Die Mütze hat vorn das Abzeichen der Seeoffiziere in kleinerer Ausführung, außerdem trägt sie den schmalen Moireestreifen der Deckoffiziere. Ein Dolch in vergoldeter Scheide wird als Seitengewehr getragen.

Die Seekadetten haben dieselbe Uniform wie die Fähnriche zur See, führen aber keine Rangabzeichen.

Das Kaiserabzeichen erhält die Geschützmannschaft desjenigen Schiffes der Übungsflotte, das in der letzten Übungsperiode den Kaiserpreis erworben hat. Dieses Abzeichen besteht in zwei gekreuzten Kanonenrohren, die von einem offenen Eichenkranz umgeben sind.

Das Abzeichen der aus dem Schiffsjungeninstitut hervorgegangenen Matrosen ist ein roter Stern, der, gleich dem gelben Stern der Schiffsjungen-Unteroffiziere, so lange getragen wird, bis die Beförderung zum Unteroffizier erfolgt.

Das Abzeichen für die Bootsgasten der Gig des Kaisers besteht in einer von einem länglich-runden Taukranz umgebenen Kaiserkrone.

Die Dienstabzeichen werden auf dem linken Oberarm getragen, darunter befinden sich die Rangabzeichen; eine Ausnahme macht das Kaiserabzeichen für Geschützmannschaften, das auf dem rechten Oberarm geführt wird.

Für gutes Schießen mit dem Geschütz, der Schnellade- oder Revolverkanone und dem Maschinengewehr werden an die Torpedoabteilungen, die Matrosenartillerie-Abteilungen und die Mannschaften der Matrosendivisionen Schützenabzeichen in Gestalt von Fangschnüren mit und ohne Granaten verliehen.

Die Mannschaften der Matrosenartillerie, der Matrosen- und Werftdivisionen und der Torpedo- und Schiffsjungenabteilungen (exkl. Seekadetten und Fähnriche zur See) erhalten ihre von dem Bekleidungsmagazin zu beziehenden Kleidungsstücke von dem Marineteile, dem sie unterstellt sind; sie haben die Verpflichtung, diese von ihrer Löhnung zu bezahlen, und zwar zu den Preisen, wie sie von dem Reichsmarineamt festgesetzt sind. Um diese Kleiderschulden zu begleichen, werden monatlich 9 Mark von der Löhnung eines jeden Mannes zurückbehalten. Hat der Betreffende bei seiner Entlassung aus dem Dienst keine Kleiderschulden, so kann er die Kleidungsstücke behalten.

Die verschiedenen Mannschaftsanzüge sind:

Beinkleider aus blauem Tuch, blaue, wollene Hemden und Überzieher aus blauem Tuch;

weißleinene Beinkleider und weißleinene Hemden mit blauem Kragen;

grauleinener Arbeitsanzug;

blaue Tuchjacke mit zwei Reihen blanker Knöpfe; diese wird nur Sonntags oder auf ausdrücklichen Befehl, und zwar über dem weißen Hemde getragen.

Der Rand der blauen Tuchmütze trägt ein schwarzes Seidenband, auf dem bei eingeschifften Mannschaften der betreffende Schiffsname, bei Mannschaften am Lande der Marineteil bezeichnet ist. Bei den Mannschaften der Matrosendivisionen ist die Aufschrift in Gold, bei den Mannschaften der Werftdivisionen in Silber und bei den Schiffsjungen in Rot gehalten; die Mannschaften der Torpedoabteilungen führen an der Mütze eine die Bodeneinfassung bildende rote Biese, die Zahlmeisterapplikanten eine weiße Biese; letztere tragen ein besonderes Seitengewehr. Feldwebel und Stabshoboisten tragen die Mütze der Deckoffiziere. Bei den Matrosendivisionen ist der Überzieher von blauem Tuch mit großem Kragen und gelben Metallknöpfen, bei den Werftdivisionen ebenso, nur mit weißen Metallknöpfen. In den Tropengegenden tragen die Mannschaften weiße Mützen oder den Strohhut mit Nackenschleier.

Die Uniform der Marinebeamten ist in Farbe und Schnitt der Seeoffiziers-Uniform gleich, resp. ähnlich. Die Zahlmeister tragen Armtressen. Bei den Verwaltungsbeamten sind die Aufschläge u. s. w. aus kornblumenblauem, bei den technischen Beamten aus schwarzem und bei den Justizbeamten aus rotem Samt. Die technischen Verwaltungs- und Justizbeamten tragen versilberte Anker-

Knöpfe und silberne Dekoration am Hut und an der Gala-Uniform. Die Mütze mit Goldtresse, wie sie früher von Offizieren und Deckoffizieren getragen wurde, wird jetzt nur noch von den Beamten des Lotsen- und Leuchtfeuerwesens getragen.

b. Die Organisation des Marinewesens.

Kommandobehörden.

Die oberste Kommandobehörde ist das Oberkommando, das seinen Sitz in Berlin hat. Demselben sind die Kommandos der beiden Marinestationen, die Torpedoinspektion, die Inspektionen der Marine-Artillerie und der Marine-Infanterie, die Direktion des Bildungswesens, die Geschwaderkommandos und auch die Kommandos der alleinfahrenden Schiffe untergeordnet. Der Chef des Oberkommandos, der kommandierende Admiral, leitet alle militärischen Marineangelegenheiten und hält dem Kaiser persönlichen Vortrag darüber. Sein Stab besteht aus einem Kontreadmiral oder älteren Kapitän zur See als Chef, einem Kapitänlieutenant als Adjutanten, vier Stabsoffizieren, vier Kapitänlieutenants, zwei Lieutenants zur See, einem Justizbeamten und dem Generalarzt. Geheime expedierende Sekretäre, Registraturbeamte, Kanzleibeamte, Botenmeister, Pförtner, Kanzleidiener und Hausdiener bilden das Bureau- und Hauspersonal.

An der Spitze jedes Stationskommandos steht als Stationschef ein Admiral oder ein Vizeadmiral, und zwar hat der Chef der Ostseestation seinen Sitz in Kiel, der der Nordseestation in Wilhelmshaven. Zur Ostseestation gehört die aus der 1. Matrosen- und der 1. Werftdivision bestehende 1. Marineinspektion; außerdem findet man in ihrem Bereich: ein Bataillon der Marine-Infanterie, die Schiffsjungenabteilung, die Inspektion des Torpedowesens, das Bildungswesen und den Stab der Marine-Infanterie. Bei der Nordseestation findet man, außer der aus der 2. Matrosen- und der 2. Werftdivision zusammengesetzten 2. Marineinspektion, ebenfalls ein Bataillon der Marine-Infanterie, ferner die Inspektion der Marine-Artillerie. Der Marinestationschef ist zugleich Kommandant des betreffenden Kriegshafens. Sein Stab besteht aus dem Chef des Stabes, drei Adjutanten, einem Hafenkapitän, mehreren Vorständen der Küstenbeobachtungsstationen, einem Stationsmaschineningenieur, einem Intendanten, zwei Auditeuren, zwei Marinepfarrern und einem Arzt. Weiterhin kann der Stationschef über die Stabsoffiziere, die augenblicklich keine besondere Dienststellung einnehmen, verfügen. Im Frieden ist er nicht berechtigt, der Kaiserlichen Werft Befehle in Beziehung auf den Dienstbetrieb zu erteilen; er sucht sie nur alljährlich einmal auf, um zu sehen, ob die militärischen Interessen gewahrt werden und erstattet dem Oberkommando über diese Besichtigung einen Bericht. Während des Krieges haben sich jedoch die Kaiserlichen Werften nach den Befehlen des zuständigen Stationschefs zu richten.

An der Spitze jeder Marineinspektion steht ein Kontreadmiral oder älterer

Kapitän zur See als Marineinspekteur. Unter diesem stehen außer der Matrosen- und Werftdivision, die früher dem Stationschef direkt untergeordnet waren, das Wachtschiff, das Maschinistenschulschiff, die Stammschiffe der Reservedivisionen und die Schiffe der ersten Reserve, vorausgesetzt, daß sie sich nicht in einem Geschwaderverband befinden. Der Inspekteur, dem ein Adjutant beigegeben ist, überwacht Dienst und Ausbildung in den ihm unterstellten Marineteilen und Schiffen.

Jede Matrosendivision (I. in Kiel, II. in Wilhelmshaven) zerfällt in zwei Abteilungen von je drei Kompanien und steht unter dem Kommando eines Kapitäns zur See. Jede Abteilung wird von einem Korvettenkapitän befehligt und jede Kompanie von einem Kapitänlieutenant geführt. Dem Kommandeur und den Abteilungskommandeuren ist je ein Lieutenant zur See als Adjutant zugeteilt. Aus den Matrosendivisionen, die für den Fall der Mobilmachung in Schiffsstämme eingeteilt sind, wird das seemännische Personal der Schiffe genommen. Die dienstpflichtigen und die freiwillig eintretenden Matrosen werden in den Matrosendivisionen eingekleidet und bis zur Einschiffung ausgebildet.

Die beiden Werftdivisionen (I. in Kiel, II. in Wilhelmshaven), die die Schiffe mit technischem Personal versorgen, bestehen nur aus je fünf Kompanien. Der Kommandeur ist ein Kapitän zur See, Kompanieführer bei der ersten Kompanie ein Korvettenkapitän; die anderen Kompanien stehen unter Kapitänlieutenants.

Die Schiffsjungenabteilung in Friedrichsort bei Kiel, die bei der Marine die Unteroffiziersschulen vertritt, steht jetzt unter dem Kommandeur der 1. Matrosen-Artillerie-Abteilung.

Der Torpedoinspektion, an deren Spitze ein Kontreadmiral als Inspekteur steht, sind die Torpedoabteilungen in Kiel und Wilhelmshaven, die Torpedowerkstatt in Friedrichsort, das Torpedoversuchskommando in Kiel, die Torpedoversuchs- und Torpedoschulschiffe, die Torpedoboote und -flottillen, soweit sie nicht einem Geschwaderverband zugeteilt sind, untergeordnet. Die Torpedoinspektion sorgt dafür, daß das Torpedomaterial nicht nur erhalten, sondern auch vervollkommnet wird und überwacht die Ausbildung des betreffenden Personals.

Die Inspektion der Marineartillerie leitet die Ausbildung der Matrosenartilleristen, die die Küstenforts zu bedienen und Minensperren zu legen haben. Dem Kontre-Admiral, der an der Spitze steht, sind auch die nicht zu einem Geschwaderverband gehörenden Artillerieschulschiffe und die Telegraphenschule unterstellt.

An der Spitze der Marineinfanterie, von der sich ein Bataillon in Kiel, das zweite in Wilhelmshaven, das dritte in Kiautschon befindet, steht als Kommandeur ein Major oder Oberstlieutenant. Jedes Bataillon wird in vier Kompanien eingeteilt, die unter Hauptleuten stehen.

Der Inspekteur des Bildungswesens ist ebenfalls ein Kontreadmiral oder ein älterer Kapitän zur See. Er ist gleichzeitig Direktor der Marineakademie, auf der sich die Seeoffiziere eine höhere Bildung aneignen sollen. Auch sind ihm die Direktionen der Marineschule, die für die Seekadetten bestimmt ist, und der Deckoffiziersschule, sowie die Kabettenannahmekommission untergeordnet. Ferner überwacht er die Ausbildung auf den Kadetten-, Seekadetten- und Schiffsjungenschulschiffen.

Verwaltungsbehörden.

Die oberste Verwaltungsbehörde ist das Reichsmarineamt, an dessen Spitze ein Staatssekretär steht. Dieser, entweder ein Admiral, ein Vizeadmiral oder ein Kontreadmiral, führt die Verwaltungsgeschäfte der Marine unter der Verantwortlichkeit des Reichskanzlers. Das Reichsmarineamt zerfällt in folgende zwölf Abteilungen:

Zentral-Abteilung, Militärische Abteilung, Marinedepartement, Verwaltungsdepartement, Nachrichten-Abteilung, Konstruktions-Abteilung, Waffen-Abteilung, Medizinal-Abteilung, nautische Abteilung, Dezernat für rein juristische, Dezernat für statistische Angelegenheiten und Dezernat für militärisch-seemännische Schiffsneubauangelegenheiten.

Dem Reichsmarineamt untergeordnete Behörden sind: die Intendanturen der beiden Marinestationen, die Stationskassen, die Rechnungsämter, die Bekleidungsämter, die Verpflegungsämter, die Sanitätsämter zu Kiel und Wilhelmshaven, die Abwickelungsbureaus und die Marinedepotinspektion.

Dem Sanitätsamt zu Kiel sind die Marinelazarette in Kiel und Friedrichsort, dem in Wilhelmshaven die Lazarette in Wilhelmshaven, Lehe und Yokohama unterstellt.

Vor den Abwickelungsbureaus müssen die Befehlshaber der außer Dienst gestellten Schiffe Rechenschaft ablegen; hier werden die Rechnungen der erwähnten Schiffe geprüft und außerdem die Schiffsakten aufbewahrt.

Die Marinedepotinspektion, die von dem Marinedepotinspektor (Kontreadmiral oder Kapitän zur See) geleitet wird, hat ihren Sitz in Wilhelmshaven. Unter ihr stehen: die Artillerie- und Minendepots in Friedrichsort und Dietrichsdorf bei Kiel, in Wilhelmshaven, Geestemünde, Helgoland und Cuxhaven, ferner die Minenversuchskommission. Der Marinedepotinspektor sorgt dafür, daß den Feuerwerkern, dem Zeug- und Torpedopersonal des Minenwesens eine geeignete Ausbildung zu teil wird.

Außerdem umfaßt das Verwaltungsbereich des Reichsmarineamts: die Kriegswerften in Kiel, Wilhelmshaven und Danzig, die Schiffsprüfungskommission, das Torpedoversuchskommando, die Schiffsbesichtigungskommission, die Küstenbezirksämter und schließlich auch noch die Kaiserliche Seewarte und die Observatorien.

Die Ausbildung.

Die Ausbildung des Marinepersonals erfolgt teilweise am Land, teilweise auf den Schulschiffen und wird auf den Kriegsschiffen vollendet.

Die Ausbildung am Land zeigt im allgemeinen keine bedeutenden Abweichungen von derjenigen, die den Truppen der Landarmee zu teil wird. Matrosen, Handwerker, Heizer und Maschinenapplikanten werden im Gewehrschießen und im Infanteriedienst ausgebildet und über zweckmäßige Behandlung der Kleidungsstücke unterrichtet; ferner verschafft man ihnen Kenntnis der allgemeinen Dienstinstruktion. Außerdem muß sich der Matrose im Exerzieren und Signalisieren üben, die Grundzüge des Geschützexerzitiums einprägen und Kenntnis des Takel- und Segelwerks, sowie der Signalsysteme aneignen. Der Handwerker wird mit den bei seinem Fach in Betracht kommenden Eigentümlichkeiten, der Heizer und Maschinistenapplikant mit den Kesseln und Maschinen der Kriegsschiffe bekannt gemacht.

Die Schulschiffe zerfallen in zwei Gruppen, und zwar unterscheidet man stationäre und seegehende Schulschiffe. Zu den stationären Schulschiffen, die immer in der Nähe des Stationsorts bleiben, und deshalb oft neues Schülerpersonal aufnehmen können, gehören: das Artillerieschulschiff, die Wachtschiffe und das Torpedoschulschiff. Kadetten- und Schiffsjungenschulschiffe sind seegehende Schulschiffe, d. h. solche, die Reisen unternehmen; auf ihnen halten sich die Schüler längere Zeit auf.

Das Artillerieschulschiff hat den Zweck, Offiziere, Kadetten, Bootsmannsmaate, Feuerwerkersmaate, Matrosen und Schiffsjungen an den bei unserer Kriegsmarine in Gebrauch befindlichen Geschützen auszubilden. Weiterhin soll sich ein bestimmter Teil der Besatzung mit der Prüfung der die Schiffsartillerie betreffenden Neuerungen befassen und über die für die „Bedienung und Erhaltung des Schiffsartilleriematerials an Bord" aufgestellten Vorschriften seine Meinung abgeben, bez. selbst Vorschriften aufstellen.

Zur Besatzung gehört, außer dem Kommandanten, dem ersten Offizier, den Wachoffizieren, dem üblichen Verwaltungs-, Maschinen- und Handwerkerpersonal, ein aus 4 Instrukteuren, 4 Feuerwerkern und 12 Exerziermeistern zusammengesetztes Lehrpersonal. Alljährlich finden verschiedene Kurse statt, deren Länge sich nach der Art des Schülerpersonals richtet.

Die Unterlieutenants zur See werden nach bestandener Berufsprüfung an Bord des Artillerieschulschiffs kommandiert und dort in einem etwa dreimonatlichen Kursus zu Geschützkommandeuren ausgebildet. Für Seekadetten ist dieselbe Dauer des Kursus festgesetzt. Der Kursus für die Schiffsjungen, deren Ausbildung hier vollendet wird, währt 5 oder 6 Monate. Die Unteroffiziere der Matrosendivisionen werden während ungefähr 6 Wochen zu Exerziermeistern ausgebildet, und in einem Kursus von demselben Umfang erwerben sich die Mannschaften der genannten Divisionen Kenntnis in Batterie- und Einzelgeschützexerzitium.

Bei den Übungen wird Schulschießen, Übungsschießen, gefechtsmäßiges Schießen mit Abkommgeschützen und gefechtsmäßiges Schießen mit großen Kanonen unterschieden. Beim Schulschießen liegt das Artillerieschulschiff zu Anker; auch das Übungsschießen findet anfangs vom feststehenden Schulschiff, später aber vom fahrenden Tender aus statt. Das gefechtsmäßige Schießen erfolgt vom fahrenden Schulschiff aus. Das Ziel für das Schul- und Übungsschießen bilden zwei Scheibenpaare, die so aufgestellt sind, daß das eine repariert oder erneuert werden kann, während das andere benutzt wird. Beim gefechtsmäßigen Schießen dienen feststehende, schwimmend verankerte oder schwimmende Scheiben als Ziel. Für die Übungen mit Schnellfeuergeschützen giebt es besondere Scheibenbilder. Außer dem Tender sind dem Artillerieschulschiff eine Korvette, ein Scheibenfloß, ein Scheibenprahm und ein Dampfboot beigegeben. Der Prahm wird von den Zimmerleuten bewohnt und enthält das Scheibenmaterial; das Dampfboot vermittelt den nötigen Verkehr.

Das Torpedoschulschiff giebt dem Schiffspersonal Gelegenheit, den Torpedo kennen zu lernen. Torpedomaschinisten und Feuermeister machen dort einen dreimonatlichen, Torpedomaschinistenmaate und Feuermeistersmaate, Oberheizer, Applikanten und Heizer einen sechswöchentlichen, Maate des seemännischen Personals einen vierwöchentlichen Kursus durch. Stabsoffiziere und ältere Kapitänlieutenants können freiwillig an einem vier Wochen dauernden Kursus teilnehmen. Das Torpedoschulschiff ist eigentlich eine Muster-Werkstatt; es werden aber auch Torpedos abgeschossen, um die Schüler mit der Bedienung derselben vertraut zu machen.

Die Wachtschiffe, die die Hafenpolizei ausüben und die Flagge des Stationschefs führen, nehmen Mannschaften der halbseemännischen Bevölkerung und Vierjährig-Freiwillige auf, wenn dieselben am Land ihre erste allgemeine militärische Ausbildung erhalten haben, um ihnen einen Einblick in die Einrichtung der Kriegsschiffe zu gewähren und sie mit dem Dienstbetrieb vertraut zu machen. Heizer und Maschinenapplikanten werden hier in der Bedienung der Kessel und Maschinen unterwiesen.

Auf den Schiffsjungenschulschiffen erhalten die noch nicht zu dem eigentlichen Militärpersonal zählenden Schiffsjungen einen Teil ihrer Ausbildung. Die Einstellung derselben erfolgt in der bereits erwähnten Schiffsjungenabteilung zu Friedrichsort bei Kiel, deren Kommando persönliche Meldungen entgegennimmt; doch können die letzteren auch bei dem heimatlichen Landwehrbezirkskommando angebracht werden. Nur gesunden, kräftigen Jünglingen mit gutem Gehör, scharfem Auge und fehlerfreier Sprache, im Alter von 16—17, ausnahmsweise wohl auch von 15 Jahren, die im stande sind, die Einwilligung des Vaters, resp. Vormundes nachzuweisen, ist der Eintritt gestattet. Dieselben müssen wenigstens 1,47 Meter groß sein, 0,73 Meter Brustumfang haben und sich verpflichten, nach Beendigung der Lehrzeit sieben Jahre aktiv zu dienen. In der Schiffsjungenabteilung werden die Stammrollen geführt und schließlich die Entlassung besorgt; auch giebt es in Friedrichsort eine besondere Kaserne, in der die Schiffsjungen wohnen, wenn sie zeitweilig am Land anwesend sind.

Die ersten Tage nach der Einstellung werden zu einer allgemeinen militärischen Instruktion benutzt; dann kommen die Jungen an Bord der Schulschiffe, wo sie während der zwei oder drei Jahre umfassenden Lehrzeit auf ziemlich gleiche Weise im Kriegsschiffsdienst ausgebildet werden. Hierauf werden sie einige Monate bei einem Seebataillon im Infanteriedienst, im Schießen und dergl. unterwiesen, dann werden sie zu Matrosen ernannt und in eine Matrosendivision oder Torpedoabteilung eingestellt; diejenigen, die es bis zum Schiffsjungen-Unteroffizier gebracht haben, treten als Obermatrosen in den praktischen Dienst. Aus der Reihe der ehemaligen Schiffsjungen nimmt die Kriegsmarine den größten Teil der seemännischen Unteroffiziere.

Die Kadettenschiffe nehmen junge Leute an Bord, die die Laufbahn des Seeoffiziers eingeschlagen haben. Wer sich zum Eintritt in diese Laufbahn meldet, muß die Reife für die Prima eines Gymnasiums oder Realgymnasiums nachweisen und sich der Kadetteneintrittsprüfung unterwerfen oder er muß das Abiturientenexamen bestanden haben. Nach einer kurzen Ausbildung im Infanteriedienst werden die Kadetten auf den zu diesem Zweck bestimmten Schulschiffen eingeschifft und nun werden Kreuzfahrten unternommen, die sich im Sommer auf die heimischen Gewässer beschränken, im Winter auf die außerheimischen ausdehnen, und zwar wird das Mittelmeer bevorzugt. Während dieser Fahrten, die Gelegenheit zu praktischen Unterweisungen gewähren, wird von Offizieren und Marinelehrern theoretischer Unterricht erteilt. Nach einem Jahre haben die Kadetten ihre erste Prüfung abzulegen, worauf die Beförderung zum Seekadetten (Rang der Portepeefähnriche) erfolgt. Dann kommen sie für ein Jahr auf die Seekadettenschulschiffe, später auf die Schiffe des Manövergeschwaders. Hieran schließt sich ein zehnmonatlicher Besuch der Marineschule, wo sich die Kadetten auf die Seeoffizierberufsprüfung vorbereiten. Ist letztere bestanden und die Wahl durch das Seeoffizierkorps erfolgt, so wird den Kadetten der Marineoffizierssäbel erteilt. Nun werden die jungen Leute noch mehrere Wochen bei der Marineinfanterie infanteristisch ausgebildet und schließlich zum Unterlieutenant zur See ernannt. Bis zu diesem Zeitpunkt vergehen, wenn alle Prüfungen gleich zum ersten Mal bestanden werden, etwa $3^{1}/_{2}$ Jahr.

Da ein Teil der Unteroffiziere und Mannschaften eine mangelhafte Schulbildung mitbringt, und Offiziere, Deckoffiziere und zuweilen auch die Unteroffiziere Gelegenheit haben müssen, ihre allgemeine wissenschaftliche Ausbildung zu erweitern und sich fachwissenschaftliche Kenntnisse anzueignen, so sind für die deutsche Marine eine ganze Anzahl Schulanstalten errichtet worden, nämlich: die Marineakademie, die Marineschule, die Deckoffiziersschule, vier Divisionsschulen, zwei Abteilungsschulen der Torpedoabteilung und eine Torpedermaatenklasse.

Auf der **Marineakademie in Kiel**, die die weitere Ausbildung der Seeoffiziere bezweckt, wird durch 17 Lehrer, bez. Dozenten Unterricht in folgenden Fächern erteilt: Mathematik, Chemie, Seerecht, Marineorganisation, Manöverkunde, Seetaktik, Landtaktik, Hafenbaukunde, Observationskunde, Geographie, Geschichte, Naturgeschichte der Meere, Nationalökonomie, Gesundheitspflege, Artillerie, Torpedolehre, Schiffbau, Maschinenkunde, Elektrotechnik, nautische Astronomie, russische, englische, französische und spanische Sprache.

Nur eine beschränkte Anzahl Schüler wird auf diese Akademie kommandiert, um sich dort in zwei je sieben Monate in Anspruch nehmenden Kursen, die in aufeinanderfolgenden Jahren abgehalten werden, eine Menge nützlicher und nötiger Kenntnisse anzueignen.

Der Unterricht auf der **Marineschule**, durch den die Seekadetten befähigt werden, die Seeoffiziersprüfung zu bestehen, umfaßt folgende Fächer: Mathematik, Chemie, Navigation, Seemannschaft, Dienstkenntnis, Landtaktik, Artillerie, Torpedolehre, Terrainzeichnen, englische und französische Sprache.

An den betreffenden Kursen nimmt immer ein vollständiger Jahrgang der Seekadetten teil.

Auf der **Deckoffiziersschule** finden Steuerleute, Maschinisten und Torpeder Gelegenheit zur Erwerbung allgemeiner und fachwissenschaftlicher Bildung.

Den Steuerleuten und Steuermannsmaaten wird: Mathematik, Physik, Deutsch, Geographie, Geschichte, Navigation, Seemannschaft, Signalwesen, Zeichnen und englische Sprache gelehrt.

Maschinisten und Maschinistenmaate erhalten Unterricht in: Mathematik, Physik, Chemie, Deutsch, Dienstkenntnis, Schiffbau, Maschinenkunde, Mechanik, Elektrotechnik, Zeichnen und Englisch.

Die Torpedomaschinisten werden durch Unterricht in: Mathematik, Deutsch, Physik, Chemie, Verwaltung, Schiffbau, Mechanik, Maschinenkunde, Elektrotechnik und Sprengkunde auf die Torpedoingenieur-Prüfung vorbereitet. Der Kursus für Mechaniker umfaßt dieselben Fächer.

Die Torpeder werden in: Mathematik, Physik, Chemie, Deutsch, Verwaltung, Dienstkenntnis, Zeichnen, Elektrotechnik, Sprengkunde und Torpedowesen ausgebildet, an welche Fächer sich für die Torpeder des Minenwesens noch Minenwesen und Meßkunde anschließen.

Feuerwerker und Feuerwerksmaate eignen sich die erforderlichen weiteren Kenntnisse auf der Oberfeuerwerkerschule der Armee an.

Von den **Divisionsschulen** befinden sich zwei bei den Matrosendivisionen, zwei bei den Werftdivisionen. In den Matrosendivisions-Schulen bereiten sich die

Bootsmannsmaate auf die Bootsmannsprüfung vor; auch erhalten dort Bootsmannsmaate, die Feuerwerker werden wollen, entsprechenden Unterricht. Auf den Werftdivisions-Schulen werden Heizer, Maschinistenapplikanten und Handwerker weiter ausgebildet.

Den Bootsmannsmaaten wird Deutsch, Rechnen, Physik, Mechanik, Konstruktion und Einrichtung der Kriegsschiffe, Artillerie, Seemannschaft, Dienstkenntnis, Verwaltung des Materials und Inventars gelehrt.

In der Feuerwerkersmaatenklasse erhalten die Schüler Unterricht in Mathematik, Physik, Deutsch, Geographie, Geschichte, Mechanik, Dienstkenntnis, Fortifikation, Artillerie, Verwaltung von Artillerieinventar, artilleristischem Zeichnen und Laborieren.

Für Feuermeister, Feuermeistersmaate, Maschinistenapplikanten und Maschinistenmaate ist kein Lehrplan vorgeschrieben; das Aufstellen des letzteren ist hier Sache des Kommandeurs.

Die Handwerker werden zunächst in Deutsch, Dienstkenntnis, Inventarverwaltung und Rechnen unterrichtet.

In der Meistersmaatenklasse werden dann folgende Fächer gelehrt: Deutsch, Rechnen, Schiffsbau, Zeichnen, Einrichtung der deutschen Kriegsschiffe, Kenntnis der Pumpsysteme und Taucherapparate.

In der Meisterklasse erstreckt sich der Unterricht auf: Rechnen, Mathematik, Deutsch, Zeichnen, Grundzüge der Theorie des Schiffsbaues, Einrichtung der Schiffe, Kenntnis des Zimmermannsinventars, dessen Aufbewahrung und Behandlung, Kenntnis der Pumpensysteme und Taucherapparate, sowie der die einzelnen Fächer betreffenden Dienstvorschriften und Bestimmungen.

Der Unterricht in den Abteilungsschulen der Torpedoabteilungen umfaßt solche Fächer, die für das Torpedowesen von Wert sind. In der Steuermannsmaaten-Anwärterklasse, deren Unterrichtsgegenstände Mathematik, Deutsch, Geschichte, Geographie, Physik und Mechanik sind, bereiten sich die Steuermannsmaaten-Anwärter auf den Besuch der Steuermannsmaatenklasse der Deckoffizierschule vor. Die Unterrichtsfächer in der Torpedofeuermeisterklasse sind: Deutsch, Rechnen, Physik, Maße und Gewichte, Maschinenkunde, Zeichnen und Dienstkenntnis; in der Torpedermaatenklasse: Deutsch, Rechnen, Mathematik, Zeichnen, Physik, Chemie, Verwaltung, Dienstkenntnis, Sprengkunde und Torpedowesen.

Das Schiffspersonal.

Die Besatzung, die in Gemeinschaft mit Ausrüstung und Armierung das Kriegsschiff zu einem „Marineteil auf See" macht, wird in dem von Art und Größe des Schiffes bedingten Verhältnis aus den „Marineteilen an Land" genommen. Zu letzteren gehören:

Das Seeoffizierkorps, die Schiffsjungenabteilung, die Matrosendivisionen, die Werftdivisionen, die Seebataillone und die Torpedoabteilungen. Die Matrosenartillerie, ebenfalls ein „Marineteil an Land", wird nie zur Besetzung der Kriegsschiffe, sondern ausschließlich als Landtruppe verwendet.

Aus dem Seeoffizierkorps werden nicht nur die in Dienst befindlichen Schiffe, sondern auch die Marineteile an Land, mit Ausnahme der Seebataillone, die ein eigenes Offizierkorps aufweisen, mit Offizieren versorgt. Die Chargen der Seeoffiziere sind:

    Admiral (entsprechend dem kommandierenden General der Landarmee),
    Vizeadmiral (Generallieutenant),
    Kontreadmiral (Generalmajor),
    Kapitän zur See (Oberst),
    Korvettenkapitän (Oberstlieutenant),
    Kapitänlieutenant (Hauptmann),
    Lieutenant zur See (Premierlieutenant),
    Unterlieutenant zur See (Sekondelieutenant).

Admiral, Vizeadmiral und Kontreadmiral sind **Flaggoffiziere**, d. h. sie führen an Bord ihre besondere Flagge. Kapitän zur See und Korvettenkapitän sind Stabsoffiziere, Lieutenant und Unterlieutenant zur See Subalternoffiziere; die Kapitänlieutenants bilden eine besondere Klasse.

Bis zur Ernennung zum Lieutenant zur See vergehen 6, zum Kapitänlieutenant 13, zum Korvettenkapitän, also Stabsoffizier, 21 Jahre von dem Zeitpunkt an, zu dem der junge Mann als Kadett eingetreten ist.

Unterlieutenants und Lieutenants zur See kommen als Wachoffiziere auf größeren Schiffen zur Verwendung; der Lieutenant kann auch das Kommando über ein Torpedoboot erhalten. Kapitänlieutenants werden Batterie- oder Navigationsoffiziere auf Panzerschiffen oder mit dem selbständigen Kommando über ein Torpedodivisionsboot, ein Kanonenboot oder einen kleineren Kreuzer betraut. Korvettenkapitäne können Kommandanten größerer Kreuzer oder Avisos werden; Kapitäne zur See führen große Panzerschiffe, und Flaggoffiziere erhalten das Kommando über Divisionen, Geschwader oder Flotten.*)

In den in der Schiffsjungenabteilung eingestellten Zöglingen, von deren Ausbildung bereits die Rede gewesen ist, erwächst der Marine ein großer Teil ihrer Unteroffiziere.

Aus den Matrosendivisionen wird, wie schon erwähnt, das seemännische Personal der Kriegsschiffe genommen, und zwar stellen sie den größten Teil der

---

   *) Eine Flotte besteht aus einigen Geschwadern, ein Geschwader aus 2 oder 3 Divisionen und jede Division aus 3—5 Schiffen.

Schiffsbesatzung. Wird das Schiff außer Dienst gestellt, so kehren die Leute zu ihrer Division, die die Stammrollen und Listen zu führen hat, zurück. Die Leute, die in die Matrosendivisionen eingestellt werden, sollen, mit Ausnahme der sich aus der Landbevölkerung rekrutierenden Vierjährig-Freiwilligen, der seemännischen oder halbseemännischen Bevölkerung*) angehören. Die Einstellung findet in der Regel Anfang Februar, die Entlassung im Oktober statt.

Zur Matrosendivision gehören: Matrosen-, Steuermanns-, Feuerwerks-, Wachtmeister-, Musik- und Bottelierspersonal.

Das Matrosenpersonal besteht aus folgenden Chargen: Matrosen (Gemeinen), Obermatrosen (Gefreiten), Bootsmannsmaaten (Unteroffizieren), Oberbootsmannsmaaten (Sergeanten), Bootsleuten (Deckoffizieren; dieselben stehen über dem Feldwebel, aber tiefer als der Offizier) und Oberbootsleuten. Das Steuermannspersonal ist aus: Obersteuermannsgasten (Gefreiten), Steuermannsmaaten (Unteroffizieren), Obersteuermannsmaaten (Sergeanten), Steuerleuten und Obersteuerleuten (Deckoffizieren) zusammengesetzt; das Feuerwerkspersonal aus: Feuerwerksmaaten (Unteroffizieren), Oberfeuerwerksmaaten (Sergeanten), Feuerwerkern und Oberfeuerwerkern (Deckoffizieren). Die Chargen des Wachtmeisterpersonals sind: Wachtmeistersmaate (Unteroffiziere), Oberwachtmeistersmaate (Sergeanten) und Wachtmeister (Deckoffiziere). Zum Musikpersonal gehören: im Rang von Matrosen, Obermatrosen und Maaten stehende Hoboisten und den Rang von Deckoffizieren einnehmende Stabshoboisten. Das Bottelierspersonal setzt sich aus: Botteliers (Unteroffizieren) und Oberbotteliers (Sergeanten) zusammen; es stellt den Kriegsschiffen die erforderlichen Proviantmeistergehilfen oder Proviantmeister.

Die Werftdivisionen stehen, seit die Kriegsschiffe nur noch durch Dampf fortbewegt werden, in Beziehung auf den Anteil, den sie zur Besatzung zu stellen haben, nicht mehr weit hinter den Matrosendivisionen zurück. Bei ihnen gelangen Leute, die auf Fluß- oder Seedampfern als Maschinisten oder Maschinistengehilfen oder anderweit an arbeitenden Maschinen thätig gewesen sind, als Maschinistenapplikanten, Leute, die als Heizer auf Fluß- oder Seedampfern, Lokomotiven und dergl. beschäftigt waren, als Heizer zur Einstellung. Die Handwerker rekrutieren sich aus Leuten, die berufsmäßig in den betreffenden Branchen, nämlich als Schlosser, Zimmerleute, Maler, Segelmacher, Böttcher, Schneider, Schuhmacher oder Bäcker, arbeiten.

---

*) Zur seemännischen Bevölkerung werden gerechnet: Seeleute von Beruf, d. h. Leute, die wenigstens 1 Jahr auf deutschen See-, Küsten- oder Hafffahrzeugen gefahren sind; See-, Küsten- und Hafffischer, die ihr Geschäft wenigstens 1 Jahr gewerbsmäßig betrieben haben.

Zur halbseemännischen Bevölkerung werden gerechnet: Seeleute, die in irgend einer Eigenschaft wenigstens 12 Wochen auf deutschen oder außerdeutschen Fahrzeugen gefahren sind; See-, Küsten- und Hafffischer, die ihren Beruf gewerbsmäßig, aber kürzere Zeit als 1 Jahr, betrieben haben.

Das Werftdivisionspersonal wird in Maschinen-, Verwaltungs-, Schreibpersonal und Handwerker eingeteilt.

Das Maschinenpersonal zerfällt in niederes und höheres Maschinenpersonal und in Heizerpersonal. Das niedere Maschinenpersonal besteht aus Maschinistenapplikanten (Gemeinen), Obermaschinistenapplikanten (Gefreiten), Maschinisten und Obermaschinisten (Deckoffizieren). Wenn sich die letzteren ganz besonders auszeichnen, werden sie zu Maschinenuntergenieuren ernannt. Damit haben sie die niedrigste Charge des höheren Maschinenpersonals erlangt. Außer den im Rang den Sekondelieutenants gleichstehenden Maschinenuntergenieuren giebt es Maschineningenieure (entsprechend den Premierlieutenants) und Maschinenoberingenieure (Hauptleute). Die Maschineningenieure werden teilweise auf die technische Hochschule zu Charlottenburg, teilweise an hervorragende Privatetablissements, z. B. Siemens & Halske, kommandiert, damit sie Gelegenheit haben, ihre theoretische oder praktische Ausbildung zu vervollkommen. Schließlich sind auch noch drei etatsmäßige Stabsingenieurstellen vorhanden. Zum Heizerpersonal gehören: Heizer (Gemeine), Oberheizer (Gefreite), Feuermeistersmaate (Unteroffiziere), Oberfeuermeistersmaate (Sergeanten), Feuermeister und Oberfeuermeister (Deckoffiziere).

Das Verwaltungspersonal hat folgende Chargen: Zahlmeisterapplikanten (Unteroffiziere), Zahlmeisteraspiranten (Deckoffiziere), Marineunterzahlmeister (Sekondelieutenants), Marinezahlmeister (Premierlieutenants) und Marineoberzahlmeister (Hauptleute).

Das Schreiberpersonal setzt sich aus Schreibersgasten (Gemeinen), Oberschreibersgasten (Gefreiten), Schreibern (Unteroffizieren) und Oberschreibern (Sergeanten) zusammen.

Bei den Handwerkern unterscheidet man nur Gemeine und Gefreite.

Die Seebataillone (Marineinfanterie), bei denen nur kräftige, das Gardemaß erreichende Leute mit scharfen Augen eingestellt werden, sollen Detachements von 60—100 Mann an Bord der Panzerschiffe stellen. Im übrigen haben sich die Seesoldaten an der Küstenverteidigung, im Frieden am Garnisonwachtdienst zu beteiligen. Sie erhalten Unterricht im Geschützexerzieren, Infanteriedienst und Bootsdienst. Die Mitglieder des Offizierkorps werden zeitweise von der Armee abkommandiert.

Auch die Torpedoabteilungen geben Detachements an die Kriegsschiffe ab, und zwar richtet sich die Stärke derselben nach der Anzahl der zu bedienenden Torpedolancierrohre. Wir haben zwei Torpedoabteilungen, eine in Kiel und eine in Wilhelmshaven. Das Personal, das in ausrangierten Kriegsschiffen, den „Hulks" wohnt, zerfällt in technisches und seemännisches; dieses wird auf zu diesem Zweck bestimmten Torpedobooten mit dem Torpedo selbst, jenes dagegen mit den Maschinen und Kesseln, die das Ausstoßen ermöglichen, bekannt gemacht. Bei jeder Torpedoabteilung giebt es Matrosen, Bootsmanns-, Steuermanns- und Feuerwerksmaate, sowie Deckoffiziere dieser Branchen, außerdem: Heizer, Feuermeisters- und Maschinistenmaate, Mechaniker, Feuermeister, Maschinisten und Maschineningenieure. Die Offiziere werden vom Seeoffizierkorps gestellt. Die Deckoffiziere können bei hervorragender Tüchtigkeit zu Torpederunterlieutenants, später zu Torpederlieutenants und Torpederkapitänlieutenants ernannt werden.

Die aus den angeführten Marineteilen an Land entnommene Kriegsschiffsbesatzung zerfällt in seemännisches Personal, Maschinenpersonal, Personal für Verwaltung, Krankendienst und sonstigen Dienst und Handwerker.

Das seemännische Schiffspersonal besteht aus dem Kommandanten, den Offizieren, den Deckoffizieren, Matrosenunteroffizieren, Obermatrosen und Matrosen.

Der Kommandant, der Befehlshaber des Schiffes, wird vom Kaiser ernannt. Er steht, wenn das Schiff zu einer Division gehört, unter dem Kommando des betreffenden Admirals, wenn das Schiff einzeln fährt, in den heimischen Gewässern unter dem Kommando der zuständigen Station, in fremden unter dem Oberkommando. Der Kommandant hat die volle Verantwortung zu tragen.

Der erste Offizier, der nach dem Kommandanten die erste Stelle einnimmt, hat nach dessen Weisungen den inneren Dienst (Exerzitien u. s. w.) zu leiten und zu überwachen und die „Rollen" (s. u.) aufzustellen. Ihm zunächst steht der Navigations- oder Observationsoffizier, dem die Observationen (Beobachtungen) und dergl. obliegen. Der Batterieoffizier beaufsichtigt die Batterie und die Geschützexerzitien. Die wachthabenden Offiziere, die sich gegenseitig ablösen, haben die Wache zu kommandieren und für richtige Führung des Schiffes zu sorgen.

Die Seeoffiziere, denen zuweilen schon in jüngeren Jahren das selbständige Kommando eines Schiffes übergeben wird, bedürfen einer vielseitigen Ausbildung, wenn sie ihrer Aufgabe gerecht werden wollen. Nicht nur mit dem Geschützwesen, mit dem Infanterie-, Minen- und Torpedodienst müssen sie vertraut sein, sondern auch über Schiffahrt, Schiffsbau, Maschinenwesen und dergl. Bescheid wissen und in den neueren Sprachen Kenntnisse aufweisen.

Der Bootsmann (Deckoffizier) ist der Gehilfe des ersten Offiziers und sorgt dafür, daß die oberen Räume, sowie die Außenseite des Schiffes sauber gehalten werden, daß Anker und Ketten nebst Zubehör zu jeder Zeit in Ordnung sind. Der Steuermann, der unter gewissen Verhältnissen Offizierwachtdienst zu leisten hat, ist für gewöhnlich eine Art Adjutant beim Navigationsoffizier und hilft demselben das Navigationsinventar, die Signalapparate und Einrichtungen verwalten. Der Feuerwerker, die rechte Hand des Batterieoffiziers, hält Ordnung und Sauberkeit in den Batterieräumen aufrecht und überwacht das Artilleriematerial und die Munitionskammern.

Der Bootsmannsmaat (Unteroffizier) hat die Matrosen zu unterweisen, fungiert als Geschützkommandeur, d. h. er ist Nr. I einer Geschützmannschaft und nimmt bei der Landungstruppe die Stelle eines Infanterieunteroffiziers ein. Der Steuermannsmaat hilft dem Steuermann Karten, Kompasse, Chronometer und andere Instrumente brauchbar erhalten und steht dem dienstthuenden Wachoffizier in jeder Hinsicht bei. Der Feuerwerkersmaat ist die Hilfe des Feuerwerkers und hat in den Batterieräumen Wachdienst zu übernehmen.

Der Matrose endlich hat alle möglichen Verrichtungen zu versehen, die zur Erhaltung des Schiffes und der Schiffsausrüstung erforderlich sind und wird als Ausguckposten verwendet, als welcher er den Wachoffizier auf alle in den Weg tretenden Hindernisse aufmerksam zu machen hat. Er wäscht und flickt seine Kleidungsstücke, versteht zu steuern und zu rudern, weiß mit der Kanone umzugehen und dient im Kriegsfall als Krankenträger.

Das Seesoldatendetachement wird zum Sicherheitswachdienst verwendet und außerdem zu allerhand Verrichtungen, z. B. an den Geschützen, benutzt, zu denen nicht genug Seeleute vorhanden sind. Für Landungsmanöver ist es zur Kerntruppe bestimmt.

Das Maschinenpersonal nimmt heutzutage eine wichtige Stelle unter der Schiffsbesatzung ein. Viele tüchtige Arbeitskräfte sind nötig, um die jetzt gebräuchlichen Kessel und Maschinen zu bedienen, den Brennstoff herbeizuholen und Arbeit und Material zu überwachen.

Jedes Schiff hat einen leitenden Maschinisten, der stets der Älteste der Branche und je nach der Größe des Schiffes ein Ingenieur, Obermaschinist oder Maschinist ist. Er leitet den gesamten Dienst an Maschinen und Kesseln, überwacht das betreffende Inventar und trägt die Verantwortung für alles, was in seinem Bereich geschieht.

Dem leitenden Maschinisten stehen Wachmaschinisten zur Seite, die den Wachdienst bei den einzelnen Maschinen versehen, wobei sie von einer entsprechenden Anzahl Maschinenmaate unterstützt werden. Auf Schiffen, bei denen sich wasserdichte Wände zwischen Maschinen- und Kesselräumen befinden, werden auch in letzteren Wachmaschinisten postiert, sodaß auf großen Schiffen 6—12 vorhanden sein müssen.

Im Kesselraum beteiligt sich neben dem Maschinisten ein Feuermeister an der Überwachung. Die Feuermeistersmaate beobachten den Dampfdruck, den Wasserstand und den Salzgehalt des Wassers und regeln das Herbeischaffen der Kohlen, sowie die sonstige Thätigkeit der Heizer.

Um das Maschinenpersonal, einschließlich der Feuermeister u. s. w. leistungsfähig zu erhalten, d. h. vor Überanstrengung zu bewahren, hat man die Einrichtung getroffen, daß für jeden Mann nach einem Dienst von vier Stunden stets eine achtstündige Ruhepause eintritt, daß also alle vier Stunden eine Ablösung erfolgt.

Die Wirksamkeit der Maschinisten und Maschinistenmaate beschränkt sich aber nicht auf die Beaufsichtigung der arbeitenden Maschine allein, sondern sie umfaßt auch verschiedene Arbeiten, die zum Brauchbarerhalten der Kessel und Maschinen nötig sind. Hierher gehören: öftere Prüfungen der einzelnen Teile durch Öffnen oder Auseinandernehmen, Entfernung des Kesselsteins, der Brandblasen, rechtzeitige Verbesserung kleiner Schäden, Erneuerung schadhafter Teile u. s. w.

An der Spitze des Verwaltungspersonals steht der Kommandant, von dem das Abwickelungsbureau nach der Außerdienststellung des Schiffes Rechenschaft fordert. Die einzelnen Verwaltungszweige werden nach seiner Anweisung von sachverständigen Leuten geleitet.

Das Kassenwesen untersteht dem Zahlmeister, der für die Richtigkeit der Rechnungen einzustehen hat. Auf großen Schiffen ist ihm ein Zahlmeisteraspirant beigegeben. Die Verantwortung für die Kasse trägt eine aus dem Zahlmeister, dem ersten und einem anderen Offizier zusammengesetzte Kassenkommission.

Die Rechnungslegung über Inventar- und Materialverwaltung ist Sache des Materialienverwalters oder Materialienverwaltersmaats. Der erste Offizier hat dafür einzustehen, daß von dem zur Unterhaltung des Schiffes bestimmten Material in vorschriftsmäßiger Weise Gebrauch gemacht wird. Das sogenannte „Navigationsdetail", d. h. alle für das Signalwesen und die Navigierung nötigen Gegenstände, wird, wie bereits gesagt, vom Navigationsoffizier verwaltet, der sich oft auch um das Verwalterdetail, welches Eßgerät und Bettzeug umfaßt, zu kümmern hat. Das Torpedomaterial, zu dessen Bedienung sich das Detachement der Torpedoabteilung an Bord befindet, das Artilleriematerial, das Bootsmannsmaterial und das Zimmermannsmaterial sind gleichfalls „Details", die je von einem Seeoffizier, den ein Deckoffizier unterstützt, überwacht werden. Für das Maschineninventar und das betreffende Material ist der leitende Maschinist, für das Lazarettinventar der Schiffsarzt verantwortlich.

Für zweckmäßige Aufbewahrung und Verwendung der Kleidervorräte sorgt der Zahlmeister mit Hilfe eines Unteroffiziers der Stabswache (s. u.). Auch die Verwaltung des Proviants gehört zu seinen Obliegenheiten. Er sorgt, vom Bottelier unterstützt, dafür, daß die Nahrungsmittel rechtzeitig zu möglichst niedrigen Preisen angeschafft und richtig verausgabt werden, und bildet mit dem Schiffsarzt und einem Offizier die Verpflegungskommission, die unter anderem die Qualität des Proviantes zu prüfen hat.

Das Trinkwasser wird der Mannschaft in der zum Wohlbefinden unentbehrlichen Menge vom ältesten Bootsmannsmaat, der dem ersten Offizier untersteht, zugeteilt.

Zum Schiffspersonal für Krankendienst gehören Ärzte und Lazarettgehilfen; im Gebrauchsfalle werden Zahlmeister und ähnliches Personal zur Hilfe

S. M. Kleiner Kreuzer „Hamburg"

herangezogen; auch ist ein Teil der Mannschaft mit den von einem Krankenträger verlangten Handreichungen vertraut. Für ein großes Kriegsschiff sind ein Oberarzt, mehrere Assistenzärzte und Lazarettgehilfen nötig; für ein kleineres genügen zuweilen ein Assistenzarzt und ein Gehilfe.

Den Polizeidienst üben ein Stabswachtmeister, mehrere Wachtmeistermaate und dazu kommandierte Bootsmannsmaate oder Obermatrosen aus.

Fenster- und sonstige Verschlüsse, Schleuseneinrichtungen, Pumpenanlagen und dergl. mehr werden auf kleineren Schiffen von dem Zimmermeister überwacht, auf großen Schiffen ist die Ernennung eines besonderen Pumpenmeisters notwendig.

Das Handwerkerpersonal befaßt sich meist unter Aufsicht der Deckoffiziere mit den Arbeiten und Wiederherstellungsarbeiten, die von den Seeleuten und Heizern nicht ausgeführt werden können, sondern fachmännisch geschulte Hände erfordern. Schuster und Schneider reparieren Schuhwerk und Kleidungsstücke, die Büchsenmacher Handwaffen und Kanonen, die Segelmacher segeltuchene Gegenstände und Signalflaggen. Schlosser, Schmiede, Maler, Tischler, Zimmerleute und Taucher müssen auf dem Schiffe vorhanden sein, damit jede Beschädigung, die sich an demselben zeigt, zur rechten Zeit ausgebessert werden kann.

Als Köche und Kellner für die Tafel der Offiziere werden Zivilpersonen, die sich nach der Schiffsordnung zu richten haben, angestellt, während als Bäcker und als Köche für die Mannschaften entsprechend ausgebildete Leute verwendet werden.

Die Schreibgeschäfte werden einem Schreibersgast oder Schreibersmaat übertragen.

Der Dienst im Frieden.

Sobald sich die Mannschaft an Bord des Schiffes, zu dessen Besatzung sie auserjehen ist, befindet, zuweilen wohl auch schon vorher, erhält jeder Mann eine Stationstabelle, die alle ihn betreffenden nötigen Angaben, vor allem die Schiffsnummer enthält, ohne deren Kenntnis die Leute weder Kleiderkiste, noch Hängematte oder Schlafplatz finden würden.

Die gesamte Mannschaft wird planmäßig für die verschiedenen Dienstverrichtungen verteilt. Die Leute, die gerade Nummern führen, bilden die Backbordwache*), die übrigen die Steuerbordwache**); jede Wache zerfällt in zwei „Hälften" und jede Hälfte in zwei „Quartiere". Für Musterung und Manöver wird die Mannschaft in Musterungs- und Manöverdivisionen gesondert. Die Musterungsdivision besteht aus Leuten, die demselben Marineteil an Land entnommen worden sind, und zwar ergeben die Seeleute oder Matrosen die meisten Divisionen. In der Manöverdivision sind Leute vereinigt, die gemeinsam eine besondere Aufgabe zu erfüllen haben.

---

*) Backbord = die linke Seite, wenn man im Schiff mit dem Gesicht nach dem Bug steht.

**) Steuerbord = unter derselben Bedingung die rechte Seite.

Die Pläne, aus denen hervorgeht, was beim Ertönen eines Kommandos oder Signals von jedem verlangt wird, und wohin sich jeder zu begeben hat, werden Rollen genannt. Es giebt eine Gefechts- oder Klarschiffsrolle, eine Verschlußrolle, eine Feuerrolle, eine Bergerolle, eine Wachrolle u. s. w.

Die Gefechts- oder Klarschiffsrolle bestimmt, wer bei den Geschützen, den Torpedos, den Maschinen, den Signaleinrichtungen und auf dem Verbandplatz anzutreten hat, wer sich am Munitions- oder Verwundetentransport, an den Löscharbeiten u. s. w. beteiligen soll. Das betreffende Signal, das zu Übungszwecken nur mit der Trommel, sonst mit Trommel und Horn gegeben wird, gleicht dem Signal „Alarm" der Landtruppen. Die Verschlußrolle ist gleichfalls eine wichtige Rolle; sie verteilt die Mannschaft für Havariefälle*) an Thüren, Schleusen und Pumpen, damit das eindringende Wasser auf einen möglichst kleinen Raum beschränkt werden kann. Die Feuerrolle weist jedem für den Fall eines Feuers einen gewissen Standort an. Die Bergerolle kommt in Betracht, wenn das Sinken des Schiffes nicht mehr zu verhüten ist. Die Wachrolle gilt für die Sicherheitswachen, die Backsrolle für die Mahlzeiten.

Für letztere bilden die Leute sogenannte Backsmannschaften**), d. s. Abteilungen von etwa 10—14 Mann, die in allem, was den Backsdienst betrifft, dem Backsältesten unterstellt sind. Zwei Mann, die die Benennungen „Backschaft" und „Hilfsbackschaft" führen und jede Woche abgelöst werden, haben Tische und Bänke vor der Essenszeit herunterzuschlagen, Speise und Trank herbeizuschaffen, das Geschirr zu reinigen und dergl. mehr.

Haben die Leute ihre Sachen in den Kleiderkästen untergebracht, so werden die Säcke, die zum Transport gedient haben, an die hierzu bestimmten Leute abgegeben. Hierauf werden Handtücher, wollene Decken, Matratzen, Bezüge und Hängematten ausgeteilt.

Das Verhalten während des Dienstes und während der Freizeit ist durch die Schiffsordnung geregelt. Die Zeit (Stunde und Minute) für Arbeit und Erholung, für jede einzelne Verrichtung ist durch die Routine festgesetzt, und zwar giebt es eine Seeroutine, eine Hafenroutine, eine Wochen-, eine Tages-, eine Sommer-, eine Winter-, eine Arbeits- und eine Tropenroutine.

Bis das Schiff als „seeklar", d. h. als fertig in See zu gehen, betrachtet werden kann, ist die Arbeitsroutine in Kraft. Wenn jeder Ausrüstungsgegenstand in Ordnung ist, die Leute die Einteilung begriffen haben und ohne

---

*) Havarie = die Beschädigung eines Schiffes oder Bootes.

**) Back hat beim Seewesen verschiedene Bedeutungen; man bezeichnet damit nicht nur das kurze Deck, das sich oft auf dem vordersten Teil des Oberdecks erhebt, sondern auch Gefäße, z. B. Fleischback, Kartoffelback u. s. w., ferner die Tische, an denen die Mannschaft ihre Mahlzeiten einnimmt. Das Signal zur Mahlzeit heißt „Backen und Banken".

„Verlaufen" auf ihren Posten eintreffen, findet sich der Divisions- oder Geschwaderkommandant, bez. der Stationschef auf dem Schiffe ein, um die Seeklarbesichtigung vorzunehmen. Dann geht es zur gewöhnlichen Tagesroutine über, und zwar richtet sich der tägliche Dienst auf einem Schiff, das im Hafen verweilt, im Sommer nach folgender Routine:

Nachdem um 4 h 10 m (4 Uhr 10 Min.) die Nachtwache, um 4 h 50 m Bootsmann, Feuerwerker und Wachtmeister nebst den betreffenden Maaten aufgestanden sind, rufen um 5 h Trommelschläge und Pfeifentöne die Mannschaft aus dem Schlafe. Schnell werden sämtliche Hängematten vorschriftsmäßig „gezurrt", denn diejenigen, die in Zwischendeck und Batterie die Wache haben, müssen schon nach wenigen Minuten dem wachthabenden Offizier melden können: „Alle Hängematten aus dem Zwischendeck (der Batterie)". 5 h 5 m werden die Hängematten besonders hierzu bestimmten Leuten, den Hängemattsstauern, übergeben, die dieselben in den Hängemattskasten unterbringen.

5 h 10 m erscheinen die Leute auf dem Vordeck, wo die Nachtwache bereits eine Anzahl großer „Baljen" aufgestellt und mit Süßwasser gefüllt hat, denn das Salzwasser ist zum Waschen nicht verwendbar. Um 5 h 40 m hat alles nach der „Reinschiffsrolle" anzutreten, um Decks, Boote u. s. w. zu reinigen. 6 h 40 m verlassen auch die Seekadetten und die Leute, die von 12—4 h Wachtdienst, sogenannte „Hundewache" gehabt haben, ihr Lager.

6 h 50 m ertönt der willkommene Pfiff: „Backen und Banken", der die Backschaften an ihre Verrichtung ruft. Nach weiteren 10 Minuten beginnt die Frühstückspause, die 40 Minuten währt. Die Posten werden um 7 h 20 m abgelöst, damit sie sich gleichfalls durch Speise und Trank erquicken können. Wer sich krank fühlt, macht etwa um dieselbe Zeit dem Korporalschaftsführer Mitteilung davon und begiebt sich behufs ärztlicher Untersuchung ins Lazarett. 7 h 35 m heißt es: „Pfeifen und Lunten aus", worauf das Rauchen, das sowohl während der Frühstückspause, als während der übrigen Freizeit gestattet ist, eingestellt werden muß.

Von 7 h 40 m bis etwa 8 h werden die Reinigungsarbeiten fortgesetzt. Um 8 h ist Flaggenparade, d. h. die Kriegsflagge wird mit einer gewissen Feierlichkeit geheißt. Um 8 h 10 m giebt die Trommel das Signal zum Geschützputzen, womit zugleich eine Ölung der Stahlteile verbunden ist. Hierauf folgt das Putzen der Handwaffen. Ist dies beendet, dann bereiten sich die Mannschaften auf die Musterung vor, die kurz nach 9 h stattfindet. Bei dieser, die bei dem Schiffspersonal die Stelle des „Appells" einnimmt, wird die Kleidung u. s. w. in Beziehung auf Sauberkeit geprüft; Montag und Donnerstag muß reines Arbeitszeug angelegt werden. Bei Gelegenheit der Musterung können die Leute ihre Wünsche oder Beschwerden vorbringen; auch werden ihnen etwaige Bestrafungen und Befehle mitgeteilt. Die Zeit zwischen 9 h 30 m und 11 h 30 m ist dem militärischen Dienst gewidmet, dem Geschütz- oder Rollenexerzieren, dem Infanteriedienst u. s. w.

11 h 30 m wird das Deck „aufgeklart", d. i. aufgeräumt. 10 Minuten vor 12 h heißt es wieder: „Backen und Banken"; von 12—2 h ist die Mittagspause, gegen deren Ende das Deck von neuem gefegt und in Ordnung gebracht wird. Die Posten werden 12 h 30 m abgelöst, damit sie auch essen können.

Von 2—4 h ist militärischer Dienst, hierauf eine halbstündige Pause, auf die eine Instruktionsstunde folgt. Ist auch diese vorüber, so werden die Decks nochmals aufgeklart, die Geschütze durch Überzüge gegen die nächtliche Feuchtigkeit geschützt, und schließlich verwahren sich auch die Leute durch Anlegen wärmerer Kleidungsstücke gegen die Nachtluft.

Um 6 h wird das Abendessen, das in Thee und Butterbrot besteht, eingenommen, und nun folgt die Freizeit, die, wenn es die Witterung erlaubt, auf dem Oberdeck zugebracht wird. Beim Untergehen der Sonne ist abermals Flaggenparade (die Flagge wird niedergeholt). 7 h 40 m erhalten die Burschen der Seekadetten deren Hängematten; kurze Zeit darauf findet sich die Mannschaft divisionsweise bei den Hängemattskasten ein, um nun auch ihrerseits die Hängematten, die sofort an ihren Platz gebracht werden müssen, in Empfang zu nehmen. 8 h 50 m werden die Decks zum letzten Mal aufgeräumt und Pfeifen und Lunten im Zwischendeck und in der Batterie ausgelöscht, während auf dem Oberdeck auch weiterhin geraucht werden darf.

Um 9 h ertönt der Zapfenstreich, an den sich ein Gebet anschließt; dann ermahnt der Ruf „Ruhe im Schiff", diejenigen, die ihr Lager noch nicht aufsuchen, sondern sich noch eine Weile auf dem Oberdeck aufhalten wollen, alles Lärmen zu unterlassen. Um 9 h 10 m beginnt die Ronde, an der außer dem ersten Offizier der Wachtmeister, die Detaildeckoffiziere und einige Unteroffiziere teilnehmen. Diese Leute gehen durch das ganze Schiff und verschaffen sich Gewißheit darüber, ob jeder Raum im vorgeschriebenen Zustand ist. Dann macht der erste Offizier die Deckoffiziere noch mit seinen Befehlen für den nächsten Tag bekannt.

Die Winterroutine stimmt im allgemeinen mit der Sommerroutine überein, nur wird das Signal zum Wecken erst um 6 h gegeben, der Nachmittagsdienst dagegen eine halbe Stunde früher angefangen und beendet. Sonnabends nimmt das Reinigen des Schiffes mehr Zeit in Anspruch, weshalb am Vormittag die Exerzitien weggelassen werden.

Die Arbeitsroutine, die stets Geltung bekommt, wenn irgend eine große Arbeit zu bewältigen ist (z. B. bei Kohlenübernahme), räumt auch die Zeit, die nachmittags für gewöhnlich vom Militärdienst ausgefüllt wird, dem Arbeitsdienst ein.

Befindet sich das Schiff in See, so muß die Mannschaft, in der Regel bei alle vier Stunden erfolgender Ablösung, während des Tages und während der

Nacht Wache gehen. Bei ungünstiger Witterung wird sie in Abteilungen geteilt, die sich zur Essenszeit nacheinander an die Backen begeben. Um einem Zusammenstoß mit anderen Schiffen vorzubeugen, werden während der Dunkelheit die Backbordlaterne (rotes Licht) und die Steuerbordlaterne (grünes Licht) angebrannt. Bei einem Aufenthalte in den Tropen muß die ganze Zeiteinteilung wesentlich geändert werden, da dort die heißen Mittagsstunden nicht zu den Exerzitien benutzt werden können.

Die Sicherheitswache ersetzt an Bord der im Hafen liegenden Kriegsschiffe die an Land übliche Garnisonwache. In See hat die an Deck befindliche Wache für Besetzung der Posten zu sorgen. Die Posten unter Deck, nämlich der vor der Kajüte des Kommandanten postierte Ehrenposten und die Zwischendecksposten, die die Arrestanten und die Munitionskammern bewachen, stehen mit gezogenem Seitengewehr. An Deck steht, wie die eben angeführten Posten, sowohl in See, als im Hafen, der mit einem Gewehr versehene „Posten auf der Back", der nachts jedes Boot, das auf das Schiff zukommt, mit „Boot ahoi!" anruft. Hat das Boot nicht die Absicht, an Bord zu kommen, so wird geantwortet: „Passiert!", will es aber anlegen, so richtet sich die Antwort nach den Insassen. Trägt es fürstliche Personen, so heißt es: „Standarte!", trägt es einen Flaggoffizier: „Flagge!" Befindet sich der Kommandant eines Schiffes in dem Boot, so wird der Name des Schiffes ausgerufen. Die Antwort „Ja, ja!" deutet an, daß ein Offizier unter den Insassen ist, während aus der Antwort „Nein, nein!" das Gegenteil hervorgeht.

Im Hafen giebt es außerdem an Deck die Fallreepsposten, die ebenfalls mit einem Gewehr auf dem angewiesenen Platz, dem Fallreepsbrett, stehen. Unter Fallreep versteht man thürartige Öffnungen in der Bordwand, zu denen die Fallreepstreppen hinaufführen. Die Posten an Deck lassen des Nachts nach jeder halben Stunde den Ruf erschallen: „Auf der Back (Backbordfallreep oder wie die Stationen sonst heißen mögen) ist alles wohl!" Die Fallreepsposten rufen nahende Boote auf dieselbe Weise an wie der Posten auf der Back.

In See fallen die Fallreepsposten fort, dagegen findet man hier Ausguckposten, Rudergänger und Posten an der Rettungsboje, die sämtlich keine Waffen führen.

In der Nacht ist im Vorschiff zu beiden Seiten je ein Ausguckposten aufgestellt, während man sich tagsüber meist mit einem einzigen auf der Back oder auf einer der Marsraaen (querschiffs am oberen Ende der Untermasten angebrachte Bäume) begnügt. Die sogenannten Rudergänger vollziehen die Befehle, die der wachthabende Offizier oder die Steuermannsmaaten in Beziehung auf das Steuern erteilen. Die Posten an der Rettungsboje werden für gewöhnlich nur nachts besetzt.

Schiffe, die sich in einem Geschwaderverband befinden, weisen noch verschiedene andere Posten auf, z. B. Signalposten. Ferner steht ein Posten beim Alarmgeschütz, das abgefeuert wird, um den anderen Schiffen eine Fahrtstörung oder ein sonstiges Ereignis zu melden.

Wenn ein Flaggoffizier an Bord kommt, stellt sich die ganze Sicherheitswache auf und präsentiert das Gewehr; auch nehmen an jeder Seite des Fallreeps drei Fallreepsgäste (Mannschaften der Wache) in strammer Haltung Aufstellung; außerdem schlägt der Tambour einige Wirbel, und zwar kommen einem Admiral 4, einem Vizeadmiral 3 und einem Kontreadmiral 2 Wirbel zu. Am Fallreep wird der Ankommende vom Kommandanten empfangen. Auch wenn der letztere selbst das Schiff verläßt oder dort wieder eintrifft, präsentieren alle Mann der Sicherheitswache, und der erste Offizier tritt an, um die Befehle seines Vorgesetzten zu hören, bez. um demselben mitzuteilen, was sich auf dem Schiffe ereignet hat.

Beim Kommen und Gehen eines Offiziers präsentiert der Fallreepsposten und an dem betreffenden Fallreep stellen sich für einen Stabsoffizier 4 (an jeder Seite 2), für einen Kapitänlieutenant, Subalternoffizier, Auditeur, Marineoberlehrer, Baumeister u. s. w. 2 (an jeder Seite 1) Fallreepsgäste auf. Den Stabsoffizieren tritt am Fallreep der Kommandant entgegen, während die anderen vom wachthabenden Offizier empfangen werden.

Wenn Höchste oder Allerhöchste Herrschaften an Bord kommen, werden die Fallreepsposten von Seekadetten oder Unterlieutenants gebildet, zum Präsentieren tritt das ganze Seesoldatendetachement an, oder, wenn ein solches nicht vorhanden ist, eine vollständige Kompanie.

Mannschaften und Unteroffiziere, mit Ausnahme derjenigen, die weiter unten als zur Deckoffiziermesse gehörig bezeichnet sind, werden an Bord verpflegt, ohne daß hierfür etwas von der Löhnung abgezogen wird. Jedes Jahr bestimmt das Reichsmarineamt, welche Summe für die Schiffsverpflegung auszugeben ist, und zwar ist die Höhe der betreffenden Gelder abhängig von der Gegend, in der sich die Schiffe aufhalten. In heimischen Häfen können die Lebensmittel für niedrigeren Preis beschafft werden als in außerheimischen; doch sind sie zur Zeit in Hongkong nicht viel teurer als in der Heimat; hier wird nämlich für Mann und Tag 0,75, dort 0,80 Mark gerechnet, während in Kamerun für jeden Mann täglich etwa 1,21 Mark gebraucht werden.

Auf den Schiffen, die in heimischen Häfen verweilen, sollen für jeden Mann im Verlaufe einer Woche verwendet werden: 800 Gramm Rindfleisch und ebensoviel Hammelfleisch, 750 Gramm Schweinefleisch, 300 Gramm gelbe Erbsen, ebensoviel grüne Erbsen oder Bohnen, 150 Gramm Reis, 3000 Gramm Kartoffeln, 200 Gramm Backpflaumen, 500 Gramm Weizenmehl, 5250 Gramm frisches Brot, 455 Gramm Butter, 105 Gramm Salz, 105 Gramm ungebrannter Kaffee, 21 Gramm Thee, 340 Gramm Zucker und 0,11 Liter Essig.

In See braucht man für jeden Mann innerhalb einer Woche: 450 Gramm Salzrindfleisch oder statt dessen 400 Gramm präservierten Fisch, 750 Gramm Salzschweinefleisch, 680 Gramm präserviertes Fleisch, 250 Gramm Cornedbeef, 300 Gramm gelbe Erbsen, ebensoviel grüne Erbsen oder Bohnen, 150 Gramm Reis, 500 Gramm Weizenmehl, 300 Gramm Sauerkohl, 200 Gramm Dörrkartoffeln, 200 Gramm Backpflaumen, 3000 Gramm frisches Brot, 1500 Gramm Hartbrot, 455 Gramm Butter, 105 Gramm Salz, 105 Gramm Kaffee, 21 Gramm Thee, 340 Gramm Zucker und 0,16 Liter Essig.

Wenn ein Schiff längere Zeit in Dienst bleiben soll, wird es der Verpflegungskommission oft freigestellt, die Nahrungsmittel ganz nach eigenem Ermessen für einen vom Reichsmarineamt festgesetzten Betrag zu beschaffen. Diese sogenannte „Selbstverpflegung" ist namentlich in außerheimischen Häfen von Vorteil; man kann bei derselben nicht nur den Leuten verschiedenartigere Gerichte vorsetzen, sondern auch Ersparnisse machen, die dann bei mancher besonderen Gelegenheit zu einer von den Leuten freudig begrüßten Extraration verwendet werden können.

Alle Unteroffiziere, die eine etatsmäßige Deckoffiziersstelle innehaben, und die Zahlmeisterapplikanten bilden mit den Deckoffizieren und den anderen Portepeeunteroffizieren die Deckoffiziermesse. Sämtliche Offiziere, sowie Zahlmeister, Baumeister, Prediger, Oberlehrer u. s. w. gehören zur Offiziermesse. Der Kommandant führt seine eigene Messe, ebenso auf Flaggschiffen der Admiral. Das Wort „Messe" bezeichnet nicht nur die aus dem betreffenden Teil der Besatzung bestehende Tischgesellschaft, sondern auch das Lokal, in dem dieselbe ihre Mahlzeiten einnimmt. Die Mitglieder der Messe wählen einen Vorstand, der die Messe zu verwalten hat und hierbei vom Kommandanten überwacht wird. Zur Bestreitung der Ausgaben dienen die Tafel- und Messegelder.

In den Reichskriegshäfen beläuft sich das tägliche Tafelgeld: für ein Mitglied der Deckoffiziermesse auf 1,50 Mark, für ein Mitglied der Offiziermesse auf 3,20 Mark, für einen Kommandanten auf 4,50—10 Mark, für einen Geschwader- oder Divisionschef auf 20 Mark, für den Chef einer Flotte auf 30 Mark. In anderen heimischen Gewässern beträgt das Tafelgeld täglich: für ein Mitglied der Deckoffiziermesse 1,75 Mark, für ein Mitglied der Offiziermesse 3,50 Mark, für einen Kommandanten 5—12 Mark, für einen Geschwader- oder Divisionschef 24 Mark und für den Chef einer Flotte 36 Mark; in den außerheimischen Gewässern beläuft sich das Tafelgeld täglich: für jedes Mitglied der Deckoffiziermesse auf 2,50 Mark, für jedes Mitglied einer Offiziermesse auf 5 Mark, für einen Kommandanten auf 7,50—18 Mark, für einen Geschwader- oder Divisionschef auf 45 Mark und für den Chef einer Flotte auf 60 Mark.

Kadetten und Seekadetten haben besondere Messen, und zwar beträgt das tägliche Tafelgeld für jedes Mitglied einer Seekadettenmesse in den Reichskriegshäfen 1,50 Mark, in anderen heimischen Gewässern 1,75 Mark und in außerheimischen Gewässern 2,50 Mark.

Die sogenannten Messegelder werden zur Bezahlung der Köche und Aufwärter, sowie für die Beleuchtung verwendet. Sie stellen sich für die Deckoffiziermesse täglich auf etwa 3,50 Mark, für die anderen Messen entsprechend höher.

Wurst, Eier, Käse, Semmeln, Bier und dergl. mehr können sich die Leute, die danach Verlangen haben, in der Schiffskantine kaufen; auch können sie sich dort mit Tabak und Zigarren, mit Zwirn, Wolle, Nadeln, Scheren, Bürsten, Spiegeln, Seife und anderen Dingen versorgen. Die Verwaltung der Kantine ist einem Seeoffizier übertragen, während der Bottelier und der Materialienverwalter die eigentliche Arbeit leisten und hierfür eine Vergütung erhalten, für deren Höhe der Gewinn maßgebend ist. Der übrigbleibende Gewinnteil wird bei passender Gelegenheit wieder zum Besten der Mannschaft verwendet.

Bei Beginn der Mittagspause und der abendlichen Freizeit dürfen die Besitzer der Bumboote (schwimmende Hökerläden) an Bord kommen und dort ihre Waren feilbieten.

Oft sorgt während der Freizeit die Schiffskapelle für die Unterhaltung der Besatzung, und nicht selten wird sie veranlaßt, zum Tanze aufzuspielen. Diese Kapelle besteht aus musikalisch veranlagten Mannschaften, zu deren Anleitung ein Musiker von der Landkapelle berufen worden ist. Die Offiziere zahlen regelmäßige Beiträge, von denen die Ausgaben für Instrumente und dergl. bestritten werden.

Die Schiffsbibliothek, die sowohl wissenschaftliche Werke und Reisebeschreibungen, als gute Romane und Erzählungen enthält, wird gern und fleißig benutzt.

Jedes Kriegsschiff führt, so lange es sich im Dienst befindet, außer der Kriegsflagge, die an der Spitze der Gaffel des Hintermastes oder am Flaggenstock geheißt wird, am Topp des Großmastes einen Wimpel mit dem eisernen Kreuz, das Kommandozeichen des befehlenden Offiziers. Auf Flaggschiffen, d. h. auf Schiffen, die einen Admiral an Bord haben, wird die Admiralsflagge geheißt. Die Anwesenheit des Kaisers, anderer regierender Fürsten, sowie der Mitglieder des Kaiserlichen und Königlichen Hauses wird von den betreffenden Schiffen durch Heißen der entsprechenden Standarten kundgegeben.

Beim Besuch Allerhöchster Personen und bei anderen festlichen Gelegenheiten wird „ausgeflaggt", d. h. eine Leine, an der eine große Anzahl Flaggen und Wimpel befestigt ist, wird über die Masten hinweg vom Heck bis zum Bugspriet ausgespannt.

3. Die Waffen.

Die in dem modernen Seekrieg zur Anwendung kommenden Waffen sind: a. Die Handwaffen, b. der Sporn, c. die Geschütze, d. die Torpedos und Torpedofahrzeuge.

Die Waffen.   353

a. Die Handwaffen.

Die Handwaffen gleichen denjenigen der Landmacht. Inwiefern die Handfeuerwaffen — Magazingewehr und Revolver — bei einem mit allen Kampfmitteln der Jetztzeit geführten Seegefecht von Nutzen sein können, vermag erst ein zukünftiger Krieg zu lehren. Natürlicherweise werden sich Gewehr und Revolver nur im Nahkampf anwenden lassen. Allerdings ist es noch sehr die Frage, ob die Schützen im Kampfe bei dem jegliche Aussicht verdeckenden Pulverdampf der Geschütze und dem Kohlenrauch ein bestimmtes Ziel treffen werden können; soviel ist aber sicher, daß der der feindlichen Partei in einer Seeschlacht von unserer Marine-Infanterie oder auch von den Schützen fremder Marinen zugefügte Schaden nur ein ganz unbedeutender sein kann. Andererseits wird das Gewehr bei der Vertridigung gegen Torpedoboote als wertvoll erachtet.

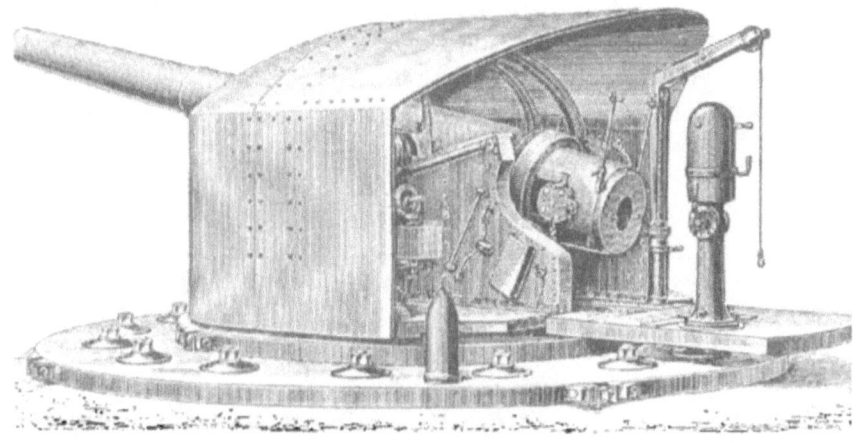

Fig. 86. Krupp'sche 21 Centimeter-Kanone L/35 in Mittelpivot-Schiffslafette.
(Text s. S. 356.)

b. Der Sporn.

Bei den Panzerschiffen älterer Konstruktion ist der Sporn aus dem Vorsteven herausgearbeitet, da aber die Gefahr vorliegt, daß der Sporn bei einem Rammstoß abbrechen kann und in diesem Falle, wenn keine besonderen Sicherheitsvorrichtungen vorhanden sind, das eigene Schiff sehr gefährdet, ist er bei den neueren Schiffen als besonderer Schiffsteil konstruiert. Der Sporn liegt 3—4 Meter unter der Wasserlinie; er ist die gewaltigste Waffe eines Schiffes, wenn die obwaltenden Umstände seine Thätigkeit begünstigen. Trifft ein mit dem Sporn bewaffnetes Schiff ein anderes unter rechtem Winkel in die Seite, so wird der Hauptverband des getroffenen Schiffes durchbrochen und dieses, wenn es durch das einströmende Wasser nicht sofort untergeht, zum Zusammenbruch gebracht.

Laufen beide Schiffe fast den gleichen Kurs, und erfolgt der Rammstoß dann unter spitzem Winkel an dem Heck des Schiffes, so ist er verhältnismäßig ungefährlich. In einer Seeschlacht ist die Anwendung des Sporns freilich nur eine sehr beschränkte; ein unaufmerksamer Gegner kann jedoch, wenn er sich beim Stilliegen überraschen läßt — für den Rammstoß die günstigste Gelegenheit — binnen weniger Minuten in den Grund gebohrt werden.

Zum Rammen ist vor allem der richtige Augenblick abzupassen; dann aber ist auch der Maschine zur rechten Zeit der Befehl zum Rückwärtsgehen zu geben. Der Sporn muß schnell an das Ziel gebracht werden, darf jedoch nicht mit zu großer Gewalt in dasselbe hineinrennen; er muß sich von ihm wieder entfernt haben, bevor das getroffene Schiff untergeht, da es sich sonst leicht ereignen kann, daß der Besiegte den Sieger mit sich auf den Grund zieht. Der Angreifer hat daher mit verhältnismäßig großer Maschinenkraft an den Gegner heranzufahren, muß dann hingegen kurz vor dem Ziel stoppen und in dem Moment des Stoßes mit so viel Dampfkraft rückwärts arbeiten, daß er sich schnell genug wieder frei machen kann.

Die Steuervorrichtungen der Schiffe neuester Konstruktion jedoch ermöglichen ein Ausweichen auch unter ungünstigen Verhältnissen; demnach hängt das Gelingen des Rammstoßes nur von dem Zufall ab. Jedenfalls wird jeder Kommandant von dem Sporn nur im dringendsten Notfalle Gebrauch machen; die zum Rammstoß erforderliche zu große Annäherung ist auch hinsichtlich der Torpedoarmierung des Gegners höchst gefährlich. Über den Wert des Sporns wird erst der nächste Seekrieg Aufschluß geben können.

c. Die Geschütze.

Die Armierung der Kriegsschiffe besteht in **leichten Geschützen, mittleren Geschützen, schweren Geschützen und Maschinengewehren.**

Die **leichten Geschütze** haben ein Kaliber von 3,7—9 Zentimetern, die gebräuchlichsten sind die 8,8, 5 und 3,7 Zentimeter-Kaliber; letzteres findet jetzt bei den Maschinengewehren Verwendung. Von einem 3,7 Zentimeter-Revolvergeschütz können in einer Minute 30 Patronen abgeschossen werden; ein 5 Zentimeter-Schnellfeuergeschütz schleudert ein 1,75 Kilogramm schweres Geschoß in einer Sekunde 6800 Meter weit fort. Das Rohr des letzteren Geschützes ist 2 Meter lang und wiegt 240 Kilogramm. Das 8,8 Zentimeter-Schnellfeuergeschütz feuert 7 Kilogramm schwere Geschosse auf 7000 Meter; sein Rohr ist 2,61 Meter lang und hat ein Gewicht von 652 Kilogramm.

Die **mittleren Geschütze** sind Schnellfeuergeschütze und umfassen die Kaliber von 10—20 Zentimetern; die ausgedehnteste Benutzung hat das 15 Zentimeter-Geschütz gefunden. Sie werden in gepanzerten Kasematten, in Panzertürmen oder hinter Schutzschilden aufgestellt. In einer Minute können diese Schnellfeuergeschütze

10 ungezielte oder 6 gezielte Schüsse abgeben. Ein 40 Kaliber langes 15 Zentimeter-Schnellfeuergeschützrohr von Krupp ist 4508 Kilogramm schwer, die Lafette hat ein Gewicht von 5000 Kilogramm. Die Schußweite des 45,5 Kilogramm schweren Geschosses beträgt 12 400 Meter; das Geschoß durchschlägt auf 2000 Meter Entfernung eine 27 Zentimeter starke schmiedeeiserne Platte oder eine 10 Zentimeter starke Stahlplatte.

Ein Krupp'sches 12 Zentimeter-Geschütz von 40 Kaliber Länge kann in der Minute 12 gezielte Schüsse verfeuern. Das Geschützrohr wiegt 2112 Kilogramm, die Lafette 2530 Kilogramm. Die Geschosse sind 23,75 Kilogramm schwer und fliegen 9000 Meter weit; auf 2000 Meter Entfernung durchschlagen sie eine 13 Zentimeter dicke Stahlplatte.

Die schweren Geschütze haben ein Kaliber von 20—40 Zentimetern. Die neueren Geschütze sind 35—40 Kaliber lang; Schnellfeuergeschützen ist schon eine Länge von 50 Kalibern, englischen und französischen Geschützen selbst eine Länge von 60 Kalibern gegeben worden.

Das Rohr eines Krupp'schen 28 Zentimeter-L/40 (40 Kaliber Länge) Geschützes hat ein Gewicht von 43 300 Kilogramm. Dieses Geschütz schleudert geladene, 345 Kilogramm schwere Geschosse 20 300 Meter weit fort; auf 2000 Meter Entfernung hat das Geschoß noch so viel Kraft, daß es bei senkrechtem Auftreffen eine gehärtete Stahlplatte von 20 Zentimeter Stärke oder eine 70,4 Zentimeter dicke Walzeisenplatte durchschlagen kann. Mit einem 24 Zentimeter-Geschütz von 40 Kaliber Länge können Schüsse auf ungefähr 20 200 Meter Entfernung abgefeuert werden.

Die schweren Geschütze sind in Barbette- oder Drehtürmen aufgestellt; die Aufstellung in Kasematten kommt für schwere Geschütze nicht mehr zur Anwendung. Ein Barbetteturm ist ein fester Panzerturm, über dessen oberen Rand das Geschütz feuert; in dem Turm läßt sich das Geschütz auf einer Drehscheibe nach allen Richtungen drehen. In der Regel sind die Barbettetürme durch Schutzkuppeln, die an der Geschützlafette befestigt sind, geschlossen.

Die Drehtürme nach Coles'schem Prinzip ruhen in ihrem Umfange auf Rollen, mittels derer die Drehungen ausgeführt werden; die zuerst auf den Monitors angewandten Drehtürme nach Ericson'schem System drehen sich um eine Spindel.

Ein Monitor ist ein nur wenig über den Wasserspiegel hervorragendes, gepanzertes Schiff, daß über dem Gürtelpanzer noch eine von dem Schanzkleid umgebene, gepanzerte Brustwehr besitzt und mit sehr schweren Geschützen armiert ist. Die Geschütztürme sind innerhalb der Brustwehr aufgestellt.

Neuerdings hat man innerhalb der Panzerbrustwehr auf die Drehscheibe eine starke, hinten offene Panzerkappe gesetzt, die sich mit dem Geschütz dreht. Eine ähnliche Vorrichtung weist das in Fig. 86 dargestellte Geschütz auf.

Der Bugpanzerturm des deutschen Panzerschiffes „Ersatz Preußen" ist in der Richtung der Schiffsmittellinie durch eine Panzerwand getrennt, zu deren Seiten je ein Geschütz mit Panzerschild auf einer Drehscheibe steht.

Jetzt werden auch Drehtürme und Barbettetürme vereint konstruiert, und zwar dergestalt, daß sich der Drehturm im Inneren eines Barbetteturms bewegt. In diesem Falle wird die Schutzkuppel durch den die Fortsetzung des Barbetteturms bildenden Drehturm vertreten. Auf Kreuzern ist das schwere Geschütz häufig hinter Schutzschilden aufgestellt, bei den Kreuzern neuerer Konstruktion wird es stets in Türmen untergebracht.

Die Rohre der Geschütze ruhen mit den Schildzapfen in der Lafettierung. Die Schiffslafetten sind Radlafetten, Rahmenlafetten und Lafetten ohne Rücklauf.

Die Räder der Radlafetten dienen zum Transport des Geschützes, ferner auch dazu, das letztere nach dem beim Abfeuern erfolgten Rücklauf wieder an die Bordwand zu bringen. Die größte Anzahl der Schiffslafetten sind jedoch Rahmenlafetten, bei denen sich die das Geschütz tragende Oberlafette auf einem Rahmen bewegt. Infolge eines Schusses gleitet die Oberlafette auf dem Rahmen zurück; um sie wieder vorzubringen, wird sie auf Rollen gesetzt und vorgeschoben. Der Rahmen ist entweder um einen festen Drehpunkt an der Bordwand beweglich, oder er ist, wie bei den Panzerdrehtürmen, fest eingebaut. Die erforderliche Seitenrichtung wird dem Geschütz mit Hilfe von Richttauen und Rollrädern auf glatten oder mittels eines Zahnradgetriebes auf gezahnten Schwenkschienen gegeben. Die Lafettenwände sind mit entsprechenden Ausschnitten, den Schildzapfenlagern, versehen, in denen die Rohrschildzapfen ruhen; zum Nehmen der Höhenrichtung läßt sich das Rohr leicht um die Achse derselben drehen.

Anfänglich benutzte man zum Nehmen der Höhenrichtung einen Keil, der, nachdem man das Rohr zuvor mit Hilfe von Handspeichen in die richtige Lage gebracht hatte, unter das Bodenstück geschoben wurde. Danach hob und senkte man das Rohrhintergewicht mittels einer Richtspindel; jetzt führt man dasselbe durch einen am Rohr befestigten Zahnbogen aus, der in ein an der Lafette befindliches Zahnradgetriebe eingreift. Hat die Zahnbogenrichtmaschine die erforderliche Stellung erlangt, so wird sie in derselben festgebremst.

Der bei dem Abfeuern entstehende Rücklauf des Geschützes muß nach Kräften eingeschränkt werden. Bei den glatten Geschützen älterer Konstruktion spannte man zu diesem Zweck an der Bordwand zu beiden Seiten der Kanone ein starkes Tau, das Brooktau, auf. Als später die gezogenen Geschütze in Aufnahme kamen, wand man das Brooktau um eine Trommel, die zwischen den Lafettenwänden angebracht war; rollte nun das Tau infolge des Geschützrücklaufs ab, so wurde eine Bremse in Thätigkeit versetzt, die durch ihre Wirkung den Rücklauf begrenzte. Bei den Rahmenlafetten wandte man als Bremsvorrichtung die Schleifschienenkompresse an. Diese war dergestalt, daß man mehrere starke, mit der Oberlafette in Verbindung stehende Eisenbleche durch zwei seitliche Klauen an und zwischen die Schleifschienen preßte. Da die Schienen in der Mitte des Rahmens gelagert waren, mußte von dem Rückstoß erst die zwischen den Schienen- und Blechoberflächen gebildete große Reibung überwunden werden. Nach den Schleifschienenkompressen wandte man bei den Geschützen neuerer Konstruktion hydraulische Rücklaufbremsen, die Ventilbremse und die gezogene hydraulische Bremse, an, auf welche die rücklaufende Lafette stößt. Beide beruhen auf demselben Grundsatz: in einem mit Glycerin gefüllten Cylinder wird durch den Rücklauf ein Kolben in Bewegung gesetzt. Diesen Kolbenbewegungen tritt die Flüssigkeit hindernd ent-

Fig. 87. Maschinengeschütz von Nordenfeldt.

gegen, da sie sich nicht zusammenpressen läßt und nur nach und nach durch den Kolbendruck zum Ausströmen durch die in der Cylinderwand befindlichen Züge oder durch die Kolbenventilöffnungen gebracht wird und so allmählich dem Kolben das Feld räumt. Der Kolben sitzt an der Oberlafette, während Bremscylinder und Rahmen fest verbunden sind.

Eine Lafette ohne Rücklauf ist die 8,7 Zentimeter-Gelenklafette, bei der die Oberlafette hinten an dem Rahmen mit Scharnieren befestigt ist; vorn stützt sie sich auf den Bremscylinder, der auf dem Rahmen gleichfalls mit Scharnieren angebracht ist. Infolgedessen erfolgt der Rücklauf des Rohres und der Lafette nicht in gerader Linie, sondern das Rohr wird im Bogen aufwärts zurückgeschwungen, um dann durch sein eigenes Gewicht wieder herabzusinken. Eine die Oberlafette mit dem Rahmen verbindende Kette beschränkt den Rücklauf.

Über die Geschütze s. Näheres unter dem Kapitel „Geschütze" S. 158 dieses Bandes.

Die Maschinengewehre werden meistens als Armierung der hochgelegenen Teile des Schiffes und als Bootsarmierung verwendet. Sie sind selbstthätige Schießvorrichtungen, die nach dem Abgeben des ersten Schusses außer zu dem Zielen zum Abfeuern der folgenden Schüsse keiner Bedienung benötigen. Durch den Rückstoß des ersten Schusses wird die Hülse entfernt, eine neue Patrone eingesetzt und auch das Spannen und Abdrücken des Schlosses bewirkt. Dieser Vorgang wiederholt sich so oft hintereinander, wie Patronen vorhanden sind, oder bis die Abstellung des Mechanismus erfolgt.

Das Maschinengewehr besteht aus dem Schloßkasten mit dem Betriebsmechanismus und einem 8 Millimeter-Lauf mit einem als Kühlvorrichtung dienenden Wassermantel. Die Patronen sind Gewehrpatronen und stecken der Reihe nach in langen Gurtbändern.

Am häufigsten werden die 8 Millimeter-Maschinengewehre von Nordenfeldt, Hotchkiß, Gatling und Maxim benutzt. Neuerdings finden auch Maschinengewehre größeren Kalibers vielfach Verwendung, namentlich diejenigen von 3,7 Zentimeter Kaliber.

Die Geschosse der Marinegeschütze sind Schrapnells, Panzergranaten und Zündergranaten.

Das Schrapnell enthält eine große Anzahl kleiner Kugeln; diese können aber nicht, sobald sie nach dem Abgeben eines Schusses das Geschützrohr verlassen, einen eigenen Weg einschlagen, weil sie zusammen von einer eisernen Hülle umgeben sind. Von dieser werden sie so lange umschlossen gehalten, wie es der Schütze vorher bestimmt hat; erst dann wird mit Hilfe eines Zünders durch eine kleine, im Inneren des Schrapnells untergebrachte Pulverladung die Eisenhülle auseinandergesprengt. Auf diese Weise wird den einzelnen Kugeln der Weg freigegeben, und nur so kann eine Ausnutzung des Schrapnells auf weite Entfernungen hin ermöglicht werden. Durch einen einfachen Handgriff wird der Zünder für eine bestimmte Entfernung eingestellt; beabsichtigt man z. B., ihn zur Wirkung kommen zu lassen, nachdem das Geschoß 2500 Meter weit geflogen ist, so wird durch die Zündereinstellung nach Verlauf der Zeit, die das Schrapnell zum Zurücklegen jener 2500 Meter braucht, die Entzündung der Pulverladung und damit die Sprengung der Geschoßhülle bewirkt. Das Schrapnell wird vorzugsweise beim Beschießen von Zielen mit schwachen Wänden und gegen Menschen benutzt. Ein 21 Zentimeter-Schrapnell enthält 1800 Kugeln, ein 15 Zentimeter-Schrapnell 600 Kugeln; jede Kugel wiegt 25 Gramm.

Die Panzergranate mit scharfer Spitze und starken Wandungen hat im Inneren zur Unterbringung der Sprengladung einen kleinen hohlen Raum. Für Krupp'sche Geschütze hat die $3^{1}/_{2}$ Kaliber lange Panzergranate
    eines 40 Zentimeter-Geschützes ein Gewicht von 1050 Kilogramm;

eines 28 Zentimeter-Geschützes ein Gewicht von 345 Kilogramm;
„ 21 „ „ „ „ „ 140 „
„ 15 „ „ „ „ „ 51 „

Selbstverständlich sind die schweren Geschosse zum Beschießen von stärkeren Panzerwänden, die leichteren für schwächere Ziele bestimmt.

Die Sprengung der Panzergranate soll erst dann erfolgen, wenn sie sich schon in der Panzerwand befindet, oder wenn sie diese bereits durchschlagen hat. Durch Feuer und Sprengstücke soll sie entweder bei der Explosion in der Panzerwand diese und die dahinter liegenden Teile so zertrümmern, daß die folgenden Geschosse einen freien Weg vorfinden, oder sie soll im Schiffsinneren Menschen und Maschinen vernichten. Die Panzergranaten dienen nur zur Beschießung gepanzerter Schiffsteile.

Um feindliche Schiffe auf größere Entfernungen beschädigen zu können, bedient man sich der Zündergranaten. Diese haben eine stumpfe Spitze zur Aufnahme einer großen Sprengladung aber nur verhältnismäßig schwache Wände. Allerdings müssen die Wände so stark sein, daß das Geschoß eine hinreichende Durchschlagsfähigkeit besitzt und nicht schon im eigenen Geschützrohr durch die Pulvergase zerstört wird. Im allgemeinen benutzt man die Zündergranate zur Zerstörung der ungepanzerten Schiffsteile und zur Zertrümmerung der Masten, Schornsteine u. s. w. Schlägt ein solches Geschoß zwischen dem Hauptgeschützstand und der Kommandobrücke ein und explodiert dort, so kann es einen Teil oder auch alle Lafetten der zunächst liegenden Geschütze unbrauchbar und fast alle sich dort aufhaltenden Menschen kampfunfähig machen. Ist das Schiff auf diese Weise um seine Führung gekommen und seiner wichtigsten Artillerie verlustig gegangen, so bleibt ihm eigentlich nichts anderes übrig, als schleunigst zu flüchten. Ein einziger Schuß genügt auch schon, um die Schornsteine zu zerstören; dadurch büßt das Schiff aber soviel seiner Geschwindigkeit ein, daß es, falls das Gefecht weiterhin einen unglücklichen Verlauf nimmt, nicht mehr die Flucht ergreifen kann, sondern gezwungen ist, sich dem Gegner zu ergeben.

Für die Krupp'schen Geschütze hat die 4½ Kaliber lange Zündergranate
eines 40 Zentimeter-Geschützes ein Gewicht von 920 Kilogramm;
„ 28 „ „ „ „ „ 345 „
„ 21 „ „ „ „ „ 140 „
„ 15 „ „ „ „ „ 51 „

Wir haben hier noch einiges über die Küstengeschütze einzufügen, welche in den Küstenbefestigungen zur Bekämpfung feindlicher Schiffe aufgestellt werden. Der Angriff auf Küstenforts erfolgt in der Regel mit den stärksten Panzerschiffen, darum begreifen auch die Küstengeschütze je nach der Bedeutung der Befestigung die großen Kaliber. Gegen Panzerschiffe schießen sie mit stählernen

Panzergranaten, gegen andere Schiffe mit Zündergranaten. Zum Beschießen schnellfahrender kleinerer Schiffe benutzt man Schnellfeuerkanonen verschiedenen Kalibers. In neuerer Zeit finden auch Mörser und Haubitzen vielfach als Küstengeschütze Verwendung, weil ihre Geschosse von oben herab das Ziel treffen und die Decks durchschlagen. Auf diese Weise üben sie eine viel vernichtendere Wirkung aus, als sie die Kanonen gegen die Seitenpanzer hervorzubringen vermögen.

Früher nahm man die Geschosse, um sie nach den Geschützen zu bringen, einfach unter den Arm, bei ihrer jetzigen Schwere ist das aber nicht mehr möglich, sondern man benutzt zu ihrer Heranschaffung mechanische Vorrichtungen. Hinter den Geschützen ist unter dem Batteriedeck eine kleine Eisenbahn angelegt, an der Rollen mit Haken laufen. Vorn und hinten in der Batterie werden die Geschosse aus dem Zwischendeck mittels Flaschenzügen aufgeheißt. Die Geschosse liegen hierbei in den Geschoßtragen, eisernen Mulden, die mit den Tragen an die Rollen der Eisenbahn gehängt und dann ohne große Anstrengung durch einen Mann dicht an das betreffende Geschütz geschoben werden. Die leeren Mulden gehen wieder zurück. Bei den neuen Panzern der Brandenburgklasse liegen die Geschoßräume direkt unter den Türmen; die Granaten und Kartuschen werden aus ihnen mit Hilfe hydraulischer Hebevorrichtungen bis vor den Laderaum des Geschützes befördert. Für jedes schwere Geschütz werden 50 Geschosse, für mittlere hundert und für Schnellfeuergeschütze entsprechend mehr an Bord gegeben.

Zum Laden der Geschütze und Geschosse dienen verschiedene Pulverarten, das Kornpulver, das prismatische Pulver und das Würfelpulver; für Maschinengewehre verwendet man das Gewehr-Blättchenpulver als Ladung. Das Kornpulver ist von schwarzer Färbung; es verbrennt schnell und übt eine stoßartige Wirkung aus. Daher kommt es für die Handfeuerwaffen, für die leichten Kaliber bis zu 12 Zentimetern und als Sprengladung der Granaten zur Anwendung. Bei der Fabrikation des prismatischen Pulvers werden 4 Zentimeter hohe, sechsseitige Prismen mit durchgehenden Kanälen benutzt; die infolgedessen in dem Korn gebildeten Durchbohrungen lassen die Entzündung schneller und das Verbrennen des Kornes gleichmäßiger vor sich gehen. Das Verbrennen des Pulvers erfolgt langsamer, die Wirkung auf das Rohr ist deshalb eine nicht so plötzliche, daher können auch größere Ladungen verwandt werden. Das prismatische Pulver hat eine braune Farbe. Die neueren aus Braunpulver hergestellten Sorten haben in jedem Korn nur einen, dafür aber weiteren Kanal; sie verbrennen noch langsamer und werden zu den größten Ladungen benutzt. Das Würfelpulver wird aus einer aus Nitroglycerin und Kollodium gebildeten, hornartigen Substanz von grünlich-blauer Farbe hergestellt. Es dient zur Ladung von Schnelladekanonen und verbrennt auch in freier Luft langsam, läßt keinen Rauch zurück, erzeugt große Hitze und eine dreimal stärkere Wirkung als das prismatische Pulver.

Die Pulverladungen verwendet man als Kartuschen in Beuteln aus Rohseide; bei sehr großen Ladungen benutzt man mehrere Beutel. Je nach den besonderen Zwecken unterscheidet man Übungsladungen, Gefechtsladungen und Salutladungen der Geschütze.

Fig. 88. Lange 24 Zentimeter-Ringkanone in Küstenlafette.

Ein Schiff erhält nur fertige Kartuschen, da Pulverarbeiten an Bord wegen der damit verbundenen Gefahr vermieden werden müssen, und weil ein in Dienst gestelltes Schiff stets schlagfertig sein soll. Die für große Kaliber bestimmten

Kartuschen stecken einzeln in einer entsprechenden Zinkbüchse; für die größten Kaliber sind zwei Kartuschen erforderlich, weil eine ein zu großes Gewicht besitzen würde. Die kleineren Kartuschen sind in Kasten verpackt, die man früher aus einer Mischung von Zinn und Kupfer oder aus Zink herstellte, jetzt aber in der Regel nur aus Kupfer verfertigt und mit einem wasserdicht abschließenden Deckel verschließt.

Der Zweck der Artillerie ist der, daß sie gut und sicher trifft; die Geschützführer müssen daher sichere, artilleristisch gut ausgebildete Schützen sein. Aus diesem Grunde werden sie im Zielen und Schießen stets in Übung erhalten. Ein einziger Schuß mit einem schweren Geschütz kostet jedoch schon ein kleines Vermögen; da infolgedessen Schießübungen mit diesen Geschützen allzu kostspielig werden würden, hat man auf andere Weise Rat geschafft. Man bringt nunmehr zu den üblichen vorbereitenden Übungen in der Seele der großen Kanonen kleine, 3,5—5 Zentimeter kalibrige Abkommkanonen unter. Das Richten, Zielen und Abfeuern geht dann ebenso vor sich wie bei dem großen Geschütz, die Kosten des einzelnen Schusses dagegen sind wesentlich geringer.

d. Die Torpedos und Torpedofahrzeuge.

Der erste historisch beglaubigte Versuch, den Feind zur See unter Wasser anzugreifen, fällt in das 16. Jahrhundert. Als die Spanier im Jahre 1558 Amsterdam belagerten, bauten sie eine Brücke über die Schelde, um die Schiffahrt zu unterbrechen und der Stadt die Zufuhr von Lebensmitteln abzuschneiden. Um diese Brücke zu zerstören, versahen die Holländer ein Schiff mit einem ausgemauerten Behälter, füllten diesen mit Pulver und deckten ihn kugelsicher ein; die Entzündung wurde durch ein Uhrwerk bewirkt. Das Schiff ließ man nun gegen die Brücke treiben, die dann auch wirklich in die Luft gesprengt wurde.

Ein ähnliches englisches Minenschiff wandte man zur Zerstörung des Hafens von St. Malo an; da sich jedoch einige andere derartige Schiffe nicht bewährten, schenkte man diesen Fahrzeugen keine weitere Aufmerksamkeit.

Zur Zeit des Nordamerikanischen Befreiungskrieges konstruierte der Amerikaner Bushnell ein unterseeisches Boot, mit dessen Hilfe er am Boden feindlicher Schiffe Sprengkörper befestigen wollte, um durch diese die Schiffe zu zerstören. Das in Fig. 89 und 90 dargestellte Boot wurde durch Einlassen von Wasser zum Untertauchen, durch Auspumpen desselben zum Aufsteigen gebracht; zur Bedienung war nur ein Mann erforderlich. An der Oberseite befand sich ein mit Gläsern versehener Aufsatz, der dem Insassen den Ausblick gestattete. Das Vor- und Rückwärtsbewegen und das Auf- und Niedersteigen des Bootes bewirkten Schiffsschrauben, die durch Kurbeln in Thätigkeit versetzt wurden; zum Steuern diente ein Steuerruder. Der Sprengkörper, Mine oder Torpedo genannt, war außerhalb des

Fahrzeuges angebracht und mit 75 Pfund Pulver geladen. Er wurde vom Inneren des Bootes aus losgelöst, mit einer hölzernen Schraube am Boden des gegnerischen Schiffes befestigt und nach einiger Zeit durch ein Uhrwerk zum Explodieren gebracht.

Trotz seiner sinnreichen Konstruktion entsprach dieser Zerstörungsapparat nicht den an ihn gestellten Anforderungen; seine Geschwindigkeit war nur eine ungenügende und die Luftversorgung der Bedienung nicht ausreichend. Einen Erfolg hat Bushnell aber durch dieses Taucherboot doch errungen, er hatte ein Fahrzeug konstruiert, daß unter Wasser längere Zeit auf einer bestimmten Tiefe gehalten und nach verschiedenen Richtungen hin bewegt werden konnte, was bis dahin für ein Ding der Unmöglichkeit galt.

Nach ungefähr zwei Jahrzehnten, zu Anfang des 19. Jahrhunderts, wurde Bushnells Projekt von Fulton, dem Erfinder der Dampfschiffe, wieder aufge-

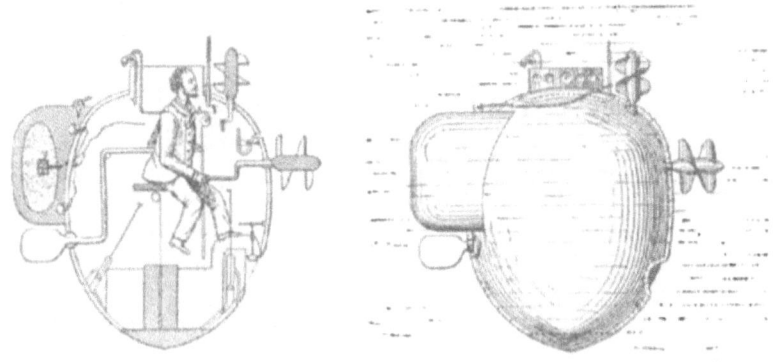

Fig. 89. Durchschnitt.   Fig. 90. Seitenansicht.
Unterseeisches Boot von Bushnell.

nommen. Im Jahre 1801 unternahm dieser im Hafen von Brest die ersten Versuche mit seinem unterseeischen Boot. Er konnte mit demselben vier Stunden unter Wasser bleiben und es, allerdings nur mit mäßiger Geschwindigkeit, in jeder Richtung fortbewegen. Die erforderliche Luft für die im Boote befindlichen Personen wurde aus einem besonderen Reservoir zugeführt, das mit komprimierter Luft gefüllt war. Fulton bot seine Erfindung Napoleon I. an, da er hier jedoch abgewiesen wurde, begab er sich nach England. Dort fand er bei dem Premierminister Pitt eine günstigere Aufnahme und ein reges Interesse für seine Ideen. Schon im September 1804 rüstete man daselbst ein Geschwader aus, das die bei Boulogne sich aufhaltende französische Flotte mit Hilfe von Seeminen, sogenannten Catamarans, vernichten sollte. Diese nach Fultons Plan konstruierten Seeminen waren kastenartige, an den Enden zugespitzte Behälter von $3^{1}/_{2}$ Fuß Durchmesser und ungefähr 21 Fuß Länge, deren Pulverfüllung mittels eines Uhrwerks entzündet wurde. Das die „Catamaran-Expedition" benannte, vom Admiral Lord Keith befehligte Geschwader bestand aus 52 Schiffen, die am 1. Oktober einige Meilen von der französischen Flotte entfernt vor Anker gingen. Mittlerweile aber waren den Franzosen die Pläne der Engländer hinterbracht worden; als daher am 2. Oktober die Catamarans in die Nähe der französischen Schiffe bugsiert wurden, unternahmen letztere sofort einen Angriff. Die Minen trieben zwar mit der Strömung durch die gegnerische Flotte, richteten dort aber bei ihrer Explosion nur verhältnismäßig geringen Schaden an. Trotzdem dieser Angriff als mißlungen betrachtet werden muß, kam den Engländern doch die Erkenntnis der Gefährlichkeit dieser Waffen, aber gerade aus diesem Grunde ließen sie Fulton keine weitere

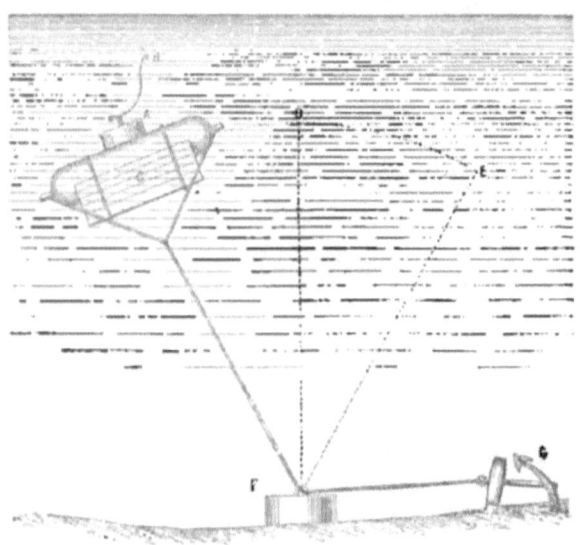

Fig. 91. Mine von Fulton.
(Nach einer zeitgenössischen Darstellung.)

Unterstützung angedeihen, weil sie die Furcht hegten, daß feindliche Mächte mit derartigen verbesserten Minen ihrer eigenen Seeherrschaft Schaden zufügen könnten.

Eine andere Art von Minen, ebenfalls eine Erfindung Fultons, ist in Fig. 91 dargestellt. Dieser Sprengkörper enthielt in dem cylinderförmigen, kupfernen Behälter eine Ladung von ungefähr 100 Kilogramm Pulver; der Behälter war 60 Zentimeter lang und hatte einen Durchmesser von 30 Zentimetern. An der Außenseite befand sich ein hölzerner, mit Kork gefüllter Kasten C, der die Schwimmfähigkeit des Apparats bedeutend steigerte. Die Mine wurde mit Hilfe eines 60 Pfund schweren Steines F und eines Ankers G in einer bestimmten Tiefe festgehalten. Die Zündungsvorrichtung bestand in einer kleinen, kupfernen Kapsel A, die an die Mine angeschraubt war, und in einem an der Kapsel befindlichen Hebel H. Der geringste Zusammenprall derselben mit einem festen Körper bewirkte die Explosion.

Mittels zweier Minen gelang es Fulton, die dänische Brigg „Dorothee" in die Luft zu sprengen, Fig. 92.

Nach einigen Jahrzehnten nahm der Amerikaner Colt die Versuche Fultons wieder auf und bewirkte eine wesentliche Vervollkommnung der Seeminen, indem er ihre Sprengung auf elektrischem Wege erfolgen ließ. Er erprobte seine Erfindung gegen vor Anker liegende und auch gegen in Fahrt befindliche Schiffe. Berührte der Schiffsboden die Mine, so wurde hierdurch ein Alarmsignal verursacht, worauf vom Lande aus die Sprengung der betreffenden Mine erfolgte.

Fig. 92. **Sprengung der dänischen Brigg „Dorothee".**
(Nach einer zeitgenössischen Darstellung.)

Im Jahre 1848 wurden im Hafen von Kiel elektrisch entzündbare, nach Angaben des Physikers Himly gefertigte Minen gelegt, um die Stadt vor Angriffen dänischer Kriegsschiffe zu schützen; sie traten aber nicht in Wirksamkeit, weil der Angriff unterblieb.

Zu derselben Zeit konstruierte Bauer in Kiel ein unterseeisches Boot, mit dessen Hilfe er, wie einst Bushnell, am Boden feindlicher Schiffe Wasserminen anbringen wollte, um sie dann durch Elektrizität zu entzünden. Als das Boot bei dem ersten Versuch untergetaucht war, wartete man vergebens, daß es auch wieder heraufkommen sollte, statt dessen erschienen nach ungefähr vier Stunden Bauer und seine drei Begleiter an der Oberfläche. Es ergab sich nun, daß die Eisenwände des Fahrzeuges zu schwach gewesen waren und infolge des sich beim Sinken stets mehrenden Wasserdrucks nachgegeben hatten. Demzufolge war die in dem Boot befindliche Luft derartig zusammengepreßt worden, daß, als es Bauer endlich glückte, eine der Bootsöffnungen zu lösen, sie ihn und seine Begleiter durch die Öffnung in die Höhe schleuderte. Das Boot selbst blieb auf dem Grunde des Hafens liegen, bis es nach 39 Jahren beim Baggern wiedergefunden und gehoben wurde.

Nach diesem Versuch vergingen abermals mehrere Jahre, während derer die Torpedos in Vergessenheit geraten zu sein schienen. Da tauchten sie aber plötzlich zur Zeit des Krimkrieges wieder auf, um nun nicht wieder zu verschwinden.

Zunächst benutzten die Russen diese unterseeischen Sprengkörper, und zwar wandten sie dieselben zum Schutz der Reede von Kronstadt gegen die französischen und englischen Schiffe an. Die Verbündeten unterließen aber den Angriff, wahrscheinlich, weil schon vorher zwei englische Avisos durch die Minen beschädigt wurden.

Die russischen Minen, Kontaktminen genannt, sind eine Erfindung des deutschen Physikers Jakobi. Sie hatten die Form eines umgekehrten Kegels und bestanden aus Eisenblech. In dem oberen Teil der Mine war ungefähr 1 Zentner Pulver untergebracht, während der untere Teil Luft enthielt. Letzteres gab dem ganzen Körper soviel Auftrieb, daß er in verankertem Zustande in einer bestimmten Tiefe schwimmend erhalten wurde. Durch den oberen Deckel waren Öffnungen gebohrt, in die cylinderförmige Bleikappen geschraubt wurden, Fig. 93. In dieser befanden sich wiederum ebenso geformte, mit Schwefelsäure gefüllte Glasröhren und darunter ein Gemisch von Zucker und chlorsaurem Kali. Bei dem Anstoß eines Schiffes gegen eine solche Mine verbogen sich die Bleikappen, infolgedessen zerbrachen die Röhren, und nun ergoß sich die Säure auf die von dem Pulver umgebene chemische Mischung, was die Explosion herbeiführte. Um einer vorzeitigen Sprengung vorzubeugen, umgab man die Bleikappen mit Hülsen aus Messing, die erst kurz vor dem Versenken der Mine abgenommen wurden.

In Deutschland und Rußland benutzte man lange Zeit die mechanisch-elektrischen Herz-Minen, Fig. 94. In dem hohlen Zapfen B befand sich ein mit Flüssigkeit gefülltes, zugeschmolzenes Glasgefäß; zerbrach dieses durch einen Anstoß, so ergoß sich die Flüssigkeit über eine kräftige Kohlenzinkbatterie, deren dadurch erzeugter Strom die Zünder zum Explodieren brachte. Zum Schutz gegen eine zu frühzeitige Zündung wurde der Strom über einen an der Außenseite der Mine befindlichen Ausschalter K geleitet, mittels dessen der Strom hergestellt und unterbrochen werden konnte.

Im Jahre 1859 kamen die Seeminen während des italienischen Krieges durch die Österreicher zur Anwendung, um den Hafen von Venedig zu schützen. Obwohl auch hier der Angriff nicht stattfand, hatten die Sprengkörper doch schon wieder eine bedeutende Verbesserung erfahren. Bis dahin hatten die Kontaktminen freilich keine sehr komplizierte Konstruktion, waren aber für die eigenen

Mannschaften sehr gefahrvoll; bildete man aus ihnen eine Hafensperre, so wurde dadurch auch den eigenen Schiffen der Weg versperrt. Dieser Umstand brachte den österreichischen Ingenieuroffizier Ebner auf die Idee, die Sperre mit Ausfallücken zu versehen und in diesen Beobachtungsminen anzubringen, die nur ein am Lande aufgestellter Beobachtungsposten zu entzünden vermochte. Die eigenen Schiffe sollten diesen Durchgang ungefährdet benutzen, während die Schiffe des Gegners, sobald sie in den Wirkungskreis einer Beobachtungsmine gelangten, von dem Posten in die Luft gesprengt werden konnten. Zu diesem Behufe wurde nach Ebners Plan im Turm der Zündstation eine Kamera aufgestellt, mittels derer man das Minengebiet beobachtete und auf einer Glastafel das genaue, verkleinerte Abbild desselben erhielt. Auf der Platte waren alle Lagerungsorte der Minen und deren mutmaßlicher Wirkungskreis verzeichnet, sodaß, sobald ein feindliches Schiff in der

 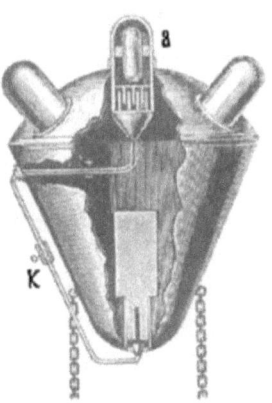

Fig. 93. **Chemisch wirkender Zünder von Jakobi.**   Fig. 94. **Mechanisch-elektrische Herz-Mine.**

Sprengungssphäre einer Mine erschien, ein Druck auf den entsprechenden Taster genügte, um den betreffenden Sprengungskörper zur Explosion zu bringen.

Einen großen Erfolg hatten die Seeminen im amerikanischen Bürgerkriege zu verzeichnen; namentlich in den letzten Jahren des Krieges wurden eine große Anzahl der nordstaatlichen Schiffe zerstört. Im ganzen fielen den Minen und Treibtorpedos acht Panzerschiffe, zehn andere Kriegsschiffe und über zwanzig Transportschiffe zum Opfer, während außerdem noch viele andere Schiffe unbrauchbar gemacht wurden.

Diese großartigen Ergebnisse veranlaßten die Südstaaten, eine eigene Torpedobehörde zu gründen. Der Vorstand dieser Behörde war der Physiker Maury, welcher, ebenso wie Colt u. a., elektrische Minen erfand. Als Sprengkörper verwandte er eiserne Schiffsmaschinenkessel, Tonnen, Cylinder und dergl., die eine sehr große Pulverladung erhielten und auf den Grund der Flüsse versenkt wurden. In der Mine befand sich eine mit Schwefelantimon und chlorsaurem Kali gefüllte Patrone, in welche zwei elektrische Leitungsdrähte führten. Die Drähte mündeten jedoch nicht unmittelbar nebeneinander, sondern in einem gewissen kurzen Abstand voneinander. Um die Mine zur Explosion zu bringen, wurde der elektrische Strom durch Reibung hervorgerufen, übersprang unter Funkenbildung den Abstand zwischen den Drähten und entzündete dadurch Patrone und Ladung. Später hob man die Unterbrechung der Drähte auf, indem man sie mittels eines Platindrahtes verband, der durch magnetisch=elektrische Induktionsapparate zum Glühen gebracht wurde.

Allerdings funktionierten die Vorrichtungen infolge der unvollkommenen elektrischen Kabel nicht immer tadellos und versagten selbst sogar zuweilen den Dienst. Trotzdem waren aber alle Seemächte schon auf die Erfolge aufmerksam geworden, die die südamerikanischen Staaten durch die Minen errungen hatten. Man bemühte sich daher fortgesetzt, diese Waffe immer mehr zu verbessern und auszubilden.

Die im französischen Kriege zum Schutz der deutschen Häfen und Flußmündungen ausgelegten Sperren bestanden in der Mehrzahl aus nach russischem Muster gefertigten Kontaktminen; die Beobachtungsminen waren noch sehr ausbildungsbedürftig. Wie gefahrvoll der Umgang mit Kontaktminen war, mußte auch die deutsche Marine erfahren; durch unzeitige Sprengung verlor sie trotz der größten Vorsichtsmaßregeln über sechzig Mann. Um nun wenigstens das Auslegen und Wiederaufnehmen der Minen unbeschadet bewerkstelligen zu können, sah man sich veranlaßt, auch für die Stoß= oder Kontaktminen die elektrische Entzündung zur Anwendung zu bringen. Dieserhalb ist in dem Sprengkörper ein Glasgefäß mit stark erregender Bunsen'scher Flüssigkeit und darunter ein Zinkkohlenelement angebracht; von letzterem aus laufen zwei elektrische Drähte nach außen, und zwar der eine direkt, während der andere erst durch einen in der Sprengladung befindlichen Platinzünder geleitet ist. Die Gefahr einer Entzündung bleibt so lange ausgeschlossen, wie die Drähte auseinander gehalten werden. So lange nicht mittels des Stromschlusses eine metallische Verbindung stattfindet, so lange kann auch keine Entzündung erfolgen; in diesem Falle wird also ein Zerbrechen des Glases und das Ausfließen der Flüssigkeit auf das Element nicht gefährlich sein.

Die Verbindung der Drähte wird erst nach dem Legen der Minen vorgenommen. Fährt dann ein Schiff gegen den Sprengkörper, so überträgt sich die Wirkung des Stoßes auf ein Puffersystem, infolgedessen zerbricht das Glas, der elektrische Strom wird erzeugt, der Platinzünder zum Glühen gebracht und dadurch die Ladung gesprengt.

Eine aus Kontaktminen gebildete Sperre erfordert gleichfalls das Vorhandensein von Ausfallücken und Beobachtungsminen, deren Drähte an Land zu einem überdeckten Beobachtungsort führen. Dort liegt es in der Hand des Beobachters, durch Schließung des Stromes die feindlichen Schiffe in die Luft zu sprengen.

Zur Feststellung des für die Sprengung geeigneten Momentes dient ein auf der Ähnlichkeit der Dreiecke beruhender Distanzmesser. An den Endpunkten einer Standlinie hat je ein Posten seinen Platz. Auf jeder Beobachtungsstelle befindet sich ein Meßtisch mit einem Lineal und einem Fernrohr. Das Lineal bewegt sich gleichzeitig mit dem Fernrohr, und zwar parallel zur Sehachse desselben. Dicht über diesem Lineal bewegt sich auf dem Meßtisch ein zweites Lineal von Glas, das mit einem Fernrohre der am anderen Endpunkte der Standlinie liegenden Beobachtungsstelle elektrisch verbunden ist und sich ebenfalls parallel zu diesem und zu gleicher Zeit mit ihm dreht. Auf den Meßtischen ist die Lage der Minen genau

Fig. 95. **Sprengung des türkischen Monitors „Duba Saife".**
(Text s. S. 372.)

angegeben. Die Posten können sich gegenseitig auf telegraphischem oder telephonischem Wege verständigen. Richten nun die beiden Beobachter die Fernrohre auf ein Schiff des Gegners, so geben die Schnittpunkte der beiden Lineale den jeweiligen Standort desselben auf dem Meßtisch an. Sobald nun das Schiff über einer Mine steht, wie auf dem Tisch ersichtlich ist, wird durch einen Fingerdruck des ersten Postens der Strom geschlossen und infolgedessen die Mine zur Explosion gebracht.

Im allgemeinen ist diese Einrichtung ziemlich sicher, da aber die Posten selbstverständlich scharf sehen müssen, um die Beobachtungsminen erfolgreich funktionieren zu lassen, ist ihre Anwendung bei Pulverdampf, bei Nebel und während der Nacht nicht möglich. Ferner kann ein kleiner Fehler bei der Beobachtung ein unzeitiges

Sprengen veranlassen; außerdem ist es auch nicht ausgeschlossen, daß die durch die Ankerkette gehaltene Mine infolge der Strömung ihren Platz wesentlich verändert. Diese Mängel sind durch die sogenannten Stromschließer beseitigt worden. Die Stromschließer sind kleine, in der Regel kegelartig geformte Bojen aus Holz oder Metall, die dicht unter dem Wasserspiegel schwimmen. Mit der Mine stehen sie durch einen elektrischen Draht in Verbindung; in den von der Mine nach dem Lande geleiteten Drähten ist der elektrische Strom aber unterbrochen, die Schließung erfolgt erst, wenn ein Schiff gegen jene Bojen fährt. Durch den Stromschluß tritt eine Zündstation oder ein Läutewerk in Kraft. Die Zündstation läßt die Sprengung selbständig vor sich gehen, sodaß die Minen auch bei Nacht oder den vorher angegebenen ungünstigen Verhältnissen ihre vernichtende Wirkung ausüben; ist ein Läutewerk eingeschaltet, so giebt dieses dem Posten an, über welcher Mine das feindliche Schiff steht. Der Posten kann dann sofort die Explosion bewirken.

Gleichzeitig mit der Vervollkommnung der Minen beschäftigte man sich damit, ein Sprengmaterial ausfindig zu machen, dessen Sprengkraft größer, dessen Gefährlichkeit aber geringer sein sollte als die des Pulvers. Diese Eigenschaften vereinigte die Schießbaumwolle in sich, ihre Sprengkraft ist viermal größer als die Pulversprengkraft (Vergl. Bd. II, S. 256).

Die nasse, gänzlich ungefährliche Schießbaumwolle brennt bei der Entzündung nur allmählich weiter; durch mechanische Einwirkungen, Reibung, Stoß u. s. w. kann ihre Sprengung nicht herbeigeführt werden. Letzteres erfolgt nur mit Hilfe besonders starker Zündstoffe, wie der trockenen Schießbaumwolle, die sich schon bei 150 Grad Wärme und durch Schlag und Stoß entzündet. Dieselbe wird in eine Sprengbüchse gepackt, die man erst kurz vor dem Legen der Mine einsetzt; das Entzünden bewirkt der elektrische Strom mit Hilfe einer Knallquecksilberpatrone, die in der Schießbaumwolle untergebracht ist.

Die Minen werden zum Schutze der Strommündungen und Häfen ausgelegt, und zwar in der Weise, daß die folgende Reihe hinter die Lücken der vorhergehenden zu liegen kommt, und daß ein Schiff, wenn es über diese Treffen fährt, an eine der Minen anstoßen muß. In anderer Hinsicht ist es notwendig, die Minen so weit voneinander entfernt zu legen, daß nicht durch die Sprengung der einen andere beschädigt werden können. Zum Auslegen der Minen benutzt man sogenannte Minenausleger mit Kränen zum Aufhängen der Minen; zum Minentransport dienen die Minenprahme. Bezweckt man mit dem Legen der Minen eine in einem Hafen blockierte feindliche Flotte am Auslaufen zu verhindern oder den Verkehr des Hafens zu stören, so spricht man von Blockademinen. Als Kontreminen, Quetsch- oder Gegenminen bezeichnet man die Minen, mittels derer die feindlichen Minen vernichtet werden sollen. Diese müssen so eingerichtet sein, daß sie, sobald sich das Legungsfahrzeug in sichere Entfernung gebracht hat, von selbst explodieren. Wenn ein Schiff von einem starken Gegner verfolgt wird, so kann es im günstigen Falle durch eine geschickte Wendung eine Schleppmine, d. i. eine im Kielwasser nachgeschleppte Mine, vor den Bug des feindlichen Fahrzeuges bringen.

Über die Anwendung von Schutzmitteln gegen die Minen sind bis jetzt noch keine wesentlichen Resultate bekannt geworden. Die Leitungsdrähte der elektrischen Minen sucht man durch Dreggen (Schleppnetze) und Schleppanker aufzufischen und unschädlich zu machen. Zu diesem Zweck giebt es auch besondere kleine Anker, an denen Sprengbüchsen von großer Explosionsstärke angebracht sind. Diese, an einem ungefähr 100 Meter langen, dünnen Drahtseil befestigten Anker, lassen sich von Booten aus weit über die Sperre werfen. Ist das Seil ausgerudert, so befindet sich das betreffende Boot in genügender Entfernung, um nun den Anker ohne Gefahr heranziehen zu können. Hakt dieser dabei hinter eine Mine oder die Verankerung derselben, so explodiert die Sprengbüchse und führt infolgedessen auch die Sprengung der Mine herbei. Hiergegen versichern sich die Verteidiger wiederum dadurch, daß sie die Minensperre in das Bereich des wirksamen Geschützfeuers verlegen und vor derselben eine Kettensperre anbringen. Kennt man die Lagerungsorte der Minen, so wird man Kontreminen hineinzutreiben oder dazwischen zu legen versuchen, um durch die Explosion derselben auch die Sprengung der Sperrminen zu veranlassen. Man nimmt sogar an, daß es möglich sei, mit schweren Geschossen sich einen Weg durch die Minensperre bahnen zu können.

Im Laufe der Zeit stellte man Versuche an, die anfänglich nur als Defensivmittel gebräuchlichen Sprengvorrichtungen auch zur Offensive zu verwenden. Schon im amerikanischen Bürgerkriege benutzte man die sogenannten Spierentorpedos als Angriffsmittel. Diese bestanden in Sprengkörpern von der Form eines großen Geschosses, die an 8—10 Meter langen Spieren befestigt waren und von kleinen Dampfbooten unter Wasser gegen das feindliche Schiff gestoßen wurden. Die Explosion fand entweder infolge des Anpralls oder auf elektrischem Wege statt. Bei einem derartigen Angriff stand jedoch ein Erfolg nur dann zu erwarten, wenn die Annäherung bei nebeligem (unsichtigem) Wetter ohne Geräusch vor sich gehen konnte und wenn der Feind nicht genügende Wachsamkeit beobachtete. In einigen Fällen glückte es, die feindlichen Schiffe mittels der Spierentorpedos zu vernichten, allerdings ereignete es sich dabei meistens, daß der Angreifer bei dem Angriff selbst mit zu Grunde ging. So wurde 1864 die den nordamerikanischen Staaten angehörende Korvette „Hausatonic" zerstört, gleichzeitig mit ihr sank auch das Torpedoboot, das den Angriff unternommen hatte. Nach einiger Zeit wurde die ebenfalls nordstaatliche Fregatte „Minnesota" durch ein Torpedofahrzeug schwer beschädigt; in diesem Falle kam der Angreifer jedoch ohne Schaden davon. Abermals einige Monate später gelang die Zerstörung des südstaatlichen Panzerschiffs „Albemarle", wobei elf Mann der angreifenden Partei umkamen.

Hinsichtlich dieser Ergebnisse führte man die Spierentorpedos auch in der deutschen Marine ein, doch konnten sie sich hier nicht einbürgern, da man bald zur Einsicht ihrer Mängel gekommen war.

Im russisch-türkischen Kriege wurden die Türken fünf Mal von russischen Spierentorpedos angegriffen, aber nur ein einziges Mal gelang es ihnen, einen Erfolg zu erringen. Im Mai des Jahres 1877 sprengten russische Torpedoboote den türkischen Monitor „Duba Saife" in die Luft, Fig. 95. Das Gelingen dieses Angriffs ist wohl nur dem Umstande zuzuschreiben, daß das zum Schutze der Schiffe ausgelegte türkische Wachtboot die feindlichen Boote passieren ließ, ohne den eigenen Schiffen auch nur ein einziges warnendes Zeichen zu geben.

Gegen Ende der sechziger Jahre konstruierte der englische Kapitän Harvey einen Schlepptorpedo, der vielfach in Aufnahme kam und auch von der deutschen Marine versuchsweise verwendet wurde. Dieser Torpedo bestand im wesentlichen aus einem 1½ Meter langen Behälter, der aus Metallplatten zusammengesetzt war und 25 Kilogramm Schießbaumwolle als Sprengladung enthielt. Auf der Oberseite waren mehrere untereinander verbundene Hebelarme befestigt; stieß nun ein Schiff auf einen der Hebel, so übertrug sich der Druck auf einen Haupthebel und dadurch auf einen beweglichen Sprengbolzen; letzterer wurde infolgedessen in den Torpedo hineingedrückt, was die Entzündung der Ladung herbeiführte. Damit diese nicht zur unrichtigen Zeit erfolgen konnte, befand sich an dem Bolzen ein Sicherheitsschlüssel, der das Hineindrücken nur dann gestattete, wenn der Torpedo vom Schiffe frei war. Von den Ecken des Torpedobehälters gingen vier dünne Leinen aus, die in einem Ring zusammentrafen, an dem ein Drahttau befestigt war, das zum Schleppen des Torpedos diente. Je nach der Länge der Schleppleine wurde der Torpedo seitwärts in einer Entfernung von 40—60 Meter dicht unter der Wasseroberfläche parallel zu dem Schiff nachgezogen. Sobald er vom Schiffe frei war, zog man den Sicherheitsschlüssel mittels einer dünnen Leine aus und fuhr dann in die Nähe des gegnerischen Schiffes, dort ließ man die Leine einige Augenblicke lang etwas nach, um sie plötzlich wieder straff zu ziehen. Bei dem Nachlassen des Taues sank der Torpedo infolge seines eigenen Gewichts, wurde das Seil dann aber straff gespannt, so tauchte er wieder auf, stieß dabei gegen den Boden des feindlichen Schiffes und gelangte dadurch zur Sprengung.

Die Art und Weise dieses Torpedos ließ ihn nur bei einzeln fahrenden Schiffen Verwendung finden, da er im Geschwader für die eigenen Schiffe gefährlich wird; außerdem kann man mit ihm nur bei Tageslicht manövrieren, weil die Dunkelheit ein genügendes Beobachten vollständig ausschließt. Auch bei Pulverdampf und Seegang kann man diese Torpedos nicht fortgesetzt im Auge behalten, um sie im rechten Augenblick sinken lassen zu können. Aus diesen Gründen hat die deutsche Marine von ihrer Einführung abgesehen.

Als man die Teile des Schiffskörpers, die der Wirkung der Artilleriegeschosse ausgesetzt waren, durch Panzerung schützte, da strebte man andererseits mehr als je danach, auf die gegnerischen Schiffe auch unter Wasser Angriffe unternehmen zu können. Schon früher hatte dieser Gedanke bei der Erfindung der submarinen Boote zu Grunde gelegen, jetzt gingen jedoch die Bestrebungen dahin, ein Mittel zu finden, mit dem man den nicht gepanzerten und daher leicht zu beschädigenden Boden der Schiffe angreifen konnte. Bereits im Jahre 1814 war es Fulton, der schon mehrfach Schießversuche unter Wasser angestellt hatte, geglückt, den Boden eines Linienschiffs mit einem 100pfündigen Geschoß zu durchbohren; allerdings war die Entfernung nur eine verhältnismäßig geringe gewesen. In der Folgezeit unternahm man weitere derartige Versuche, die jedoch keine sonderlichen Erfolge zu verzeichnen hatten.

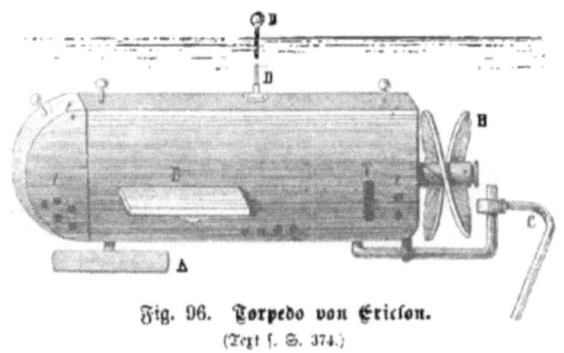

Fig. 96. **Torpedo von Ericson.**
(Text s. S. 374.)

Wesentlich bessere Resultate erzielte man mit den Unterwasserraketen, die sich durch eine fortgesetzte Treibkraft, den verbrennenden Treibsatz, fortbewegten. Auch diese sind schon eine Erfindung des 18. Jahrhunderts; im Laufe der Zeit waren sie durch verschiedene Verbesserungen zu ziemlich nützlichen Angriffswaffen ausgebildet worden. Wegen der geringen Schnelligkeit von ungefähr 4 Meter in der Sekunde und wegen ihrer ungenügenden Treffsicherheit haben sie jedoch in Anbetracht der Schnelligkeit der modernen Schiffe keinen Wert mehr.

Einen großen Fortschritt bedeuteten die durch eigene Maschinen vorwärts bewegten, steuerbaren Torpedos von Smith, Lay und Ericson. Die zum Treiben der Maschine erforderliche Kraft erhielt man bei dem Smith'schen Torpedo durch den Druck flüssigen Ammoniaks, bei dem Lay'schen durch das Verdampfen flüssiger Kohlensäure und bei dem Ericson'schen durch komprimierte Luft, die dem Fahrzeug durch einen Schlauch zugeführt wurde. Bei dem Ericson'schen Torpedo erfolgte die Steuerung durch gesteigerte oder verringerte Luftzufuhr durch den Schlauch, bei dem Lay'schen und Smith'schen Torpedo auf elektrischem Wege.

In Fig. 96 ist der Ericson'sche Torpedo dargestellt. Das senkrechte Steuerruder A dient zum Lenken des Fahrzeuges, das wagerechte Steuerruder B zur Regelung des Tiefganges. C ist der Schlauch durch den die Luftzuführung bewirkt wird, D ein kleiner stählerner Mast, an dem sich oben eine kleine Boje befindet, und H die Schraube. Durch die Öffnungen T t t t kann das Wasser in den Maschinenraum eindringen. Die Sprengladung ist in einem kupfernen Cylinder untergebracht.

Alle bis zu der Zeit konstruierten Torpedos wurden aber von dem 1867 von Whitehead in Fiume erfundenen Fischtorpedo übertroffen, der infolgedessen bei allen Marinen in Aufnahme kam. In unserer Marine führt derselbe jedoch nur den Namen „Torpedo", zum Unterschiede von den festliegenden, zu defensiven Zwecken dienenden submarinen Sprengkörpern, den „Minen".

Wir verstehen jetzt also unter dem Namen „Torpedo" Unterwassergeschosse, die durch Gasdruck oder komprimierte Luft aus einem Zielrohr (Lancierrohr) ausgestoßen werden, sich unter Wasser durch eigene Kraft fortbewegen und bei einem Zusammenprall mit anderen festen Körpern die Explosion ihrer Sprengladung erfolgen lassen.

Anfänglich hatte der Whitehead'sche Fischtorpedo zwar gleichfalls mancherlei Mängel aufzuweisen, die jetzt aber zum Teil beseitigt worden sind, sodaß der Torpedo nunmehr eine ziemlich sichere Waffe darstellt. Ihn zu einem wirklich vollkommenen Kampfmittel auszubilden, ist bis jetzt allerdings trotz der größten Bemühungen noch nicht gelungen; bei allen Vorzügen haften ihm doch einige Mängel an, denen man voraussichtlich niemals wird abhelfen können. Ob die Torpedos derartige Leistungen, wie man sie von ihnen erwartet, vollbringen werden, muß erst ein Ernstkampf beweisen.

Der Torpedo von Whitehead, Fig. 97, ist ungefähr 4,50 Meter lang, sein größter Durchmesser beträgt 0,36 Meter. Er hat eine an den Enden spitz zulaufende Cigarrenform und ist mit vertikal und horizontal stehenden Flossen versehen. Diese haben den Zweck, dem Torpedo nach dem Ausstoßen aus dem Rohr die richtige Lage im Wasser zu geben. Anfänglich konstruierte man ihn aus Stahl, später aus Aluminiumbronze. In Fig. 97 bezeichnet r die Pistole, e den Vorderteil des Torpedos mit dem Ladungsraum, u die Abteilung für den Tiefenapparat, d den Maschinen- und Luftraum, l die Schraube, h das vertikale Steuerruder und a die vertikalen Flossen.

Der Torpedo setzt sich aus drei Hauptabteilungen zusammen; die erste enthält die Maschine und die zu ihrem Funktionieren erforderliche komprimierte Luft, in der zweiten befindet sich der Tiefenapparat, der zur Regulierung des Tiefganges dient, in der dritten ist die Sprengladung untergebracht.

Die zum Maschinenbetrieb notwendige komprimierte Luft wird mittels einer Luftpumpe in die hintere Abteilung gepreßt, und zwar unter einem Druck von 60—70 Atmosphären. Die Maschine ist in allen Einzelheiten wie eine gewöhnliche Schiffsmaschine konstruiert, aber derartig verkleinert, daß die ganze Maschinerie nicht mehr als 18 Kilogramm wiegt. Durch sie werden zwei sich gegeneinander bewegende Schrauben in Umdrehung versetzt; würden sich beide Schrauben nach derselben Seite drehen, so könnte dieses auf die Bahn des Torpedos von Einfluß sein. Die Torpedogeschwindigkeit hängt von der zurückzulegenden Entfernung und dementsprechend von dem Verbrauch des Preßluftvorrats ab. In der Regel berechnet man den Weg des Torpedos auf 700 Meter; in diesem Falle genügt der Luftvorrat, um den Torpedo in einer Sekunde 12 Meter und mehr durchlaufen zu lassen; ist die Entfernung dagegen nur auf 300 Meter berechnet, so kann die Geschwindigkeit bedeutend gesteigert werden.

Die zweite, den Tiefenapparat enthaltende Abteilung ist durch Stahlblechwände und einen schmalen Zwischenraum von der Vorder- und Hinterabteilung getrennt. In dem mittleren Raum befindet sich eine Spiralfeder, die mit dem horizontalen Steuerruder durch ein Gestänge verbunden ist. Durch verschiedene kleine eingebohrte Löcher tritt das Wasser gegen die Scheidewände und übt je nach dem Tiefenstand einen verschiedenen Druck auf sie aus. Der Feder wird die der Tiefe entsprechende Spannung durch Drehen eines Rades, auf dem die betreffende Tiefe bezeichnet ist, mitgeteilt. So lange sich der Torpedo während seiner Fahrt in einer bestimmten Tiefe erhält, so lange stehen Wasserdruck und Spirale gleich, und so lange erfolgen auch keine Bewegungen des horizontalen Steuerruders. Ändert sich aber die Tiefenstellung des Torpedos, sei es, daß er nun höher steigt oder tiefer sinkt, so verändert sich je nachdem auch der Wasserdruck auf die Scheidewände der Abteilung, infolgedessen dehnt sich die Feder aus oder zieht sich zusammen, das mit ihr in Verbindung stehende Gestänge bewegt das horizontale Steuerruder und dieses übt auf den Torpedo einen derartigen Zwang aus, daß er wieder in die bestimmte Tiefe einlenken muß. Mit dem Ruder ist außerdem noch ein ebenfalls in der mittleren Abteilung angebrachtes Pendel verbunden, das beim Steigen des Torpedos nach hinten, beim Fallen nach vorn schwingt und zur Unterstützung der regulierenden Bewegungen des Ruders dient.

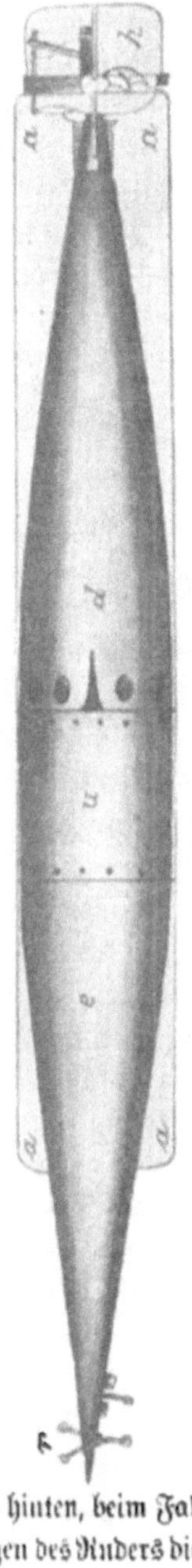

Fig. 97. Fischtorpedo von Whitehead.

Beabsichtigt man, den Torpedo nach Zurücklegung der jeweils berechneten Entfernung sinken zu lassen, so muß ein in der Mittelabteilung befindliches Ventil in Thätigkeit treten, das mit dem Preßluftventil in Verbindung gebracht werden kann. Das erstere öffnet sich sofort, wenn sich das letztere schließt; das Wasser kann nun einströmen und bringt dadurch den Torpedo zum Sinken.

Die Sprengladung unserer Torpedos besteht aus nasser Schießbaumwolle, in der eine Sprengbüchse mit trockener Schießbaumwolle untergebracht ist; die Entzündung wird durch das Vorschnellen eines Nadelbolzens bewirkt. Für ein Torpedo rechnet man in der Regel 65 Kilogramm nasse Schießbaumwolle, für die größten Torpedos verbesserter Konstruktion dagegen 95 Kilogramm, während früher 16 Kilogramm schon genügend waren. An der zum Abnehmen eingerichteten „Pistole", dem Kopf des Torpedos, befinden sich verschiedene Hebelarme; zwischen der Pistole und der Sprengbüchse ist eine Röhre angebracht, die den Nadelbolzen enthält, dessen Spitze nach innen gerichtet ist. Das äußere, in einen beweglichen Rahmen geschraubte Ende des Kopfes stößt gegen eine stark federnde Spirale, deren Bestreben es ist, ihn samt dem Nadelbolzen nach innen zu drücken. Die Spirale wird durch den hinter eine Nase fassenden Rahmen dicht zusammengepreßt festgehalten. Die Verbindung der Pistole mit dem Ladungsraum ist derartig, daß durch einen Stoß auf die Hebelvorrichtung oder die Pistole selbst sich letztere nach innen hineinpreßt; infolgedessen wird die Nase ausgehoben und die Nadel durch die Feder nach innen in eine Patrone gestoßen, was die Explosion herbeiführt. Damit dies nicht zur unrichtigen Zeit erfolgen kann, wird das Ausheben der Nase durch einen Sicherheitsbolzen so lange verhindert, bis sich zwischen Schiff und Torpedo ein genügend großer Abstand befindet, der ein Gefährlichwerden des letzteren dem ersteren gegenüber unmöglich macht. Das Funktionieren des Sicherheitsbolzens bewirkt eine an der Treibmaschine angebrachte Vorrichtung, die so gestellt werden kann, daß sie nach einer bestimmten Anzahl von Umdrehungen den Bolzen zurückschiebt. Diese Vorrichtung treibt den Bolzen auch wieder vor, wenn beispielsweise der Torpedo eine gewisse Entfernung zurückgelegt hat, ohne dabei das Ziel getroffen zu haben.

Ein anderer Mechanismus ist mit der Schraubenwelle verbunden. Er dient zur Regulierung der Entfernung, die der Torpedo zu durchlaufen hat, bis die Sprengung erfolgen soll, oder bis er an der Oberfläche erscheint oder untersinkt. Auf dem Whitehead-Torpedo befinden sich hinten und oben ein großes und ein kleines Zahnrad, die mit der Schraubenwelle in Verbindung stehen. Bei jeder Umdrehung der Welle wird das kleine Rad um einen Zahn weitergerückt und diese Bewegung auf das große Rad übertragen. Hat das kleine Rad vierzig Zähne, so wird es nach vierzigmaliger Umdrehung der Schraubenwelle sich einmal um sich selbst gedreht und das große Rad um einen Zahn vorgerückt haben. Letzteres wird dann durch eine Feder in dieser Stellung erhalten. Vor den Rädern ist ein an einer Feder

S. M. Torpedoboot „S 131"

Die Waffen.

Fig. 98. Einbringen eines Whitehead-Torpedos (verbesserter Konstruktion) in das Lancierrohr.

befestigter Knopf angebracht, der sich in einer Nute bewegt; die Feder sucht den Knopf gegen das hintere Ende der Nute zu drücken. Dieser Knopf ist außerdem mit dem Ventil verbunden, das die komprimierte Luft zu der Maschine gelangen läßt. So lange der Knopf in dem vorderen Nutenteil liegt (was durch einen Hebel bewirkt wird, der die Feder so zusammenpreßt, daß der Knopf diese Stellung einnehmen muß), so lange ist dieses Ventil geöffnet.

Beträgt nun die Entfernung, welche der Torpedo bei einmaliger Umdrehung des kleinen Rades oder vierzigmaliger Umdrehung der Schraubenwelle zurückgelegt hat, 60 Meter, und beabsichtigt man, den Torpedo 600 Meter weit laufen zu lassen, so muß eine Einrichtung getroffen worden sein, die das Schließen des Luftventils nach zehnmaliger Umdrehung des kleinen Rades bewirkt. Dies erfolgt mit Hilfe des großen Rades, auf dessen Fläche ein Stift angebracht ist. Hat nun der Torpedo den Weg von 600 Metern zurückgelegt, so ist das große Rad um 10 Zähne vorgerückt. Vor dem Ablassen des Torpedos stellt man es deshalb so, daß der auf ihm angebrachte Stift um jene 10 Zähne oberhalb des die Feder in der Nute zusammenpressenden Hebels steht. In dem betreffenden Augenblick wird der Hebel von dem Stift herausgedrückt, die Feder löst sich und stößt den in der Nute enthaltenen Knopf nach hinten, das mit letzterem verbundene Gestänge schließt das Luftventil und die Maschine steht still.

Die Radachse trägt außerdem einen kleinen, durch eine Stange mit dem Sicherheitskolben in Verbindung stehenden Metallarm, der sich so stellen läßt, daß er nach einer bestimmten Anzahl von Schraubenumdrehungen den Bolzen auszieht und dadurch die Sprengung des Torpedos bewirkt. Durch eine zweite Stange ist dieser Bolzen noch mit einem anderen, im Vorderteil des Torpedos befindlichen und zum Luftventil führenden Hebel verbunden. Soll nun der Torpedo, wenn er eine bestimmte Entfernung durchlaufen hat, nicht mehr zur Explosion kommen, so wird die Stange, die den Sicherheitsbolzen herausgezogen hat, von letzterem durch einen Mechanismus losgelöst, der vordere Hebel tritt durch das Schließen des Luftventils in Thätigkeit und versetzt den Sicherheitsbolzen wieder in seine anfängliche Lage. Soll dagegen die Sprengung des Torpedos nach vollendetem Lauf erfolgen, so wird das sonst den Sicherheitsbolzen wieder vorschiebende Gestänge mit der Feder des Nadelbolzens in Verbindung gebracht, worauf in dem festgesetzten Augenblick die Entzündung stattfindet. Will man jedoch, daß der Torpedo nach Ablauf seiner Entfernung wieder an die Oberfläche des Wassers kommt, so sind dazu keine besonderen Vorrichtungen erforderlich; der Torpedo wird durch die verbrauchte komprimierte Luft derartig erleichtert, daß er von selbst emporsteigt.

Die im vorstehenden beschriebenen Torpedos älterer Konstruktionsweise kommen in unserer Marine nur noch vereinzelt vor. Infolge der vielen Versuche, die Torpedos immer mehr zu verbessern und zu einer kriegstüchtigen Waffe auszubilden, entstanden im Laufe der Zeit zehn verschiedene Torpedoarten, die sämtlich gebrauchsfähig sind und auch verwendet werden. Im Prinzip gleichen sie dem vorbeschriebenen Torpedo; die spezielle Einrichtung der inneren Apparate ist jedoch Geheimniß der Marinen, weshalb hier von einer näheren Beschreibung derselben abgesehen werden muß.

Einer der jetzigen Torpedos ist der in Fig. 99 dargestellte Fischtorpedo. Derselbe hat eine Länge von ungefähr 4,50 Meter, der Durchmesser (nach dessen Größe man ihn benennt) beträgt 37—45 Zentimeter; der Querschnitt ist kreisförmig. Dieser aus mehreren Teilen zusammengesetzte Torpedo besteht aus Phosphorbronze; im vorderen Teil enthält er die festgelagerte nasse Schießbaumwolle. An der Spitze befindet sich die leicht einzusetzende und abzunehmende Pistole, ein Perkussionszünder, in dem als Übertragungsladung gepreßte trockene Schießbaumwolle untergebracht ist. Auf die Sprengladung folgt der Tiefenapparat, hinter diesem liegt der Kessel, der die auf 100 Atmosphären komprimierte Luft enthält, welche zum Treiben der auf den Kessel folgenden Maschine dient. Letztere bewegt die beiden zweiflügeligen Propellerschrauben, die am Schwanzstück des Torpedos sitzen und sich in entgegen-

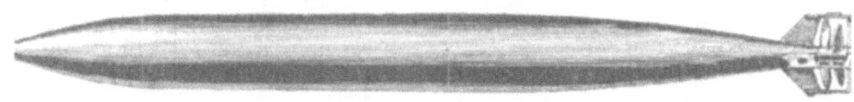

Fig. 99. **Fischtorpedo.**

gesetzter Richtung drehen. Hinter der Maschine liegt ein leerer Raum, der dem Torpedo Auftrieb verleiht. Durch ein nicht bewegliches senkrechtes Ruder wird der Torpedo zum Geradeauslaufen gezwungen.

Der moderne Torpedo durchläuft in einer Minute $\frac{1}{2}$ Seemeile. Diese Geschwindigkeit kann er jedoch nur auf eine Entfernung von 400—500 Metern beibehalten; nach Zurücklegung dieses Weges wird der Lauf langsamer und die Richtung unsicherer.

Zum Ablassen der Torpedos dienten in unserer Marine anfänglich metallene korbartige Behälter, die an den Seiten der Schiffsdampfboote scharnierartig befestigt wären. Zum Schuß versenkte man das Lager in das Wasser; durch Inbetriebsetzen der Torpedomaschine lief der Torpedo aus dem Behälter aus.

Jetzt werden die Torpedos durch Abgangs- oder Lancierrohre abgelassen oder aus Torpedokanonen abgeschossen. Die Abgangsrohre führen unter oder über Wasser aus dem Schiff nach außen.

Die unter dem Wasser mündenden Rohre befinden sich vorn, hinten oder seitlich an den Schiffen, doch läßt man die hinten angebrachten Rohre jetzt fallen, da sie sich als unpraktisch erwiesen haben. Nach außen hin werden die unter dem Wasser liegenden Ablaßrohre durch eine Schleuse abgeschlossen, an der Innenseite sind sie mit einem wasserdichten Deckel versehen, um den geladenen Torpedo hineinlegen zu können. Bei dem Ablassen des Torpedos dient das Schiff selbst gleichsam als Lafette, weil es so gesteuert werden muß, daß das Rohr in die Richtung kommt, in welcher der Torpedo laufen soll. Darauf wird die Schleuse geöffnet und der Torpedo unter gleichzeitiger Inbetriebsetzung seiner Maschine mittels komprimierter Luft oder einer Pulverladung ausgestoßen. Die Preßluft befindet sich in der Nähe des Rohres in einem Akkumulator. Das gleichzeitig mit dem Ausstoßen des Torpedos erfolgende Inthätigkeitsetzen seiner Maschine wird dadurch bewirkt, daß bei dem Austreten aus dem Rohre eine Nase gegen den Kopf eines an dem Torpedo angebrachten kleinen Hebels stößt; infolgedessen öffnet sich das Luftventil, und die Maschine setzt sich in Betrieb. Die Schiffe müssen vor dem Schuß gestoppt werden, weil der Torpedo sonst nicht schnell genug aus dem Rohr herauskommen kann. Vorteilhaft ist es, ihn nicht direkt nach dem Abschießen mit voller Geschwindigkeit laufen zu lassen. Um dies zu erreichen, befindet sich zwischen Luftkessel und Maschine eine Zwischenschaltung, die derartig wirkt, daß die Luft, bevor sie die Maschine in vollen Betrieb setzt, erst eine Flüssigkeitsmenge verdrängen muß.

Alle unsere neuen Torpedoboote und die meisten unserer größeren Schiffe haben jedoch Überwasserrohre, bei denen selbstverständlich die Schleusenvorrichtung in Fortfall kommt.

Eine bedeutende Vereinfachung erfuhr die Oberwasserlancierung durch die Einführung der Torpedokanonen. Diese stellen in einer Lafette ruhende Torpedorohre dar, welche mittschiffs auf Drehscheiben oder um ein Pivot drehbar aufgestellt sind. Durch eine aufklappbare Lancierpforte stehen sie für die Breitseitlancierung mit Rollrädern auf Deck, oder sie hängen mit Gleitrollen und einem vorderen und hinteren Tragbügel an einer unter dem Deck befindlichen Transportschiene. Noch bevor der Torpedo das Rohr gänzlich verlassen hat, beginnt er sich zu senken, da sein Schwerpunkt in seinem Vorderteil liegt. Um diesem Mangel vorzubeugen, hat man die Oberkante des Torpedorohres zungenartig verlängert. An der Unterseite dieser Verlängerung ist eine Nute angebracht, in der der Torpedo mittels eines Knaggens geführt wird. An der Kaselowsky'schen Torpedokanone, Fig. 100, befindet sich statt der Verlängerung ein ausschiebbarer Tragebalken, den man nach dem Abgeben des Schusses mit Hilfe einer Kurbel einziehen kann. Zum Ausstoßen des Torpedos giebt man jetzt an Stelle der komprimierten Luft einer Pulverladung den Vorzug, und zwar wird letztere an der inneren Fläche der Verschlußthür angebracht. Die Zündung erfolgt auf elektrischem Wege oder mittels einer Perkussionsschlagröhre. Da die auf dem Deck stehenden Torpedokanonen zu sehr dem feindlichen Feuer ausgesetzt sind, stellt man in neuester Zeit die Forderung, auf

Panzerschiffen und geschützten Kreuzern die Torpedorohre unter dem Panzerdeck einbauen zu lassen.

Früher war es notwendig, alle Torpedos erst einzuschießen, bevor sie im Kampfe Verwendung fanden. Sie wiesen nämlich sämtlich eine mehr oder weniger große Krümmung ihrer Bahn auf, was darauf zurückzuführen war, daß die Torpedos älterer Konstruktion nur durch eine Schraube fortbewegt wurden. Diese Krümmung der Bahn mußte aber genau festgestellt werden, da sie im Gefecht nicht außer acht gelassen werden durfte. Um einem etwaigen Rosten vorzubeugen, war es jedoch notwendig, den Torpedo nach dem Einschießen auseinanderzunehmen und sorgfältig zu reinigen. Vorher hatte man nun zwar die Bahnkrümmung festgestellt, nach dem Auseinandernehmen und Reinigen konnte aber leicht infolge einer geringfügigen Verbiegung oder dergl. eine andere Bahn entstanden sein. Seitdem die Bronze an Stelle des sonst gebräuchlichen Stahles zur Konstruktion der Torpedos verwendet

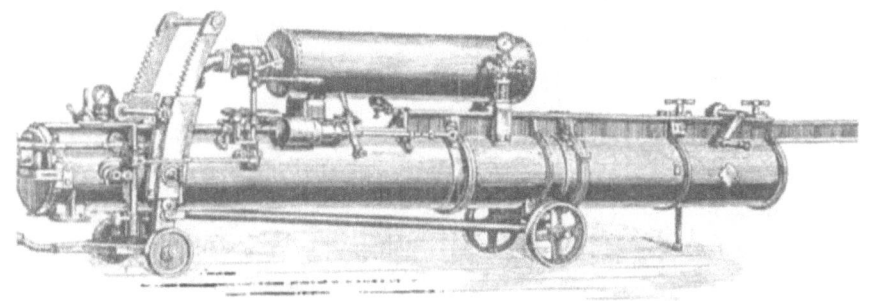

Fig. 100. Kaselowsky'sche Torpedokanone.

wird, ist einigen dieser Mängel abgeholfen worden; durch die Einführung der beiden sich in entgegengesetzter Richtung bewegenden Schrauben hat sich die Bahnkrümmung wesentlich vermindert. Trotzdem sind immer noch Übelstände vorhanden, welche die Wirksamkeit des Torpedos auf eine verhältnismäßig kleine Entfernung beschränken. Letzteres bezieht sich namentlich hinsichtlich der Treffsicherheit auf folgenden Faktor. Soll beispielsweise der Torpedo ein in der Fahrt befindliches, 875 Meter entferntes Schiff, das quer vorüberläuft, treffen, so würde er, um diese Entfernung zu durchlaufen, 100 Sekunden gebrauchen. In dieser Zeit ist das betreffende Schiff aber schon 625 Meter weiter vorausgefahren, sodaß der Torpedo nun, um das Schiff doch zu treffen, mindestens 500 Meter vorgehalten werden muß; ein sicheres Treffen des Torpedos ist daher, wenigstens vorläufig, wohl nur Sache des Zufalls.

Zur Zeit ist der Torpedo fast auf allen Kriegsschiffen anzutreffen, seine hauptsächlichste Verwendung findet er jedoch auf den Torpedobooten. Beinahe alle Marinen verfügen über Torpedobootflottillen; einige besitzen auch Torpedodepotschiffe, die entweder teils zum gelegentlichen Aussetzen mehrere kleine Torpedoboote an Bord führen, oder die teils Werkstattsschiffe für die Torpedobootsflottille bilden.

Das Ausfliegen von Funken aus den Schloten und das laute Arbeiten der Maschine kann bei einer Annäherung der Torpedoboote an den Feind leicht zum Verräter werden; ebenso wird bei unvorteilhafter Bugform und bei ungünstigem Profil des Schiffskörpers, sowohl am Tage, wie des Nachts bei elektrischer Beleuchtung, durch das Aufwerfen einer gewaltigen Bugwelle der Erfolg eines Angriffs mit Torpedobooten sehr in Frage gestellt.

Alle diese Übelstände kommen bei den von Schichau konstruierten Torpedobooten in Fortfall. Diese Torpedoboote verfügen über eine vorzügliche Seetüchtigkeit und können bei verhältnismäßig sparsamem Verbrauch an Kohlen Fahrten von 5000 Seemeilen ausführen; sie haben daher allgemeine Anerkennung gefunden; ihr Durchschnitt und ihre Deckansicht sind in Fig. 101 und 102 dargestellt.

a bezeichnet die Schraube, b die Reserveschraube, c die Masten mit den Segeln (die aber nur zur Überführung nach dem Bestimmungsort angewendet werden), d die Kommandotürme, e die Revolverkanonen, f die Maschine, g die über der Maschine angebrachte Luke, h die Schnellfeuerkanonen, i den Unterbau für die Schnellfeuerkanonen, k den Ventilator, l die zum Kessel- und Maschinenraum führenden Luken, m den Kessel, n das Beiboot, o das Torpedolager, p den Mannschaftsraum, q die Kommandantenkajüte, r das Bugruder und s das Lancierrohr.

Diese aus Stahl bestehenden Boote haben eine Länge von 30—35 Metern, eine Breite von 3 Metern und einen Tiefgang von 2 Metern. Über Wasser besitzen sie nur eine geringe Höhe; an dem sehr scharfen Vordersteven ragen zu beiden Seiten die Lancierrohre hervor. Der Vorderteil des Bootes trägt ein gewölbtes Deck, von dem die Geschosse abprallen. Unter dem Walfischdeck liegt der Mannschaftsraum und unter diesem der Aufbewahrungsort für Torpedos und Munition. Außerdem befinden sich unter diesem Deck auch die Lanciervorrichtung und die Luftpumpe. Die Steuerung des Bootes erfolgt von dem vorderen Turm aus; auf dem Dach, welches so eingerichtet ist, daß es bis zur Ventilation hochgeschraubt werden kann, steht eine Revolverkanone. Die im Kesselraum arbeitende Maschine erzeugt das Unterwindgebläse in der Feuerung, durch die ein Lokomotivkessel geheizt wird; der Dampfdruck beträgt 10—12 Atmosphären. Die Maschine ist eine dreicylindrige Verbundmaschine, welche die Schraubenwelle in einer Minute 380 Mal herumdreht. Der hintere Turm, welcher ebenfalls eine Revolverkanone trägt, enthält eine Handsteuervorrichtung. Unter diesem Turm liegt die Kommandantenkajüte. Außerdem sind auf dem Boot noch besondere Räumlichkeiten vorhanden, in denen Proviant, Geschützmunition u. s. w. untergebracht werden. Zu beiden Seiten des Kesselraumes befinden sich die Kohlenbunker, welche gleichzeitig zur Verstärkung des Panzerschutzes dienen. Zum Betriebe des Kaselowsky'schen Signalapparates und des Scheinwerfers ist die größte Anzahl der Torpedoboote mit einer Dynamomaschine ausgestattet.

Ein Boot von ungefähr 90 Tonnen ist mit 1 Offizier, 1 Maschinisten, 2 Bootsmannsmaaten, 2 Maschinistenmaaten, 4 Matrosen und 4 Heizern bemannt.

Die Torpedoboote erreichen zufolge ihrer scharfen Form und ihrer großen Maschinenkraft eine Geschwindigkeit von 20—30 Knoten, die sie unter anderem auch zu Aufklärungsdiensten geeignet macht. Eine derartig hohe Geschwindigkeit ist aber auch bei der Ausführung eines Angriffs höchst notwendig. Kommen

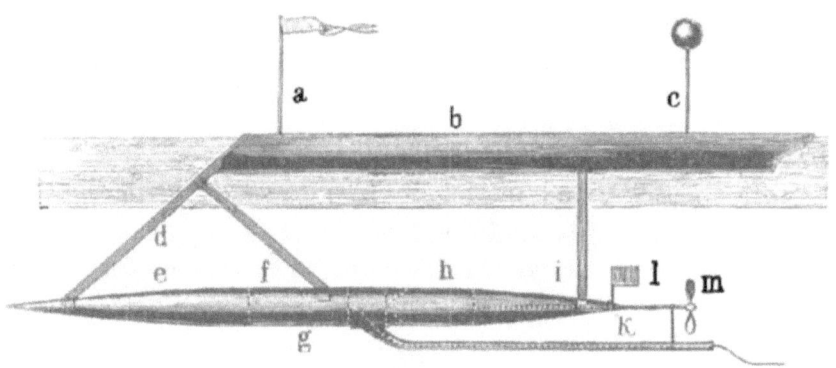

Fig. 103. **Sims Edison'scher Torpedo.**
(Text s. S. 385.)

mehrere Torpedoboote auf ein feindliches Schiff herangeschossen, so kann es sich wohl des einen oder des anderen erwehren, unmöglich wird es ihm aber sein, seine Aufmerksamkeit gleichzeitig auf alle angreifenden Boote zu richten, sodaß eines derselben wohl eine günstige Gelegenheit finden wird, seinen Torpedo abzufeuern. Am gefahrbringendsten sind die Torpedoboote des Nachts und bei Pulverdampf. Bei dem Abfeuern der modernen großen Geschütze entsteht ein so dichter Rauch, daß, besonders wenn Windstille herrscht oder nur ein schwacher Wind weht, minutenlang alles verdeckt wird und weder Freund noch Feind unterschieden werden kann. Laufen nun die gegnerischen Flotten in einem Abstand von 300—400 Meter feuernd aneinander vorbei, so ist es den Torpedobooten, die sich an der geschützten entgegengesetzten Seite der Panzer befinden, leicht möglich, schnell hervorzuschießen und, von dem Pulverdampf gedeckt, sich dem Gegner auf 50 Meter und noch mehr zu nähern und dann den Torpedoschuß abzugeben. Diesen Vorteil büßen die Torpedoboote aber ein, wenn für die schweren Marinegeschütze das rauchschwache Pulver eingeführt werden wird.

Einige Marinen besitzen auch kleinere Torpedoboote II. Klasse, die nur zur lokalen Verteidigung Verwendung finden. Diese Boote sind zum Teil nur mit Stangentorpedos ausgerüstet und werden erst kurz vor dem Gebrauch zu Wasser gelassen.

Als **Verteidigungsmittel gegen Torpedos** benutzte man **Torpedoschutznetze** aus Stahldrahtringen, die mit ihrer oberen Kante an 6—8 Meter langen Spieren befestigt waren und rings um das Schiff bis zu einer Tiefe von 5—6 Meter herumliefen. Wurden nun Torpedos gegen das so gesicherte Schiff abgeschossen, so blieben sie mit einem Teil ihres Kopfes in den weiten Maschen des Netzes hängen und explodierten dort, ohne dem Schiff einen Schaden zuzufügen. Die Netzspieren waren mit dem Schiff so stark und sicher verbunden, daß das Schiff mit den ausgehängten Netzen noch eine Fahrt von 6 Meilen ausführen konnte. Während des Nichtgebrauchs lagen die Netze zusammengefaltet in besonders dazu bestimmten Kästen.

Um den Netzschutz unwirksam zu machen, versah man den Torpedo am Kopf mit Netzscheren, damit er das Netz durchschneiden und so doch zu dem Schiff gelangen konnte.

Für verankerte Schiffe mochten die Netze wohl von Nutzen sein, für fahrende bildeten sie aber ein bedeutendes Hemmnis, auch war es leicht möglich, daß sie mit der Schraube in Konflikt gerieten. Gegenwärtig hat man deshalb die Schutznetze wieder aufgegeben.

Vor einem Angriff mit Torpedobooten sichern sich die Kriegsschiffe mit Maschinengeschützen, Revolverkanonen und Schnellfeuergeschützen. Ein einziger sicherer Schuß mit einer ihrer kleinen Granaten genügt, um ein Torpedoboot kampfunfähig zu machen. Ein Torpedoboot ist aber nicht so leicht zu treffen, da es erstens mit außerordentlicher Schnelligkeit vorwärts schießt, zweitens nur ein sehr kleines Ziel bietet und drittens von dem im Geschützkampf sich bildenden Rauchschleier in der Regel gänzlich verdeckt wird.

Bei einem nächtlichen Angriff mit Torpedobooten beleuchtet das Schiff, welches den Angriff erwartet, seine Umgebung nach allen Richtungen hin mit elektrischem Bogenlicht, dessen Reflektoren sich um eine senkrechte Achse drehen lassen und auf diese Weise das Absuchen des ganzen Horizontes ermöglichen. Um nun aber in den Strahlen des elektrischen Lichtes nicht zu früh als Torpedoboote erkannt zu werden, haben letztere über Wasser durchweg einen schwarzen Anstrich. Ist es einem Torpedoboot erst gelungen, in den Lichtstrahlen im Bereiche der Schußweite der Schnelladekanonen unbemerkt geblieben zu sein, so ist ihm hiermit die Möglichkeit gegeben, sich dem Schiffe bei dem nächsten Beleuchtetwerden schon bis auf

Torpedoschußweite genähert zu haben. Ein einen Torpedobootsangriff erwartendes Schiff hat daher fortgesetzt die größte Aufmerksamkeit zu bewahren; glückt der Angriff, so ist dies zum Teil wohl auf die Unaufmerksamkeit der Schiffsbesatzung zurückzuführen.

Ein weiteres Mittel zur Bekämpfung der Torpedoboote sind die Torpedobootzerstörer, auch Torpedojäger und Torpedokreuzer genannt. Es sind dies Schiffe oder Boote vom Typus der Torpedoboote, doch sind sie mächtiger als jene und zeichnen sich durch eine noch größere Schnelligkeit aus. Sie dienen auch zum Schutze der eigenen Torpedoboote und heißen in diesem Falle Divisionsboote. Die deutschen Divisionsboote haben eine Länge von 60—70 Metern, eine Breite von 7—7,5 und einen Tiefgang von 3 Metern. Die Ausrüstung besteht in drei Lancierapparaten und sechs Schnellladekanonen.

Dem Menschen genügen aber all' diese in ihrer Wirkung so furchtbaren Zerstörungsmittel immer noch nicht. Jetzt ist man wieder bestrebt, submarine Boote zu konstruieren, die durch Elektrizität, komprimierte Luft, fest gewordene Kohlensäure oder durch Dampf fortbewegt werden sollen. Amerikanische, englische, deutsche und schwedische Erfinder haben bereits derartige Boote erbaut, die aber noch nicht ganz den an sie gestellten Ansprüchen gerecht werden können. Das geeignetste dieser Boote scheint das des Schweden Nordenfelt zu sein. Dieses Boot ist 38 Meter lang und 3,6 Meter breit; es bewegt sich im Wasser ganz eingetaucht oder schwimmt obenauf; seine äußerliche Gestalt gleicht der eines gewaltigen Walfisches. Das Fahrzeug ist mit einer Schraube ausgestattet; die beim Schwimmen durch Dampf getriebene Maschine leistet 1000 PS. Der Dampf ist der gleiche, wie er von den gewöhnlichen Schiffskesseln produziert wird. Ist das Boot aber getaucht, so bezieht man den erforderlichen Dampf aus einem großen Heißwasserkessel, der das Fahrzeug befähigen soll, fünf Stunden lang unter Wasser bleiben zu können.

Zur Verteidigung enger Passagen benutzt man vorteilhaft lenkbare Torpedos, Lokomotivtorpedos benannt, die durch ein 2—3000 Meter langes elektrisches Kabel mit der Lancierstation am Lande in Verbindung stehen und durch den dem Kabel zugeleiteten Strom gelenkt werden. Zu diesen Torpedos gehört der in Fig. 103 dargestellte Sims-Edison'sche Torpedo. Er hat eine Länge von 9 Metern und ist mit einem kupfernen Schwimmer b verbunden, auf dem zur Kursbeobachtung ein Fahnensignal a und ein Kugelsignal c angebracht sind. Der ganze Torpedo g hat ein Gewicht von 1360 Kilogramm. Stößt der Torpedo an ein Hemmnis, z. B. an eine Hafensperre, so taucht er vermöge der scharfen Vorderkante und der Schrägstellung des Stevens d unter, wobei sich Fahnen- und Kugelsignal umlegen; taucht er dann hinter dem Hemmnis wieder empor, um seine Bahn weiter zu verfolgen, so richten sich die beiden Signalzeichen durch Federdruck auf. Der Sprengstoff befindet sich in der Abteilung e; die Abteilung f enthält das auf eine Trommel gewickelte Kabel, das durch das Rohr k geführt ist. Das Kabel hat eine Leitung für die Steuervorrichtung mit dem Steuer l und eine für die Dynamomaschine h, welche die Welle i mit der Schraube m treibt. Am Lande wird der Anprall des Torpedos gegen das feindliche Schiff bemerkt, und die Zündung findet dann elektrisch durch Umkehrung des Stromes statt.

---

4. Taktik des Seekrieges.

Die Taktik des Seekrieges ist von der Armeetaktik so vollständig verschieden, daß ein Vergleich zwischen beiden oder eine Bezugnahme von einer auf die andere gänzlich ausgeschlossen ist. Überhaupt kann weder von einer Seetaktik, noch von einer Strategie zur See im eigentlichen Sinne des Wortes die Rede sein. Früher, zur Zeit der Segelschiffahrt, gab es beide. Der Wind, wenn er sich auch oftmals als ein zuvor unberechenbares Hindernis erwies, stellte doch immerhin eine Kraft dar, die, strategisch in rechter Weise ausgenutzt, schon allein den halben Sieg versprach. Dagegen macht die große Beweglichkeit unserer modernen Schiffe ein Handeln nach vorgefaßtem Plane einfach unmöglich. Da die Stellung des Feindes und seine Bewegungen sehr schnell wechseln können, vermag der andere Führer seine Maßnahmen nur nach den von Augenblick zu Augenblick sich bietenden Wechselfällen zu treffen. Somit hängt der Verlauf einer Seeschlacht vollständig von der Individualität der beiden kommandierenden Admirale und deren Schiffskommandanten ab, von denen keiner vorher wissen kann, zu welcher Handlungsweise ihn der Gegner zwingen wird.

Daß die Führung des Seekrieges so wesentlich verschieden ist von der des Landkrieges hängt mit der ganzen Eigenart des ersteren zusammen. Zunächst hat man es im Seekriege nicht mit großen Menschenmassen zu thun, in denen jeder einzelne Mann für sich selbst und alle für einen kämpfen, sondern mächtige, festungsähnliche Bauten, mit den modernsten Maschinen ausgerüstet, treten als Streiter auf, die ein einziger Mann, der Kommandant, im Kampfe führt. Die ihm beigegebenen Leute sind gleichsam Glieder seines Körpers. 80—100 Männer sind an den gewaltigen Maschinen von 10—20000 und mehr PS thätig, andere 100 Mann besorgen das Schiff im Innern, sowie das Steuer und versehen den Signaldienst, wieder andere 200 Mann bedienen die Waffen, die nur auf Befehl des Kommandanten in Thätigkeit treten. Während man es im Landkriege in der Regel mit einem durch örtliche Hindernisse eingeengten Schlachtfelde zu thun hat, besteht der Kampfplatz im Seekriege aus einer unbegrenzten weiten Wasserfläche. Nur wenn beide Flotten einverstanden sind, ist eine offene Seeschlacht möglich. Der Angreifer vermag den Gegner nicht zum Stehen zu bringen, denn er muß in geschlossener Ordnung vorgehen, wodurch seine Geschwindigkeit eingeschränkt wird.

Eine auf dem Rückzuge befindliche Flotte dagegen eilt in offener Ordnung mit aufs höchste gesteigerter Schnelligkeit nach einem weitentlegenen Sammelplatze, wobei sie die nämliche Anzahl Kanonen ins Feuer zu bringen vermag, als wenn sie zum Angriff vorgeht.

Man unterscheidet im eigentlichen Seekriege folgende Kämpfe: Die offene Seeschlacht zwischen Panzerflotten, den Küstenkrieg und das Einzelgefecht zwischen zwei Schiffen, welch' letzteres meist den Charakter einer Rauferei annimmt, in dem aber die Waffen genau dieselbe Anwendung finden wie in der offenen Seeschlacht. Indessen ist die Thätigkeit der Kriegsschiffe nicht auf die bloße Bekämpfung der feindlichen Seestreitkräfte, wo sie dieselben auch antreffen mögen, beschränkt, ihnen fällt vielmehr die Aufgabe zu, den Gegner in jeder nur möglichen Form zu schädigen. Dies kann durch Wegnahme von Handelsschiffen, Blockierung der Häfen, Abschneidung jeder Zufuhr von der Seeseite aus und Brandschatzung der Küsten und Kolonien geschehen, endlich auch durch Überführung einer Armee auf Transportschiffen in Feindesland, um dieses rascher mit eigenen Truppen zu überfluten.

Im Landkriege gilt der Grundsatz: „Erst wägen, dann wagen!", im Seekrieg dagegen heißt es: „Drauf und durch!" Mut, Geistesgegenwart und rascher Entschluß, das sind die Gaben, die den kommandierenden Admiral vor allem auszeichnen müssen. Dieser leitet seine Streitkräfte nicht von einem erhabenen, einen weiten Überblick gestattenden Punkte aus, sondern steht während der Schlacht inmitten des Kampfes, als vorderster und erster, der mit dem Feinde ins Gefecht kommt; seine persönliche Vernichtung ist das stete Bestreben des Feindes. Da seine Entscheidungen oft mit Blitzesschnelle zur Ausführung gebracht werden müssen, ist es ihm nicht möglich, über die vorzunehmenden Handlungen erst mit seinem Generalstabschef zu beratschlagen, wie es im Landkriege geschieht, er muß stets nach eigenem Ermessen vorgehen.

Aus seiner Haltung läßt sich der Gegner nicht beurteilen. Jeder Admiral, gleichviel, ob er mit ruhiger Überlegung und kalter Entschlossenheit zum Kampfe vorgeht, oder ob ein kühner Drang blindlings seine Handlungen leitet, wird stets bestrebt sein, das Gefecht zunächst in weiterer Entfernung zu halten, und zwar geschieht dies, um den Gegner zu prüfen und einen Augenblick herankommen zu lassen, in dem man glaubt, ein Übergewicht erlangen zu können. Viel Zeit wird freilich darauf nicht verwendet. Die Geschützwirkung läßt sich in der Seeschlacht nur an Masten und Schornsteinen beobachten. Ein allmähliches Einschießen, wie bei einer Festung, die an ihrem Platze stehen bleibt, sodaß man die Geschützwirkung annähernd berechnen kann, ist im Seekampf nicht möglich, vielmehr bleibt die Geschützwirkung auf größere Entfernungen dem Zufall überlassen, denn unsere heutigen Kanonen schießen als vollendete Präzisionsgeschütze, wenn sie falsch gerichtet, resp.

auf falsche Entfernungen eingestellt sind, stets vorbei. Die Entfernungsmessungen auf See sind aber sehr unsicher und lassen sich nur durch Winkelmessung ermöglichen. Früher war dieselbe bei der hohen Takelage der Schiffe leichter als jetzt. Man bestimmte da die Entfernung des Gegners von der eigenen Kommandobrücke aus nach dem Winkel der zwischen der Wasserlinie und der Mastspitze des fremden Schiffes lag, wobei man sich einer für die Masthöhen der verschiedenen Schiffsarten ausgerechneten Tabelle bediente, aus der man die dem Winkel entsprechende Entfernung heraussuchte. Bei der unbedeutenden Höhe der jetzt gebräuchlichen Masten muß man einen anderen Weg einschlagen. Man sucht gegenwärtig zu ermitteln, um wieviel Meter das feindliche Schiff vom eigenen Horizont entfernt ist, verringert dann die Horizontweite um die betreffende Zahl und findet so den Abstand, der zwischen dem fremden und dem eigenen Schiff besteht. Diese Messung, bei der man übrigens auch Tabellen zu Rate zieht, kann aber nicht von der Kommandobrücke aus angestellt werden, da diese zu niedrig ist, um den Horizont über das fremde Schiff hinweg erblicken zu können, sondern der Beobachter muß sich oben im Mast befinden.

Von diesem hohen Standpunkt aus stellt er den Winkel fest, liest die Zahl von dem Instrument ab und ruft sie einem unten postierten Mann, der die Aufgabe hat, mit Hilfe der Tabelle die Entfernung, die dem Winkel entspricht, festzustellen und die gefundene Zahl dem Kommandanten mitzuteilen. Letzterer meldet dieselbe dem Artillerieoffizier und dieser den Geschützkommandeuren, worauf dann erst das Richten der Geschütze erfolgen kann.

Bis zu diesem Zeitpunkt vergeht, von der Messung des Winkels an gerechnet, selbst unter den günstigsten Verhältnissen, wenigstens eine halbe Minute, während derer sich die Entfernung schon wieder nicht unbedeutend verändern kann. Überdies pflegt selten ein Beobachter den Winkel genau so zu nehmen wie der andere, und auch hinsichtlich des Schießens ist oft ein wesentlicher Unterschied zu bemerken, was wohl auf die Verschiedenartigkeit der Beleuchtung zurückzuführen ist. Der Kommandant, der einigermaßen sichere Schüsse erzielen will, muß sich schon gelegentlich der Übungen mit den Eigentümlichkeiten seines Beobachters bekannt machen, dann bei Beginn des Kampfes zu ermitteln suchen, welchen Einfluß die herrschende Beleuchtung auf die Thätigkeit der Schützen ausübt und schließlich stets die Veränderung der Entfernung in Betracht ziehen.

Ein wichtiger Teil der Seetaktik ist selbstverständlich die Befehlserteilung Bei Manövern bedient man sich zuweilen akustischer Signale, d. h. solcher, die mit dem Ohr wahrgenommen werden sollen, und zwar verwendet man Nebelsignale, Töne von verschiedener Länge, die mittels einer Dampfpfeife hervorgebracht werden. Auch Sirenen, rotierende (sich drehende), mit Löchern versehene Scheiben, auf die ein Dampfstrahl gerichtet wird, dienen auf den Schiffen als Nebelsignal-

Fig. 104. Turmgeschütze auf dem Panzer „Brandenburg". (Nach einer Photographie von Arthur Renard, Kiel.)

apparate. Im wirklichen Kampf könnte die Benutzung dieser Signale unter Umständen Veranlassung zu verhängnisvollen Irrtümern werden, denn es ist keineswegs ausgeschlossen, daß auf den feindlichen Schiffen dieselben Zeichen gegeben werden.

Von großer Bedeutung sind für den Seekrieg die optischen (dem Auge wahrnehmbaren) Signale. Am Tage werden Flaggensignale benutzt. Man heißt zwei bis vier Flaggen so, daß sie womöglich auf allen zum Geschwader gehörenden Schiffen erblickt werden können. Diese Signalzeichen sind blau, rot, gelb oder weiß gefärbt und zeigen entweder auf hellem Grund dunklere oder auf dunklem Grund hellere Figuren, z. B. Kreuze, Kugeln u. s. w. Neben den quadratischen Flaggen kommen auch dreieckige Zeichen, die zum Unterschied von jenen „Stander" genannt werden, und lange, schmale Zeichen, die die Bezeichnung „Wimpel" führen, zur Verwendung.

Alle seefahrenden Staaten führen gegenwärtig dieselben Signalflaggen und das internationale Signalbuch, das in den fünfziger Jahren von England und Frankreich angenommen wurde. Für den Kriegsfall giebt es aber überall besondere Kriegssignalbücher, die streng geheim gehalten werden. Das Signalbuch ist aus zwei Teilen zusammengesetzt, die beide die sämtlichen Signale in alphabetischer Reihenfolge enthalten, aber mit dem Unterschied, daß in demjenigen, der für den Signalgeber bestimmt ist, die Signale nach ihrer Bedeutung, in dem von dem Signalempfänger zu benutzenden Teil dagegen die Signalzeichen geordnet sind.

Die Leute, die unter der Leitung des betreffenden Offiziers das Signalisieren zu besorgen haben, müssen im Signalbuch Bescheid wissen und die verschiedenen Flaggen schnell und richtig zu handhaben verstehen, demnach sowohl im Heißen, als im Niederholen, sowohl im Vereinigen, als im Zusammenrollen derselben geübt sein. Und selbst wenn sie diese Bedingungen erfüllen, wird das Signalisieren immer einige Zeit in Anspruch nehmen, da eben eine ganze Anzahl Verrichtungen nötig ist. Dazu kommt, daß die Signalflaggen, die doch auf größere Entfernung hin deutlich sichtbar sein sollen, eine gewisse Größe haben, und daß sie außerdem in gehörigem Abstand an der Flaggenleine befestigt werden müssen, damit nicht etwa eine die andere teilweise verdecken kann. Schon wegen der beiden zuletzt angeführten Umstände muß die Anzahl der Flaggen, die zusammen geheißt werden, auf vier beschränkt bleiben, ganz abgesehen davon, daß ein Signal, das aus wenig Zeichen besteht, vom Empfänger schneller und sicherer verstanden werden kann.

Man wird nicht eher daran denken, das geplante Manöver ins Werk zu setzen, bis auf allen beteiligten Schiffen dasselbe Signal oder die zum Kontersignal bestimmte Flagge zu sehen ist, zum Zeichen, daß sie den Befehl verstanden haben. Ist dies der Fall, so wird das betreffende Signal niedergeholt und zur Ausführung des Manövers geschritten. Heißt eines oder das andere der Schiffe den Kontersignalwimpel, so will es damit sagen, daß man zwar die Flaggen erkannt hat, sich aber über die Bedeutung des Signals nicht klar geworden ist. Durch Heißen des Kontersignalstanders giebt das betreffende Schiff kund, daß es das Signal bemerkt, aber nicht erkannt hat.

Oft genug kommt es vor, daß Rauch oder in der Nähe des Signalgebers fahrende Schiffe oder auch die Bewegungen, die die Flaggen infolge ungünstigen Windes ausführen, mehrere Schiffe verhindern, das Signal zu entziffern. Dann muß auf dem sich seitlich aufhaltenden Aviso oder auch auf einem Schiff nach dem andern dasselbe Signal geheißt werden. Zuweilen hilft man sich durch künstliches Ausbreiten der Flaggen.

Gegenwärtig benutzt man wohl überall 25 Buchstabenflaggen oder -stander und 10 Zahlenwimpel, ferner die Kontersignalflagge, den Kontersignalstander, den Kontersignalwimpel, die wir bereits erwähnt haben, und außerdem noch eine ganze Menge anderer Flaggen, von denen die Parlamentär-, die Quarantäne- und die Pulverflagge am bekanntesten sind.

Die weiße Parlamentärflagge, deren Mißbrauch streng bestraft wird, schützt in Kriegszeiten die Schiffe, die sie geheißt haben, vor Feindseligkeiten. Die gelbe Quarantäneflagge zeigt an, daß man das betreffende Schiff einer ansteckenden Krankheit halber von allem Verkehr abgeschlossen hat. Die schwarze oder rote Pulverflagge meldet, daß das Schiff mit dem Laden oder Löschen von Pulver beschäftigt ist.

Befehle, die für die Seeschlacht von besonderer Bedeutung sind, werden möglichst mit einem einzigen, allenfalls mit zwei Signalzeichen ausgedrückt, während man drei oder vier Zeichen für Signale von geringerer Bedeutung gebraucht.

Als Nachtsignale werden Signallichter benutzt, die auf verschiedene Weise hervorgebracht werden können, z. B. mittels des elektrischen Scheinwerfers oder mit dem Kajelowsky'schen Apparat, zu dem außer drei weißen und drei roten Glühlampen ein Umschalter gehört. Auch bunte Leuchtkugeln werden verwendet.

Schiffe, die sich in einem Geschwaderverband befinden, bedürfen aber auch ständiger Signale, aus denen die Gefährten zu jeder Zeit ersehen können, erstens ob sie sich langsam oder schnell fortbewegen, ob sie aus irgend einem Grunde die Fahrt plötzlich gehemmt haben oder rückwärtsfahren, und zweitens, ob der Kurs geändert worden ist. Derartige Signale, ohne die sich wohl gefährliche Zusammenstöße kaum vermeiden ließen, sind die Dampfbälle und die Ruderbälle, und zwar geben erstere durch ihre Lage Aufschluß über die Schnelligkeit u. s. w., während die letzteren, die sich von jenen durch die einem Kegel ähnliche Form unterscheiden, durch Änderung ihrer Lage Abweichungen vom Kurs erkennen lassen.

An verschiedenen Stellen des Schiffes sind Posten aufgestellt, die beständig Umschau halten müssen; außerdem sind alle an Deck befindlichen Personen verpflichtet, den Kommandanten zu benachrichtigen, sobald sie etwas bemerken, was ihnen wichtig zu sein scheint.

Besteht ein Geschwader aus vier Schiffen, so werden das erste (Flaggschiff) und das zweite zur ersten Abteilung, das dritte und vierte zur zweiten Abteilung gerechnet; das Flaggschiff trägt außer dem Admiral den ältesten der Kommandanten, während dem nächstältesten in der Regel das dritte Schiff und mit ihm die zweite Abteilung untersteht.

Der Aviso wählt seinen Platz stets so, daß er die anderen Schiffe nicht in ihren Bewegungen hindert, daß aber trotzdem die Signale, deren Wiederholung seine Aufgabe ist, für alle möglichst sichtbar sind.

Die Schiffe, die zu einem Geschwader= oder Flottenverband gehören, halten eine bestimmte Marschordnung inne, und der Admiral läßt sie nach Bedarf Formationen bilden, die ihnen gestatten, von ihren Waffen in so ausgedehnter Weise Gebrauch zu machen, als dies den Verhältnissen nach möglich ist. Zu diesem Zwecke führen sie Wendungen und Schwenkungen aus, bei denen sich einige mit vergrößerter, andere mit verminderter Schnelligkeit fortbewegen.

Wenn die Schiffe in einer Reihe hintereinander aufmarschiert sind, befinden sie sich in der Kiellinie. Soll nun aus dieser die Seitenlinie gebildet werden, so fährt das eine Schiff langsam vor, das nächste schneller, das folgende noch schneller, und so fort, wobei alle Schiffe mit Ausnahme des ersten eine entsprechende Schwenkung nach rechts oder links ausführen. Sie werden auf diese Weise zu gleicher Zeit die Seitenlinie, die sogenannte Dwarslinie, erreichen. Letztere führt die Bezeichnung „rechtsrangierte Dwarslinie", wenn das Flaggschiff den rechten, „linksrangierte Dwarslinie", wenn es den linken Flügel einnimmt. Auch eine „rechtsrangierte" und eine „linksrangierte Kiellinie" werden unterschieden, und zwar steht bei der rechtsrangierten Kiellinie das Flaggschiff an der Spitze, während es bei der linksrangierten den Beschluß macht.

Die angegebenen Benennungen sind nicht gerade leicht verständlich. Wird den Schiffen das Signal gegeben: „Dwarslinie linksrangiert bilden!" so müssen sie sich nach der rechten Seite begeben und umgekehrt. Auch lassen es die betreffenden Befehle an Kürze fehlen. Aus diesen Gründen wird von fachmännischer Seite der Vorschlag gemacht, für „Dwarslinie linksrangiert bilden" den Befehl „Seitenlinie rechts", für „Dwarslinie rechtsrangiert bilden" den Befehl „Seitenlinie links" zu wählen und die „rechtsrangierte Kiellinie" kurzweg „Kiellinie" oder auch „Hecklinie", die „linksrangierte Kiellinie" zum Unterschied „Buglinie" zu nennen.

Sind die Schiffe in einer Linie aufmarschiert, die zu der Kiellinie und der Dwarslinie in einem Winkel von 45 Grad steht, so bilden sie eine Peilungs= linie, und zwar, falls das Flaggschiff an der Spitze fährt, die Peilungslinie rechts

S. M. Schulschiff „Stein"

Fig. 105. Auf Deck S. M. S. „Bayern". (Nach einer Photographie von Arthur Renard, Kiel.)

oder links achteraus, falls das Flaggschiff die letzte Stelle einnimmt, die Peilungslinie rechts, bez. links voraus.

Wenn nun eine größere Flotte in eine einfache Linie geordnet ist, so ist die Entfernung zwischen dem ersten und dem letzten Schiff mitunter ganz bedeutend, da die Schiffe alle einen gewissen Abstand einhalten müssen, um sich gegenseitig nicht zu gefährden. Der Admiral wird darum oft einer Doppelformation den Vorzug geben.

Will man aus der Kiellinie in die doppelte Kiellinie übergehen, so verlangsamt die vordere Hälfte der Schiffe die Fahrt, die andere geht dagegen bei einer Wendung nach rechts oder links mit voller Kraft vorwärts.

Will man aus der einfachen die doppelte Dwarslinie formieren, so bewegt sich die erste Abteilung bei voller Fahrt vorwärts, während die zweite hinter ihr einschwenkt.

Besteht eine Flotte aus zwei Divisionen, deren jede einem Admiral unterstellt ist, so wird sie häufig beim Marsch in eine doppelte Hecklinie (Kiellinie) geordnet sein; jeder Admiral wird also seine Schiffe hinter sich sehen. Aus dieser Formation kann leicht die Seitenlinie mit den Flaggschiffen in der Mitte gebildet werden, wenn die beiden Divisionen auf die früher beschriebene Weise nach den entgegengesetzten Seiten aufmarschieren. Bewegen sich die Schiffe in derselben Weise fort, aber nur bis jede Division in der Peilungslinie angekommen ist, so bildet die ganze Flotte einen Keil. Dieser ist oft sehr zweckmäßig als eine Art Übergangsformation, da er sich rasch in die doppelte Hecklinie oder auch in die Seitenlinie umgestalten läßt und dem Feind zunächst die eigentliche Absicht unklar bleibt.

Andererseits kann man, falls die doppelte Hecklinie als Marschordnung benutzt wird, die vorderen Schiffe der einen Division nach rechts, die der anderen nach links abschwenken und so einen Winkel herstellen lassen. Aus dem Winkel, dessen äußere Enden die Flaggschiffe bilden, kann man leicht in die Seitenlinie mit den Admiralen auf beiden Flügeln oder auch wieder in die doppelte Hecklinie übergehen. Auch kann er demnach als Übergangsformation von Vorteil sein.

Will ein Admiral sich mitten in die feindliche Flotte hinein einen Weg bahnen, so kann er den Keil bilden lassen und kurz vor dem Feind in die geschlossene doppelte Hecklinie mit möglichst kleinen Zwischenräumen zwischen den einzelnen Schiffen übergehen. Hat er es dagegen zunächst auf die feindlichen Flanken abgesehen, so kann er den Winkel und aus diesem später die geöffnete doppelte Hecklinie herstellen lassen.

Auch in doppelter Seitenlinie kann man gegen die feindliche Flotte vorrücken, da sich diese Formation leicht durch entsprechende Wendungen nach links oder rechts in doppelte Heck-, bez. Buglinie, in Winkel oder Keil verwandeln läßt.

Zuweilen wird aber auch für eine Flotte, die aus zwei Divisionen zu je vier

Schiffen besteht, eine einfache Formation als Marschordnung zweckmäßig sein, z. B. wenn man die feindliche Flotte umgehen will, um derselben den Rückzug abzuschneiden, oder weil man sich von einem solchen Verfahren irgend einen Vorteil, z. B. besseren Wind für die eigenen Schiffe verspricht.

Die „einfache Hecklinie" zeigt dann nur die erste Division in Hecklinie, die zweite dagegen in Buglinie, sodaß also das Flaggschiff der ersten Division die erste, das der zweiten Division die letzte Stelle unter allen Schiffen einnimmt. Bei der „einfachen Buglinie" würde bloß die erste Division in Buglinie, die zweite in Hecklinie aufmarschieren; die beiden Flaggschiffe würden sich demnach hintereinander in der Mitte befinden.

Die einfache Hecklinie, wie die einfache Buglinie können leicht aus der doppelten Hecklinie gebildet werden, nämlich erstere, wenn man die erste Division mit ganzer Kraft weiterdampfen und dabei zunächst das vierte, dann das dritte, später das zweite und schließlich das erste Schiff der anderen Division einschwenken läßt; soll die einfache Buglinie hergestellt werden, so verlangsamt die zweite Division ihre Fahrt, und sobald sie weit genug hinter der ersten zurückgeblieben ist, macht das Flaggschiff der ersten Division eine Schwenkung nach rechts, bez. links, sodaß es mit der zweiten in eine Linie kommt, und das zweite, dritte und vierte Schiff folgen nacheinander seinem Beispiel.

Von großer Wichtigkeit ist für jeden Führer die Frage: „Mit welcher Fahrgeschwindigkeit soll ich meine Schiffe an den Feind heranrücken lassen?" — Will man die Geschwindigkeit eines Schiffes von 7 auf 10 Knoten erhöhen, so muß man reichlich die doppelte Maschinenkraft anwenden; soll die Geschwindigkeit verdoppelt, also auf 14 Knoten vermehrt werden, so ist die sechsfache Maschinenkraft erforderlich, und will man von 7 auf 18 Knoten Geschwindigkeit übergehen, so bedarf man der fünfzehnfachen, wohl sogar der zwanzigfachen Kraft. Kann beispielsweise ein Schiff von 4500 Tonnen Wasserverdrängung bei Anwendung von 400 PS 7 Knoten zurücklegen, so würden für eine Geschwindigkeit von 10 Knoten ungefähr 900, für eine solche von 14 Knoten 2500, für eine solche von 18 Knoten etwa 7000 PS nötig sein. Je mehr Kraft aber angewendet wird, umso bedeutender ist der Widerstand im Wasser.

Fährt nun eine Flotte, deren Schiffe je 400 Meter voneinander entfernt sind, mit großer Geschwindigkeit, so würde das plötzlich erfolgende Stoppen eines Schiffes jedenfalls einen Zusammenstoß zwischen diesem und dem folgenden Schiff herbeiführen. Da aber ein solcher unmittelbar vor dem Feind doppelt unangenehm empfunden werden würde, empfiehlt es sich, wenn man nicht von vornherein auf eine derartige Geschwindigkeit verzichten will, wenigstens in der Nähe der feindlichen Linie auf halbe Fahrt überzugehen. Wir verstehen hier unter „halber Fahrt" eine Geschwindigkeit von 7 Knoten, unter „langsamer Fahrt" eine solche von

5 und unter „ganzer Fahrt" eine solche von 10 Knoten, denn ein sich in geschlossener Formation fortbewegendes Geschwader wird nur ganz selten eine Geschwindigkeit von 12 Knoten annehmen.

Bei halber Fahrt kann der Admiral, nachdem er den Feind in Augenschein genommen hat, noch kurz vor dem Zusammenprall den Kommandanten seiner Schiffe durch ein Signal einen letzten Befehl erteilen. Überdies kann gegebenen Falls die Geschwindigkeit rasch vermehrt werden, denn jedes Schiff kann bei halber Fahrt viel überschüssige Kraft vorrätig haben. Von großem Wert ist ferner die Steuerkraft, die bei langsamer Fahrt den hier ja fast allein in Betracht kommenden Zweischraubenschiffen infolge der Fähigkeit, die eine der Schrauben plötzlich zum Arbeiten mit aller Kraft zu veranlassen, eigen ist.

Bei ganzer Fahrt würde man nicht im stande sein, kurz vor den Reihen des Gegners die Formation der Haltung des letzteren entsprechend zu ändern, und so würde schon die große Fahrgeschwindigkeit allein dem Feind ein Zeichen sein, daß man nicht beabsichtigt, die jeweilige Marschordnung aufzugeben.

Wenn sich in der offenen Seeschlacht zwei feindliche Geschwader von je vier oder fünf Schiffen gegenüber stehen, so ist nicht unbedingt nötig, daß sie nun ihre Waffen wirken lassen, bis das eine als besiegt anzusehen ist; es steht ihnen vielmehr frei, wiederholt aneinander vorbeizufahren und dabei nach Belieben in die feindlichen Reihen einzubrechen. Eine große Flotte kann den Gegner schon eher veranlassen, den Kampf mit ihr Bug gegen Bug auszufechten, und bei einem solchen Nahkampf wird oft schon in kurzer Zeit die Schlacht entschieden sein. Vielleicht sind dann aber beide Flotten in einem Zustand, der es fast gleichgiltig erscheinen läßt, welcher eigentlich der Sieg zuzusprechen ist.

Von Taktik ist bei einem solchen Pêle=Mêle (Durcheinander) keine Rede mehr. Auf jedem Schiffe betrachtet man es als seine Aufgabe, den möglichst besten Gebrauch von den vorhandenen Waffen zu machen, wobei dem Sporn eine große Rolle zufällt. Wenn die beiden Flaggschiffe gemeinsam den Feind angegriffen haben, werden die beiden nächsten Schiffe versuchen, den ersteren das Einbrechen in die Reihen der gegnerischen Schiffe zu erleichtern, und so gehen auch die anderen Schiffe im gegebenen Augenblick paarweise vor, ohne weitere Befehle abzuwarten, denn der Admiral wird, sobald der Durchbruch erfolgt ist, von der Leitung des Flaggschiffes, die erst bei seinem Fall auf den eigentlichen Kommandanten übergeht, in Anspruch genommen. Die anderen Kommandanten bemühen sich, die Absicht des Führers zu unterstützen und machen, wenn sie dazu im stande sein sollten, die Schiffe, die den Flaggschiffen am gefährlichsten sind, unschädlich. Überhaupt wird jeder Kommandant, der wahrnimmt, daß sich ein Kamerad, d. h. ein anderes Schiff, in höchster Gefahr befindet, dasselbe retten, wenn er es vermag, und müßte er deswegen auch eine Gelegenheit, aus der er für sich selbst Vorteil ziehen könnte, vorübergehen

Taktik des Seekrieges. 397

Fig. 106. Exerzieren am Schnelladegeschütz. (Nach einer Photographie von Arthur Renard, Kiel.)

lassen. Jeder wird sich bestreben, dem Feind soviel Schaden wie möglich zuzufügen, dabei aber das eigene Schiff kampffähig zu erhalten.

Wenn sich schließlich die Schiffe, die der Vernichtung entgangen sind, wieder vereinigen, um von neuem zum Angriff vorzugehen, dann erhält die Taktik wieder Bedeutung, dann heißt es, schnell — denn der Feind soll womöglich am Sammeln seiner Schiffe verhindert werden — die Gefechtsformation bilden, die unter den bestehenden Verhältnissen den größten Erfolg verspricht. Von langer Dauer wird eine Seeschlacht wohl niemals sein, denn der Munitionsvorrat muß bei den zweckmäßigsten Einrichtungen ein beschränkter bleiben.

Der Kommandant und der erste Offizier werden zu verhüten suchen, daß sie beide ein und demselben Geschoß zum Opfer fallen, und vor solch' einem doppelten Verlust können sie bei der Wirksamkeit der heutigen Artillerie ihr Schiff nur bewahren, wenn sie ihren Standort in voneinander getrennten Teilen desselben wählen; der Admiral wird während der Schlacht dieselbe Vorsichtsmaßregel beobachten. Wenn der Oberbefehlshaber fällt, geht das Kommando auf den zweiten Admiral über, wobei man jedoch vermeidet, den Feind auf das Ereignis aufmerksam zu machen; der Austausch der Flaggen und dergl. wird am unauffälligsten zu bewerkstelligen sein, wenn die beiden Flaggschiffe nicht zu weit von einander entfernt sind. Wird eine Division der Flotte ihres Admirals beraubt, so wird sie weiterhin von dem Kommandanten des betreffenden Flaggschiffes geführt, wobei er, wenn die Rücksicht auf den Kampf es erfordert, einstweilen von jeder Meldung absehen kann. Ist das Flaggschiff einer Division vom Gegner in den Grund gebohrt, so übernimmt der Kommandant des zweiten Schiffes, auf dem zu gleicher Zeit die Admiralsflagge in die Höhe geht, das Kommando.

Nicht nur der Oberbefehlshaber, sondern auch sämtliche Kommandanten, die im Verlaufe der Schlacht nur zu bald auf selbständiges Handeln angewiesen sein werden, bedürfen eines hohen Grades von Geistesgegenwart. Es bleibt ihnen niemals Zeit, lange über einen Entschluß nachzudenken, und doch müssen sie stets die verschiedensten Umstände im Auge behalten und dabei auf alles achten, was in der Umgebung geschieht. Zweckmäßige Anordnungen kann man natürlicher Weise nur von einem Manne erwarten, der das ihm anvertraute Schiff vollständig in der Gewalt hat, weil er eben alle seine Einrichtungen, deren Thätigkeit und Wirksamkeit kennt. Befehle in Beziehung auf das Schießen können der Besatzung eines Schiffes überhaupt nur vom eigenen Kommandanten erteilt werden, denn nur dieser kann die feindlichen Schiffe bezeichnen, die das günstigste Ziel für die Schüsse abgeben.

Eine große Flotte, deren Schiffe zahlreiche Geschütze aufweisen, wird immer mehr Aussicht auf Erfolg haben als eine weniger stark bewaffnete kleine Flotte, vorausgesetzt, daß sie sonst in keiner Beziehung hinter der letzteren zurücksteht. Hat aber die kleine Flotte Kommandanten und Geschützführer, die ihrer Aufgabe besser gewachsen sind, und Kanonen, die sich durch Leistungsfähigkeit auszeichnen, so kann sie es getrost mit einer größeren Flotte aufnehmen. Deshalb sollten es diejenigen Nationen, die nur Flotten von bescheidenem Umfang ihr eigen nennen, umso mehr ihre Sorge sein lassen, den Kommandanten eine recht zweckmäßige Ausbildung zu verschaffen. Diese müssen in Friedenszeiten Gelegenheit haben, nicht nur zu lernen, wie ein Schiff im richtigen Abstand von seinen Gefährten zu halten, sondern auch, was bei der Führung im Feuer zu beobachten ist.

Zuweilen werden die Flotten dem Nahkampf ein Schießen aus größerer Entfernung vorhergehen lassen. Hierbei wird es von Vorteil sein, zunächst nur auf einem Schiff Schüsse abzugeben und den anderen Schiffen mitzuteilen, welche Entfernung bei denselben angenommen worden ist. Aus der Wirkung, die die Geschosse im Bereich der feindlichen Flotte zeigen, geht dann hervor, ob die Entfernung richtig bemessen war, und auf diese Weise kann man den anderen Schüssen die Möglichkeit des Treffens verschaffen.

In Betreff der Flottenstärke wird Deutschland von einer ganzen Anzahl anderer Nationen übertroffen, nicht aber in Beziehung auf die Leistungsfähigkeit der Schützen und Geschütze. Nirgends werden Kanonen hergestellt, die sich den aus dem Krupp'schen Werk stammenden als ebenbürtig an die Seite stellen können. Den großen englischen Kanonen wird zwar eine außerordentliche Durchschlagskraft nachgerühmt, sie büßen aber schon nach wenigen Schüssen die Brauchbarkeit ein, weil bei ihrer Anfertigung nicht gerade tadelloses Material zur Verwendung gekommen ist.

Da die Schiffsgeschütze in niedrigen Lafetten ruhen, kann ihre Treffweite die gewisser anderer Geschütze nicht erreichen, doch ist dies auch gar nicht erforderlich, denn in der Seeschlacht wird es sich höchstens um Schußentfernungen von 6000—8000 Meter handeln.

Als Geschosse werden Panzergranaten benutzt, wenn man die gepanzerten Teile eines Schiffes zerstören will; man muß aber zu diesem Zwecke dem Ziele ziemlich nah sein, denn schon bei einer Entfernung von 1500 Metern wird man gegen Panzerwände nichts mehr ausrichten. Gegen die ungepanzerten Schiffsteile geht man zweckmäßiger mit Zündergranaten vor, und zwar kann man mit diesen den Schiffen schon aus großer Entfernung unangenehme Schäden beibringen. Sobald die Zündergranate die zum Ziel bestimmte Stelle nur richtig trifft, wird der Erfolg nicht ausbleiben.

So kann man z. B. aus weiter Ferne die Kampfunfähigkeit eines Schiffes herbeiführen, wenn es gelingt, die Schornsteine zu zerstören, denn bei der Glut, die in einem solchen Fall von den mächtigen, stündlich mehr als 300 Zentner Kohlen verschlingenden Heizungen auf Deck hervorgerufen werden wird, muß alles menschliche Leben zu Grunde gehen. Auch durch Wegschießen der Masten wird man jedes Schiff empfindlich beschädigen, da dann keine Entfernungsmessung, kein Signalisieren mehr möglich ist.

Ferner gelangt man zum Ziel, wenn man die zerstörenden Geschosse nach der Kommandobrücke mit den wichtigen Vorrichtungen und Apparaten und nach dem Oberdecksruder lenkt. Ist das Schiff dieser Teile beraubt, so kann es nicht mehr nach dem Willen des Kommandanten bewegt werden; es kann sich an keiner Formationsänderung mehr beteiligen und selbst, wenn sämtliche Geschütze noch vollkommen brauchbar wären, was jedoch dann schwerlich der Fall sein wird, nichts nennenswertes mehr leisten.

Kann man eine Zündergranate in die feindlichen Batterien, die über Bank feuern, zum Einfallen bringen, so wird man mit einem Schlag viele Menschen vernichten, und mit den an jenem Ort aufgestellten Lafetten und Geschützen wird späterhin wohl kein sicheres Arbeiten mehr möglich sein. Gelingt es, die über Wasser angebrachten Torpedoausstoßrohre des Gegners zu treffen, so werden dem letzteren seine eigenen Torpedos, die beim Eindringen der Granate explodieren, verderblich werden.

Außerdem kann man auch Erfolg erwarten, wenn man die Beiboote, die von keinem Panzer geschützten, zu Wohnzwecken benutzten Teile eines Schiffes, die über dem Deckspanzer befindlichen Seitenwände zum Ziel für seine Schüsse aussieht. Wenn das Schiff vielleicht auch am betreffenden Tage noch im stande ist, sich am Kampfe zu beteiligen, so wird es doch in der Folge kaum noch gefechtsfähig sein, denn der auf kleinem Raum zusammengedrängten Besatzung, die womöglich auch noch unter überspülenden Sturzseen zu leiden hat, kann weder ausreichender, neue Kräfte verleihender Schlaf, noch genügende Nahrung zu teil werden. Haben aber die Granaten ausschließlich vorn oder ausschließlich hinten die ungepanzerten Teile weggerissen, dann wird sich eine Gewichtsverschiebung, die kein ordentliches Schießen mehr zuläßt, geltend machen, und wenn die Besatzung auch voraussichtlich versuchen wird, Hilfe zu schaffen, indem sie an passender Stelle die unteren Zellen mit Wasser füllt, so ist doch kaum anzunehmen, daß sich das Schiff eine solche Belastung noch zumuten läßt.

Kommt eine Flotte zu der Einsicht, daß ihr die andere in Beziehung auf das Schießen aus der Ferne überlegen ist, so wartet sie nicht ruhig, bis sie von den feindlichen Geschossen erheblich beschädigt worden ist, sondern geht auf den Gegner los und sucht ihm im Nahkampf je nach Lage der Umstände mit Sporn, Torpedo oder Artilleriefeuer Verderben zu bringen. Auch wenn beide Flotten das Gefecht anfangs in weiterer Entfernung gehalten haben, wird der Wunsch, den Gegner gründlich zu vernichten, nach einiger Zeit eine Annäherung verursachen und schließlich einen Kampf auf Leben und Tod herbeiführen.

Wenn die Panzerschiffe zusammengetroffen sind und nun, auf diese oder

Fig. 107. Exerzieren am Schnelladegeschütz. (Nach einer Photographie von Arthur Renard, Kiel.)

jene Weise durcheinander laufend, sich mit Aufbietung aller Kräfte und aller Waffen gegenseitig kampfunfähig zu machen und in den Grund zu bohren suchen, dann haben die Avisos ihre Pflicht zum Teil erfüllt; sie sind zu leicht gebaut, um sich in das Schlachtgetümmel zu mischen und werden nur gelegentlich noch das eine oder das andere Signal zu geben vermögen.

Die Torpedoboote, die die Panzerschiffe in den Kampf begleiten, werden vor der eigentlichen Schlacht hinter jener Deckung suchen, denn jeder Versuch, sich den Reihen des eifrig von seinen Ferngläsern gebrauchmachenden Gegners zu nähern, würde, zumal da das Feuer der Schnellfeuerkanonen noch ungeschwächt ist, zu jener Zeit zwecklos sein. Man nimmt an, daß während des Tobens der Schlacht, wenn Kohlenrauch und Pulverdampf die kleinen Bundesgenossen vor spähenden Blicken verborgen halten, es denselben eher gelingen wird, die feindlichen Schiffe anzugreifen.

Die Kreuzer, die mit den anderen Schiffen auf dem Schlachtfeld erschienen sind, eilen zur Hilfe herbei, wenn sie sehen, daß ihr Beistand einem kämpfenden Kameraden von Nutzen sein kann. Im allgemeinen werden sie wohl gleich bei der Eröffnung des Gefechts versuchen, den Feind zu umgehen, um dem Train desselben zunächst den Rückweg zu verlegen und dann mit Hilfe der Avisos all' die Schiffe, die bestimmt sind, den Gegner mit Munition, Feuerungsmaterial, Proviant und Wasser zu versorgen, nach Möglichkeit zu zerstören. Kein Schiff, das unter feindlicher Flagge fährt, wird verschont, nur die Hospitalschiffe entgehen, wenn schon ein Gefecht vorhergegangen ist, dem gleichen Schicksal.

Bei der Bildung der deutschen Flotte hat man keineswegs den Zweck im Auge gehabt, in fremden Meeren Schlachten zu liefern; dieselbe muß aber trotzdem einer richtigen Seeschlacht gewachsen sein, denn auch die Verteidigung der heimatlichen Küsten oder Gewässer kann eine solche herbeiführen. Fällt nun aber der deutschen Flotte, falls während eines Krieges der Feind deutsche Häfen oder Küsten blockiert (s. u.) haben sollte, die Aufgabe zu, den Seeweg frei zu machen, dann kann sie der Munitions-, Kohlen- und Proviantschiffe entbehren, während die blockierende Flotte natürlich einen umfangreichen Train nötig hat.

Die Blockade gehört, wie die Zerstörung der Hafenanlagen, der Werften und anderer Marineetablissements, das Beschießen offener Küstenstädte und die Besitznahme ganzer Küstenstriche zu den Gewaltmaßregeln des Küstenkriegs, der auf der anderen Seite in allen denjenigen Handlungen besteht, die sich auf die Verteidigung der gefährdeten Küsten beziehen.

Der Angreifer entsendet leichte Schiffe, Kreuzer, Avisos und Torpedoboote zur Ausübung des Beobachtungs- und Nachrichtendienstes, und Schlachtschiffe, die die oben angegebenen Gewaltmaßregeln ausführen und alle Anstalten, die der Gegner im Interesse der Verteidigung trifft, vereiteln sollen; außerdem bedarf er einer Anzahl Transportschiffe zur Beförderung der Landungstruppen, die die Besitzergreifung zu bewerkstelligen haben.

Der Verteidiger errichtet Küstenbefestigungen, legt Minen aus und entfernt oder verändert die Seezeichen, die zur Kenntlichmachung gewisser Wasserstrecken dienen. Er verbindet längs der Küste Telegraphen, Fernsprecher und Signale zu einer Beobachtungseinrichtung und führt einen geregelten Signal- und Küstendienst ein, an dem sich die Küstenbewohner (freiwillige Seewehr) beteiligen können. Avisos und Torpedoboote werden mit dem Sicherheitsdienst betraut; andere Torpedoboote und Kreuzer suchen während der Nacht die vor Anker liegenden feindlichen Schiffe auf, um ihnen durch Torpedos oder Geschosse Schaden zuzufügen. Panzerschiffe werden dem Feind entgegen geschickt, um ihn an der Ausführung seiner Absichten zu hindern; sie weichen zuweilen vor den gegnerischen Schiffen zurück, bis sie Unterstützung von Minensperren, Kanonen- und Torpedobooten zu erwarten haben. Die Küstenpunkte, an denen eine Landung feindlicher Truppen am meisten zu befürchten ist, werden besetzt, auch wird für ausreichende Reservetruppen Sorge getragen.

Unter Blockade versteht man die Absperrung eines feindlichen Hafens oder einer Küste, und zwar bezweckt man mit derselben eine Verhinderung des Seeverkehrs. Der Staat, der sich zu dieser Maßregel entschlossen hat, muß gegenwärtig alle neutralen Mächte mit seiner Absicht bekannt machen, ihnen den Tag nennen, an dem seine Schiffe sich an dem betreffenden Küstenstrich einfinden werden und zur angegebenen Zeit thatsächlich die in Aussicht genommene Meeresstrecke mit einer Streitkraft besetzt haben, die groß genug ist, die Annäherung und das Auslaufen fremder Schiffe zu verhindern und die Blockade aufrecht zu erhalten; erst dann ist letztere wirksam, effektiv, während früher der angreifende Staat von einer wirklichen Absperrung absehen und sich mit einer Erklärung des Blockadezustandes begnügen konnte (fiktive [erdichtete] Blockade). Die den Beobachtungsdienst versehenden Kreuzer des Angreifers können Schiffe jeder Nationalität, die den Versuch wagen, die Blockade zu durchbrechen, als gute Prise (Beute) behandeln und beschießen, falls sie sich zur Flucht wenden sollten, aber nicht nachträglich noch wegnehmen, wenn es ihnen gelungen ist, in einen neutralen Hafen zu kommen. Sind die Kreuzer nicht im stande, es mit den Schiffen, die sich des Blockadebruchs schuldig gemacht haben, aufzunehmen, so eilen, von ihnen benachrichtigt, Schlachtschiffe zur Hilfe herbei. Entfernt sich die blockierende Flotte aus einer beliebigen Veranlassung freiwillig aus dem Blockadegebiet, oder muß sie, wenn auch für kürzere Zeit, den Anstrengungen des Verteidigers weichen, so wird dies für eine Unterbrechung der Blockade angesehen, und letztere erlangt erst wieder Geltung, wenn sie den neutralen Staaten von neuem angezeigt worden ist. Wird aber das Blockadegeschwader nur von einzelnen Schiffen durchbrochen oder von gewaltigen

Naturereignissen veranlaßt, sich auf hohe See zu begeben, so tritt keine Unterbrechung der Blockade ein.

Die Angriffsflotte wird sich bestreben, längs der feindlichen Küsten Schrecken aller Art zu verbreiten und die Küstenartillerie niederzukämpfen. Zuweilen gestatten starke Panzer den Schiffen, das Geschützfeuer zu passieren, ohne nennenswerten Schaden davonzutragen. Gelingt es dem Angreifer, die Einfahrt in die Häfen mit Gewalt durchzusetzen, so lassen das Bombardieren der Hafenanlagen und Städte, das Brandschatzen, das Zerstören aller erreichbaren Marineetablissements nicht lange auf sich warten.

Der Verteidiger sucht der Angriffsflotte das Vordringen zu verwehren, indem er ihr von den Küstenbefestigungen aus heftiges Geschützfeuer entgegensendet; Panzerkanonenboote lassen sich die Verteidigung der Hafeneinfahrten angelegen sein. Außerdem werden der Küste entlang schwimmende, gepanzerte Batterien und andere, für den betreffenden Zweck geeignet erscheinende Fahrzeuge verteilt; Torpedobatterien, sowie Torpedoboote sind zum Angriff auf die feindlichen Schiffe bereit.

Landungen erfolgen gewöhnlich durch die unter der Führung der betreffenden ersten Offiziere stehenden Landungskorps der angreifenden Kriegsschiffe und müssen mit großer Schnelligkeit und unter Beobachtung mannigfacher Vorsichtsmaßregeln ausgeführt werden, wenn man den Erfolg nicht von vornherein in Frage stellen will. Die ans Land gesetzten Truppen sollen zuweilen die Küste beunruhigen, z. B. Wachen überfallen, Befestigungen zerstören und allerhand feindliches Material vernichten; in anderen Fällen sind sie bestimmt, Vorbereitungen für die Ausschiffung größerer Truppen, die den Kriegsschiffen in einer eigenen Transportflotte nachgeführt werden, zu treffen. Hierzu ist zunächst schon eine zweckmäßige Auswahl der Landungsstelle nötig. Dieselbe muß frei von Verteidigungstruppen sein und den Schlachtschiffen eine Annäherung gestatten, die es ihnen ermöglicht, die Landung der Truppen zu schützen. Diese selbst müssen darauf achten, daß ihnen der Rückweg zu ihren Schiffen, von denen sie ja schon wegen der Verpflegung abhängig sind, nicht verlegt wird.

Hat der Verteidiger für einen geeigneten Beobachtungs- und Nachrichtendienst gesorgt, so wird ihm die Kunde von der Landung des Gegners nicht lange vorenthalten bleiben, und bald werden sich seine Truppen in dem bedrohten Küstengebiet einfinden, um die Landung abzuwehren, bez. den feindlichen Truppen das Vordringen zu erschweren oder ihnen die Rückkehr zu ihren Schiffen unmöglich zu machen. Bei genügender Aufmerksamkeit kann der Verteidiger, selbst wenn ihm keine bedeutenden Kräfte zur Verfügung stehen, den Landungstruppen hinderlich und gefährlich sein; innerhalb dreier Tage aber können bei den heutigen Verkehrs- u. s. w. Verhältnissen stets Streitkräfte nach der betreffenden Küste geführt werden, die den

Fig. 108. Kommando „Deckt Euch", bei dem Exerzieren am Schnelladegeschütz. (Nach einer Photographie von Arthur Renard, Kiel.)

ausgeschifften Truppen vollkommen gewachsen sind. Je günstiger die Eisenbahnverbindung, umso schneller werden die nötigen Truppen an Ort und Stelle sein.

Was nun den Krieg an den deutschen Küsten betrifft, so lassen die Karten der Ostsee deutlich erkennen, daß den Gegner dort eine ganze Anzahl in der Nähe der Küste gelegener Städte zum Bombardieren herausfordert. Auch begünstigen daselbst ausgedehnte, unbefestigte Küstenstriche, sowie das meist ruhige Wasser einen Angriff, und schließlich kommt es dem Angreifer zu gute, daß die Anzahl der Häfen, in die große Schiffe einlaufen können, eine beschränkte ist, sodaß ihm dieser Umstand ein langes Auswählen erspart.

Ganz anders gestaltet sich die Sachlage in der Nordsee. Die Karten zeigen demjenigen, der dort einen Angriff beabsichtigt, einige weit im Hinterland befindliche Städte und mit diesen in Verbindung stehende Hafeneinfahrten, die nur mit Hilfe von Seezeichen benutzt werden können. Der Angreifer muß an den Nordseeküsten mit wechselnden Tiefenverhältnissen und starken Gezeitenströmungen rechnen. Die Natur, die ihm in der Ostsee beizustehen scheint, hat sich hier auf die Seite des Verteidigers geschlagen und selbst Verteidigungsmittel geschaffen. Von Dänemark bis nach Holland erstreckt sich ein Bollwerk, das aus schwer zugänglichen Inseln besteht, die ebensowenig zum Landen verlocken werden, wie die Gehöfte, die entfernt von einander an der Küste errichtet worden sind. Letztere ist überdies vom Feind kaum zu erreichen, denn die Watten lassen sich zu Wasser nur passieren, so lange Seezeichen vorhanden sind, den Truppen, die bei Niedrigwasser versuchen, die Watten zu Fuß zu überschreiten, droht die Flut Verderben.

Da die Verhältnisse an den Nordseeküsten einem Angriff so wenig günstig sind, wird es der Gegner dort voraussichtlich bei einer Blockade bewenden lassen, und außerdem Helgoland in seinen Besitz zu bringen suchen, weil für ihn der dort befindliche Feuerturm schon allein einiger Anstrengungen wert sein würde. Ein Teil seiner Flotte würde also die Mündungen der Elbe und Jade besetzen, der andere würde sich Helgoland zuwenden.

Die Küstenbefestigungen, die für den Küstenkrieg in der Nordsee zur Verfügung stehen, sind von der genannten Insel zu weit entfernt, als daß sie etwas zu deren Schutz beitragen könnten. Die Schlachtschiffe aber, deren Thätigkeit nicht in der Ostsee in Anspruch genommen wird, haben die Elbe und Jade zu verteidigen und werden Helgoland nur zu Hilfe eilen, wenn sie es in Beziehung auf die Bewaffnung mit den gegnerischen Schiffen aufnehmen können. Die Wirkung der Inselgeschütze selbst wird nicht allzu bedeutend sein, weil die Schützen bei einer Sichtweite bis zu 12 Seemeilen inmitten einer blendenden Fläche nur kleine Ziele vor sich haben, die noch dazu unablässig ihren Platz ändern. Auch werden ihnen die Beobachter schwerlich schnell genug die Schiffe, deren Distanz gemessen worden ist, richtig angeben können.

Vielleicht kann man den Angreifer durch eine zweckmäßige Minenanlage zwingen, anfangs außer Schußweite zu bleiben. Derselbe wird aber die Minen in wenig Tagen auf eine oder die andere Art wirkungslos zu machen wissen. Dann wird er sich über die örtlichen Verhältnisse orientieren, in genau festgestellten Abständen von der Insel einige Bojen anbringen lassen und die Maßregel treffen, daß jedes der sich in Hecklinie auf- und abbewegenden Schiffe einen Schuß abgibt, sobald es an einer dieser Bojen ankommt. Das Bombardement wird jedenfalls aus einer Entfernung von ungefähr 5 Seemeilen und von Nordosten aus erfolgen, denn die Höhe des Oberlandes beträgt dort nur 40, an der entgegengesetzten Seite dagegen 60 Meter. Der Angreifer sieht sich einem feststehenden, großen, roten, grün bedachtem Ziel gegenüber und kann darum seinen Geschützen mit Leichtigkeit die Möglichkeit des Treffens verschaffen, während für die der Verteidigung dienenden Geschütze keine große Treffwahrscheinlichkeit vorhanden ist.

Führt ein Gegner einen Küstenkrieg vor Kiel herbei, so müssen die in Betracht kommenden Küstenbefestigungen verstärkt werden. An hochgelegenen Stellen wird man dann maskierte, detachierte Forts errichten, die es ermöglichen, die feindlichen Schiffe schon zu beschießen, wenn dieselben noch so weit entfernt sind, daß ihr Feuer die Küste nicht treffen kann. Ferner wird man an Stellen, über die der Feind bereits hinweg gedampft ist, und die deshalb für sicher gehalten werden, Minen anbringen, die später die vorüberfahrenden Schiffe vernichten. Dabei müssen die verfügbaren Schlachtschiffe den angreifenden Schiffen entgegentreten und unter Mitwirkung des Feuers vom Land die Ausführung ihrer Absichten zu verhindern suchen. Die Torpedoboote werden in jener Gegend keinen Angriff auf den Feind unternehmen können, denn der letztere kann das ganze Gebiet ohne Schwierigkeit beleuchten.

Gelingt es unseren Gegnern während eines künftigen Krieges, uns durch eine Blockade alle Zufuhr abzuschneiden, dann wird, wenn unsere Landheere zugleich am siegreichen Vormarsch in Feindesland verhindert sein sollten, gar bald Mangel an Lebensmitteln eintreten, und haben die Truppen erst mit dem Hunger zu kämpfen, dann vermögen die besten Truppenführer nichts mehr auszurichten. Die Landarmee bedarf des Beistands der Marine, es muß deshalb dafür gesorgt werden, daß dieser zur Erfüllung ihrer Aufgabe genügende Streitkräfte zur Verfügung stehen.

III. Statistisches über die deutsche Land- und Seemacht

A. Landmacht

Uebersicht der Etatsstärke des deutschen Heeres für 1907

Durchschnittsstärke des deutschen Heeres 1906:
- Offiziere und dgl.: 29000
- Unteroffiziere: 84000
- Einj.-Freiwillige: 18500
- Gemeine: 501379
- Summa: 621879

Etatische Einheiten 1908:
- 639 Bataillone
- 493 Eskadrons
- 574 Feldbatterien
- 40 Fuß-Artillerie-Bat.
- 16 Maschinengewehr-Abteilungen
- 27 Pionier-Bataillone
- 12 Verkehrstruppen-Bat.
- 23 Trainbataillone

Dienstliche Stellung	Infanterie Infanterie im engeren Sinne	Jäger	Maschinengewehr-Abteilungen	Bezirks-kommandos	Summe	Kavallerie	Feld-artillerie	Fuß-artillerie	Summe	Pioniere	Eisenbahn-truppen	Telegraphen-truppen	Luftschiffer-truppen	Verkehrs-Abteilung	Summe	Train	Besoldete Formationen	Nichtetatmäßige Offiziere etc.	Ins-gesamt
Offiziere { 394 Generale, 664 Regimentskommandeure, 2191 Stabsoffiziere, 5919 Hauptleute u. Rittmeister, 4705 Oberleutnants, 10284 Leutnants }	121149	388	64	875	13476	2501	3062	984	4046	602	177	52	18	13	260	345	594	2871	24667
Militärärzte	1287	36	1	26	1299	220	307	65	372	62	15	6	1	—	22	28	37	214	2244
Veterinäre	623	18	—	—	648	330	285	—	285	26	1	—	—	—	1	23	20	28	687
Oberzahlmeister und Zahlmeister	625	18	—	9	691	102	202	41	243	26	10	4	2	—	16	23	12	1	1066
Intendanten	—	—	—	48	—	103	202	44	246	26	13	4	—	1	19	46	52	24	1207
Büchsenmacher	625	18	—	—	643	99	—	41	41	—	8	3	1	—	11	1	1	—	821
Sattler, Waffenmeister	—	—	—	—	—	99	202	—	202	—	—	—	—	—	1	—	—	—	302
Unteroffiziere:																			
Feldwebel und Wachtmeister	2497	72	16	—	4034	503	583	184	767	103	38	10	3	—	52	72	292	—	5823
Vizefeldwebel u. Vizewachtmeister	2480	72	16	—	2568	497	583	183	766	103	33	11	3	1	48	68	125	91	4196
Fähnriche	3444	72	—	—	2516	494	572	165	737	103	16	9	—	—	25	68	—	—	3943
Unteroffiziere einschl. Sergeanten	33380	962	191	1727	36269	6734	8560	3447	12027	1725	589	150	46	21	806	1406	1057	1081	61100
Stabshoboisten	216	18	—	—	234	99	96	—	18	26	1	1	—	—	1	1	—	—	472
Hoboisten, Trompeter rc.	2097	216	16	—	2329	1492	1187	229	1416	309	1	9	1	—	9	72	292	—	5627
Bataillons-Tambours	621	—	—	—	621	—	—	—	—	—	—	3	—	1	4	—	—	—	625
Sanitätsunteroffiziere	1238	36	9	10	1293	250	292	98	385	51	15	5	2	—	22	82	12	185	2180
Überhaupt Unteroffiziere	44973	1448	248	3185	49854	10074	11892	4319	16211	2419	702	188	54	23	967	1718	1486	1357	88966
Gemeine:																			
Kapitulanten	4898	144	32	347	5411	989	1166	363	1519	206	63	20	6	2	91	136	292	—	8852
Obergefreite und Gefreite	33305	608	112	900	35125	8960	5860	4499	10359	1108	410	114	38	12	574	1030	—	—	57156
Sanitätsgefreite	1240	36	7	1	1284	246	291	90	381	52	15	5	1	1	22	38	5	2	2028
Gemeine	284327	8703	1008	1609	295047	47742	45815	16253	61598	11555	3190	1224	295	61	4780	4095	122	—	426139
Oekonomie-Handwerker	1238	66	16	—	1820	716	689	117	766	104	13	10	3	26	94	2170	5704		
Überhaupt Gemeine	326496	9767	1175	2857	339287	67644	53251	21372	74625	13026	3681	1373	343	96	5493	6691	2306	2	499379*)
Dienstpferde	—	—	—	—	—	864	34911	1051	35962	—	59	—	—	—	59	4968	—	—	109527

*) darunter 17010 Spielleute.

B. Seemacht

Uebersicht der Etatsstärke der deutschen Marine für 1907 (einschließlich Stammschutzbesetzung).

a. Offiziere, Marine-Aerzte, Marine-Ingenieure und -Zahlmeister

Staatssekretär des Reichs-Marine-Amts	1
Admirale	27
See-Offizier-Korps	1548
Offizier-Korps der Marine-Infanterie	91
Maschinen-Ingenieur-Personal	295
Marine-Aerzte	247
Artillerie-Verwaltung	82
Torpedo-Offiziere und Torpedo-Ingenieure	50
Minenwesen	22
Marine-Zahlmeister	198
Pensionierte Offiziere	48
Summe	**2604**

b. Seeoffizier-Aspiranten

Fähnriche zur See	378
Seekadetten	175
Summe	**553**

c. Oberdeckoffiziere, Deckoffiziere, Unteroffiziere, Mannschaften, Schiffsjungen ꝛc.

Dienstliche Stellung	Überseedivisionen a. Matrosen-personal	Überseedivisionen b. sonstiges Personal	Torpedodivisionen a. Seemänn. Personal	Torpedodivisionen b. Maschinen-personal	Matrosen artillerie	Minenpersonal	Marine-infanterie	unter Bekleidungs-personal	Sanitäts-personal	Artillerie-verwaltung	Torpedowesen	Minenwesen	Kassen- und Rechnungswesen	Deckoffiziere in Planstellen	Bermessungs-wesen	Summe
Oberdeckoffiziere	123	—	—	—	—	—	—	—	—	43	46	14	—	—	11	697
Deckoffiziere	200	—	—	—	—	11	—	—	—	66	68	30	79	—	17	1369
Feldwebel und Wachtmeister	88	—	—	—	—	21	25	2	8	—	—	—	—	21	—	203
Vizefeldwebel und Vizewachtmeister	26	—	—	—	—	2	27	2	—	—	—	—	—	2	—	118
Obermaate und Sergeanten	1185	325	168	349	145	48	101	—	83	64	29	20	82	6	—	8715
Maate, Unteroffiziere	1703	496	246	503	222	76	236	21	132	—	21	40	124	17	—	5594
Gemeine mit Obermatrosenrang	3575	347	497	516	743	121	382	—	151	—	—	—	12	24	—	8168
Gemeine	10744	1039	1462	1449	2562	364	2976	200	160	—	—	—	82	130	—	25881
Schiffsjungen-Unteroffiziere	—	—	—	—	—	—	—	—	—	—	—	—	—	—	—	96
Schiffsjungen	1404	—	—	—	—	—	—	—	—	—	—	—	—	—	—	1404
	17699	2307	2456	3059	3770	645	3047	225	534	173	167	106	329	190	28	47243

(Spalte: Schiffsjungen-Division: 1600; 96; 1404)

C. Die Kaiserlichen Schutztruppen
Uebersicht der Etatsstärke der Schutztruppen für 1907

I. Deutsch-Südwestafrika:
      485 Offiziere und Sanitätsoffiziere
      85 Beamte
      14572 Mannschaften. (Diese Zahl wird nach Bedarf vermindert.)

	Offiziere	Unteroffiziere	Ärzte	Sanitäts-Unteroffiziere	Zahlmeister	Zahlmeister-Aspiranten	Feuerwerker u. Büchsenmacher	Gefreite und Gemeine
II. Deutsch-Ostafrika	72	112	36	55	1	11	8	1800*)
III. Kamerun . . .	40	51	11	14	1	8	5	950*)

*) ausschließlich farbiges Personal.

Merktafel

über wichtige Veränderungen von 1900—1908 im Heer und bei der Marine

1900. Bewaffnung der Infanterie mit dem Gewehr 98 (Abb. S. 200), mit dem zunächst das ostasiatische Expeditionskorps und seit Oktober 1900 das Gardekorps ausgerüstet wurde und dann fortschreitend, nach Maßgabe des erforderlich gewordenen Ersatzes, die übrigen Armeekorps.

Gesetz, betreffend die deutsche Flotte, vom 14. Juni 1900. Nach diesem Gesetze soll die Flotte folgenden Bestand haben:

    I. Schlachtflotte, jetzt „Hochseeflotte" genannt:
        2 Flottenflaggschiffe, 4 Geschwader zu je 8 Linienschiffen, 8 große Kreuzer, 24 kleine Kreuzer.
    II. Die Auslandsflotte.
    III. Materialreserve:
        4 Linienschiffe, 3 große Kreuzer, 4 kleine Kreuzer.

Linienschiffe sollen nach 25 Jahren, Kreuzer nach 20 Jahren ersetzt werden.

1901. Einführung des Maschinengewehres (Abb. S. 184).

Fortschritte auf dem Gebiete der Invalidenversicherung und in den Pensionsverhältnissen der Heeresangehörigen.

1902. Für das Heer sind neue Kriegsartikel eingeführt, die sachlich den gleichen Inhalt haben, deren erzieherischer Wert durch die kürzere Fassung gegen früher wesentlich gewonnen hat.

1903. Die Telegraphie ohne Draht wird in größerem Umfange eingeführt (Abb. S. 208.)

Einführung eines dunkelblauen Überrockes für die Offiziere der Fußtruppen, die Offiziere der Jäger- und Maschinengewehrabteilung haben einen dunkelgrünen Überrock erhalten. An Stelle der bisherigen verschiedenfarbigen Litewka wird eine einheitliche graue Litewka für Offiziere, Sanitätsoffiziere, Beamte und Mannschaften eingeführt.

Auflösung der nach China gesandten Truppenkörper.

1904. Bei der Feldartillerie ist die Geschützausrüstung mit der Feldkanone 96 und der leichten Feldhaubitze 98 neben der bei der Fußartillerie der Feldarmee eingeführten schweren 15 cm-Feldhaubitze. Die Leistungen der Geschütze sind als gut zu bezeichnen.

Einführung des Tragens von Achselstücken auf den Paletots der Offiziere und Anbringung einer Rückenfalte.

Neuabdruck der Heer- und Wehrordnung mit den zahlreichen, seit ihrem Erlaß getroffenen Abänderungen.

Für die Prüfung zum einjährig-freiwilligen Dienst wird bestimmt, daß die einmal erfolglos abgelegte Prüfung nur noch einmal wiederholt werden darf, nur ganz besondere Ausnahmefälle sind zulässig.

Verschiedene Bekanntmachungen betr. Einrichtungen der Bahnanlagen für Militärzüge.

Das Gesetz über die Friedenspräsenzstärke des deutschen Heeres vom 25. März 1899 wird verlängert.

Mitte Juni beginnt unerwartet in Deutsch-Südwestafrika der Aufstand der Hereros.

1905. Die zweijährige Dienstzeit, welche bisher nur probeweise bestand, wird seit dem 1. September endgiltig eingeführt und zwar bei allen Truppenteilen, außer der Kavallerie und reitenden Artillerie.

1906. Für die Ausbildung unserer Infanterie ist die Einführung des neuen Exerzierreglements vom 29. Mai als wichtiger Fortschritt anzusehen. Bei der Feldartillerie werden die alten Geschütze 96 nach und nach durch Rohrrücklaufgeschütze ersetzt. Vom 1. Oktober gelten neue Bestimmungen über die Beförderung der Unteroffiziere im Frieden.

1907. Einführung einer neuen Schießvorschrift der Kavallerie vom 5. Mai 1906. Einführung eines neuen Exerzierreglements für die Feldartillerie vom 26. März 1907. Einführung der neuen Schießvorschrift für die Feldartillerie. Einführung eines neuen Exerzierreglements für Fußartillerie.

Neue Anleitung für den Brieftaubendienst im Frieden.

Neue Kriegssanitätsordnung vom 27. Januar 1907.

Ein Militärhinterbliebenengesetz vom 17. Mai verbessert das Los der Hinterbliebenen von Angehörigen des Landheeres und der Marine.

Das Deplacement der neu zu erbauenden Linienschiffe und großen Kreuzer wird bedeutend erhöht.

Nach der neuesten Novelle zum Gesetz, betreffend die deutsche Flotte, vom 5. Juni 1906 wird der festgesetzte Schiffsbestand vermehrt:

1. bei der Auslandsflotte um 5 große Kreuzer,
2. bei der Materialreserve um 1 großen Kreuzer.

www.ingramcontent.com/pod-product-compliance
Lightning Source LLC
Chambersburg PA
CBHW021232300426
44111CB00007B/517